V&R

Arbeiten zur Kirchlichen Zeitgeschichte

Herausgegeben im Auftrag der Evangelischen Arbeitsgemeinschaft
für Kirchliche Zeitgeschichte von
Siegfried Hermle und Harry Oelke

Reihe B: Darstellungen
Band 87

Vandenhoeck & Ruprecht

Lukas Bormann / Michael Heymel (Hg.)

Martin Niemöller – Brüche und Neuanfänge

Beiträge zu seiner Biographie und internationalen Rezeption

Vandenhoeck & Ruprecht

Bibliografische Information der Deutschen Bibliothek:
Die Deutsche Nationalbibliothek verzeichnet diese Publikation in der
Deutschen Nationalbibliografie; detaillierte bibliografische Daten
sind im Internet über https://dnb.de abrufbar.

Satz: 3w+p, Rimpar
Druck und Bindung: Hubert & Co, Göttingen
Printed in the EU

Vandenhoeck & Ruprecht Verlage | www.vandenhoeck-ruprecht-verlage.com

ISSN 2198-140X
ISBN 978-3-525-55873-7

Vorwort

Der vorliegende Band vereint Beiträge, die anlässlich der Tagung über „Martin Niemöllers internationale Rezeption“ am 27. und 28. April 2021 gehalten und für den Druck erweitert und ausgearbeitet wurden. Die Tagung fand während der Covid-19 Pandemie unter den erschwerten Bedingungen des Lockdowns statt. Es gelang dennoch im vorliegenden Band alle wichtigen Forscherinnen und Forscher zu Martin Niemöller, insbesondere alle Autoren der vier zwischen 2017 und 2020 erschienenen Niemöller-Biographien online und mit hier veröffentlichten Beiträgen zusammenzuführen. Die Tagung konnte so ihr gestecktes Ziel, den Stand der Forschung zu ermitteln, eine breite wissenschaftliche Diskussion zu ermöglichen und im Druck zu dokumentieren, trotz aller Widrigkeiten vollständig erreichen. Besonders erfreulich ist die Tatsache, dass sich eine ganze Reihe vielversprechender jüngerer Wissenschaftlerinnen und Wissenschaftler an der Tagung und der Publikation beteiligen konnten. Dadurch hat die Tagung auch dazu beigetragen, die Niemöllerforschung in die nächste Generation weiterzugeben.

Die Kooperation mit der Evangelischen Akademie Frankfurt, namentlich mit Dr. Eberhard Pausch, ermöglichte eine Online-Tagung unter sehr guten Bedingungen. Die einzelnen Vorträge wurden aufgezeichnet und auf dem YouTube-Kanal der Akademie wie auch auf der Website der Marburger Forschungen zum Neuen Testament zugänglich gemacht.

Die Tagung wurde gefördert von der Fritz Thyssen-Stiftung und der EKHN-Stiftung. Beiden Institutionen sei herzlich gedankt. Die Durchführung der Tagung und die Verwirklichung der Publikation waren nur möglich durch die engagierte Mithilfe der Mitarbeiterinnen und Mitarbeiter des Marburger Lehrstuhls für Neues Testament. Wir danken an erster Stelle Moritz Groos für die hervorragende Mitarbeit bei der Tagungsorganisation und für die Erstellung des Manuskripts, dann der wissenschaftlichen Mitarbeiterin Eva-Maria Kreitschmann und den studentischen Hilfskräften Fabian Schley, Lisa Sunnus und Lea Trugenberger für die zuverlässige Übernahme vielfältiger weiterer Aufgaben.

Abschließend sei der Evangelischen Kirche in Hessen und Nassau und der Scio-Stiftung, Darmstadt für einen namhaften Druckkostenzuschuss, den Herausgebern der Reihe „Arbeiten zur kirchlichen Zeitgeschichte“, Prof. Dr. Siegfried Hermle und Prof. Dr. Harry Oelke, für die Aufnahme des Bandes in diese Reihe und dem Verlag Vandenhoeck & Ruprecht, namentlich Miriam Lux und Renate Rehkopf, für die reibungslose Zusammenarbeit bei der Drucklegung gedankt.

Marburg/Limburg, im Oktober 2022 Lukas Bormann und Michael Heymel

Inhalt

Vorwort 5

Lukas Bormann und Michael Heymel
Einleitung 11

Abstracts der englisch- und französischsprachigen Beiträge 27

I. Streitfragen: Widerstand, Antisemitismus und Erinnerungskultur 31

Victoria J. Barnett
Martin Niemöller and the Complexities of Resistance 33

Benjamin Ziemann
Martin Niemöllers Antisemitismus und die Frage der Schuld nach 1945 49

Michael Heymel
Martin Niemöller und das Judentum: ein lebenslanger Lernprozess . . 73

Malte Dücker
Martin Niemöller als „postheroische" Heldenfigur: Perspektiven der Erinnerungskultur im 21. Jahrhundert 81

Arno Helwig
Die Rezeption Niemöllers am historischen Ort – Erinnerungsarbeit am Martin-Niemöller-Haus Berlin-Dahlem 105

II. Die Entstehung des „Niemöller-Mythos“ im europäischen Protestantismus und in den USA 119

George Harinck
'Wij hooren ver uw woord' – we hear your word afar. Dutch Protestant reactions to Niemöller before 1945 121

Wilken Veen
Martin Niemöller und seine Rezeption in den Niederlanden nach 1945 145

Stephen Plant
Martin Niemöller and Karl Barth: the development of a fruitful friendship 159

Matthew Hockenos
Martin Niemöller's Reception in the United States 173

Frédéric Rognon
Martin Niemöller et la France: les paradoxes d'une réception 197

III. Niemöller als Repräsentant der Kirche 209

Michael Heymel
Martin Niemöller als Prediger, Theologe und Ökumeniker 211

Lukas Bormann
Martin Niemöller und die Bibel: Die Schrifthermeneutik Niemöllers nach den Dahlemer Predigten und seinen Beiträgen zur Entmythologisierungsdebatte 237

Jolanda Gräßel-Farnbauer
Martin Niemöller und die Diskussion um Frauen im Pfarramt 261

Gisa Bauer
Martin Niemöller und die Evangelische Kirche in Hessen und Nassau – die Evangelische Kirche in Hessen und Nassau und „ihr“ Niemöller. Ein Beitrag zur Wahrnehmungsgeschichte 281

IV. „Die Zeit des ‚weißen Mannes' geht ihrem Ende entgegen". Niemöllers Einsatz für Antikolonialismus, Antirassismus, Flüchtlings- und Menschenrechte 303

Alf Christophersen
Wege in die Freiheit: das „ökumenische Zeitalter". Niemöller zwischen Luthertum und Katholizismus 305

Matthias Ehmann
"For the migrant takes the place of Christ himself"
Martin Niemöllers früher Ansatz zu einer Theologie der Migration des ÖRK im Horizont des Endes der Kolonialherrschaft 327

Peter Morée
„Ihre Anwesenheit in Prag war für uns alle ein großes und heilsames Ereignis"
Niemöller und die tschechischen Evangelischen 345

V. Barmen und das Erbe der Bekennenden Kirche 369

Gerard den Hertog
„Das Evangelium ist Angriff". Hans Joachim Iwand und Martin Niemöller: Zwei Nationalprotestanten in der Feuerprobe des „Dritten Reiches" 371

Hannah M. Kreß
Martin Niemöller und Hans Asmussen nach 1945 399

Thomas Martin Schneider
Die Magna Charta der Bekennenden Kirche: Martin Niemöller und die Barmer Theologische Erklärung 423

Harry Oelke
Der heutige Protestantismus und das Erbe der Bekennenden Kirche . . 443

Autorinnen und Autoren 459

Bibelstellenregister 461

Personenregister 462

Lukas Bormann und Michael Heymel

Einleitung

Als im Jahr 2017 der 125. Geburtstag Martin Niemöllers begangen wurde, ließ sich neben respektvoller Aufmerksamkeit und erinnerungskultureller Routine auch eine gewisse Ratlosigkeit unter den Beteiligten beobachten. Der Lebenslauf und das Wirken eines Mannes, der als kaiserlicher Marineoffizier in die Öffentlichkeit getreten war und sich aus ihr als entschiedener Pazifist verabschiedet hatte, boten wenig Anknüpfungspunkte für eine kirchliche und nichtkirchliche Vergegenwärtigung seiner Lebensleistung. Die konsequente Abkehr vom Militär konnte im wiedervereinigten Deutschland, das inzwischen wieder an Militäreinsätzen beteiligt war, nur wenig Verständnis finden. Niemöllers Insistieren auf die Frage „Was würde Jesus dazu sagen?" hatte ihre Spannkraft verloren, und sein bedeutendstes Wort, das bis heute weltweit, oft genug, ohne dass man an den Namen des Urhebers denkt, verbreitet wird, hatte in Deutschland ohnehin nie solche Resonanz gefunden wie im Ausland: „Als die Nazis die Kommunisten holten, habe ich geschwiegen, ich war ja kein Kommunist …". Dieses Wort ist zum Beispiel am Gebäude des Holocaust-Museums in Washington angebracht und wird außerhalb Deutschlands beständig in der öffentlichen Diskussion verwendet. Oft reichen sogar Kurzformeln auf Englisch wie „first they came …" oder „then they came for me", um „the quote" aufzurufen.

Auch der so genannte Kirchenkampf mit „Arierparagraph", „Pfarrernotbund", „Barmer Synode", also das historische Geschehen, das ohne Übertreibung die Welt in den Jahren nach 1933 in Atem hielt, weil die Ausbreitung des Neuheidentums der Hitlerbewegung in Deutschland international einen Schock ausgelöst hatte, kann mit seinen damals so zentralen theologischen, juristischen und politischen Finessen einer postsäkularen Gesellschaft kaum mehr vermittelt werden. Man kann sich zudem auch nicht vorstellen, dass es einmal eine Zeit gab, in der die Ablösung des Christentums nicht nur Aufregung, sondern auch Erschrecken in der Mehrheit der Bevölkerung weltweit ausgelöst hatte, wo man heute doch regelmäßig von den zurückgehenden Zahlen der Kirchenmitgliedschaft liest und den schwindenden Einfluss des Christentums seit Jahrzehnten beobachten kann, ohne dass die Welt eine schlechtere geworden ist. Dennoch oder gerade deswegen setzte nach dem Jubiläum eine neue Niemöllerdebatte ein, die sich in vier Biographien in drei Sprachen, veröffentlicht zwischen 2017 und 2020, niederschlug. Erst jetzt wurde deutlich, dass die Forschung zu Niemöller internationale Dimensionen hatte, die in der bisweilen auf einige wenige Fragestellungen wie die der Schuld und des Widerstands verengten deutschen Debatte nicht ausreichend wahrgenommen wurden. Das Leben Niemöllers beschäftigt bis heute Menschen in aller Welt, und seine Bedeutung im Ausland fand nicht nur eine von der deutschen verschiedene Wahrnehmung, sondern war durch andere Inhalte und Sichtweisen bestimmt und hatte andere Funktionen zu erfüllen. Eine Auseinandersetzung mit dem Leben und Wirken Martin Niemöllers muss also, um dem historischen Phänomen gerecht zu werden, seine internationale Rezeption miteinschließen.

1. Zur neuen Niemöllerdebatte

Martin Niemöller wurde in seinen letzten Lebensjahren vor allem als Vaterfigur der westdeutschen Friedensbewegung wahrgenommen. Nach seinem Tod zeichneten Nachrufe das Bild Niemöllers als eines preußischen Nationalprotestanten, kaisertreu, mutig im kirchlichen Widerstand und bereit, öffentlich von eigener Schuld zu reden, der im Alter radikaler Christ und Friedensaktivist geworden war. Dieses besonders im deutschen Linksprotestantismus fest verankerte Bild, das durch Biographen wie Dietmar Schmidt und James Bentley bestätigt wurde, galt für die Erinnerungskultur der folgenden drei Jahrzehnte in Deutschland (und darüber hinaus), sodass Niemöllers Wirken kein Thema öffentlicher Debatten wurde. Daran änderten auch die 1992 zu seinem 100. Geburtstag veranstaltete Ausstellung unter dem Titel „Protestant" und die 1997 bei Rowohlts Bildmonographien erschienene Biographie von Matthias Schreiber nichts.

Erst seit einigen Jahren sind Niemöllers Leben und Wirken durch verschiedene Beiträge wieder Gegenstand der wissenschaftlichen sowie der öffentlichen Diskussion geworden. Dazu trugen hauptsächlich, lässt man biographische Aufsätze von Martin Stöhr und Jan Schubert einmal unberücksichtigt, vier neue Niemöller-Biographien von Michael Heymel, Matthew Hockenos, Benjamin Ziemann und Frédéric Rognon bei. Heymel würdigte im Gedenkjahr 2017 Niemöller als Prediger und Theologen, der in der Ökumene hohes Ansehen genoss, während er in der westdeutschen evangelischen Kirche nach 1945 umstritten war. Diese Biographie rückt von dem einseitig linksprotestantischen Bild Niemöllers ab und stellt die evangelistischen *und* politischen Züge von Niemöllers Arbeit für Frieden und Versöhnung heraus. Der amerikanische Historiker Matthew Hockenos legt den Schwerpunkt seiner Darstellung auf die Niemöller-Rezeption in den USA, wo der Dahlemer Pfarrer schon früh als christlicher Widerstandskämpfer gegen die Nationalsozialisten medial inszeniert wurde. Er holt Niemöller vom Sockel solcher Überhöhungen herunter und betont die starke nationalprotestantische Prägung, die Zustimmung zu den Zielen der völkischen und nationalsozialistischen Bewegung und antijüdische Denkmuster in Niemöllers Äußerungen. Hockenos stellt aber auch heraus, dass Niemöller dazu bereit war, als verfehlt erkannte Ansichten zu revidieren, und hält als Resümee fest, dass sein lebenslanger Lernprozess als vorbildlich gelten kann.

In seiner von mehreren Aufsätzen flankierten Niemöller-Biographie setzt der Historiker Benjamin Ziemann neue Akzente. Er beschreibt Niemöller als nationalprotestantischen und politischen Pastor und stellt der Ikone, zu der Niemöller in großen Teilen der früheren Niemöllerforschung überhöht worden sei, ein überaus kritisches Niemöllerbild entgegen. Ziemann arbeitet die Anteile der frühen Biographie Niemöllers heraus, die dessen Nähe zu rechtsextremen Nationalisten und Antisemiten belegen. Dieser Vergangenheit habe sich Niemöller nicht wirklich gestellt und zudem habe er sich nie ganz von den Anschauungen, die er in den ersten Jahren nach 1918 zweifellos vertreten hatte, gelöst. Als streitbarer politischer Kirchenmann habe Niemöller geradlinig und machtbewusst eine kirchliche Karriere mit nationaler Motivation verfolgt. Diese und andere Thesen und Bewertungen finden viel öffentliche Aufmerksamkeit und werden kontrovers diskutiert, da sie mit überraschenden Urteilen und Bewertungen herkömmliche Sichtweisen und Annahmen zu Niemöller fundiert in Frage stellen.

Zusammen mit Alf Christophersen publizierte Ziemann 2019 überdies Aufzeichnungen über den Weg der christlichen Kirche, die Niemöller 1939 im KZ Sachsenhausen verfasst hatte. Diese werfen ein neues Licht auf Niemöllers beabsichtigte, jedoch nicht vollzogene Konversion zur römisch-katholischen Kirche, vor allem aber dokumentieren sie sein äußerst kritisches Verhältnis zum landeskirchlich verfassten Protestantismus, der ihm im Vergleich mit der hierarchisch strukturierten katholischen Kirche als defizitär und unbiblisch erschien.

Die Biographie, die der Straßburger Religionsphilosoph Frédéric Rognon vorgelegt hat, ist nach Jahrzehnten der erste Versuch eines französischen Autors, seinen Landsleuten Niemöllers Leben und Wirken vorzustellen. Rognon widmet sich vor allem Niemöllers Weg in den Widerstand und seiner Konversion zum Pazifismus. Durch seine Reflexionen über das Problem einer angemessenen biographischen Darstellung eröffnet er der wissenschaftlichen Diskussion über Niemöller neue hermeneutische Perspektiven.

Die vorliegenden Niemöller-Biographien beanspruchen alle, die Geschichte des *wirklichen* Niemöller zu erzählen, setzen aber sehr unterschiedliche Schwerpunkte. Sie rekonstruieren jeweils von ihrem Standort die historische Wirklichkeit auf der Basis von Quellen und bieten zugleich erzählerische Konstruktionen der Lebensgeschichte ihres Protagonisten, die sich nicht alleine aus den Quellen ergeben und die sich z. B. auch unter erzähltheoretischen Gesichtspunkten analysieren lassen. Als biographische Erzählungen geben sie nicht nur Auskunft über den Biographierten, sondern auch darüber, in welchem Verhältnis die Biographen zu ihrem Gegenstand stehen und mit welchem erkenntnisleitenden Interesse sie ihn betrachten.

Schließlich ist auch die Frage nach der intendierten Autor-Leser-Kommunikation oder -Lenkung zu berücksichtigen, so dass sich jeweils die Fragen stellen, für welches Publikum und aus welchen Gründen ein bestimmtes Niemöllerbild heute etabliert werden soll und wie dies mit der Stellung des Protestantismus und seiner schwindenden kulturellen und gesellschaftlichen Prägekraft in Beziehung steht.

Im Vergleich der Beiträge ist der *Konflikt der Interpretationen* offenkundig geworden, der in der neuen Niemöllerdebatte ausgetragen wird. Rognon bemerkt an den Darstellungen zu Niemöller ein polarisierendes Spannungsverhältnis zwischen Hagiographie und Verurteilung, in dem die distanzierte Analyse Mühe habe, sich den Weg zu bahnen. Die neuere Literatur hatte eine Reihe von Fragen aufgeworfen, die vor allem die *deutsche Rezeption* Niemöllers betreffen:

- Wie ist Niemöllers Verhalten als militärischer Nationalist zu bewerten? Zeigen sich nicht gerade hier seine Schattenseiten: der zeitweilige Einsatz in den Freikorps, die Zustimmung zu Hitlers Machtergreifung, der Versuch, 1939 zu den Fahnen der Wehrmacht zurückzukehren?
- Wo sind bei ihm antijüdische Denkmuster zu erkennen, und inwieweit hat er selbst sich mit dem Problem des Antisemitismus auseinandergesetzt?
- Gehört Niemöller zum deutschen, christlich motivierten Widerstand gegen das NS-Regime oder ging es ihm *nur* um die Eigenständigkeit der Bekennenden Kirche?
- Wie ist die schneidende Kritik an den lutherischen Landeskirchen zu bewerten, die Niemöller während seiner Haft im KZ Sachsenhausen formuliert hat? Er sprach ihnen ab, „überhaupt noch Kirche zu sein", und erklärte, die lutherische Kirche sei tot, der Protestantismus habe sich „vom christlichen Glauben längst abgelöst".
- Wie ist Niemöllers Beitrag zur Stuttgarter Schulderklärung und zum kirchlichen Schulddiskurs 1945 bis 1947 einzuschätzen?
- Wie sind seine Kritik an der einseitigen Westintegration der Bundesrepublik, sein anhaltender Widerspruch gegen die repräsentative Demokratie und sein kämpferischer Pazifismus zu beurteilen?
- Fand Niemöller in seinem Engagement für die weltweite Ökumene, Antirassismus und eine humane Flüchtlings- und Migrationspolitik zu seinen eigentlichen Lebensthemen oder flüchtete er vor der Realität des deutschen Protestantismus der Adenauerära?

Damit ist zugleich die übergreifende Frage gestellt: Was macht Niemöller eigentlich zu einer großen Gestalt des deutschen Protestantismus? Da er seit dem Kirchenkampf internationale Beachtung fand und das Bild der Deutschen im Ausland nach 1945 wesentlich mitgeprägt hat, müssen die aufgeführten Fragen in einem *internationalen Rahmen* diskutiert werden. Mit Blick auf die internationale Rezeption Niemöllers stellen sich folgende Fragen:

- Ist das Bild von Niemöller als Widerstandskämpfer gegen das NS-Regime nicht vor allem im Ausland entstanden und als Hoffnungszeichen für die Existenz des Verbindenden und bleibend Guten in Deutschland gesehen worden?
- Inwieweit wirkte die hohe publizistische Aufmerksamkeit, die das Schicksal des „Pastors, der sich Hitler entgegenstellte", fand, auf die Entscheidungsfindung der verschiedenen Flügel der Bekennenden Kirche zurück?
- Auf welche Weise spiegeln sich im jeweiligen Niemöllerbild des Auslands eigene Konflikte und Hoffnungen für die Stellung des Christentums in der Gesellschaft?
- Führten der Wunsch und die Notwendigkeit, nach 1945 auch *gute* Deutsche als Gesprächs- und Kooperationspartner zu haben, nicht noch wirkungsvoller als Niemöllers Widerstand gegen den Nationalsozialismus zu einem überhöhten Niemöllerbild?

Schließlich befassen sich die in diesem Band versammelten Beiträge mit Themen, die eine weitere bedeutende Forschungslücke schließen. Ein Großteil der bisherigen Forschung widmete sich Niemöllers Aktivitäten für Frieden und Versöhnung zur Zeit des Kalten Krieges, d. h. sie war auf Niemöller als prägende Gestalt einer politischen Kirche fokussiert. Sein Einfluss und seine Initiativen innerhalb der Kirche fanden dagegen weniger Beachtung. Kaum bedacht wurden Fragestellungen, die sich auf Niemöllers Identität als protestantischer Christ, Theologe und Pfarrer und seine Funktionen in der Evangelischen Kirche in Deutschland (EKD), der Evangelischen Kirche in Hessen und Nassau (EKHN) und der Ökumene beziehen. Seine Religiosität, seine Bibelhermeneutik, wichtige Orientierungsgrößen seiner Theologie (wie M. Luther, K. Barth, D. Bonhoeffer, die Bekenntnissynoden von Barmen und Dahlem 1934), sein Verständnis von Kirche, Gemeinde und Ordination, sein Wirken als Prediger seit 1945, seine Zeit als Kirchenpräsident der EKHN (1947–1964), seine Tätigkeit als Ökumeniker (1945–1975) – all das fand bisher wenig Aufmerksamkeit und wird durch zahlreiche Beiträge in diesem Band neu und oft erstmals für die Forschung erschlossen.

2. Erinnerungskultur, Widerstand und Antisemitismus

Die drei Problemkomplexe Erinnerungskultur, Widerstand und Antisemitismus erfordern eine genauere begriffliche Klärung, die im Folgenden geleistet werden soll.

2.1 Erinnerungskultur

Drei Beiträge gehen im Zusammenhang mit Niemöller (Dücker), dem Erinnerungsort Dahlem (Helwig) und der Frage nach dem Erbe der Bekennenden Kirche (BK) (Oelke) explizit auf Aspekte der Erinnerungskultur ein. „Erinnerungskultur" ist inzwischen durch Christoph Cornelißen eingeführt als Oberbegriff für alle Formen bewusster Erinnerung, die sich auf historische Ereignisse, Persönlichkeiten und Prozesse beziehen, unabhängig davon, ob diese einer ästhetischen, politischen oder kognitiven Sphäre angehören. Der Begriff impliziert, dass Vergangenheit für gegenwärtige Zwecke gebraucht wird, und hebt auf diesen funktionalen Gebrauch ab. Wer von Erinnerungskultur spricht, hat ein Interesse daran, eine historisch begründete Identität bzw. kulturell begründete Selbstbilder zu formieren. Es geht also nicht vorrangig um Geschichte an sich („wie es eigentlich gewesen sei"), sondern darum, wie und von wem Geschichte repräsentiert wird. Wer eine Person oder ein Ereignis erinnerungskulturell beansprucht, verbindet damit einen geschichtspolitischen Bezug auf die Gegenwart und will in diesem Prozess eigene Werthaltungen zum Ausdruck bringen und repräsentiert sehen. Die breite Diskussion um Straßenumbenennungen, die sich auf Namensgeber mit nationalistischen, kolonialistischen und antisemitischen biographischen Anteilen bezieht, ist Ausdruck des Wunsches, in ehrenden öffentlichen Ausdrucksformen vor allem die Werte der demokratischen Gesellschaft der Gegenwart repräsentiert zu sehen.

Forschungen zur Rezeption Martin Niemöllers sind der Zeitgeschichtsforschung über Erinnerungskulturen im 20. Jahrhundert zuzuordnen. Niemöller selbst ist für unterschiedliche Gruppen zum *Erinnerungsort* geworden. Er spielt eine besondere Rolle für die konfessionell geprägte Erinnerungskultur der deutschen Nachkriegszeit und wird bis heute in Anspruch genommen für die Konstruktion landeskirchlicher Identität (besonders in der EKHN, deren erster Kirchenpräsident er 1947 bis 1964 war) wie auch für ein modernes Christentum im Horizont der Ökumene. Wie die neue Niemöllerdebatte gezeigt hat, sind das in der Zeit des Kirchenkampfes entstandene *heroische* Bild Niemöllers und der medial verbreitete Niemöller-Mythos in die Kritik geraten. Einer *postheroischen* multikulturellen Gegenwart erscheinen sie als nicht mehr vermittelbar. Was Niemöller für Protestanten bedeuten soll, wie in der deutschen Gesellschaft an ihn erinnert wird, hängt von den jeweiligen Akteuren kollektiven Erinnerns ab. Umso wichtiger ist es, mit soliden zeitgeschichtlichen Informationen zu einer reflektierten Erinnerungskultur beizutragen, bei der diejenigen, die sich auf Niemöller beziehen, bereit sind, ihre eigenen Narrative immer wieder selbstkritisch zu überprüfen.

2.2 Widerstand

Bald nach 1945 entschieden die West-Alliierten im Rahmen der Entnazifizierungsverfahren auch der Frage der Kirchenzugehörigkeit Bedeutung beizumessen. Der Erfassungsbogen, der von allen Deutschen der Geburtsjahrgänge vor 1919 auszufüllen war, enthielt mehrere Fragen zur Kirchenzugehörigkeit, zur Mitgliedschaft bei den verschiedenen Gruppierungen der Deutschen Christen. Unter den Fragen zur Opposition gegen das nationalsozialistische Regime wurde auch nach Einschränkungen aus *religiösen* Gründen gefragt, die wiederum von mindestens zwei Personen wahrheitsgemäß zu bezeugen waren. De facto wurde im Zuge der Umsetzung der Entnazifizierung der Bekennenden Kirche, aber auch den intakten Landeskirchen Bayerns und Württembergs der Status als Widerstandsorganisationen zugewiesen. Dieses Verfahren hatte weitreichende Folgen für das Verständnis von Widerstand, der nun in kleinsten Aktionen von Renitenz und Querulantentum entdeckt wurde, ohne dieses leicht abweichende Verhalten in den größeren Zusammenhang der breiten Zustimmung und Unterstützung des Nationalsozialismus in Beziehung zu setzen. Erst die kritische historische Rückfrage stellte dieses allzu unscharfe Verständnis von Widerstand in Frage. In der gegenwärtigen Debatte werden folgende Überlegungen zum Widerstandbegriff angestellt: Eine erste, vergleichsweise schwache Form des Widerstands kann im Bemühen der intakten evangelischen Landeskirchen sowie der Bekennenden Kirche gesehen werden, sich der Gleichschaltung zu widersetzen und aktiv die Eigenständigkeit im totalitären NS-Staat zu behaupten. Etwas deutlicher zeichnet sich widerständiges Handeln ab, wenn man dem totalitären Anspruch der nationalsozialistischen Herrschaft entgegentrat und dafür persönliche Gefährdungen in Kauf zu nehmen bereit war. Ist es angemessen, darüber hinaus die verfolgten Ziele in die Bewertung als Widerstand mit einzubeziehen, etwa die Beseitigung des politischen Regimes? Sollte dieser Einsatz weiterhin über die eigene Gruppenzugehörigkeit hinaus auch die Beseitigung der Bedrängnisse anderer Menschengruppen anstreben, um als Widerstand zu gelten? Die Auflistung der Fragestellungen macht deutlich, dass es hier nicht genügt, die Quellen sprechen zu lassen. Vielmehr werden auch in der Frage des Widerstands sinnvolle und weniger sinnvolle Definitionen für die Interpretation und das historische Urteil in Anwendung gebracht. Im Beitrag von Barnett findet sich eine biographisch einfühlsame und zugleich ethisch anspruchsvolle Reflexion über die Frage, ob Martin Niemöllers Handeln als Widerstand zu werten ist und wie Kompromisse mit einem totalitären Regime und Äußerungen in einer gleichgeschalteten Gesellschaft, in der abweichende Stimmen nicht laut werden dürfen, zu werten sind.

2.3 Antisemitismus

Die Einbettung der Forschungsfragen, die in diesem Band verhandelt werden, in einen internationalen Kontext erfordert es, den Begriff Antisemitismus bzw. engl. anti-Semitism ebenfalls über die Grenzen Deutschlands hinaus zu reflektieren. In den angelsächsischen Ländern, den Niederlanden und Skandinavien wird diese Zuschreibung auch mit Unkenntnis oder Unbedarftheit in der Geschichte des Judentums assoziiert. Im deutschsprachigen Raum entfaltet die Zuschreibung *antisemitisch* ein besonderes Gewicht. Die Vorstellung, dass angesichts der Verbrechen durch Deutsche an jüdischen Menschen eine Unkenntnis oder Unbedarftheit des Sprechers relativierend zu berücksichtigen sei, ist unannehmbar. Gerade in Deutschland muss man über das Judentum und seine Geschichte ausreichend informiert sein, um jegliche Stereotypisierung des Judentums und judenfeindliche Anwandlung vermeiden zu können, denn die Abwertung des Jüdischen und des Judentums hat die Verfolgung und Vernichtung jüdischer Menschen vorbereitet und möglich gemacht. Die Zuschreibung „antisemitisch" ruft deswegen in Deutschland zuerst und vor allem die Verfolgung und Vernichtung des europäischen Judentums in Erinnerung und bringt ein absolutes Unwerturteil zum Ausdruck.

Die Bemühungen um Unterscheidungen, die notwendig werden, um einen historischen Sachverhalt angemessen zu beschreiben, führen aber dazu, dass Forscherinnen und Forscher die Begrifflichkeit variieren. So diskutiert etwa Hockenos in seiner Niemöller-Biographie folgende Varianten der negativen Haltungen gegenüber jüdischen Menschen und dem Judentum: „anti-Semitism", „anti-Judaic theology", „theological anti-Judaism", „Christian anti-Semitism", „religious anti-Semitism", „racial anti-Semitic", aber auch „economic", „political" anti-Semitism oder „contempt for Jews" und „negative attitude towards Jews". Er nimmt die Überschneidungen der verschiedenen Spielarten des gesellschaftlichen, kulturellen, politischen und religiösen Antisemitismus ernst und sieht diese in unterschiedlich scharfer Ausprägung auch bei Niemöller bis in die 1930er Jahre als präsent an. Auch im Beitrag von Ziemann in diesem Band wird richtig gesehen, dass es bedeutsam ist, verschiedene Spielarten und Ausdrucksformen des Antisemitismus zu reflektieren, um dem Phänomen gerecht zu werden. So unterscheidet der genannte Beitrag zwischen einem „religiös motivierten" bzw. „christlichen, theologischen Antijudaismus", dem „modernen rassistischen" sowie „gesellschaftlich-kulturellen" Antisemitismus und erörtert, ob man auch sinnvoll von einem „nationalen Antisemitismus" sprechen könne. Bei Niemöller sind demnach Diskontinuitäten und Neugewichtungen zwischen den verschiedenen Ausdrucksformen des Antisemitismus erkennbar. So habe er den „rassistischen Antisemitismus" abgelegt, insgesamt aber über das Jahr 1945 hinaus durch verschiedene Äußerungen, die sich unterschiedlich eindeutig als antisemitische Klischees und Stereotype deuten lassen, lebenslang einen

„habituellen Antisemitismus" an den Tag gelegt. Bei Übereinstimmung im Grundsatz der Problematik setzt Heymel zur Frage des Antisemitismus bei Niemöller andere Akzente. Er erkennt eine klare Umorientierung Niemöllers und eine Abkehr von jeglichem Antisemitismus.

Als Konsens in der historischen Forschung kann gelten, dass sich religiöser Antijudaismus und rassisch-biologistischer Antisemitismus zwar theoretisch unterscheiden lassen, in der Regel aber in ihren historischen Erscheinungsformen gemeinsam auftreten. Trotz dieser Überschneidungen ist es dennoch sinnvoll, am historischen Gegenstand zu unterscheiden, ob der Schwerpunkt in einer deterministischen Festschreibung der Abneigung gegen alles Jüdische oder in einer beschränkten und veränderbaren Kritik an bestimmten religiösen und ethnischen Eigenschaften, die sich ablegen lassen, liegt. Die Nationalsozialisten verfochten einen rassisch-deterministischen und aktivistischen Antisemitismus (in der Selbstbezeichnung: „praktischer Antisemitismus"), der alles Jüdische als negativ und gefährlich definierte und auszugrenzen und zu vernichten suchte. Einem solchen Antisemitismus stand Niemöller fern.

3. Übersicht über die Beiträge des Bandes

In der ersten Sektion „Streitfragen" werden die perspektivischen Wahrnehmungen der Biographie Martin Niemöllers thematisiert und kritisch reflektiert. *Victoria Barnett* stellt sich die Frage, ob man die Geschehnisse um die Kirchen zwischen 1933 und 1945 mit dem Interpretationsmodell *Widerstand* angemessen erfassen kann. Niemöller wurde während der NS-Zeit zum Symbol des Widerstands, ohne dass die Widersprüche und Charakteristika seiner Persönlichkeit ausreichend berücksichtigt wurden. Niemöllers Kampfgeist und sein politisches Geschick hoben ihn unter den anderen Persönlichkeiten des Kirchenkampfs hervor. Nur er war in der Lage und bereit, sein Verständnis von Christentum, Kirche und deutschem Patriotismus gegen Hitler zu verteidigen. Ermöglicht wurde diese außerordentliche Konfliktbereitschaft durch die für Niemöller charakteristische Entschlossenheit und Handlungsbereitschaft. Der Beitrag thematisiert aber auch Niemöllers Verwundbarkeit, ein Aspekt, der in der Niemöllerforschung nur sehr selten Beachtung findet.

Im Gegensatz dazu wählt *Benjamin Ziemann* für die Interpretation des Wirkens Niemöllers eine Perspektive, in der kaum ein Deutscher dieser Zeit moralisch bestehen kann: die Shoah. Das führt ihn zur Leitfrage: Welche Bedeutung gewinnen die Handlungen und Äußerungen des kaiserlichen Offiziers, Theologiestudenten und Pfarrers der Ev. Kirche Martin Niemöller, wenn man sie aus der Perspektive der Judenverfolgung und -vernichtung betrachtet? Auf der Basis einer Definition von Antisemitismus, die die Vielfalt seiner Erscheinungsweisen und die Variabilität seiner Ausdrucksformen betont, bricht Ziemann mit der Vorstellung, Niemöller hätte den Antisemitismus zu irgendeinem Zeitpunkt seines Lebens vollständig abgelegt. In den Wandlungen des Lebens Niemöllers bleibt sein problematisches Bild vom Judentum eine Konstante. Vor diesem Hintergrund beteiligt sich *Michael Heymel* an der Debatte um die nun kontrovers gewordene Forschungsposition, Niemöller hätte sich vom Antisemitismus abgewendet. Er ordnet zwei aufschlussreiche Quellen, ein Schreiben des hessischen Generalstaatsanwalts und Initiators der Auschwitzprozesse Fritz Bauer aus dem Jahr 1961 und das Interview mit Günter Gaus aus dem Jahr 1963, in ihrem jeweiligen Kontext ein. Auf dieser Basis wird deutlich, dass man Niemöller die Reue über sein von ihm als falsch erkanntes Bild vom Judentum und die Abwendung von diesem nicht absprechen kann.

Die Herausforderungen, die von einer erinnerungskulturellen Aneignung Niemöllers ausgehen, zeichnet *Malte Dücker* nach. Er knüpft am kulturwissenschaftlichen Begriff der (deutschen) postheroischen Gegenwartslage an, die keine „Heldennarrative" mehr zulässt. Die in erinnerungskulturellen Rezeptionsnarrativen Niemöllers vorherrschende heroische Erzählstruktur hingegen, die zudem konfessionsspezifisch gestaltet ist, trägt nicht mehr. Allerdings öffnen gerade die Brüche und Widersprüche im Leben und Handeln Niemöllers die Möglichkeit, ihn als „postheroische Heldenfigur" auch für das 21. Jahrhundert relevant werden zu lassen. Dieser erinnerungskulturellen Herausforderung stellt sich auch die Dahlemer Gemeinde, die nicht nur, aber auch die Gemeinde Niemöllers war. *Arno Helwig* gibt einen Einblick in die Prozesse, die von der Entscheidung, das ehemalige Pfarrhaus nicht zu verkaufen, sondern als Martin-Niemöller-Haus zu halten, bis zur gegenwärtigen Nutzung und erinnerungskulturellen Gestaltung als Gedenk- und Lernort reichen. Im Jahr 2011 wurde unter den Stichworten „Erinnern, Lernen, Handeln" das Haus neukonzipiert. In der Dauerausstellung aus dem Jahr 2018 ist Niemöller eine Persönlichkeit neben anderen, die die Dahlemer Gemeinde geprägt haben.

Die Entstehung des „Niemöller-Mythos" im europäischen Protestantismus und den USA ist das Thema der ersten vier Beiträge der zweiten Sektion, während der abschließende fünfte Beitrag zeigt, welche Widerstände einer positiven Niemöller-Rezeption entgegenstanden. *George Harinck* und *Wilken Veen* widmen sich der Niemöller-Rezeption in den Niederlanden vor und nach 1945. *Harinck* weist darauf hin, dass die niederländischen Protestanten in der Politik des Nationalsozialismus und seiner Forderung eines „positiven Christentums" zunächst auch etwas Gutes gesehen hätten. Nach seiner Verhaftung 1937 galt Niemöller bei Christen aller Gesellschaftsschichten als Märtyrer. Dieses Bild wandelte sich aber während der Besatzungszeit ab Mai 1940, da bekannt wurde, dass Niemöller den NS-Staat unterstützt und die Juden nicht verteidigt hatte. Verstörende Nachrichten über ihn lösten öffentliche Kontroversen aus, die in der Regel damit endeten, dass Niemöller als rehabilitiert zu gelten habe. *Veen* erläutert, dass Niemöller ab 1948 wiederholt die Niederlande besuchte, ohne jedoch über seine Haltung in den Jahren zwischen 1933 und 1937 zu sprechen. Nach dem Jahr 1945 herrschte auch in den Niederlanden das populäre Bild Niemöllers als Widerstandskämpfer und *guter Deutscher* vor. In den 1990er Jahren breitete sich jedoch eine Skepsis gegenüber Niemöller und der Bekennenden Kirche aus.

Anhand der von 1934 bis 1966 reichenden Korrespondenz zwischen Martin Niemöller und dem Schweizer Theologen Karl Barth stellt *Stephen Plant* deren Beziehung dar. Agierten sie im Kirchenkampf zunächst als zufällige Verbündete, so wurden sie nach 1945 zu Freunden, die einander wertschätzten. Barth bewertete, nachdem Niemöller sich freiwillig zur deutschen Kriegsmarine gemeldet hatte, dessen Verhalten als das eines typischen Deutschen und Lutheraners. Nach Kriegsende erinnerte er Niemöller daran, dass er das Symbol des Widerstands gegen Hitler gewesen sei, und bekräftigte sein Vertrauen zu ihm trotz kritischer Presseberichte über Niemöllers Äußerungen. *Matthew Hockenos* weist nach, dass Niemöller in der Zeit von 1933 bis 1945 in der religiösen und säkularen Presse der USA wie auch von der Leitung des protestantischen Bundesrates der Kirchen (FCC) als eine führende Figur des Widerstands gegen Hitler dargestellt wurde. Sein Widerstand gegen die „Gleichschaltung" der deutschen evangelischen Kirche wurde ganz allgemein als Widerstand gegen den Nationalsozialismus einschließlich des nationalsozialistischen Antisemitismus missverstanden. Bis heute wird das berühmteste Wort Niemöllers („the quote") im polarisierten politisch-kulturellen Diskurs der USA eingesetzt und weiterentwickelt, um politisch-moralische Eindeutigkeit zu kommunizieren. Eine Ausnahme von der Regel stellt, wie *Frédéric Rognon* deutlich macht, die paradoxe Rezeption Niemöllers in Frankreich dar. In der dortigen katholisch geprägten und doch laizistischen Gesellschaft, in der protestantische Gemeinden kaum zwei Prozent der Bevölkerung ausmachen, sind vor allem die militanten Kreise des christlichen Pazifismus und das Milieu der Historiker des deutschen Widerstands gegen das Dritte Reich für Niemöller aufnahmebereit. Sein religiöser Status als evangelischer Pastor steht hingegen einer vertieften Rezeption Niemöllers durch Intellektuelle in Frankreich im Wege.

In der dritten Sektion wird Niemöller als Repräsentant der Kirche in den Blick genommen. *Michael Heymel* porträtiert den Prediger, Theologen und Ökumeniker, der mit der Christusbotschaft Menschen in ihrer Lebenswirklichkeit anzusprechen suchte. Als bibelorientierter lutherischer Theologe, dem es um den Glauben und die Kirche als christokratische Bruderschaft geht, fordert Niemöller eine akademische Theologie mit Gemeindebezug ein. In der Ökumene trat er für die „Bruderschaft aller Menschen" ein und kritisierte früher als andere den Eurozentrismus und das Überlegenheitsgefühl des „weißen" Europas. *Lukas Bormann* untersucht Niemöllers Schrifthermeneutik anhand der Dahlemer Predigten und seiner Beiträge zur Entmythologisierungsdebatte. Er geht davon aus, dass Niemöller als Prediger des Evangeliums und Ausleger der Schrift zu einer international verehrten Persönlichkeit wurde und diese Rolle seinem vorrangigen Selbstverständnis entsprach. Predigt und Schriftverständnis berühren das Zentrum seiner religiösen und emotionalen Wirksamkeit. Durch sie hat er Solidarität herstellen und zur Selbstbehauptung des Individuums im totalitären Staat beitragen können. In der kirchlichen und öffentlichen Debatte um das Entmythologisierungsprogramm Rudolf Bultmanns trat Niemöller für die Freiheit theologischer Reflexion ein.

Die beiden folgenden Beiträge von *Jolanda Gräßel-Farnbauer* und *Gisa Bauer* widmen sich Niemöller als Kirchenpräsident der Evangelischen Kirche in Hessen und Nassau (EKHN). *Gräßel-Farnbauer* betrachtet seine Rolle in der Diskussion um Frauen im Pfarramt und kommt zu dem Ergebnis, seine grundsätzlich befürwortende Haltung sei im Prozess der Entstehung und des Beschlusses des sogenannten Pfarrerinnengesetzes 1958/59 förderlich gewesen. Allerdings lag die primäre Zuständigkeit im Verfahren beim Ausbildungsreferenten und dem Leitenden Geistlichen Amt. Niemöller konnte gemäß der Kirchenordnung als Kirchenpräsident den Prozess nicht blockieren, obwohl manche seiner schöpfungstheologischen Argumente Vorbehalte gegenüber einer uneingeschränkten Gleichstellung von Frauen im Pfarramt erkennen lassen. Insgesamt war Niemöller weder Feminist im modernen Sinn noch ausdrücklicher Frauenfeind. *Bauer* wählt den Ansatz der „Wahrnehmungsgeschichte", um zu fragen, wie Niemöller in der EKHN wahrgenommen wurde und diese Wahrnehmung sich wandelte. Sie zeigt, dass die EKHN nicht in erster Linie durch ihn zur „politischen Kirche" wurde, sondern durch Konflikte um Themen, die im (west)deutschen Protestantismus seit den frühen 1970er Jahren virulent waren. Diese Auseinandersetzungen spielten sich vor allem unter Niemöllers Amtsnachfolger Helmut Hild ab. Dennoch führten die Stilisierung Niemöllers zum Symbol für ein christlich motiviertes politisches Engagement und seine plakativ gedeutete Vergangenheit dazu, dass er letztlich als der „politischere" Kirchenpräsident galt und die politisch engagierte EKHN aufgrund dieses Wesenszuges als „Niemöller-Kirche" bezeichnet wurde und wird.

In der Zeit nach 1945 befasste sich Niemöller zunehmend mit Fragen der weltweiten Gerechtigkeit. Die Prozesse der Entkolonialisierung fasste er in der Feststellung zusammen: „Die Zeit des ‚weißen Mannes' geht ihrem Ende entgegen". Niemöllers Einsatz für Antikolonialismus, Antirassismus, Flüchtlings- und Menschenrechte ist unbestritten. *Alf Christophersen* ordnet diesen in den größeren Zusammenhang der konfessionellen Verunsicherung Niemöllers und seiner Suche nach einer überzeugenden Form des Christentums ein. Die Möglichkeit, diese internationale Wirksamkeit zu entfalten, wurde durch das Stuttgarter Schuldbekenntnis von Oktober 1945 überhaupt erst eröffnet. Das Interesse an den sogenannten jungen Kirchen ging mit einer zunehmenden Auflösung konfessioneller Grenzen einher. In alldem blieben aber charakteristische Wesenszüge Niemöllers wie Entschlossenheit, Bereitschaft zur Provokation und ein gewisser „autoritärer Duktus" weiterhin wirksam. Der Beitrag von *Matthias Ehmann* zeigt auf, dass Niemöller schon sehr früh, etwa ab 1952, Fragen der Migration im Horizont einer universalen Ethik der Menschenrechte theologisch reflektierte. Für ihn nahm der Migrant die Stelle Christi ein und forderte die Kirchen zu uneingeschränkter Zuwendung und Unterstützung auf. Die globalen Migrationsbewegungen, die sich nach dem Ende der Kolonialherrschaft ausbildeten, waren in den Blickpunkt des Ökumenischen Rates der Kirchen getreten. Niemöller förderte dessen „Entwestlichung" und entwickelte weitsichtige und erstaunlich aktuelle Überlegungen für eine Theologie der Migration. Niemöllers Wirken im so genannten Ostblock wurde und wird bis heute immer wieder kritisch bewertet und oft als naiv eingeschätzt. *Peter Morée* geht auf die Ambivalenzen der Ostkontakte Niemöllers ein und kann zeigen, wie zurückhaltend sich dieser auf die von seinen ökumenischen Partnern angestrebten und auch von den kommunistischen Regimen aus propagandistischen Zwecken geförderten Begegnungen einließ. Deren Wirkungen waren aber längst nicht in der Weise zu kontrollieren, wie man sich das gelegentlich vorstellt. Von den Zusammenkünften zwischen Niemöller, Josef Hromádka und jungen Christen und Theologen der Nachkriegsgeneration gingen Impulse aus, die bis zum Prager Frühling des Jahres 1968 und zur oppositionellen Menschenrechtsbewegung Charta 77 wirksam waren.

Die einflussreiche Stellung der deutschen Kirchenvertreter im Ökumenischen Rat der Kirchen (ÖRK) und damit auch die Bedeutung Niemöllers für dieses Gremium waren nicht zuletzt durch die Konvergenz zwischen dem Gründungsdokument des ÖRK und der Barmer Theologischen Erklärung bewirkt worden. Beide Texte waren maßgeblich von Karl Barth beeinflusst. Diesem Dokument und den von ihm ausgehenden Wirkkräften widmet sich die fünfte Sektion, deren erste beiden Beiträge Weggefährten Niemöllers behandeln, durch die sein Handeln schärfer profiliert wird. *Gerard C. den Hertog* beleuchtet in einem instruktiven Vergleich die nationalprotestantischen Biographien Niemöllers und des ostpreußischen Theologen Hans Joachim Iwand. Beide waren in Freikorps tätig, beide bedienten sich einer militärisch geprägten Sprache, beide wurden während des Nationalsozialismus inhaftiert, und doch sind auch die Unterschiede bedeutsam. Niemöller war ein Mann der Kanzel, während Iwand in die akademische Theologie strebte. Ihre Lebenswege berührten sich immer wieder. Als Niemöller in der Haft seine ausführliche Reflexion des biblischen Kirchenbegriffs niederschrieb und die Konversion zum Katholizismus erwog, wurde Iwand beauftragt, eine Studie zur Glaubensgerechtigkeit nach lutherischem Verständnis abzufassen, die Niemöller vom Übertritt abhalten sollte. Ein zweiter Weggefährte war der lutherische Theologe Hans Asmussen. *Hannah M. Kreß* schildert und analysiert die Spannungen, die die Zusammenarbeit dieser zwei bedeutenden Theologen in der Nachkriegszeit zunächst belasteten und schließlich zum Bruch führten. Nach 1945 setzte ein Entfremdungsprozess ein, der durch mehrere Faktoren bestärkt wurde. Die mangelnde Bereitschaft Niemöllers, sich in die entstehenden Kirchenstrukturen einzufügen, das Ausscheiden von Asmussen aus der Kirchenkanzlei im Jahr 1948, die konfrontativen öffentlichen Kontroversen um Asmussens Engagement in der CDU und Niemöllers politische Theologie bestärkten sich wechselseitig und können als paradigmatisch für die spannungsvollen Jahre der Evangelischen Kirche der Nachkriegszeit angesehen werden.

Die beiden letzten Beiträge dieser Sektion handeln explizit von Barmen und dem Erbe der Bekennenden Kirche. *Thomas Martin Schneider* interpretiert die Barmer Erklärung als kirchenpolitisches und theologisches Konsenspapier des lutherischen und des durch Niemöller repräsentierten uniert-reformierten Flügels der Bekennenden Kirche. Niemöller war zwar an der organisatorischen Vorbereitung der Barmer Synode, aber nicht unmittelbar an der Entstehung des Textes der Barmer Erklärung beteiligt. Nach 1945 berief er sich hauptsächlich auf die beiden ersten Thesen und das *Erlebnis* von Barmen und zeigte für den Kompromisscharakter der Erklärung wenig Verständnis. Abschließend geht *Harry Oelke* der Frage nach, was von der Bekennenden Kirche (BK) im heutigen Protestantismus bleibe. Er sieht einen Erbgewinn, etwa in Bekenntnistreue und Widerstandspotential der BK, aber auch Erblasten, die nach Kriegsende an den Protestantismus weitergereicht wurden. Zu letzteren zählten der Rückzug der BK in den apolitischen Raum und das Ausblenden der Judenverfolgung. Nach einer Phase zeitzeugengestützter Erinnerungskultur hat die protestantische Erinnerung an die BK sich differenziert. Barmen wurde nach 1989/90 Bestandteil eines deutschen kulturellen Gedächtnisses. Personale Leitbilder der BK und die BK als Lernort werden, wie Oelke vermutet, für die individuelle und kirchliche Erinnerungskultur relevant bleiben.

Quellen- und Literaturverzeichnis

I. Veröffentlichte Quellen und Darstellungen

Bentley, James: Martin Niemöller. Eine Biographie. München 1985.

Heymel, Michael: Die neue Niemöller-Debatte. In: JHKV 70/71 (2019/20), 368–380.

–: Martin Niemöller – eine große Gestalt des deutschen Protestantismus. In: ÖR 68 (2019), 103–117.

–: Martin Niemöller. Vom Marineoffizier zum Friedenskämpfer. Darmstadt 2017.

Hockenos, Matthew D.: Then They Came for Me. Martin Niemöller, the pastor who defied the Nazis. New York 2018.

Karnick, Hannes / Richter, Wolfgang (Hg.): Protestant. Das Jahrhundert des Martin Niemöller. Frankfurt/Main 1992.

Niemöller, Martin: Gedanken über den Weg der christlichen Kirche. Hg. von Alf Christophersen und Benjamin Ziemann. Gütersloh 2019.

Rognon, Frédéric: Martin Niemöller. Prisonnier personnel de Hitler. Maison-Laffitte 2020.

Schmidt, Dietmar: Martin Niemöller. Eine Biographie. Wesentlich erweiterte Neuausgabe. Stuttgart 1983.

Schreiber, Matthias: Martin Niemöller. Reinbek 1997, ²2008.

Schubert, Jan: Martin Niemöller (1892–1984) – Bewahrung der Schöpfung. In: Gisa Bauer (Hg.): Politik – Kirche – politische Kirche (1919–2019). Die evangelischen Kirchen in Hessen und Nassau im Spiegel ihrer kirchenleitenden Persönlichkeiten. Tübingen 2019, 89–127.

Stöhr, Martin: Zum Leben und Werk von Martin Niemöller. In: Martin Niemöller, Gewissen vor Staatsräson. Ausgewählte Schriften. Hg. von Joachim Perels und mit einem Nachwort versehen von Martin Stöhr, Göttingen 2016, 275–333.

Ziemann, Benjamin: Martin Niemöller. Ein Leben in Opposition. München 2019.

II. Internetquellen

Cornelissen, Christoph: Erinnerungskulturen, Version: 2.0. In: Docupedia-Zeitgeschichte, 22.10.2012 http://docupedia.de/zg/cornelissen_erinnerungskulturen_v2_de_2012 DOI: http://dx.doi.org/10.14765/zzf.dok.2.265.v2 [12.3.2021].

Abstracts der englisch- und französischsprachigen Beiträge

Victoria J. Barnett: Martin Niemöller and the Complexities of Resistance

Martin Niemöller galt lange Zeit als Symbolfigur des protestantischen Widerstands gegen den Nationalsozialismus. Neuere biografische Studien stellen dieses Bild in Frage. Die Rolle von Institutionen wie den Kirchen während der NS-Zeit wird ebenfalls weit kritischer beurteilt als in der älteren Forschung. Insbesondere wurden differenziertere Sichtweisen von Widerstand und Mittäterschaft entwickelt, in denen das Verhalten der Kirchen und ihrer leitenden Persönlichkeiten in einem neuen Licht erscheinen. Die Beurteilung Niemöllers wird zusätzlich dadurch erschwert, dass deutlicher als zuvor sein früher Nationalismus, sein zögernder Weg zu einer offenen Opposition gegen das NS-Regime, sein Antisemitismus und seine ambivalenten Reaktionen auf entscheidende Wendepunkte der Geschichte in den Blick genommen werden. Dieser Aufsatz untersucht diese Fragen und erkundet, wie überhaupt die Komplexität von „Widerstand" historisch und biographisch zu verstehen ist.

George Harinck: 'Wij hooren ver uw woord' – we hear your word afar. Dutch Protestant reactions to Niemöller before 1945

Niemöller war in den Niederlanden bald nach 1933 ein bekannter Mann geworden. Aber wie gut kannten ihn die Niederländer wirklich? Vor dem Zweiten Weltkrieg hatte Niemöller die Niederlande nie besucht. Die komplizierten Konflikte in und um die Deutsche Evangelische Kirche waren in den Niederlanden kaum nachzuvollziehen. Man griff auf gängige Wahrnehmungsmuster zurück: Freikirche versus Nationalkirche, reformiert versus lutherisch, für oder gegen die dialektische Theologie Karl Barths. Anders als Sozialdemokraten und Kommunisten, die sich gleich nach 1933 mit ihren verfolgten Parteigenossen gegen Hitler solidarisierten, sahen die niederländischen Protestanten in der Haltung des Nationalsozialismus und seiner Forderung eines „positiven Christentums" zunächst auch etwas Gutes und warteten erst einmal ab. Nach seiner Verhaftung 1937 wurde Niemöller zum

Märtyrer für Christen aller Gesellschaftsschichten. Er wurde zu einem Phänomen, hinter dem die reale Person verschwand. Während der Besatzungszeit ab Mai 1940 wandelte sich das Niemöller-Bild erneut. In der Untergrundpresse der Widerstandsbewegungen war bekannt, dass Niemöller den NS-Staat unterstützt und die Juden nicht verteidigt hatte. Nach dem Krieg schwankte die Einschätzung Niemöllers in den Niederlanden weiter: War er ein entschiedener Verteidiger der Freiheit der christlichen Kirche oder war er ein deutscher Nationalist?

Stephen Plant: Martin Niemöller and Karl Barth: the development of a fruitful friendship

In diesem Aufsatz untersuche ich die Beziehung zwischen Martin Niemöller und dem Schweizer Theologen Karl Barth anhand ihrer größtenteils unveröffentlichten Korrespondenz, die 1934 begann und 1966 endete. Aus der Lektüre der Briefe wird klar, dass ihre Beziehung sich nach Niemöllers Entlassung aus der Kriegsgefangenschaft 1945 vertiefte. Ihre Zusammenarbeit war beiden wichtig, um ein gemeinsames Engagement für mehrere Hauptziele während des Kirchenkampfes und beim Wiederaufbau der deutschen Kirchen aufrechtzuerhalten, insbesondere um innerprotestantische Konfessionsstreitigkeiten zu vermeiden. Ihre Freundschaft erwies sich auch als robust genug, um offene Meinungsverschiedenheiten aufzunehmen, z. B. über die Notwendigkeit des Entnazifizierungsprogramms im Nachkriegsdeutschland. Ab den 1950er Jahren, als ihre praktische Zusammenarbeit an Bedeutung verlor, vermitteln ihre Briefe, dass sie trotzdem einander wohlgesinnt blieben. (Übers. von Victoria Barnett)

Matthew Hockenos: Martin Niemöller's Reception in the United States

Die Rezeption Martin Niemöllers in den USA lässt sich in drei Phasen einteilen. In der ersten Phase von 1933 bis 1945 wurde Niemöller von der amerikanischen religiösen und säkularen Presse sowie von der Leitung des protestantischen Bundesrates der Kirchen (FCC) als eine führende Figur im Widerstand gegen Hitler dargestellt. Sein Widerstand gegen die Nazifizierung („Gleichschaltung") der deutschen evangelischen Kirche wurde ganz allgemein als Widerstand gegen den Nationalsozialismus einschließlich des nationalsozialistischen Antisemitismus missverstanden. In der zweiten Phase, von 1945 bis zu seinem Tod 1984, erhöhten Niemöllers im Glauben begründeter Aktivismus und seine Kritik an der Politik der USA im Kalten Krieg, besonders am Vietnamkrieg, sein Ansehen bei den Linken und festigten seinen Ruf als Pastor, der der Macht die Wahrheit sagt. Und schließlich zementierte von 1984 bis heute die ausgiebige Berufung auf sein berühmtes Bekenntnis „First They Came For …" seine Stellung als progressive Ikone im Kampf gegen Ungerechtigkeit.

Frédéric Rognon: Martin Niemöller et la France: les paradoxes d'une réception

Die Rezeption Martin Niemöllers in Frankreich ist höchst paradox: nur eine geringe Zahl seiner Texte ist übersetzt worden, und nur sehr wenige Artikel oder Werke sind ihm gewidmet. Die für seine Persönlichkeit und seine Botschaft empfänglichsten Wirkungsfelder sind entgegen aller Erwartung nicht die protestantischen Gemeinden, sondern die militanten Kreise des christlichen Pazifismus und das Milieu der akademischen Forschung, die sich auf die Geschichte des deutschen Widerstands gegen das Dritte Reich spezialisiert hat. Aber das sind zwei Mikrokosmen. Um diese Unkenntnis der Franzosen im Blick auf Martin Niemöller zu interpretieren, können mehrere Hypothesen vorgebracht werden: die symbolische Grenze, die noch immer die beiden Rheinufer trennt (und damit der Mangel an Übersetzungen), die Anerkennung, die Dietrich Bonhoeffer genießt und die seinen Freund etwas überschattet, und schließlich der religiöse Status Martin Niemöllers, der im laizistischen Frankreich abstoßend wirkt. Trotzdem könnte seine Rezeption sehr wohl in naher Zukunft aufblühen. (Übers. von Michael Heymel)

I. Streitfragen: Widerstand, Antisemitismus und Erinnerungskultur

Victoria J. Barnett

Martin Niemöller and the Complexities of Resistance

1. Was German pastor Martin Niemöller a "man of resistance" against the Nazi regime?

This was certainly how he became internationally known during the Nazi era and in the decades after 1945. In the early years of National Socialism Niemöller emerged as a leading figure in the Confessing Church movement that opposed the pro-Nazi "German Christian" movement within the German Evangelical Church. Between 1933 and 1935 the *Kirchenkampf* (the internal church battle between these two factions) threatened to tear the German Evangelical Church apart. These events quickly drew international attention, and as a prominent Berlin pastor Niemöller was at the center of the action. In the summer of 1933 he helped found the Pastors Emergency League in solidarity with Protestant pastors who were affected by the Nazi racial laws. In January 1934 he was one of several Protestant leaders who met with Adolf Hitler, hoping to convince the Reich Chancellor to withdraw his support from the German Christians. By 1937 he had grown more outspoken on political matters, and was imprisoned and put on trial for anti-state activities and statements. At the trial's conclusion, Niemöller was sentenced to time already served—and then immediately re-arrested on Hitler's personal orders. He was imprisoned in concentration camps until May 1945.

All these events were featured in the international press, where Niemöller's saga was intertwined with reports about the persecution of German Jews and the refugees seeking to flee Nazi Germany. His story was at the heart of a 1937 film, "Modern German Christian Martyrs," which premiered at Riverside Church in New York City, with speeches by Riverside pastor Harry Emerson Fosdick and the former High Commission for Refugees James Grover MacDonald[1]. "Time Magazine" featured him on the cover of its December 23, 1940, issue with the title: "German Martyrs"[2].

Throughout the Nazi era, Martin Niemöller was not only the symbolic

1 Little has been written about this film, but correspondence and a brochure about the film (which includes the speeches by Fosdick and MacDonald) exist in the Rare Book Collection Rare Books and Manuscripts, University Libraries, Pennsylvania State University, University Park, PA (#2003-0095R/A-S).

2 See Hockenos, Niemöller, 145.

leader for the Protestant opposition to the "German Christians", but the symbolic figure of resistance against the Third Reich. In his 1943 autobiography, written from exile in England, German refugee pastor Hans Ehrenberg included an open letter to Niemöller in which he wrote:

> "I am writing to you from a world for which you have become a symbol, a myth,"[3] and continued that Niemöller's "suffering is the strengthening of all serious Christians in Germany… his witness in the concentration camp represents the public witness of the Church at this present time."[4]

After 1945, Niemöller's reputation as a "man of resistance" remained, although there was growing criticism after he gave several outspoken interviews in which he spoke of his early support for Nazism and played down the widespread complicity of the German population. He went on to become a controversial figure in his church and in postwar Germany, due to his political criticisms of the United States and West German governments.

At the same time, however, he was one of the earliest church figures to make early and pointed criticisms of his church's complicity under National Socialism. He was among the signers of the October 1945 Stuttgart Declaration of Guilt issued by the German Evangelical Church, which he defended during a period in which many Protestant pastors (and much of the German population) viewed it as a betrayal[5]. Niemöller became best known for his postwar statement, "First they came for the Communists, and I did not speak out, because I was not a Communist…", which has become an emblematic confession of failure, remorse, and guilt during the history of Nazi Germany and the Shoah[6].

And yet: everything about the history of Martin Niemöller, including the story of that quotation, is a complicated story. Scholars today period view Niemöller less as a "man of resistance" than as a case study in the complexities of resistance against National Socialism, particularly when it comes to the very ambiguous and ambivalent role of the Confessing Church and its leaders. These complexities are the subject of this chapter, in which I will examine three central aspects of the historical narrative about Martin Niemöller's role as a resistance figure:

1) During the Nazi era and in its immediate aftermath, Martin Niemöller became the symbol of resistance against National Socialism largely because he was what people of that era thought resistance looked like, in terms of his personal history, gender, status, position, and values. In the decades since then, the historiography of Nazi Germany and the Protestant

3 Ehrenberg, Autobiography, 38.

4 Ibid., 40. Emphasis in the original.

5 See Barnett, Soul, 225–227.

6 Niemöller used different versions on different occasions. Regarding the controversies about his statement, see Hockenos, Niemöller, 2 f. and 179 f.

church has become more critical. Greater attention has been paid to the significance of the pervasive antisemitism and nationalism in the churches as well as to the role played by lesser-known resistance groups. As a result scholars' understanding of what resistance against National Socialism "looked like" has begun to change, and with that there has been a more critical evaluation of Niemöller's role.

2) At the time and during the early postwar period, Niemöller's resistance served a "redemptive" function with respect to the history of Germany and its Protestant churches under Nazism. He and his compatriots (including many pastors) shared the same convictions: antisemitism, a traditional Lutheranism, nationalist and patriotic loyalties, and anti-Communism. Niemöller fought to keep the German Evangelical Church free of "German Christian" heresies and Nazi state control, but defense of the church from political interference was not the same thing as opposition to the Nazi regime and its policies. And even after he became critical of the Nazi regime his fundamental convictions remained. Long after the war, this redemptive narrative—that there were Germans like Niemöller who represented and defended the "true" Germany—continued to shape popular views of Niemöller (and of the Confessing Church).
3) Martin Niemöller's history before and after 1945 may offer interesting insights into the role that individual personality plays in shaping political resistance. He lived under five very different German governments: the Kaiserreich, the First World War, the Weimar Republic, Nazi Germany, and finally the Federal Republic of Germany in a divided Germany. In each of these very different contexts, his political behavior exemplified the outspokenness, ambition, and combativeness for which he became known during the Nazi era.

2. Martin Niemöller met expectations of what resistance "looked like"

For all the complexities and contradictions in Martin Niemöller's life story, the main features of his biography and career up to 1945 met certain expectations of resistance during the Third Reich as well as in the early postwar period. He was male, a celebrated military veteran and patriot, and a pastor in the wealthy suburb of Berlin-Dahlem. As a decorated World War I hero no one could accuse him of a lack of patriotism. As an outspoken preacher in a prominent Berlin church he was guaranteed some influence in the public sphere as well as in the leadership circles of his church. His social location gave him a platform from which he could play a decisive role in the Protestant *Kirchenkampf* and on the larger political scene.

His transition from being an early and enthusiastic supporter of the Nazi regime to becoming its most prominent critic was gradual and marked by contradictions. Although the *Kirchenkampf* began largely an internal battle for control of the churches, it took place on a larger political stage that, over time, inevitably pitted the outspoken Niemöller against the regime. In January 1933 Adolf Hitler had broad support from the German Evangelical Church, whose membership represented about two-thirds of the German population. That support was most fervent among members of the "German Christians," which embraced the *völkisch* nationalism and antisemitism of the National Socialist Party and, after January 1933, sought to align the German Evangelical Church with the goals and profile of the Nazi regime.

These views were not uncommon in the rest of the Protestant church, including among clergy who eventually became part of the Confessing Church, and in the early period of National Socialism Protestant clergy and laypeople vacillated between the different factions in the *Kirchenkampf*. A case in point was Niemöller's brother Wilhelm who became a Confessing Church pastor, but he was also an early member of the Nazi Party and the "German Christians"[7]. Martin Niemöller was not a member of either group, but he nonetheless welcomed the beginning of the Third Reich as a "Protestant event" and a national "rebirth"[8].

There were other Germans whose opposition to National Socialism was much clearer from the beginning. By mid-1933 some of them had already gone into exile. Others, including journalists, Social Democrats, Communists and labor union figures were immediately targeted and arrested. By the summer of 1933 the regime had arrested more than 100,000 so-called "enemies of the Reich"[9]. Some of them were murdered, others were sent to the growing number of concentration camps. There was international alarm about these developments, including press reports in the United States about the widespread arrests and violence in Nazi Germany. Officials at the Federal Council of Churches sent early protests about these events to German church leaders[10]. But although the Nazi regime was clearly targeting people who already posed real or potential resistance, these people weren't portrayed as "resistance" figures in the news reports of the time or in early historical works.

One such figure was Pastor Friedrich Siegmund-Schultze, a Protestant pacifist and social activist who had directed a Berlin welfare organization, the Soziale Arbeitergemeinschaft, since 1911[11]. During the Weimar period Siegmund-Schultze helped develop a wide network that included Jewish, Catholic, Quaker, and Protestant activists. In July 1933 Siegmund-Schultze

7 See Barnett, Soul, 41 f.
8 See Ziemann, Niemöller, 194.
9 See Evans, Reich, 11.
10 See Barnett, Barmen, 18–20.
11 See Barnett, Women's.

himself was expelled by the Nazi regime for his efforts to help German Jews in the early months of Nazism.

After he arrived in Switzerland, Siegmund-Schultze was no longer in direct resistance to the Nazi regime, but a number of the people involved in his center became part of resistance networks that helped Jews during the Nazi years. There has been a growing body of scholarship on figures like Elisabeth Schmitz, an outspoken teacher who urged the Confessing Church to speak out against antisemitic Nazi policies and subsequently hid Jews, and Franz Kaufmann, a lawyer who led a resistance circle that helped Jews hide and escape. Publicly, these individuals showed greater consistency and clarity and less ambiguity than people like Niemöller[12].

In contrast to Niemöller, such figures did not have prominent positions in the church, and many of them held political convictions, such as pacifism, that marginalized them even before the Nazis came to power. Martin Niemöller's more complex resistance profile is due in part not only to his early support for some goals of National Socialism, but to his higher position and profile in the institutional church. This, in turn, shaped how he understood the purposes of the *Kirchenkampf* and conducted himself, particularly in clashes with the Nazi state[13].

Niemöller's criticism of the Nazi regime was a form of resistance that came from within. Particularly in the early years of Nazism, he moved with great caution and ambivalence. He was turning against an ideology with which he had at least in part agreed. When Adolf Hitler left the League of Nations in October 1933, Niemöller sent a telegram of support on behalf of the Pastors Emergency League (PEL), emphasizing that the PEL's criticism of the regime concerned only church matters. Only over time did the growing state pressures on the church move Niemöller toward greater political outspokenness[14].

As early as the fall of 1933 Elisabeth Schmitz told the theologian Karl Barth that the caution of leading figures like Niemöller made them "only a somewhat tamer Deutsche Christ"—and that these were people who "continued to kowtow to the state"[15]. In contrast, Schmitz called for the Confessing Church to speak out against the Nuremberg Laws in 1935 and after November 1938 demanded that the Confessing Church protest the violence of the pogroms against German Jews. She also drew clear personal consequences by resigning from the civil service in protest.

Yet it was Niemöller, not people like Schmitz, who represented what much of the world thought of as "resistance". This continues to be the case. Although there are a growing number of studies in German and English of the smaller resistance groups and individuals, the more extensive literature on figures like

12 See Ibid.; as well as Gailus, Herz; and Rudolf, Sprung.

13 See Ericksen, Complicity.

14 See Ziemann, Niemöller, 288 f.

15 Ibid., 208.

Bonhoeffer, Niemöller, and the members of the July 20 conspiracy continue to draw greater attention.

Gender plays a role here, as it did during the Nazi era. Men are more likely than women to be portrayed not only as authority figures and political leaders, but as fighters. They certainly held more prominent and powerful positions from which to speak. All this suggests that the form of resistance that is most recognized seems to be that which comes from within a system and affirms the values of that system. In 1941 for example a group of professors and seminarians (including several women) from the Confessing Church's *Kirchliche Hochschule* in Berlin were put on trial. As was the case in Niemöller's 1937 trial, the defense lawyers played up the nationalism and patriotism of the male professors, defending one of them (Hans Böhm) by noting that he had lost his leg fighting in the First World War. One of the women on trial, Barbara Thiele, wept "that she wasn't being defended for her faith but with this breast beating. That the only thing that was of use were amputated legs."[16]

Before 1945 and in the early postwar period, those honored as resistance figures were people who spoke much of the same language and shared traditional national values. Indeed, many of these figures began as supporters of National Socialism, and only gradually and cautiously turned against it. Even their repudiation of National Socialism was expressed in the language of nationalism and patriotism, as Niemöller and others claimed that they were the ones who were defending the true values of the German nation. The very right to speak with authority, the aura of legitimacy, comes from identities that are privileged. Although Martin Niemöller became known as an enemy of the Reich, he represented a sector of German society that still acknowledged his authority and shared his traditional national values.

When Niemöller and other church leaders met with Adolf Hitler in January of 1934 he put on all his military medals. That same year he wrote his book "Vom U-Boot zur Kanzel," in which he declared his continued dedication and readiness to serve the nation from his pulpit, just as he had done as a submarine commander in the First World War[17]. As Ziemann notes in his biography, at decisive moments Niemöller would revise and adapt his past record as he attempted to redefine himself in the new moment. His attempt in 1939 to enlist in the German army and fight for his Fatherland once more, even though he was imprisoned in Dachau, was entirely consistent with this perspective.

In addition to his military reputation, he was a pastor, a man of the church, a representative of the largest and arguably most influential institution in Germany. His profile was not just that of a military hero and nationalist patriot—but of a preacher and pastor. He was fighting for the soul of his

16 Barnett, Soul, 93.

17 See Ziemann, Niemöller, 74 f.

nation and that of his church. Seen historically, this makes him a complicated figure, but in the 1930s it made him a perfect fit for an international audience that viewed the German Protestant churches as the front lines of resistance and opposition to Nazism—exemplified in the person of Martin Niemöller.

This is evident in the 1937 American edition of Niemöller's sermons, *Here Stand I!*[18] The introduction, written by the Scottish theologian James Moffatt, Washburn Professor of Church History at Union Seminary/New York, describes Niemöller as

> "...among the ministers of the Lutheran Church who are rallying a core of their faithful fellow countrymen against the insidious new paganism which in the name of patriotism is undermining loyalty to the Christian gospel... It is reassuring to find that he feels no need to repent of having taken part in war. Also, that he does not attack details of the new state worship which is mixed up with Hitlerism. He is content to preach the commanding Word of God with its demands for spiritual faith and freedom in the church and in individual life... He fought against the Allies during the war, but he will win from many of them in this country a deep sympathy with his efforts to win the greater war against dark powers of worldliness in political and even in ecclesiastical life. He stands for Christianity as the religion which is religion."[19]

It was an interesting picture of how another theologian viewed "Christian resistance" in Nazi Germany at the time. It was certainly not a portrait of political non-conformity or subversion. The charge that National Socialism represented an "insidious new paganism" that could be countered by genuine Christian preaching bypassed the problematic reality that so many Lutherans (including well-known theologians) had welcomed the rise of Hitler.

And it was a portrait that left many underlying presuppositions intact. It was precisely these beliefs—anti-Communism, anti-internationalism, Protestant nationalism, and antisemitism—that had led so many in the Protestant churches to support National Socialism. These were also the very factors that undermined those within the Confessing Church who sought a clearer resistance against Nazi measures. By portraying Martin Niemöller as the church's leading resistance figure, these worldviews (and those who had held them) were implicitly justified. It was a redemptive interpretation that ignored the problematic way in which these worldviews had fostered National Socialism, and it helped lay the groundwork for the hagiographical portrayal of the German churches in the early postwar era.

18 Both this collection of Niemöller's sermons and his 1934 "Vom U-Boot zu Kanzel" were translated and published in English.

19 Niemöller, Here Stand I!, vii–viii. Emphasis is in the original English edition.

3. This was a redemptive understanding of resistance, which continued to play a role after 1945

Inside and outside Nazi Germany Niemöller's resistance was defined by his profile as an outspoken pastor and military veteran whose patriotism was indisputable. This dynamic was prevalent in the Confessing Church as it affirmed its patriotism and nationalism, carefully avoiding confrontations with the state. Throughout the Third Reich the Confessing Church engaged in an ongoing balancing act as it attempted to find a defensible space between its Christian convictions, its opposition to the "German Christians" and its loyalty to the state authorities. The very example of Confessing pastors in the Wehrmacht who, like Niemöller, were convinced that after 1939 the fight for the Fatherland was something different from the fight in Hitler's army reveals the inherent contradictions in this redemptive notion[20].

The reality was that the Nazis and their opponents in the church both spoke the same language; in many cases, they shared the same convictions. This understanding of a resistance (expressed in declarations of nationalism and patriotism) obscured the resistance of others who believed that there could be no compromise with National Socialism—those who didn't have distinguished military careers, who were pacifists, who repudiated nationalism, and the very few who rejected antisemitism and stood in solidarity with their Jewish colleagues and neighbors.

After 1945, the early historiography of the Church Struggle continued to be shaped by this redemptive narrative. The first comprehensive account, "Evangelische Kirche im Kampf," was published in 1956 by Martin Niemöller's brother Wilhelm. As historian Robert Ericksen notes, Wilhelm Niemöller decided to tell the story of the *Kirchenkampf* by focusing exclusively on the Confessing Church, a history that omitted "that large majority of Protestants in Germany, those who supported Hitler rabidly, as did the Deutsche Christen, or merely enthusiastically, as did most of those in the middle."[21]

This redemptive narrative portrayed the German churches and their pastors as heroic and untainted by the evils of the Nazi regime because they had prevented a state takeover of the institutional church, and had continued to worship and preach. This obscured the churches' antisemitism and the many compromises the churches had made. This narrative also fostered the illusion that Germany and its Protestant churches could return to what they had been before 1933. It fostered the illusion that National Socialism had been a bizarre break, an aberration in German history. The early postwar heroic portrayals of the Confessing Church—as well as Martin Niemöller's early

20 See Barnett, Soul, 158–160.

21 Ericksen, Complicity, 9.

postwar renown as the leading resistance figure—offered the comforting narrative that German Protestant churches had been on the right side of history. This redemptive understanding was woven into the very language of the 1945 Stuttgart Declaration: "Indeed we have fought for long years in the name of Jesus Christ against the spirit that found horrible expression in the violent National Socialist regime..."[22]

But had they truly "fought... against the spirit" of National Socialism? By the 1960s this redemptive depiction of the churches' record was being challenged. Wolfgang Gerlach's early study of the Confessing Church's antisemitism and its failure to defend the Jews was followed by other studies of the Confessing Church, the "German Christians", the *Kirchenkampf* and the German Evangelical churches. Today historians have a far more critical and complex view of this history[23].

After 1945 there would be new twists in Martin Niemöller's story that further complicated the narratives about his resistance. After his liberation from Dachau, many expected that he would become the most prominent German hero of the postwar era, and yet the opposite happened. Initially greeted by the Allied authorities as the personification of resistance against National Socialism, eagerly welcomed by Protestant leaders in the United States as a symbol of Christian courage against an evil regime, Niemöller soon became the most controversial church figure of the postwar era. He was outspoken and critical of the German churches' failings under Nazism, and acknowledged the church's failings in ways that went beyond those of his fellow pastors (although as Ziemann in his biography notes, this also seems to have been a political tactic on Niemöller's part)[24]. He took the same approach with respect to the issues that began to arise in the postwar setting as well, becoming outspokenly critical of the Allies for their occupation policies, particularly the denazification program[25].

Niemöller immediately became part of the national leadership of the newly reconstituted Evangelical Church of Germany as a member of its advisory council and director of its Foreign Office, and he served as president of the Church of Hesse-Nassau from 1947–1964. Internationally he became one of the presiding officials of the World Council of Churches in 1961. Despite his continued prominence, Martin Niemöller became an unpredictable thorn in the side of just about everyone: the Allies, the United States, Konrad Adenauer, the West German government, the Evangelical Church of Germany, the ecumenical world, and numerous friends who grew tired of his outspoken

22 Quoted from: Barnett, Soul, 209.

23 Ericksen, Complicity, gives an overview of the gradual changes in the historiography of the German churches as well as the various books in the field.

24 See Ziemann, Niemöller, 398–409.

25 See Barnett, Soul, 219–226.

politics and his rigid absolutism. In that respect, it is worth pondering the role played by his personality throughout his life in his ministry and his public life.

4. The role that personality plays in resistance

The insights into Martin Niemöller that emerge from the biographies about him reveal a person who was a fighter by nature. Martin Niemöller enjoyed fighting, and he was very good at it. An anecdote in Ziemann's biography shows how this even shaped his approach to ministry; he felt the Gospel was a "command to attack," not a call to tend pastorally to his sheep[26].

This trait was evident in his bluntness and intransigence, first with regard to the internal church issues and the arguments with the "German Christians", and then gradually with respect to larger political questions and the Nazi regime itself. Even within the Confessing Church he was known to be combative and abrasive. According to Dahlem church secretary Elsie Steck, during the 1930s there was growing friction between Niemöller and more moderate parishioners, and "open hostility" with his fellow pastors Fritz Müller and Eberhard Röhricht[27]. In 1934 Niemöller and several other church leaders met with Adolf Hitler. The meeting did not go well and it also exposed the divisions between Niemöller and the others. Bishop Theophil Wurm angrily wrote after the meeting, "This time the U-Boat captain didn't torpedo the enemy, but his friends and himself!"[28]

Niemöller's account of that meeting, however, was that history's judgment "would depend on which side cried 'Victory first and loudest.'"[29] It is a revealing comment and an indication of Niemöller's political instincts. That combination of combativeness and political savvy may have been precisely what made him such a difficult antagonist for Adolf Hitler, and it may also be relevant for understanding the redemptive nature of his resistance. Niemöller was fighting to seize the narrative, to defend his understandings of Christianity and the church, of German nationalism and patriotism. He stood up to Hitler by using the same tools, the same language, by appealing to the same beliefs and daring Hitler in effect to arrest him.

In my opinion, this aspect of Niemöller's personality distinguished him from other prominent figures in the *Kirchenkampf* like Karl Barth and Dietrich Bonhoeffer. Barth could be similarly combative and certainly made enemies in his career, but he doesn't seem to have had Niemöller's political instincts or his thick skin. Barth was more like a bull in a china shop. He actually seems to have

26 See Ziemann, Niemöller, 147 f.
27 See Barnett, Soul, 70 f.
28 Ibid., 52.
29 Ibid.

been surprised when he upset people, and he doesn't seem to have enjoyed the fight. Having spent many years as the general editor of the English translation of Bonhoeffer's *Werke*, I would conclude that Dietrich Bonhoeffer was a very different personality. He was not a fighter; when drawn into a fight he agonized, and he wrestled at length with decisions.

In contrast, throughout Niemöller's life there are numerous references and many instances that testify to his *Kampfgeist.* In the early years of National Socialism he seems to have had an instinctive, intuitive sense of when and where to push. He knew how to get attention and he knew how to provoke his enemies. These were the qualities that propelled him onto the world stage after 1933 and made him known as a resistance figure, and they were the same qualities that would get him into trouble after 1945. His absolute confidence in the rightness of his convictions—the religiosity of his convictions, as Ziemann puts it—made life difficult even for his friends. He insisted on going his own way and in difficult situations often neglected to let colleagues and allies know what he planned to do[30]. Among the many wonderful quotations in Ziemann's biography is the 1965 comment from Niemöller's old friend Gustav Heinemann, who had grown exasperated by Niemöller's attacks on West German politicians: "Politics is something other than religion: it isn't about questions of truth but rather about opinions and power relationships."[31]

But Martin Niemöller fought each battle as a question of truth, and he didn't like to lose. He was a nationalist, a patriot, a man who in the early Nazi years skillfully went back and forth between his praise for the regime and his protection of church independence. The growing international recognition of Niemöller was a propaganda problem for the Nazi regime; after 1945 his same instincts led him to clash with his international friends and allies.

I will add two personal insights, from the interview I conducted with him in December 1981, one month before his ninetieth birthday[32]. There were two moments in particular in the interview when he gave a more personal and somewhat more revealing response.

The first was his reply to my question about his 1939 attempt from Dachau to enlist in the German Wehrmacht. He answered that he felt a duty and desire to fight for the Fatherland, and then he said (and he grew somewhat emotional at this point in the interview):

> "Today, no one knows anymore what the Fatherland is. I don't know anymore, either. I have a homeland. But this homeland is the region of Tecklenburg. My parents came from there, that's where I have the feeling of being at home… "

30 See. ZIEMANN, Niemöller, 418.

31 IBID., 473.

32 I interviewed Martin Niemöller [as well as his brother Wilhelm] for my book "For the Soul of the People," a study of the Confessing Church for which I conducted over 60 interviews. The tapes of these interviews are now in the United States Holocaust Memorial Museum archives in Washington, DC.

and he continued that "he became homeless as a young man" after he joined the Kaiser's Imperial Navy[33].

It is an echo of the passage in Ziemann's biography where Niemöller described the sense of "being a stranger in his own land" after the 1918 defeat of his nation[34]. In Niemöller's life, the moments of national destabilization—first the 1918 defeat of Germany, and then the catastrophe of National Socialism (and, I would add, the transitions after 1945)—offer a glimpse of a certain vulnerability, of loss. Perhaps this sense of loss deepened his sense of being an outsider, which in turn led to the fierceness with which he fought his political battles.

The second moment came after we had concluded the interview. I had turned the tape recorder off and we were chatting. This was during the period of the bitter German debates about the stationing of Soviet missiles in the East and U. S. missiles in West Germany, and I asked him about something that then-Chancellor Helmut Schmidt had said in the newspaper that morning.

It was as if I had pushed a button. He straightened up, he grasped his lapels and he began expressing very strong criticisms of Helmut Schmidt and the West German and U. S. governments. I had the distinct impression that he was enjoying himself—to some extent his response seemed performative—but it was also a spontaneous reaction. It came out of nowhere, and it gave me a glimpse of what he must have been like as a fighter. The American word I would use to describe him in that moment is "ornery" (the closest German word would be *bockig*). "Ornery" also has the connotation of not be willing to let something go. Martin Niemöller was tenacious. That too belongs to the profile of resistance.

What does it mean, however, when you're a fighter and you have to let something go—when the fight ends, not in clear victory or defeat, but in the reality that the world moves on, and at some point it moves on without you? What does it mean to realize, at the end of a long life, that the things you spent your lifetime defending are have been corrupted or have disappeared, are not what they were, that the values that you fought for and that defined you—in Niemöller's case the Fatherland, the heritage of German Protestantism—no longer have meaning?

At the end of his biography Benjamin Ziemann notes the irony that Niemöller, having devoted his life to the fight for the German Evangelical Church, ended up with the sense that the church had become an empty shell that hindered Christian faith more than it promoted it. It was an oddly similar conclusion to that drawn by Dietrich Bonhoeffer, who in 1944 wrote from prison: "Our church, which has been fighting during these years only for its self-preservation, as if that were an end in itself… has become incapable of

33 Barnett, Soul, 308.
34 See Ziemann, Niemöller, 84.

bringing the word of reconciliation and redemption to humankind and the world."[35]

5. Concluding observations

The numerous failures of German Protestantism under National Socialism are a well-documented and haunting case study. This history (and the different interpretations of it over the decades since 1945) has also indelibly shaped our understanding of the leading figures in that movement. The early studies of the German Evangelical Church and the *Kirchenkampf* offered a generally heroic portrait of the churches' role in the Nazi era. Since then however this portrait has been replaced by more critical and thorough scholarship on the Third Reich and the role of the churches.

This in turn has also altered our understanding of what "resistance" meant in that context and over the long span of twelve years. That is worth further reflection when we examine the role of someone like Martin Niemöller. Resistance to National Socialism cannot be measured simply in specific actions or the consequences of those actions, but also in terms of the broader attitudes and compromises that brought the Nazis to power and placed their victims—notably the Jews of Europe—in peril. Today we measure leading historical figures from the period not simply by their acts of resistance but by their record of antisemitism, nationalism, and acts of complicity and compromise.

On these issues Martin Niemöller's record is decidedly more complex, and this makes it difficult to categorize him simply as a "resistance" figure. His initial opposition was against the ideological and heretical distortions of Christianity that were embraced by the "German Christians" and tolerated by most of the Evangelical Church leadership as it sought to prevent a schism. This meant that the *Kirchenkampf* (which had the potential to lead to a more serious Protestant stance against the Nazi state) primarily remained a battle against "German Christian" control of the church and potential Nazi state control of the churches. When Niemöller began to confront the Nazi state, it was on behalf of the church's freedom to control its own affairs. And yet this confrontation inevitably led to his more open political conflict with the state, for which he paid a heavy price.

In reflecting on resistance, then, one of the challenges is to avoid easy and clear categories. Niemöller fought in many ways against the spirit and substance of what was happening in his church, and he suffered for it. His own turning point came as the battles within German Protestantism heated up in 1936 and state pressures on the Confessing Church intensified, leading up to

35 Bonhoeffer, Letters, 389.

his arrest and trial, a period during which he became much more outspoken on political issues[36].

In that regard Niemöller's resistance resembles that of most other figures in the Confessing Church. What we call "resistance" is complicated, especially when we consider that Nazi Germany existed for twelve long years. Unless they went into early exile or prison, there are very few Germans of that era who did not make some compromises during that period. What then do we mean by "resistance"? Is it more a matter of subversion or nonconformist actions? Is it even possible in a totalitarian state—or in the words of psychologist Ervin Staub: "perhaps the most profound effect of a successful totalitarian system is the lack of dissenting voices that offer a perspective different from that cultivated by authorities or engender inner conflict or sympathy with the victims."[37]

Yet, the presence of other figures and other resistance circles testifies to that possibility, and this too must be part of our evaluation of someone like Niemöller. As the historiography of Nazi Germany and institutions like the churches during the Nazi era becomes more critical, our understanding of the dynamics of resistance to National Socialism has become infinitely more complex since the early postwar hagiographies of the 1950s. Precisely because the details of his life story are so well-documented and known, Martin Niemöller may be the best case study we have from this era in the complexities of resistance.

Sources and bibliography / Quellen- und Literaturverzeichnis

Barnett, Victoria: Barmen, the Ecumenical Movement, and the Jews. The Missing Thesis. In: ER 1 (2009), 17–23.

–: For the Soul of the People. Protestant Protest against Hitler. New York 1992.

–: Track-Two Diplomacy 1933–1939. International Responses from Catholics, Jews, and Ecumenical Protestants to Events in Nazi Germany. In: KZG 27, H.1 (2014), 76–86.

–: Women's Interfaith Activism and Resistance: A Case Study from the Holocaust. In: Carol Rittner, R. S. M. (editor): Women, the Holocaust, and Genocide. Seton Hill, Pennsylvania 2020, 89–100.

Bonhoeffer, Dietrich: Letters and Papers from Prison. DBW(E) 8. Minneapolis 2010.

Ehrenberg, Hans: Autobiography of a German Pastor. Translated from the German by Geraint V. Jones. London 1943.

36 See Ziemann, Niemöller, 288.

37 Staub, Roots, 125.

Ericksen, Robert: Christian Complicity? Changing Views on German Churches and the Holocaust. 2007 Joseph and Rebecca Annual Meyerhoff Lecture, U. S. Holocaust Memorial Museum. Washington, DC 2009.

Evans, Richard: The Third Reich in Power, 1933–1939. New York 2005.

Gailus, Manfred: Mir aber zerriss das Herz. Der stille Widerstand der Elisabeth Schmitz. Göttingen 2010.

Grotefeld, Stefan: Friedrich Siegmund-Schultz. Ein deutscher Ökumeniker und christlicher Pazifist (HUWJK 7). Gütersloh 1995.

Hockenos, Matthew D.: Then They Came For Me. Martin Niemöller, The Pastor Who Defied the Nazis. New York 2018.

Niemöller, Martin: Here Stand I! New York 1937.

Niemöller, Wilhelm: Die Evangelische Kirche im Dritten Reich. Handbuch des Kirchenkampfes. Bielefeld 1956.

Rudolph, Katrin: Hilfe beim Sprung ins Nichts. Franz Kaufmann und die Rettung von Juden und "nichtarischen" Christen. Berlin 2017.

Staub, Ervin: The Roots of Evil. The Origins of Genocide and Other Group Violence. New York 1989.

Ziemann, Benjamin: Martin Niemöller. Ein Leben in Opposition. München 2019.

Benjamin Ziemann

Martin Niemöllers Antisemitismus und die Frage der Schuld nach 1945

Die Analyse von Martin Niemöllers Antisemitismus gewinnt ihre Bedeutung zunächst aus der historischen Relevanz des Themas. Nach der Shoah, dem millionenfachen Massenmord an den Juden Europas, und angesichts der langen Tradition des Antisemitismus in der deutschen Geschichte vor 1933 stellt sich für alle Gruppen der deutschen Gesellschaft die Frage, ob und in welcher Form sie antisemitische Ressentiments teilten und ob sie von 1933 bis 1945 die im Völkermord kulminierende, von Beginn an auf die legislative wie gewaltsame Ausgrenzung der jüdischen Minderheit zielende Politik des NS-Regimes unterstützten oder zumindest tolerierten. Doch gerade im Blick auf Martin Niemöller kommt ein zweites Moment hinzu. Niemöller ist in der historischen Erinnerungskultur nicht nur des deutschen Protestantismus als eine Lichtgestalt verankert. War es nicht Niemöller gewesen, der mit der Gründung des Pfarrernotbundes im Herbst 1933 gegen die Anwendung des „Arierparagraphen" in den evangelischen Kirchen vorging und sich damit der antisemitischen Politik der Nationalsozialisten entgegenstellte? War es nicht Niemöller, der nach 1945 mit seinen vielen Reden und Texten zur Schuld nicht nur der Deutschen generell, sondern auch und gerade zu seiner eigenen persönlichen Schuld an den Verbrechen des NS-Regimes ein wichtiges Beispiel für den angemessenen Umgang mit der Herausforderung des Massenmordes an den europäischen Juden gesetzt hatte? Wenn die quellenbasierte historische Forschung wesentliche Elemente dieses so versöhnlich gestimmten Geschichtsbildes infrage stellt oder gar als Legende erweist, dann ergeben sich daraus zugleich wichtige Argumente gegen die weitere Benutzung Niemöllers als eines positiven Referenzpunktes in der Geschichtskultur des Protestantismus in der Bundesrepublik.

Gemessen an der Bedeutung des Themas fällt die Bilanz der bisherigen Forschung dazu äußerst bescheiden aus. Allein in der Arbeit von Jürgen Schmidt zu Niemöllers kirchenpolitischer Aktivität in den Jahren 1933 bis 1937 finden sich einige zusammenhängende Ausführungen zu antisemitischen Einstellungen Niemöllers in dieser Zeit, die von archivalischen Quellen Gebrauch machen[1]. Das hervorstechende Merkmal der Beiträge von Michael

1 Vgl. SCHMIDT, Niemöller, 131–136. – Norbert Frei gab mir die Gelegenheit, erste Überlegungen zu diesem Thema in seinem Jenaer Colloquium vorzustellen. Nicolas Berg hat eine erste Fassung dieses Textes konstruktiv kommentiert. Beiden gilt mein herzlicher Dank.

Heymel und Leonore Siegele-Wenschkewitz ist dagegen, dass sie weitreichende Thesen über einen tiefgreifenden „Lernprozess“ Niemöllers im Hinblick auf seine Einstellung zum Judentum aufstellen, ohne dabei für die Zeit bis 1945 überhaupt auf die vorhandenen archivalischen Quellen in Niemöllers Nachlass und anderen Beständen zurückzugreifen. Auch für die Zeit nach 1945 ziehen beide Theologen nur ganz punktuell die vorhandene archivalische Überlieferung heran und beschränken sich dabei völlig auf den Nachlass Niemöllers[2]. Das Thema allein anhand der veröffentlichten Dahlemer Predigten zu diskutieren, mit der Feststellung, vier von ihnen wiesen „antijudaistische Tendenzen“ auf, wird der Komplexität des Themas und der Persistenz antisemitischer Ressentiments bei Niemöller von 1918 bis in die Zeit nach 1945 hinein nicht gerecht[3].

Darüber hinaus ist auch die mangelnde Einordnung der benutzten Quellen und ihrer Relevanz, also die historische Quellenkritik, ein Problem vor allem der Arbeiten von Michael Heymel. Denn was bedeutet es, wenn Heymel darauf verweist, Niemöller habe nach 1945 „freundschaftliche Kontakte zu vielen Juden gepflegt“? Er nennt als Beispiele dafür den israelischen Friedensaktivisten Joseph W. Abileah und den für den Mossad tätigen Journalisten Horst J. Andel[4]. Offen bleibt dabei, ob diese Kontakte aus mehr als nur einem gelegentlich ausgetauschten Brief oder einem kurzen Gespräch bestanden. Eine gründliche Durchsicht der Amtskalender Niemöllers und der erhaltenen Korrespondenzen zeigt, dass seine Freunde und engen Bekannten allesamt dem protestantischen Milieu zugehörten[5]. Aber selbst wenn die Kontakte zu den beiden genannten Personen aus deren Sicht tatsächlich „freundschaftlich“ waren: ist damit bereits ausgeschlossen, dass Niemöller Vorurteile gegenüber den Juden hegte? Gänzlich absurd wird die Argumentation Heymels dort, wo er ein Kondolenzschreiben des hessischen Generalstaatsanwaltes Fritz Bauer, der jüdischer Abstammung war, anlässlich des Todes von Else Niemöller 1961 als Beleg dafür heranzieht, dass Niemöller kein Antisemit gewesen sein könne[6]. Denn Bauer tat nichts weiter, als – den Regeln des gesellschaftlichen Verkehrs folgend – einer in Hessen bekannten Persönlichkeit zum Tod seiner Frau zu kondolieren. Ein Urteil über Niemöllers eigene Persönlichkeit oder gar dessen Verhalten vor 1945 war damit ganz offensichtlich nicht verbunden.

Das Problem der historischen Quellenkritik stellt sich schließlich ganz besonders in Bezug auf die eigenen Aussagen Niemöllers aus der Zeit nach

2 Vgl. Heymel, Niemöller, 184–191, Zitat 184; Ders., Verhältnis; Siegele-Wenschkewitz, Auseinandersetzungen, dort 293 zur „Bereitschaft“ Niemöllers, sich von Vorurteilen „zu lösen“; Hockenos, Niemöller, 99 f., 115–119, urteilt weitaus kritischer, zieht zu dieser Frage für die Zeit bis 1945 aber auch keine archivalischen Quellen heran.

3 So Heymel, Verhältnis, 255–260, Zitat 256.

4 Vgl. Heymel, Zerrbild, 17.

5 Vgl. hierfür vor allem die Amtskalender Niemöllers für die Jahre 1945 bis 1968 und die dort notierten Kontakte (ZA EKHN, 62/6097).

6 Vgl. Heymel, Zerrbild, 17.

1945 zu seiner Judenfeindschaft. Nur mit Blick auf diese Quellen kann Michael Heymel fälschlich behaupten, man könne „seit Jahrzehnten wissen“, dass Niemöller „antijüdisch eingestellt war“, da er dies „selbst freimütig zugegeben“[7] habe. Hochgradig irreführend ist dabei insbesondere der Verweis auf das berühmte Fernsehinterview, das Niemöller am 30. Oktober 1963 mit Günter Gaus führte. Den Bezugspunkt bildet dabei Niemöllers Reaktion auf eine Frage von Gaus nach dessen Aussage im Prozess vor dem Sondergericht 1938. Gaus erinnerte ihn daran, dass er dort gesagt habe, „daß man es Ihnen als ehemaligem Offizier und Sproß einer westfälischen Bauernfamilie schon glauben dürfe, daß Ihnen die Juden menschlich gewiß nicht sympathisch seien.“ Gaus fragte dann: „Bedrückt Sie dieses Wort heute?“ Niemöller antwortete darauf folgendermaßen:

> „Ja, sicher bedrückt es mich – das war auch ein Stück Tradition. In meiner Tecklenburger Heimat gab es viele Bauern, die an jüdische Geldgeber und Viehhändler verschuldet waren. Die Stimmung in dieser ganzen Gegend war nicht systematisch, aber gefühlsmäßig traditionell antisemitisch in jener Zeit, und das ist bei mir niemals in einen bestimmten Zweifel gezogen worden. Und in der Wehrmacht von 1910 gab es auch diese gewisse Reserve dem Judentum gegenüber. Das bedaure ich heute schwer.“[8]

Michael Heymel zufolge sprach Niemöller hier „von seiner eigenen Vergangenheit, ohne seine frühere Antipathie gegen Juden zu beschönigen.“[9] Wie ich im Folgenden zeigen werde, ist das exakte Gegenteil der Fall. Niemöller führte Gaus nicht nur über die Ursachen seines antisemitischen Ressentiments gezielt in die Irre, sondern auch über dessen Form und Intensität. Indem er seine Aktivitäten in Verbänden und Parteien verschwieg, als deren ideologischer Kern ein rassistischer Antisemitismus fungierte, versuchte Niemöller mit Bedacht, seine zu diesem Zeitpunkt erreichte Reputation als das gute Gewissen des deutschen Protestantismus vor unliebsamen Nachfragen über seine Einstellung zu den Juden in der Vergangenheit zu beschützen.

Schließlich gilt es, kurz mein Verständnis des Begriffs Antisemitismus zu umreißen. Peter Longerich hat argumentiert, dass die üblicherweise auf die 1870er Jahre datierte Ablösung eines religiös motivierten Antijudaismus durch einen „modernen, rassistischen Antisemitismus“ eine „heute nicht mehr aufrechtzuerhaltende Vereinfachung“[10] sei. Daran ist zum einen richtig, dass bei Katholiken wie Protestanten Formen der religiös motivierten Judenfeindschaft auch nach 1870 weiter existierten. Richtig ist auch, dass nicht alle Spielarten des modernen Antisemitismus – der sich selbstbewusst als solcher verstand und deshalb mit der Prägung dieses Neologismus einherging

---

7 Ebd., 16.
8 Gaus, Person, 114.
9 Heymel, Niemöller, 189.
10 Longerich, Antisemitismus, 13 f.

– rassistisch in dem Sinne waren und sind, dass sie die Juden primär als eine biologische Gemeinschaft konstruieren, die ihre angeblich negativen Eigenschaften vererbt. Der Soziologe Klaus Holz hat deshalb von einem „nationalen Antisemitismus" gesprochen, der die Nation als „Wir"-Gruppe im Gegensatz zu den Juden als einer eigenen Nation konstruiert, die alle Nationen korrumpiert und zersetzt, ohne dass die Juden dabei immer als eine eigene „Rasse"[11] unterstellt werden müssten.

Dennoch gibt es gute Gründe dafür, an der analytischen Unterscheidung von religiösem Antijudaismus und modernem Antisemitismus festzuhalten. Denn gerade die andauernde Relevanz des Antijudaismus in den Jahrzehnten nach 1870 wirft ja die Frage auf, ob und wann evangelische Christen diesen zugunsten antisemitischer Ressentiments aufgaben, und umgekehrt. Und gerade weil nicht jede Form des modernen Antisemitismus rassistisch ist, erscheint mir weiterhin eine von Marikje Smid in die Diskussion eingeführte dreifache Unterscheidung nützlich: neben den christlichen, theologischen Antijudaismus und den rassistischen Antisemitismus stellt sie einen „gesellschaftlich-kulturellen Antisemitismus", der Vorstellungen einer angeblichen Dominanz der Juden und über deren Beitrag zur Zersetzung der deutschen Gesellschaft kultivierte. Diese Begriffsbildung verfolgt zwei Absichten: zum einen schärft sie den Blick für eine spezifisch theologisch begründete „Abweisung des Judentums als nichtchristliche Religionsgemeinschaft", die sich aus dem „Wissen um die außerordentliche Nähe von Judentum und Christentum"[12] speiste. Zum anderen wird mit der Kategorie des gesellschaftlich-kulturellen Antisemitismus eine Form der Judenfeindschaft hervorgehoben, welche die Juden nicht als „Rasse" verstand, aber mit dem rassistischen Antisemitismus viele Metaphern und Vorstellungen über die negative Wirkung der angeblichen Dominanz der Juden in der Gesellschaft teilte.

Ich gehe im Folgenden chronologisch vor. Zunächst analysiere ich Niemöllers Hinwendung zum Antisemitismus als Reaktion auf die deutsche Niederlage 1918, sein Engagement in völkisch-antisemitischen Gruppen vor allem während der Studienjahre und seine Abwendung von einem rassistischen Antisemitismus in zur Selbstverständigung gedachten Notizen 1931/32 (I.). In einem zweiten Schritt behandele ich Niemöllers Position im „Dritten Reich" vor allem während der Jahre 1933 bis 1937 (II.). Abschließend gehe ich auf die andauernde Präsenz des gesellschaftlich-kulturellen Antisemitismus bei Niemöller in den Jahren nach 1945 ein (III.).

---

11 Vgl. Holz, Antisemitismus.

12 Smid, Protestantismus, 205–207.

1. Niemöllers rassistischer Antisemitismus in der Zeit der Weimarer Republik

Entgegen der im Interview mit Günter Gaus präsentierten Legende gilt es zunächst festzuhalten, dass es bis Ende 1918 keinerlei Anzeichen für die Existenz antijüdischer Ressentiments bei Niemöller gab. Weder seine Korrespondenz noch seine seit dem Eintritt in die Kaiserliche Marine 1910 sporadisch geführten Tagebücher bieten Hinweise darauf, dass er in den Juden ein religiöses oder politisch-soziales Problem sah. Niemöller war in der Tradition des wilhelminischen Nationalprotestantismus aufgewachsen, und die deutsche Nation war deshalb der Höchstwert seines politischen Weltbildes. Aber die bei vielen wilhelminischen Nationalisten erfolgende Identifikation der Juden als Gegner der Nation machte sich Niemöller nicht zu eigen[13]. Für die Exklusion der Gegner Deutschlands, die Kehrseite jeder Form des nationalen Antisemitismus, suchte sich Niemöller andere Feindbilder. Während des Ersten Weltkrieges waren es vor allem die Engländer, die Niemöller als Hauptfeind der Deutschen identifizierte und über die er sich in vitriolischen Hasstiraden sowie Vergeltungs- und Vernichtungsfantasien erging, in denen er von der nötigen Ausrottung aller Engländer sprach[14]. Erst unmittelbar nach dem Kriegsende, in einem kurz vor Weihnachten 1918 an die Eltern geschriebenen Brief, schimpfte Niemöller erstmals über die „gottverfluchten Juden“ und sprach, misogyne und antisemitische Bedeutungsebenen kombinierend, von einem „Hexensabbat“, den das deutsche Volk nun erleben werde. Anlass für diesen Gefühlausbruch war ein Artikel von Alice Salomon über die Chancen, welche das eben vom Rat der Volksbeauftragten eingeführte Wahlrecht für Frauen bot. Indem Niemöller Salomon, die bereits 1914 evangelisch getauft worden war, zu den „gottverfluchten Juden“ zählte, machte er deutlich, dass er die Juden als ein durch ihre Rasse bestimmtes Kollektiv verstand[15].

Wie ist dieser Übergang Niemöllers zum völkischen Nationalismus und die damit verbundene Aufnahme rassenantisemitischer Ressentiments zu erklären? Ausschlaggebend dafür war der Wandel im Nationsverständnis, den die Flucht des Kaisers ins Exil und die Ausrufung der Republik ebenso nötig machte wie die Revolution, die aus Sicht eines Nationalisten gezeigt hatte, dass die große Mehrheit der Deutschen das Prädikat „deutsch“ nicht verdiente. Die Eckpfeiler des Reichsnationalismus – der Kaiser, die Idee deutscher Weltgeltung und eine idealisierte Sicht des deutschen Volkes als einer durch Kultur und Geschichte geprägten Einheit – waren weggebrochen. An ihre Stelle trat ein völkisch, also ethnisch-rassisch definiertes Verständnis der deutschen

13 Vgl. Ziemann, Niemöller, 21–57.
14 Vgl. ebd., 57–98, bes. 60–65, 72, 74.
15 Vgl. ebd., 93.

Nation, das mit einer scharfen, binären Zuspitzung der Feindbestimmung gegen die als Rasse verstandenen Juden unmittelbar einherging[16]. Seitdem er im Herbst 1919 das Studium der evangelischen Theologie in Münster aufnahm und im dortigen radikalnationalistischen Milieu verkehrte, fand Niemöller hinreichende Gelegenheit, seinen rassenantisemitischen Vorstellungen durch politische Aktivität Ausdruck zu verleihen. Vor allem in den Jahren 1920 bis 1922 war Niemöller dort in nicht weniger als acht Verbänden und Parteien entweder aktiv oder eingeschriebenes Mitglied, die allesamt verschiedene Ausprägungen eines rassistischen Antisemitismus vertraten. Neben der Deutschnationalen Volkspartei und dem Deutschvölkischen Schutz- und Trutzbund (DVSTB), in deren Studentengruppen er ein aktives Mitglied war, zählte dazu der Nationalverband Deutscher Offiziere – bei dem er in den Ehrenrat der Ortsgruppe Münster berufen wurde, was eine besondere Auszeichnung war, und bei dem die antisemitische Hetze Programm war. Hinzu kam die Teilnahme an Versammlungen und Vortragsabenden des Bundes der Aufrechten, einer monarchistischen Organisation, des Alldeutschen Verbandes – der auch in der Weimarer Republik seine antisemitische Programmatik vertrat –, im Heimatbund Rote Erde, und in den paramilitärischen Verbänden Orgesch und dessen Nachfolger, dem Westfalenbund[17]. Von besonderer Bedeutung ist dabei Niemöllers Eintritt in die Studentengruppe des DVSTB im Juni 1920. Dies nicht nur deshalb, weil er damit an der Radikalisierung des rechtsradikalen Milieus in Münster teilnahm, die eine Reaktion auf die Kämpfe der Roten Ruhrarmee im Gefolge des Kapp-Putsches und auf das enttäuschende Ergebnis der Münsteraner DNVP bei den Reichstagswahlen am 6. Juni 1920 war. Der DVSTB war die erste faschistische Massenorganisation der Weimarer Republik, für deren Propaganda und Selbstverständnis ein rassistischer Antisemitismus zentral war. Durch seine Mitgliedschaft zeigte Niemöller an, dass er ein Faschist der ersten Stunde war, anders etwa als spätere Mitglieder des NSDAP-Führungszirkels wie Heinrich Himmler oder Joseph Goebbels, die sich erst später mit der NSDAP einer faschistischen Partei anschlossen[18]. Schließlich musste jedes Mitglied der DVSTB-Gruppe satzungsgemäß „bei der Anmeldung schriftlich nach bestem Wissen und Gewissen" versichern, „dass er deutscher Abstammung ist und unter seinen bezw. [!] seiner Frau Vorfahren sich insbesondere keine jüdischen Blutes befinden."[19] Niemöller unterzeichnete also eine Erklärung, die – noch ohne entsprechende Dokumente – einem „Ariernachweis" entsprach. In den kir-

16 Vgl. ebd., 84–87, 92 f.; Longerich, Antisemitismus, 183–185.

17 Vgl., mit ausführlichen Nachweisen, Ziemann, Studentenpolitiker, 209–230.

18 Vgl. ebd., 223–226; Wein / Ulmer, Antisemitismus, 467 f.; zum rassistischen Antisemitismus des DVSTB immer noch Lohalm, Radikalismus, 139–175.

19 Satzung der Deutschvölkischen-Studenten-Gruppe Münster, o. D. [1920] (Zitat: Universitätsarchiv Münster, Bestand 4, Nr. 704). Vgl. ebd. die Mitgliederliste der DVSTB-Studentengruppe vom 22. 6. 1920, die „stud. theol." Martin Niemöller, wohnhaft „Kaiser Wilhelm Ring 15II", als Mitglied verzeichnet.

chenpolitischen Auseinandersetzungen in der evangelischen Kirche der Altpreußischen Union (ApU) im Sommer und Herbst 1933 schwieg er sich darüber geflissentlich aus, vermutlich weil es Wasser auf die Mühlen der „Deutschen Christen" geleitet hätte, gegen deren Politik der Einführung eines solchen Nachweises für die Pfarrer der ApU sich Niemöller zu diesem Zeitpunkt einsetzte.

Seit 1923 flaute das Engagement Niemöllers in den diversen rechtsradikalen, rassenantisemitischen Parteien und Verbänden ab. Der wichtigste Grund dafür war, dass er sich nun um den Lebensunterhalt für seine rasch wachsende Familie kümmern musste und seine Tätigkeit beim westfälischen Provinzialverband der Inneren Mission seine ganze Energie und Aufmerksamkeit forderte. Das heißt aber nicht, dass Niemöller sich damit bereits von der Vorstellungswelt des völkischen Antisemitismus verabschiedete, die seine politische Arbeit von 1919 bis 1923 prägte. Zum einen hatte er weiterhin zumindest sporadische Kontakte mit Organisationen des radikalnationalistischen Lagers wie etwa dem „Stahlhelm. Bund der Frontsoldaten". Zum anderen beklagte er noch 1928 in einem für die Zeitschrift der Inneren Mission geschriebenen Artikel die „Führung volksfremder und artfremder Elemente" bei der „Selbstentmannung"[20] des deutschen Volkes. Mit diesen „artfremden Elementen" meinte er zweifelsohne die von ihm als Rasse verstandenen Angehörigen der jüdischen Religionsgemeinschaft, ein Hinweis auf die fortdauernde Geltung des völkischen Antisemitismus in Niemöllers politischem Weltbild zu diesem Zeitpunkt.

Erst gegen Ende des Jahres 1932 finden sich erstmals Indizien dafür, dass Niemöller über das Judentum auch in theologischen Kategorien reflektierte, und nicht mehr nur in jenen des Rassenantisemitismus. Er tat dies in einer Reihe von Notizen zum Thema „Altes Testament und Evangelium", die er in seinem Amtskalender niederschrieb. Ausgangspunkt für diese Reflexion war offenbar die zu dieser Zeit intensiv geführte Debatte über die Stellung des Alten Testaments in der christlichen Offenbarung, die auch eine Reaktion auf die starke Präsenz völkischer Autoren im öffentlichen Diskurs war und an der sich evangelische Theologen wie Emanuel Hirsch, Friedrich Baumgärtel und Johannes Hempel beteiligten[21]. In seinen Notizen löste sich Niemöller von einem rassistischen Antisemitismus und beurteilte das von ihm als „Volk" verstandene Judentum im Sinne einer Stufenfolge als „Wegbereiter zu Jesus". Diese Reflexion gipfelte in der Feststellung: „Wir Christen sind das auserwählte Volk. Was in der Synagoge gemacht wird – ist prinzipiell Mißbrauch des Alten Testaments."[22] Zugleich machte er sich einige der Einwände gegen die andauernde Relevanz des Alten Testaments zu eigen, das er in erster Linie als „Religionsurkunde des Volkes Israel" verstand. Seine Schlussfolgerung

20 Vgl. Ziemann, Niemöller, 137, 200.
21 Vgl. Smid, Protestantismus, 221–241, 264–272, 301–310.
22 Ziemann, Niemöller, 201–203, Zitat 202.

daraus war unmissverständlich: „Die Theologen *können* die antisemitischen Einwände *nicht* widerlegen.“[23] Die Quintessenz dieser Überlegungen war also, dass Niemöller die fehlende Legitimität des jüdischen Glaubens als einer Erlösungsreligion in einer Weise festhielt, die der Kritik etwa aus den Reihen der „Deutschen Christen“ sehr nahekam. Da die Theologen die antisemitischen Argumente „nicht widerlegen“ konnten, erkannte er die Geltungsgründe eines rassistischen Antisemitismus zumindest implizit weiter an, auch wenn er diesen selber von nun an selbst nicht mehr vertrat[24].

2. Niemöllers Reaktion auf die NS-Judenverfolgung 1933–1945

Die eben benannten Ambivalenzen Niemöllers in der theologischen Bewertung des Judentums und die andauernde Relevanz des gesellschaftlich-kulturellen Antisemitismus prägten auch seine Reaktion auf die systematische, bereits im März 1933 einsetzende Verfolgung und Ausgrenzung der deutschen Juden durch das NS-Regime. Es gilt hier zunächst der These entgegenzutreten, dass Karl Barth und Dietrich Bonhoeffer als „Mentoren“ Niemöllers in seiner Auseinandersetzung mit der sogenannten „Judenfrage“ und in der Revision älterer Ansichten gewirkt hätten[25]. Dafür gibt es nicht nur keinen Beleg. Es scheint gerade auch deshalb nicht plausibel, da es in den hier vor allem zur Debatte stehenden Monaten von Februar bis September 1933 praktisch keine direkten Kontakte Niemöllers mit den beiden gab, von jener berühmten Nachtsitzung am 6. September 1933 im Dahlemer Pfarrhaus abgesehen, in der Franz Hildebrandt und Bonhoeffer mit ihm die Verpflichtungserklärung des Pfarrernotbundes ausarbeiteten[26]. Der Anstoß für die Beschäftigung Niemöllers mit den Konsequenzen der NS-Judenpolitik scheint eher von Mitgliedern der Dahlemer Gemeinde ausgegangen zu sein, mit denen er im August 1933 Gespräche über die Judentaufe und „Bekenntnisfragen“ führte und die ihn – wie etwa Elisabeth Schiemann seit Juli 1933 mehrfach – zu einer öffentlichen Stellungnahme gegen die Verfolgung der Juden aufforderten[27].

Mit seiner Verpflichtungserklärung in der von Niemöller entworfenen Fassung wandte sich der Pfarrernotbund gegen die Herausdrängung der evangelischen Pfarrer jüdischer Herkunft aus der Kirche, wie sie die Synode der ApU am 5. September 1933 beschlossen hatte. Der Einsatz für die Christen

23 Ebd., 201 f.

24 Dem entsprach auch, dass Niemöller bei einem Diskussionsabend in der Dahlemer Gemeinde am 28. 5. 1933 die „Gleichsetzung“ von Juden- und Heidenmission ablehnte. Vgl. ebd., 203. Dort auch Details zu dieser theologischen Debatte.

25 So Siegele-Wenschkewitz, Auseinandersetzungen, 301.

26 Nur am 3. 7. gab es ein kurzes Treffen mit Barth. Vgl. Amtskalender Martin Niemöller, 3. 7. und 6. 9. 1933 (ZA EKHN, 62/6096).

27 Vgl. Ziemann, Niemöller, 204 f.

jüdischer Herkunft unter den Pfarrern war für Niemöller somit der Grund und der wichtigste Prüfstein für die Sammlung der oppositionellen Kräfte in der ApU gegen das Kirchenregiment der „Deutschen Christen“[28]. Doch die Darstellung dieser Zusammenhänge ist unvollständig, wenn nicht zugleich festgehalten wird, dass Niemöller selbst bereits im November 1933 die Einheit der vier Artikel der Verpflichtungserklärung in aller Öffentlichkeit wieder aufsprengte, sich damit von dieser Erklärung distanzierte und zugleich deutlich machte, in welch hohem Maße die obsessive Vorstellungswelt des gesellschaftlich-kulturellen Antisemitismus sein politisches Weltbild immer noch prägte. Sein kurzer Text „Sätze zur Arierfrage in der Kirche“ wiederholte die für die Verpflichtungserklärung grundlegende Position, dass mit der Anwendung des sogenannten „Arierparagraphen“ in der Kirche der *status confessionis*, also eine grundlegende Bekenntnisfrage, verletzt sei. Aber das ist nicht alles. Zunächst irritiert an diesem Artikel, dass Niemöller ohne jede Distanzierung oder Ironie die der völkisch-rassistischen Ideologie entstammende Terminologie der „Nichtarier“ und „Nichtvollarier“[29] in Bezug auf die Christen jüdischer Herkunft aufgriff und replizierte. In einem Brief an den Pfarrer Gottfried Holtz vom Oktober 1933, der das Argument seines Aufsatzes vom November in vielem vorwegnimmt, hatte sich Niemöller dazu noch klarer geäußert. „Der Vergleich mit den Negern und sonstigen Missionskirchen“, so heißt es dort, ziehe nicht, da „der christliche Jude seine Volkstumszugehörigkeit verliert, wenn er Christ wird.“[30] Der „Jude“ war für Niemöller also genau wie der „Neger“ Angehöriger eines anderen „Volkstums“ im völkischen Sinne, also einer anderen Rasse. Anders als beim „Neger“ hob die Taufe beim Juden allerdings diese Bestimmung auf[31].

Wichtiger ist jedoch, dass Niemöller bereits den ersten und entscheidenden Punkt des Arguments in seinem Aufsatz, die notwendige Anerkennung der „bekehrten Juden als durch den heiligen Geist vollberechtigte Glieder“ der christlichen Gemeinde, durch den Einschub „ob uns das sympathisch ist oder nicht“ sofort wieder qualifizierte und einschränkte. Dass dies Niemöller keineswegs „sympathisch“ war, machte er umgehend in folgenden Worten deutlich:

> „Diese Erkenntnis [über die im dritten Artikel des Glaubensbekenntnisses postulierte Gemeinschaft der Heiligen] verlangt von uns, die wir als Volk unter dem Einfluß des jüdischen Volkes schwer zu tragen gehabt haben, ein hohes Maß von

28 Vgl. EBD., 197–200.

29 Vgl. NIEMÖLLER, Sätze, 269.

30 Martin Niemöller 5. 10. 1933 an Lic. Gottfried Holtz in Brüz (Mecklenburg) (LkA EvKvW, 5.1, 435 F. 1, Bl. 86 f.)

31 Niemöller sprach mit Blick auf die Juden auch davon, dass die „Rassenfrage“ auch in Zukunft „weiter behandelt“ werde, machte sich also auch so ein rassistisches Verständnis der Juden zu Eigen. Vgl. EBD.

> Selbstverleugnung, so daß der Wunsch, von dieser Forderung dispensiert zu werden, begreiflich ist."[32]

Die Deutschen waren für Niemöller also das Opfer des ungebührlichen Einflusses des „jüdischen Volkes", das in Gestalt der Angehörigen der jüdischen Minderheit unter ihnen wohnt. Deutlicher ließ sich kaum zum Ausdruck bringen, dass die obsessive Vorstellungswelt des gesellschaftlich-kulturellen Antisemitismus, der die Juden als Gegensatz zur deutschen Nation konstruierte, für Niemöller auch zu diesem Zeitpunkt volle Gültigkeit besaß. Doch damit nicht genug. In direktem Anschluss an diese Formulierung sprengte Niemöller die Einheit der vier Artikel der Verpflichtungserklärung des Pfarrernotbundes auf, indem er Einschränkungen für die dort im dritten Artikel ausgesprochene Verantwortung der Pfarrer für jene formulierte, die „um solchen Bekenntnisstandes willen verfolgt werden."[33] „Es wird nicht wohlgetan sein", schrieb Niemöller im November 1933, „wenn heute ein Pfarrer nichtarischer Abstammung ein Amt im Kirchenregiment oder eine besonders hervortretende Stellung in der Volksmission einnimmt."[34] Mit anderen Worten: Niemöller war gerne bereit, sich für die evangelischen Pfarrer jüdischer Herkunft einzusetzen, aber nur dann, wenn diese auf die vom NS-Regime angefachte antisemitische Volksstimmung Rücksicht nahmen und dieser kein „Ärgernis" boten, indem sie in der zweiten Reihe der Kirche verblieben[35].

Niemöllers Aufsatz vom November 1933 ist keineswegs der einzige Beleg für die Persistenz des gesellschaftlich-kulturellen Antisemitismus in seinem Denken zu dieser Zeit und deren Folgen für seine Haltung zur NS-Judenpolitik. Die Biologieprofessorin Elisabeth Schiemann, ein Mitglied der Dahlemer Gemeinde, hatte seit Juli 1933 in mehreren Briefen an Niemöller appelliert, gegen die staatliche Verfolgung der Juden öffentlich in aller Klarheit einzutreten[36]. Niemöller lehnte dieses Ansinnen brüsk ab und vertrat die Ansicht, dass „die Kirche vom Staat nichts anderes zu fordern [habe], als daß er der Verkündigung keine Hemmnisse bereitet und die Kirche Kirche sein läßt." Das war ganz im Sinne der lutherischen Zwei-Reiche-Lehre formuliert, die das Regiment des Staates und die Kirche als separate Sphären voneinander trennte. Seine Schlussfolgerung war: „[D]ie Kirche predigt nicht dem Staat in seine (gerecht oder ungerecht angewandte) Gewalt hinein, auch nicht in der Judenfrage, sondern spricht zu den Menschen in der Gemeinde von dem Willen Gottes mit den Menschen, auch mit den Juden usw." Zudem erwartete er Schiemanns Zustimmung dazu, dass er „als Christ nicht anders denke als

---

32 Niemöller, Sätze, 269 f.

33 Text der Verpflichtungserklärung zit. nach Ziemann, Niemöller, 199.

34 Niemöller, Sätze, 270.

35 Vgl. ebd., 270. Heymel, Niemöller, 184, geht auf die antisemitischen Thesen und Implikationen von Niemöllers Text gar nicht ein. Siegele-Wenschkewitz, Auseinandersetzungen, 302, unterschätzt die darin enthaltene Distanzierung von der Verpflichtungserklärung.

36 Vgl. Voigt, Gemeinde.

Sie, wenn ich auch das relative Recht unseres Volkes bejahe, sich gegen einen übergroßen und schädlichen Einfluß des Judentums nachdrücklich zu wehren, der m. E. dagewesen ist."[37] Das letzte war wiederum eine unverhohlene Bekräftigung antisemitischer Vorurteile über den negativen Einfluss der Juden auf das deutsche Volkstum. De facto stellte Niemöller damit zugleich dem NS-Staat einen Freibrief zur Judenverfolgung aus. Dasselbe hatte er im Brief an Holtz ganz explizit getan: „Wenn der Staat ein solches Gesetz [die Verdrängung getaufter Juden aus dem Pfarramt] über die Kirche verhängte, so würde ich es tragen müssen."[38]

Der Historiker Wolfgang Gerlach hat in seiner Studie über die Haltung der Bekennenden Kirche zur sogenannten „Judenfrage" eindringlich gezeigt, dass der Widerstand gegen die Einführung des „Arierparagraphen" in der Kirche, welche im Sommer und Herbst 1933 den Anlass zur Formierung der innerkirchlichen Opposition gegen die „Deutschen Christen" gab, bereits zum Ende dieses Jahres hin weitgehend von der Agenda verschwand. Deshalb spielte dieses Thema auch auf der ersten Bekenntnissynode der Deutschen Evangelischen Kirche (DEK), die im Mai 1934 in Barmen stattfand, keine Rolle[39]. Immerhin war es Niemöllers Initiative zu verdanken, dass die Steglitzer Bekenntnissynode der ApU, die vom 23. bis 26. September 1935 tagte, diesem Thema einen wichtigen Platz in ihren Verhandlungen zuwies. Im Hinblick auf den nach vielen Kontroversen schließlich verabschiedeten Beschlusstext – der die Judentaufe nicht nur als ein Recht, sondern als eine Pflicht der Kirche verankerte – sprach Niemöller von einem „weniger als notdürftigen Minimum". Eine Formulierung, welche die Kirche ausdrücklich an ihr „Liebesgebot" gegenüber den ungetauften Juden erinnerte, wurde allerdings gestrichen. Auf die alles entscheidende Frage allerdings, die der Berliner Pfarrer Gerhard Jacobi in Steglitz stellte, wollte auch Niemöller keine Antwort geben: „Welche Stellung nimmt die Kirche ein zu den nicht getauften Juden?"[40] Nur wenige Tage vor der Synode, am 15. September 1935, hatte das NS-Regime die Nürnberger Rassegesetze eingeführt und die systematische Ausgrenzung der jüdischen Minderheit damit weiter vorangetrieben. Aber wie die große Mehrheit der Bekennenden Kirche war Niemöller nicht willens und in der Lage, auf die Entrechtung und Verfolgung der deutschen Juden zu reagieren. In seinem Diskussionsbeitrag auf der Steglitzer Synode sprach er nur von einer „Verfolgung der Kirche", womit er neuerlich deutlich machte, dass ihm ein Sensorium für das Leiden der jüdischen Deutschen fehlte[41].

---

37 Martin Niemöller 7. 9. 1933 an Elisabeth Schiemann (EZA, 50/258, Bl. 3 f.). Das Referat von Teilen dieses Briefes bei SCHMIDT, Niemöller, 136, gibt den Inhalt im Hinblick auf den letzten Punkt falsch wieder.

38 Martin Niemöller 5. 10. 1933 an Lic. Gottfried Holtz (LkA EvKvW, 5.1, 435 F. 1, Bl. 86 f.).

39 Vgl. GERLACH, Zeugen, 121–146.

40 ZIEMANN, Niemöller, 268–271.

41 Zit. EBD., 270. SIEGELE-WENSCHKEWITZ, Auseinandersetzungen, 306, sieht in Niemöllers Re-

Nach der formellen Spaltung der Bekennenden Kirche im Februar 1936 fand deren durch die 2. Vorläufige Kirchenleitung (VKL) repräsentierter „Dahlemer" Flügel allerdings klare Worte der Kritik an den totalitären Tendenzen des NS-Regimes. In ihrer Denkschrift an Hitler, die am 4. Juni 1936 in der Präsidialkanzlei abgegeben wurde und die aufgrund einer Indiskretion bereits im Juli in vollem Wortlaut zuerst in den *Basler Nachrichten* erschien, wandte sich die 2. VKL gegen einen von der NS-Ideologie aufgedrängten „Antisemitismus", „der zum Judenhaß verpflichtet", und setzte dagegen „das christliche Gebot der Nächstenliebe"[42]. Diese Denkschrift war ohne jeden Zweifel ein wichtiger und hinreichender Grund dafür, dass Niemöller nach 1945 betonte, die Bekennende Kirche habe sich mit klaren Worten zur Verfolgung der Juden im „Dritten Reich" geäußert. Zu bedenken ist dabei allerdings auch, dass Niemöller selbst erst bei der Erstellung der sechsten, endgültigen Fassung der Denkschrift bei der Arbeit am Text beteiligt war, diesen dabei entschärfte und die kritische Absicht durch eine einleitende Wendung gegen den Bolschewismus – die seinem eigenen Denken seit den frühen 1920er Jahren entsprach – ins Gegenteil verkehrte[43].

In den langen Jahren seiner KZ-Haft, vom März 1938 bis zur Befreiung durch Soldaten der US Army am 4. Mai 1945, war Niemöller von Informationen über die Details der kirchenpolitischen Konflikte und die Partizipation der Deutschen an der rassistischen Vernichtungspolitik des NS-Regimes weitgehend abgeschnitten. Erst nach der Verlegung in das KZ Dachau im Juli 1941, wo die Überwachung der regelmäßigen Gespräche mit seiner Frau Else deutlich laxer gehandhabt wurde als in Sachsenhausen, verbesserte sich der Informationsstand Niemöllers etwas. In seinen öffentlichen Reden nach 1945 verwies Niemöller zuweilen darauf, dass er die Misshandlung der jüdischen Gefangenen während seiner KZ-Haft beobachtet habe. Daraus ist die Schlussfolgerung gezogen worden, dass bereits während der KZ-Haft ein Umdenken Niemöllers in Bezug auf die verhängnisvolle Rolle des Antisemitismus eingesetzt habe[44]. Dafür gibt es allerdings keinerlei Belege. Ganz im Gegenteil vermitteln die erhaltene Korrespondenz mit seiner Frau und die von Niemöller selbst angefertigten Notizen über deren Gespräche wichtige Belege dafür, dass seine nationalprotestantische Grundhaltung bis in das Frühjahr 1945 ebenso ungebrochen war wie sein Antibolschewismus. In seiner nationalistischen Vorstellungswelt erschien das deutsche Volk in erster Linie als ein Opfer, und zwar des Bombenkrieges der Alliierten. Noch im Moment der Befreiung aus dem KZ interpretierte Niemöller das Kriegsende und die Niederlage der deutschen Nation in der von Oswald Spengler geprägten Kategorie

---

debeitrag eine Kritik an den Nürnberger Gesetzen. In meiner Interpretation griff er darin deren Rede von den „Halbjuden" unkritisch auf.

42 Zit. in Ziemann, Niemöller, 282.

43 Vgl. ebd., 281.

44 So Siegele-Wenschkewitz, Auseinandersetzungen, 307; vgl. Ziemann, Niemöller, 378.

als einen „Untergang des Abendlandes“[45]. Es gibt demnach keinen Grund zu der Annahme, dass sich Niemöllers Einstellung gegenüber dem Judentum und seinem eigenen gesellschaftlich-kulturellen Antisemitismus, den er auch in den kirchenpolitischen Auseinandersetzungen 1933/34 öffentlich vertreten hatte, bereits vor dem Mai 1945 gewandelt hat.

3. Die Zeit nach 1945: Öffentliche Schuldbekenntnisse und Aktualisierung antisemitischer Klischees

Für die Zeit nach 1945 steht die historische Analyse von Niemöllers antisemitischen Einstellungen vor einem besonderen Problem: der Diskrepanz zwischen den öffentlichen Verlautbarungen und den privaten Äußerungen Niemöllers. In seinen öffentlichen Reden sprach Niemöller von seiner persönlichen Schuld – und jener der Deutschen insgesamt – auch an der Verfolgung der Juden im „Dritten Reich“, selbst wenn die Beschreibung dieser Schuld in der Regel im überzeitlich-allgemeinen verblieb und eine konkrete Beschreibung des Massenmordes an den europäischen Juden unterblieb. In privaten Schreiben, in für die Evangelische Kirche in Deutschland (EKD) und zur Selbstverständigung verfassten Berichten, aber auch in manchen öffentlichen Äußerungen sprach Niemöller dagegen in einer anderen Sprache, die deutlich macht, dass der gesellschaftlich-kulturelle Antisemitismus und seine obsessiven Vorstellungen über die angebliche Macht der Juden für ihn auch nach 1945 prägend waren. Ich werde zunächst einige dieser antisemitischen Äußerungen dokumentieren und ihre Implikationen aufzeigen, bevor ich in einem weiteren Schritt die öffentlichen Schuldbekenntnisse diskutiere.

In den ersten Nachkriegsjahren gab es eine ganze Reihe von Gelegenheiten, bei denen Niemöller erkennen ließ, dass die Vorstellungswelt des gesellschaftlich-kulturellen Antisemitismus ihn weiterhin prägte. Am 7. März 1946 nahm er an einer Diskussion mit Vertretern des Schweizerischen Evangelischen Hilfswerkes für die Bekennende Kirche in Zürich teil, unter ihnen auch Karl Barth. Dort gab Niemöller zu Protokoll, einer „neuer Antisemitismus“ sei in Deutschland „dadurch entstanden, dass die Amerikaner die Entnazifizierung durch Juden ausführen lassen.“[46] Das ist nichts anderes als die antisemitische Redefigur der Opferumkehr, nach der die Juden selbst die Urheber der gegen sie gerichteten Ressentiments sind. Als er von Dezember 1946 bis zum Mai 1947 seine mehrmonatige Evangelisationsreise in die USA unternahm, protestierten zahlreiche amerikanische Rabbiner gegen das Auftreten Niemöllers, da er sich nie eindeutig von seinen Sympathien für das NS-Regime distanziert habe und ihm jegliche Legitimation fehle, über den Antisemitis-

45 Vgl. EBD., 351–356.
46 EBD., 381.

mus in Deutschland zu sprechen. Auf besonderen Widerspruch stieß seine auf einer Pressekonferenz vorgetragene Behauptung, dass der Antisemitismus in Deutschland „tot" sei. Diese angesichts der immer noch weit verbreiteten Ressentiments und Übergriffe gegen jüdische *Displaced Persons* völlig aus der Luft gegriffene Behauptung kommentierte ein US-Journalist mit der trockenen Replik, dass Niemöller bei genauem Hinsehen erkennen würde, „daß es die Juden sind, die tot sind."[47]

Niemöller selbst war über die kritische Einstellung wichtiger Vertreter der jüdischen Gemeinschaft und von Teilen der Medien in den USA empört, und so verfasste er nach seiner Rückkehr ein Manuskript über seine Eindrücke. Darin stimmte er jenen Deutschen zu, welche die Amerikaner eines „gewollten Massenmordes" an den Deutschen nach 1945 beschuldigten. Schließlich seien, so seine wiederum aus der Luft gegriffene Behauptung, seit Kriegsende „mehr deutsche Menschen verschwunden und umgekommen" als während der NS-Zeit, „einschließlich der angeblich 6 Millionen verschwundenen Juden."[48] Wie bei anderen Gelegenheiten sah Niemöller also die Deutschen, und nicht etwa die Juden, als die eigentlichen Opfer. Und in seiner Tirade gegen die Amerikaner ließ er zudem erkennen, dass er privatim die Zahl der Opfer des deutschen Völkermordes an den europäischen Juden in Zweifel zog, die er öffentlich stets korrekt auf 6 Millionen bezifferte. Auch sein Bericht an die EKD und private briefliche Äußerungen nach der Rückkehr aus den USA enthielten antisemitische Äußerungen, die sich gegen die Kritiker seiner Reise in den USA richteten[49].

Doch auch in öffentlichen Stellungnahmen nach der Rückkehr aus den USA gab Niemöller seine antisemitischen Ressentiments ganz offen zum Besten. In einer Pressekonferenz in Berlin im Juni 1947 widersprach er seinen in den USA vorgetragenen Thesen und behauptete, dass auch in Deutschland antisemitische Einstellungen wieder hervortreten würden. Als Grund dafür gab er an, dass „überall in den amerikanischen Stellen [...] Juden sitzen", und bezeichnete die jüdischen Mitarbeiter der US-Militärregierung, ein klassisches antisemitisches Stereotyp aufrufend, als Vertreter einer aggressiven „Hasspolitik und Rachepolitik". Man müsse, so rechtfertigte sich Niemöller vor der versammelten Presse, „doch das Kind beim Namen nennen."[50] Damit gerierte er sich ganz unverhohlen als jemand, der in der deutschen Öffentlichkeit bestehende Tabus über die Rolle der Juden – sie seien nicht nur Opfer, sondern eben auch Täter – aufbrechen wollte. In der Rückschau wirft diese Pressekonferenz die Frage auf, warum die dort versammelten Vertreter der deutschen Medien nicht die Gelegenheit ergriffen, Niemöllers offenkundige antisemitische Vorurteile und Ressentiments in ihrer Berichterstattung an-

47 Ebd., 379 f., 489.
48 Ebd., 489 f.
49 Vgl. ebd., 489.
50 Ebd., 380.

zusprechen? Doch offenbar bedurfte es nur noch einer weiteren antisemitischen Äußerung Niemöllers, um die Aufmerksamkeit der Medien genau darauf zu fokussieren.

Diese Gelegenheit kam, als Niemöller am 14. Juni 1947 auf dem Landratsamt im hessischen Büdingen gegen die Verweigerung von zusätzlichen Lebensmittelkarten für Verfolgte des NS-Regimes an seine Haushälterin mit den Worten protestierte: „Sie unterstützen wohl nur Judenfreunde?" Als der „Spiegel" Anfang August darüber berichtete, brach eine Pressekontroverse los, die Niemöllers antisemitische Einstellungen in das Licht einer breiten Öffentlichkeit rückte. Das Zitat selbst wurde von Niemöller nicht dementiert, im Gegenteil. Als die Vereinigung der Verfolgten des Naziregimes (VVN) Hessen die Berichte zum Anlass nahm, Niemöller eine Mitgliedschaft zu verweigern, reagierte dieser mit der unverhohlen antisemitischen Behauptung, die Urheber dieses Beschlusses seien „von Haß erfüllt" und folgten dem Prinzip „Auge um Auge, Zahn um Zahn". Im Übrigen beharrte er darauf, beweisen zu können, dass nur „Judenfreunde" von den Zusatzkarten profitieren würden. Auch die internationale Presse in Großbritannien und den USA berichtete über diese Affäre mit dem Tenor, dass Niemöller nicht als Opfer des NS-Regimes gelten könne[51]. Wer die Berichte in der deutschen und internationalen Presse las, konnte sich wohl kaum dem Eindruck entziehen, dass es sich bei Niemöller um einen habituellen Antisemiten handelte, der auf öffentliche Kritik mit großer Regelmäßigkeit durch die Artikulation antijüdischer Stereotype und Vorurteile reagierte. Vor diesem Hintergrund scheint es mehr als nur eine Koinzidenz, dass Niemöller ungefähr zur selben Zeit, im Herbst 1947, seine Bemühungen einstellte, die Deutschen durch Ansprachen und Zeitschriftenartikel zur Anerkennung ihrer Schuld an den Verbrechen des Nationalsozialismus zu bewegen, wie er dies seit der Stuttgarter Schulderklärung der EKD im Oktober 1945 unermüdlich und gegen zahlreiche Widerstände inner- und außerhalb der evangelischen Kirchen getan hatte. Niemöller wird bewusst geworden sein, dass die Rolle des Bußpredigers nicht gut zu jemandem passte, dessen antisemitische Wutausbrüche nicht nur in den deutschen Tageszeitungen breit dokumentiert waren.

Welche Rolle spielte der Massenmord an den europäischen Juden nun in den Ansprachen Niemöllers zur Frage der Schuld in den Jahren 1946/47? Zunächst ist ausdrücklich festzuhalten, dass Niemöller ganz gezielt einige der rhetorischen Formeln zurückwies, mit denen andere kirchliche Repräsentanten und Gremien in dieser Zeit die Mitschuld der Kirche und aller deutschen Christen an den Verbrechen des NS-Regimes herunterspielten. Weder bemühte er sich um eine Selbstrechtfertigung des eigenen Verhaltens, indem er auf die staatliche Repressionspolitik gegen die Kirche in den Jahren

51 Mit den Belegen ebd., 375 f. Heymel, Niemöller, 149, ignoriert den eigentlichen Auslöser dieser Affäre, der nicht in der Veröffentlichung von Niemöllers Aussage vor dem Sondergericht 1938 lag, und vermittelt keinen hinreichenden Eindruck von ihrer Reichweite.

1933–1945 verwies, noch drückte er sich um die Einsicht herum, dass es Deformationen in der Theologie selbst waren, die man bei der Suche nach den Ursachen für das Fehlverhalten der Kirche gezielt in den Blick nehmen müsse[52]. Ganz im Gegensatz dazu betonte Niemöller stets, dass auch er als vormaliger KZ-Häftling die Verantwortung für seine eigene Schuld nicht zurückweisen könne, und betonte gerade das Versagen der Bekennenden Kirche, die sich dem NS-Regime und – um ein von ihm oft benutztes Beispiel zu nennen – der massenhaften Inhaftierung von Kommunisten eben nicht frühzeitig entgegengestellt hatte[53].

Mit diesen beiden rhetorischen Strategien stellte sich Niemöller ebenso mutig wie entschieden gegen den Hauptstrom des evangelischen Schulddiskurses der Jahre 1945 bis 1947, der immer wieder auf das Element der Selbstrechtfertigung und der Ablenkung der Schuldzuweisung auf andere Gruppen der deutschen Gesellschaft – in erster Linie die NSDAP und ihre führenden Repräsentanten – zurückgriff. Doch die Analyse des Schulddiskurses darf bei diesen Momenten nicht stehen bleiben. In welcher Form wurden die Juden als Opfer der Deutschen identifiziert, und welchen Stellenwert hatte dieses Moment im Gesamtzusammenhang der Erörterung deutscher Schuld? Wurden Ausmaß und Form des Massenmordes an den europäischen Juden und damit die Verbrechen der Deutschen überhaupt konkret angesprochen, oder nur umschrieben und damit verharmlost? Stand die Beschreibung der durch den Judenmord eingegangenen Schuld im Zentrum des Arguments, oder wurde sie durch den Hinweis auf andere Opfergruppen oder auf die Not und Opferrolle der Deutschen nach 1945 relativiert? Erst mit der Beantwortung dieser Fragen lässt sich erschließen, ob die Thematisierung der Schuld gegenüber den Juden ein ernstes Anliegen oder vielmehr nur ein Lippenbekenntnis war.

Bei der Durchsicht von Niemöllers Reden fällt sofort auf, dass seine Bezugnahme auf die Juden als Opfer deutscher Verbrechen oft nur aspekthaft und im Vorübergehen erfolgte. Bei einer Rede in Zürich am 7. März 1946 ging Niemöller ganz explizit darauf ein, dass er sich nicht um die Kommunisten „gekümmert" und kein „Zeugnis" abgelegt habe, als diese „1933 ins Konzentrationslager geworfen wurden." Eine Beschreibung der mit der Shoah verbundenen Verbrechen blieb aus, und so fanden deren Opfer auch nur neben denen der Kommunisten Erwähnung: „Wir hätten den Herrn Jesus Christus erkennen müssen in dem Bruder, der litt und verfolgt wurde, ob er nun ein Kommunist war oder ein Jude."[54] Zudem blieb trotz aller persönlichen Ansprache an die Opfer des NS-Regimes, als die Niemöller seine Auseinan-

52 Beispiele für beide Strategien – und ihre Überwindung – in der wichtigen Studie von Hermle, Kirche, 263–315, hier u. a. 277, 281, 284, 305.

53 Vgl. u. a. Niemöller, Schuld, 5 f.; Ders., Not, 5 f. Vgl. Niemöllers Vortrag in Erlangen am 22. 1. 1946, in: Greschat, Schuld, 188–192, hier 190 f.

54 Niemöller, Not, 6.

dersetzung mit seiner Schuld an den Juden inszenierte, durchaus offen, wen genau er damit meinte. In seiner berühmten Rede vor Erlanger Studenten am 22. Januar 1946 sprach er von der Begegnung mit einem Juden, „der alles verloren hatte". Ihm gegenüber, so Niemöller, habe er gesagt: „Lieber Bruder, Mensch und Jude [...]: Ich bekenne mich schuldig und bitte dich: Vergib mir und meinem Volk diese Schuld."[55] Doch wer war dieser „Bruder" tatsächlich? Das verriet Niemöller in einer anderen Version derselben Rede, in der er klarstellte, es sei ein „jüdischer Christ" aus seiner Dahlemer Gemeinde gewesen, demgegenüber er so seine Schuld bekannt habe[56]. Dieser „Jude", dem er Abbitte leistete, war also ein Opfer der NS-Rassenpolitik. Ein jüdischer Deutscher war er allerdings nicht. Die Angehörigen der jüdischen Religionsgemeinschaft blieben für Niemöller weiterhin eine abstrakte Schimäre.

Dazu passt auch, dass Niemöller davor zurückscheute, die Verbrechen der Deutschen an den europäischen Juden beim Namen zu nennen. In Erlangen sprach er einfach von den „5, 6 Millionen toten Juden"[57], und bei einer anderen Gelegenheit umschrieb er das den Deutschen zugestellte „Schuldpaket" als die „sechs Millionen Tonkrüglein", „in denen die Asche von verbrannten Juden aus ganz Europa beigesetzt sind."[58] Zu diesem Zeitpunkt waren die Fotos der in den Vernichtungslagern anzutreffenden Leichenberge und die Nachrichten von den über die UdSSR verstreuten Massengräbern mit notdürftig verscharrten und dann verbrannten Leichen der jüdischen Opfer zumindest in den Umrissen bekannt. Die Rede von einer individuellen Beisetzung in „Tonkrüglein" ist vor diesem Hintergrund eine erschreckende Trivialisierung des Leidens und Sterbens der von Deutschen ermordeten Juden Europas.

Das entscheidende Problem der Auseinandersetzung Niemöllers mit der Schuld der Deutschen an der Shoah lag aber anderswo, nämlich in ihrer marginalen Rolle in seinem öffentlichen Wirken nach 1945. In seinem bereits erwähnten Züricher Vortrag etwa erwähnte Niemöller die Verfolgung der Juden im NS-Regime in einem einzigen Satz, und zwar gleichwertig neben dem Schicksal der verfolgten Kommunisten. Sehr viel ausführlicher war seine Schilderung der Not der Deutschen in der Zusammenbruchsgesellschaft der ersten Nachkriegsjahre. Er erinnerte an die „Millionen Menschen, die Heimat, Gut, Besitz und Eigentum verloren haben", da sie vor den Sowjets in den Westen Deutschlands geflohen waren. In einfühlsamen Worten schilderte er, bei einem Besuch in seiner alten Dahlemer Gemeinde „ein ausgebombtes junges Mädchen" getroffen zu haben, das die erste Scheibe eines Brotlaibes für die hungernden „Flüchtlingsmassen" beiseitelegte. Überhaupt stand die mangelnde Ernährung der Deutschen stets im Zentrum seiner Ansprachen der Jahre 1946/47. In Zürich sprach er von jenen, die „im Prozeß des Ver-

55 Zit. nach Greschat, Schuld, 190.
56 Zit. in Ziemann, Niemöller, 378.
57 Greschat, Schuld, 191.
58 Niemöller, Schuld, 5.

hungerns“ waren, da die von ihm „Sterbekarte“ genannte Lebensmittelkarte für nur 1000 Kalorien am Tag nicht zum Überleben reichte. Seine drastische Ausmalung des Elends der „Verzagenden“ und der „Verzweifelnden“ Deutschen gipfelte in der dramatischen – und selbstredend grotesk übertriebenen – Klage über die zahlreichen Selbstmorde, die im Osten Deutschlands und in Berlin 1945 auf den „Einmarsch der Russen“ folgten. Allein in seiner Dahlemer Gemeinde hätten sich angeblich an einem Tag „200 Menschen“[59] das Leben genommen.

Niemöller konnte, das zeigt sich hier deutlich, mit großer Anschaulichkeit und Empathie über das Leiden der Menschen im Gefolge des Zweiten Weltkrieges sprechen. Doch diese Empathie war stets für die Deutschen in ihrer Rolle als Opfer von Bombenkrieg, Vertreibung und alliierter Besatzungsherrschaft reserviert. Die Schuld an den Juden fand Erwähnung, aber keine genaue Beschreibung oder gar eine Erörterung ihrer Gründe im Antijudaismus und Antisemitismus auch der Christen, ihrer Formen und ihrer historischen Relevanz. Und stets war es „der“ Jude, ein Abstraktum, eine Schimäre, die wie gezeigt sogar Christen jüdischer Herkunft umfasste, an den Niemöller sich richtete und von dem er sogar erwartete, dass er „diese Schuld“ anfasse und sie „aus der Mitte“ zwischen beiden „tue, [so] daß wir zusammenkommen.“[60] Niemöller malte das Elend und die Not der Deutschen in der Nachkriegszeit stets ebenso breit wie anschaulich aus, in starkem Kontrast zu den wenigen und letztlich verharmlosenden Worten, die er zum Leiden und Sterben der Juden im Machtbereich des NS-Regimes fand. Im Endeffekt leistete er durch diese Hervorhebung der Not und Opferrolle der Deutschen nach 1945 einer Relativierung der Schuld der Deutschen am Massenmord an den Juden Europas Vorschub. So verwundert es auch nicht, dass Niemöller erst 1957 – also zwölf Jahre nach dem Kriegsende und nach hunderten von öffentlichen Vorträgen zu allen möglichen politischen und religiösen Themen – erstmals auf den „Antisemitismus“ als eine „Schuld und Bedrohung“ der Kirche zu sprechen kam und ihn damit ganz explizit als solchen benannte. Niemöller analysierte den Antisemitismus dort ganz zutreffend als die Kehrseite der Exklusionsdynamik des Nationalismus. Doch als er ganz am Ende dieses Vortrages endlich auf die Juden als Zielscheibe und Opfer antisemitischen Ressentiments zu sprechen kam, zeigte sich, dass sich an seinem Unverständnis gegenüber der praktischen, gelebten Realität von Religion und Kultur des Judentums nichts geändert hatte. Niemöller versuchte, sich den „Haß“ gegen die Juden dadurch zu erklären, dass „der Jude“ – wiederum griff er auf diese abstrakte Schimäre zurück – das „Preisgegebensein“ der Menschen bezeuge, weil er ein „elender, einsamer Mensch ist“ und damit für andere „unerträglich“ werde. Niemöller fand den Inbegriff dafür im „Juden Jesus“, diesem „armen, elenden, einsamen und verlorenen Menschen“. Nur

59 Niemöller, Not, 4, 8 f. Ähnlich Ders., Schuld, 8 f.
60 Ebd., 8.

von daher ist seine Formulierung zu verstehen, dass Antisemitismus letztlich als „Antichristentum" zu verstehen sei: weil er die Menschlichkeit des Heilands der Christen leugnet[61].

Es dürfte deutlich geworden sein, dass Niemöller zu einer ernsthaften Auseinandersetzung mit der Schuld der Deutschen an der Shoah in den Jahren nach 1945 nicht bereit war. Denn eine solche Auseinandersetzung hätte in der Konsequenz auch die Bereitschaft nach sich ziehen müssen, sich über alle Schuldfloskeln hinaus mit der Realität des Judentums als einer gelebten und praktizierten Religion auseinanderzusetzen. Das taten einige seiner engsten Freunde, darunter Helmut Gollwitzer und Heinrich Grüber. Doch gerade gegenüber dessen wiederholten Einladungen und Mahnungen, ihn doch auf seinen Reisen nach Israel einmal zu begleiten und dabei sowohl die Schuld der Deutschen als auch die lebendige Praxis des jüdischen Glaubens zu reflektieren, verweigerte sich Niemöller mit einer Hartnäckigkeit, die zeigte, dass er daran kein Interesse hatte[62]. In den Jahren nach 1945 hat sich Niemöller ein einziges Mal mit großer Entschiedenheit für eine öffentliche Erklärung eingesetzt, die mit deutlichen, ja drastischen Worten nicht nur die Schuld der Kirche an den Verbrechen des NS-Regimes als eine aus mangelnder Empathie mit den Opfern rührende Unterlassung anprangerte, sondern auch für die Verfolgung der Juden ebenso klare wie angemessene Worte fand: „Als 1938 die jüdischen Geschäfte zertrümmert, die Synagogen verbrannt und die Juden nach und nach verschleppt wurden [...], bekümmerten wir uns wieder nicht um alle die furchtbare menschliche Not"[63], hieß es dort unter anderem. Verfasser dieses Textes, der als Wort des Rates der EKD an die Gemeinden geplant war, war Niemöllers Freund Wilhelm Niesel, der seinen zweiten, auf den 23. März 1946 datierten Entwurf mit ihm besprochen hatte[64]. In der Sitzung des Rates der EKD am 2. Mai 1946 machte sich Niemöller für dieses Wort an die Gemeinden stark, stand dabei aber mit Niesel allein auf weiter Flur. Sein besonderer Einsatz für diesen von seinen sonstigen Äußerungen zum Thema Judenverfolgung weit abweichenden Text mag auch der Tatsache geschuldet sein, dass dies die letzte Gelegenheit war, dem Rat der EKD ein Wort abzuringen, das die Schuldfrage ganz entschieden in das Zentrum der kirchlichen Verkündigung stellte. Am 2. Mai 1946 wurden die Weichen aber in eine andere Richtung gestellt: von nun an ging es dem Rat der EKD nicht mehr um die

61 Niemöller, Nationalismus, 147–156, Zitate 155 f. Heymel, Niemöller, 188, verfehlt die Pointe dieses Textes; Siegele-Wenschkewitz, Auseinandersetzungen, 311, erkennt sie. Ob Niemöller damit aber bereits seine „Fremdheit zu den Juden" überwand (ebd.), scheint fraglich. Denn Niemöller interpretierte nach wie vor die Juden und ihre Religion nur durch die Brille des Christentums, nicht jedoch in ihrem eigenen Recht.

62 Ziemann, Niemöller, 504 f.

63 Wilhelm Niesel, Entwurf für ein Wort des Rates der EKD an die Gemeinden, 23. 3. 1946: Greschat, Schuld, 277–279, Zitat 278.

64 Vgl. das Anschreiben Niesels an die Kirchenkanzlei vom 23. 3. 1946: Ebd., 275. Am Verfassen des Textes selbst war Niemöller also nicht beteiligt.

Schuld der Deutschen, sondern um Worte des Trostes an die evangelischen Christen in den Gemeinden[65]. Die spezifische inhaltliche Dringlichkeit von Niesels Wort mit seinem Akzent auf die Judenverfolgung vertrat aber auch Niemöller in der entscheidenden Sitzung nicht. Er zog sich vielmehr auf die Floskel zurück, man müsse „immer wieder das Wort der Buße predigen."[66]

4. Schlussbemerkung

Niemöllers Auseinandersetzung mit dem Judentum begann von der Warte eines völkisch-rassistischen Antisemitismus, den er sich Ende 1918 zu eigen machte. Auch wenn sein intensives Engagement in radikalnationalistischen und faschistischen Verbänden und Parteien 1923 endete, hat er diesen rassistischen Antisemitismus nach allen vorliegenden Quellen erst 1932 aufgegeben. Auch die theologische Reflexion, die er nun suchte, erkannte die Argumente der Antisemiten gegen das Alte Testament allerdings an. Noch wichtiger war, dass Niemöller seinen gesellschaftlich-kulturellen Antisemitismus, die von intensiven Vorurteilen geleitete Überzeugung, dass „die Juden" einen zu großen und für „die Deutschen" schädlichen Einfluss in der Gesellschaft hatten, auch nach 1932 nicht ablegte. Diese Vorurteilsstruktur prägte seine Interventionen in der Debatte über den „Arierparagraphen" in der Kirche der ApU. Sie blieb auch in den Jahren nach 1945, nach dem Faktum des deutschen Massenmordes an den europäischen Juden, ungebrochen bestehen, wie eine Fülle von privaten und öffentlichen Stellungnahmen zeigt. In Niemöllers zahlreichen Stellungnahmen nach 1945 zu seiner eigenen Schuld und der der Deutschen insgesamt blieb der Massenmord an den Juden ein marginales Thema. Der habituelle Antisemit Niemöller warf hier Christen jüdischer Herkunft und Angehörige der jüdischen Glaubensgemeinschaft munter durcheinander, benutzte Metaphern, die das Leiden und Sterben der jüdischen Minderheit von 1933 bis 1945 verharmlosten, und sprach stets von „dem" Juden, einer abstrakten Schimäre, die nur in der verzerrten Wahrnehmung eines Christen existierte, bei dem sich Unkenntnis des Judentums mit Desinteresse an der gelebten Realität der jüdischen Religion paarte. Schließlich blieb jede praktische Konsequenz seiner Stellungnahmen aus. Niemöller warb auf seinen Auslandsreisen von 1945 bis 1947 immer wieder für Hilfeleistungen für die Not leidenden Deutschen, und seine stete Betonung dieser Not kommt im Ergebnis einer Relativierung der deutschen Schuld gegenüber den Juden gleich. Sich etwa für die Sammlung von Geldern für den Wiederaufbau einer Synagoge einzusetzen, kam ihn nicht in den Sinn[67]. Aus

65 Vgl. die treffenden Bemerkungen von Martin Greschat in: GRESCHAT, Schuld, 270 f.

66 Zit. nach NICOLAISEN / SCHULZE, Protokolle, 492.

67 Vgl. das bei HERMLE, Kirche, 291–296 geschilderte Beispiel Bremens, wo der vorläufige Kir-

dem Bekenntnis gegen die rassistische Verfälschung des christlichen Glaubens durch die Deutschen Christen und die NS-Kirchenpolitik, das 1934 zur Gründung der Bekennenden Kirche führte, wurde bei Niemöller so nach 1945 ein reines Lippenbekenntnis.

Es ist also überfällig, die These von dem so lernbereiten Martin Niemöller dorthin zu verweisen, wohin sie gehört, nämlich in den Bereich der historischen Legendenbildung und Hagiografie. Eine gründliche Auseinandersetzung mit den vorhandenen Quellen zeigt, dass diese Legende nicht länger haltbar ist. Gerade in der Frage der Thematisierung der Schuld der Deutschen nach 1945 erweist sich, dass Niemöller zwar gerne über Schuld, auch seine eigene, sprach, sich einer ernsthaften Auseinandersetzung mit dem Massenmord an den europäischen Juden jedoch verweigerte. Damit stand Niemöller nach 1945 nicht allein, weder im Protestantismus noch in der westdeutschen Gesellschaft insgesamt. So hat Nicolas Berg in seiner grundlegenden Studie eine vergleichbare „ahistorische Entkonkretisierung der Judenvernichtung" als ein wichtiges Merkmal der Beschäftigung der deutschen Historiker mit dem Massenmord an den Juden festgehalten[68]. Auch eine gründliche Analyse der autobiographischen Texte protestantischer Theologen zeigt auf, dass die Hervorhebung der Opferrolle der Deutschen sowie der Mangel an Empathie mit dem Leiden der jüdischen Opfer des deutschen Völkermordes wichtige Bestandteil ihres Erinnerungsdiskurses waren, und dass diese Theologen antisemitische Denkmuster auch nach 1945 ohne selbstkritische Distanz reproduzierten[69]. Die hier aufgezeigten Probleme und Defizite in Niemöllers Auseinandersetzung mit der Schuld der Deutschen am Massenmord an den europäischen Juden sind also nicht als sein persönliches Problem zu verstehen. Sie waren vielmehr Teil des weitreichenden kollektiven Versagens des westdeutschen Protestantismus, mit der eigenen Tradition des Antijudaismus und Antisemitismus nach 1945 anders umzugehen als durch die Reaktivierung antijüdischer Stereotype. Aber das heißt eben auch, dass man Niemöller eine besondere, aktive Rolle bei der Entwicklung einer neuen Sensibilität für Fragen der Schuld der Deutschen nicht mehr zusprechen kann.

Die notwendige Neubewertung von Niemöllers Rolle im sogenannten „Kirchenkampf" der Jahre 1933–1937, im Schulddiskurs der Jahre nach 1945 und nicht zuletzt sein von 1918 bis weit in die Zeit nach 1945 reichender habitueller Antisemitismus werfen zugleich die weitergehende Frage auf, ob es nicht insgesamt an der Zeit ist, seinen Platz in der Erinnerungskultur des deutschen Protestantismus neu zu reflektieren. Es gibt gute Gründe dafür, das Engagement Niemöllers nach 1945 in der ökumenischen Bewegung und im Pazifismus zu erinnern und zu reflektieren. Aber dies kann wohl nicht mehr

---

chenausschuss der Bremischen Kirche eine Sammlung für den Wiederaufbau der 1938 zerstörten Synagoge initiierte.

68 Berg, Holocaust, 58.

69 Vgl. Krondorfer, Autobiographien, bes. 130–134.

geschehen, ohne die aus seinem langwährenden Antisemitismus resultierenden Probleme gleichermaßen zu erörtern. Als Günter Gaus ihn 1963 darüber befragte, soviel ist heute klar, log Niemöller ihm ins Gesicht – was umso schwerer wiegt, als der performative Sinn seiner Aussage gerade darin lag, Reue und Zerknirschung zu dokumentieren. Warum er die Unwahrheit sagte, ist offensichtlich. Ob er damit immer noch als Symbolfigur des deutschen Protestantismus geeignet ist, ist eine Frage, die weiterer Erörterung bedarf.

Quellen- und Literaturverzeichnis

I. Unveröffentlichte Quellen

Evangelisches Zentralarchiv (EZA) Berlin
Bestand 50: Archiv für die Geschichte des Kirchenkampfes
258 Materialien zum Kirchenkampf 1933–1936

Landeskirchliches Archiv der Evangelischen Kirche von Westfalen (LkA EvKvW) Bielefeld
Bestand 5.1: Sammlung Wilhelm Niemöller
435 F. 1 Martin Niemöller. Diverses 1924–1962

Zentralarchiv der Evangelischen Kirchen von Hessen-Nassau (ZA EKHN) Darmstadt
Bestand 62: Nachlass Martin Niemöller
6096 Amtskalender 1919–1944
6097 Amtskalender 1945–1968

Universitätsarchiv Münster
Bestand 4: Rektor
704 Studentengruppe des Deutschvölkischen Schutz- und Trutzbundes

II. Veröffentlichte Quellen und Darstellungen

Berg, Nicolas: Der Holocaust und die westdeutschen Historiker. Erforschung und Erinnerung. Göttingen 2003.

Gaus, Günther: Zur Person. Portraits in Frage und Antwort. München 1965.

Gerlach, Wolfgang: Als die Zeugen schwiegen. Bekennende Kirche und die Juden (SKI 10). Berlin 1987.

Greschat, Martin (Hg.): Die Schuld der Kirche. Dokumente und Reflexionen zur Stuttgarter Schulderklärung vom 18./19. Oktober 1945. München 1982.

Hermle, Siegfried: Evangelische Kirche und Judentum – Stationen nach 1945 (AKIZ B 16). Göttingen 1990.

Heymel, Michael: Ein Zerrbild gezeichnet. In: Zeitzeichen 21 (2020), H. 6, 15–17.

–: Martin Niemöller. Vom Marineoffizier zum Friedenskämpfer. Darmstadt 2017.

–: Martin Niemöllers Verhältnis zum Judentum. Stationen eines Lernprozesses. In: Michael Tilly / Lothar Triebel (Hg.): Notwendige Begegnungen. Judentum und Christentum von der Antike bis zur Gegenwart. Beiträge aus Wissenschaft, Synagoge und Kirche. Darmstadt 2016, 254–268.

Hockenos, Matthew: Then They Came for Me. Martin Niemöller, the Pastor Who Defied the Nazis. New York 2018.

Holz, Klaus: Nationaler Antisemitismus. Wissenssoziologie einer Weltanschauung. Hamburg 2001.

Krondorfer, Björn: Nationalsozialismus und Holocaust in Autobiographien protestantischer Theologen. In: Ders. / Katharina von Kellenbach / Norbert Reck: Mit Blick auf die Täter. Fragen an die deutsche Theologie nach 1945. Gütersloh 2006, 21–167.

Lohalm, Uwe: Völkischer Radikalismus. Die Geschichte des Deutschvölkischen Schutz- und Trutz-Bundes 1919–1923 (Hamburger Beiträge zur Zeitgeschichte 6). Hamburg 1970.

Longerich, Peter: Antisemitismus. Eine deutsche Geschichte. Von der Aufklärung bis heute. Berlin 2021.

Nicolaisen, Carsten / Schulze, Nora Andrea (Bearb.): Die Protokolle des Rates der Evangelischen Kirche in Deutschland. Bd. 1: 1945/46 (AKIZ A 5). Göttingen 1995.

Niemöller, Martin: Nationalismus – Antisemitismus als Schuld und Bedrohung der Kirche. In: Ders., Reden 1955–1957, 147–156.

–: Not und Aufgabe der Kirche in Deutschland. Stuttgart ^{2}1947.

–: Reden 1955–1957. Darmstadt 1957.

–: Sätze zur Arierfrage in der Kirche. In: JK 1 (1933), 269–271.

–: Über die deutsche Schuld, Not und Hoffnung. Zürich 1946.

Schmidt, Jürgen: Niemöller im Kirchenkampf (Hamburger Beiträge zur Zeitgeschichte 8). Hamburg 1971.

Siegele-Wenschkewitz, Leonore: Auseinandersetzungen mit einem Stereotyp. Die Judenfrage im Leben Martin Niemöllers. In: Ursula Büttner (Hg.): Die Deutschen und die Judenverfolgung im Dritten Reich. Hamburg 1992, 293–319.

Smid, Marikje: Deutscher Protestantismus und Judentum 1932/1933 (HUWJK 2). Gütersloh 1990.

Voigt, Martina: ‚Die Gemeinde hat die Pflicht, an den allgemeinen Menschenrechten interessiert zu sein'. Elisabeth Schiemann. In: Manfred Gailus (Hg.): Mit Herz und Verstand. Protestantische Frauen im Widerstand gegen die NS-Rassenpolitik. Göttingen 2013, 100–127.

Wein, Susanne / Ulmer Martin: Antisemitismus in der Weimarer Republik. In: Nadine Rossol / Benjamin Ziemann (Hg.): Aufbruch und Abgründe. Das Handbuch der Weimarer Republik. Darmstadt 2021, 465–486.

Ziemann, Benjamin: Martin Niemöller als völkisch-nationaler Studentenpolitiker in Münster 1919 bis 1923. In: VZG 67 (2019), 209–234.
–: Martin Niemöller. Ein Leben in Opposition. München 2019.

Michael Heymel

Martin Niemöller und das Judentum: ein lebenslanger Lernprozess

Es gibt einen breiten Forschungskonsens, dass Niemöller in einem lebenslangen Lernprozess auch seine stereotype Sichtweise des Judentums beständig überprüft und letztlich überwunden hat[1]. Sicher wird man seine Haltung nur angemessen bewerten können, wenn man Niemöllers völkisch-nationale Aktivitäten in den Jahren 1919 bis1923 und seine Zeit im Freikorps 1919 in die Bewertung miteinbezieht. Niemöller selbst schilderte sie teilweise ausführlich, teilweise kursorisch[2]. Die Forschung hat diese Sachverhalte regelmäßig berücksichtigt[3]. Die erwähnten Aktivitäten in Niemöllers Studentenzeit sind in ihrem historischen Kontext zu verstehen und in die Biographie einzuordnen. Sie stellen keine Konstante dar, sondern den Ausgangspunkt eines lebenslangen Lernprozesses. Im Folgenden gehe ich exemplarisch auf zwei Quellen aus der Zeit nach 1945 ein, die beide dafür sprechen, dass Niemöllers Sicht des Judentums sich gewandelt hat.

1. Niemöller lag nach einem Autounfall im August 1961, bei dem seine erste Ehefrau Else getötet wurde, schwerverletzt in einem dänischen Krankenhaus.

---

1 Martin Niemöller hat seit 1945 mehrfach, u. a. 1948 im Gespräch mit Rabbiner Leo Baeck, die Mitschuld der Kirche am Holocaust eingestanden, vgl. HERMLE, Kirche, 216, 223 Anm. 73; NIEMÖLLER, Nationalismus, 123. Zum Forschungsstand vgl. SCHMIDT, Niemöller, 96 f. (hält es für voreilig, Niemöller mit Antisemitismus in Verbindung zu bringen); BENTLEY, Niemöller, 151 und 283 (gegen Rassismus; als Beleg für Lernprozess); HOCKENOS, Niemöller, 120 (Kontext von 115–121 zum Antisemitismus), 265 (Lernprozess); SCHREIBER, Niemöller, 62: „Niemöller war kein Rassenantisemit"; KUHLMANN, Niemöller, 341–344; SIEGELE-WENSCHKEWITZ, Auseinandersetzungen, 275–278 (Niemöllers Sicht des Judentums wandelte sich); STÖHR, Leben, 282, 284 (Ablehnung der NS-Judenpolitik), 289, 315 f.; HEYMEL, Niemöller, 184–190; SCHMIDT, Kirchenkampf, 42 („Niemöller führte […] die politischen, gesellschaftlichen und geistigen Krisenerscheinungen nicht auf den Einfluß des ‚Weltjudentums', sondern auf die ‚Entchristlichung' der Bevölkerung zurück."), 136 (er habe 1933 dem deutschen Volk ein relatives Recht zuerkannt, sich gegen „einen übergroßen und schädlichen Einfluss des Judentums nachdrücklich zu wehren", sei aber gegen „Gewaltmaßnahmen des Regimes und […] Judenhetze im nationalsozialistischen Schrifttum" gewesen); THEWELEIT, Männerphantasien, Bd. 1, 12–25 (zu Niemöller: 13–16), 34 f. (im Umkreis vergleichbarer Freikorps-Mitglieder wie von Salomon, Höß u. a. sei Niemöller eine Ausnahme, er wurde keine Nazi-Größe, sondern saß im KZ Sachsenhausen unter Kommandant Höß), 35: „Der heutige Niemöller kann mit Recht ein Republikaner, ein Demokrat genannt werden"; und REININGHAUS, Arbeiteraufstand, 86–88 (Niemöller habe in der Weimarer Republik extrem rechts gestanden, nach 1945 aber eine völlig konträre politische Haltung gezeigt).

2 Vgl. NIEMÖLLER, U-Boot, 170–180.

3 HEYMEL, Niemöller, 32; HOCKENOS, Niemöller, 56–58 u. 117 u. a.

Der hessische Generalstaatsanwalt Dr. Fritz Bauer, Sohn jüdischer Eltern, schrieb ihm am 14. August 1961 einige persönliche Zeilen. Es ist sinnvoll, den Inhalt dieser Quelle vollständig zu zitieren, um ihre Bedeutung vollständig zu erfassen:

> „Hochverehrter Herr Kirchenpräsident, lieber Herr Niemöller! Die Gedanken Ihrer Freunde und, wie wir glücklich erfahren können, auch vieler, die sonst recht böse sind, weilen bei Ihnen. Ich teile den Schmerz, den Sie über den Verlust Ihrer Frau empfinden. Ich erinnere mich der Stunden, die ich mit ihr verbringen durfte; ich werde sie nicht vergessen. Ihnen selber wünsche ich herzlichst baldige Genesung. Wir brauchen Sie. Stets Ihr Bauer."[4]

Aus Tonlage und Wortlaut des Briefes geht hervor, dass Bauer hier keineswegs nur einen konventionellen Kondolenzbrief schrieb, sondern vielmehr sein persönliches Interesse an Niemöller als Freund und Verbündeten zum Ausdruck brachte, den er Anfang 1960 kennen und schätzen gelernt hatte. Als einer der Freunde, die in Gedanken bei Niemöller sind, erklärt Bauer: „Wir brauchen Sie." Bauer bekundet die Sorge um Leben und Gesundheit dessen, mit dem er sich im Kampf gegen Adenauer und den NS-Juristen Globke verbunden weiß. Der zeitliche Kontext macht es wahrscheinlich, dass er seine Aussage im Zusammenhang der Verfolgung von NS-Verbrechen und der Vorbereitung des großen Auschwitz-Prozesses meinte, der am 20. Dezember 1963 in Frankfurt begann[5].

Natürlich wusste er, mit wem er es zu tun hatte. Niemöller seinerseits wusste, dass Bauer jüdischer Herkunft war und sich intensiv für die Verfolgung von NS-Verbrechern einsetzte. Für Bauer war Niemöller ein Mitstreiter in Sachen Vergangenheitsbewältigung. Für einen unbelehrbaren Antisemiten hat er ihn offensichtlich nicht gehalten.

2. Im Fernsehinterview vom 30. Oktober 1963 zitierte Günter Gaus eine Aussage Niemöllers im Prozess vor dem NS-Sondergericht 1938. Gaus erinnerte ihn daran, dass er dort gesagt habe, „daß man es Ihnen als ehemaligem Offizier und Sproß einer westfälischen Bauernfamilie schon glauben dürfe, daß Ihnen die Juden menschlich gewiß nicht sympathisch seien." Gaus fragte

4 Bauer an Niemöller vom 14. 8. 1961 (ZA EKHN 62/1269).

5 Vgl. Bauer, Mörder. Erschienen in einer von Martin Niemöller und Gustav Heinemann herausgegebenen Zeitschrift, diente der Artikel der Erläuterung der Einrichtung der Zentralen Stelle Ludwigsburg und der Vorbereitung des großen Auschwitz-Prozesses. Bauer tritt dort für die Verfolgung von NS-Verbrechern und für die historische Aufarbeitung der Judenvernichtung ein. Zum Kontext vgl. Wojak, Bauer (2019), 322–367.Vor Prozessbeginn, am 13. 11. 1963, wurden zwei Richter – der eine jüdischer Herkunft, der andere ein Sohn Niemöllers – von dem Gerichtspräsidium für befangen erklärt und von ihren Aufgaben entbunden. Der Beschluss über „die Entbindung des Amtsgerichtsrats [Jan] Niemöller als Richter wegen Befangenheit" wurde mit der Tatsache, begründet, „dass sich sein Vater, Pastor Martin Niemöller, in den Jahren 1938 bis 1945 in den Konzentrationslagern Sachsenhausen und Dachau befunden hat" (HHStAW Abt. 461, Nr. 37638/1–456, 41).

dann: „Bedrückt Sie dieses Wort heute?"[6] Niemöller bejaht und drückt deutlich sein Bedauern über seine damalige Haltung aus.

Der Text des Interviews und die originale Fernsehaufzeichnung belegen beide, dass Niemöller auf jede Frage von Gaus präzise und ohne Umschweife antwortet. Das ist auch hier der Fall. Niemöller erläutert seine Aussage von 1938, indem er auf die antisemitische Einstellung der Tecklenburger Bauern und die in der kaiserlichen Marine (er sagt „Wehrmacht") verbreitete antijüdische Haltung verweist. Wenn er dies als „ein Stück Tradition" bezeichnet, die er übernommen habe, so ist das im Kontext des Interviews keine entschuldigende Selbstrechtfertigung, sondern ein offenes Eingeständnis.

Zum einen erklärt er dort, die Gesellschaftsstruktur vor dem Ersten Weltkrieg sei für ihn so konstant und unerschütterlich gewesen, dass eine kritische Einstellung zum Krieg für ihn „praktisch undenkbar war"[7]. Er habe sich „immer gern an das gehalten, was allgemein galt"[8]. Die nationale Gesinnung habe er mit seiner Kirche geteilt, als er 1919 gefragt habe: „Wie diene ich meinem Volk am besten?"[9] Auf die Frage von Gaus, ob er sich und seinen Amtsbrüdern aus dieser nationalen Denkweise einen Vorwurf mache, antwortet Niemöller:

> „Ich könnte sagen: Jawohl! Ich könnte zugleich dazu sagen: Wir standen ja in einer Tradition drin. Und solange man über die Tradition nicht sehr grundsätzlich nachzudenken anfing, solange konnte man eigentlich kaum sehen, daß hier eine andere Entwicklung und eine andere Einstellung und dann auch ein anderes Verhalten das eigentlich Gewiesene gewesen wäre"[10].

Damit gesteht er deutlich ein, daß er sowohl die deutsch-nationale wie die antisemitische Einstellung seines Milieus *unreflektiert* übernahm. Er benennt den gesellschaftlich-kulturellen Antisemitismus, der in seiner Heimat und in Offizierskreisen der kaiserlichen Marine verbreitet war. Im Interview erklärt Niemöller, dass er diese tradierte Einstellung – heute spricht man von einem „kulturellen Code" (Shulamit Volkov) – teilte. Als „irreführend" oder gar als „Lüge" wird man diese Auskunft nur beurteilen können, wenn man unterstellt, Niemöller habe Gaus einen gravierenden Tatbestand verschweigen wollen, nämlich die Mitgliedschaft in Verbänden und Parteien, zu deren Merkmalen ein ideologischer Rasseantisemitismus gehörte. Danach war Niemöller aber nicht gefragt worden!

Die zum Verständnis seiner Antwort entscheidende Fortsetzung muss zu einem angemessenen Verständnis mit herangezogen werden. Niemöller fährt fort:

---

6 Niemöller, Gespräch, 209.
7 Ebd., 204.
8 Ebd.
9 Ebd. 211.
10 Ebd. 212.

„Aber damals war es [d. h. die Tragweite des Antisemitismus, MH] mir in keiner Weise klar. Erst sehr viel später, im Konzentrationslager, ist mir dann wirklich überzeugend aufgegangen, daß ich mich als Christ nicht nach meinen Sympathien oder Antipathien zu verhalten habe, sondern daß ich in jedem Menschen, und wenn er mir noch so unsympathisch ist, den Menschenbruder zu sehen habe, für den Jesus Christus an seinem Kreuz gehangen hat, genauso wie für mich – und daß das jede Ablehnung und jedes Anti-Verhalten gegen eine Gruppe von Menschen irgendeiner Rasse, irgendeiner Religion, irgendeiner Hautfarbe usw. einfach ausschließt!“[11]

Die Sinnesänderung, von der Niemöller hier spricht, steht in Widerspruch zu der These, er sei auch nach 1945 Antisemit gewesen. Seine Aussage lässt überdies erkennen, dass ihm vorrangig am Verhältnis zu konkreten Menschen liegt, erst in zweiter Linie an Ideologien.

Es empfiehlt sich daher, Niemöllers Antwort an Gaus vorsichtig zu beurteilen. Im Nachhinein mag sein Schweigen über seine Studentenzeit verwundern, hatte er doch die Deutschen nach 1945 immer wieder dazu aufgerufen, ihre Schuld an den NS-Verbrechen zu bekennen. Man kann fragen, ob er nicht auch über seine Mitgliedschaft und Mitarbeit in völkisch-nationalen Verbänden und in einer völkischen Partei [der DNVP] hätte reden müssen, „die im Rückblick [...] als direkter Vorläufer der NSDAP erkennbar war“[12]? Eine solche teleologische Interpretation des Zusammenhangs der nationalen Gruppierungen der Jahre nach 1918 mit der späteren NSDAP vereinfacht jedoch zu sehr die komplexe historische Wirklichkeit. Was retrospektiv eindeutig erscheint, war für den Beteiligten anders konnotiert und musste keineswegs alternativlos dazu führen, die Hitlerbewegung mit ihrem rabiaten Rasseantisemitismus zu unterstützen.

Niemöller schloss sich, anders als sein Bruder Wilhelm, nicht der NSDAP an, er war auch nicht kurzzeitig wie dieser bei den Deutschen Christen. Sein weiterer Weg wurde nicht durch die zeitweise von ihm geteilte antidemokratische Einstellung völkisch-nationaler Kreise bestimmt, die die Weimarer Republik als „Judenrepublik“ beschimpften,[13] sondern durch seine Entscheidung, als Gemeindepfarrer in die kirchliche Opposition gegen den als

11 Ebd. 220.

12 Ziemann, Studentenpolitiker, 233.

13 In diesen Kontext gehört auch ein drei postkartengroße Seiten umfassender Brief Niemöllers vom 18. 3. 1919 an seinen Bruder Wilhelm (ZA EKHN 35/265), in dem es um Heirats- und Berufspläne geht. Niemöller befürchtete, dass die sozialistische Regierung Intellektuelle für einen blutigen Kampf gegen die Bolschewiki einsetzen wollte, und riet seinem Bruder, der bereits in Münster als Theologiestudent immatrikuliert war, nicht einem Aufruf der Regierung an studentische Freikorpsmitglieder zu folgen. In diesem Zusammenhang schreibt er: „Der Teufel hole die Juden und Genossen!“ (zit. bei Ziemann, Niemöller, 97). Dieser heute peinlich wirkende Ausbruch verrät Niemöllers „Abneigung gegen ‚Juden‘ und sozialistische ‚Genossen‘“ (ebd.), jene Gruppen, die für die von ihm abgelehnte Weimarer Republik stehen. Ein rasseideologisch begründeter Antisemitismus ist daraus nicht zu erschließen.

Kirchengesetz übernommenen sogenannten Arierparagraphen zu gehen. Hier nahm er, sensibilisiert durch dessen praktische Konsequenzen, zur rassistischen Judenpolitik des NS-Staates eine zunehmend kritische Distanz ein und beklagte 1935 in der Bekennenden Kirche (BK) den Mangel an gelebter Solidarität mit Christen jüdischer Herkunft[14]. Später erklärte Niemöller selbstkritisch, die BK („wir") habe den NS-Staat missverstanden, als sie sich der Illusion hingab, er „müsse doch einsehen, daß wir Christen wirklich das Beste für Volk, Nation und Staat wollten". In Wirklichkeit habe dieser Staat mit allem Sittlichen gebrochen, was bisher als christlich galt. Daraus zieht Niemöller im Rückblick – zwei Jahre vor dem Gaus-Interview – die bemerkenswerte Folgerung:

> „Wer auch nur im herkömmlichen Sinne ‚christlich' sein und bleiben wollte, mußte (sic!) sich der Judenverfolgung, der Behandlung politisch mißliebiger Personen und Gruppen, der zunehmenden Rechtsbeugung und schließlich der Ausrottung der Juden und der Vernichtung ‚lebensunwerten' Lebens entgegenstellen"[15].

In der Forschung besteht ein wohlbegründeter Konsens, wonach Niemöller zwar antijüdische Stereotypen geteilt, aber keinen Rasseantisemitismus vertreten habe. Seine politischen Anschauungen und Aktivitäten in den 1920er

---

14 Vgl. sein Votum auf der 3. Bekenntnissynode der Altpreußischen Union am 26. 9. 1935 in Berlin-Steglitz, in: Niemöller, Steglitz, 302; dazu Ziemann, Niemöller, 270 f. Niemöllers Stellungnahme verdient, als Ausdruck eines Gewissenskonflikts ernstgenommen zu werden, der ihn – kurz nach Erlass der Nürnberger Rassegesetze – wie alle Synodalen bedrücken musste: „Wir kommen in der Gemeinde, in der Frauenhilfe, in der Bibelstunde, im Handel und Wandel mit unseren getauften christlichen Brüdern, die nach dem Fleische Juden oder Halbjuden sind, nicht daran vorbei, die Konsequenz der Taufe zu ziehen, wie sie in Galater 3 steht: ‚Ihr seid alle Gottes Kinder durch den Glauben an Christum Jesum. Denn wieviel euer auf Christum getauft sind, die haben Christum angezogen. Hier ist kein Jude noch Grieche, hier ist kein Knecht noch Freier, hier ist kein Mann noch Weib; denn ihr seid allzumal einer in Christo Jesu.' Es kommt darauf an, ob und wieweit wir als Kirche und Gemeinde Jesu Christi jetzt in der Zeit der Verfolgung der Kirche daraus die Konsequenzen zu ziehen bereit sind […]".
Die Rede von den „Brüdern, die nach dem Fleische Juden oder Halbjuden sind", verwendet den damals umgangssprachlichen Terminus „Halbjude", folgt aber bezeichnenderweise nicht der Rasseideologie des NS-Staates. Niemöller nimmt vielmehr eine paulinische Wendung auf (1 Kor 10,18; Röm 1,3; 9,3), die mit dem biologistischen Rassebegriff nichts zu tun hat. Sie weist auf die unterschiedliche Herkunft und Prägung der Getauften hin, die durch die Taufe überholt und in neue Relationen versetzt sind. Die klare Intention der Aussage ist, die Christen jüdischer Herkunft (in NS-Terminologie: nichtarischen) als gleichberechtigt herauszustellen und als Geschwister wahrzunehmen.

15 Niemöller, Wandlung, 157. Diese in der Forschung bisher wenig beachtete Äußerung findet sich in einem Artikel, der zuerst in der Festschrift für Heinrich Grüber erschien: Durchkreuzter Hass. Vom Abenteuer des Friedens. Berichte und Selbstdarstellungen. Hg. von Rudolf Weckerling, Berlin 1961, 250–255. Sie muss daher auch als Würdigung des Büros Grüber verstanden werden. Diese von 1938 bis 1940 bestehende „Hilfsstelle" der BK diente dazu, Christen jüdischer Herkunft bei ihrer Emigration ins Ausland zu helfen und weiter in Deutschland lebende „nichtarische" Christen sozial und seelsorglich zu betreuen.

Jahren sind, wie bereits der Historiker Jürgen Schmidt detailliert und kritisch herausgearbeitet hat, deutsch-national und antibolschewistisch geprägt[16]. Wie vielen anderen nach der Niederlage von 1918 ging es auch Niemöller darum, Wege für einen nationalen Neuaufbau zu finden. Diesem Ziel diente sein Engagement in patriotischen Gruppen und Verbänden, insbesondere die Mitgliedschaft in „einer deutschnationalen Studentengruppe, in der sich ehemalige Offiziere und national gesinnte Studenten zusammenschlossen"[17]. Im Jahr 1934, als Niemöller in seiner Autobiographie über diese Aktivitäten Auskunft gibt, galten solche und andere[18] Mitgliedschaften sicher nicht als anrüchig. Sein Buch enthält offene Bekundungen völkischer, deutsch-nationaler und antibolschewistischer Gesinnung,[19] aber in der gesamten Autobiographie fehlen die Worte „Jude" oder „Judentum" völlig. Nirgendwo begegnet eine Äußerung, die antisemitisch ist. Ein Nachweis, aus dem eindeutig hervorgeht, Niemöller habe als Theologiestudent nationalistischen Organisationen *wegen* ihres Antisemitismus angehört, ist nicht erbracht[20].

Daher ist festzustellen: Niemöller hat die von Gaus gestellte Frage gewissenhaft, offen und wahrheitsgemäß beantwortet. Nach seinen früheren Aktivitäten war er nicht gefragt. Er sagte zwar nicht alles, was nach heutiger Kenntnis über sein sich wandelndes Verhältnis zum Judentum zu sagen und unter Einbeziehung seiner gesamten Biographie zu erwarten wäre. Das rechtfertigt aber nicht, den Inhalt der zitierten Interviewpassage als „Lüge" oder „Irreführung" zu bezeichnen. Diese Charakterisierung hat an Wortlaut und Format des Interviews keinen Anhalt. Niemöller zeigt im Gespräch mit Gaus grundlegende Lernbereitschaft und ehrliche Reue.

Quellen- und Literaturverzeichnis

I. Unveröffentlichte Quellen

Zentralarchiv der Evangelischen Kirche in Hessen und Nassau (ZA EKHN) Darmstadt

Bestand 35: Nachlass Wilhelm Niemöller

265

Bestand 62: Nachlass Martin Niemöller

1269

---

16 Vgl. Schmidt, Kirchenkampf, 32–40.

17 Ebd., 35.

18 Vgl. Niemöller, U-Boot, 183: Organisation „Escherich", „Nationalverband".

19 Vgl. Niemöller, U-Boot, 150, 157–160, 170, 171–180, 187, 196 f., 207, 211; vgl. dazu Schmidt, Kirchenkampf, 257 f.

20 Ziemann, Niemöller, 108–112, bringt keinen solchen Beleg.

II. Veröffentlichte Quellen und Darstellungen

Bauer, Fritz: Mörder unter uns! In: SGKL 10 (1958), H. 11, Sp. 789–792.

Bentley, James: Martin Niemöller. Eine Biographie. Aus d. Engl. übertr. von Karl Heinz Siber. München 1985.

Hermle, Siegfried: Evangelische Kirche und Judentum – Stationen nach 1945 (AKIZ B 16). Göttingen 1990.

Heymel, Michael: Martin Niemöller. Vom Marineoffizier zum Friedenskämpfer. Darmstadt 2017.

Hockenos, Matthew D.: Then they came for me. Martin Niemöller, the pastor who defied the Nazis. New York 2018.

Kuhlmann, Sebastian: Martin Niemöller. Zur prophetischen Dimension der Predigt (APrTh 39). Leipzig 2008.

Niemöller, Martin: Die tiefe Wandlung (1961). In: Ders.: Was würde Jesus dazu sagen? Reden – Predigten – Aufsätze 1937 bis 1980. Hg. von Walter Feurich unter Mitarbeit von Carl Ordnung. Berlin 1980, 155–161.

–: Gespräch zur Person (1963). In: Ders.: Eine Welt oder keine Welt. Reden 1961–1963, Frankfurt a. M. 1964. 201–229.

–: Gewissen vor Staatsräson. Ausgewählte Schriften. Hg. von Joachim Perels und mit einem Nachwort versehen von Martin Stöhr. Göttingen 2016.

–: Nationalismus und Antisemitismus als Schuld und Bedrohung der Kirche (1957). In: Ders.: Gewissen, 113–124.

–: Vom U-Boot zur Kanzel (zuerst 1934). Berlin 1938.

Niemöller, Wilhelm (Hg.): Die Synode zu Steglitz. Die dritte Bekenntnissynode der Evangelischen Kirche der Altpreußischen Union. Geschichte – Dokumente – Berichte (AGK 23). Göttingen 1970.

Reininghaus, Wilfried: Der Arbeiteraufstand im Ruhrgebiet 1920. Quellenkritik und Edition der zeitgenössischen Darstellungen von Carl Brenner, Josef Ernst, Arthur Zickler, Gerhard Colm, Willi Cuno und Siegfried Schulz (VHKW NF. 53). Münster 2020.

Schmidt, Dietmar: Martin Niemöller. Eine Biographie. Stuttgart 1983.

Schmidt, Jürgen: Martin Niemöller im Kirchenkampf (Hamburger Beiträge zum Kirchenkampf 8). Hamburg 1971.

Schreiber, Matthias: Martin Niemöller. Reinbek bei Hamburg [2]2008.

Siegele-Wenschkewitz, Leonore: Auseinandersetzungen mit einem Stereotyp. Die Judenfrage im Leben Martin Niemöllers. In: Dies.: Christlicher Antijudaismus und Antisemitismus. Theologische und kirchliche Programme Deutscher Christen (ArTe 85). Frankfurt a. M. 1994, 261–291.

Stöhr, Martin: Zu Leben und Werk Martin Niemöllers. In: Niemöller, Gewissen, 275–329.

Theweleit, Klaus: Männerphantasien, 2 Bde. Reinbek bei Hamburg 1980 [Frankfurt a. M. 1977/78].

Wojak, Irmtrud: Fritz Bauer 1903–1968. Eine Biographie. München 2009; zweite broschierte Neuauflage Eschenlohe 2019.

Ziemann, Benjamin: Martin Niemöller als völkisch-nationaler Studentenpolitiker in Münster 1919 bis 1923. In: VZG 67 (2019), H. 2, 209–234.

–: Martin Niemöller. Ein Leben in Opposition. München 2019.

III. Internetquellen

Hessisches Landesarchiv – Hessisches Hauptstaatsarchiv. Bestand 461: Staatsanwaltschaft bei dem Landgericht Frankfurt am Main, Strafverfahren / Robert Mulka u.a. (1. Auschwitz-Prozess), Az. 4 Ks 2/63, HHStAW Abt. 461, Nr. 37638/1–456, bearbeitet von Susanne Straßburg. In: http://www.auschwitz-trial-frankfurt.hessen.de/img/06/Findbuch_Auschwitz-Prozess_MoW_2016-11-17.pdf [4.2.2022]

Malte Dücker

Martin Niemöller als „postheroische" Heldenfigur: Perspektiven der Erinnerungskultur im 21. Jahrhundert

1. Martin Niemöller als Rezeptionsphänomen. Kulturwissenschaftliche Perspektiven

1.1 Einleitung und Abstract

Der folgende Beitrag möchte dem Thema dieses Tagungsbandes, der Frage nach der Rezeption Martin Niemöllers, dergestalt gerecht werden, dass er damit einen grundlegenden Wechsel der Forschungsperspektive verbindet.[1] Nicht die Rekonstruktion der „historischen Person" Martin Niemöller selbst steht im Folgenden im Zentrum des Interesses, sondern deren Rezeption in öffentlichen Debatten und Erinnerungskulturen. Im ersten Abschnitt des Aufsatzes werden dementsprechend zunächst theoretische Grundlagen dieser kulturwissenschaftlich orientierten Forschungsperspektive vorgestellt. In Kapitel 2 folgt eine exemplarische Untersuchung der Rezeptionsnarrative in Memorialprojekten und Festschriften mit einer Schwerpunktsetzung auf heroische Erzählstrukturen, wobei „das Heroische" hier im Anschluss an den Kultursoziologen Ulrich Bröckling nicht als normativ-essentialistisches Konzept, sondern als kultursemiotische Analysekategorie verstanden wird. Es wird dabei deutlich, dass die Rezeption Martin Niemöllers bis heute von konfessionsspezifischen Heldennarrativen begleitet ist. Abschließend sollen daher Perspektiven für „postheroische" Erinnerungskulturen im 21. Jahrhundert skizziert werden.

1.2 Martin Niemöller als Rezeptionsphänomen

Als Martin Niemöller am Abend des 25. Januar 1959 in Kassel einen Vortrag mit dem Titel „Christen und Atomgefahren" begann, war kaum zu ahnen, was

1 Vorbemerkung: Dieser Beitrag wurde verfasst, bevor im Frühjahr 2022 im Kontext des Krieges in der Ukraine die Analysekategorie des Postheroismus in Frage gestellt worden ist. Ohne Dauer und Folgen dieses Konflikts zum Zeitpunkt der Niederschrift dieser Anmerkung (März 2022) absehen und seriös zeithistorisch bewerten zu können, hält der Verfasser daran fest, dass das hier skizzierte Leitbild „postheroischen" Erzählens, Erinnerns und Handelns – trotz, oder gerade angesichts gegenwärtiger Gewalteskalationen – seine Relevanz behalten wird.

für ein Sturm der Entrüstung sich in wenigen Tagen in der bundesdeutschen Presselandschaft entladen sollte. Wenngleich die späten 1950er Jahre ganz im Zeichen eines sich zuspitzenden Ost-West-Konfliktes und des atomaren Wettrüstens zwischen den USA und der Sowjetunion standen, war die unmittelbar bundespolitische Debatte um die Atombombe im Jahr 1959 eigentlich bereits abgeflaut. Gegen die Pläne der von Kanzler Adenauer geführten Bundesregierung, die neu gegründete Bundeswehr mit Nuklearwaffen aufzurüsten, formierte sich ein breites Protestbündnis, in dem sich auch Martin Niemöller öffentlichkeitswirksam engagierte, das sich aber nach der NATO-Entscheidung gegen ein Zugriffsrecht der BRD auf Atomwaffen praktisch aufgelöst hatte. Niemöllers Vortrag fand im Januar 1959 dennoch statt und so äußerte er an jenem Abend in Kassel die berühmt gewordene These, die Ausbildung zum Soldaten sei in Zeiten des atomaren Wettrüstens eine „hohe Schule für Berufsverbrecher."[2] Damit provozierte er nicht nur eine Anzeige des damaligen Verteidigungsministers Franz Josef Strauß, sondern auch eine umfangreiche öffentliche Kontroverse[3]. Zeitungen, Leserbriefe und auch persönliche Zuschriften an den damaligen Kirchenpräsidenten der Evangelischen Kirche in Hessen und Nassau (EKHN) positionierten sich sehr unterschiedlich. Dabei ist auffällig, wie wenig in den Reaktionen über die konkreten Äußerungen eben jener „Kasseler Rede" und die politischen Entscheidungen der Regierung gestritten wurde. Im Kern drehte sich die Auseinandersetzung vielmehr um eine Gesamtinterpretation der Person Martin Niemöller, die zwischen der Verehrung eines standhaften Verkündigers der „Wahrheit" Christi[4] und der Warnung vor einem fundamentalistischen „Demagogen"[5] changierte.

Es wird aber vor allem deutlich: Niemöller war schon zu Lebzeiten Gegenstand einer breiten öffentlichen Rezeption. In der Forschung hat diese Perspektive allerdings bislang kaum Beachtung gefunden. Nachdem die publizistische Niemöller-Rezeption lange Zeit von Zeitzeuginnen und Weggefährten wie Martins jüngerem Bruder Wilhelm geprägt war, hat Biograph Benjamin Ziemann aus der Perspektive einer dezidiert „profanhistorischen" Geschichtswissenschaft unlängst den Bruch mit den von Wilhelm geschaffenen „Niemöller-Legenden" eingefordert[6]. Im folgenden Abschnitt sollen diese beiden auf den ersten Blick widerstreitenden Rezeptionsperspektiven vorgestellt werden.

---

2 Niemöller, Strauß, 5.

3 Vgl. Dücker, Haltung, 81–103; Heymel, Niemöller, 226–232.

4 Brief J. M. Bures (Ravensburg) vom 12. 2. 1959 (ZA EKHN Darmstadt, 62/801).

5 Brebeck, Niemöller, Titelseite.

6 Ziemann, Niemöller, 15.

1.3 Die Niemöller-Rezeption zwischen Theologie und Geschichtswissenschaft

Die biographischen Arbeiten von Wilhelm Niemöller und Benjamin Ziemann unterscheiden sich bei der Bewertung des Biographierten fundamental. Freilich verfolgte Wilhelm Niemöller in seinen Texten zunächst ein zu Ziemanns Biographie vollkommen konträres theologisches Anliegen. Dies wird etwa in dem theoretischen Grundsatzartikel „Entweder – Oder" aus dem Jahr 1965 deutlich, in dem der jüngere Niemöller-Bruder forderte, dass die Kirchengeschichtsforschung normativ zu prüfen habe, ob die Kirche in der Geschichte ihrem biblischen Auftrag nachgekommen sei, „gewissermaßen mit geöffneter Bibel zu handeln, zu gehen und zu leiden, zu bekennen und zu verwerfen."[7] In der Praxis geht es ihm dann meist darum, das oppositionelle Bündnis der „Bekennenden Kirche" um seinen Bruder Martin als Widerstandsbewegung gegen den NS-Staat und einzig legitime Repräsentantin der Kirche Jesu Christi herauszustellen. Kirchengeschichte wiederzugeben heißt für Wilhelm Niemöller, die „Wirksamkeit Jesu Christi" in den Gemeinden der „Bekennenden Kirche" zu „bezeugen"[8], zu zeigen, „daß Gott heute noch Wunder tut."[9] Brisant wird dieser Ansatz m. E. dadurch, dass Niemöller seine Texte nicht explizit als theologische Interpretationen kennzeichnete, sondern als Historiker zugleich den von Leopold von Ranke formulierten Anspruch erhob, darzustellen, „wie es eigentlich gewesen sei."[10] Dementsprechend selbstbewusst nennt er eine seiner frühesten Darstellungen über den „Kirchenkampf" – bei aller theologischen Überfrachtung – dann auch einen „Tatsachenbericht"[11].

Es ist nachvollziehbar, dass Benjamin Ziemann dieser Herangehensweise aus der Perspektive einer säkularen Geschichtswissenschaft energisch widersprechen muss. Mit der von ihm formulierten Zielsetzung, gegen eine Überfokussierung auf den „Ideenhimmel theologischer Denkfiguren"[12] und die entstandenen Niemöller-Legenden die „historischer Realität"[13] ins Felde zu führen, erhebt auch er implizit den Anspruch auf eine historiographische „Eigentlichkeit" seiner Darstellung im Sinne Leopold von Rankes. Ziemanns Quellenkenntnis ist beeindruckend, seine Positionierung als Antipode gegen die von Wilhelm Niemöller geprägten Geschichtsbilder[14] im Diskursfeld der Niemöller-Rezeption pragmatisch nachvollziehbar und bereichernd. Und doch bleibt die Frage offen, ob Ziemanns Absage an „Legendenbildung" und

---

7 NIEMÖLLER, Entweder, 20.
8 NIEMÖLLER, Wort, 5.
9 NIEMÖLLER, Kampf, 9.
10 Vgl. NIEMÖLLER, Entweder, 17 f.
11 NIEMÖLLER, Wort, Titelseite.
12 ZIEMANN, Niemöller, 16.
13 EBD., 520.
14 Vgl. EBD., 15.

„Mythos“[15] nicht auch Gefahr laufen kann, das Forschungsfeld der Niemöller-Rezeption zu verengen und die zu Anfang geschilderten Rezeptionszeugnisse und Deutungen vorschnell als historischen „Unsinn“ zu disqualifizieren. Im Folgenden soll daher ein wissenschaftstheoretischer Perspektivwechsel vorgeschlagen werden.

1.4 Kulturwissenschaftliche Zugänge zur Niemöller-Rezeption

Die Rezeption Martin Niemöllers wird in diesem Aufsatz weder aus der Perspektive einer normativ-heilsgeschichtlichen Theologie im Sinne Wilhelm Niemöllers betrachtet, noch aus der Perspektive einer auf historische „Eigentlichkeit“ fokussierten Geschichtswissenschaft. Man muss keinem radikalen Konstruktivismus anhängen, um anzuerkennen, dass auch „Mythen“ und „Legenden“ eine historische Wirksamkeit zugesprochen werden kann, selbst wenn sie ggf. keiner – wie auch immer definierbaren – historischen „Wahrheit“ entsprechen[16]. Mit der Frage nach der Überwindung der Mythen im Sinne der Vernunft tangiert diese Herangehensweise eine der großen philosophischen Grundsatzfragen, die in der europäischen Geistesgeschichte spätestens seit der Aufklärung sehr unterschiedliche Antworten gefunden hat[17]. Die bis in die Theologie hinein wirksame Mythenskepsis der aufklärerischen Moderne[18] ist angesichts der Inanspruchnahme des Mythosbegriffs durch die Nationalsozialisten historisch nachvollziehbar[19]. Doch haben bereits Theodor W. Adorno und Max Horkheimer gerade in diesem Zusammenhang auf die „Dialektik der Aufklärung“ verwiesen[20] – mehr als zehn Jahre bevor im französischen Poststrukturalismus Mythen durch den Kultursemiotiker Roland Barthes gar zum ubiquitären Bestandteil der Alltagskultur erklärt worden sind[21]. Nach Barthes ist der Mythos ein „semiologisches System“, seine Erforschung dementsprechend die Aufgabe der „Semiologie“[22]. Diese Forschungsperspektive, die Annahme einer allgemeinen Zeichenhaftigkeit der Kultur, die es zu deuten gelte, wirkte sich im Kontext der sogenannten „linguistischen Wende“ produktiv auf viele Kultur- und Sozialwissenschaften aus. Zwar hatte Hayden White schon in den 1970er Jahren die klassische Geschichtswissenschaft mit seiner metahistorischen These her-

---

15 Vgl. ebd., 364 f.

16 Kirchenhistorisch wäre etwa auf den noch immer schwelenden Streit um die Faktizität des Wittenberger „Thesenanschlags“ 1517 zu verweisen, vgl. Ott / Treu, Faszination; Leppin, Legende, 85–107.

17 Zur polyvalenten Unschärfe des Mythosbegriffs vgl. Barner / Detken / Wesche, Mythos, 11 f.

18 Bultmann, Testament, 15–48.

19 Vor allem: Rosenberg, Mythus.

20 Vgl. Adorno / Horkheimer, Dialektik, 50–87.

21 Barthes, Mythen, 11 f.

22 Vgl. ebd., 253 f.

ausgefordert, dass auch Historiographie durch narrative Plotstrukturen geprägt sei,[23] in der sich anschließenden Debatte um die „verlorene Wahrheit der Geschichtswissenschaft"[24] zeigten sich viele Fachvertretende aber sehr skeptisch und fürchteten den Einzug eines postmodern beliebigen Relativismus in ihre ureigenen Forschungsgebiete[25]. Auch in der Theologie ist man hier lange Zeit sehr zurückhaltend gewesen[26]. Die modellhafte Annahme einer „Textualität von Kultur"[27] leugnet aber keineswegs die Realität, sondern verweist schlicht auf die Zeichenhaftigkeit jeder historischen Überlieferung. Historische Erkenntnis speist sich immer aus der deutenden Rezeption von Quellen. Geschichte ist also „immer nur in bereits kommunizierter und damit diskursiver Form zugänglich."[28] Das „Problem" der Geschichtsschreibung liegt – mit dem Literaturwissenschaftler Moritz Baßler – darin, dass es sich bei „der Geschichte" um einen „nicht-linearen, prinzipiell unendlich komplexen Text" handelt, der sich aus unzähligen kulturellen Einzeltexten und Zeichen zusammensetzt[29]. Wird nun Geschichte „im Sinne diachroner Narrationen"[30] – und wie wollte man es anders handhaben? – erzählt, erhält sie unweigerlich auch eine nach ästhetischen Kriterien gestaltete Erzählstruktur. Insbesondere die Konzentration auf einzelne historische Persönlichkeiten – etwa in einer Biographie – begünstigt die narrative Ausgestaltung der jeweiligen Lebensgeschichte und lässt die Grenzziehung zwischen Historiographie und Literatur verschwimmen[31]. Eine Geschichtswissenschaft, die es als ihre primäre Aufgabe versteht, Mythen, Erzählungen und Legenden als „unwahr" zu dekonstruieren und als „falsch" zu verwerfen, verweigert sich der theoretischen Reflexion ihrer eigenen unweigerlich auch narrativ gestalteten Strukturiertheit.

Dass sich kulturwissenschaftliche Forschungsperspektiven auch relativ konfliktfrei den Weg in die Geschichtswissenschaft bahnen können, zeigen Schlagworte wie „Erinnerungskultur" und „Public History", die sich in den vergangenen Jahrzehnten zu einem festen Bestandteil des historiographischen Theorie-Kanons entwickelt haben und allmählich auch in theologische Fachdiskurse eingewandert sind[32]. Die Konzepte betonen den Zusammenhang von individuellen Erinnerungen an historische Persönlichkeiten oder Ereig-

---

23 Vgl. insbesondere White, Metahistory, 15–62.
24 Vgl. Kiesow / Simon, Suche.
25 Achim Landwehr hat ein „erhebliches Maß an Unsachlichkeit" innerhalb dieser Debatte bedauert, vgl. Landwehr, Diskursanalyse, 55.
26 Im Fachkontext historische Theologie äußert sich ablehnend gegenüber „postmoderner Hermeneutik" etwa: Jung, Kirchengeschichte, 103; offener für semiotische Perspektiven: Leppin, Kirchengeschichte, 223–234.
27 Vgl. Bassler, Einleitung, 7–28.
28 Landwehr, Diskursanalyse, 59.
29 Bassler, Zwischen den Texten, 98.
30 Ebd.
31 Vgl. Nünning, Fiktionalität, 21–27.
32 Vgl. Lorenzen, Gedächtnisforschung, 47–76.

nisse und „kollektivem Gedächtnis“ bestimmter Gruppen, deren Gruppenidentität durch die gemeinsame Bezugnahme auf solche „Erinnerungsorte“[33] überhaupt erst konstituiert werde[34]. „Geschichte“ ist in dieser Lesart nicht nur das Ergebnis akademischer Wissenschaften. „Geschichte“ besteht auch aus vielfältigen „Geschichten“, aus Inanspruchnahmen der Vergangenheit, aus Erinnerungen und aus Populärkultur. Diese Erinnerungen sind wiederum mit zahlreichen Mythen und Erzählstrukturen aufgeladen. Astrid Erll formulierte in ihrem einführenden Überblickswerk zum Thema „Erinnerungskulturen“ pointiert: „Die Welt des Kollektivgedächtnisses ist eine Welt der Narrative.“[35]

Auch Martin Niemöller kann zweifellos als „Erinnerungsort“ verschiedener kirchlicher und friedenspolitischer Gruppen betrachtet werden[36]. Der Präses der EKHN-Kirchensynode Ulrich Oelschläger formulierte in einer Ansprache, die er während des Festakts zum 125. Geburtstag des ersten EKHN-Kirchenpräsidenten 2017 hielt, dieser gehöre „bis heute zur Identität“[37] der Landeskirche. Niemöller als „Erinnerungsort“ wird besonders in Publikationen augenfällig, die schon gattungsspezifisch einer memorialen Konzeption folgen, z. B. in Festschriften, die ab 1952 regelmäßig zu den runden Geburtstagen Niemöllers erschienen und meist von Weggefährtinnen und Zeitgenossen des „Kirchenkampfes“ herausgegeben wurden. So trägt die erste Festschrift den programmatischen Titel „Bekennende Kirche“ und bot vor allem Prominenz der Bekennenden Kirche (BK) wie Karl Barth oder Ernst Wolf Raum zur erinnernden Rückschau auf die Rolle der Kirche zur Zeit des Nationalsozialismus[38]. Es verwundert kaum, dass das Buch mit einem biogrammatischen „Lebensbild“ von Bruder Wilhelm beschlossen wurde, in dem dieser beklagte, dass Martin auch nach Ende des „Dritten Reiches“ wieder zum Ziel öffentlicher Anfeindungen werde[39]. Es ist ein wesentliches Element erinnerungskultureller Inanspruchnahmen, dass mit ihnen eine geschichtspolitische Gegenwartsbezogenheit verbunden wird. So insistierte auch der britische Publizist Cecil Northcott zehn Jahre später explizit auf die Gegenwartsbezogenheit der Biographie Niemöllers. Dessen Leben sei „eine Erinnerung an das Christentum als gegenwärtige Religion.“[40] Niemöller gehe es nicht um eine „historische Diskussion darüber, was Luther 1529 sagte oder nicht“, sondern um Gottes Wort in der politischen Gegenwart[41]. Der „Kirchenkampf“ ist in dieser Deutung kein historisch abgeschlossenes Ereignis,

---

33 Nora, Erinnerungsorte.
34 Vgl. Halbwachs, Gedächtnis; Assmann, Gedächtnis.
35 Erll, Gedächtnis, 169.
36 Vgl. Hambuch, Niemöller, 553–564; Ziemann, Niemöller, 520; Dücker, Haltung, 85 f.
37 Rahn, Pressemeldung EKHN, 15. 1. 2017.
38 Vgl. Beckmann / Mochalski, Kirche.
39 Vgl. Niemöller, Niemöller, 316.
40 Northcott, Versöhnung, 52.
41 Vgl. ebd.

sondern findet im atomgerüsteten Ost-West-Konflikt eine Fortsetzung[42]. Niemöllers letzte Schlacht ist noch nicht geschlagen, und so wandte sich Friedensnobelpreisträger Albert Schweitzer im Vorwort zu einem weiteren Gedenkbuch direkt an den Jubilar: „Möge dir die Gnade zuteil werden, noch zu erleben, daß dem Kampfe, in dem du dich bewährst, Sieg zuteil wird.“[43]

Das Oxymoron vom „kämpfenden Pazifisten“ deutet bereits eine Niemöller-Erzählung an, die im Folgenden einer genaueren Untersuchung unterzogen werden soll. Gerade personale Erinnerungsorte und die mit ihnen verbundenen biographischen Erzählungen sind in der Geschichte schon immer mit „Heroisierungstendenzen“ verbunden gewesen[44]. Diesen soll im zweiten Abschnitt meines Aufsatzes mit Blick auf Niemöller nachgegangen werden. Im Anschluss an das vorgestellte Textualitätsmodell werden Erinnerungen dabei als komplexe, intertextuelle Geflechte von „Einzeltexten“ und narrativen Strukturen verstanden. Diese „Kontexte“[45] gilt es bei der Analyse in angemessener Form zu berücksichtigen.

2. Heroische Gedächtnisnarrative um Martin Niemöller

2.1 „Concentration Camp Hero“ oder Vorbild? Das Heroische als kultursemiotische Kategorie

Vor allem in der US-amerikanischen Niemöller-Rezeption, die schon während dessen KZ-Haft einsetzte, sticht der Heldenbegriff hervor. 1942 bzw. 1946 erschienen in dem christlichen Verlag „Zondervan“ zwei Niemöller-Biogramme mit dem Titel „Hero of the concentration camp“[46] und „Concentration Camp Hero. The Story of Martin Niemoeller for Young People”[47]. Eine solch explizite Bezeichnung Niemöllers als „Held“ taucht in deutschsprachigen Rezeptionszeugnissen praktisch nicht auf. Bereits Dietmar Schmidt, der Verfasser der ersten umfangreichen Niemöller-Biographie nach 1945, äußerte vehementen Widerspruch gegen diese Titulatur: „Wer Niemöller auf den Sockel des Helden stellt, ist weit von dem Platz entfernt, an dem der Schlüssel zu seinem Leben verborgen liegt.“[48] Es ist auffällig, dass insbesondere die retrospektiven Gedenkprojekte, die ab den 1980er Jahren entstanden, jedweden Verdacht der Heldenverehrung auszuräumen versuchten. Ganz explizit

42 Dies wird insbesondere auch in schriftlichen Solidaritätsbekundungen ersichtlich, die Niemöller nach seiner Kasseler Rede 1959 erhielt, vgl. Dücker, Haltung, 90 f.

43 Schweitzer, Geleitwort, 6.

44 Vgl. Holdenried, Biographie, 38.

45 Zum „Text-Kontext-Problem“ vgl. Bassler, Funktion, 2 f.

46 Vgl. Miller, Hero.

47 Vgl. Albus, Concentration Camp.

48 Schmidt, Niemöller, 7.

verneinten die Filmemacher Hannes Karnick und Wolfgang Richter in ihrem erinnerungskulturell einflussreichen Dokumentarfilm aus dem Jahr 1985 über das Leben Niemöllers „Heldenmythen“ zu erzählen[49]. Zu Niemöllers 100. Geburtstag bekräftigte der ehemalige Vize-Ministerpräsident von Nordrhein-Westfalen Diether Posser: „Unser heutiger Festakt kann und soll nicht einen ‚Helden‘ ehren.“[50] Und auch aus Perspektive der EKHN betonte der damalige Kirchenpräsident Helmut Spengler anlässlich der Jubiläumsausstellung, die zum 100. Geburtstag Niemöllers 1992 in Wiesbaden gezeigt wurde, Niemöller selbst habe „jeglicher Heldenverehrung widerstanden.“[51]

Nun ist der Begriff „Held“ angesichts seines normativen und kaum objektivierbaren Charakters eine analytisch problematische Kategorie[52]. Wer sollte letztlich beurteilen, ob der historische Niemöller ein „Held“ gewesen ist? Der Begriff bleibt aber gerade angesichts seines für Erinnerungskulturen jeder Art schillernden Charakters interessant. Im Folgenden wird an die Forschung des DFG-Sonderforschungsbereichs (SFB) 948 an der Universität Freiburg angeknüpft, der „das Heroische“ nicht als essentialistisches Konzept, sondern als kultursemiotisch charakterisierbare Erzählstruktur versteht. Der Soziologe und Mitinitiator Ulrich Bröckling formuliert pointiert: „Es gibt keine Helden jenseits dessen, was und wie über sie erzählt wird.“[53] Gerade vor dem Hintergrund des hier angenommenen Modells einer narrativen Strukturiertheit des Gedächtnisses ist die Heldenkategorie also durchaus passend. Nach der Arbeitsdefinition des SFB Freiburg werden als Helden „reale oder fiktive, lebende oder tote“ Menschen bezeichnet, denen zugeschrieben wird, „insbesondere agonale, außeralltägliche, oftmals transgressive eigene Leistungen“[54] vollbracht zu haben. Heroische Figuren würden vor allem medial vermittelt, besäßen „charismatische Wirkung“ und würden „von einer Gemeinschaft ‚gefolgschaftlich‘ verehrt.“[55]

Zahlreiche dieser Elemente können bei Niemöller wiederentdeckt werden: Neben persönlichem Charisma speiste sich die Wahrnehmung seiner Außeralltäglichkeit vor allem aus dem unmittelbaren biographischen Kontext der NS-Zeit. Die Ikonisierung Niemöllers zum Widerstandshelden – zum „man who defied Hitler“[56]– ist immer wieder kritisiert worden[57]. Sie spielte aber bis in die gesellschaftspolitischen Debatten der Nachkriegszeit eine entschei-

49 Vgl. Karnick / Richter, Niemöller, 5.

50 Posser, Wirken, 82.

51 Spengler, Vorwort, 5.

52 Vgl. Sfb 948, „Held“.

53 Bröckling, Helden, 19.

54 Von der Hoff, Helden, 8.

55 Ebd.

56 Open Air Campaigners.: Flyer O. A. C. introducing to Australia and New Zealand Pastor Niemoller (State library Victoria 1573624/ cz1298-001-c000), 2.

57 Zuletzt vor allem bei Ziemann, Niemöller, 364–381.

dende Rolle, wie die Kontroverse um die „Kasseler Rede" zeigt[58]. Das Widerstandsnarrativ ist häufig – historisch simplifizierend – auf die personale Agonalität von Niemöller zu einem politischen Widersacher zugespitzt worden. Stand zunächst der Konflikt Niemöllers – als „persönlicher Gefangener der Führers"[59] – mit Hitler im Zentrum, traten in den 1950er der katholische Kanzler Adenauer und später Verteidigungsminister Franz Josef Strauß als Antagonisten des „Helden" Niemöller narrativ in Erscheinung[60]. Vor allem im Kontext der eingangs erwähnten Auseinandersetzung um die „Kasseler Rede" wurde Strauß zum Hauptziel von Protest und Empörung der „Niemöller-Partei". Die mediale Konstruktion dieses agonalen Konfliktnarrativs zeigte sich schließlich in Presseschlagzeilen wie „Strauss gegen Niemöller"[61] oder dem offenbar auf Niemöllers Anwalt Gustav Heinemann zurückgehenden[62] Co-Titel der Publikation der „Kasseler Rede" im Darmstädter Stimme-Verlag: „Was Niemöller sagt – wogegen Strauß klagt."[63] Von der politischen Wirksamkeit solcher Slogans zeugt die Fotoaufnahme einer Demonstration vom 30. April 1959 in Frankfurt am Main, auf der ein Transparent mit dem Schriftzug „Mit Niemöller gegen Strauß" zu sehen ist[64].

Auch die in der Herosdefinition angeführte Kategorie der „Transgression" lässt sich wiederfinden. Das Widerstandsnarrativ beschreibt wie kein anderes die Bereitschaft Niemöllers, „die Grenzen der sozialen Ordnung" zu überschreiten[65]. Bröckling weist mit Bezug auf den Soziologen Niklas Luhmann aber auch auf die Ambiguität hin, „Konformität durch Abweichung" zu produzieren[66]. Gerade der Widerstandsgeist Niemöllers wird in der Rezeption zum vorbildhaften Verhalten für seine „Gefolgschaft". Man muss das narrative Entwerfen „exzeptioneller Gestalten", die dazu aufrufen, „sich nach ihrem Bilde oder zumindest in Auseinandersetzung mit ihnen zu formen"[67], nicht „Heldenverehrung" nennen. Doch lässt es sich kaum abstreiten, dass zahlreiche Gedenkpublikationen zum Leben Martin Niemöllers gerade die „moralische Affektion"[68] der Lesendenschaft explizit evozieren möchten. In dem

---

58 In einer Zuschrift an Niemöller von der IG Metall Vst. Bielefeld vom 25. 3. 1959 heißt es etwa: „ein Mann, der im ‚Dritten Reich' nicht geschwiegen" habe, dürfe auch in der „Demokratie nicht zum Schweigen gebracht werden", (ZA EKHN 62/808) – ähnlich im Brief Horst W. Görner (Hamburg) vom 31. 1. 1959: „Da haben wir also wieder einmal so einen Wirbel – Strafanzeige und Strafantrag – im tausendjährigen Reich gab es das auch schon." (ZA EKHN 62/811).

59 Zur vielschichtigen Rolle der sogenannten „Sonder- und Ehrenhäftlinge" in NS-Deutschland vgl. Koop, Hand.

60 Vgl. Dücker, Protestantische Haltung, 91 und 96.

61 General-Anzeiger Bonn vom 29. 1. 1959 (ZA EKHN 62/809).

62 Vgl. Brief Herbert Mochalski, undatiert, Eingang am 14. 2. 1959 (ZA EKHN 62/808).

63 Niemöller, M., Niemöller, Titelseite.

64 Vgl. Tripp, Foto, Onlinezugriff.

65 Bröckling, Helden, 29.

66 Ebd., 30.

67 Ebd., 58.

68 Ebd., 53 f.

„Bildbuch", das Herbert Mochalski 1962 zu Niemöllers 70. Geburtstag veröffentlichte, wird explizit „die junge Generation" adressiert, die nicht wisse, „was gestern war, und nicht immer, wie es heute ist."[69] Niemöllers „einzigartige Persönlichkeit"[70] sei vorbildhaft und biete „der Jugend ein Beispiel verantwortlichen Menschseins in unserer Zeit."[71] Nicht nur der ehemalige Hochschulpfarrer Mochalski insistierte – „vorwärtsblickend"[72] – auf die Bedeutung Niemöllers für die kommenden Generationen, mit Helmut Gollwitzer würdigte ein weiterer Weggefährte Niemöller posthum als „Christ der Kirche der Zukunft"[73]. Die Vorbildhaftigkeit Niemöllers für jüngere Generationen wird bis heute beansprucht[74].

Zwischenzeitlich war mit dem Anspruch auf Vorbildlichkeit durchaus eine narrative Schwerpunktverlagerung der Niemöller-Memoria verbunden. 1971 versuchte etwa der stellvertretende EKHN-Kirchenpräsident Karl Herbert die festschriftliche Erinnerungskultur von „Würdigungen Martin Niemöllers im engeren Sinne"[75] zu emanzipieren und die Auseinandersetzung um „Sachfragen, die Niemöller angestoßen und vorangetrieben hat"[76] in den Vordergrund zu stellen. Auch die Festschrift zu Niemöllers 90. Geburtstag lieferte wenig Biographisches, sondern konzentrierte sich auf zeitgenössische, friedensethische Perspektiven in Politik und Kirche. Erst nach Niemöllers Tod 1984 verlagerte sich der Fokus wieder auf seine Person. Allen voran ist hier der Dokumentarfilm aus dem Jahr 1985 zu nennen, der mit dem Anspruch angetreten war, „daß er die Erinnerung an einen Mann auffrischt, der gerade in unserer Zeit weit mehr und Entscheidenderes zu sagen hat, als die große Mehrheit der Tagesgrößen."[77] Während die Regisseure Karnick und Richter noch den „assoziativen Charakter" ihres Films verteidigten und einen „pädagogischen Anspruch" bestritten[78], betonte Kirchenpräsident Helmut Spengler in seinem Grußwort zum Katalog der großen Niemöller-Ausstellung von 1992 die „nach wie vor" beispielhafte Vorbildlichkeit des Kampfes Martin Niemöllers „gegen eine bequeme Anpassung der Kirche an den Nationalsozialismus" vor dem Hintergrund des gegenwärtigen Erstarkens von Nationalismus und Rassismus[79].

69 Mochalski, Bildbuch, Klappentext.
70 Ebd.
71 Ebd., 5.
72 Mochalski, Niemöller, 12.
73 Gollwitzer, Rede, 31.
74 Vgl. Börner, Rede, 28; Exner, Geleitwort, 5; Heymel, Niemöller, 270.
75 Herbert, Libertas, 9.
76 Ebd.
77 Karnick / Richter, Niemöller, 5.
78 Ebd.
79 Spengler, Vorwort, 5.

2.2 Die Intertextualität der Erinnerung. Niemöller als Held des Protestantismus?

Film und Ausstellung dürfen zweifellos als größte Memorialprojekte ihrer Zeit gelten. In beiden hat man sich – wie bereits erwähnt – bei aller Betonung der Vorbildlichkeit Niemöllers explizit aber gegen eine „Heldenverehrung“ ausgesprochen. Betrachtet man die Namensgebung der beiden Projekte, fällt eine weitere Gemeinsamkeit ins Auge: Der Dokumentarfilm trägt den Nebentitel „Eine Reise durch ein protestantisches Leben“. Der Ausstellung gab man den so evangelisch schlichten wie prägnanten Namen „Protestant. Das Jahrhundert des Pastors Martin Niemöller“.

Selbstverständlich ist es legitim und konfessionskundlich sachgemäß, Niemöller als „Protestanten“ zu bezeichnen[80]. Spannend ist aber die Frage, was genau an Niemöller eigentlich so exzeptionell „protestantisch“ gewesen sein soll. Nicht ein Insistieren auf die lutherische Rechtfertigungstheologie oder das Hochhalten des reformatorischen Schriftprinzips erfährt besondere Hochachtung. Der Protestantismus Martin Niemöllers ist vielmehr eine Mentalitätsfrage oder um es mit dem US-amerikanischen Bürgerrechtler und Präsidenten des „Chicago Theological Seminary“ Howard Schomer zu sagen: Entscheidend war Niemöllers Festhalten „an seiner protestantischen Haltung.“[81] Diese Akzentuierung des lutherischen „Wesens“ Niemöllers – nicht ein Festhalten an lutherischer Dogmatik – ist vor allem ein Phänomen der internationalen Niemöller-Rezeption[82]. Gerade in der politisch noch stark konfessionalistisch geprägten Debattenkultur der 1950er und 60er Jahre[83] waren konfessionskulturell bestimmte Niemöller-Deutungen aber auch in Deutschland noch deutlich erkennbar. Auffällig ist insbesondere die Parallelisierung Niemöllers mit der protestantischen Gründungsfigur Martin Luther[84]. „Wie Luther in Worms“[85] sei auch Niemöller in Kassel mit einem übermächtigen Feind konfrontiert gewesen, habe sich aber „durch nichts von seinem [...] Wege abbringen lassen [...] und wenn die Welt voll Teufel wär.“[86] Diese Niemöller-Deutung schließt an das Selbstbild des bürgerlichen Protestantismus im 19. Jahrhundert an, als die Wormser Szene zu einer erinne-

80 Die von Alf Christophersen und Benjamin Ziemann hervorgehobene „Beinahe-Konversion“ Niemöllers zum Katholizismus (Vgl. Ziemann, Niemöller, 331–343; Christophersen / Ziemann, Einleitung, 8–26.) spielt bislang in der Erinnerungskultur kaum eine Rolle.

81 Schomer, Niemöller, 76; Vgl. dazu auch Dücker, Haltung, 89–100.

82 Neben Schomer vgl. auch Hromádka, Wunder, 22.

83 Vgl. Blaschke, Dämon, 48 f.

84 Vgl. Dücker, Haltung, 94 f.

85 Brief Theodor Asholt (Echternacherbrück) vom 1. 3. 1959 (ZA EKHN 62/811).

86 Die Bezugnahme auf Luthers wohl berühmtestes Lied „Eine feste Burg ist unser Gott“ stammt aus einem von Wilhelm Fresenius (Frankfurt a. M.) an MN weitergeleiteten Brief eines Konfirmanden vom 31. 1. 1959 (ZA EKHN 62/808).

rungskulturellen Folie für die „im Gewissen des Einzelnen wurzelnde christliche Freiheit“ als wichtigste Errungenschaft der Reformation und damit zum Kernelement protestantischer Kultur stilisiert wurde[87]. Niemand geringeres als Leopold von Ranke hatte in seinem berühmten Fragment zum Reformationsjubiläum 1817 die Unerschütterlichkeit des Reformators gepriesen: „Wie ein Fels im Meer ließ er [Luther] anschlagen an sich die unsteten brausenden Wogen, die ihn verschlingen wollten, und stand. Nichts hätte ihn gehalten, wenn ihn nicht die Kraft seines geheimen innigen Lebens hielt.“[88] Diese dramatisch gestaltete Metaphorik muss unweigerlich an den Titel von Mochalskis Bildband „Niemöller. Der Mann in der Brandung“[89] erinnern. Es zeigt, wie sehr die Motivstrukturen der Luther-Rezeption mit denen der Niemöller-Rezeption intertextuell verbunden waren. Luther genauso wie Niemöller nimmt dabei die Rolle des rechtgläubigen, deutschen Rebellen ein, der sich standhaft gegen die Mächtigen der Zeit zur Wehr zu setzen weiß.

Dass diese Parallelisierung wiederum eine ganze Reihe konfessionsspezifischer Heroismusnarrative in sich trägt, liegt auf der Hand. Schon zeitgenössisch war Luther zu einer exzeptionellen Heldenfigur stilisiert worden. Beispiele finden sich in humanistischen Briefen[90], in der graphischen Inszenierung Luthers durch Lucas Cranach[91] oder in der agonalen Stilisierung der Reformation zum Zweikampf „Luther gegen den Papst“, die schon auf frühen Flugblättern erkennbar wird[92]. Insbesondere die deutsche Luther-Deutung des 19. und frühen 20. Jahrhunderts konstruierte ganz im Stile des kaiserzeitlichen Heroenkults den Reformator zur heldenhaften Überfigur[93]. Dabei macht es übrigens im Hinblick auf den Heroismus kaum einen Unterschied, ob man die nationalistische Deutung eines Heinrich von Treitschke heranzieht, der in Luther einen Nationalhelden „heldenhaft wie ein Volksheiliger“[94] erkennen wollte, oder die Deutung Adolf von Harnacks bevorzugt, die den Widerstand des Reformators gegen Kaiser und Reich sogar als eine Absage deutet, „der nationale Held“ sein zu wollen, und vielmehr den mit letzter Konsequenz Glaubenden hervorhebt[95]. Doch auch für Harnack stand nicht zur Debatte, dass alle „Kräfte, die im deutschen Gemüte verborgen liegen, in ihm [Luther] hervortraten und zu herzbewegender Gestalt kamen. Heldentum und ein inniges Gemüt gepaart.“[96]

87 Vgl. Kohnle, Luther, 61.
88 Ranke, Fragment, 251.
89 Vgl. Mochalski, Niemöller.
90 Vgl. Kaufmann, Luther, 113.
91 Ebd., 99 f.
92 Ebd., 86 f.
93 Vgl. Buss, Deutsche, 29–46.
94 Treitschke, Luther, 195.
95 Harnack, Luther, 31; vgl. auch Kaufmann, Luther Worms, 114.
96 Harnack, Luther, 53.

2.3 Der Held, der keiner sein will. Erinnerungskulturen zwischen Postheroismus und Prophetie

Erzählerisch lässt dann die heroische Memorialnarration Harnacks sogar noch eine weitere Gemeinsamkeit mit einer der wiederkehrenden Erzählfiguren der Niemöller-Rezeption erkennen: Luthers Auftreten auf dem Reichstag in Worms sei gerade deshalb die Szene eines „wahren Helden“ gewesen, weil diesem „alles Theatralische weltenfern“ gewesen sei und er „nie an den Eindruck seiner Person“ gedacht habe[97]. Nach Harnack habe gewissermaßen auch Luther „jeder Heldenverehrung widerstanden.“[98] Genau dieses Leugnungsnarrativ lässt sich mit Bröckling aber wiederum als ganz typische Struktur der Heldenerzählung lesen. Der ideale Heros weise sich durch „moralische Dignität“ und die „Reinheit seines Motivs“ aus, Ruhmsucht untergrabe „wahres Heldentum.“[99] Das explizite Abstreiten der Heroisierung Niemöllers widerspricht also keineswegs der kultursemiotischen Heldendefinition.

Die massive Ablehnung des Heldenbegriffs geht aber durchaus über diesen Bescheidenheitstopos hinaus. Der national aufgeladene Heroenkult um Martin Luther im Kaiserreich und seine Nachwehen in der Zeit des Nationalsozialismus mögen erklären, weshalb schon frühe Memorialpublikationen der Nachkriegszeit den Heldenbegriff vehement ablehnten. Der Politikwissenschaftler Herfried Münkler hat in diesem Zusammenhang den Begriff der „postheroischen Gesellschaft“ geprägt. Er versteht darunter die Tendenz vor allem „westlicher“ Gesellschaften, die Ideale von Militarismus und Selbstaufopferung im gesamtgesellschaftlichen Bewusstsein nach 1945 zunehmend zurückzudrängen[100]. Gerade in Westdeutschland sei diese Entwicklung durch die totale Kriegserfahrung im 2. Weltkrieg besonders ausgeprägt:

> „Deutschland hat […] diesen Krieg bis zur völligen Niederlage durchgekämpft und erst kapituliert, als es so gut wie nichts mehr gab, womit man hätte kämpfen können. Die Folge war, daß sich die postheroischen Dispositionen hier in einer Stärke durchgesetzt haben, wie in sonst keiner europäischen Gesellschaft.“[101]

Für den ab den 1950er Jahren zunehmend pazifistisch auftretenden Niemöller hatte sich die explizite Verwendung eines von NS-Propagandasprache kontaminierten Heldenbegriffs dementsprechend verboten. Das verhinderte aber nicht, dass implizite Heroismen – etwa durch das narrative Anspielen auf konfessionsspezifische Erinnerungsszenen – weiterhin wirkmächtig blieben.

---

97 Ebd., 32.
98 Dass diese Einschätzung Harnacks historisch durchaus zweifelhaft ist, steht außer Frage.
99 Bröckling, Helden, 56.
100 Vgl. Münkler, Wandel, 310 f.
101 Münkler, Gesellschaft, 750.

Auch als ab den 1970er Jahren das Pathos theologischer Sprachbilder allmählich zurückging und in der Niemöller-Rezeption zunehmend ein Bemühen um Versachlichung erkennbar wurde, blieb die Betonung des „Protestantischen" präsent. Zwar legten sowohl der bereits erwähnte Film als auch die erwähnte Ausstellung ihren Schwerpunkt eher auf das politische Wirken Martin Niemöllers und versuchten – durchaus verdienstvoll –, Niemöller als historische Figur „ihrer Zeit" zu erschließen, titelgebend blieb aber „Niemöller, der Protestant". Die Assoziation von „Protestantismus" und „Protest" liegt nahe, betont aber strukturell noch immer die gewissensbasierte Widerständigkeit des Individuums im Konflikt und entspricht damit der bürgerlichen Deutung der Wormser Szene aus dem 19. Jahrhundert.

Mit dem Film von 1985 erhielt die Erinnerungskultur um Martin Niemöller ein zweites, die protestantische Widerständigkeit begründendes Leitmotiv. Die dort von Niemöller gewissermaßen als Lebensmotto formulierte Frage „Was würde Jesus dazu sagen?"[102] hat den durch die BK formulierten und von Wilhelm Niemöller ins Gedächtnis gerufenen Anspruch, „aus Martin Niemöllers Mund" sei „das Wort Gottes" zu hören[103], zwar in seiner theologischen Radikalität abgeschwächt, wurde aber z. B. in der EKHN 1987 durchaus noch als Ausweis der „großen evangelischen Wahrhaftigkeit"[104] des ehemaligen Kirchenpräsidenten verstanden. Bis heute erfreut sich Niemöllers Jesus-Frage in der Erinnerungskultur großer Beliebtheit[105]. Der Nürnberger Regionalbischof und Alttestamentler Stefan Ark Nitsche verwies in seiner Predigt zum 125. Geburtstag des Namenspatrons der örtlichen Niemöller-Kirche auf Parallelen zum Propheten Jeremia[106] und bediente damit ein weiteres Deutungsnarrativ, das in der Rezeptionsgeschichte Niemöllers immer wieder in Erscheinung getreten ist. Die Rede von Niemöller als einem „Propheten"[107] oder „Zeugen seines Herren"[108] rezipiert ein uraltes jüdisch-christliches Erzählmotiv, verleiht Niemöllers Äußerungen dabei aber auch einen herausgehobenen religiös-normativen Charakter. Auch in Niemöllers Frage nach dem „eigentlichen" Jesuswort erklingt die Sehnsucht nach einer ursprünglichen Gewissheit, nach einer prophetischen „Reinheit" christlicher Theologie. Bi-

102 Vgl. Karnick / Richter, Niemöller, 151.

103 Niemöller, Niemöller, 313.

104 Krockert / Schmidt, Gesichter, 149.

105 Als Beispiele anlässlich des 125. Geburtstags Niemöller wären zu nennen: die Predigt des ehem. Nürnberger Regionalbischofs Stefan Ark Nitsche (Vgl. Nitsche, Predigt), ein biographischer Artikel aus der Evangelischen Sonntagszeitung (Vgl. Vorländer, Jesus) oder ein Lied aus dem 2018 erschienenen Niemöller-Musical „Welch ein Leben" (Vgl. Wegner-Nord / Fietz, Leben, Lied 01). Alle drei Beispiele tragen den Titel „Was würde Jesus dazu sagen?"

106 Vgl. Nitsche, Predigt, 1 f.

107 Vgl. Erk, Prophet; auch Karl Barth bezeichnete Niemöller 1967 als „einen glaubwürdigen Zeugen Jesu Christi [...], der sich mit prophetischem Wort und prophetischer Tat weit hinaus gewagt hat, die Menschen daran zu erinnern, was sie um Gottes willen und [...] auch um des Menschen willen deutlich zu wissen und tapfer auszurichten haben", vgl. Barth, Grußwort, 5.

108 Mochalski, Bildbuch, 5.

schof Nitsche verwies zutreffend darauf, dass die Antworten auf diese Frage kontextabhängig durchaus unterschiedlich ausfallen können[109]. Dennoch zeigt auch diese Erzählstruktur – in der theologischen Deutung eines prophetischen Verkünders des Willens Gottes oder aber in der säkularen Variante eines politischen Menschen, der unverfälscht, authentisch „sagt, was er denkt“ – erneut ein Motiv heroischer Narration auf. Die vermeintliche Naivität der „Was würde Jesus sagen…“-Frage, der Niemöller erstmals in seiner Kindheit begegnet sein soll[110], unterstreicht dieses Authentizitätsversprechen, birgt aber auch die Gefahr einer „moralischen Vereindeutigung“[111]. Ob „Prophet“ oder „moralische Nervensäge“[112] – der heroistische Anspruch auf vereindeutigende Klarheit ist narrativ verlockend, wird jedoch den komplexen Herausforderungen einer globalisiert-pluralistischen Gesellschaft im 21. Jahrhundert nicht gerecht werden können. Welche Perspektiven eine Erinnerungskultur um Martin Niemöller in diesem Kontext stattdessen haben kann, wird nun abschließend zu skizzieren sein.

3. Perspektiven einer postheroischen Erinnerungskultur im 21. Jahrhundert

Erinnerungskulturen sind nicht statisch. Wie Aleida Assmann betonte, verschiebt sich mit jedem Generationswechsel „das Erinnerungsprofil einer Gesellschaft merklich.“[113] Gerade der für die Niemöller-Rezeption zu beobachtende Wechsel von den noch stark von theologischen Sprachbildern geprägten Erinnerungsnarrativen der 1950/60er Jahre hin zu eher ethischen, gesellschaftspolitischen Fragestellungen der 1980er Jahre ist auch mit dem Generationenwechsel der erinnerungspublizistisch Tätigen verbunden. Waren die Niemöller-Erzählungen zunächst von Zeitgenossen wie Wilhelm Niemöller oder Herbert Mochalski geprägt, sind seit den 1980er Jahren Versuche zu erkennen, die Niemöller-Memoria in ein generationsübergreifendes, kulturelles Gedächtnis zu überführen[114]. Insbesondere die 1977 gegründete Martin-Niemöller-Stiftung und die EKHN sind dabei einflussreiche Akteure und haben freilich ein berechtigtes, erinnerungskulturelles Interesse, das Andenken an ihre Gründungsfigur Martin Niemöller wachzuhalten.

Abschnitt 2 hat gezeigt, wie hartnäckig sich dabei heroische Erzählstruk-

109 Vgl. Nitsche, Predigt, 3.

110 Vgl. Heymel, Niemöller, 279.

111 Bröckling, Helden, 198.

112 Vorländer, Jesus, 13.

113 Assmann, Schatten, 27.

114 Zur systematischen Unterscheidung des „kulturellen“ vom „kommunikativen“ Gedächtnis der Zeitzeugengeneration vgl. Assmann: Erinnerungsräume, 15.

turen wider alle Vorsätze gerade in biographischen Kontexten festsetzen. Gerade in der Krisenhaftigkeit des frühen 21. Jahrhunderts haben Heldengeschichten gesamtgesellschaftlich sogar ein unerwartetes „Comeback" erfahren. Was als postmodern-ironische Spielerei amerikanischer Comicverfilmungen begann, fand rasch ein Äquivalent im politischen Zeitgeschehen. Der Aufstieg populistischer Führergestalten, die sich gerne als meist männliche „Widerstandsheroen" gegen das „Establishment" gesellschaftlicher Eliten inszenieren, lässt fragen, wie „postheroisch" unsere Gegenwartskultur tatsächlich genannt werden kann[115]. Dass der neue Heroismus kein genuines Phänomen des Rechtspopulismus ist, hält Ulrich Bröckling mit Verweis auf die Aktivistinnen Greta Thunberg oder Carola Rackete fest[116]. Beide seien als weibliche Gegenfiguren des autoritären Rechts-Heroismus zu verstehen, würden aber – wenn auch unfreiwillig – selbst den massenmedialen „Gesetzen der Personalisierung und Polarisierung" unterliegen[117]. „Autoritäre Heldenposer" und mahnende – man könnte theologisch auch sagen „prophetische" – Tugendheldinnen sind für Bröckling damit „Ausdruck einer gespaltenen Gesellschaft."[118] Gerade die in Krisenzeiten verständliche Sehnsucht nach möglichst authentischen Identifikationsfiguren, aber auch die theologische Suche nach der „Reinheit des Ursprungs" läuft Gefahr, eine solch tendenziell autoritaristische Vereindeutigungskultur zu begünstigen[119].

Auch im Kontext kirchlicher Erinnerungskulturen scheint das Heroische eine Rückkehr zu erleben. Am 17. April 2021 gestaltete der Regisseur und Lichtkünstler Parviz Mir-Ali in Kooperation mit der EKHN eine überlebensgroße Multimedia-Inszenierung mit dem Titel „Der Luthermoment" zum 500. Jahrestag von Luthers Auftritt vor dem Reichstag in Worms[120]. Dabei wurden Vorbilder und Tugendheldinnen wie Mahatma Gandhi oder Sophie Scholl in einer Lichtshow überlebensgroß an die Wormser Dreifaltigkeitskirche projiziert. Niemöller war nicht dabei. Die Analogiesetzung von politischem Widerstand in der Moderne mit der bekannten Urszene protestantischer Erinnerungskultur erinnert aber freilich an die geschilderte Parallelisierung von Luther und Niemöller und zeigt, wie einflussreich heroische Erzählstrukturen in Kirche und Gesellschaft noch immer sind. Die Sehnsucht nach heroischen Vorbildern und menschlichen Erlösungsfiguren ist gerade in Jahren der Covid-Pandemie nachvollziehbar, doch kann Widerständigkeit allein in einer demokratischen Gesellschaft kein Selbstzweck sein und ist auch theologisch

115 Vgl. Bröckling, Helden, 216 f.

116 Ebd., 222.

117 Ebd.

118 Ebd., 224.

119 Der Religionswissenschaftler Thomas Bauer beklagte in einem vielbeachteten Essay den gesellschaftlichen Verlust kultureller Ambiguität und zieht dabei eine Linie von religiösem Fundamentalismus bin hin zum alltäglichen „Authentizitätswahn" des 21. Jahrhunderts, vgl. Bauer, Vereindeutigung, 31–40 u. 62–70.

120 Vgl. Rahn, Pressemeldung, 17. 4. 2021.

problematisch. Bröckling formuliert überspitzt, dass eine am Heldenideal orientierte Gesellschaft „vermutlich eine ziemlich unerträgliche Ansammlung aufgeblasener Narzissten“ wäre – „sicher jedenfalls kein Ort solidarischen Handelns.“[121]

Was aber wären die Alternativen? Die Dekonstruktion jedweder Heldenverehrung mit dem nüchternen Hinweis auf eine „historische Realität“[122] verkennt nicht nur die narrative Geformtheit der Erinnerung, sondern verfängt sich selbst schnell in Erzählstrukturen des Heroischen. Wie Bröckling bemerkt, ist auch der „Aufklärer als Mythentöter [...] eine Heldenfigur, sein antiheroischer Affekt bestätigt noch im Akt der Negation die Wirkmacht heroischer Mythen.“[123] Nicht die Fundamentalkritik am Helden, sondern seine narrative Kontextualisierung im Zusammenspiel der ihn begleitenden Akteure, das Herausarbeiten seiner charakterlichen Ambivalenzen und die Akzentuierung historischer Ambiguitäten bieten das narrative Gerüst für die „postheroische Heldenerzählung“. Das erzählerische „Wie“ ist entscheidend. So betont auch der Kirchenhistoriker Thomas Kaufmann in einem Essay zum 500. Jahrestag der Wormser Szene, dass es gerade 2021 an der Zeit sei, die Geschichte vom heroischen Individuum in Worms zugunsten eines solidarischen „Hier stehen wir“ erinnerungskulturell neu zu entdecken[124]. Es geht nicht darum, Niemöller der öffentlichen, ggf. populärkulturellen Rezeption – von der Lichtshow bis zum Musical – zu entziehen. Vielleicht geben sogar gerade künstlerische Auseinandersetzungen Raum, um Ambiguitäten ästhetisch auszudrücken. Dass komplexe, postheroische Heldengeschichten in der Gegenwartskultur angekommen sind, zeigen kommerziell erfolgreiche Filmproduktionen wie etwa die HBO-Serie „Game of Thrones“.[125]

Nicht die heroische Standfestigkeit oder die charakterliche Authentizität – die biographischen Widersprüchlichkeiten Niemöllers, die von Helmut Spengler bereits 1992 betonten „Brüche und Widersprüche“, machen ihn als „postheroische Heldenfigur“ auch für das 21. Jahrhundert relevant. Martin Niemöller selbst war sich dieser Komplexität durchaus bewusst. In einem der Filminterviews kurz vor seinem Tode resümierte er: „Das Leben ist ein Gewebe und nicht eine Kordel. [...] Da kreuzen sich immer Dinge aus der Vergangenheit mit den Dingen, also mit dem laufenden Faden, zu dem quergewebt werden muss.“[126] Dieses Gewebe, diesen „Text“ in einer angemessenen Komplexität und Vieldeutigkeit auch ästhetisch zu entfalten, ist die Aufgabe einer reflektierten, kritischen, aber auch kreativ gestaltbaren Erinnerungskultur.

121 Bröckling, Helden, 229.
122 Ziemann, Niemöller, 520.
123 Bröckling, Helden, 232.
124 Kaufmann, Luther Worms, 122.
125 Vgl. Koch, Power, 208 f.
126 Karnick / Richter, Niemöller, 14.

Quellen- und Literaturverzeichnis

I. Unveröffentlichte Quellen

Zentralarchiv der Evangelischen Kirche in Hessen und Nassau (ZA EKHN) Darmstadt

Bestand 62: Nachlass Martin Niemöller

Brief von Theodor Asholt (Echternacherbrück) an MN vom 1. 3. 1959 (Zentralarchiv der EKHN Darmstadt 62/811).

Brief von J. M. Bures (Ravensburg) an MN vom 12. 2. 1959 (ZA EKHN Darmstadt, 62/801).

Brief von Wilhelm Fresenius (Frankfurt a. M.) an MN vom 31. 1. 1959 (ZA EKHN 62/808).

Brief von Horst W. Görner (Hamburg) an MN vom 31. 1. 1959 (ZA EKHN Darmstadt, 62/811).

Brief von Herbert Mochalski (Darmstadt) an MN, undatiert, Eingang am 14. 2. 1959 (ZA EKHN Darmstadt, 62/808).

Brief der IG Metall Vst. Bielefeld an MN vom 25. 3. 1959 (ZA EKHN Darmstadt, 62/808).

Bonner General-Anzeiger vom 29. 1. 1959, Zeitungsausschnitt (ZA EKHN Darmstadt, 62/809).

State Library Victoria, Melbourne (Australia)

Open Air Campaigners.: O. A. C. introducing to Australia and New Zealand Pastor Niemoeller. Flyer for the Melbourne visit of Pastor Niemoller in the Exhibition Buildings, Thursday, 29th September-Sunday, 2nd October 1949 (State library Victoria 1573624/cz1298–001-c000). [Melbourne] 1949, online: http://handle.slv.vic.gov.au/10381/117283 [31. 8. 2021].

II. Veröffentlichte Quellen und Darstellungen

Adorno, Theodor W. / Horkheimer, Max: Dialektik der Aufklärung. Frankfurt a. M. 1988 (1944).

Albus, Harry: Concentration Camp Hero. The Story of Martin Niemoeller for Young People. Grand Rapids 1946.

Assmann, Aleida: Der lange Schatten der Vergangenheit. Erinnerungskultur und Geschichtspolitik. München ^{3}2018 (2006).

–: Erinnerungsräume. Formen und Wandlungen des kulturellen Gedächtnisses. München ^{3}2006 (1999).

Assmann, Jan: Das kulturelle Gedächtnis, Schrift, Erinnerung und politische Identität in frühen Hochkulturen. München ^{8}2018 (1992).

BARNER, Wilfried / DETKEN, Anke / WESCHE, Jörg: Mythos und Mythentheorie. In: Dies. (Hg.): Texte zur modernen Mythentheorie. Stuttgart 2012, 8–19.

BARTH, Karl: Barmen. In: Joachim Beckmann / Herbert Mochalski (Hg.): Bekennende Kirche. Martin Niemöller zum 60. Geburtstag. München 1952, 9–17.

–: Grußwort für Martin Niemöller zum 75. Geburtstag. In: Wilhelm Niemöller (Hg.): Neuanfang 1945. Zur Biographie Martin Niemöllers nach seinen Tagebuchaufzeichnungen aus dem Jahr 1945. Frankfurt a. M. 1967, 4 f.

BARTHES, Roland: Mythen des Alltags, übersetzt von Horst Brühmann. Berlin 2012 (Original: Mythologies. Paris 1957).

BASSLER, Moritz: Die kulturpoetische Funktion und das Archiv. Eine literaturwissenschaftliche Text-Kontext-Theorie. Tübingen 2005.

–: Einleitung. In: Ders. (Hg.): New Historicism. Literaturgeschichte als Poetik der Kultur. Tübingen / Basel [2]2001, 7–28.

–: Zwischen den Texten der Geschichte. Vorschläge zur methodischen Beerbung des New Historicism. In: Daniel Fulda / Silvia Serena Tschopp (Hg.): Literatur und Geschichte. Ein Kompendium zu ihrem Verhältnis von der Aufklärung bis zur Gegenwart. Berlin / New York 2002, 87–100.

BAUER, Thomas: Die Vereindeutigung der Welt. Über den Verlust an Mehrdeutigkeit und Vielfalt. Stuttgart 2018.

BLASCHKE, Olaf: Der „Dämon des Konfessionalismus“. Einführende Überlegungen. In: Ders. (Hg.): Konfession in Konflikt. Deutschland zwischen 1900 und 1970. Ein zweites konfessionelles Zeitalter. Göttingen 2002, 13–69.

BÖRNER, Holger: Rede im Gedenkgottesdienst an Martin Niemöller am 25. März 1984 in der Lutherkirche Wiesbaden. In: Wolfgang Erk (Hg.): Prophet dieser Zeit. Erinnerungen an Martin Niemöller. Stuttgart 1984, 19–58.

BREBECK, H. S. (PSEUDONYM): Martin Niemöller. Bekenner, Politiker oder Demagoge? Hennef (Sieg) 1959.

BRÖCKLING, Ulrich: Postheroische Helden. Ein Zeitbild. Berlin 2020.

BULTMANN, Rudolf: Neues Testament und Mythologie. Das Problem der Entmythologisierung der neutestamentlichen Verkündigung (1941). In: Hans-Werner Bartsch (Hg.): Kerygma und Mythos. Hamburg [4]1960, 15–48.

BUSS, Hansjörg: Deutsche und Luther. Reformationsjubiläen im 19. und 20. Jahrhundert. In: Richard Faber / Uwe Puschner (Hg.): Luther zeitgenössisch, historisch, kontrovers (Zivilisationen und Geschichte 50). Frankfurt a. M. 2017, 29–46.

CHRISTOPHERSEN, Alf / ZIEMANN, Benjamin: Einleitung zu: Martin Niemöller: Gedanken über den Weg der christlichen Kirche. Hg. von Alf Christophersen und Benjamin Ziemann. Gütersloh 2019, 7–59.

DÜCKER, Malte: „Protestantische Haltung“ zwischen konfessioneller Erinnerungskultur und Ökumene. Die Rezeption Martin Niemöllers um 1960. In: Michael Huber / Peter Schüz (Hg.): Ökumene der konfessionellen Mentalitäten (Beiträge aus dem Zentrum für ökumenische Forschung München 8). Münster 2020, 81–103.

ERK, Wolfgang (Hg.): Prophet dieser Zeit. Erinnerungen an Martin Niemöller. Stuttgart 1984.

Erll, Astrid: Kollektives Gedächtnis und Erinnerungskulturen. Eine Einführung. Stuttgart ³2017.

Exner, Achim: Geleitwort des Oberbürgermeisters. In: Festschrift der Martin-Niemöller-Schule aus Anlaß der Namensgebung am 14. Januar 1987. Wiesbaden 1987, 4 f.

Gollwitzer, Helmut: Rede im Gedenkgottesdienst an Martin Niemöller am 25. März 1984 in der Lutherkirche Wiesbaden. In: Wolfgang Erk (Hg.): Prophet dieser Zeit. Erinnerungen an Martin Niemöller. Stuttgart 1984, 31–32.

Halbwachs, Maurice: Das kollektive Gedächtnis. Frankfurt a. M. 1991 (Original: La mémoire collective. Paris 1959 [1939]).

Hambuch, Tobias: Martin Niemöller. In: Lena Krull (Hg.): Westfälische Erinnerungsorte. Beiträge zum kollektiven Gedächtnis einer Region (Forschungen zur Regionalgeschichte 80). Paderborn 2017, 553–564.

Harnack, Adolf von: Martin Luther und die Grundlegung der Reformation. Festschrift der Stadt Berlin zum 31. Oktober 1917. Berlin 2017.

Herbert, Karl: Libertas christiana. Thema der Kirche gestern und heute. Zur Einleitung. In: Ders. (Hg.): Christliche Freiheit im Dienst am Menschen. Deutung der kirchlichen Aufgaben heute. Zum 80. Geburtstag von Martin Niemöller. Frankfurt a. M. 1972, 9–27.

Heymel, Michael: Martin Niemöller. Vom Marineoffizier zum Friedenskämpfer. Darmstadt 2017.

Holdenried, Michaela: Biographie vs. Autobiographie. In: Christian Klein (Hg.): Handbuch Biographie. Methoden, Traditionen, Theorien. Stuttgart / Weimar 2009, 37–41.

Hromádka, Josef: Immer neue Wunder. In: Krüger, Ende, 20–25.

Jung, Martin H.: Kirchengeschichte im interreligiösen Dialog. In: Bernd Jaspert (Hg.): Kirchengeschichte als Wissenschaft. Münster 2013, 94–104.

Karnick, Hannes / Richter, Wolfgang: Niemöller. Was würde Jesus dazu sagen? Eine Reise durch ein protestantisches Leben. Ein Film-Bilder-Lesebuch. Köln ²1988.

– (Hg.): Protestant. Das Jahrhundert des Pastors Martin Niemöller. Begleitbuch zur gleichnamigen Ausstellung in Wiesbaden und Berlin im Frühjahr 1992. Frankfurt a. M. 1992.

Kaufmann, Thomas: Luther als Held. Einige Bemerkungen zur frühreformatorischen Text- und Bildpublizistik. In: Achim Aurnhammer / Manfred Pfister (Hg.): Heroen und Heroisierungen in der Renaissance (WARF 28). Wiesbaden 2013, 85–144.

–: „Hier stehe ich!“ Luther in Worms. Ereignis, mediale Inszenierung, Mythos. Stuttgart 2021.

Kiesow, Rainer Maria / Simon, Dieter (Hg.): Auf der Suche nach der verlorenen Wahrheit. Zum Grundlagenstreit in der Geschichtswissenschaft. Frankfurt a. M. 2000.

Koch, Lars: „Power resides where men believe it resides.“ Die brüchige Welt von Game of Thrones. In: Anne-Katrin Federow / Kay Malcher / Marina Münkler

(Hg.): Brüchige Helden – Brüchiges Erzählen. Heldenepik aus narratologischer Sicht (Texte und Studien zur mittelhochdeutschen Heldenepik 11). München 2017, 265–290.

KOHNLE, Armin: Luther vor Karl V. Die Wormser Szene in Text und Bild des 19. Jahrhunderts. In: Stefan Laube / Karl-Heinz Fix (Hg.): Lutherinszenierung und Reformationserinnerung (Schriften der Stiftung Luthergedenkstätten in Sachsen-Anhalt 2). Leipzig 2002, 35–62.

KOOP, Wolfgang: In Hitlers Hand. Sonder- und Ehrenhäftlinge der SS. Köln 2010.

KROCKERT, Horst / SCHMIDT, Joachim (Hg.): Gesichter einer lernenden Kirche. Die Evangelische Kirche in Hessen und Nassau in Bildern und Texten. Frankfurt a. M. 1987.

KRÜGER, Hanfried (Hg.): Bis an das Ende der Erde. Ökumenische Beiträge zum 70. Geburtstag von D. Martin Niemöller. München 1962.

LANDWEHR, Achim: Historische Diskursanalyse (Historische Einführungen 4). Frankfurt a. M. / New York ²2018 (2008).

LEPPIN, Volker: Kirchengeschichte zwischen historiographischem und theologischem Anspruch. Die Bedeutung der Semiotik für das Selbstverständnis einer theologischen Disziplin. In: Ders. / Wolfram Kinzig / Günther Wartenberg (Hg.): Historiographie und Theologie. Kirchen- und Theologiegeschichte im Spannungsfeld von geschichtswissenschaftlicher Methode und theologischem Anspruch (AKThG 15). Leipzig 2004, 223–234.

–: „Nicht eine Person, sondern die Wahrheit zu verteidigen". Die Legende vom Thesenanschlag in lutherischer Historiographie und Memoria. In: Heinz Schilling (Hg.): Der Reformator Martin Luther 2017. Eine wissenschaftliche und gedenkpolitische Bestandsaufnahme (Schriften des Historischen Kollegs. Kolloquien 92). Berlin / München / Boston 2014, 85–107.

LORENZEN, Tim: Was ist kirchengeschichtliche Gedächtnisforschung? Reflexionen zum 20. Juli. In: MKiZ 13 (2019), 47–76.

MILLER, Basil: Hero of the concentration camp. Grand Rapids 1942.

MOCHALSKI, Herbert (Hg.): Der Mann in der Brandung. Ein Bildbuch um Martin Niemöller. Frankfurt a. M. 1962.

–: Martin Niemöller in der Verantwortung für die Menschen. In: Kloppenburg, Heinz / Kogon, Eugen / Kreck, Walter (Hg.): Martin Niemöller. Festschrift zum 90. Geburtstag. Köln 1982.

MÜNKLER, Herfried: Der Wandel des Krieges. Von der Symmetrie zur Asymmetrie. Weilerwirst ³2014 (2006).

–: Heroische und postheroische Gesellschaften. In: Merkur. 61. Jg. 2007, Heft 8/9, 742–752.

NIEMÖLLER, Martin: Was Niemöller sagt – wogegen Strauß klagt. Niemöllers Kasseler Rede vom 25. Januar 1959 im vollen Wortlaut. Darmstadt 1959.

NIEMÖLLER, Wilhelm: Entweder – Oder. Gedanken zur Methode der Kirchengeschichtsschreibung. In: Ders: Wort und Tat im Kirchenkampf. Beiträge zur neuesten Kirchengeschichte (TB 40). München 1969 (Original 1965), 15–34.

–: Gottes Wort ist nicht gebunden. Ein Tatsachenbericht über den Kirchenkampf (Sonderheft der Materialkartei „Botschaft und Dienst", Reihe 8. Der Weg der Kirche). Bielefeld 1948.

–: Kampf und Zeugnis der Bekennenden Kirche. Bielefeld 1948.

–: Martin Niemöller. Ein Lebensbild. In: Joachim Beckmann / Herbert Mochalski (Hg.): Bekennende Kirche. Martin Niemöller zum 60. Geburtstag. München 1952, 311–325.

Nora, Pierre: Erinnerungsorte Frankreichs. München 2005 (Original: Les Lieux de mémoire. 3 Bde. Paris 1984–1992).

Northcott, Cecil: Versöhnung zwischen Kirchen und Völkern. In: Krüger, Ende, 46–52.

Nünning, Ansgar: Fiktionalität, Faktizität, Metafiktion. In: Christian Klein (Hg.): Handbuch Biographie. Methoden, Traditionen, Theorien. Stuttgart / Weimar 2008, 21–27.

Ott, Joachim / Treu, Martin (Hg.): Faszination Thesenanschlag – Faktum oder Fiktion (Stiftung Luthergedenkstätten in Sachsen-Anhalt: Schriften der Stiftung Luthergedenkstätten in Sachsen-Anhalt 9). Leipzig 2008.

Posser, Diether: Das Wirken Martin Niemöllers in Kirche und Politik aus der Sicht eines Zeitzeugen. In: Josef Hartmann / Achim Kuhlmann / Reinhard van Spankeren (Hg.): Martin Niemöller. Glauben und glaubwürdig Handeln. Dokumentation von Studientag und Festakt zum 100. Geburtstag von P. Martin Niemöller. Münster 1992, 71–82.

Ranke, Leopold von: Das Fragment vom 31. Oktober 1817. In: Heinrich Bornkamm (Hg.): Luther im Spiegel der deutschen Geistesgeschichte. Göttingen ^{2}1970, 249–251.

Rosenberg, Alfred: Der Mythus des 20. Jahrhunderts. Eine Wertung der seelisch-geistigen Gestaltenkämpfe unserer Zeit. München 1930.

Schomer, Howard: Martin Niemöller in Amerika. In: Krüger, Ende, 70–78.

Schweitzer, Albert: Geleitwort zu: Herbert Mochalski (Hg.): Der Mann in der Brandung. Ein Bildbuch um Martin Niemöller. Frankfurt a. M. 1962, 6–7.

Spengler, Helmut: Vorwort zu: Hannes Karnick / Wolfgang Richter (Hg.): Protestant. Das Jahrhundert des Pastors Martin Niemöller. Begleitbuch zur gleichnamigen Ausstellung in Wiesbaden und Berlin im Frühjahr 1992. Frankfurt a. M. 1992, 5–6.

Treitschke, Heinrich von: Luther und die Deutsche Nation (1883). In: Thomas Kaufmann / Martin Keßler (Hg.): Luther und die Deutschen. Stimmen aus fünf Jahrhunderten. Stuttgart 2017, 194–200.

Von der Hoff, Ralf u. a., Helden – Heroisierungen – Heroismen. Transformationen und Konjunkturen von der Antike bis zur Moderne. Konzeptionelle Ausgangspunkte des Sonderforschungsbereichs 948. In: helden. heroes. héros. E-Journal zu Kulturen des Heroischen 1.1 (2013), 7–14.

Vorländer, Martin: Was würde Jesus dazu sagen. In: Evangelische Sonntagszeitung vom 8. 1. 2017, 12 f.

WEGNER-NORD, Helwig / FIETZ, Siegfried: Welch ein Leben. Ein musikalisches Portrait über Martin Niemöller, KZ-Häftling und Kirchenpräsident. Greifenstein 2018 (CD und Liederheft).

WHITE, Hayden: Metahistory. Die historische Einbildungskraft im 19. Jahrhundert in Europa. Frankfurt a. M. 1991 (Original: The Historical Imagination in Nineteenth Century Europe. Baltimore 1973).

ZIEMANN, Benjamin: Martin Niemöller. Ein Leben in Opposition. München 2019.

III. Internetquellen

NITSCHE, Stefan Ark: Predigt „Was würde Jesus dazu sagen?", gehalten im Gottesdienst im Deutschlandfunk aus der Martin-Niemöller-Kirche Nürnberg vom 22. 1. 2017. In: https://static4.evangelisch.de/get/ccd/BD7ayGveH3rhWShk0vx1MIoc00163731/download [31. 8. 2021].

RAHN, Volker: „Martin Niemöller gehört zu Hessen-Nassaus Identität". Pressemeldung der EKHN vom 15. 1. 2017. In: https://www.ekhn.de/aktuell/detailmagazin/news/martin-niemoeller-gehoert-zu-hessen-nassaus-identitaet.html [31. 8. 2021].

–: Der „Luther-Moment". Die Evangelische Kirche feiert multimedial 500 Jahre Reichstag in Worms. Pressemeldung der EKHN vom 17. 4. 2021. In: https://www.wagemutig.de/worms-2021/aktuelle-nachrichten/detailseite/news/der-luther-moment-die-evangelische-kirche-feiert-multimedial-500-jahre-reichstag-in-worms-1.html [31. 8. 2021].

SFB 948: Art. „Held". In: Compendium heroicum. Hg. von Ronald G. Asch u. a. Freiburg 2019. In: 10.6094/heroicum/hdd1.0 [31. 8. 2021].

TRIPP, Manfred: Foto einer Demonstration verschiedener Frankfurter Jugendverbände am Vorabend des 1. 5. 1959. Abgebildet in: LEPP, Claudia: Zwischen Konfrontation und Kooperation. Kirchen und soziale Bewegungen in der Bundesrepublik (1950–1983). In: Zeithistorische Forschungen / Studies in Contemporary History, Online-Ausgabe, 7 (2010), H. 3. In: http://www.zeithistorische-forschungen.de/3-2010/id=4585 [31. 8. 2021].

Arno Helwig

Die Rezeption Niemöllers am historischen Ort – Erinnerungsarbeit am Martin-Niemöller-Haus Berlin-Dahlem

Repräsentatives Pfarrhaus und Friedenszentrum, Wohngemeinschaft und Geschäftsadresse, Unterkunft für Geflüchtete und Beratungsstelle für Kriegsdienstverweigerer, Kindertagesstätte oder außerschulischer Lern- und Erinnerungsort; das heutige Martin-Niemöller-Haus erfüllte im Laufe seiner Jahre viele Funktionen.

Seit über vier Jahrzehnten trägt das 1910 ursprünglich als Pfarr- und Gemeindehaus errichtete Gebäude den Namen seines bekanntesten Bewohners. Die Auseinandersetzung mit Martin Niemöller und der eigenen Ortsgeschichte kann spätestens seit dieser Zeit als profilbildend für die Evangelische Kirchengemeinde Berlin-Dahlem angesehen werden. In dem vorliegenden Beitrag soll diese konkrete Form der Rezeption Niemöllers, die der praktischen Erinnerungsarbeit am historischen Ort innewohnt, näher beleuchtet werden. Es handelt sich um eine Perspektive jenseits des akademischen Betriebs und doch aus dem Herzen des Themas. Den neuesten Forschungserkenntnissen, wie sie an anderen Stellen dieses Tagungsbandes ausgeführt sind, werden dadurch wenig beachtete Aspekte des praxisnahen Umgangs mit dem Leben und Wirken Martin Niemöllers zur Seite gestellt. Diese bilden eine wichtige Ergänzung zur oftmals in einer vornehmlich theologischen oder zeithistorischen Einordnung verhafteten Analyse.

Die im Folgenden herangezogenen und zitierten Dokumente aus dem Archiv der Evangelischen Kirchengemeinde Berlin-Dahlem zeichnen sich dadurch aus, dass sie nicht für eine belastbare kritisch-historische Prüfung geschrieben wurden, sondern meist ein gegenseitiges Arbeitsverständnis zu einem bestimmten Zeitpunkt in einem Projektprozess festhalten. Es werden demnach vor allem Eigenlogiken und Innensichten wiedergegeben, die sich aus bislang kaum ausgewerteten Gemeindebeschlüssen, Korrespondenzen, Grundsatzpapieren oder der Veranstaltungsprogrammatik von vierzig Jahren aktiven Engagements für Frieden, Gerechtigkeit und Bewahrung der Schöpfung in Berlin-Dahlem und am Martin-Niemöller-Haus ergeben.

Das jeweils zeitgenössische Dahlemer Milieu und seine gesellschaftlichen Schwerpunkte werden in der gebotenen Kürze dieser Ausführungen lediglich skizziert, verweisen aber auf weitere, vielversprechende Forschungsfelder. Vorrangig soll hier jedoch auf Aspekte der Haus- und Nutzungsgeschichte eingegangen werden, um die Rezeption des historischen Geschehens und implizit auch Niemöllers im Laufe der Zeit genauer zu benennen.

1. Der historische Ort im öffentlichen Raum

Als historischer Ausgangspunkt steht der Einzug Martin Niemöllers mit seiner Familie 1931 in das damalige Pfarrhaus der Evangelischen Kirchengemeinde Berlin-Dahlem. Hier lebte und wirkte er bis zu seiner Verhaftung 1937, die Familie bis 1945.

Für den Bau des 1910 errichteten Pfarrhauses in der damaligen Cecilienallee (heute Pacelliallee) engagierte die noch junge, aber selbstbewusste Kirchengemeinde – Dahlem war erst seit 1908 eigenständige Gemeinde – Heinrich Straumer als Architekt. Im künftigen Villenviertel im Berliner Südwesten realisierte der Anhänger der Landhausbewegung einen Bau im englischen Stil. Dieser verband sich im Äußeren durch die Fortsetzung der Kirchhofsmauer sowie durch das steile Satteldach und die holzbeschlagenen Giebel mit der benachbarten Dahlemer Dorf-Kirche. Im Innern waren privates Wohnen und das Arbeiten als Pfarrer durch einen funktionalen Grundriss architektonisch miteinander in Beziehung gesetzt.

Martin Niemöller war seinerzeit einer von drei Pfarrern in Dahlem. Das von ihm bewohnte Pfarrhaus gehörte in den 1930er Jahren unzweifelhaft zu einem der Dreh- und Angelpunkte des gemeindlichen Lebens. Hier wurden in konspirativen Treffen Reaktionen auf die Übernahme des sogenannten Arierparagraphen in das Kirchenrecht erörtert, hier war die Geschäftsstelle des Pfarrernotbundes beheimatet, hier gingen auch nach Niemöllers Verhaftung engagierte Gemeindeglieder ein und aus[1].

Für die erinnerungskulturelle Rezeptionsgeschichte dieses Ortes und der Person Niemöllers nach 1945 in Dahlem lassen sich drei relevante Schritte in der Nutzungsgenese des Hauses unterscheiden. Der Fokus liegt hierbei auf der formalisierten oder institutionellen Erinnerungsarbeit nach der zunächst weitergeführten Nutzung als Pfarrhaus in der Nachkriegszeit.

Erstens, die Entscheidung der Kirchengemeinde zur Entwidmung des Gebäudes als Pfarrhaus zugunsten eines friedenspolitischen Engagements kirchlicher und zivilgesellschaftlicher Akteure unter dem Dach des neu gegründeten „Friedenszentrums Martin Niemöller Haus e.V.“ zu Beginn der 1980er Jahre.

Zweitens, die weitere Entwicklung der erinnerungskulturellen und gesellschaftspolitischen Arbeit des Friedenszentrums in den folgenden Jahrzehnten sowie die Einrichtung eines ersten, als solchen bezeichneten Erinnerungsortes 2007.

Drittens, die Neukonzeption und -strukturierung der inhaltlichen Arbeit am Haus durch das 2016 abgeschlossene Projekt „Erinnern – Lernen – Handeln“. In der Folge dieser gemeindlichen Anstrengungen eröffnete 2018 eine neue Dauerausstellung im Haus. Seit 2019 ist die Erinnerungsarbeit in die

1 Vgl. Schäberle-Koenigs, Weg, 26 f., 46, 75 f.

neue, heutige Vereinsstruktur des „Martin-Niemöller-Haus Berlin-Dahlem e.V.“ überführt.

2. Umwidmung des Pfarrhauses

Ende der 1970er Jahre war mit dem bevorstehenden Auszug der Pfarrfamilie Möckel die Frage nach der weiteren Nutzung des Anwesens in der Pacelliallee aufgeworfen. Ursprünglich erbaut, um neben der Pfarrfamilie und den Bediensteten auch die Gemeindeverwaltung zu beherbergen, war das Haus für eine Pfarrwohnung schlichtweg zu groß geworden. Im Mai 1980 beschließt der Gemeindekirchenrat (GKR) „das Pfarrhaus Pacelliallee 61 für das Projekt Friedenszentrum zur Verfügung zu stellen.“[2] Damit läutete die Gemeinde einen neuen und für das eigene Profil prägenden Abschnitt der Hausgeschichte ein. Doch es hätte auch ganz anders kommen können: In einem Brief an das Konsistorium der Evangelischen Kirche in Berlin-Brandenburg (Berlin West) heißt es: „Der GKR hat sich die Entscheidung zugunsten des Friedenszentrum nicht leicht gemacht. [...] Eine GKR-Kommission hat nach dem ersten allgemeinen Diskussionsaufruf in den Gemeindenachrichten (Mai 79) insgesamt 15 Verwendungsmöglichkeiten erörtert.“[3]

Nicht zuletzt mit Blick auf die erhoffte finanzielle Unterstützung durch die Landeskirche lautete eine zentrale Frage, die die Kirchengemeinde Dahlem sich selbst und auch gegenüber dem Konsistorium beantworten musste: Worin besteht das spezifisch kirchliche Anliegen des Vorhabens zur Gründung eines Friedenszentrums? Das Konsistorium merkte im bereits genannten Briefwechsel mit der Gemeinde beispielsweise kritisch an, dass angesichts der zu überwindenden finanziellen Hürden alternative Varianten – etwa eine langfristige Vermietung – durchaus näherlägen. Denn nicht nur die geplante inhaltliche Friedensarbeit benötigte ein belastbares finanzielles Konzept, auch das Gebäude selbst war sanierungsbedürftig. Man verwies auf das ehemals von Bischof Dibelius bewohnte Haus, das seinerzeit widerspruchslos veräußert wurde, erkenne aber die „Tradition des Hauses“ an und wünsche sich eine angemessene Verwendung des früher von Martin Niemöller bewohnten Hauses, etwa in Form einer langfristigen Vermietung des Hauses an einen leistungsfähigen Träger aus dem sozialen oder kulturellen Bereich[4]. Als Antwort formuliert der GKR:

2 Protokoll der Sitzung des Gemeindekirchenrats der Evangelischen Kirchengemeinde Berlin-Dahlem vom 20. 5. 1980 (Archiv der Evangelischen Kirchengemeinde Berlin-Dahlem, Nachlass Claus-Dieter Schulze).

3 Brief des Gemeindekirchenrats der Evangelischen Kirchengemeinde Berlin-Dahlem an das Konsistorium der Evangelischen Kirche in Berlin-Brandenburg (Berlin West) vom 5. 9. 1980, 1 (Archiv der Evangelischen Kirchengemeinde Berlin-Dahlem, Nachlass Claus-Dieter Schulze).

4 Brief des Konsistoriums der Evangelischen Kirche in Berlin-Brandenburg (Berlin West) an den

„Die Gemeinde sieht sich aufgrund ihrer Tradition (Bekennende Kirche) dazu aufgerufen, zur Wahrnehmung des sog. Wächteramts der Kirche beizutragen. [...] In einer Zeit, in der bei den Kämpfen um einen gerechten Interessenausgleich zwischen den Völkern und Rassen [sic!] zugleich die Überlebensfrage der ganzen Menschheit gestellt ist, erscheint uns die Beschäftigung mit den Bedingungen, Konkretionen und Hindernissen des Friedens als ein Gottes-Gebot der Stunde. Dabei hat die Kirche nicht nur die biblische Verpflichtung, für Gerechtigkeit und den Erhalt der Schöpfung einzutreten, – sie gewinnt auch aus ihrem Glauben die Kraft dazu, mehr als ein Gleichgewicht des Schreckens [...] anzustreben. Das spezifisch kirchliche Anliegen, das die Gemeinde mit der Errichtung des Friedenszentrums verfolgt, ist die Integration von christlicher Hoffnung [...] mit dem rational-analytischen und praktischen Engagement verschiedener Friedensgruppierungen, die sich konkreten Herden des Unfriedens zugewandt haben."[5]

Beim Lesen der Stellungnahme wird mit zunehmender Länge immer klarer: mit dem damals schon historischen Dahlemer Pastor Niemöller wird hier von Seiten des GKR und der aktuellen Pfarrer inhaltlich oder zumindest namentlich überhaupt nicht argumentiert. Aber auch der zeitlich und – mit Blick auf Fragen der damaligen Gegenwart – thematisch näherliegende, friedensbewegte Niemöller wird nicht bemüht.

In Ausführungen des Dahlemer Pfarrers Claus-Dieter Schulze, der eine maßgebliche Rolle bei der Gründung des Friedenszentrums gespielt hat, ist angesichts der atomaren Bedrohung und des Kalten Krieges stets die Verpflichtung auf das Thema Frieden herauszulesen – und das konsistent in internen Papieren wie auch in Außendarstellungen des Projektes. In dem Lokalblatt „Der Zehlendorfer" ist dies exemplarisch nachzuvollziehen. Dort schreibt er ausführlich über die 1979/80 weiter gestiegene Bedeutung der Friedensarbeit – vom Nato-Rüstungsbeschluss und 40. Jahrestag des Beginns des Zweiten Weltkriegs bis zum Einmarsch der Sowjetunion in Afghanistan. Fast beiläufig wird in einem Satz gegen Ende des Artikels der Ort dieser so drängenden Friedensarbeit benannt: „Die Gemeinde Dahlem, in der während der Nazizeit die kritische ‚Bekennende Kirche' zu Hause war, stand jetzt vor der Frage, was sie mit dem viel zu großen früheren Pfarrhaus Martin Niemöllers Sinnvolles anfangen soll."[6] Viel ausführlicher schreibt er hingegen von einem Gefühl der Ohnmacht angesichts der im Kalten Krieg angehäuften Vernichtungskraft und will eine lähmende Ratlosigkeit erkennen, die stärker sei als das produktive schlechte Gewissen vieler Zeitgenossen.

Diese Wendungen sind Topoi in vielen Texten aus der Feder von Pfarrer Claus-Dieter Schulze zur Gründung des Friedenszentrums[7]. Das ist nicht

---

Gemeindekirchenrat der Evangelischen Kirchengemeinde Berlin-Dahlem vom 29. 7. 1980, 2 (Archiv der Evangelischen Kirchengemeinde Berlin-Dahlem, Nachlass Claus-Dieter Schulze).

5 Vgl. oben: Brief des Gemeindekirchenrats vom 5. 9. 1980, 3 f.

6 Schulze, Arbeiten, 4.

7 So auch im bereits zitierten Brief des Gemeindekirchenrats vom 5. 9. 1980, 5.

zufällig so. Sie knüpfen an die Worte der Bußtagspredigt Helmut Gollwitzers an, die dieser nach den Novemberpogromen 1938 in Dahlem gehalten hat. Sie umreißen in ihren anklagenden und zur Umkehr mahnenden Tönen gut den vielbeschworenen Dahlemer Geist. Dieses Selbstverständnis als eine mündige Gemeinde speiste sich in erster Linie aus der Identifikation mit der kleinen, im dahlemitischen Sinne engagierten Fürbittgemeinde im Nationalsozialismus. Es war darüber hinaus gestützt durch ein intellektuell aufgeladenes Umfeld im Berliner Südwesten der 1970er Jahre. Dieses war geprägt vom neuen Lehrstuhl für Theologie an der Freien Universität zu Berlin unter Helmut Gollwitzer und Friedrich-Wilhelm Marquardt in der Nachfolge und bildete einen kritischen Kontrapunkt zur Kirchlichen Hochschule. Theologie und Zeitgeschichte kamen auf diese Weise in Dahlem in Beziehung zueinander. In den Gemeinderäumen fanden Universitätsseminare statt und in den Gottesdiensten saßen die Studierenden.

Zusammenfassend bleibt der Eindruck zurück: die gemeindliche, vornehmlich gesellschaftspolitische Agenda für eine christliche Friedensarbeit hatte im ehemaligen Pfarrhaus Niemöllers - fast möchte man sagen, durch eine zufällige Fügung des „Leerstands" - einen geeigneten Ort gefunden. Und wie gesagt: es hätte auch ganz anders kommen können.

3. 40 Jahre Friedens- und Erinnerungsarbeit

Das Friedenszentrum der 1980er Jahre

Bei der Ausgestaltung der programmatischen Arbeit des Friedenszentrums sind die Bezüge zur Person und dem Wirken Niemöllers klarer zu erkennen - und zwar in zweierlei Strängen.

Zum Ersten wurde die Wahrnehmung des Niemöllers der 1930er Jahre insbesondere mit der Ausstellung „Unterwegs zur mündigen Gemeinde. Die evangelische Kirche im Nationalsozialismus am Beispiel der Gemeinde Dahlem" gleich zu Beginn der Vereinsarbeit erstmals umfangreich aus Dahlemer Sicht festgehalten. Wobei schon damals der Fokus nicht auf der Einzelperson Niemöllers lag, sondern auf der Gemeinde und ihren handelnden Gliedern. Der Ausstellungstitel erkennt zudem im Prozesshaften und eben nicht im Eindeutigen die Grundlage des Selbstverständnisses der Dahlemer Gemeinde; eine Aussage, die bis heute wirkt. Die Ausstellung wurde in hauptsächlich ehrenamtlicher Arbeit von Gemeindegliedern, Zeitzeugen und Engagierten des Friedenszentrums unter Anleitung des Theologen Gerhard Schäberle erarbeitet. Dieser sollte später darauf aufbauend seine Dissertation über die Dahlemer Gemeinde in der Zeit nach Niemöllers Verhaftung verfassen[8]. Der

8 Vgl. Schäberle-Koenigs, Weg.

1982 veröffentlichte Katalog zur Ausstellung wird in zusätzlicher Herausgeberschaft von Gerti Graff, Hertha von Klewitz (Martin Niemöllers Tochter) und Hille Richers bis heute aufgrund seiner umfangreichen Quellenauflistung geschätzt[9]. Die Ausstellung selbst war als Wanderausstellung konzipiert und in vielen Orten in beiden Teilen Deutschlands zu sehen. Seit 2010 ist sie digitalisiert und bis heute in leicht veränderter Form weiterhin online abrufbar[10].

Zum Zweiten war mit der erstmaligen Benennung des ehemaligen Pfarrhauses als „Martin-Niemöller-Haus" und mit der zusätzlichen programmatischen Bezeichnung als „Friedenszentrum" erkennbar der friedensbewegte Niemöller jener Zeit angesprochen. „Aber ja kein Museum solle es werden" – so lauteten die in der Gemeinde tradierten Worte Niemöllers, als dieser von seiner Namenspatenschaft erfuhr. Zu einem Gedenkort wurde das Haus letztlich auch nicht. Dafür war es viel zu bewohnt und belebt: einer Wohngemeinschaft oblag die substanzielle Bewirtschaftung und inhaltliche Gestaltung des Hauses. Die Themen der Friedensarbeit waren zudem in Fragen der Gegenwart verankert und von einer Vielfalt an Akteuren getragen.

Die Gründungsabsicht des Vereins „Friedenszentrum Martin Niemöller Haus e.V." sah stets vor, Raum für Gruppen zu bieten, die sich für Gerechtigkeit, Frieden und Bewahrung der Schöpfung einsetzten. Das Friedenszentrum war somit Teil der Reformbewegung des Konziliaren Prozesses. Das breite Spektrum an Themen und Aktivitäten im Laufe von rund 40 Jahren gesellschaftspolitischer Arbeit am Haus wurde getragen von Organisationen und Akteuren wie z. B.: Amnesty International, das gut 20 Jahre lang ein Büro im Haus unterhielt, Aktion Sühnezeichen Friedensdienste, die aus der EKD-Synode von 1958 hervorgegangen war und hier Vor- und Nachbereitungsseminare für ihren Entsendungsdienst abhielt, Service Civil International, der Gemeinschaftsdienste und Workcamps im Haus und Garten organisierte, der Internationale Versöhnungsbund, der aus seinem Regionalbüro im Haus heraus Programme für junge Erwachsene entwickelte, ein Dritte-Welt-Laden, NABU-Gruppen und auch die Deutsche Friedensgesellschaft, deren Präsident Niemöller lange Zeit war und die Beratungsangebote für Kriegsdienstverweigerer aus der Bundesrepublik im geteilten Berlin unterhielt.

Früh zeichnete sich am Friedenszentrum eine Agenda mit eigenständigem Charakter ab, nicht zuletzt gefördert durch die vielfältigen Akteure und Netzwerke mit oftmals internationalem Charakter. Bereits das erste Halbjahresprogramm setzte sich aus folgenden Veranstaltungsthemen zusammen: Im Februar: Rüstungsexporte in die „Dritte Welt", im März und April: Befreiungsbewegungen am Beispiel Südafrika und Lateinamerika, im Mai: Handels- und Gewaltstrukturen, im Juni: Ronald Reagan und die Folgen[11]. Es

9 Vgl. Graff u. a., Gemeinde.
10 Vgl. www.friedenszentrum-martin-niemoeller-haus.de/ausstellung/ [22. 10. 2021]
11 Vgl. Protokoll der Mitgliederversammlung des Friedenszentrums Martin Niemöller Haus e.V.

entstand über drei Jahrzehnte hinweg eine neue Dimension der Ortsgeschichte, die als weitere Traditionslinie für das Verständnis des Ortes und für die Wahrnehmung von Dahlem hinzukommt[12].

Die Entwicklung der Erinnerungsarbeit

Derweil rückte das Thema der Erinnerung an die Ortsgeschichte und Zeit der Bekennenden Kirche im Nationalsozialismus mit der Überwindung des Kalten Krieges und der Wiedervereinigung Deutschlands in der Kirchengemeinde wieder stärker in den Fokus. Ein regelrechtes Erinnerungsensemble entsteht und rahmt das ehemalige Pfarrhaus Martin Niemöllers als Ort der Begegnung und des friedenspolitischen Engagements. Beispielsweise erinnert eine Tafel am Gemeindehaus in der Thielallee an die Dahlemer Bekenntnissynode vom Oktober 1934. Später folgte eine Ausstellung an den Wänden des Foyers vor dem Gemeindesaal. 1992 erwarb die Kirchengemeinde das Keramik-Relief „Triptychon für Auschwitz“ der Künstlerin Doris Pollatschek, das seitdem an der Chorwand der St.-Annen-Kirche zu sehen ist. 1995 entsteht, wiederum mit tatkräftiger Unterstützung aus den Reihen der Gemeindeglieder, ein ausführlicher Kirchhofführer, der tiefe Einblicke in die Gemeindegeschichte zulässt[13]. 1996 folgte die Einweihung eines Mahnmals gegen Krieg, Rassenwahn und Diktatur des Künstlers Nikolaus Koliusis auf dem Kirchhof vor der St.-Annen-Kirche. Das alles kann als Ausdruck einer Kirchengemeinde gewertet werden, die „immer wieder um ein glaubwürdiges und angemessenes Erinnern gerungen hat“[14] und darin einen wichtigen Teil ihres Profils erkennt.

Als Teil der allgemeinen Erinnerungslandschaft erschien Dahlem erstmals öffentlich wahrnehmbar 2007. Am 1. Juli, dem 70. Jahrestag der Verhaftung Martin Niemöllers, eröffnete in dessen ehemaligen Amtszimmer ein neues, ehrenamtlich getragenes Angebot für die Öffentlichkeit; ein gestalteter Raum, der informative Medien über die Zeit der Bekennenden Kirche bereithielt. Als Gäste und Gesprächspartner mit dabei waren Zeitgenossen wie Franz von Hammerstein und Rudolf Weckerling sowie Niemöllers Sohn Heinz Hermann Niemöller und seine Enkelin Anti von Klewitz. Mit dieser seinerzeit bereits als „Erinnerungsort“ bezeichneten Einrichtung wollte man auch auf die immer deutlicher schwindende Zeitzeugenschaft reagieren. Inhaltliche Akzente lagen

vom 14. 1. 1981. (Archiv der Evangelischen Kirchengemeinde Berlin-Dahlem, Nachlass Claus-Dieter Schulze).

12 Hierin läge ein eigenes Forschungsfeld; insbesondere eine Untersuchung der Beziehungen in die DDR scheint lohnenswert angesichts der vielfältigen Verbindungen des Friedenszentrums und auch Martin Niemöllers zur dortigen Friedensbewegung. Interessant ist sicher auch die Rolle des Friedenszentrums bei der Benennung des Gemeindehauses in Jena-Lobeda als ein weiteres „Martin-Niemöller-Haus“.

13 Leiberg, St.-Annen-Kirchhof.

14 Evangelische Kirchengemeinde Berlin-Dahlem, Licht, 6.

etwa in der Betonung der Verantwortlichkeit für den christlich-jüdischen Dialog. Gerade im Austausch mit jungen Generationen sollte es darum gehen, ein niedrigschwelliges Orientierungsangebot für Fragen von christlicher Haltung und Verantwortung zu schaffen. Für eine anknüpfungsfähige Vermittlungsarbeit wurde dabei auch der biografische Ansatz über die Person Niemöllers bemüht. Im Mittelpunkt didaktischer Überlegungen standen oftmals die Brüche seiner Biografie, die anregen sollten, über Diskrepanzen zwischen eigenem Lebensentwurf und tatsächlichem Lebensweg zu reflektieren[15].

Der mit Entsendungsdiensten, Workcamps und Veranstaltungsprogrammatik vielfach international ausgerichtete Blick des Friedenszentrums trifft damit auf einen Ausdruck ortsbasierten Erinnerns am Martin-Niemöller-Haus. Die damals maßgebliche Initiatorin und Dahlemer Pfarrerin, Marion Gardei, ist heute Beauftragte für Erinnerungskultur sowie Antisemitismusbeauftragte in der Evangelischen Kirche Berlin-Brandenburg-schlesische Oberlausitz (EKBO). 2016 erschien in diesem Kontext und erarbeitet durch einen wissenschaftlichen Beirat in erster Auflage ein Konzept und Handbuch der evangelischen Erinnerungskultur in der EKBO, dessen Ziel es ist „Leitsätze evangelischer Erinnerungsarbeit biblisch begründet zu formulieren, derzeitige Chancen und Herausforderungen der Erinnerungskultur aufzuzeigen und Kirche und Gemeinden als Institutionen kollektiven Gedächtnisses zu profilieren“[16].

Erinnern – Lernen – Handeln

Mit der 2011 auf den Weg gebrachten Neukonzipierung der Arbeit im Martin-Niemöller-Haus stand man freilich einer neuen Situation gegenüber. Die persönlichen Erinnerungen und Verbindungen schwinden mit dem zeitlichen Abstand, knapp 30 Jahre nach Niemöllers Tod. Der Umgang mit dem historischen Niemöller blieb im gleichen Zeitraum ebenfalls nicht unverändert. Auch in Dahlem werden Diskussionen, neue Erkenntnisse und womöglich vernachlässigte Perspektiven aus Kirche und Gesellschaft, Theologie und Geschichtswissenschaft wahrgenommen. Zudem gehörte die Beschäftigung mit der eigenen Geschichte zwischen 1933 und 1945 bereits zum identitätsstiftenden Selbstverständnis in Dahlem und wurde zunehmend professionell betrieben.

Letzteres ist allein an der umfangreichen Begleitstruktur des Projektes „Erinnern – Lernen – Handeln“[17] abzulesen, welches federführend von der

---

15 Vgl. Evangelische Kirchengemeinde Berlin-Dahlem, Gemeinde, 4 f.

16 So Marion Gardei in ihrem Geleitwort für: Evangelische Kirche Berlin-Brandenburg-Schlesische Oberlausitz, Erinnerungskultur.

17 Vgl. Evangelische Kirchengemeinde Berlin-Dahlem, Martin-Niemöller-Haus.

damaligen Vorsitzenden des Gemeindekirchenrates Katja von Damaros geleitet wurde. Der überwiegende Teil dieses Gemeindeprojektes beschäftigt sich nachvollziehbarerweise mit Rahmenbedingungen und praktischen Fragen zur Finanzierung, Organisation oder Struktur. Der gesamte Prozess der Neukonzipierung war mit ausgelöst und verbunden mit dem erneuten Sanierungsbedarf des mittlerweile über 100-jährigen Hauses[18]. Zu den Beteiligten gehörten neben einem gemeindenahen Personenkreis auch ein erweiterter Kreis von Expertinnen und Experten[19].

Die neue, 2018 eröffnete Dauerausstellung entstand unter Projektleitung des Dahlemer Pfarrers Oliver Dekara sowie in Kooperation mit der Landeskirche (EKBO) und der Stiftung Gedenkstätte Deutscher Widerstand. Sie ist kuratiert von der Historikerin Martina Voigt, die bereits für die Ausstellung der Gedenkstätte Stille Helden in Berlin mitverantwortlich zeichnet und seitdem auch den Heinrich-Vogel-Erinnerungsort Dobbrikow kuratiert hat.

Zur Wahrnehmung der gemeindlichen Erinnerungsarbeit wurde ein neuer Trägerverein gegründet – der Martin-Niemöller-Haus Berlin-Dahlem e.V. Die institutionellen Mitglieder des Vereins sind: die Kirchengemeinde Dahlem selbst, die weiterhin Eigentümerin des Gebäudes ist, der Evangelische Kirchenkreis Teltow-Zehlendorf sowie der frühere Bewirtschafterverein des Hauses, das Friedenszentrum Martin Niemöller Haus e.V. Erstmals konnte für die Arbeit am Haus zudem eine hauptamtliche Stelle geschaffen werden. Das Ehrenamt und ein bürgerschaftliches Engagement bleiben aber traditionell die tragenden Kräfte, bis hin zum Vorstand.

Martin Niemöller selbst findet eine einzige namentliche Erwähnung in den Ausführungen zur inhaltlichen Arbeit des finalen Projektberichts von 2016: „Brüche, Widersprüche, Scheitern, Provokantes an der Biografie Niemöllers und anderer Akteure sind besonders in den Blick zu nehmen."[20] Ergänzend heißt es weiter: Die „Notwendigkeit zur Neugestaltung" der Ausstellung „Unterwegs zur mündigen Gemeinde" bestehe u. a. aufgrund neuer Forschungserkenntnisse seit der Entstehungszeit in den 1980er Jahren – erwähnt wird etwa die Rolle und das Wirken von Frauen und Laienkreisen aus dem Gemeindeumfeld. Auch müssten andere Dahlemer Protagonisten, wie Helmut Gollwitzer, mehr beachtet werden[21]. Ein regelrecht strukturierendes Merkmal,

18 Vgl. Vorlage zur GKR-Sitzung am 1. 11. 2011. Martin-Niemöller-Haus. Projektbericht, 2 (Archiv der Evangelischen Kirchengemeinde Berlin-Dahlem).

19 Ein Diagramm zur Projektstruktur listet ein gutes Dutzend Namen und einschlägige Expertisen auf, etwa aus der Jüdischen Gemeinde Berlin, der Gedenkstättenarbeit und -pädagogik, aus verschiedenen Ebenen der Evangelischen Kirche, der praktischen Friedensarbeit, der Forschung und Wissenschaft sowie dem Bereich Tourismus und Marketing. Siehe: Vorlage zur GKR-Sitzung am 5. 4. 2016. Martin-Niemöller-Haus. Erinnern – Lernen – Handeln. Projektauftrag II, 8 (Archiv der Evangelischen Kirchengemeinde Berlin-Dahlem).

20 Vorlage zur GKR-Sitzung am 31. 10. 2016. Martin-Niemöller-Haus. Projektbericht II: Laufender Betrieb des Projektes, 5 (Archiv der Evangelischen Kirchengemeinde Berlin-Dahlem).

21 Vgl. EBD., 7.

das sich wie ein roter Faden durch die Ausstellung zieht, ist die Haltung Niemöllers und anderer Akteure in der Bekennenden Kirche zur Judenfrage. Die Ausstellung setzt sich dabei kritisch mit der Rolle der Kirche und dem Versagen der christlichen Gemeinschaft im Nationalsozialismus auseinander. Angesichts des verbreiteten Antisemitismus der Zeit und des Leidens der vielen Opfer des NS-Regimes sind es vor allem die weitsichtigen Frauen und die engagierten Helferkreise der Dahlemer Bekenntnisgemeinde, die als Beispiele mutigen Einstehens für Mitmenschen in Not und als Kontrapunkt zur rassistischen Ideologie der Nationalsozialisten aufgeführt werden. Niemöller selbst wird in seinem Wirken als Dahlemer Pfarrer klar als Kirchenkämpfer der ersten Stunde charakterisiert, der in der innerkirchlichen Auseinandersetzung und im Erwehren des politischen Einflusses auf die Sache der Kirche verhaftet war. Die Ausstellung vermittelt in ihrer differenzierten Darstellung vieler Dahlemer Biografien die Bandbreite und oftmals fließenden Grenzen christlich motivierten Handelns zwischen Kirchenkampf und Widerstand im Untergrund.

Der Niemöller der Nachkriegszeit fehlt in der neuen Ausstellung beinahe gänzlich. Und das, obwohl im Anhang zum Abschlussbericht von 2016 noch betont wird, dass sich Niemöllers Biografie für „eine ehrliche Auseinandersetzung jenseits von falscher Heldenverehrung immer wieder lohnt."[22] Aufgeführt werden seine für viele Zeitgenossen repräsentative Haltung zum Verlust der Monarchie, sein Umgang mit Fehlern und die allgemeine Anknüpfungsfähigkeit seiner Lebensstationen an eine große Bandbreite von politischen und kirchlichen Themen des 20. Jahrhunderts. Der wenig ausgeprägte direkte Bezug auf Niemöller erklärt sich aus den Zielbeschreibungen der Kirchengemeinde für die Neukonzeption. Zwei Dimensionen stechen dabei hervor:

Erstens wird die Bedeutung des historischen oder auch „authentischen" Ortes betont und in den Mittelpunkt gestellt. Hierin liegt ein wesentlicher Unterschied zur Gründungszeit des Friedenszentrums; 1980 suchte ein gesellschaftliches Thema einen passenden Ort. 2016 war es der Ort selbst – mittlerweile mehrschichtig in seiner Bedeutung und Tradition –, der den Ausgangspunkt für die Erinnerungsarbeit bildete: „Das Martin-Niemöller-Haus setzt die besonderen inhaltlichen Bezüge, die es in der Vergangenheit geprägt haben und die Impulse, die von hier ausgingen, angepasst an aktuelle Entwicklungen und zukünftige Herausforderungen fort."[23]

In diesem letzten Halbsatz steckt sogleich die zweite Dimension; die Zukunftsorientierung. Ziel ist nicht alleine eine in Selbstreferentialität gefangene Beschäftigung mit der eigenen Historie. Ganz im Sinne einer „Außenorien-

22 Abschlussbericht zur GKR-Sitzung am 31. 10. 2016. Martin-Niemöller-Haus. Erinnern – Lernen – Handeln. Anhang 1_Konzeption, 2 (Archiv der Evangelischen Kirchengemeinde Berlin-Dahlem).

23 Ebd., 3 f.

tierung des kirchlichen Engagements, [als] ein wichtiges Ziel des Reformprozesses“[24] soll eine Brücke zu heutigen Themen geschlagen werden: „Der Zusammenhang von Erinnern an den christlichen Widerstand (in seinem Gelingen und schuldhaften Scheitern) und verantwortlichem Handeln in der heutigen Gesellschaft ist zu betonen und immer wieder herauszuarbeiten […].“[25]

Die Arbeit des neu gegründeten Vereins fragt also auf Basis eines evangelischen Bildungsverständnisses stets nach Werten und Haltung und nach den Implikationen des historischen Geschehens vor Ort für die Herausforderungen der Gegenwart und der Zukunft. Der Rückbezug zu den Lehren der Dahlemer Zeit im Nationalsozialismus bildet dabei die Grundlage für die Glaubwürdigkeit des Themenspektrums, das am Martin-Niemöller-Haus Berlin-Dahlem in Veranstaltungen, pädagogischen Modulen und Diskussionsangeboten verhandelt wird.

4. Niemöller und Dahlem heute

Für die Evangelische Kirchengemeinde Berlin-Dahlem gehört die Erinnerungsarbeit wesentlich zum Selbstverständnis. Mit Blick auf die Rezeptionsgeschichte Niemöllers bedeutet dies, den Umgang mit Projektionen oder gar Konstruktionen seiner Person zu lernen und zu meistern. Die jeweils zeitgenössischen Beschreibungen Niemöllers als Symbol- oder Galionsfigur gilt es, in der Geschichtsdarstellung angemessen zu kontextualisieren, eine retrospektive Ikonisierung Niemöllers kritisch zu hinterfragen. Die Arbeit am heutigen Martin-Niemöller-Haus Berlin-Dahlem lebt derweil nicht aus der Beschäftigung mit der Person, sondern aus einer konsequenten Haltung zur eigenen Geschichte.

Wahr ist, dass die Gesinnungen der rechtsnationalistischen Kreise, in denen sich Niemöller nach dem Ersten Weltkrieg bewegte, erschrecken, seine Position zur Judenverfolgung im Nationalsozialismus und sein fehlender Einsatz für die vielen Opfer des NS-Regimes außerhalb seines Blickfeldes ernüchtern müssen und die von anderen und ihm selbst beförderten Darstellungen deutscher Geschichte gegen die fortschreitenden Forschungserkenntnisse nicht bestehen. Wahr ist auch, dass der Emanzipationsprozess Dahlems zu einem Zentrum der Bekennenden Kirche und zu einer mündigen Gemeinde im Nationalsozialismus nicht zu beschreiben ist ohne Niemöllers Einstehen gegen den Arierparagraphen in der Kirche und nicht denkbar wäre ohne seine mitreißenden Predigten und ohne seinen Status im NS-Staat als führende Persönlichkeit der kirchlichen Opposition. Niemöllers Biografie und

24 Ebd., 3.
25 Vorlage zur GKR-Sitzung am 31. 10. 2016, 4.

Wirken bleibt essentiell für den Dahlemer Kontext – sowohl für die Zeit des Nationalsozialismus als auch für die Zeit der Friedensbewegung. Die Beschäftigung mit der Vergangenheit am Martin-Niemöller-Haus richtet den Blick jedoch auf die gesellschaftliche Verantwortung für die Zukunft. Dies ist nach einer mehrfachen Widmung des Hauses durch die Kirchengemeinde heute deutlicher denn je als gesellschaftspolitische Aufgabe ersichtlich:

Einmal 1980 für ein Friedenszentrum vor dem Hintergrund der friedensbewegten Zeit; hier stand vorrangig Niemöller als Galionsfigur im Kampf gegen den Atomtod Pate, während der oppositionelle Dahlemer Pfarrer Niemöller als der Beginn eines Weges hin zu einer selbstbewussten und verantwortlichen Gemeinde beschrieben wird.

Ein zweites Mal 2007 für einen didaktischen Ort vor der Herausforderung, die Erinnerungsarbeit für eine Zeit nach der Zeitzeugenschaft zu wappnen; hier rückte Niemöller im Spiel zwischen der gefeierten Symbolfigur des „anderen Deutschlands“ und des brüchigen „Helden“ in den Fokus des Vermittlungsgedankens.

Zum dritten Mal 2016 mit dem Ziel eines zeitgemäßen Lern- und Erinnerungsortes vor Augen, der 2019 seine Arbeit aufnehmen sollte; hierbei bildeten die Selbstreferentialität der Gemeinde und die Zusammenführung der Erfahrungs- und Traditionslinien aus der NS-Zeit und der Nutzungsgeschichte des Ortes als Friedenszentrum die neuen Grundlagen der heutigen Arbeit am Haus. Niemöller tritt hier in der Beschreibung als Kirchenkämpfer auf und als solcher als Referenzpunkt in einem Spektrum von Widerständigkeit, die am Martin-Niemöller-Haus nicht mehr nur in Bezug auf die historische Dimension verhandelt wird.

Die Programmatik heute ergibt sich demnach aus einer konsequenten Haltung zur eigenen Vergangenheit heraus. Der christlich-jüdische Dialog etwa, die Arbeit mit Geflüchteten, der Einsatz für Themen der Nachhaltigkeit, die Stärkung demokratischer Werte und Partizipation in der Einwanderungsgesellschaft oder das Engagement gegen Antisemitismus, Rassismus und jede Form der gruppenbezogenen Menschenfeindlichkeit sind in Dahlem Aufgabe und Verpflichtung. „Denn christliche Nächstenliebe darf nie wieder nur die eigene Religion, Nation oder Familie meinen. Wir bekennen mit der Barmer theologischen Erklärung, dass Gottes Wort über alle menschliche Autorität gestellt ist.“[26]

---

26 Zitat aus dem Schlusskapitel der Dauerausstellung, siehe auch: Helwig, Geschehen.

Quellen- und Literaturverzeichnis

I. Unveröffentlichte Quellen

Archiv der Evangelischen Kirchengemeinde Berlin-Dahlem
Nachlass Claus-Dieter Schulze
GKR-Sitzungsprotokolle und Anhänge

II. Veröffentlichte Quellen und Darstellungen

Evangelische Kirche Berlin-Brandenburg-schlesische Oberlausitz (Hg.): Erinnerungskultur und Gedenkstättenarbeit in der EKBO. Grundlagen und Handlungsstrukturen. Berlin 2016.

Evangelische Kirchengemeinde Berlin-Dahlem (Hg.): Gemeinde in Dahlem. Nachrichten der Evangelischen Kirchengemeinde Berlin-Dahlem, Ausgabe Juni / Juli / August. Berlin 2007.

Evangelische Kirchengemeinde Berlin-Dahlem (Hg.): Martin-Niemöller-Haus Berlin-Dahlem. Erinnern – Lernen – Handeln. Berlin 2012.

Evangelische Kirchengemeinde Berlin-Dahlem (Hg.): Spiegele Dich im Licht von 1995. Erinnern – Lernen – Handeln. Ein künstlerischer Impuls. Berlin 2015.

Graff, Gerti u. a. (Hg.): Unterwegs zur mündigen Gemeinde: Die evangelische Kirche im Nationalsozialismus am Beispiel der Gemeinde Dahlem. Bilder und Texte einer Ausstellung. Mit einem Vorwort von Kurt Scharf. Stuttgart ^{1}1982/^{2}1989.

Helwig, Arno (Hg.): „… an dem Geschehen in der Welt mitverantwortlich“ Impulse für Vielfalt und Respekt im Geist der Dahlemer Bekenntnisgemeinde. Kommentierte Dokumentation zur Dauerausstellung im Martin-Niemöller-Haus Berlin-Dahlem. Berlin 2021.

Leiberg, Thomas: Der St.-Annen-Kirchhof in Berlin-Dahlem. Berlin 1995.

Schäberle-Koenigs, Gerhard: Und sie waren täglich einmütig beieinander. Der Weg der Bekennenden Gemeinde Berlin/Dahlem 1937–1943 mit Helmut Gollwitzer. Gütersloh 1998.

Schulze, Claus-Dieter: Mehr Arbeiten für den Frieden! In: Der Zehlendorfer, September 1980, 4.

III. Internetquellen

www.friedenszentrum-martin-niemoeller-haus.de/ausstellung/ [22. 10. 2021]

II. Die Entstehung des „Niemöller-Mythos“ im europäischen Protestantismus und in den USA

George Harinck

'Wij hooren ver uw woord' – we hear your word afar. Dutch Protestant reactions to Niemöller before 1945

1. Introduction

Unlike in Germany, in the Netherlands no road, viaduct, roundabout or square has been named after Martin Niemöller. There is one exception, however. In the Bijlmer district in Amsterdam, built in the 1960s, a street has been named after Niemöller. The "Martin Niemöllerstraat" is located in a neighborhood with streets named after Raoul Wallenberg, Andrej Sacharov, Patric Lumumba and others. These were no theologians or pastors, but opponents of a dictatorial regime. The city of Groningen has a neighborhood with streets named after theologians, like Karl Barth, Dietrich Bonhoeffer and Dorothee Sölle. However, no street there bears Niemöller's name. Given this street naming, in the Netherlands Niemöller is not counted among the theologians, but among members of resistance or liberation movements. It seems he is not so much remembered for his defense of the church, or for his role in the postwar peace movement, as for his opposition to totalitarianism.

Of course, this is only a first impression, based on a limited observation, but it raises the question: what did Dutch people know of Niemöller, not just in the 1960s, but in the decade he became a famous German, from 1933 till 1945? What was their first impression of him? And how was he known: as a political resistance fighter or as a defender of the church, or of Lutheranism, or of the Christian faith, or maybe in another capacity? The Netherlands is not far away from Niemöller's Germany, it is a bordering country. Niemöller was even born and raised in Westphalia, adjacent to the Dutch-German border. And in the 1920s he worked in Münster, only 60 kilometers from the Netherlands[1]. In the early 1930s Dutch broadcasting companies announced his radio speeches via radio station Langenberg at 472 M in their weekly program guides[2].

1 Provinciale Overijsselsche en Zwolsche Courant, 27. 4. 1934, reminded of Niemöller's work in the vicinity of the Netherlands.

2 See Sunday 2. 11. 1930, Langenberg 472 m. 8.25–9.20 AM "Evangelische morgenwijding". Toespraak p. Niemöller, "Von der Kraft des Glaubens". Omroepgids. Officieel orgaan van de Nederlandsche Christelijke Radio-Vereeniging, 1. 11. 1930; Sunday 19. 4. 1931, Langenberg 472 m. 8.25–9.20 AM "Evangelische morgenwijding". Toespraak p. Niemöller, "Der gute Hirte". Omroepgids NCRV, 18. April 1931; Ascension Day, 15. 5. 1931, Langenberg 472 m. 5.40–6.00 AM "Der westfälische Lebensraum". Toespraak p. Niemöller, "Ziele und Wege der evangelischen Liebesbetätigung auf westfälischen Boden". Omroepgids NCRV, 9. 5. 1931.

Interestingly, after the Second World War, Niemöller was known for his international scope: "Niemöller suchte im Ausland die große Bühne."[3] But before the war his name was not known in neighboring Netherlands until the end of 1933.

In an attempt to answer the questions raised, this article focuses on the early years of Niemöller's life. His public life can easily be divided in two parts, before and after his eight years of imprisonment (July 1937–May 1945), the "tiefe Zäsur im Leben Niemöllers"[4]. In this article we analyze the reception of Niemöller in the Netherlands before May 1945, the month the Second World War in Western Europe ended and he was released from prison. We focus on the Protestant reactions, without excluding other groups, because the overwhelming majority of Dutch reactions to Niemöller came from Protestants.

2. What was going on in Germany?

Niemöller's father Johann Heinrich was a well-known pastor in Germany, who had joined the Emperor William II on his trip to Palestine in 1898 and compiled a book to commemorate this event. In the Netherlands the "sympathetic Pfarrer" from Elberfeld was known in relation to his studies in local German church history, or to a conference where he lectured[5]. The father and his son Martin, famous from the Fall of 1933 on, were never linked in the Dutch press before 1945.

There is no evidence that Niemöller before his imprisonment in 1937 ever visited the Netherlands. For some years he had a family connection with the Netherlands though. His wife's youngest sister, Helene (Leni) Bremer (1901–1953), worked in the first half of the 1930s as a childminder for the secular Jewish family Van Lier in Utrecht.[6] She corresponded with her eldest sister Else Niemöller-Bremer (1890–1961) and with Niemöller, but there is no evidence that they ever visited Helene in the Netherlands. As far as we know, the only Dutch person Niemöller knew in person before 1945 was a young woman, Hebe Kohlbrugge. She arrived in Berlin in the Spring of 1936, 22 years of age, to study at the *Seminar für kirchlichen Frauendienst*. This *Bibelschule des Burckhardthauses* was located at Friedbergstraße 25–27 in Berlin-Dahlem. The school was part of a variety of cultural activities of the *Burckhardthaus*, and was related to the Confessing Church. Kohlbrugge did not know much about this movement within the *Deutsche Evangelische Kirche* (German Protestant Church, the name of the new *Reichskirche*) when she traveled to

3 Bauer, Auslandsgemeinden, 191.
4 Ziemann, Niemöller, 296.
5 See Beukenhorst, Indrukken, 991.
6 Van Geel, Truus van Lier, 38, 50, 308–309.

Berlin, and did not know about Martin Niemöller or his role in the Confessing Church. Soon she was introduced to this circle and got involved in its struggle for the evangelical nature of the church. With other students she heard Niemöller preach and attended his Bible readings on Tuesday evenings, got intrigued and became a regular attendee: "Niemöller read long pieces from the Old Testament and it was as if they had been written for 'today'", she wrote in her autobiography[7]. Kohlbrugge stayed a year at this school. After finishing the course, she worked for the Confessing Church in Brandenburg, until she was expelled from Germany in 1938 because of illegally distributing Niemöller's sermons, and returned to the Netherlands.

At the end of July 1937, another young Dutchman, Marinus Ruppert, traveled to Berlin-Dahlem. He was a Lutheran like Niemöller and did know his name. He was shocked by Niemöller's arrest, earlier that month. Ruppert attended a church service in his church in Berlin-Dahlem, the St. Annen-Kirche. In the crowded service the names of Niemöller and other imprisoned pastors were read aloud. Ruppert, who after the Second World War would become president of the Christian Trade Union in the Netherlands, and vice-president of the Council of State, was deeply impressed by his visit. He did not meet Niemöller of course, but became closer to his biotope than any other Dutchman before the war, except Kohlbrugge. Back in the Netherlands, Ruppert wrote a newspaper article, in which he called for loyalty to the Word of God, and prayers for the church in Germany[8]. In the years that followed, he kept asking attention for the difficult situation of the church in the Third Reich.

These were incidental connections. The absence of personal relations, encounters, and conversations of Dutchmen with Niemöller meant that he was always a figure at a certain distance, more a phenomenon than a person. The Dutch knowledge of Niemöller started with his opposition to the German Christians within the German Protestant Church, when he was in his 40s and had spent many years already in the military service, as a farmer and as a superintendent of the Inner Mission and a pastor in the church. His name is mentioned for the first time in the Dutch press in relation to what came to be called the Pastor's Emergency League (*Pfarrernotbund*) – the first use of this name was in the Protestant daily *De Standaard* of 28th November 1933. His name, together with Dietrich Bonhoeffer and others, was in a list of signers of the manifesto against the German Christians and the implementation of the Aryan paragraph of the Third Reich on the German Protestant Church[9]. The manifesto called this intrusion an assault on the Word of God and on the ecclesial offices, caused by regulations that contradict the confession of the church. This antithetical manifesto on occasion of the meeting of its national

7 Kohlbrugge, Twee, 20.
8 See de Bruijn / Werkman, tuindersknecht, 101–103.
9 See Harinck, receptie.

synod in Wittenberg on 27th September 1933 was published in full in a Dutch liberal newspaper within two weeks[10]. Other newspapers published a summary of the manifesto, a news item composed by Vaz Dias press agency in Amsterdam. Turbulent weeks followed in Germany, in which theologians of the University of Erlangen declared that the universality of the Gospel did not wipe out national differences, that a church needs to be national, that Jews as a different nation should not dominate Germany, and that the national German church should support this policy of the Third Reich. Weeks also, in which the Dutch press, without local correspondents who were acquainted with issues in church and theology, was confused about the fast pace of the events, and about what exactly happened: news that Niemöller and other pastors had been deposed or suspended had to be withdrawn or corrected a few days later. The complex situation in the Protestant Church in Germany, regionally organized, and sometimes Lutheran or Reformed, sometimes *uniert*, did not help either to get a clear overview of the situation.

3. Searching a position

It was hard for Dutch journalists to get a grasp of what actually happened, but the incidents were this intriguing that they got wide coverage. From the start of this conflict within the Protestant church in Germany, Dutch newspapers tried to make use of information collected locally. A dozen of Dutch journalists were stationed in Berlin in the 1930s, but only some of them reported on the ecclesial conflict. Instead, Dutch newspapers often relied on the British press for information on the church conflict, especially on correspondents of *The Times* and *The Daily Telegraph*, that covered the ecclesial conflict extensively and with competence. The news the Dutch newspapers brought was most of the times factual information without comments. Interviews with key actors in the conflict were rare – arranging an interview with Niemöller was difficult for foreign journalists[11] –, and only sometimes journalists gave their own assessment of the situation. While Niemöller early 1934 considered the policy of the national-socialist *Reichsbischof* Ludwig Müller to be alarming and a "total abandoning of the Gospel and therefore of the church",[12] the attitude of the Dutch newspapers towards the political and ecclesial developments in Germany after January 1933 has been qualified as "friendly and awaiting" and "cool-analytical"[13]. This attitude was not typical Dutch. The English press for

10 See Het Vaderland, 7. 10. 1933.
11 See Niemöller, Wie hij is, 36.
12 Letter by Niemöller to the leaders of the Deutsche Evangelische Kirche. Quoted in: De Amsterdammer, 17. 2. 1934.
13 van Vree, pers, 298, 303.

example was also reluctant to engage: "*The Times*, in March 1933, believed that however much foreign friends of Germany might deplore the maltreatment of some German citizens, that was primarily a matter for Germany herself."[14]

From our present-day position it seems strange to have such a factual, distanced and indirect Dutch coverage only of the dramatic events taking place in neighboring Germany. There are two reasons for this attitude. The first is that what happened in Germany from January 1933 on was unprecedented in Western Europe, where the political systems had been more or less stable for about a century, and developing gradually only. Germany was the exception, with the demise of the *Kaiserreich* and founding of a republic in 1918. This Weimar Republic experienced dramatic political and economic events, and the elections of January 1933 were a next incident in a row of dramatic twists and turns. The recent turbulent German history had learned journalists it was unpredictable what this new change might bring, and how long it would last. In these circumstances it was safer for them not to speculate or reflect on consequences or implications, for tomorrow might bring events that would undermine this. Stick to the facts, just report, was an important motto, especially in turbulent situations, and this was practiced in the British quality newspapers, and subsequently in Dutch ones.

The second reason is that what we know now as dramatic historical events with devastating consequences, were experienced in a different way by contemporaries. We may be shocked by the sympathy or understanding for the National-Socialist revolution in the Dutch press, but the Dutchmen knew about the complicated political and economic and cultural situation Germany had been in since the founding of the Republic. The Dutch attitude towards Germany was not complicated by enmity in the First World War, as was the case in Great Britain. One of the Dutch takes on the German revolution was: maybe Germany needed a radical change to overcome its problems. There was at least some understanding for the list of evils Hitler presented as a threat to Germany: the Versailles treaty, the Jews, and democracy.

And when it comes to the Protestant church, there was right-out sympathy among Protestants in the Netherlands (half of the population was Protestant, 40 % was Catholic) for the restoration of the public role of the Protestant church the National-Socialists had in mind. It was clear this church had suffered under the political neutrality towards religion in the Weimar Republic. In 1918 it had both lost its primary position within society and its financial support from the state. The Dutch Protestant journalist, H. Diemer, visited Germany three times in 1933, and wrote positively: "The National-Socialists don't want a non-religious state, they want Christian principles accepted as the foundation of society."[15] The Nazis were opposed to religious liberalism and to Judaism, and wanted a public Christian school, he wrote.

14 Robbins, Niemöller, 154.
15 Diemer, nationaal-socialisme, 110.

These pro-Christian aims were sympathetic to Diemer, and to many Dutch Protestants. They were a reason not to reject the new and radical political situation, once more because to German Protestants the *Machtergreifung* of 1933 was an uplifting "protestantisches Erlebnis"[16].

But then what about the protests by Niemöller and others? Some Dutch Protestants stressed the contrast between church and state in Nazi Germany, but most of them did not. The liberal Protestant G. Ohlemüller, secretary of the International League for the Defense and Promotion of Protestantism, warned not to focus too strong on Niemöller and not to mingle in internal German affairs when it came to the church: "One does not want to destroy the church. The time of the Communists and atheists is over. Christianity will now be brought on a higher level."[17] Others romanticized Niemöller's role in the church struggle: "Sometimes we think adventure has disappeared in our world [...] But adventure is not dead. There is a man in Germany [...] The readers understand that we mean pastor Martin Niemöller. A man of adventure in the deep sense of the word, of the big adventure God attracts us into."[18] Niemöller enjoyed sympathy. The fact that he supported the Third Reich and the Führer-Prinzip was not problematized. There was nobility in his loyalty to the state, nuanced *Woord en Geest*, he was "a typical representative of the oldest and best element in the National-Socialist movement."[19] But his adventurous autobiography *Vom U-Boot zur Kanzel* from 1934 was never translated into Dutch, and only a few academic libraries added this book or other publications by Niemöller to their collection. In the Netherlands he was not a personality in the first place, but a remarkable cog in an uncomprehensive radar system. That he stayed someone far off also had to do with the fact that Niemöller was a Lutheran, and only a small minority in the Netherlands belonged to his confessional tradition, according to the 1930 census 1,1 %. Most Dutch Protestants, from liberal to orthodox, had a Calvinistic imprint.

The Social-Democrats and Communists in Dutch society had a rather different take on the situation in Germany. Unlike the Protestants in Germany, the Communists and Social-Democrats had been deprived of their political rights, their organizations had been dissolved, they were persecuted and locked up in prisons and concentrations camps. Together with the Jews, they were a first target of the Nazi regime. Where the Jews were seen as the root of all evil that had befallen Germany, these two political groups were a major impediment for a national socialist state that had to be erased. After January 1933, the wait-and-see-attitude of the Dutch Protestants was out of the question for the

16 Gailus, Erlebnis, 483.

17 Report on the 80th annual meeting of the Evangelische Maatschappij in: Provinciale Geldersche en Nijmeegsche Courant, 9. 4. 1934.

18 Algemeen Weekblad voor Christendom en Cultuur, quoted in: Provinciale Geldersche en Nijmeegsche Courant, 18. 7. 1934.

19 Quoted in: The liberal daily Het Vaderland, 22. 7. 1934.

Social-Democrats and the Communist: their German fellow party members were persecuted and locked up in concentration camps from day one. This alert attitude towards the German revolution implied that their press took sides with any opponent of the Nazis[20]. Though some Anarcho-Communists were more critical of Niemöller, who could "live with the total exclusion of the Jews by the state, as long as he could preach the Word of God",[21] most of the Dutch press on the left counted Niemöller in as a Nazi-opponent from his first public act in November 1933 on. When Hitler in the Fall of 1934 withdrew his support for *Reichsbischof* Müller and his *Gleichschaltung* policy, the Social-Democratic newspaper *Het Volk* celebrated this as a victory for Niemöller's group, and wrote:

> "The resistance of the opposition had been directed against the aim to bring the church in a situation of more and more dependence and submission to the national-socialist party state. The value of this resistance is not diminished by the fact that among the resisters were also [...] national-socialists. They were not hard core national-socialist, for the healthy ecclesial nature was favored by them above national-socialist ideology. After all, the special importance of German Protestantism has always been, that the state should be dominated by the church, and neither the church should be dominated by the state."[22]

This view on the relation of state and church in Germany was a better expression of the vision of the social-democrats than it was of the German Protestant position. Nonetheless, Niemöller's public opposition to Hitler's policy was a reason for Dutch social-democrats to laud any opposition by him or the Confessing Church as a blow to the national-socialist state, and to welcome Niemöller *cum suis* as their ally: "They fight, they offer for their good cause, like we have to fight and struggle for our cause, which in many ways concurs with theirs."[23]

4. The freedom of the church: Reformed and Lutherans

While the Dutch press in general was covering the events in Nazi Germany more or less neutrally, the Protestant press offers a more opiniated coverage of some specific aspects of the conflict within the German sister church on the relation it should have with the National-Socialist state. As said, in general this press was positive on Niemöller and his struggle, though it was hard to get an overview. Even among theologians (most contributors to the ecclesial press

---

20 de Jong, Koninkrijk, 169.
21 Bevrijding. Orgaan v. d. Bond v. Religieuse Anarcho-Communisten 10 (maart 1938).
22 Het Volk, 2. 11. 1934.
23 De Proletarische Vrouw, 18. 12. 1935.

were pastors or professors of theology) the language barrier was a handicap sometimes. In the coverage of the famous personal confrontation between Hitler and Niemöller in January 1934, for example, the latter was confronted by Hitler with a tap of a phone call of that same morning in which he had said he would give the church leaders "the last oil" – referring to the Catholic sacrament, and meaning they would soon have to abdicate. Sympathetic to Niemöller, a weekly explained that he had been captain on a submarine, and had meant oiling the wheels, that is smoothening his relationship with church leaders[24].

As to specific aspects of the conflict, the attention varied per denomination. The press related to the *Gereformeerde Kerken in Nederland* (the neo-Calvinist denomination of the followers of Abraham Kuyper and Herman Bavinck) showed a vivid interest in the church-state conflict that was implied in the stance of the Pastor's Emergency League. But Niemöller was unknown to the Reformed, and initially their attention went to the Reformed theologian Otto Weber. He was acquainted with neo-Calvinists in the Netherlands, like professors of theology at the Vrije Universiteit in Amsterdam and the Theological School in Kampen. In September 1932 he had lectured in Lunteren, The Netherlands, at a conference of the *Calvinistische Studenten Beweging* (Calvinist Student Movement) on "Das Lebensgefühl der Zeit und wir Reformierten" (The present attitude to life and we, Reformed), and in April 1933 he had addressed the annual pastors conference of the *Gereformeerde Kerken* in Utrecht[25]. His message there was that the new spirit of the Third Reich was an invitation to the Reformed in Germany to gather, unite and confess anew, but within the *Reichskirche.* His outspoken positive attitude towards the Nazi-regime raised questions to the listeners,[26] but he was an interesting ally. For he and three others were called by Müller on 27th September 1933 to lead with him the German Protestant Church in the *Geistliche Ministerium*, the leadership of the *Reichskirche.* The neo-Calvinists were critical of the attitude of the church in the Third Reich, also of Weber's. It was hoped that he would use his influence to move the German Protestant Church in a direction that would lead to a full separation of church and state, the option these churches practiced and propagated[27].

In November 1933 Weber gave an appeasing interview to the *Niederländisches Pressebüro* in Berlin (supporter of the Hitler regime[28]) to inform the

24 See Willem F. A. Winckel in: De Heraut, 24. 3. 1933.

25 See De Nederlander, 10. 9. 1932.

26 See report on Weber's lecture and the discussion in: Verslag van de 22e algemeene vergadering van de Vereeniging van Predikanten van de Gereformeerde Kerken in Nederland, op woensdag 19. en vrijdag 20. april 1933 in het Jaarbeursgebouw te Utrecht', Gereformeerd Theologisch Tijdschrift 34, no 6 (October 1933), 264–266; Plasger, Landeskirche, 37–39, 45–47.

27 See F. e. Frederik W. Grosheide in: De Heraut, 8. 10. 1933; Willem F. A. Winckel in: Ibid., 17. 12. 1933.

28 See Stoop, Presse, 283–286.

Dutch on the church conflict. His Dutch friends didn't need to worry, he said: the four members of the *Reichsministerium* were orthodox, and they didn't want to remove the Old Testament as a Jewish book (as was proposed earlier that month by Reinhold Krause in circles of the German Christians, the so called *Sportpalastskandal*), but want to learn the church to read it as a Christian book, "to interpret the Old Testament according to the Dutch neo-Calvinist example"[29]. Weber discerned two tensions that surfaced in the present ecclesial conflict. One was between liberal and orthodox Christianity. The latter was called "positive" Christianity in Germany (the Nazi party program also used this word in article 24) and the liberal Christians were a small and non-influential group, compared to the Netherlands. The other tension was political, between the active national-socialists within the church and the other political groups. This political difference had been stressed too much by foreign bystanders, according to Weber. The first tension was more important. Most German Christians were orthodox and only a minority agreed with Krause, and he said the *Reichsministerium* would eliminate his opinion. Weber himself abandoned the movement of German Christians in November 1933. Instead of criticizing the Hitler regime, he praised it for upholding a chair for Reformed theology at Göttingen university in 1934 (Weber's chair), a desideratum among Reformed for many years. He asked the Reformed abroad (I assume he meant the Dutch in particular) to appreciate this gesture and strengthen the solidarity of the Reformed in Germany[30].

The neo-Calvinist pastor Hendrik W. van der Vaart Smit seems to have played a role in organizing the Weber interview. In 1930 he had founded the *Nederlandsch Christelijk Persbureau* (NCP, Dutch Christian Press Agency), as a sister institute of the Protestant Press Agency (*Evangelische Presse Dienst*, EPD) in Berlin, led by August H. Hinderer. In order to improve the information in the Netherlands on the church conflict, various initiatives were developed by Van der Vaart Smit, and the Weber interview was one of them. Like Weber, Van der Vaart Smit hoped for reconciliation of parties within the German Protestant Church. In his view the conflict was not a harmful confrontation between National-Socialism and the church, but more of an internal conflict on the nature of the church[31]. At first this was the case indeed,[32] but this was not the course the events would take, and neither did Weber influence the understanding of the Dutch Protestants of the German church conflict. Dik Vollenhoven, rector magnificus of the Vrije Universiteit, after being informed about Weber's membership of the NSDAP, in June 1933 withdrew Weber's invitation to lecture at the Amsterdam university[33].

29 De Standaard, 24. 11. 1933.
30 See De Waarheidsvriend, 6. 9. 1934.
31 See van der Vaart Smit, Ingezonden.
32 See Ziemann, Niemöller, 195.
33 See Harinck, probleemstelling, 9–18.

Theologian Klaas Schilder went one step further and criticized the Confessing Church, and especially Barth, for only opposing National-Socialism in the church. As Christians, they should oppose dictatorship in the state[34]. Likewise the social-democrat Willem Banning blamed Barth for despising humanism, democracy, and civil liberties[35]. In this context the opposition of Niemöller within in the church was appreciated, but also considered to be rather limited.

So, the debate among neo-Calvinists was on Weber (and to a lesser degree on Van der Vaart Smit). Niemöller was someone at a distance. He was never interviewed by a Dutch journalist. In the book by journalist Diemer on his travels to Germany, with extensive chapters on the church conflict, Niemöller was not mentioned at all. He was known in neo-Calvinist circles, but not strongly appreciated for his resistance against the national-socialist state. For to the neo-Calvinists, the dependence of the German church on the state was seen as the root of all evil. Though they were critical of the theology of Karl Barth, soon an ally of Niemöller in the church struggle, they welcomed Barth's plea for a free church. This issue was what neo-Calvinists focused on. Their weeklies, like *De Bazuin* and *De Heraut* frequently referred to articles in the *Reformierte Kirchenzeitung* a weekly that sympathized with a kuyperian free-church-position, be it in a more mitigated way – also given the fact that their friendly theologian Weber was in charge in the government.

Niemöller clearly did not aim at a separation of the German church from the state, but his stand did not receive attention in the neo-Calvinist coverage of this conflict. He did attract attention by his continuous preaching in opposition to the demands of the state, but the Reformed in Germany were the focus of neo-Calvinist attention, and the question was: what would they do? They had high hopes:

> "Rev. Niemöller and many other pastors [...] don't aim at a secession, neither did Rev. De Cock and Brummelkamp in our country [a century earlier, in 1834]. Will the course of events push them into that direction? We are not sure, but probably this will happen."[36]

The press of the orthodox (Reformed) wing of the *Nederlandse Hervormde Kerk* did not hope for a separation of church and state in Germany. This difference surfaced in the appreciation of both Reformed groups of the German church conflict. The weekly *De Waarheidsvriend* stressed that Niemöller's and his league's actions opposed modern heresies and political aspirations aiming at a limitation of the freedom of the church only. Their actions were not at all "directed against the state, or against National-Socialism or even against Hitler. Time and again the pastors of the opposition have confessed their National-Socialist conviction and declared their willing-

34 See De Reformatie, 15. 12. 1933.
35 See Tijd en Taak, 13. 5. 1939.
36 J. Itjeshorst, in: De Bazuin, 30. 3. 1934.

ness to keep away from any political action within the church."[37] As members of a church with national aspirations, these Dutch Reformed felt akin to Niemöller's position, even though he was a Lutheran (in the Netherlands Lutherans and Reformed were not united in one church, like in several cases in German lands, but strictly separated). *De Waarheidsvriend* fully justified Niemöller's aim: "within the church no other authority but her exalted head, Jesus Christ. For this reason, we as Reformed people in the Netherlands are spiritually connected with Dr. Niemöller."[38] Both groups had problems with the intrusion of the national-socialist state in the church, but while most of the *gereformeerde* neo-Calvinists hoped for a free church, the *hervormde* orthodox Reformed hoped for a national church.

It was not simple to figure out the different attitudes within the opposition in the German Protestant Church. Someone argued in the weekly *De Wekker* – the medium of a smaller orthodox denomination, the *Christelijke Gereformeerde Kerk* – that we should take for granted that opposition members like Martin Niemöller were not Reformed, but Lutheran:

> "(they) will not be changed into Reformed people under pressure. They stay what they are, they don't believe they will ever act as Reformed people, and we don't believe we can reclaim them either. They are no chameleons, they stay people of one piece, and we understand each other as members of the one holy Christian church."[39]

Dutch Christians might support the opposition movement, but what was this movement like? From the Dutch side of the border the situation of the German Protestant Church was chaotic and complex. Therefore, it was helpful that Willem Visser 't Hooft, working in Geneva for the ecumenical movement and a man with many international contacts, published an article in a Dutch liberal weekly, *De Groene Amsterdammer*, to give a clear overview of the various positions within the opposition movement. A group to which Niemöller belonged, the "aggressive wing" as Visser 't Hooft called it,

> "takes the most principal stance and expects well-being for the church only from a conscious defense of church and confession in their uniqueness. They reject any accommodation and stand critical over against the state, not as such, but against its ideology. Next to this group is another one, that also wants to defend the church against attacks on its spiritual life and structure, but that in line with the orthodox-Lutheran tradition scruples to criticize the state."[40]

The attention for Niemöller's case was not only used to reflect on church-state relations but also on religious freedom in the Netherlands. As to the position of

37 De Waarheidsvriend, 1. 2. 1934.
38 De Waarheidsvriend, 30. 1. 1936.
39 De Wekker, 6. 6. 1934.
40 Visser 't Hooft, Herleving.

the church, *De Banier* concluded that National-Socialism was as threatening as Communism. German mythology was promoted and replaced by Christianity in Alfred Rosenberg's *Der Mythus des 20. Jahrhunderts* (1930) and by other Nazis[41]. While the Roman Catholic Church banned this anti-Christian book, *De Banier* informed its readers that *Reichsbischof* Müller did not oppose this:

> "Essentially, Rosenberg and I are Germans; being German is being Germanic. He did not want to protest to what Rosenberg had said about Wodan, because he is right that the history of the German people should be reconsidered with new eyes and new understanding."[42]

The German church was *gleichgeschaltet* and Niemöller was heroic, but could not prevent this. *De Banier* used the events in Germany to warn the Netherlands. That National Socialist Movement (NSB) was a Dutch political party on the rise: in 1935 the party won almost 8 % of the votes in provincial elections. At a political rally of the NSB in Amsterdam in 1934 the question was answered what this party would do with a church that protested in the name of God's Word, when it would be in power: "The group, that does something like this, will be silenced."[43]

5. Barth and Niemöller

There was another discussion that played a role in the Dutch assessment of Niemöller, and that was the appreciation of the Reformed theologian Karl Barth and dialectical theology. After the confrontations of the Confessing Church with the National-Socialist state and the leadership of the German Protestant Church, a rift in the opposition movement surfaced. There were two points of dissension, one was Barth's rejection of natural theology, which according to him implied a rejection of article 2 of the Belgic Confession, on knowing God through nature – a confessional position that could imply the belief in a providential role for Germany. The majority of the Lutherans would accept this confession and opposed Barth's theology, that was expressed in a compressed way in the famous Barmen Declaration of May 1934[44]. The other was Barth's plea for a free church, which was also objected to by the majority of the Lutherans, as well as by most Reformed. From a Dutch point of view, Barth was way better known. He was Reformed, had visited the Netherlands several times, and publications by him were translated into Dutch. In these two issues the neo-Calvinists, the group that rejected Barth's theology, opposed his take on natural theology, but sided with Barth on the issue of the free church.

41 See Steigmann-Gall, Reich.
42 De Banier, 6. 3. 1934.
43 Ibid.; see also Friesch Dagblad, 14. 12. 1935.
44 See De Heraut, 8. 1. 1936.

Orthodox Reformed and a large segment of the middle group in the Dutch Reformed Church did not favor a free church, and the middle group sympathized with Barth, either for his rejection of natural theology, or their aversion against National-Socialism. The Dutch saw Niemöller through the lens of Barth: "A man like Rev. Niemöller, to mention the most famous [of the Confessing Church movement], is unthinkable without the influence of Barth."[45]

In Germany these differences between Barth and the majority of Lutherans resulted after 1934 in a split in the Confessing Church movement, in which the Lutheran pastor Niemöller joined the Reformed theologian Barth. They represented what Visser 't Hooft called the "aggressive wing". In May 1936 the NCP chose sides and blamed Barth and Niemöller *cum suis* for alienating the Lutherans from the Confessing Church movement. And although *De Heraut* cited W. Kolfhaus from the *Reformierte Kirchenzeitung*, who maintained that NCP's view was too simple and there were Barthians in both groups, this simple distinction prevailed in the Netherlands[46]. So *De Wekker* in 1937: "The large Lutheran churches absolutely don't want to accept the Barthian viewpoint of the Barmen Declaration, to which Niemöller sticks. There is no way these opposing groups could work together in one church."[47] And so did the Dutch National-Socialists, who in that same year maintained that the state does not combat the church. The social-democratic journal *Tijd en Taak* summarized their opinion in an ironic way:

> "No, the struggle is the result of the obstinacy of the different groups in the church, especially the pigheadedness of the group around Niemöller, who is a Barthian. And did you know: Barth is a Social-Democrat! Now you understand? The state wants peace and has intervened only on request of the church."[48]

6. After Niemöller's arrest

On July 1st, 1937 Niemöller was arrested and went on trial, with the result that he stayed imprisoned till the Spring of 1945. For the Netherlands this meant two things: the Dutch would not get any closer to Niemöller, and he would become the symbol of resistance to Hitler by the Protestant church. If the

45 Vrije Geluiden, 14. 1. 1939. This view is not out of step with historiography. According to Niemöller-biographer Benjamin Ziemann, the Lutheran Niemöller's joining Barth's Reformed position (as formulated in the Barmen Declaration of 1934) marks his 'historische Grösse und Bedeutung'. Ziemann, Niemöller, 256.

46 De Heraut, 10. 5. 1936.

47 De Wekker, 26. 2. 1937.

48 Het Nationale Dagblad, parafrased by Tijd en Taak, 3. 4. 1937. See also Gereformeerd Jongelingsblad, 18. 3. 1938, on the NSB's view on Niemöller.

previous years had not opened the eyes of the Dutch that a struggle for the Protestant nature of the church was going on in Germany, Niemöller's imprisonment did. The National-Socialist attack on the church had time and again been denied or concealed by the state, but since Niemöller's arrest it was clear what happened in the neighboring country:

> "Thus we are inclined to say now again: 'Gottlob, man braucht Gewalt'. Rev. Niemöller has been arrested. Though his verdict should have led to his release, yet he was kept imprisoned and sent to a concentration camp. [...] Now it has become clear to about all the world, that the German church struggle is a CHURCH struggle indeed. Yes, of many others who were imprisoned, one might say they were so for political reasons. That they agitated against the National-Socialist state. That they had enmity against the regime. But assuming that of this man, that is not possible!"[49]

In the Protestant press he was compared with Paul and Luther, Worms was Berlin, and his battle was that of Christianity against paganism: "From Paul and Stephan to Niemöller: one continuous row of martyrs"[50]. The news on him became more ideological than factual, partly because of lack information, and partly because of him being silenced in prison. Pastors prayed for him in church services: "Wake up, o Lord, wake up, show your power!"[51] (Psalm 74, stanza 21, rhymed version). From 1938 on Niemöller was called a martyr. This also meant that the debates about his relation to Barth, about confessional differences, about the relation of church and state disappeared. He was now the brother of all Christians and his resistance and suffering were not any longer related to any theological or ecclesial position, but was admired as a genuinely Christian expression of his imitation of Christ. Still, the *Nederlandse Hervormde Kerk* refrained from expressing solidarity within Niemöller, "for it might detoriate his position"; the Dutch Oecumenical Council had the same attitude[52].

Because of this symbolic role the need was felt now to introduce him closer to the Dutch, and to express brotherhood and compassion. Niemöller had not written pamphlets or books on the church struggle, like Barth had done. This lack was compensated in the years before the war by releasing several publications on him. Rev. J. J. Buskes, who was an ardent opponent of the Third Reich and a defender of Jews, but neglected Niemöller's national-socialist sympathies,[53] published in 1938 *Kapelaan Rossaint en dominé Niemöller. Twee processen in het Derde Rijk*, in 1939 Rev. K. H. Kroon published a translation of F. Hildebrandt's biography on Martin Niemöller as

---

49 De Reformatie, 8. 12. 1939.

50 Pniël. Weekblad voor het christelijk gezin, 2. 3. 1940. See also: van Roon, Nederland, 32.

51 F. e. De Bazuin, 18. 2. 1938; De Waarheidsvriend, 24. 2. 1938.

52 See Van Roon, Nederland, 17, 71–73, 141.

53 See Buskes, Rossaint, 19.

Martin Niemöller. Wie hij is en wat hij belijdt. That same year Rev. A. G. Barkey Wolf published his translation of the last sermons Niemöller gave: *De laatste 28 preeken. Uitgesproken in de jaren 1936 en 1937 te Berlin-Dahlem.* The sermons were received well: "It is as if we live in the days of Paul again, when he writes from his prison to his flock: 'Rejoice in the Lord always'."[54] Barkey Wolf warned readers of the sermons not to expect oratory delights. But he related him to the Protestant Reformers. People did not go to Dahlem on Sunday morning for that reason, he wrote, but because he preached "the old gospel of Luther, simple, but also positive, bold and comforting like he did."[55] Rev. M. Vreugdenhil in *De Reformatie* reminded that Niemöller's protests had had its limits, for he never rejected National-Socialism, but he was the exception to the rule in the first years of Niemöller's imprisonment[56].

Illustrative of how Niemöller's fate had captivated many in the Netherlands, is that at least four poems on him were published in 1937, 1938 and 1939, by Martien Beversluis, Inne de Jong, A. Wapenaar, and Rev. Barkey Wolf. They compensated for the lack of personal insights in Niemöller's life. Beversluis' Christian poem on Niemöller were remarkable, since he was known as a spokesman of Socialism. In August 1937 he published his poem in three parts in the literary periodical *Elckerlyc.* His poem "Aan dr. Niemöller (bij zijn gevangenneming)" [To Dr. Niemöller (at his capture)] I–III ended as follows:

Want wat is bij 't geluid van d' ijzeren stap
der wachters en der pralende krijgslieden
het woord van de gebondene en getrouwe
met zijn twee handen in het koord gevouwen:
Uw wil geschiede?

[For what is at the sound of the iron step
Of guards and shining warriors
The word of the bound and faithful one
With his two hands folded in the cord:
Thy will be done?[57]

Wapenaar was best known as a poet in Protestant literary circles and in his sonnet "Het bloed der martelaren" [the blood of the martyrs], published in a literary magazine and dedicated to Niemöller, he presented him as a man who gave his life for Christ. The first stanza reads as follows:

Gods liefste, tot de dood getrouwe kind'ren
Zijn stervende den Antichrist te sterk,

54 De Christenvrouw, 1. 9. 1939.
55 Bouwen en Bewaren, 17. 11. 1939.
56 See De Reformatie, 15. 12. 1939.
57 Elckerlyc, 8. 8. 1937.

Want hun vergoten bloed is ’t zaad der Kerk:
Wat macht ter wereld zou zijn bloei verhind’ren?[58]

[God’s beloved children, faithful unto death,
Are dying but unconquerable by the Antichrist,
For their shed blood is the seed of the church:
What power in the world could prevent its bloom?]

Wapenaar’s poem was also published in a social-democratic youth magazine and reprinted in two collections of modern Dutch religious literature[59].

In November 1939 the poem “Aan Martin Niemöller” by Barkey Wolf was republished by publisher D. A. Daamen – who also published Niemöller’s translated sermons – as a rhyme print on thick paper, illuminated with two linocuts by the artist Roeland Koning in blue, black and white. It was on sale, but the publisher sent it as a gift to subscribers of its book series. Barkey Wolf’s poem was inspired by Niemöller’s autobiography *Vom U-Boot zur Kanzel*, as is also clear from the linocuts. At the top is of the print is a ship in the surf with a cross flag in top, and at the bottom a lighthouse plagued by the waves. Though it was not a literary poem – one newspaper wrote it was not very good, but well-meant[60] – it expressed the general feeling of Niemöller as a hero of faith. In the poem Niemöller is encouraged: your faith is not limited to the walls of your prison. Then follows the metaphor of a ship at sea. This is both the church and Niemöller’s *U-Boot*. Christians listen as radio operators to pick up the signal from Niemöller, far away. He says: keep courage in the storm, never give in. Even in prison he is like a captain on the bridge of the ship. The follows the last stanza: “In this way you still reach your goal,/you fulfill the fate of your boyhood./ You are and will stay an officer,/ a commandant of God.”

Aan Martin Niemöller

Ga voort, ga voort, gij knecht van God,
Vervul uw droeven tijd.
En of uw kerker donker is,
De aarde is vrij en wijd.

Uw Credo, uw belijdenis,
Uw bidden, zacht geuit,
Wordt niet gegrendeld door een deur,
Maar breekt uw kerker uit.

---

58 Wapenaar, bloed, 132.

59 See Het Jonge Volk. Jeugd-orgaan der moderne arbeidersbeweging in Nederland 26, no 4 (7. 4. 1939); Eekhout / van Oosten (eds.), lyriek, 139; Kamphuis / a. o. (eds.), Verzeild bestek, 111.

60 De Tijd, 13. 11. 1939.

En op de zee, waar wij nog zijn,
En varen in den mist,
Speelt ieder onzer op 't moment
De rol van marconist.

Wij luisteren … luisteren … luisteren lang.
Wij hooren ver uw woord.
En als wij luisteren naar uw stem,
Gaan wij bemoedigd voort.

Gij zegt: houd moed in stormgetij!
Den steven in den wind!
De vlag in topl En in uw hart
De zekerheid- Gód wint!

Zoo zijt gij nóg een kapitein,
't Commando luidt: nooit t'rug!
De kerk van Christus is uw schip.
De celstoel is uw brug.

Zoo hebt gij toch uw doel bereikt,
Vervuld uw jongenslot:
Gij zijt en blijft een officier,
Een commandant van God.[61]

In the Fall of 1939 Rev. Barkey Wolf also lectured on Niemöller's character and his work to Protestant audiences in several places. And so did others, like Rev. J. Meester, the famous man of letters P. H. Ritter Jr., and the Protestant author and publisher Bert Bakker[62].

7. The war

Bakker's lecture tour on Niemöller and other lectures on his struggle came to an end because of the German attack on the Netherlands in May 1940. Under German occupation Niemöller and his martyrdom lost its luster. This happened of course in the National-Socialist circles, that had come into power. As early as May 1940 distrusted books in bookshops were confiscated by the Germans[63]. Two booksellers in The Hague were instructed explicitly by the head of the *Presseabteilung im Stabe des Reichskommissars* not to sell books

61 A copy of the rhyme print has not been found yet. The poem was also published in: De Heraut, 3. 12. 1939.

62 See on J. Meester: Bouwen en Bewaren, 23. 2. 1940; on P. H. Ritter: De Brug. Orgaan van en voor het personeel van het 'Apeldoornsche Bosch' en 'Paedagogium Acisomog' 3, no. 9 (1. 3. 1940); on Mrs. Vogelenzang-Van Andel: De Christenvrouw, 1. 5. 1940.

63 See Venema, Schrijvers, 21.

that were hostile towards Germany anymore, "neither French and British newspapers and journals, all emigrant literature, and the works of Heinrich Heine and Martin Niemöller"[64]. This was in line with the list of prohibited books that was issued by the German authorities on 19th May 1940; Niemöller's books were on this list. In July 1940 the Dutch NSB-leader M. M. Rost van Tonningen fulminated in a speech against "political Christianity", and warned ministers not preach against the NSB: He promised to put an end to performances in the Netherlands by "species" like Niemöller, "if needed by simple grabbing them by the throat"[65]. Soon after this speech a Niemöller-like Dutch theologian was detected by the NSB in the neo-Calvinist Schilder, professor of systemic theology at Kampen Theological School. His articles in the weekly *De Reformatie* were qualified in the NSB newspaper *Volk en Vaderland* as "unduly provocative, spiteful arrogant, and causing confusion". The article "A Dutch Niemöller" concluded as follows: "We believe to do the right thing here, to signal that prof. Schilder is applying to the role of the Dutch Niemöller, urgently and persistently."[66] In August Schilder was arrested and imprisoned for three months, and his weekly was closed down[67]. The National-Socialist press kept on stressing that Niemöller was not in prison for his faith, but for his political obstruction. This had its effect. In the liberal Dutch press the image of Niemöller changed from principled to stubborn[68].

The luster of Niemöllers martyrdom was also challenged within Protestant circles. When Schilder was praised in the press for his consistent fight against National-Socialism, Van der Vaart Smit – a NSB member – protested in October 1940: he had information from the Germans that Schilder had not been arrested because of his Christian faith, but because he was *deutschfeindlich*[69]. Half a year later, the neo-Calvinist church historian Herman H. Kuyper wrote in the orthodox-Reformed weekly *De Heraut* about him in a detached way as "the well-known pastor who is glorified as a kind of martyr for his imprisonment"[70]. After the war this clause was used to accuse Kuyper of a collaborative role during the German occupation[71]. Protestants were upset by the rumors early 1941 that Niemöller had joined the Roman-Catholic Church. Even though this transfer was denied, it affected his martyr status. Niemöller stayed a hero, but even in the anti-National-Socialist Protestant underground press Niemöller's courage was mentioned with a *caveat:* "We have admired Rev. Niemöller for the sacrifice of his faith. But if he had had the opportunity,

64 Wink, uitgeverij, 569.
65 De Volkskrant, 15. 7. 1940.
66 Volk en Vaderland, 26. 7. 1940.
67 See Harinck, Reformatie, 412 f.
68 F. e. in Algemeen Handelsblad, 30. 1. 1942.
69 See Evangelie en Volk, 15. 10. 1940.
70 De Heraut, 8. 6. 1941.
71 See Veenhof, chaos, 90.

he would have fought again for Germany, with Hitler."[72] More in general, the underground *De Vrije Pers* conclude in January 1945, that the Dutch knew about a conflict between church and state in the first years of the Third Reich, culminating in Niemöller's trial, but hardly anyone had realized that this ultimately was a conflict between Christianity and National-Socialism: this "was evident to a few only. Also in the church the measure of understanding of the real motives of the German confessing church was small."[73]

8. Conclusion

This article focused mainly on two questions: what did Dutch people know of Niemöller in the decade he became a famous German, from 1933 till 1945? And how was he known: as a resistance fighter or as a defender of the church, or maybe in another capacity? As to the first question, the conclusion is that Niemöller's name was well known, but that the finer points of the conflict he was in were hard to understand. This difficulty was caused by the complicated structure of the German Protestant Church, the fact that hardly anyone in the Calvinist Netherlands knew the Lutheran Niemöller, and that he was a local pastor in the first place, and not a theologian who presented his ideas systematically to a wider audience. Therefore, he was known as a phenomenon in the Netherlands, not as a person, and as far as the Reformed Protestants were concerned, till 1938 in the shadow of especially Karl Barth.

As to the second question: Dutch Protestants disagreed with each other on the nature of the conflict Niemöller had within the Third Reich: was it a struggle for a free church, was it opposition to National-Socialism, was it caused by his Westphalian stubbornness, or by his Christian loyalty to the gospel? From 1938 on the situation became clearer: no one bothered anymore about the exact aims of Niemöller's struggle, from his imprisonment on he was considered to be a Christian martyr. This was quite a feat, but it seems this was only possible because Niemöller's ecclesial or theological position would not harm anyone. He was connected in no way to the Dutch orbit, where confessional differences and denominational borders were extremely sensitive and guarded precisely.

A minority, mainly in National-Socialist circles, rejected Niemöller's martyrdom, and saw him as a political enemy in the Third Reich. In the Second World War this minority view prevailed, also because the Dutch press was *gleichgeschaltet* by the German authorities. The fight between the resistance movement and the Germans in the Netherlands revealed the principal nature of the conflict, more so than before the war. As a result, during the war

72 Vrij Nederland, 21. 4. 1945.

73 De Vrije Pers, 11. 1. 1945.

questions were raised about Niemöller's support of National-Socialism. According to Visser 't Hooft in 1968, so in hindsight, Niemöller was the first German after the war who was offered a welcome in the Netherlands[74]. However, after the liberation in 1945, the confusing problem of him being both a German nationalist and a confessing church member was unresolved. It was clear to both the Dutch and to Niemöller that he had earned his credits, but they were limited. His active role in Germany from the First World War on and into the Third Reich kept on being questioned now and then from 1933 on, and later there was also doubt about the attitude of the Confessing Church towards the Hitler regime and to the Jews. Niemöller would wrestle with these issues the rest of his life. Did they stay unresolved? Maybe the street naming in Groningen and Amsterdam is an indication that they did: yes, he resisted and paid a high price, but was his theological position sound?

Sources and bibliography / Quellen- und Literaturverzeichnis

I. Unpublished Sources / Unveröffentlichte Quellen und Darstellungen

newspaper article / Zeitungsartikel

Algemeen Handelsblad, 30. 1. 1942.
Bevrijding. Orgaan v. d. Bond v. Religieuse Anarcho-Communisten 10 (maart 1938).
Bouwen en Bewaren, 17. 11. 1939.
De Amsterdammer, 17. 2. 1934.
De Banier, 6. 3. 1934.
De Bazuin, 18. 2. 1938.
De Christenvrouw, 1. 5. 1940.
De Christenvrouw, 1. 9. 1939.
De Heraut, 10. 5. 1936; 3. 12. 1939; 8. 1. 1936; 8. 6. 1941.
De Nederlander, 10. 9. 1932.
De Proletarische Vrouw, 18. 12. 1935.
De Reformatie, 15. 12. 1933; 15. 12. 1939; 8. 12. 1939.
De Standaard, 24. 11. 1933.
De Tijd, 13. 11. 1939.
De Volkskrant, 15. 7. 1940.
De Vrije Pers, 11. 1. 1945.
De Waarheidsvriend, 1. 2. 1934; 24. 2. 1938; 30. 1. 1936; 6. 9. 1934.
De Wekker, 26. 2. 1937; 6. 6. 1934.
Elckerlyc. Tijdschrift voor christelijke letterkunde 1, 8. 8. 1937.
Evangelie en Volk, 15. 10. 1940.
Friesch Dagblad, 14. 12. 1935.

74 Visser 't Hooft, Leren, 83.

Gereformeerd Jongelingsblad, 18. 3. 1938.
Het Jonge Volk. Jeugd-orgaan der moderne arbeidersbeweging in Nederland 26, no 4 (7. 4. 1939).
Het Vaderland, 22. 7. 1934; 7. 10. 1933.
Het Volk, 2. 11. 1934.
Pniël. Weekblad voor het christelijk gezin, 2. 3. 1940.
Provinciale Geldersche en Nijmeegsche Courant, 18. 7. 1934.
Provinciale Overijsselsche en Zwolsche Courant, 27. 4. 1934.
Report on the 80th annual meeting of the Evangelische Maatschappij. In: Provinciale Geldersche en Nijmeegsche Courant, 9. 4. 1934.
Tijd en Taak, 13. 5. 1939; 3. 4. 1937.
Volk en Vaderland, 26. 7. 1940.
Vrij Nederland, 21. 4. 1945.
Vrije Geluiden, 14. 1. 1939.

II. Published sources / Veröffentlichte Quellen und Darstellungen

Bauer, Gisa: Deutsche evangelische Auslandsgemeinden im 20. Jahrhundert. Zwischen Nationalprotestantismus und Ökumene. Ein Tagungsbericht. In: MKiZ 13 (2019), 187–193.
Beukenhorst, Martinus J.: Indrukken van de wereld-conferentie te Barmen-Elberfeld. In: Stemmen voor Waarheid en Vrede 46 (1909), 985–998.
Buskes, Johannes Jacobus: Kapelaan Rossaint en dominé Niemöller. Twee processen in het Derde Rijk. Assen 1938.
de Bruijn, Jeanne / Werkman, Paul E.: Van tuindersknecht tot onderkoning. Biografie van Marinus Ruppert. Deel I: de jaren 1911–1947. Hilversum 2001.
de Jong, Louis: Het Koninkrijk der Nederlanden in de Tweede Wereldoorlog. Deel I Voorspel. s'-Gravenhage 1969.
Diemer, Hendrik: Het Duitsche nationaal-socialisme. De West-Europeesche democratie op de proef gesteld. Kampen 1934.
Eekhout, Jan H. / van Oosten, Abraham J. D. (eds.): Moderne Nederlandsche religieuze lyriek. Lochem 1938.
Gailus, Manfred: 1933 als protestantisches Erlebnis: emphatische Selbsttransformation und Spaltung. In: GeGe 29 (2003), 482–511.
Geel, Jessica van: Truus van Lier. Het leven van een verzetsvrouw. Amsterdam 2022.
Gereformeerde Kerken in Nederland (ed.): Verslag van de 22e algemeene vergadering van de Vereeniging van Predikanten van de Gereformeerde Kerken in Nederland, op woensdag 19 en vrijdag 20 april 1933 in het Jaarbeursgebouw te Utrecht. In: Gereformeerd Theologisch Tijdschrift 34, no 6 (1933), 264–266.
Grosheide, Frederik W. In: De Heraut, 8. 10. 1933.
Harinck, George: De Reformatie. Weekblad tot ontwikkeling van het gereformeerde leven. Baarn 1993.

–: De vroege Nederlandse receptie van het optreden en werk van Dietrich Bonhoeffer. In: George Harinck / Hans-Georg Ulrichs (eds.): Naaste verwanten / Nahe Verwandte. Het gereformeerde protestantisme in Nederland en Duitsland in de twintigste eeuw. Kenmerken, betrekkingen, verschillen, wisselwerkingen / Der reformierte Protestantismus in den Niederlanden und in Deutschland im 20. Jahrhundert. Signaturen, Beziehungen, Differenzen, Wechselwirkungen. Amersfoort 2020, 240–271.

–: "n Zuivere probleemstelling is veel waard." Hoe D. H. Th. Vollenhoven in 1933 een nazi weerde van de Vrije Universiteit. In: Idem (ed.): Het maatschappelijk engagement van christelijke filosofen. Amsterdam 2011, 9–18.

Itjeshorst, Johannes. In: De Bazuin, 30. 3. 1934.

Kamphuis, Gerrit / a. o. (eds.): Verzeild bestek. Kampen 1939.

Kohlbrugge, Hebe: Twee maal twee is vijf. Getuige in oost en west. Kampen 2002.

Meester, Jan. In: Bouwen en Bewaren, 23. 12. 1940.

Niemöller, Martin: Wie hij is en wat hij belijdt. Translated by Kleijs Hendrik Kroon. Nijkerk 1939.

Plasger, Georg: Die ev.-ref. Landeskirche Hannovers und Otto Weber von 1933 bis 1945. In: Idem (ed.): Otto Weber: Impulse und Anfragen. Beiträge des Otto-Weber-Symposiums in Emden aus Anlaß Seines Einhundertsten Geburtstages (Emdener Beiträge zum reformierten Protestantismus 6). Wuppertal 2002, 33–54.

Ritter, Pierre H. In: De Brug. Orgaan van en voor het personeel van het "Apeldoornsche Bosch". Paedagogium Acisomog 3, no. 9 (1. 3. 1940).

Robbins, Keith: Martin Niemöller, the German Church Struggle, and English Opinion. In: JEH XXI, 2 (1970) 149–170.

Steigmann-Gall, Richard: The Holy Reich: Nazi Conceptions of Christianity 1919–1945. Cambridge 2003.

Stoop, Paul: Niederländische Presse unter Druck. Deutsche Auswärtige Pressepolitik und die Niederlande 1933–1940. München / New York 1987.

van der Vaart Smit, Hendrik W.: Ingezonden. In: De Klok, 9. 11. 1934.

van Roon, Ger: Protestants Nederland en Duitsland 1933–1941. Kampen ^{2}1990.

van Vree, Frank: De Nederlandse pers en Duitsland 1930–1939. Een studie over de vorming van de publieke opinie. Groningen 1989.

Veenhof, Cornelis: In den chaos. Een woord over de huidige crisis in de Gereformeerde Kerken. Utrecht 1945.

Venema, Adriaan: Schrijvers, uitgevers en hun collaboratie 4 Uitgevers en boekhandelaren. Amsterdam 1992.

Visser 't Hooft, Willem Adolph: Herleving van den Duitschen kerkstrijd. In: De Groene Amsterdammer, 16. 3. 1935.

–: Leren leven met de oecumene. Nijkerk 1968.

Wapenaar, Arij: Het bloed der martelaren. In: Opwaartsche Wegen 16 (1938), 132.

Winckel, Willem F. A. In: De Heraut, 17. 12. 1933.

Ibid, 24. 3. 1933.

Wink, Theodorus: De uitgeverij en de boekhandel. In: Johannis J. Bolhuis / Coenraad D. Brandt: Onderdrukking en verzet 2. Arnhem / Amsterdam 1949, 569–576.

Ziemann, Benjamin: Martin Niemöller. Ein Leben in Opposition. München 2019.

Wilken Veen

Martin Niemöller und seine Rezeption in den Niederlanden nach 1945

Die Aufgabe, die Rezeption Niemöllers in den Niederlanden darzustellen, ist nicht in der herkömmlichen Weise zu lösen. Denn, wenn man von einer „Barth-Rezeption“ oder einer „Bonhoeffer-Rezeption“ spricht, geht es darum herauszuarbeiten, wie die *Theologie* Barths oder Bonhoeffers rezipiert wurde, d. h. deutlich zu machen, welchen Einfluss Barth und Bonhoeffer auf die niederländische Theologie und die niederländischen Theologen hatten. Dieser Aufgabe stellte sich Susanne Hennecke, die als Band 1 eines größeren Projekts ein Buch von mehr als vierhundert Seiten über *Karl Barth in den Niederlanden*[1] publiziert hat. Ein Buch oder ein Artikel, der in diesem Sinn die Rezeption der Theologie Niemöllers in den Niederlanden darstellen sollte, wäre wahrscheinlich nicht mehr als einige wenige Seiten lang.

Unter den zahlreichen Büchern und mehreren Festschriften, die von und über Martin Niemöller erschienen sind, befassen sich fast alle mit Reden, Briefen und Predigten. Nur ein Buch hat ein mehr oder weniger theologisches Thema, *Gedanken über den Weg der christlichen Kirche*[2], und dieses ist erst lange nach seinem Tod im Jahr 2019 erschienen. Dagegen existieren etwa sieben Biografien und eine Autobiografie. Es gibt zweifellos einige Bücher von und über Niemöller, die für diesen Beitrag nicht ausgewertet werden konnten, aber klar ist: Es ist nicht Niemöllers Theologie, sondern es waren seine Person, seine Auftritte und Vorträge, die in den Niederlanden „rezipiert“ wurden. Ein Beitrag zur Rezeption Niemöllers in den Niederlanden wird also deutlich machen müssen, wie in den Niederlanden auf Niemöllers zahlreiche Auftritte und sein publizistisches Wirken reagiert wurde und welches Bild man sich demzufolge in den Niederlanden von ihm gemacht hat und macht. Der erste Teil des Beitrags skizziert das Niemöller-Bild, wie es in den ersten Nachkriegsjahren entstanden ist, um dann in einem zweiten Teil an ausgewählten Beispielen dieses allgemeine Bild vertieft zu analysieren.

---

1 Hennecke, Barth.

2 Niemöller, Gedanken 2019.

1. Das populäre Niemöller-Bild in den Niederlanden nach 1945: der Widerstandskämpfer und „gute Deutsche"

Würde man in den Niederlanden eine Meinungsumfrage nach der Bekanntheit deutscher Persönlichkeiten durchführen, dann käme diese vermutlich zu dem Ergebnis, dass Niemöller bekannter war als zum Beispiel alle Bundespräsidenten der Bundesrepublik Deutschland. Als „bekannte Deutsche" würden Bismarck oder Hitler wohl noch häufiger genannt werden, aber Niemöller würde wohl auch heute noch zu den zehn meistgenannten Persönlichkeiten Deutschlands gehören. Einen Hinweis auf seine Bedeutung in den Niederlanden gibt z. B. die Benennung einer Straße Amsterdams nach Martin Niemöller. Umfangreiche Bücher und analytische Artikel zu Niemöller gibt es nur wenige, aber seine Persönlichkeit findet hohe Aufmerksamkeit: Die Internetrecherche über die digitale Datenbank des niederländischen Kulturerbes Delpher der „Koninklijke Bibliotheek" in den Niederlanden zeigt, dass sein Name mehr als 10.000-mal in niederländischen Zeitungen und Zeitschriften erwähnt wird. Niemöller war, besonders in den ersten Nachkriegsjahren, in den Niederlanden sehr populär.

Welchen Umständen hat er diese Popularität zu verdanken? An erster Stelle steht die Wahrnehmung, dass Niemöller in den Niederlanden als ein wichtiger Widerstandskämpfer angesehen wurde. Wer keine Details über die Biographie Niemöllers kennt, wird aber sofort die eine zentrale Tatsache nennen können: Niemöller hatte in einem Konzentrationslager gesessen. An zweiter Stelle wird man die Themen der Reden, die Niemöller in der Nachkriegszeit in den Niederlanden gehalten hatte, nennen müssen. In ihnen befasste er sich überwiegend mit Themen wie dem Kampf gegen die deutsche Wiederaufrüstung, die von ihm geforderte Neutralität (sogar Demilitarisierung) Deutschlands zwischen Ost und West, um eine deutsche Wiedervereinigung nicht endgültig blockiert zu sehen, sein Kampf gegen die Atomwaffen und sein Einsatz in der Friedensfrage. Blickt man auf die Publikationen zu Niemöller in der Tagespresse fällt nun aber auf, dass nahezu alle Artikel mit dem Satz beginnen: „Dr. Martin Niemöller, der im Ersten Weltkrieg U-Boot Kapitän war und Widerstandskämpfer gegen das Hitlerregime ...". Oft wird dann auch noch erwähnt, dass er sieben Jahre in einem Konzentrationslager gesessen hat. Erst danach ist, wenn überhaupt, vom Inhalt seines Vortrages die Rede. Er trug also ein *epitheton ornans*, das zunächst seine Glaubwürdigkeit unterstreichen und für ihn einnehmen sollte, um Zweifel an ihm zu überwinden.

Noch lange Zeit nach dem Krieg war in den Niederlanden der Ausdruck aus der Besatzungszeit verbreitet: „goed of fout", d. h. die einfache Frage, ob sich jemand in dieser Zeit „gut oder verkehrt" verhalten hatte. Man wusste, dass die Tageszeitung *De Telegraaf*, die während der Besatzung ihr Erscheinen nicht einstellte, „fout" war, die aus der Illegalität stammenden *Trouw* und die

Wahrheit hingegen galten als „goed“. In diesem einfachen Gegensatz galt Martin Niemöller natürlich als „goed“. Weniger bekannt war, dass Niemöller nicht gegen die Kriegspolitik Hitlers protestiert hatte.

Das erklärt die enorme Begeisterung, mit der man Niemöller bei seinem ersten, sehr kurzen Besuch in den Niederlanden im Jahr 1946 empfing. Er war unterwegs in die Vereinigten Staaten und machte eine Zwischenlandung auf dem Amsterdamer Flughafen Schiphol. Als das bekannt wurde, strömten Tausende dorthin und die Menschenmenge jubelte ihm, der auf die Flugzeugtreppe getreten war, wie einem Filmstar oder Sportheld zu. Das *Limburgs Dagblad* vom 4. Dezember 1946 meldete, dass das Flugzeug, mit dem er von Berlin über Frankfurt nach Amsterdam flog, wegen schlechten Wetters einige Stunden Verspätung hatte und dass Niemöller eine halbe Stunde nach der Landung schon wieder nach Amerika weiterflog. Dieser kurze Aufenthalt bot aber Niemöller offensichtlich Zeit genug, um der niederländischen Presse die zweifelhafte Einschätzung mitzuteilen, dass „die Mehrheit des deutschen Volkes heutzutage wohl von den Nazis geheilt war.“[3] Das Bild von Niemöller auf der Flugzeugtreppe wurde am nächsten Tag in fast allen Zeitungen prominent gedruckt.

Diese große Popularität Niemöllers, die er direkt nach dem Krieg in den Niederlanden hatte, war nicht der „von Wilhelm Niemöller gestrickten Niemöller-Legende“[4], wie Ziemann unterstellt, zu verdanken. Bereits Niemöllers Wirken als Pastor der Bekennenden Kirche war in den Niederlanden bekannt. Der Höhepunkt der ihm entgegengebrachten Aufmerksamkeit lag in der Zeit seiner Verhaftung und des nachfolgenden Prozesses in den Jahren 1937 und 1938. Über diesen Prozess berichtete eine kirchliche Zeitschrift am 1. März 1938 und hielt fest, dass vor Gericht „jemand, dessen Namen auf allen Lippen ist“[5], stand.

In meinen Forschungen zur Versöhnung befasste ich mich im Jahr 2004 mit der Frage, wie es nach dem Krieg wieder zu einem Niederländisch-Deutschen Gespräch kam[6]. In der Untersuchung wurden vor allem die Versuche der niederländischen und deutschen christlichen Studentenvereinigungen (NCSV und DCSV), miteinander ins Gespräch zu kommen, analysiert. Eines der Ergebnisse der Studie war, dass die Niederländer von den Deutschen das Eingeständnis der Schuld erwartet oder gar eingefordert hatten. Es war bekannt, dass Martin Niemöller genau ein solches Eingeständnis der Schuld im Stuttgarter Schuldbekenntnis und darüber hinaus immer wieder ausgesprochen hatte.

Zudem war Niemöller ab 1935 für die meisten Niederländer identisch mit der „Bekennenden Kirche“. Wer über die „Bekennende Kirche“ schrieb,

---

3 Limburgs Dagblad vom 4. 12. 1946

4 Ziemann, Niemöller, 245 und 315.

5 Gereformeerd Vredesorgaan vom 1. 3. 1938.

6 Vgl. Veen, Verzoening.

schrieb über Niemöller und umgekehrt. Jan Buskes hat verschiedentlich suggeriert, dass er der Erste war, der über Niemöller geschrieben hätte[7]. Tatsächlich aber kann Marinus Ruppert diesen Anspruch erheben. Er war Mitglied der Lutherischen Kirche in den Niederlanden und an den Entwicklungen innerhalb der Lutherischen Kirchen in Deutschland sehr interessiert. Im Jahr 1935 reiste er als junger Gewerkschaftsfunktionär nach Berlin, um Niemöller zu sprechen und darüber im Organ der Gewerkschaft zu schreiben. Ruppert wurde als Vorsitzender der (Protestantisch) Christlichen Gewerkschaft (CNV) und dann auch als Staatsminister eine einflussreiche Persönlichkeit[8]. Buskes wiederum publizierte erst im Jahr 1938 ein Buch, das sich mit Kaplan Rossaint und Pfarrer Niemöller als Vertreter des kirchlichen Widerstandes befasste[9].

Die 1938 in der Schweiz anonym publizierte Schrift *Martin Niemöller und sein Bekenntnis* wurde gleich darauf von Kleijs Kroon ins Niederländische übersetzt[10]. Auch der bekannte Theologe Kornelis Heiko Miskotte verfolgte Niemöllers Aktivitäten seit den Dreißigerjahren aufmerksam[11]. Miskotte war in diesen Jahren einer der politisch besonders aufmerksamen Theologen in den Niederlanden[12]. Als er 1939 in einer niederländischen Zeitung las, dass Niemöller in einem Konzentrationslager zu Tode gemartert werde, notierte er in seinem Tagebuch: „Das kann nicht wahr sein“. Miskotte begriff sehr gut, dass Hitler Niemöller zwar gerne aus dem Verkehr ziehen wollte, sah aber ebenso klar, dass er ihn nicht ermorden lassen konnte, weil er für die Rechten in Deutschland als Held des Ersten Weltkrieges galt.

In den ersten Jahren nach dem Krieg galt für Deutsche eine Visumpflicht, aber gegen Ende der vierziger Jahre nahmen die Kontakte mit Deutschland langsam wieder zu und vor allem kam auch der Handel mit Deutschland wieder in Gang. Man war deswegen in den Niederlanden auf der Suche nach „den guten Deutschen“. Denn, wenn nicht mehr behauptet werden konnte, alle Deutsche seien schlecht, konnte man auch wieder in Deutschland Geld verdienen! Ein solcher guter Deutscher konnte aber kein Kommunist oder Sozialist sein, da im kalten Krieg ein *roter* Held undenkbar war. Da nun die amerikanische Militäradministration in ihrer Besatzungszone die Bekennende Kirche als Widerstandsorganisation anerkannt hatte, wurde diese

---

7 Jan Buskes war Pfarrer, u. a. in Amsterdam, und im kirchlichen Widerstand aktiv.

8 Siehe: Bruijn / Werkman, tuindersknecht.

9 Vgl. Buskes, Rossaint.

10 Schweizerisches Evangelisches Hilfswerk für die Bekennende Kirche in Deutschland (Hg.): Niemöller Zürich 1938. Es ist heute bekannt, dass der Autor dieser Schrift Bonhoeffers Freund Franz Hildebrandt war. Vgl. Ziemann, Niemöller, 181; vgl. Niemöller, Wie hij is. Der Übersetzer Kleijs Kroon war Pfarrer und aktiv im kirchlichen Widerstand.

11 Kornelis Heiko Miskotte war Pfarrer, u. a. in Amsterdam, und Professor für Dogmatik in Leiden. Sein bekanntestes Werk ist Als de goden zwijgen. Over de zin van het Oude Testament, Amsterdam 1965 (dt. Wenn die Götter schweigen. Vom Sinn des Alten Testaments, 1966).

12 Vgl. seine Tagebücher aus diesen Jahren: Miskotte, Werk 5b und c.

Entscheidung übernommen[13]. Als „gut" galten nun die Anhänger der Bekennenden Kirche. Auch ich schloss mich in meinem ersten Artikel über den deutschen Kirchenkampf in der Zeitschrift der NCSV dieser Sicht weitgehend an[14]. Als „gut" erschien mir zumindest der Teil der Bekennenden Kirche, der sich auf der Linie Barmen/Dahlem bewegte. An eine Kritik an Martin Niemöller dachte man nicht. Ein erster Bruch mit dieser Sichtweise wurde durch das Erscheinen des Buches „Männerphantasien" von Klaus Theweleit im Jahr 1977 bewirkt[15]. Theweleit beschrieb in knapper Form und mit aufschlussreichen Fotos den Werdegang von sieben prominenten Freikorpsmitgliedern. Einer von ihnen war Martin Niemöller. Theweleit übernahm für seine Darstellung die im Jahr 1934 erschienene Autobiografie Niemöllers. Dadurch wurde der Blick auf eine Zeit im Leben Niemöllers gerichtet, in der er weit rechts stand. Theweleit stellte sich die Frage, wieso Niemöller nicht wie die anderen sechs Beispiele den Weg weiter in die extreme Rechte und in den Nationalsozialismus gegangen war, sondern in den Widerstand, ohne sie eindeutig zu beantworten[16].

2. Auf der Suche nach der „Wahrheit über Niemöller"

In den Neunzigerjahren des vergangenen Jahrhunderts war die die Skepsis gegenüber der Bekennenden Kirche und Niemöller schon weit verbreitet. Die Arbeiten Hans Prolingheuers zeigten ein anderes Bild der Bekennenden Kirche, das sich nach und nach bestätigte[17]. In meiner Dissertation mit dem Titel „Kollaboration und Unterwerfung" übte ich Kritik an dieser verharmlosenden Charakterisierung der Bekennenden Kirche als Widerstandsorganisation und an Niemöller[18]. In den Reaktionen auf diese Einsichten äußerte sich viel Unverständnis und Unwille gegenüber dieser notwendig gewordenen Neubewertung. Obwohl viele derjenigen, die diese Kritik als zu hart empfanden, Niemöllers frühere Sympathie für den Nationalsozialismus kannten, war die Abwehr groß. Arie Spijkerboer, Pfarrer in Amsterdam, veröffentlichte 1996 eine Biografie über Niemöller, in der er zwar Niemöllers anfängliche Sympathie für Hitler und die NSDAP schilderte, diese aber nicht angemessen bewertete und letztlich beschönigte[19].

---

13 Die bittere Konsequenz dieser falschen Einschätzung kann man u. a. nachlesen in: Klee, Persilscheine.

14 Vgl. Veen, kerkstrijd, 21–54.

15 Vgl. Theweleit, Männerphantasien.

16 Vgl. Niemöller, U-Boot.

17 Besonders eindrücklich weist auf diese Problematik hin: Prolingheuer, Kirchengeschichte; Ders., Irre.

18 Vgl. Veen, Collaboratie.

19 Vgl. Spijkerboer, rebel.

Niemöller wurde wegen seines angeblichen späteren tapferen Widerstands vergeben oder, wie ich damals ironisierend schrieb, „mit dem Mantel der Liebe bedeckt". Diese Haltung war sogar in der politischen Linken zu beobachten, die mit Niemöller aufgrund seines Antimilitarismus in den Nachkriegsjahren sympathisierte. Oft genug wurde seine anfängliche Sympathie für Hitler sogar verstärkend herangezogen, weil man den Wandel in Niemöllers Biographie meinte nutzen zu können, um seinen Heldenstatus hervorzuheben.

Als diese erste niederländische Biografie erschien – die deutsche von Dietmar Schmidt war 1965, von Buskes ins Niederländische übersetzt, veröffentlicht worden – war das Interesse für Niemöller schon nahezu erloschen[20]. Anlässlich seines hundertsten Geburtstages im Jahr 1992 erschienen noch diverse Zeitungsartikel, aber danach wurde in niederländischen Zeitungen kaum noch etwas über ihn geschrieben. Selbst die in Deutschland breit diskutierte Biographie von Benjamin Ziemann wurde nirgendwo angekündigt oder besprochen, bevor meine Rezension, vermutlich als erste, erschien[21]. Es ist unwahrscheinlich, dass das breit verankerte Bild des Widerstandskämpfers und KZ-Häftlings signifikant verändert werden wird. Zu bekannt ist auch der wohl berühmteste Ausspruch Niemöllers, der in den Niederlanden zudem mit dem wohl nicht authentischen Zusatz zur Verhaftung von Juden verbreitet ist:

> „Als die Nazis die Kommunisten holten, habe ich geschwiegen; ich war ja kein Kommunist. Als sie die Gewerkschaftler holten, habe ich geschwiegen; ich war ja kein Gewerkschaftler. Als sie die Juden holten, habe ich geschwiegen; ich war ja kein Jude. Als sie mich holten, gab es keinen mehr, der protestieren konnte."

Nach dem, was heute über Niemöller bekannt ist, hatte Niemöller nichts gegen die Verhaftung von Kommunisten einzuwenden gehabt und auch den Juden brachte er so wenig Sympathie entgegen, dass sein vermeintliches Schweigen eher auf dieser Antipathie beruht hatte. Schließlich entspricht es auch aus niederländischer Perspektive nicht der Wahrheit, dass man geschwiegen hatte, als er verhaftet wurde. Das Gegenteil ist richtig: Sehr viele Menschen sind für Niemöller eingetreten.

3. Kontroversen um Niemöller: Artikel der niederländischen Presse

Die ersten Zeitungsartikel über Niemöller nach dem Krieg erschienen gleich 1945. Anlass war eine Pressekonferenz am 5. Juni, über die die New York Times berichtete[22]. Niemöller bestätigte in diesem Interview, dass er im Jahr 1939 ein Gesuch gestellt hatte, wieder Dienst als Offizier in der Kriegsmarine zu tun.

---

20 Vgl. Schmidt, Niemöller (niederländ.), Amsterdam 1965.

21 Vgl. Veen, Ziemann.

22 Vgl. Ziemann, Niemöller, 360.

Auch die Aussage, dass er niemals politischen Widerstand geleistet, sondern nur für die Freiheit der Kirche gekämpft hätte, rief in den Niederlanden Erstaunen hervor. In der in 1945 gegründeten Wochenzeitschrift *In de Waagschaal*, die Niemöller günstig gesonnen war, reagierte ihr Redaktor Buskes im September 1945 auf diese für viele erstaunlichen Aussagen mit dem Verweis auf die Irrtümer des deutschen Luthertums:

> „Niemöller sagte, dass seine Seele Gott gehörte, sein Körper Deutschland. Der Mann, der wegen seines Kampfes gegen den Nationalsozialismus sieben Jahre in einem Konzentrationslager verbrachte, hat sich bereit erklärt, als U-Boot Kapitän für Deutschland zu kämpfen. Für die Zukunft entscheidend wird sein, ob die Bekennende Kirche und mit ihr Niemöller in der Lage sein werden, diesen Dualismus zwischen Seele und Körper, zwischen Gottesreich und Weltreich zu überwinden. Dieser Dualismus ist typisch lutherisch. Es ist für Deutschland ein Fluch geworden. Die Politik Bismarcks und des Nationalsozialismus liegen auf der Linie dieses Dualismus."[23]

Die Diskussion um diese Aussagen Niemöllers und die in ihnen zum Ausdruck kommenden Überzeugungen dauert längere Zeit an. Man führte auch beschwichtigende Erklärungen an. Im Jahr 1946 publiziert die Zeitung *De Heerenveense Koerier* eine gewundene Erklärung von Hans Gisevius, die als „unbefriedigende Rehabilitierung Niemöllers" gewertet wurde[24]. Niemöllers Anwalt hätte ihn überzeugt, sich freiwillig für den Militärdienst zu melden, da dies die einzige Möglichkeit gewesen sei, einer Hinrichtung zu entkommen[25].

Auch die Distanzierung Eleanor Roosevelts, der Witwe des amerikanischen Präsidenten, von Niemöller wurde der niederländischen Öffentlichkeit bekannt gemacht. Diese hatte, so wurde gemeldet, anlässlich seines Besuches in Amerika im Dezember 1946 einen Artikel zu Niemöller veröffentlicht, in dem sie die Anerkennung Niemöllers in der amerikanischen Öffentlichkeit in Frage stellte. In der Darstellung, die in der niederländischen Zeitung *Het Parool* am 22. Januar 1947 veröffentlicht wurde, heißt es:

> „In Anerkennung, dass Pfarrer Niemöller sich wegen der Kirchenpolitik des Naziregimes gegen dieses Regime erklärt hat, führt sie aus, dass Pfarrer Niemöller

---

23 In de Waagschaal vom 10. 9. 1945.

24 De Heerenveense Koerier vom 16. 8. 1946 schreibt: „Gisevius gibt folgende Erklärung: Die Freunde von Niemöller, die von seinen Plänen sich für das Militär zu melden gehört hatten, lehnten das ab und baten Frau Niemöller bei ihrem Besuch an ihrem Mann, ihm das mitzuteilen. Diese versprach das auch zu tun, wurde aber von Niemöllers Anwalt gewarnt, dass eine freiwillige Meldung zum Militärdienst das einzige Mittel wäre, um einer Hinrichtung zu entkommen. Frau Niemöller hätte ihrem Mann dann erzählt, seine Freunde billigten seinen Schritt. ‚Später', so fügte Gisevius hinzu, ‚hatte ich ein Gespräch mit Frau Niemöller und wir waren uns einig, dass ein ernsthafter Fehler gemacht worden war'".

25 Hans Gisevius war ein deutscher Politiker, Staatsbeamter und Widerstandskämpfer.

politisch aber mit den Nazis einverstanden war. Sie verstehe deshalb nicht, warum das amerikanische Volk auf ihn hören sollte."[26]

Die Zurückweisung Niemöllers durch Eleanor Roosevelt wurde in den niederländischen Zeitungen breit rezipiert. Es gab aber auch gegen diese Bewertung relativierende Einwände. *Der Heerenveense Koerier* bemerkt dazu, dass der Vorstand des amerikanischen Kirchenrates sie inzwischen informiert habe, dass Niemöller schon im Jahr 1933 wegen seiner Kritik an der rassistischen Politik Hitlers ein Predigtverbot bekommen hätte. Die Behauptung, Niemöller hätte schon 1933 gegen Hitlers rassistische Politik protestiert, bezieht sich vermutlich auf seine Kritik gegen die Einführung des Arierparagraphen in der Kirche. Einen Protest Niemöllers gegen die rassistische Politik jenseits der kirchlichen Grenzen wird man daraus schwerlich ableiten können. Es ist hier aber nicht der Ort, den Sachverhalt zu klären. Es geht ja vielmehr darum, die Diskussion in der niederländischen Öffentlichkeit, die sich immer wieder auf die Seite Niemöllers stellte, zu analysieren.

Eine ähnliche Dynamik entfaltete der Bericht über Niemöllers freiwillige Meldung zum Militärdienst, die die Niederländer lange beschäftigt hat. In Deutschland wunderte man sich darüber, worauf wiederum Buskes mit einem schönen Bonmot antwortete: „In Deutschland wundert man sich, wir wundern uns, dass man sich wundert."[27] Aus niederländischer Perspektive war ja mit Niemöllers Wunsch, Militärdienst zu leisten, die empörende Vorstellung verbunden, dass er möglicherweise im Krieg Niederländer getötet hätte. Im April 1947 erreichte *De Standaard*, die Zeitung der neocalvinistischen Anti-Revolutionären Partei, die auf Abraham Kuyper (1837–1920) zurückzuführen ist, dass der ehemalige Verteidigungsminister Dr. J. J. C. van Dijk, der ab 1943 mit Niemöller im KZ-Dachau inhaftiert gewesen war, sich zu einem Interview über Niemöllers KZ-Haft bereitfand[28]. Van Dijk hatte auch den seltenen von Niemöller gehaltenen KZ-Gottesdiensten beigewohnt. Van Dijk erklärte, er habe Niemöller auf dessen freiwillige Meldung zum Militärdienst angesprochen und als Antwort die Aussage erhalten: „Wenn meine Kinder ihren Militärdienst leisten müssen, kann ich doch nicht zurückbleiben." Die verbreiteten Spekulationen darüber, dass Niemöller sich gemeldet hätte, um sich dem militärischen Widerstand gegen Hitler anzuschließen, konnte Van Dijk nicht bestätigen. Van Dijk hatte vielmehr den Eindruck gewonnen und teilte dies in diesem Interview auch mit, dass Niemöller als Nationalist und weniger als Theologe gedacht habe, fügte dem aber auch hinzu: „Seine Predigten waren vollkommen biblisch!"

Der Untertitel von Spijkerboers Biografie spricht diese Ambivalenz zwischen der öffentlichen Figur und dem Prediger, die in den Niederlanden auf so viel Unverständnis stieß, ebenfalls an: „Martin Niemöller auf der Kanzel und

26 Het Parool vom 22. 1. 1947.
27 In de Waagschaal vom 10. 9. 1945.
28 Vgl. De Standaard vom 26. 4. 1947.

auf dem Podium": Der Prediger Niemöller trat anders auf als der Redner Niemöller. Liest man dessen *Dahlemer Predigten*, dann bestätigt sich das Urteil von Spijkerboer und Van Dijk. Allerdings kommt in dieser Trennung von Redner und Prediger auch der lutherische Dualismus zwischen Seele und Körper, den Buskes schon 1945 analysiert hatte, zum Ausdruck[29].

Im Sommer von 1947 erreichte die niederländische Öffentlichkeit eine dritte verstörende Episode aus dem Leben Niemöllers. Zahlreiche Zeitungen berichteten, dass der Bund der Verfolgten des Naziregimes Niemöller wegen antisemitischer Gesinnung ausgeschlossen hatte. Anlass waren antijüdische Äußerungen Niemöllers, die das deutsche Nachrichtenmagazin DER SPIEGEL (Nr. 32 vom 8. August 1947) veröffentlicht hatte. In diesem Zusammenhang wurde auch bekannt, wie sich Niemöller zum Judentum in seiner Verteidigungsrede 1938 geäußert hatte. Wieder gab es eine große Bereitschaft, Niemöllers Sicht zu hören. In *De Tijd*, damals eine römisch-katholische Tageszeitung, wird Niemöller mit seiner Einschätzung dieser Äußerungen zitiert: „Dass er sich nicht verpflichtet gefühlt hat vor einem nationalsozialistisches Gericht die Wahrheit zu sprechen."[30] Die Zeitung blieb aber gegen Niemöller skeptisch und verband diese erneute Infragestellung von Niemöllers Haltung im Nationalsozialismus mit einer grundsätzlichen Einschätzung seiner Persönlichkeit:

> „Seine Formulierungen sind wild und impulsiv und geben Anlass zu allen möglichen Missverständnissen. Er ist pathetisch und spricht in Aphorismen. Er lässt sich öfter zur Agitation verführen und vielfach hält seine leidenschaftliche Art zu reden einer sachlichen Kritik nicht stand, sodass seine Feinde, die nicht weniger zahlreich als seine Freunde sind, ihm häufig auf die Finger klopfen. Frau Roosevelt schrieb eine Reihe unfreundlicher Artikel gegen ihn. Erika Mann beschuldigte ihn noch während des Nürnberger Prozesses nationalsozialistischer Neigungen. Auch jetzt wieder liest man in der amerikanischen Presse Enthüllungen, die diese Gallionsfigur der Freiheit in ein zweifelhaftes Licht zu rücken versuchen [...] Im Protokoll der Prozessführung [aus 1938], das jetzt wieder hochgekocht wird, steht ferner zu lesen, dass Niemöller keine Sympathie für die Juden hatte und sie als Fremdlinge betrachtete: ‚Das darf man von mir, Nachfahre von einem alten westfälischen Bauern- und Theologengeschlecht, wohl annehmen'".

29 Niemöller, Dennoch getrost. Die Niederländische Übersetzung erscheint ebenfalls im Jahr 1939. Neuausgabe mit Vorwort von Thomas Mann und Nachlese von Franz Hildebrandt, Niemöller, Dahlemer Predigten 1936/1937. Das Vorwort von Thomas Mann ist übrigens im Buch das Nachwort. Das Vorwort war schon geschrieben nach dem Erscheinen der ersten Ausgabe, von der Thomas Mann schreibt, dass er diese „mit Gefühlen, für die Sympathie ein sehr schwacher Ausdruck ist, gelesen hat" (S. 188). Inzwischen gibt es eine kritische Ausgabe der Dahlemer Predigten: Niemöller, Dahlemer Predigten, Kritische Ausgabe. Hierin wird deutlich (S. 689), dass Thomas Mann das Vorwort am 29. / 30. 7. 1941 geschrieben hat nach der Lektüre der ersten Schweizer Ausgabe der Dahlemer Predigten.

30 De Tijd vom 9. 7. 1947.

Im Ergebnis kommt die niederländische Öffentlichkeit aber auch in dieser Sache wieder zu dem Ergebnis, dass Niemöller als rehabilitiert zu gelten habe.

Im August 1948 war Niemöller zu seinem ersten offiziellen Aufenthalt in den Niederlanden für zwei Wochen in Amsterdam, um an der ersten Vollversammlung des neu gegründeten Weltkirchenrates teilzunehmen. Niemöller erhielt die Möglichkeit, in einer der wenigen öffentlichen Sitzungen im Konzertsaalgebäude zu sprechen. Zudem wurde ihm eingeräumt, eine Rede im Verlauf der öffentlichen Sitzung der gleichzeitig stattfindenden Jugendkonferenz in einer großen Halle zu halten. Zu diesem letztgenannten Anlass waren sechstausend Zuhörer versammelt, die ihm einen lang anhaltenden Beifall spendeten. Niemöller zeigte sich sichtlich gerührt davon, dass er in einem Land, in dem noch immer beträchtliche „anti-deutsche" Ressentiments verbreitet waren, so geehrt wurde. In diesen vierzehn Tagen seines Aufenthaltes in den Niederlanden absolvierte Niemöller ein übervolles Programm und sprach auch außerhalb der Vollversammlung des Weltkirchenrates bei vielen Gelegenheiten. Diesem ersten intensiven Besuch in den Niederlanden sollten noch viele folgen. Er war ein regelmäßiger Gast auf den Jahrestagungen der Aktionsgemeinschaft „Kirche und Frieden" (*Kerk en Vrede*). Bei diesen Gelegenheiten wohnte er nicht selten bei deren Vorsitzenden Buskes, der ihn häufig auch als Übersetzer bei Reden und Predigten begleitete. Leider ist keiner dieser Vorträge in den vier Bänden mit „Reden" von Niemöller aufgenommen, sodass deren Inhalte nur aus Zeitungsberichten zu entnehmen sind[31]. Diese unterstreichen erneut, dass Niemöller zwischen der Kirchenkanzel und dem Rednerpodium klar unterschied. In den Kirchen hielt er vor allem missionierende, evangelisierende Predigten, auf den Podien aber sprach er über die aktuelle politische Situation.

Die politischen Reden stießen bei der niederländischen Regierung nicht immer auf Wohlwollen. Anfang der fünfziger Jahre mussten solche Vorträge ausländischer, zumindest aber deutscher Gäste noch von der Regierung genehmigt werden. Als Buskes im Mai 1952 eine Genehmigung für einen Vortrag von Niemöller in Amsterdam beantragte, erhielt er am 20. Mai vom Justizminister Mulderije eine denkwürdige und vielsagende Antwort. Dieser schrieb:

> „Anlässlich unseres Telefongespräches und Ihres Schreibens vom 13. Mai teile ich Ihnen mit, dass einem Auftritt Pfarrer Niemöllers seitens der Regierung keine Schwierigkeiten im Wege stehen. Ich bin nämlich davon überzeugt, dass Pfarrer Niemöller, der als Gast in den Niederlanden spricht, sich jeder Agitation gegen die in den Niederlanden bezüglich der Notwendigkeit der Rüstung herrschenden Überzeugungen und hinsichtlich der von der Regierung kräftig vertretenen Europäische Verteidigungsgemeinschaft enthalten wird. Persönlich gehe ich davon

31 Vgl. Niemöller, Reden 1945–1954; Ders., Reden 1955–1957; Ders., Reden 1958–1961; Ders., Welt.

aus, dass es namentlich Pfarrer Niemöllers Absicht ist, die Sache vom Evangelium her anzugehen und so viel wie möglich die politischen Aspekte außer Betracht zu lassen."[32]

Die niederländische Presse war damals noch nach den verschiedenen weltanschaulichen und religiösen so genannten „Säulen" organisiert, die für die römisch-katholische, reformierte, sozialistische und liberale Bevölkerung je eigene Parteien, Gewerkschaften, Schulen und Zeitungen unterhielten. Die Reaktionen der Öffentlichkeit auf Niemöllers Vorträge, die in den verschiedenen Zeitungen zum Ausdruck kamen, unterschieden sich entsprechend auch in Abhängigkeit von der Zugehörigkeit zu diesen „Säulen", d. h. den verschiedenen religiösen und weltanschaulichen Lagern. Alles, was er gegen die deutsche Wiederaufrüstung sagte, fand breite Zustimmung in *Die Wahrheit*, der Tageszeitung der Kommunistischen Partei der Niederlande. Die römisch-katholisch gebundenen Zeitungen *Volkskrant* und *Tijd* waren hingegen in diesen Fragen eher kritisch. Der rechts-populistische *De Telegraaf* konnte nicht verstehen, warum Niemöller nicht genau so fanatisch antikommunistisch agierte, wie er gegen den Nationalsozialismus eingestellt gewesen war. Die reformierten Zeitungen *Trouw* und *Standaard* waren zwar über Niemöllers pazifistische Auffassungen nicht begeistert, erweckten aber doch durchgehend den Eindruck, dass er „einer der unseren" sei.

Es fällt auf, dass Niemöller in den Niederlanden fast nie über den Kirchenkampf der dreißiger Jahre gesprochen hat. Allerdings liegen nicht alle Texte der Reden Niemöllers vor. Es spricht aber doch einiges dafür, dass sich Niemöller darüber im Klaren war, dass seine wirkliche Haltung in den Jahren zwischen 1933 und 1937 den Niederländern nur schwer zu vermitteln war bzw. eine ungünstige Aufnahme finden würde, und er deshalb lieber schwieg.

4. „Nach 20 Jahren sieht man vieles anders" – die Legende des Bruders und Niemöller in Gesprächen

Man liest immer wieder, dass der Bruder Wilhelm die Niemöller-Legende für ihn gestrickt hatte[33]. Mein Eindruck ist, dass Wilhelm nicht nur eine Legende gestrickt hat, sondern ein Netz, in dem Martin zeitlebens gefangen war. Jetzt musste er sein, wie er vor allem von seinem Bruder dargestellt worden war, und das führte sogar zu verzerrten Erinnerungen. So sagte er im Jahr 1947 in einem Interview in *Trouw*[34], dass er nie für einen Nationalsozialisten gebetet hatte, was in dieser Pauschalität nachweislich falsch war. Kurz vorher hatte der

32 Mulderije an Buskes vom 20. 5. 1952 (HDC Nr. 291, 52–16).
33 Vgl. Ziemann, Niemöller, 315.
34 Vgl. Trouw vom 28. 4. 1970.

Journalist Martin Ros im *Algemeen Handelsblad* auf das Buch *Mutmaßungen über Hitler* von Phillip W. Fabry verwiesen[35]. Darin waren „Urteile von Zeitgenossen" über Hitler aufgelistet worden. Ros stieß darin auf die Aussage Niemöllers, dass dieser im Jahr 1933 Hitler „treue Gefolgschaft" und „fürbittendes Gedenken" zugesagt hatte. In Interviews und öffentlichen Aussagen nach Kriegsende hatte Niemöller das verschwiegen. Nur in informellen Gesprächen konnte er über seine anfängliche Sympathie für Hitler sehr offen Auskunft geben und selbstkritisch auf seine Haltung in diesen Jahren zurückblicken. So schreibt Buskes im Buch, das anlässlich seines 75. Geburtstages im Jahr 1974 veröffentlicht wurde:

> „Als er [Niemöller] einmal wieder bei mir zu Gast war und zwischen meinen Büchern seine Autobiographie „Vom U-Boot zur Kanzel" sah, nahm er es heraus und schrieb auf die Titelseite: ‚Gedenke nicht an meine Sünden. Nach 20 Jahre sieht man vieles – alles? – anders an'."[36]

War Niemöller Widerstandskämpfer? In den Niederlanden hätte man ihn allzu gerne als einen solchen angesehen. Aber die Antwort auf diese Frage ist von der Definition für „Widerstand" abhängig. Der Kampf für die Unabhängigkeit der Kirche, für welche er sich zweifellos bis zur Selbstaufgabe eingesetzt hatte, war für sich genommen kein politischer Widerstand gegen den Nationalsozialismus, aber er hatte einem der wichtigsten politischen Ziele des Nationalsozialismus, der „Gleichschaltung" von Kirche und Gesellschaft, sehr wohl im Wege gestanden und hatte politische Wirkungen erzielt, über die sich Niemöller selbst in den Jahren von 1933 bis 1937 nicht völlig im Klaren war.

(Übersetzung Dick Boer)

Quellen- und Literaturverzeichnis

I. Unveröffentlichte Quellen

Historisch Documentatie Centrum (HDC) an der Vrije Universiteit Amsterdam
Nachlass von Johannes Jacobus Buskes (1899–1980), Collectie nummer 291, 52–16
Brief des Justizministers Hendrik Mulderije an Buskes vom 20. 5. 1952

Zeitungsartikel über Delpher.nl (Digitale Ressource der Nationalbibliothek der Niederlande)
De Heerenveense Koerier, 16. 8. 1946
De Standaard, 26. 4. 1947

---

35 Vgl. Fabry, Mutmaßungen.
36 Dwarsliggers, 136.

De Tijd, 9. 7. 1947
Gereformeerd Vredesorgaan, 1. 3. 1938
Het Parool, 22. 1. 1947
In de Waagschaal, 10. 9. 1945
Trouw, 28. 4. 1970

II. Veröffentlichte Quellen und Darstellungen

Anonym [Hildebrandt, Franz]: Martin Niemöller und sein Bekenntnis. Hg. vom Schweizerischen Evangelischen Hilfswerk für die Bekennende Kirche in Deutschland. Zürich 1938.

Buskes, Johannes Jacobus: Kapelaan Rossaint en dominee Niemöller. Twee processen in het Derde Rijk (brochure in de serie Waakzaamheid, tweede reeks, nr. 3) Assen 1938.

de Bruijn, Jan / Werkman, Paul E.: Van tuindersknecht tot onderkoning. Biografie van Martin Ruppert. Deel I: de jaren 1911–1947. Hilversum 2001.

Dwarsliggers: Nonconformisten op de levensweg van Ds. J. J. Buskes. Feestbundel voor Ds. J. J. Buskes bij zijn 75e verjaardag. Met een inleiding van Prof. Dr. H. Berkhof. Wageningen 1974.

Fabry, Philipp W.: Mutmaßungen über Hitler. Urteile von Zeitgenossen. Düsseldorf 1969.

Hennecke, Susanne: Karl Barth in den Niederlanden. Teil 1: Theologische, kulturelle und politische Rezeptionen (1919–1960). Göttingen 2014.

Klee, Ernst: Persilscheine und falsche Pässe. Wie die Kirchen den Nazis halfen. Frankfurt a. M. 1991.

Miskotte, Kornelis Heiko: Als de goden zwijgen: over de zin van het Oude Testament. Amsterdam 1956.

–: Verzameld Werk 5b Uit de dagboeken 1935–1937. Kampen 2001.

–: Verzameld Werk 5c Uit de dagboeken 1938–1940. Kampen 2018.

–: Wenn die Götter schweigen. Vom Sinn des Alten Testaments. München 1963.

Niemöller, Martin: Dahlemer Predigten, Kritische Ausgabe. Hg. von Michael Heymel im Auftrag des Zentralarchivs der Evangelischen Kirche in Hessen und Nassau. Gütersloh 2011.

–: Dahlemer Predigten 1936/1937. Mit einem Vorwort von Thomas Mann und einer Nachlese von Franz Hildebrandt. München 1981.

–: Dennoch getrost. Die letzten 28 Predigten des Pfarrers Martin Niemöller vor seiner Verhaftung gehalten in den Jahren 1936 und 1937 in Berlin-Dahlem. Hg. vom Schweizerischen Hilfswerk für die Bekennende Kirche in Deutschland. Zürich 1939.

–: Gedanken über den Weg der christlichen Kirche. Hg. von Alf Christophersen / Benjamin Ziemann. Gütersloh 2019.

–: Wie hij is en wat hij belijdt. Vertaald door Kleijs H. Kroon, Nijkerk. Callenbach 1938.

–: Reden Teil I: 1945–1954. Darmstadt 1958.

–: Reden Teil II: 1955–1957. Darmstadt 1957.

–: Reden Teil III: 1958–1961. Frankfurt a. M. 1961.

–: Reden Teil IV: Eine Welt oder keine Welt 1961–1963. Frankfurt a. M. 1964.

–: Vom U-Boot zur Kanzel. Berlin 1934.

Prolingheuer, Hans: Kleine politische Kirchengeschichte. 50 Jahre evangelischer Kirchenkampf. Köln 1984.

–: Wir sind in die Irre gegangen. Die Schuld der Kirche unterm Hakenkreuz. Köln 1987.

Schmidt, Dietmar: Martin Niemöller. Reinbek 1959.

–: Martin Niemöller. vert. uit het Duits, bew. en van een nawoord voorzien door Johannes Jacobus Buskes. Amsterdam 1965.

Spijkerboer, Arie Adrianus: Een gehoorzame rebel. Martin Niemöller op de kansel en op het podium. Kampen 1996.

Theweleit, Klaus: Männerphantasien 1: Frauen, Fluten, Körper, Geschichte. Frankfurt a. M. 1977 (Neuausgabe Berlin 2020).

Veen, Wilken: Collaboratie en Onderwerping. Het Duitse Protestantisme in 1933. Gorinchem 1991.

–: Duitse kerkstrijd, een verhaal zonder einde. In: Eltheto, tijdschrift voor godsdienst en politiek 54/55 (1976), 21–54.

–: Rez. B. Ziemann, Martin Niemöller. Ein Leben in Opposition. In: Ophef (2021), H. 1, 53–55.

–: Verzoening in de praktijk. De NCSV en de 'Duitse Quaestie'. Zoetermeer 2004.

Ziemann, Benjamin: Martin Niemöller. Ein Leben in Opposition. München 2019.

Stephen Plant

Martin Niemöller and Karl Barth: the development of a fruitful friendship

In 1967 Karl Barth wrote to Eberhard Bethge to thank him for sending a copy of his recent biography of his friend, Dietrich Bonhoeffer.[1] "I have always thought of myself" wrote Barth "as one of the pawns, not the knights or even the castles on his chessboard"[2]. In this paper, I want to explore the relationship between Martin Niemöller and Karl Barth. I want to ask, borrowing Barth's phrase whether they were pawns, knights or even castles on the other's chessboard? That Niemöller and Barth were professionally acquainted is, of course, well-known. In what follows I make two suggestions that go further:

---

1 This chapter is an amended version of the paper given on April 27th, 2021. I am grateful to the conference organisers for the invitation to give it, and for all those who contributed to discussion of its content. Thanks are also due to Dr. Peter Zocher, Archivist at the Karl Barth Archiv (KBA) in Basel, without whose assistance the paper could not have been written. The photograph used of Barth and Niemöller was taken in February 1946 by Hoffmann of Basel and is used here with the kind permission of the Karl Barth Archiv (KBA 1706.138).

2 English translations are my own unless otherwise stated in the footnotes. "Ich habe mich bis jetzt nur für einen der 'Bauern', nicht für einen 'Läufer' oder gar für einen 'Turm' auf seinem Schachbrett gehalten": Karl Barth to Eberhard Bethge, 22nd May, 1967. In: Fangmeier / Stoevesandt, Briefe 1961–1968, 403–407.

- first, that the warmth of the friendship between Barth and Niemöller was greater than has been appreciated;
- and second, that at several key turning points first in the Church struggle, and later in the reconstruction of the Protestant churches in Germany, their shared sense of what was right and wrong, and also about what should *not* matter, served to sustain both men in pursuit of key common goals.

What follows focuses mainly on what may be gleaned from their correspondence. Held in the Karl Barth Archive are 42 letters from Niemöller to Barth and 15 letters from Barth to Niemöller. The first exchange of letters between them was in November 1934, and the last in 1966: only a few of these letters have been published. Compared to Barth's correspondence with some of his other contemporaries[3] the number of letters between Barth and Niemöller is not particularly high. Perhaps the nearest point of comparison is Barth's correspondence with W.A. Visser 't Hooft, whose work in the ecumenical movement also made him a colleague of Niemöller's. Yet reading the 185 letters between Barth and Visser 't Hooft[4] alongside his unpublished correspondence with Niemöller, leads me to think that while Barth viewed Visser 't Hooft as a close and well-disposed colleague, he viewed Niemöller as a friend. For all the differences in their formative experiences and respective academic and ecclesial centres of gravity, the letters between Niemöller and Barth suggest they viewed each other as peers – there was only six years between them – exhibiting a level of mutual respect that is remarkable for men who frequently put people's backs up. In the 1930s, and in the crucial first years after the end of the war, Barth and Niemöller regarded each other as among the few whose aim and resolve among German Protestant leaders remained unfailingly true.

The first meeting between Barth and Niemöller, at the home of Barth's University of Münster colleague Georg Wehrung was in 1925. Barth's recollection of it in a radio interview towards the end of his life, suggests first impressions were not at all promising:

> "I remember it very clearly, how the door opened and how, in the corner behind the door, a slender, lanky young man – no longer completely young – stood and fixed me sternly in his gaze. My impression was that I was not regarded particularly sympathetically and, for my part, I was awed on account of his military bearing."

Barth added an acute observation concerning the influence on them of their respective backgrounds:

---

3 There are 108 letters between Barth and Rudolf Bultmann and 170 between him and Emil Brunner. But he knew them longer, and there was no interruption equivalent to the eight years of Niemöller's imprisonment. Obviously, Barth's correspondence with Charlotte von Kirschbaum and with his friend Eduard Thurneysen is more personal and biographically significant than that with Niemöller.

4 Herwig, Briefwechsel.

> "Martin Niemöller and I were certainly then - and remain - two very different creatures of God. He is a Westphalian Prussian (or a Prussian Westphalian) and I'm Swiss. And along these different lines we have travelled our whole lives."[5]

Barth's first impression of the Westphalian with military bearing was not greatly altered by their encounters in the first year of the third Reich. Following the infamous Berlin Sports Palace rally of the German Christians on November 13th, 1933, Barth met with Niemöller and other leaders in the Pastors' Emergency League (Pfarrernotbund) in Berlin-Dahlem. Barth felt that the front on which the Pfarrernotbund was fighting - which was resistance to the imposition of the policy of "Gleichschaltung" in the Protestant churches- was too narrow. For Barth, the key issues were theological not organizational. He took a dim view of the underlying German nationalism of some in the church opposition, evident in the letter of congratulation that Niemöller and others in the Pfarrernotbund had sent to Adolf Hitler congratulating him on his victory in the referendum of November 12th effecting a German withdrawal from the League of Nations. Barth was again in Berlin to take part in a briefing of the church leaders who were to meet Hitler on January 25th, 1934. Barth was in an awkward position: he wanted to stiffen the spines of the emerging Confessing Church leaders but, as a Swiss citizen, he was acutely conscious of being an outsider. A row was almost inevitable and it came when, without any attempt at diplomatic niceties, Barth dismissed the draft memorandum prepared by Karl Fezer. The following day, the meeting of Evangelical church leaders with Hitler was derailed by Hermann Göring's revelation of Niemöller's unguarded remarks about the Führer in a conversation overheard by Gestapo officers on the Dahlem Pastor's bugged telephone.

It is remarkable that from these unpromising beginnings, subsequent events during 1934 brought about a powerful alliance between Niemöller and Barth. Key to this alliance was their shared view that the Lutheran, Reformed and United Regional Churches (Landeskirchen) should present a united front that side-stepped historic confessional differences. Before the synod met at Barmen, the declaration drafted by the Reformed Barth, the Lutheran Thomas Breit (Oberkirchenrat in the Munich Landeskirchenrat), and Hans Asmussen (a Pastor from the Evangelisch-Lutherische Landeskirche Schleswig-Holsteins), had met with resistance. Hermann Sasse, who had also been nominated as a member of the theological drafting group but was prevented from taking part by illness, wrote a stinging critique, asserting the draft

5 "Ich erinnere mich sehr deutlich, wie sich die Tür öffnete und wie dann in der Ecke hinter der Türe ein schlank aufgeschossener junger - nicht mehr ganz junger - Mann stand und mich scharf fixierte, und mein Eindruck war, daß ich ihm nicht eben sympathisch war; und mir meinerseits hat er eine gewisse Furcht eingeflösst durch sein stramm militärisches Wesen. Martin Niemöller und ich waren wohl - und sind es wohl bis heute - zwei sehr verschiedene Geschöpfe Gottes: Er ein westfälischer Preuße oder ein preußischer Westfale, ich ein Schweizer." Interview with Carl Bringer and Dietmar Schmidt, February 18th, 1964, Busch, Gespräche, 7.

declaration would lead towards a united Church (which was certainly not Barth's intention). Niemöller belonged to far the largest German Landeskirche, the Old Prussian Union, whose ecclesial identity as a United Lutheran/Reformed Church made it suspicious to many in the confessionally "pure" Lutheran churches. Nevertheless, Niemöller's support for the declaration was crucial for its success.

The importance of Niemöller and his congregation to the emerging Confessing Church (Bekennende Kirche) was further signalled by the decision to hold the next Synod of the Confessing Church at Berlin-Dahlem on October 19th. In preparation, Niemöller wrote an article spelling out that "The Confessing church is nothing to do with a new or an old dogmatic, nor a Lutheran or Calvinist matter, nor to do with schism or separation [...]", it has to do, rather, with "calling Christianity back to the sources of its strength" in opposition to "a new and different gospel"[6]. It was a view perfectly synchronised with Barth's. While Barmen had provided a theological foundation for the Confessing Church, Dahlem was to provide its legal basis. One of its outcomes was the establishment of an executive Church Council, to which include Barth and Niemöller were both elected. But on November 21st and 22nd a Provisional Church Government was formed, with the Lutheran bishop of Hanover, August F. K. Marahrens, as Chair; that led council members, Barth and Niemöller, both to resign. The Provisional Church Government then effectively undid the Synodal decisions of Dahlem, and it was this that occasioned Barth's first letter to Niemöller.

In this first, unsolicited letter, which Barth believes is "possible and necessary" on account of the current crisis, he recognises that the Confessing Church had gone back to square one. Still, he writes, "it gives me joy to stand on the same side as you"[7]. In Barth's view the step taken by Marahrens amounted to a "secret secularization" of the Church. Nevertheless, though the South German and Hanoverian Lutherans had clearly won a victory, Barth had no regrets about the tough theological and tactical line he and Niemöller had taken: they have their cause from God, and are not to be measured by the success of their cause. Using a military figure of speech, not for the last time in his correspondence with Niemöller, Barth counsels that they should "avoid hasty moves and keep our powder dry."[8] Niemöller, in his prompt reply[9], told Barth that he saw in the decisions of the past week the slowing down of the real decision that must still, in the end come. A simple choice remained for the German Evangelical churches between the restoration of an old order or the renewal of the church.

---

6 25th September, 1934, see Bentley, Niemöller, 110.

7 "[...] da freute es mich, mit Ihnen auf einer Seite zu stehen [...]", 22.11.1934 (KBA_9234_0331).

8 "Lassen Sie uns unter Vermeidung aller hastigen Bewegungen unser Pulver trockenhalten", 22. 11. 34 (KBA_9234_0331).

9 See Martin Niemöller to Karl Barth 26.11.1934 (KBA 9125.356).

It would be the better part of a decade before the two men exchanged letters again. But, following Barth's departure from Germany in 1935, Niemöller was frequently in his thoughts. Of particular interest in evaluating their interrupted friendship is Barth's response to Niemöller's offer, made shortly after the invasion of Poland, to volunteer for military service. In the months running up to the outbreak of war Barth had engaged in a heated exchange of letters with Visser 't Hooft urging him to broadcast from the churches to the German people the message that Allied military action was not being taken against them, but against those who had usurped the German state. The message should also say that christianly speaking, Germans should consider themselves under no obligation to fight for the usurpers' war effort, and indeed under a positive obligation to do everything in their power to stand in its way[10]. Perhaps understandably, while conceding the need for a statement of some kind, Visser 't Hooft foresaw practical difficulties in achieving ecumenical unity in the middle of a world war[11]!

Given Barth's insistence that fighting for "the usurpers" was wrong from the perspective of the Gospel, one might have expected a stinging rebuke from him when news of Martin Niemöller's offer to volunteer for service in the German Kriegsmarine reached him. But this was not the case. Without resiling from his earlier opinion, Barth was keen to put Niemöller's offer in context. Following the publication by Germany for propaganda purposes of Niemöller's offer, his ecumenical friends were at a loss as to whether the information was accurate. George K.A. Bell, bishop of Chichester, wrote to Barth in November to ask if he had any insight to offer. Barth replied (in imperfect English) that according to the information he had, the report was true. But he went on to offer his analysis of what Niemöller had done:

> "The explanation? ... there is no explanation. There are only some considerations: Niemöller is in *solitary* confinement since nearly two years. He had rarely the opportunity to meet people ... No one knows exactly, what was happening in his mind and especially, what he thought since the war broke out. It is not impossible, that — not his spiritual but his mental strength was in a certain degree shattered ...!
>
> Do not forget:
>
> 1. Niemöller has always been and certainly remained till today a good — a too good — German... the old Adam — like the old Adam of us all — never died. ... I do not think that he did lose his brain, when he offered his Services to Hitler. I think he did simply, what his old Adam told him to do.
>
> Do not forget:
>
> 2. Niemöller is a very good — a too good — Lutheran. Lutheranism permits and

10 See Herwig, Briefwechsel, 91 f.

11 See Ibid., 92–95 for Visser 't Hooft's letter of 15.4.1939 and Barth's heated response to it on 22.4.1939.

demands to believe in the ultimate reality of this gap between an ecclesiastical and a purely political aspect and attitude.

Dear bishop, our friends of the Confessional Church are Germans ... They are, believe me, not bad, only too German, only too Lutheran. There are, also among this majority — Niemöller is a remarkable example — very excellent, very learned and very pious men. The day is coming, when their eyes will be opened."[12]

Barth's comments to bishop Bell are, of course, speculative and, being rooted in a Reformed tradition, it comes naturally to Barth to rehearse a critical view of the influence of neo-Lutheranism in Germany. But in one respect at least, Barth hit the mark: in 1945 Niemöller did indeed explain his offer of military service by saying "In war a German feels bound to join the ranks without question"[13]. But it is important to note that Barth declined to participate in the hysterical reaction to Niemöller's offer of military service elsewhere in Switzerland and in the Anglo-Saxon world.

It is a tribute to how well-connected Karl Barth was[14] that it took him just two weeks to discover that Niemöller had made his way, following his release, to the Starnberger See, to which he immediately sent a closely typed five-page letter[15]. Barth begins with a recollection of the last time he and Niemöller spoke, shortly before Niemöller's arrest. A lot has happened since then, but Niemöller has always been in his prayers. Barth writes that he has put in motion efforts to secure permission for Niemöller and his family to come to Switzerland to recuperate. It is no exaggeration, he writes, to say that there is no one more loved and respected both by Christians and by "children of the world": "You were *the* symbol *of* the resistance against Hitler". Barth acknowledges the critical reaction to Niemöller's controversial press interview with American journalists in Naples on June 5th (which occasioned the "New York Times" headline "A Hero with Limitations"), but insists that it is not mere rhetoric to say that now, and throughout, he has had complete confidence in Niemöller. Turning to the future of the Church in Germany, Barth begins to open up the key issues: "[t]he most important question is certainly this: how, and from what particular insight and power, will the German church move forward?" Whatever Niemöller has in mind for his own future, including going to America, Barth urges him that the priority *must* be to plan for Germany's future. The combination of personal concern, a focus on the future of Germany and robust unsolicited advice, sets a pattern for much of their subsequent correspondence.

---

12 Koch, Briefe 1935–1942, 202 f.

13 Cited in Bentley, Niemöller, 160.

14 Barth's excellent networks into Germany caused consternation in Switzerland, and was the main reason the Swiss authorities bugged his telephone for much of the war.

15 "Sie waren *das* Symbol *des* Widerstandes gegen Hitler... Das Wichtigste ist ja nun gewiss die Frage, wie es jetzt in der deutschen Kirche draussen aus deren eigenen Hinsichten und Kräften heraus weitergehen soll". K. Barth to M. Niemöller 9.7.1945, (KBA 9245_0185).

Niemöller's reply, on August 2nd 1945 indicates that almost at once he had been pressed into the service of church reconstruction. He writes that his brief period of leave has ended, but at least the fall of the Nazis has meant the fall of the Deutsche Christen. Poignantly, Niemöller tells Barth that after twelve years in which the church authorities, including those of the Confessing Church, have done the bidding of the ruling powers "I doubt what the meaning of the struggle of the Confessing Church could have been". The main purpose of the letter, however, was to invite Barth to take part in the conference of church leaders called by the bishop of Württemberg, Theophil D. Wurm to be held at Treysa from 28th August – September 1st. After some back-room negotiations, Niemöller had ensured that representatives of the Confessing Church national and regional Councils of Brethren (Bruderräte), would be invited, and asks Barth for his help in focusing some of the theological and ecclesiological questions for them. Candidly, Niemöller writes that:

> "We must determine if Barmen, Dahlem and Oeynhausen [the three key Synods of the Confessing Church] have a merely unbinding, 'church-political' character, or whether they remain relevant to the church's [current] responsibility in its authoritative speaking and acting. We must, further, seek a Word towards the proclamation of the church for today, and towards its new form after the end of Hitler's oppression."[16]

A handwritten note in a less formal tone makes a further invitation to Barth to join members of the Bruderrat at their preparatory meeting in Frankfurt beginning on August 20th.

The meetings in Frankfurt am Main and in Treysa were the first steps towards the formation of a post-war federal Evangelische Kirche Deutschland (EKD). Yet ultimately, Treysa disappointed Niemöller, who retained his pre-war conviction that a confessional jostling for position was detrimental to the long-term interests of the German Protestant churches and of the German people. Barth's own participation was facilitated by the Americans, who provided him with his visa, a jeep and a driver. On the evening before the Frankfurt meeting Barth and Niemöller sat and talked for several hours; the intimacy this realised is signalled by the use of the "Du" form in their subsequent correspondence.

In his lengthy report on his German travels Barth, like Niemöller, remained cautious about what this new beginning may have achieved. While there could be little question of the return of the Nazis, he believed the tendency of

16 "Ich zweifele, ob das der Sinn des Kampfes der Bekennenden Kirche gewesen sein kann. [...] Wir müssen sagen, ob die BK in Barmen, Dahlem und Oeynhausen nur kirchenpolitische Äußerungen unverbindlichen Charakters getan hat, die heute infolge der veränderten Situation hinfällig geworden sind, oder ob dort die Kirche in ihrer Vollmacht sprach und handelte. Weiter müssen wir ein Wort suchen zur Verkündigung der Kirche heute und zu ihrer Neugestaltung nach dem Fortfall der Hitler-Unterdrückung." Niemöller to Barth, 2. 8. 1945; two versions, one without the handwritten addition, are in the Karl Barth Archive (KBA 9125.360 & 9125.361).

Germans to think that all they need do was draw a line under the past twelve years was naïve. Barth, who sometimes made a lot of the fact his ancestors came from the German side of the Rhine, the longer history of German nationalism, reaching back through Otto von Bismarck to Frederick the Great, with all the allure of imperial and military ambition, also needed to be excised. But when he raised this suggestion with the Germans, it typically met with resistance. At Frankfurt, Barth enjoyed the renewed Christian fellowship of the Confessing Church, but the conference at Treysa seemed to him to be all church diplomacy, dry business, and the revival of confessionalism, especially of the renewed assertion of "pure Lutheranism". Barth also noted at Treysa a certain angst about the possibility that "Diktatur Niemöller" might end up holding the reins in his hand. In sharp contrast to those who feared Niemöller, Barth's view was that he was *the* key person in the German Church for whom a central role must be found, and his report concludes that "Niemöller was accepted as the representative of the Protestant Churches of Germany to the ecumenical instruments and to foreign Churches. I have complete confidence that this man will present the right Christian, and the right human face."[17] In his report of the conference at Treysa, Stewart W. Herman (1909–2006), at the time deputy director of the reconstruction division of the Ecumenical Council in Geneva, related that one delegate at Treysa expressed the fear that Niemöller wished to throw all former Deutsche Christen out of the ministry. Niemöller's reply was that while he did not want that, he did want every former member of the Deutsche Christen to "acknowledge his measure of responsibility for the spiritual mis-leadership of which he was a part"[18].

This event reported at Treysa already hint at the next issue on which Barth and Niemöller would collaborate: the question of a confession of guilt by the German churches. Niemöller was first to write about this issue on September 14th. Plans had been made in August for Niemöller to visit Switzerland, but the complexity of the visa application process had proved too much, and though he desperately needed to recuperate, for the time being, the visit could not take place. In his letter Niemöller expresses anxiety about the likely impact of the coming winter. But Barth now had the bit between his teeth and, passing over Niemöller's request that he might help resolve the travel issue, Barth's reply presses the need for a statement from the German Churches acknowledging their fault to the churches of the world, a statement that might also be read from German pulpits. In fact, Barth goes so far as to offer a draft for such a statement:

---

17 Barth's report of his German trip of 19. 8. 1945–4. 9. 1945 is printed in VOLLNHALS, Zusammenbruch, document 33, 112–120. There are, incidentally, several reports included in this volume concerning Frankfurt, and more so, Treysa, that shed several interesting cross-lights on how Niemöller was perceived.

18 VOLLNHALS, Zusammenbruch, document 36, 125–129. The report was sent to the American Secretary of State, an indication of Herman's complicated position as both an ecumenical office holder and an agent of the United States Government.

> "The leaders of the Evangelical Church in Germany recognise and declare that in placing political life into Adolf Hitler's hands in 1933 the German people had taken a false course.
> They recognise and declare that the present emergency, which has befallen Europe and Germany, is a consequence of this error.
> They recognise and declare that, in its false speaking and in its false silence, the Evangelical Church in Germany shares responsibility for this error."[19]

Still, it is noteworthy that when he sent the letter, Barth included with it a parcel of food and winter clothes for the Niemöller family.

Resistance to a confession within the German churches proved widespread. As Barth would say later, the churches became so concerned with the faults of the occupying powers in relation to the Germans, they lost sight of their own faults. When the ecumenist Stewart Hermann visited bishop Wurm in August the latter told him, quoting a letter from a Roman Catholic friend, that respecting the question of German guilt, what the Americans must realise is that "all of Germany had been a concentration camp"[20]. Niemöller's reply to Barth on October 5th sought to offer reassurance: after the address Barth heard him give at Treysa, he cannot possibly doubt what his view of the need for a confession of guilt was. He promises that he will let Barth know the outcome of the coming leadership meeting at Stuttgart on October 18th as soon as it is over. Niemöller, who would later acknowledge that the Stuttgart Declaration should have included an explicit mention of guilt towards Jews, nevertheless, as he put it later, spent two years doing little other than preaching about it – often to jeers from German congregations[21]. When he received a copy of the Stuttgart Declaration, Barth found it disappointingly bland and evasive.

At the end of October, 1945, Barth wrote an article on Niemöller for the "Basler Kirchenbote" that is remarkable for its open affection towards its subject. "There are people", Barth writes, "about whom one can, often enough, shake one's head, and whom one can nevertheless trust 100 % – indeed the more so, rather than less. Niemöller belongs to this category". Barth reports his intention to invite Niemöller to Basel, where "it is quite possible that he will seem to our Positivists too worldly; to our Free-Thinkers too spiritual; to our Socialists too military, and to everyone too Prussian." Niemöller is a man always in motion; he can turn through 180 degrees, and yet, "he always has a direction… it might be good to be less on the move than Niemöller; certainly

---

19 "Die vorl. Leitung der ev. Kirche in Deutschland erkennt und erklärt, dass das deutsche Volk sich auf einem Irrweg befand, als es sich 1933 politisch in die Hände von Adolf Hitler begab. Sie erkennt und erklärt, dass die Not, die seither über Europa und über Deutschland selber gekommen ist, eine Folge dieses Irrtums ist. Sie erkennt und erklärt, dass sich die ev. Kirche in Deutschland durch falsches Reden und durch falsches Schweigen an diesem Irrtum mitverantwortlich gemacht hat." Barth to Niemöller 28.9.1945 (KBA 9245.280).

20 The remark is reported by Herman in a memorandum of the meeting in VOLLNHALS, Zusammenbruch, 84.

21 See BENTLEY, Niemöller, 176 f.

that is the case. But it is also good that in God's good creation, and in the Church of Jesus Christ, there are such bold possibilities"[22].

In February and March 1946 Niemöller was finally able to make two visits to Barth in Basel. The trust that this enabled them to build was, however, soon tested. In June, Barth got wind of a position paper from the council of the EKD on denazification. The council, which now included Niemöller as its foreign representative, took the view that the programme of denazification in the churches, and in Germany generally, was being pursued by the Allies in ways that were harmful to the future of the country. The position paper shocked Barth deeply. On June 6th he sent Niemöller a clause by clause critique of it. Barth held that the church's silence while Nazi crimes were being committed should categorically *not* be confused with innocence. To Barth, denazification was a political and moral opportunity, not a threat. On June 15th Niemöller drafted a reply that more than matched Barth's candour and vigour, explaining why, with some heaviness of heart, he had agreed to support the paper. Barth, he continued, had not taken proper account of the Stuttgart Declaration as a confession of guilt. He challenged Barth's objection that the churches had no business stating a position. The process of denazification was flawed, Niemöller insisted, because the outcome of removing people from their jobs and branding them pariahs was simply to make them and their families hungry. So robust was Niemöller's reply that he waited before sending it, finally posting the original letter with a more conciliatory covering letter, written after further reflection[23]. Niemöller rejected the political concept of *collective* guilt implicit in the denazification process. It makes little sense to him to predetermine that certain categories of people were guilty and others not: how, for example, is one to determine who is guiltier, a professional soldier or an armaments worker? Moreover, to make one German a judge over another was invidious. As to whether this was a matter on which the church should offer a view, Niemöller argues that since the denazification law was being proposed by the German government in the American sector, it was perfectly proper, in a newly democratised society, for the church to express its democratic view. On receiving this reply, Barth replied that he was saddened, since every point made in his letter of June 6th was meant in fraternal earnest.

22 "Es gibt Menschen, über die man oft genug den Kopf schütteln kann und zu denen man dennoch hundertprozentiges Vertrauen hat – nicht mehr aber doch auch nicht weniger. Zu diesen Menschen gehört für mich Niemöller […] es könnte nämlich leicht sein, daß er unseren Positiven zu weltlich, unseren Freisinnigen zu geistlich, unseren Sozialisten zu militärisch und uns allen zu preußisch vorkommt […] Es hat gewiß auch sein Gutes, etwas weniger 'in Fahrt' zu sein als Niemöller. Sicherer ist es auf alle Fälle. Aber es hat wiederum sein Gutes, daß es in Gottes Schöpfung und in der Kirche Jesu Christi auch solche kühneren Möglichkeiten gibt." 'Niemöller'. Basler Kirchenbote. Für die Glieder der Evangelisch-Reformierten Kirche Basel-Stadt, Reformation Sunday (i. e., October 31st) 1945 (KBA_0460).

23 See Niemöller to Barth 15.6.1946 (KBA 9125.369); Niemöller to Barth 23 6 1946 (KBA 9125.370).

In the meantime (their letters had crossed) the Swiss professor had written to Niemöller on June 29th in connection with his disagreement with Hans Asmussen, with whom both he and Niemöller had shared much in 1934[24]. At the end of the letter Barth, who has heard of Niemöller's forthcoming trip to America, writes that he should reconsider his priorities since the situation in Germany is far more important at this moment than building relations with the American churches.

In the late 40s and 50s Niemöller continued to invite Barth's participation at a theological level in the reconstruction of the German church. But Barth now declined. He used his teaching commitments as an excuse. In any case, from around this period, Barth began to reduce his engagement with church politics to focus on writing his *Church Dogmatics*; his unhappy experience of participation in the World Council of Churches meeting in Amsterdam in 1948 also contributed to his slow withdrawal from the world of ecumenical politics. The two men continued to correspond, but as the immediate challenges of the restructuring of the German churches were resolved one way or another the content of their letters became less urgent. Still, in January 1951 Barth returned once more to the question of Niemöller's tendency, as he perceived it, to dissipate his energies. He had learned of a further trip to the United States. Using a naval metaphor Barth likened Niemöller's impending departure to the head of artillery on a battle cruiser suddenly taking shore leave on the eve of a major sea battle. He understands that for a man of Niemöller's energy, curiosity and appetite, the rich opportunities in front of him "must have a very special and alluring warmth", but he sounds the alarm, that this might lead him up a blind alley[25]. Yet for all of Barth's strengths and acuity he had a blind spot for the practical realities of Church diplomacy and politics[26]: at his better moments Barth even understood that himself, and saw in Niemöller a man who could supply his own diplomatic inadequacies[27]. Niemöller replied, with some patience, that his visit to America was precisely *for* the EKD, which was now on the verge of literal bankruptcy. The Americans had deep pockets and Niemöller was going to pick them[28].

A year later however, Barth wrote a letter, in contrast to his opposition to other overseas visits by Niemöller, that offered support to him for a recent overseas trip he had just completed. The trip in question was Niemöller's

24 On this, see Koch, Briefe 1945–1968, 76–83.

25 See Barth to Niemöller 13 1 1951 (KBA 92516).

26 A similar impression may be formed from some of Barth's exchanges with Visser 't Hooft, who had not infrequently to pour cold water on his less practicable proposals, including, in an incident already mentioned above, Visser 't Hooft's stone-walled Barth's suggestion that the ecumenical bodies in Geneva should instruct Christians in Germany not to cooperate directly or indirectly in the German war-effort, see Herwig, Briefwechsel, 93.

27 In Barth's first letter to Niemöller, cited above, he wrote „I am certainly not a born church politician", (KBA 9234.0333.1).

28 See Niemöller to Barth 19 1 1951 (KBA 9125.381).

controversial visit to Moscow at the invitation of the Patriarch of Moscow and all Rus, Alexy I. Niemöller claimed this was the first visit by a prominent western public figure since the war. What is certain is that, as cold war tensions deepened, his visit resulted in a heap of opprobrium being piled on him. Most prominent among many critics of the visit was Chancellor Konrad Adenauer, who described the visit as a stab in the back, a poorly chosen turn of phrase given its misuse in Germany after 1918. Barth understood a thing or two about public criticism for refusing to demonise the Soviet bloc[29]. But concerning the Cold War, he and Niemöller were agreed. The remilitarization of Germany was a mistake. For Germany to join NATO was an unnecessary provocation. Nuclear weapons were immoral. And so, embedded in his letter following the public criticism of Niemöller by "den fatalen Konrad", Barth writes simply that "[p]erhaps the best thing is if today I write to you that I am thinking of you"[30].

From the 1950s their paths sometimes crossed and they would enjoy the relative security into which later life had taken them. In a letter written in 1955 Barth recalls his recent meeting with Niemöller, in which the church leader let the theologian try on his official pectoral cross, "the first and last time", Barth teases, "that I shall ever wear one of those"[31]. They exchanged birthday greetings, and wrote often at the turn of the year. As anniversaries marking Barmen passed in 1954 and 1964 Barth, when asked to recall the Synod of 1934, would describe Niemöller as "the embodiment of Barmen". He was unflaggingly loyal to his friend: in 1962 Barth turned down an invitation from Dr. Albrecht Hege to speak at a conference because "where people are against Niemöller I will not be against Bultmann, for while I am that with all my heart, I am also for Niemöller with all my heart"[32]. And at the beginning of the year he sent good wishes to Niemöller, who was mourning the tragic death of his wife, Else Niemöller:

> "But you can be sure that you are before me in a very living way and that with many, many others I rejoice that you were and are still there in our tangled age, in that distinctive way that has been given you. That you are like a rocher de bronze would not be quite the right simile; rather, you are like a magnetic needle which is always moving but always points unerringly upwards and forwards. I

29 See, for example, Barth's heated exchange in 1948 with Emil Brunner following Barth's refusal to be critical of the Church in post-war Hungary for its public efforts to engage constructively with the new Socialist government, on this, see Koch, Briefe 1945–1968, 148–166.

30 "Vielleicht ist es nun sogar besser, wenn ich dir erst heute schreibe, dass ich an dich denke". Barth to Niemöller 9. 2 1952 (KBA 9252.25).

31 "... auch das goldene Kreuz, das ich bei diesem Anlass zum ersten und bestimmt letzten Mal, für Augenblick am Hals tragen durfte." Barth to Niemöller 28 1 1955 (KBA 9255.21).

32 "... wo man gegen Niemöller ist, da will ich nicht gegen Bultmann sein – obwohl ich das von ganzem Herzen bin: aber nur indem ich von ganzem Herzen für Niemöller bin!". Barth to Albrecht Hege, 3. 4. 1962. In: Fangmeier / Stoevesandt, Briefe, 53 f.; Eng. Tr. Bromiley, Letters, 41.

hope you outlive me so that I may always say how good it is that along with the many vacillating figures there is also a Martin Niemöller."[33]

Barth's final letter to Niemöller was a birthday greeting for his 75th birthday in 1966. Barth's health had been bad, and the year before he had spent 4 months in hospital. Early in the year Charlotte von Kirschbaum, his life-long partner and assistant, had been moved into residential care because of her dementia. With hindsight, but perhaps not very much, Barth's letter to Niemöller has something of a valedictory tone. Barth writes that the connection between them stemmed from the days of the Church struggle. Yet, he continues:

"Our connection does not belong there [i. e., in the days of the Church struggle], but would, in new ways be renewed, as in the days and years after the war as we tried to draw the attention of a Christendom which seemingly did not seem to understand its existence, or its *responsibility* before the *Gospel* ... I have, in you, learned to love a faithful witness of Jesus Christ, who with prophetic words and prophetic deeds stuck his neck out too far, in order to remind people what is the will of *God* and, is it not so, how to align the will of *man* bravely to it."[34]

Years earlier, in a greeting for Niemöller's 60th birthday, Barth recalled perhaps their best known exchange:

"Barth: Martin, I'm surprised that you almost always get the point despite the *little* dogmatic theology that you've done.
Niemöller: Karl, I'm surprised that you almost always get the point despite the *great deal* of dogmatic theology that you have done."[35]

At Barmen in 1934 Barth and Niemöller became colleagues; at Treysa in 1945 they became friends. Sometimes, that friendship gave them a license to speak so robustly that a weaker friendship would have wilted under its blast. At other times, from quite different starting points, they found themselves standing shoulder to shoulder against the same opposition. Both men had closer relationships; but there is little doubt in my mind that they were knights, or even castles, on the other's chessboard.

33 7. Ï1962 Bromiley, Letters, 30 f.

34 "Unsere Verbundenheit hörte nicht auf, sondern wurde in neuer Weise bekräftigt, als es in den Tagen und Jahren nach dem Krieg eine ihr Dasein wieder nicht recht zu verstehen scheinende Christenheit auf ihre *Verantwortung* gegenüber dem *Evangelium* aufmerksam zu machen galt... Ich habe in Dir einen glaubwürdigen Zeugen Jesu Christi sehen und lieben gelernt, der sich mit prophetischem Wort und prophetischer Tat weit hinausgewagt hat, die Menschen daran zu erinnern, was sie um *Gottes* willen und, nichtwahr, auch um des *Menschen* willen deutlich zu wissen und tapfer auszurichten haben". Barth to Niemöller 19. 11. 1966, KBA 926695.

35 Cited in Bentley, Niemöller, 237.

Sources and bibliography / Quellen- und Literaturverzeichnis

I. Unpublished Sources / Unveröffentlichte Quellen und Darstellungen

Karl Barth Archive, Basel

KBA 0460 Basler Kirchenbote 31. 10. 1945
KBA 1706.138 Photograph of Barth and Niemöller
KBA 9125.356 Letter Niemöller to Barth 26. 11. 1934
KBA 9125.360 Letter Niemöller to Barth 2. 8. 1945
KBA 9125.361 Letter Niemöller to Barth 2. 8. 1945
KBA 9125.369 Letter Niemöller to Barth 15. 6. 1946
KBA 9125.370 Letter Niemöller to Barth 23. 6. 1946
KBA 9125.381 Letter Niemöller to Barth 19. 1. 1951
KBA 9234.0331 Letter Niemöller to Barth 22. 11. 1934
KBA 9234.0333.1 Letter Barth to Niemöller
KBA 9245_0185 Letter Barth to Niemöller 9. 7. 1945
KBA 9245.280 Letter Barth to Niemöller 28. 9. 1945
KBA 92516 Letter Barth to Niemöller 13. 1. 1951
KBA 9252.25 Letter Barth to Niemöller 9. 2. 1952
KBA 9255.21 Letter Barth to Niemöller 28. 1. 1955
KBA 926695 Letter Barth to Niemöller 19. 11. 1966

II. Published sources / Veröffentlichte Quellen und Darstellungen

BENTLEY, James: Martin Niemöller. London 1984.
BROMLEY, Geoffrey W., Ed. / Tr.: Karl Barth Letters 1961–1968. Grand Rapids, MN 1979.
BUSCH, Eberhard (Hg.): Gespräche 1964–1968 (Karl Barth Gesamtausgabe 28). Zürich 1997.
FANGMEIER, Jürgen / STOEVESANDT, Hinrich (Hg.): Karl Barth Briefe 1961–1968 (Karl Barth Gesamtausgabe 6). Zürich, 1979.
HERWIG, Thomas (Hg.): Karl Barth – W.A. Visser 't Hooft: Briefwechsel 1930–1968 (Karl Barth Gesamtausgabe 43). Zürich 2006.
KOCH, Dieter (Hg.): Karl Barth Offene Briefe 1945–1968 (Karl Barth Gesamtausgabe 15). Zürich 1984.
–: Karl Barth Offene Briefe 1935–1942 (Karl Barth Gesamtausgabe 36). Zürich 2001.
VOLLNHALS, Clemens (Hg.): Die evangelische Kirche nach dem Zusammenbruch. Berichte ausländischer Beobachter aus dem Jahre 1945 (AKIZ A 3). Göttingen 1988.

Matthew Hockenos

Martin Niemöller's Reception in the United States

Today few Americans recognize the name Martin Niemöller. But most know well the famous postwar confession he penned in the late-1940s in response to Germans' reluctance to come to terms with their nation's Nazi past:

> First they came for the Communists, and I did not speak out – Because I was not a Communist.
> Then they came for the Socialists, and I did not speak out – Because I was not a Socialist.
> Then they came for the Jews, and I did not speak out – Because I was not a Jew.
> Then they came for me – and there was no one left to speak for me.[1]

Several states have made the Niemöller confession required reading for secondary school students; politicians and pundits from both the left and right frequently invoke it; the Holocaust Memorial Museum in Washington, D. C. and the New England Holocaust Memorial in Boston prominently display it; activists fighting racism and police brutality march with signs invoking Niemöller's words; college students adorn their dorm room walls with posters of the quotation; alt-right demonstrators appropriate the quotation to establish their own victimization; and Twitter is awash with endless variations of "the Niemöller poem."

While it has become commonplace in the past two decades to enlist Niemöller and his poem as cultural symbols for fighting oppression and standing up for the persecuted, it might come as a surprise that long before the quotation became famous in the twenty-first century, Pastor Niemöller himself was a luminary in mid-twentieth-century America. After Hitler came to power, the U. S. press covered the German Church Struggle, narrating the escapades of Germany's "fighting pastor" against the Nazification of the German Protestant Church and his defiance of Hitler. Interest in Niemöller ebbed and peaked as the dramatic events of the Church Struggle unfolded. The

1 There are several different versions of Niemöller's famous quotation, which can be attributed to three factors. First, while on lecture tours in the immediate postwar period Niemöller spoke extemporaneously and often changed the groups mentioned. Second, the persons or institutions quoting Niemöller's confession have added or deleted groups according to their own intentions. Third, Niemöller has responded inconsistently to questions about which groups are the correct groups. See Marcuse, Origin; Heymel, Niemöller, 266–270; Niemöller to Stone, 20. 1. 1975 (ZA EKHN, B. 62/532); and Niemöller to Paul, 17. 11. 1970 (ZA EKHN, B. 62/526).

high points of news coverage included the founding of the Confessing Church in 1934, Niemöller's arrest, trial, and early imprisonment from 1937 to 1945, and his miraculous survival and postwar statements on guilt, resistance, and the Allied occupation from 1945 to 1947.

An extraordinary array of American individuals and institutions engaged in public and private debates on and with Niemöller. At the highest echelons of the American government, individuals such as John Foster Dulles, Dean Acheson, and President Harry S. Truman all pronounced strong opinions on Niemöller. In the immediate postwar years and during the Cold War the U. S. State Department, U. S. Occupation Headquarters in Germany, the CIA, and the FBI all followed Niemöller's moves. In the religious sphere, Protestant theologians and churchmen including Reinhold Niebuhr, Henry Smith Leiper, Bishop Bromley Oxnam and even Billy Graham discussed Niemöller's resistance record, theological perspective, and political opinions. Elie Wiesel and Martin Luther King Jr. extoled his courage and activism. Journalists and pundits such as Dorothy Thompson, Louis Lochner, Sigrid Schultz, and William Shirer did battle with one another over whether Niemöller was the right man to provide Germany's moral and political guidance in the postwar period. And celebrities like Bing Crosby and Jane Fonda sang his praises.

He was mostly revered as the pastor who defied Hitler but some who knew about his earlier right-wing political views and anti-Semitism accused him in the immediate post war years of whitewashing his past. His detractors, including Eleanor Roosevelt and Rabbi Stephen Wise charged him with unrepentant nationalism and racism in the postwar period, citing early support for Hitler and his opposition to the U. S. denazification program in Germany. Some hawkish Cold Warriors even called him a Communist dupe for refusing to condemn the Soviet Union.

Niemöller critics, however, were outnumbered—and outmaneuvered—by his admirers. Seared into the American mindset, the image of Niemöller as "the hero of the concentration camp" remained the overriding perception into the post-'45 era[2]. Despite some rare but public statements of nationalism and anti-American vitriol, Americans continued to venerate the "prophet of peace" as he preached repentance, reconciliation, and pacifism in the postwar years. Niemöller's steady stream of criticism of U. S. foreign policy from the late1940s to the early 1980s and his left-leaning sympathies during the Cold War tarnished his reputation among Cold War hawks but most Americans remained enamored with Niemöller for fighting the powers that be with protests and prayer. The growing popularity of Niemöller's famous poetic confession after his death in 1984 cemented his reputation as the German Gandhi.

Niemöller's pre-1933 life was less well-known. His unsavory past as an ultra-nationalist who belonged to various far-right and anti-Semitic groups

2 See Miller, Hero; Stein, Hell.

and voted for the Nazis in 1933 could not be explained away as youthful exuberance—Niemöller turned 41-years-old when Hitler came to power[3]. Instead of burying or excusing his past, his American admirers embraced it, celebrating and exaggerating his extraordinary and improbable transformation story—from nationalist to internationalist, from anti-Semite to anti-racist, from militarist to pacifist. Niemöller's political and moral evolution from the 1920s to the 1980s was uneven, halting, and incomplete but it was genuine—as his four decades of postwar faith-based activism attest. Consequently, Americans celebrated his transformation story and viewed him as a progressive icon. His confession took on the stature of a battle cry for solidarity with the victims of state violence.

Niemöller's legacy in the U. S. is still evolving as the various invocations and interpretations of his famous quotation evolve. Two significant shifts have taken place in this regard. Firstly, the sheer number of people invoking the quote or coming into contact with it has increased exponentially since the "Dear Abby" advice column began citing it in the late 1970's and the United States Holocaust Memorial Museum made it a part of their permanent exhibit in the 1990s. Social media are now inundated with references to the Niemöller meme. Secondly, Niemöller's poem, which was initially put into service for progressive causes in the U. S. like defending vulnerable racial groups, is now just as likely to be refitted for use by conservatives and the far-right to express their sense of victimization at the hands of liberals, the politically correct, and the so-called deep-state. As the quotation's popularity continues to grow, it remains to be seen how this will influence Niemöller's legacy.

This essay will proceed chronologically exploring the three major phases of Niemöller's reception in the U. S.: the era of the Church Struggle from 1933 to 1945; the postwar period of left-wing activism from 1945 to his death in 1984; and a concluding section examining the posthumous impact of his famous poetic confession.

1. The Church Struggle, 1933–1945

Virtually unknown in the U. S. prior to 1933, Martin Niemöller became the face of the German resistance to Nazism for many Americans in the 1930s. After Hitler came to power in January 1933 Niemöller quickly became disillusioned with Hitler's church policy, which entailed support for the völkisch German Christian movement and frequent intrusions in the affairs of the church. As word spread in the U. S. print media and American church circles of Niemöller's defiance and his leadership of the oppositional Confessing Church, his stature reached dizzying heights.

Between 1933 and 1945 the *New York Times* reported on Niemöller's

3 See ZIEMANN, Niemöller, 108–112, 119 f., 124 f., 136 f., 171–179.

opposition in over 375 articles[4]. Comparatively, other leaders of the Protestant opposition received scant attention: Karl Barth and Otto Dibelius each garnered approximately 30 articles. Dietrich Bonhoeffer was not mentioned once in the *New York Times* between 1933 and 1945. The combined *New York Times* coverage of the four leaders of the German Catholic opposition—Cardinal Michael von Faulhaber, Bishop Konrad von Preysing, Bishop August von Galen, and Archbishop Josef Frings—amounted to barely half the attention Niemöller got. Measured by decade, *New York Times* coverage of Niemöller showed a striking decrease each successive decade from the 1930s to the 1980s. Although their coverage of Niemöller was far less, the *Chicago Tribune*, the *Boston Globe*, and the *Washington Post* displayed similar downward trajectories over the decades. That the 1930s was the decade when he received the most media coverage, goes some way in explaining why he's remembered as the pastor who defied Hitler.

Although the U. S. media—secular and religious—often fanned the flames of Niemöller-mania in many subtle and not so subtle ways, the reporting became more accurate over time. A case in point is the press and commentary around Niemöller's opposition to anti-Semitism. Under dramatic headlines from 1933 declaring "Hitlerites Fire Nazi Pastor for Defending Jews," and "Church Ousts Berlin Pastor For Fighting Anti-Semitism," Americans followed the dramatic events of the founding of the oppositional Young Reformation Movement and the Pastors' Emergency League (PEL) under Niemöller's leadership[5]. A casual reader of these headlines could easily conclude that Niemöller was anti-Nazi and an opponent of anti-Semitism—mistaking his opposition to the German Christians and Hitler's church policy as resistance to Nazism and Hitler's racial policies. The *Boston Globe* reported confusingly that the church opposition "have gone on record as regarding the church's anti-Semitism as incompatible with the teachings of Jesus Christ."[6] In fact, the Niemöller-led opposition limited their dissent to fighting racial discrimination directed against Christians of Jewish descent who held positions in the church—not prejudice against Jews themselves. Over time the reporting became clearer in explaining this. But these subtleties may have been lost on many Americans who believed simply that Niemöller was an all-out opponent of Nazism and everything it stood for.

Some Jewish and Protestant periodicals sought to set the record straight by reporting on the failure of German Protestants to take a stand against anti-Semitism. In early February, rabbis across the U. S. condemned Hitler's appointment and the outpouring of anti-Jewish persecution. They pledged their support for their German brethren and repeatedly called upon American

4 These results come from searching the ProQuest Historical Newspaper digital archive.
5 Hitlerites, Chicago Daily Tribune (12. 11. 1933), 17; Church Ousts, New York Times (12. 11. 1933), 10.
6 Young Clergymen, Daily Boston Globe (28. 11. 1933), 8.

political and religious leaders to denounce Nazi anti-Semitism. The Protestant umbrella organization, the Federal Council of Churches of Christ in America (FCC) rose to the occasion with a strong condemnation of anti-Semitism and called on German Protestants to do the same. They did not.

American Protestant church leaders mounted strong critiques of this silence. In May 1933, Samuel McCrea Cavert of the FCC bemoaned in the pages of the *Christian Century*, "The [German] churches have not, it has to be said regretfully, made any public protest against the injustice done to the Jews." Theologian Reinhold Niebuhr followed with a stinging critique of his German colleagues: "In dealing with anti-Semitism the [German] church has ... been so busy preserving its own moral integrity that it has nothing to say to the state," he wrote. "In their very protest against anti-Semitism in the church they have by implication allowed it in the state. ... Surely the church must know that a Christian attitude toward the very small groups of Jews who have become Christian has little influence upon the total tragic problem."[7]

Niebuhr's critique of the German church opposition went straight to the heart of the matter: a church that worships the Jew Jesus, reveres the Old Testament prophets, and preaches "love thy neighbor" cannot logically extend compassion toward baptized Jews and indifference toward non-baptized Jews without utterly undermining their claim to moral authority. It took the German church opposition three years to remedy this contradiction with its 1936 memorandum to Hitler[8].

The importance of this step was not lost on the American press. Emblazoned on their front pages, the *New York Times* and the *New York Herald Tribune* not only reported on this unprecedented rebuke of Nazism but actually published the 4,000 word missive, which took up multiple columns and nearly an entire page in both papers[9]. Under the headline "Reich Clergy Warn Hitler He Does Not Outrank God" the *Herald Tribune* described the memorandum as "the most severe indictment of Nazi philosophy, teachings and methods which has been voiced by Germans in Germany since the regime was founded." The *Times* was no less effusive: "In the sharpness of its language it is comparable only to the ninety-five theses nailed by Martin Luther to the door of the castle church in Wittenberg." This sweeping critique of the Nazi's de-Christianization campaign included a small but unequivocal condemnation of Nazi anti-Semitism:

> "When anti-Semitism, which binds one to hatred of Jews, is imposed upon the Christian then the Christian commandment to love one's fellow human stands opposed to it."[10]

7 Cavert, Hitler, 683–685; Niebuhr, Religion, 843–845.

8 See Greschat, Widerspruch.

9 See Reich Clergy, New York Herald Tribune (28. 7. 1936), 1. Reich Protestants, New York Times (23. 8. 1936), 1.

10 See Greschat, Widerspruch.

These words should not be construed as evidence of sustained resistance against anti-Semitism on the part of Niemöller and the Confessing Church. The Confessing Church's response to the persecution of Jews indicated neither humanitarian concerns for the welfare of Jews nor religious recognition of a shared Judeo-Christian tradition. Confessing pastors remained concerned first and foremost with the persecution of the churches. Moreover, the memorandum did not mention the church's theological anti-Judaism that charged Jews with the crucifixion of Christ—which was itself a key driver of anti-Semitism. These caveats *were* lost on the press.

In short, during the first three years of the Church Struggle from 1933 to 1936, Niemöller rightfully earned the reputation in the U. S. as "the fighting pastor" for his struggle to defend the Protestant Church against the incursions of the Nazis, the German Christians, and their efforts to Nazify Protestantism. Extending the accolade "fighting," however, to Niemöller's response to Nazi foreign and racial policy, as many Americans did, was a mistake, albeit an understandable one given both the misleading press and the eagerness to believe that among all the evil that was Nazism there were courageous men like Pastor Niemöller who opposed Nazism root and branch for moral reasons. It's unlikely that the average American who was following the Church Struggle would have correctly identified Niemöller's politics as anti-democratic and nationalist. Americans would have been shocked by Bonhoeffer's 1933 description of Niemöller and his type as "naive, starry-eyed idealists" who thought that they were "the real National Socialists" because of their dual devotion to National Socialism and national Protestantism[11].

Niemöller's popular autobiography, *From U-boat to Pulpit* (1934), recounting his transformation from an ultra-nationalist WWI submarine commander to a prominent Lutheran pastor first appeared in English in 1936—giving Americans a glimpse into his earlier nationalism and militarism. But his arrest in 1937 solidified his resistance credentials and resulted in a flurry of mostly hagiographic newspaper articles, books, and even a movie on Niemöller in the late 1930s and early 1940s.

On July 1, 1937, the Gestapo arrested Niemöller and held him for eight months in Moabit prison in Berlin. The FCC reacted by calling on the Protestant churches to hold special prayer vigils and ring church bells. Berlin correspondent from 1934 to 1941, described Niemöller as the "fiery leader of the Protestant church opposition to chancellor Hitler." A few days later the *New York Times* reported that when Otto Dibelius appeared in Niemöller's pulpit to preach in his stead, "women throughout the church wept unrestrainedly."[12]

Although essentially exonerated of the charges, Hitler ordered Niemöller re-arrested in March 1938 and imprisoned him in Sachsenhausen concen-

11 Clements, Bonhoeffer, 135 (quote); see Hockenos, Then, 85.

12 Niemöller in Jail, New York Times (5. 6. 1937), 1.

tration camp as his own private prisoner. Williams Adams Brown, an official in the FCC, sent a telegraph to Hitler expressing his "deep concern about the further detention of Pastor Niemöller by the secret police in disregard of the verdict of the Court." Throughout his years of captivity American Protestants were urged to commemorate various Niemöller anniversaries: his birthday, the original date of his arrest, his re-arrest, etc.

His many admirers, especially Protestant clergymen and parishioners, extolled him as the "modern Luther" who stood up to Hitler by allegedly proclaiming to Hitler, "Not you, Herr Hitler, but God is my Führer." Willing to risk his life to defend his faith against a ruthless tyrant, he was the perfect martyr for white Protestant America. FCC leader Henry Smith Leiper arranged to have the bell of New York's prestigious Riverside Church toll on July 2, 1939, the second anniversary of Niemöller's arrest, and urged pastors to preach sermons on "the modern Luther"[13].

And it wasn't just Protestant pastors riding the Niemöller wave. Since he was often portrayed as a defender of the Jews and freedom in general, many Jews, Catholics, African Americans, and secular liberals also venerated him. In July 1939, *The Nation*, a leftist new magazine, described Niemöller as the symbol of the struggle against Nazism and urged antifascist forces in the U. S. to honor his resistance[14].

Amidst all the praise, however, there were disturbing reminders of his nationalism and Christian anti-Semitism leading some to qualify their praise. Jewish opinion on Niemöller, for instance, was mixed. In 1938 the Chicago Rabbinical Association distributed to its members a special prayer for Pastor Niemöller. It read in part, "At this very moment, the lash is falling upon one who has had the courage and the character to rebel and to fight for that which is symbolic of the freedom of this day. Pastor Martin Niemöller is fighting civilization's cause." Rabbi William S. Maley, of the Jamaica Jewish Center in Brooklyn N. Y., included Niemöller in his list of the ten "righteous men whose virtue will save the world." Samuel Volkman, a rabbi in Chicago, however, took aim at Niemöller's anti-Semitism, a topic rarely discussed in the American press. In reference to an English translation of Niemöller's sermons in which he referred to "the eternal Jew," Volkman asked, "Who but the bigot will deny that [this] is as malevolent as it is unjust?"[15]

What many Americans found more distressing than Niemöller's anti-Semitism was his decision at the outbreak of the Second World War to volunteer his services to the German Navy to fight for his Fatherland. Although Nazi authorities turned him down, his willingness to serve confused those who exalted his record of resistance against the Nazis. Editors of *The*

13 Leiper to Henry Levy, 26. 6. 1939, WCC Archive, Germany Wartime, Martin Niemöller's Visit to the USA 1946–1947. DS-04/0251; Niemoeller or I, TIME (10. 7. 1939).

14 VITON, Niemoller, 13 f.

15 VOLKMAN, Letters.

Christian Century and theologian Karl Barth explained to their readers that Niemöller was, in fact, not an out-and-out anti-Nazi but rather a critic of Hitler's church policy and that his offer to enlist in the Navy was proof of this. "The fact that he is against Hitler would not cause him to sit back and let anything happen to his country," Leiper wrote in *The Churchman*. "Martin Niemoeller is what he always was—one of God's choicest warriors, plagued by the blind spots common to historic Christianity, but according to his light a defender of the faith."[16]

Despite these continued signs of Niemöller's nationalism and militarism, on December 23, 1940, Niemöller's image appeared on the cover of *Time* magazine with the headline: "Martyr of 1940: In Germany Only the Cross Has Not Bowed to the Swastika." Niemöller was the subject of repeated articles by the mainstream and religious press throughout his incarceration. A movie, *Pastor Hall*, based on the life of Niemöller premiered in Philadelphia in August 1940[17]. Popular biographies such as Basil Miller's *Martin Niemoeller: Hero of the Concentration Camp* (1942) and Leo Stein's *I Was in Hell with Martin Niemoeller* (1942) exalted his piety and courage. "Hitler may break his body, but never his soul," Miller proclaimed to his enthusiastic readers. As hagiographic as Miller's book was, he did not fabricate his material. Stein, on the other hand, manufactured whole encounters and conversations between himself and Niemöller and made up stories of witnessing Nazi camp guards physically beating Niemöller—none of which happened[18]. As the end of the war approached, advertisements appeared in newspapers proclaiming, "He Wouldn't 'Heil Hitler' so Rev. Martin Niemoller begins his 7th year in a German Prison Camp – Remember Martin Niemoller!!"[19]

The Niemöller resistance myth that took hold in the U. S. had its origins in the mainstream media during the Nazi period and the widespread desire to identify and celebrate the moral courage of Hitler's arch nemesis—who better than a Protestant pastor named Martin. That Niemöller defied Hitler, opposed the introduction of the Aryan paragraph into the Church, and was imprisoned by Hitler was inflated by his supporters to suggest that Niemöller opposed not just Hitler's church policy but also his political and racial policies from day one. His religious-based opposition clearly struck a chord with American Protestants. But the reality was that Niemöller represented the dual legacy of the Church Struggle: a legacy that included both complicity in Nazism and at the same time resistance to a complete Nazification of the Church and society.

---

16 Karl Barth on Niemöller, The Christian Century (6. 3. 1940).

17 See Bell, Restraint.

18 See Heymel, Stein. Niemöller told journalist Dorothy Thompson in May 1945: "No one ever raised a hand against me. It is, however, suffering to be deprived of freedom for so many years." Thompson, Interview.

19 Hockenos, Then, 153. He Wouldn't, The Citizen Advertiser (26. 1. 1944).

2. Postwar Activism, 1945–1984

Churchgoers across America released a collective sigh of relief when they learned that Niemöller, having survived Dachau, had been taken into American custody in Naples, Italy after nearly being executed by the SS in northern Italy. "When Americans read that their own troops had found the celebrated Pastor Martin Niemöller," *The Washington Post* reported, "it was as though a grave had opened." Niemöller, *The Post* predicted, would become "the advocate of his people in their hour of disillusion and despair, a witness to the world that, if German human nature is capable of the most bestial evil, it is also capable of great moral heroism."[20] Journalist Dorothy Thompson declared that the steadfast faith that had sustained him during his years of captivity "gives him now a spiritual authority possessed perhaps by no other individual in Protestant Christendom."[21]

After more than a decade of building up the Niemöller myth of moral heroism, few Americans were prepared for Niemöller to expose himself as an unrepentant anti-democratic nationalist as he did in an interview with American journalists in Naples on June 5, 1945. Responding to reporters' questions, Niemöller explained that prior to the Nazis' coming to power he had nourished the hope that National Socialism, had it gone the right way, might have developed into a system for creating good for the German people. Most Germans, he protested, including himself, were ignorant of the scale of the atrocities that the Nazis had carried out and shocked by what they saw when the Allies liberated the death camps. And because most Germans were ignorant of the atrocities, Niemöller explained, they don't feel guilty. "You are mistaken," he insisted, "if you think any honest person in Germany will feel personally responsible for things like Dachau, Belsen, and Buchenwald. He will feel only misled into believing in a regime that was led by criminals and murderers." And finally, he claimed that the German people were ill-suited to live under a Western form of democracy and even suggested that Germans preferred authoritarian rule. What Germans needed now, he concluded, was help, not punishment, and that he hoped to visit England and the U. S. to enlist their efforts to secure food and proper clothing for Germans. "The world will be astonished," he said, "when it sees how many good people are left in Germany."[22]

The reaction to his interview was scathing. Indeed, what left most Americans astonished was not how many good Germans there were, but rather the fact that Niemöller might not be counted among them. Severely tarnishing Niemöller's reputation, the debacle of the Naples interview led some to

20 Niemoeller, The Washington Post, B4.

21 Thompson, Pastor, 8.

22 Hockenos, Then, 163. For What I Am, Time (18. 7. 1945).

conclude, along with the *New York Times*, that he was not suited "to be a leader in the moral reconstruction of his country." He was, the *Times* stated, "a hero with limitations"[23]. While *Time* magazine opened its story on Pastor Niemöller, by saying, "the one German whom Christians everywhere had respected, shocked a lot of people last week."[24] Eleanor Roosevelt added fuel to the fire when she described Niemöller's statements as "almost like a speech by Mr. Hitler," going on to say, "Pastor Niemöller sounds to me like a gentleman who believes in the German doctrine of the superiority of race."[25]

Although Roosevelt's suggestion that Niemöller was an unrepentant Nazi was certainly not accurate, the nationalist rhetoric in the Naples interview had left American political and religious leaders suspicious of Niemöller's intentions and the American public confused. American church leaders put on hold any thoughts of inviting Niemöller to the U. S. They needed proof that Niemöller would first lead his nation publicly in the process of repentance, contrition, and atonement and that his anti-democratic nationalism would no longer be the driving force behind his politics. Several leading Protestants from the U. S. and Europe sought to steer their German colleague in the right direction.

The American Methodist pastor Ewart Turner, a friend of the Niemöller's from his stint as pastor of the American Church in Berlin from 1930 to 1934, was one of the Americans who viewed it as their mission to impress on Niemöller the importance of the German church acknowledging publicly its failure to oppose the Nazis from the very start. To help prepare Niemöller for an upcoming meeting in Stuttgart with European and American Protestant church leaders, Turner visited the Niemöller's home in Bavaria in mid-October 1945. "I spent 3 days with the Ns," Turner explained, "interpreting for them the mood of England and America, telling them that if the German Church would take the initiative in confessing the guilt of their nation for causing the agony and destruction in all the invaded lands, it would release a tension in the world and establish a foundation on which genuine fraternity could arise between the churches and between the peoples."[26] Turner wasn't the only one giving such advice; the American churchmen Sam Cavert and Stewart Herman as well as his old friend Karl Barth and the Dutch leader of the WCC Visser 't Hooft did the same.

Niemöller did not disappoint. His instrumental role in drafting the October 1945 *Stuttgart Declaration of Guilt* on behalf of the German Protestant Church was an irrefutable sign of his change of heart. "Our guilt as Christians," he preached to the assembled foreign and domestic churchmen in Stuttgart, "is much greater than the guilt of the Nazis, the German people, and the military,

23 A Hero with Limitations, New York Times (7. 6. 1945), 18.
24 For What I Am, Time (18. 7. 1945).
25 Roosevelt, Day.
26 Turner to Parents, 18. 10. 1945 (Turner Papers, Temple University).

because we knew which way was false and which was right. … We are guilty of having been silent when we should have spoken."[27] This was followed up by a formal statement.

> "By our passivity," it stated in part, "infinite suffering was experienced by many peoples and countries. … We accuse ourselves for not witnessing more courageously, for not praying more faithfully, for not believing more joyously, and for not loving more ardently."[28]

The purpose of the declaration was to demonstrate to American and European Protestants that German Protestants recognized their errors during the Nazi era. In this, it was successful. Indeed the admission of guilt made it possible for American Protestant leaders to invite Niemöller to the U. S. for a speaking tour. Prior to his trip to the U. S. he crisscrossed Germany for several months preaching and lecturing on the message delivered at Stuttgart.

Although the FCC received hundreds of requests for Niemöller to speak in various cities and churches across the U. S., the FCC and State Department also received numerous protests. Amid this controversy, Niemöller and his wife Else made the first of many visits to the U. S. in December 1946, where they spoke to enraptured church groups in over 50 cities from Seattle to Atlanta. They were the first German civilians allowed entry into the U. S. by the State Department. Turner, who accompanied the Niemöllers, described their visit as "a spiritual atomic eruption." Turner advised local church leaders scheduled to host a Niemöller visit, "Don't let this spirit of Pentecost take you by surprise. Prepare for it with all the traditional ingenuity and foresight of American church life at its best."[29] Although the FCC and Niemöller promoted the speaking tour as an opportunity for the German churchman to open a dialogue with American churchmen, there was a lot more at stake than just building Christian solidarity.

At stake was the question of how America would perceive and treat the now prostrate and pariah nation of Germany. Niemöller understood that German lives hung in the balance. Germany's cities had been bombed to oblivion. Shortages of food and fuel meant that starvation and succumbing to the elements threatened the lives of thousands of Germans.

Of the four nations occupying Germany, Niemöller correctly identified the U. S. as the country most likely to show a degree of sympathy. Nazi aggression had left such deep scars in the British, French, and Russian nations that they were unlikely helpers. America, on the other hand, had a very different experience during the war as well as an abundance of resources and had a powerful Protestant organization, the FCC, which had developed a strong

---

27 Besier / Sauter, Christen, 147.

28 Ibid., 62.

29 Ewart Turner: Procedures Memorandum (WCC Archive, Germany Wartime, Martin Niemöller's Visit to the USA 1946–1947).

relationship with the German churches during the interwar period and had rallied behind Niemöller during the war. American Protestant leaders played a significant role in encouraging, promoting, and applauding Niemöller's cause, despite his mixed record. When Dean Acheson in the State Department refused to provide Niemöller with a visa to enter the U. S. on the grounds that he was "hostile to our occupation objectives," John Foster Dulles, Bishop Henry Knox Sherrill of Boston, and leaders of the FCC, lobbied successfully on Niemöller's behalf[30].

Abundantly aware of the need to win over the American people during his first visit and to avoid the mistakes of his disastrous Naples interview, Niemöller highlighted and embellished his and the Confessing Church's resistance record at every opportunity while forcefully condemning Nazi anti-Semitism and territorial aggression and assuring his audiences that anti-Semitism was dead in Germany. Hitler attempted to destroy the churches, he told listeners, but "the Word of God can't be bound and can't be murdered."[31] He lauded Dietrich Bonhoeffer, Paul Schneider, and other heroes of the Confessing Church who were murdered by the Nazis "because they were Christians and because for them Christian faith was not only a private affair."[32] He thanked Americans for their prayers and support during his period of imprisonment, for relief aid since Germany's collapse, and for extending a hand of friendship to the German churches by inviting him to the U. S. He promoted Christian solidarity between nations and endorsed the World Council of Churches. He ended every address, sermon, and interview by pleading for more material assistance to help Germany recover from its devastating defeat.

Niemöller's addresses, however, did little to assuage the concerns of his critics. Rabbi Stephen Wise deplored the FCC's sponsorship of Niemöller, whose reluctance to take a forthright stand against Nazi anti-Semitism spoke volumes. "The record is that neither before nor during his incarceration in a concentration camp did Niemöller speak one word of protest against one of the foulest crimes in history," Wise said. He and Eleanor Roosevelt worried that Niemöller's lecture tour would lead to further relaxing of America's occupation policy and that Germans would regard this as a sign of forgiveness—or even acceptance of antidemocratic and anti-Semitic views[33].

Protestant leaders did their best to defend Niemöller's record. There was a regrettable tendency, Niebuhr admitted, for German churchmen to inflate church resistance. And it was true that Niemöller did not fully appreciate the Nazi menace in the beginning. But he did lead the fight of the Confessing

30 See Dean Acheson to Henry Sherill, 11. 1945 (PHS RG 18/15/24); Samuel Cavert to W. A. Visser 't Hooft, 15. 11. 1946 (WCC Archive, General Correspondence, 1946–47).

31 Niemöller, Davenport, IA (WCC Archive, Niemöller Visit).

32 Hockenos, Then, 197 f.; Quote: Niemöller, Cincinnati, OH. (WCC Archive, Niemöller Visit).

33 See Wise to Cavert, 24. 1. 1947 (PHS, RG 18/16/1).

Church against Nazism, and he was now revealing "a remarkable prophetic detachment from purely national considerations." For these reasons, Niebuhr argued, "his record deserves a respect which ought always to be accorded genuine courage."[34]

Niemöller's return to war-ravaged Germany came as a shock. His desire to win over Americans did not mean that he would hold his tongue when he found something objectionable about American policies in Germany. He was so exhausted and exasperated by American occupation policies that he even joked about moving near Turner in the U. S. and living quietly as a local pastor. And if that didn't work out, he grumbled, "I should prefer to be back in my cell number 31 at Dachau."[35]

His experiences with Nazism had led him believe that it was his duty as a church leader to weigh in on almost every aspect of the Allied occupation and on the emerging Cold War. His constant complaining about everything from travel restrictions and inadequate food to overly aggressive denazification procedures aggravated the American occupiers. Niemöller's hostility toward the American occupation forces stemmed from the widely held German belief that the Americans were imposing victor's justice on the German nation marked by revenge and retribution.

Although his dynamic personality always managed to draw crowds, the American infatuation with Niemöller began to wane with the onset of the Cold War. The division of Germany in the late 1940s and the remilitarization of West Germany under American auspices infuriated Niemöller. His vocal criticism of the Truman administration and advocacy for a united, neutral Germany earned the wrath of Washington and Bonn. Niemöller accused Washington of being behind the deliberate division of German Protestants and thus handing power to the Catholics in the West. He complained that American Catholics held too many important positions in the occupation government and that they were propagating a "counter Reformation" against German Protestant politicians. The West German government, Niemöller declared, was "a child conceived in the Vatican and born in Washington"[36] and that German Protestantism had "lost a battle" with the configuration of the Bonn government[37]. His refusal to champion the West and condemn the East pleased pacifist church groups but irritated not only politicians and pundits but increasingly American church leaders too.

On the one hand, his frequent and caustic criticisms of the U. S. occupational authorities, especially the American de-Nazification program, led to charges that he was an unrepentant German nationalist. On the other hand, his refusal to take a similar stand against Communism as he had against

34 Niebuhr, Editorial.
35 Niemöller to Turner, 29. 9. 1947 (ZA EKHN, B. 62/533).
36 Higgins, Interview.
37 Niemöller to Leiper, 8. 12. 1951 (ZA EKHN, B. 62/518).

Nazism, and his 1952 visit to the USSR just when McCarthyism was gripping the U. S. led to charges that he was "Germany's Red Dean" and a tool of the Communists. His assertion that President Truman – after Hitler – was the greatest mass murderer in the world made him persona non grata in Washington[38]. In anticipation of Niemöller's visit to the U. S. in 1952, Truman told his advisers that Niemöller, "ought to be watched." In the early 1960's Niemöller told an American friend, "Personally I am convinced, that peace in our days is not threatened by Russia at all; but that militarism in the western world is a by far greater danger for humanity's future."[39]

Despite his diminished status, two biographies appeared in English in 1956 to keep alive the myth—one entitled *God's Man* and the other simply *Pastor Niemöller* but with a cover jacket that read "The story of one of the Christian heroes of our time."[40]

He continued to make occasional waves with a sensational claim or gesture, like in 1954 when he declared himself a pacifist or when he weighed in on race relations. Accusations that Niemöller was a racist had always dogged him. So he made headlines when he declared repeatedly in the 1950s and early 1960s that the white race needed to band together against the "colored races" to save itself. In 1959, in Los Angeles he said,

> "In three decades, colored people will outnumber whites 5 to 2. Because of this, all whites in East and West, Communist and capitalist, will have to cooperate to save the white race. If there is no mutual defense among the white peoples, they will be overrun in 100 years. ... Unless there is a mutual stand by the whites there will indeed be a world revolution dictated by the Afro-Asian peoples."[41]

Not surprisingly Niemöller's racist remarks elicited strong criticism, especially from African Americans. In the *Afro-American Free Enterprise Report* civil rights attorney Samuel McMorris responded that, "Contrary to Pastor Niemoeller's fears, the darker races do not seek revenge upon or domination of their former persecutors. They seek to live simply as equal members individually and collectively in the family of men and nations."[42] Niemöller thought that was far too sanguine an outlook. His point was that the number of brown and black people across the globe was rapidly overtaking whites and that it was entirely logical that the poor, underprivileged, and underfed peoples of Africa and Asia were likely to demand a reckoning with the wealthy, privileged and well-fed white people in Europe and the U. S.

Niemöller's answer was not, despite his rhetoric, an all-out race war, however. His solution was twofold. First, white nations should stop spending

38 See Bentley, Niemöller, 213.
39 Niemöller to Rev. M. W. Howard, 29. 6. 1962 (ZA EKHN, B. 62/513).
40 Davidson, Man; Schmidt, Pastor (quote).
41 White Race, Los Angeles Times (3. 5. 1959), A5.
42 McMorris, Rape, 3 f.

extravagantly on the Cold War and the arms race, and instead mount a unified effort to meet the challenge posed by the rapidly growing populations of Africa and Asia. Second, white nations should use the money saved through disarmament to eradicate poverty in Africa and Asia, thereby undermining the animosity of black and brown people toward white people. He believed that the churches could lead this cause[43].

However one interprets Niemöller's statements, it can't be denied that racial thinking was clearly still at the center of Niemöller's worldview in the second half of the 1950s and the first half of the 1960s. He never fully escaped his racist upbringing and continued to view the world as divided into racial groups often at odds with each other. But unlike Jim Crow racists in the American South Niemöller blamed racial conflict on white prejudice. White control of the world for the past five hundred years, as he put it, "was an exploitive stewardship."[44] The struggle between the races was at heart economic—a struggle between the haves and the have-nots. The solution then lay in addressing the economic disparity, not turning one race against another. More and more in the 1960s, he began to draw connections between his pacifism and the struggles for racial justice, joining on several occasions with Martin Luther King Jr. in signing and sponsoring petitions against racism, imperialism, and the legacies of colonialism[45].

The relationship between the German pastor and the American civil rights leaders developed into one of *mutual admiration* and respect in the late 1950s and 1960s. When a colleague asked Rev. King if he would like to meet Niemöller, he responded enthusiastically: "He is certainly one of the outstanding figures of the world. I have always longed to meet him. It will be a real pleasure if he finds the time to come to Alabama on his next visit to the U. S. I will be more than happy to entertain him. Please get this word over to him for me."[46] Although this particular meeting did not take place, their activism frequently overlapped. Niemöller wrote the civil rights leader in 1962, thanking him for his work on the American Committee on Africa (ACOA), which supported African struggles against colonialism and apartheid and asking for copies of the "Appeal for Action against Apartheid" so that he could share it with churches in Germany[47]. In 1964, Niemöller publicly lent his voice to the campaign to award King the Nobel Peace Prize[48].

On the Jewish front, one of the premiere scholarly institutes for the study of

43 See Niemoeller Sees, Los Angeles Times (19. 8. 1957), B1; Local Pastor (30. 7. 1956), Pittsburgh Post-Gazette (30. 7. 1956), 6.

44 White People, The Evening Review (31. 3. 1960), 7; White Man, The Churchman (April 1960), 14 f. and 17.

45 See Hockenos, Then, 239 f.

46 Martin Luther King Jr. to Ernest Zaugg, 25. 5. 1959 (Howard Gotlieb Archival Research Center, The Martin Luther King, Jr. Collection, Boston University).

47 Niemöller to King, 8. 10. 1962 (ZA EKHN, B. 62/498).

48 See Niemöller to Nobel-Preis-Komitee, 3. 9. 1964 (ZA EKHN, B. 62/517).

Jews and Judaism, the Theodor Herzl Institute in New York City, invited Niemöller to address them in 1960. Niemöller condemned his and his countrymen's anti-Semitism, spoke hopefully about German-Jewish reconciliation, and wished Israel a peaceful future[49].

Niemöller ratcheted up his anti-Cold War rhetoric and criticism of American foreign policy when he declared in 1965 that the Vietnam War was more horrifying than World War II. In 1967 he, the American pacifist Rev. A. J. Muste, and Rabbi Abraham Feinberg travelled to Hanoi on a mission of "peace and sympathy" and met with Ho Chi Minh. Later that year, he flew to Moscow to accept the Lenin Prize—joining the likes of Fidel Castro, W. E. B. Dubois, and Nelson Mandela[50].

By the time of Niemöller's death in 1984 he was an established figure in pacifist and peace activist circles in the U. S. but was no longer the household name he was at the time of his arrest in the mid-1930s and during his U. S. lecture tour in 1946–47. Of course, he went out with a bang as there were a flurry of obituaries lionizing his achievements. *The Jewish Chronicle of Pittsburgh* applauded Niemöller's unparalleled resolution:

> "He had to have enough courage for all of the German clergy for he was the only one of his calling who openly defied Hitler and the barbarisms of the Third Reich, *particularly as they affected Germany's Jews* [Italics mine]. For his boldness, this dauntless pastor paid dearly with eight years of internment in two of Hitler's notorious cesspits, Sachsenhausen and later Dachau. After his release from these hell-holes, Rev. Niemoeller continued to speak in wide-ranging travels for freedom and tolerance and for dignity for all peoples. Jews everywhere can well revere the memory of this brave man."[51]

Not all the obits and remembrances were so reverential but most recited the central tenets of the Niemöller myth—that he had defied evil on behalf of the dignity of all people. Renowned author and Holocaust survivor, Elie Wiesel wrote Sibylle Niemoeller, Martin's second wife, a letter of condolence stating,

> "When he finally realized the onslaught of Nazi ideology on human values Martin Niemöller … spoke out in an unmistakable voice. … On behalf of the U. S. Holocaust Memorial Council, I extend my deepest condolences to you and all of mankind on the loss of the man who defied the forces of evil."[52]

Wiesel believed Niemöller's famous confession of guilt falsely represented his past. "He of all people was surely not guilty, he wrote Niemöller's wife. "Quite to the contrary, he did speak out and he did suffer."

One would hope that Niemöller would have recognized that this was a

49 See Niemöller, Germans, Jews and Israel, 7.3.1960 (ZA EKHN, B. 62/1832)
50 See Hockenos, Then, 250–255.
51 Susman, I See, 6.
52 Niemöller S., Crowns, 289.

whitewashing of his past—otherwise how would he explain his famous admission of silence. But it is telling that a critic as astute as Wiesel contributed to the Niemöller myth—as many Americans did between 1945 and 1984.

3. The Quote

The Niemöller myth continued to evolve after his death as the popularity of his confession grew exponentially, and took on new meanings. It might come as a surprise that Niemöller rarely mentioned the confession after 1946. For him, it had its time and place and that was immediately after the Holocaust when Germans were wallowing in their own sense of victimization and needed to be jarred out of their complacency. After 1946, the Cold War rivalry and all of its offshoots took up all of his energy.

It was left mostly to American activists to pick up the torch and use the confession as a tool to repudiate their own government's persecution of minorities and to encourage solidarity between groups. As we will see, it wasn't until the 1980s that the poetic confession gained significant traction in the U. S. and then went viral around the turn of the century.

Despite extensive searches of books, magazines, newspapers, pamphlets, and archival materials from the late 1940s to the early 1960s, research reveals only a handful of invocations of Niemöller's poem in any form[53]. The few examples that do exist are from Holocaust educators or scholars, black activists, and progressive organizations or politicians. Astonishingly, the first appearance of the confession in English was nine years after Niemöller's 1946 German lecture tour. The confession appeared in a 1955 book by Milton Mayer, a Chicago-based Jewish journalist[54]. Mayer explains that he heard it from a German teacher he had interviewed about the Nazi era in 1950–51, and was simply quoting that man, who was apparently recalling what Niemöller had said, perhaps in 1946. The teacher told Mayer that Pastor Niemöller spoke for "thousands and thousands of men like me when he said that,

> when the Nazis attacked the Communists, he was a little uneasy, but, after all, he was not a Communist, and so he did nothing; and then they attacked the Socialists, and he was a little uneasier, but, still, he was not a Socialist, and he did nothing; and then the schools, the press, the Jews, and so on, and he was always uneasier, but still he did nothing. And then they attacked the Church, and he was a Churchman, and he did something - but then it was too late."[55]

---

53 See Marcuse, Origin.
54 Ibid., 185; Mayer, They, 168 f.
55 Ibid., 168 f.

Another piece of evidence that the poem was in circulation in the early 1950s comes from the African-American Communist activist Claude Lightfoot, who had been convicted under the Smith Act for being a member of the Communist Party. In a talk he gave in Los Angeles in 1955, he used a version of the Niemöller quotation (different from the one in Mayer's book) to compare Nazism to McCarthyism[56]. Lightfoot may have been the first American to invoke the confession as a call for contemporary political action—to challenge McCarthyism—as opposed to citing it for Holocaust educational purposes.

The connection to political activism, nevertheless, really begins with the political movements of the late 1960s. Black Panther Party chairman, Bobby Seale, paraphrased the quotation at the National Conference for a United Front Against Fascism in Oakland in July 1969. At this 3-day conference attended by over 5,000 people, Seale asserted that all people are inextricably involved in the fate of the Panthers.

> "First they came for the Panthers, but I was not a Panther so I did not defend them. Then they came for the student activists, but I was not a student activist so I did not defend them. Then they came for black people, but I was not black so I did not defend them. Then they came for the trade unions, but I was not a trade unionist so I did not defend them. Then they came for the teachers, but I was not a teacher so I did not defend them. And when they came for me, there was no one left to defend me."[57]

That black radicals felt compelled to compare their plight in the 1950s and 60s to that of the communists and Jews in Nazi Germany says a lot about race relations in the US at that time.

The person most responsible, however, for popularizing the Niemöller confession among the wider American public was the advice columnist Pauline Phillips writing under the pen name "Abigail Van Buren." In the 1970s and 80s her "Dear Abby" syndicated column appeared in thousands of newspapers and was read by millions. She first invoked Niemöller in an August 1, 1977 response to a letter from a 14-year-old boy, Jimmy, bemoaning his parents' bigotry. Abby applauded the boy's opposition to racism and ended with a version of the poem she had heard from some unnamed source. Abby admitted that she didn't know the author of the poem and asked her audience if anyone could identify the author of:

> "First they came for the Jews, and I did not speak out, for I was not a Jew.
> Then they came for the Catholics, and I did not speak out, for I was not Catholic.
> Then they came for the gays, and I did not speak out, for I was not gay.
> Then they came for me, and there was nobody left to speak for anybody."[58]

---

56 Marcuse, Origin, 186 f.

57 Muhlerin, New Tone, 5.

58 Dear Abby, Chicago Tribune (1. 8. 1977), a4.

Needless to say, Niemöller would never have mentioned gays in the immediate postwar years and in 1967 he denied that Catholics belonged in the confession—not because the Nazis didn't target them but because they were arrested *after* Niemöller and so the chronology of the poem would be inaccurate[59]. In subsequent years, Van Buren would invoke the poem at least seven more times, likely reaching millions of readers each time—always to draw an analogy between what happened in Nazi Germany to a contemporary act of oppression against vulnerable groups.

Following on the heels of Dear Abby, the U. S. Holocaust Memorial Museum and the Boston Holocaust memorial opened with prominent displays of Niemöller's confession in 1993 and 1995 respectively. Although they use slightly different wording—in Boston they added Catholics—their intention was to quote Niemöller accurately to encourage viewers to reflect on the various stages of arrest that led to the murder of six million Jews. Since opening in April 1993 the Holocaust Museum in DC has had more than 46 million visitors, 24 % of which were school children. In 2020 alone, nearly 22 million people visited the Museum's website, which includes a fairly detailed description of Niemöller, his resistance to the Nazification of the Protestant Church, and his imprisonment[60].

As we have seen, from the 1940s through the 1990s the confession was used almost exclusively by progressive activists or Holocaust educators. 9/11 changed this. In the 21st century the Niemöller poem is just as likely to be refitted for use by conservatives and the radical right to express their own sense of victimization.

After decades of maligning the Soviet Union and its communist allies as the primary threat to the American way of life, U. S. hawks shifted their target from godless communism to Islamic fundamentalism, and enlisted Niemöller in framing Muslims as the new fascists hellbent on terrorizing American families. In what would become a staple of the New Right ideology in post-9/11 America, pundits like Glenn Beck revived centuries-old tropes of Muslims as merciless sword-wielding—now bomb-throwing—warriors waging an apocalyptic battle to eviscerate western civilization.

In his 2003 *The Real America: Messages from the Heart and the Heartland*, Beck enlisted the poem to draw an analogy between the German Gestapo and what the New Right calls Islamo-fascists[61]. By tying the 9/11 terrorists simultaneously to the wider Muslim world and to the U. S. left, while claiming that real America is the victim of both, the New Right has deployed a successful one-two punch. It's the same playbook that the right has used to tie Latin

59 See Letter of Niemöller, 20. 10. 1967 (ZA EKHN, B. 62/530)

60 https://www.ushmm.org/information/press/press-kits/united-states-holocaust-memorial-museum-press-kit, accessed [7. 1. 2022].

61 Beck, Real America, 147.

American migrants to violent gangs and African-Americans to crime and other menacing behavior, and both to the Democrats. In direct contradiction to Niemöller's intention, the right has flipped the perpetrator/victim schema: vulnerable racial groups—Muslims, migrants, and blacks—are portrayed as the aggressors, and hegemonic whites as the aggrieved.

The shameless exploitation of Niemöller as a proxy is widespread among right-wing pundits. Ann Coulter mocked leftist college students and faculty for trying to block David Horowitz's 2007 "Islamo-fascist Awareness Week" campus tour. In her dispatch, "Have You Hugged An Islamo-fascist Today?" she accused liberals of genuflecting before Islam and performing "exotic fetishes on the fascists" while simultaneously attacking conservative speakers like Horowitz and herself. "I could almost imagine a poem," she muses:

> First they came for Rush Limbaugh, and I didn't speak up because I wasn't Rush Limbaugh;
> And then they came for Ann Coulter, and I didn't speak up because I wasn't Ann Coulter;
> And then they came for David Horowitz, and I didn't speak up because I wasn't David Horowitz;
> And then … they came for me … And by that time there was no one left to speak up.[62]

Whether by the left or by the right, enlisting Niemöller's poem as a proxy in the culture wars is simple and effective. There is a clear us versus them built into the poem, with the "us" representing innocence and righteousness, and the "them" villainy and totalitarianism.

With the election of Donald Trump in 2016 and his implementation of a ban on Muslim travel to the U. S. in 2017, anti-Trump activists turned to Niemöller but this time they didn't just change out the groups, they added a new line to the quotation. To make clear that they weren't going to stand by silently, as Niemöller had in the 1930s, demonstrators marched with signs asserting, "First they came for the Muslims. And we said, NO!" or "Not This Time!" This particular evolution of the Niemöller meme is significant because it takes what was an implicit message—inaction and silence are a form of complicity—and made it explicit that real action is necessary to stop injustice. The evolution of the confession—from quoting it verbatim, to substituting contemporary groups, to shortening it into the meme "First they came for," to adding an activist clause—evinces a course of increasing engagement and activism.

62 https://anncoulter.com/2007/10/24/have-you-hugged-an-islamo-fascist-today/ [9. 3. 2022].

4. Conclusions

Martin Niemöller acquired the reputation in the United States as the pastor who defied the Nazis during his leadership of the Confessing Church and its struggle against Hitler's efforts to Nazify the Protestant Church. His fame ballooned after his arrest, trial, and imprisonment in 1937–38, despite continued evidence of his anti-Semitism, nationalism, and right-wing politics. American Protestants, especially the leaders Federal Council of Churches, hailed Niemöller as the "modern Luther," whose struggle against Nazism made him a Christian hero. The news media contributed to this myth by portraying Niemöller as the personification of the resistance to the Third Reich. After the war the myth of moral heroism was given added impetus during Niemöller's highly publicized speaking tour in the U. S. from December 1946 to the spring of 1947. Niemöller was unable to win over prominent critics like Eleanor Roosevelt and Rabbi Wise but he attracted large enthusiastic crowds and his sponsor, the FCC, countered any criticism with a barrage of materials highlighting Niemöller's opposition and the leading role he played in modeling for his countrymen how to repentant and atone for the sins of Nazism. His postwar activism against what he saw as the U. S.-led Cold War and its off-shoots in Korea and Vietnam simultaneously turned off American anti-communists but heightened his appeal among the increasingly vocal critics of American power abroad. His embrace of pacifism and his crusade against nuclear weapons won him accolades from pacifist church communities and anti-war leftists while solidifying his standing as the "prophet of peace." And finally the proliferation of versions of his famous quotation after his death has kept alive the myth of his moral heroism. Whether the quotation is appropriated by the left or right it bolsters his legacy as a champion of liberty and an opponent of racism and tyranny.

Sources and bibliography / Quellen- und Literaturverzeichnis

I. Unpublished Sources / Unveröffentlichte Quellen und Darstellungen

Howard Gotlieb Archival Research Center, Boston University, Boston MA.
The Dr. Martin Luther King, Jr. Collection

Presbyterian Historical Society (PHS), Philadelphia, PA.
Record Group18: Federal Council of the Churches of Christ in America Records
Special Collections Research Center (SCRC), Temple University Libraries, Philadelphia, PA.
SCRC 81: Ewart E. Turner Papers

World Council of Churches Archive, Geneva
Germany Wartime, Martin Niemöller's Visit to the USA 1946–1947
General Correspondence, 1946–47

Zentralarchiv der Evangelischen Kirche in Hessen und Nassau (ZA EKHN), Darmstadt
Bestand 62: Nachlass Martin Niemöller

newspaper article / Zeitungsartikel
Church Ousts Berlin Pastor For Fighting Anti-Semitism. In: NEW YORK TIMES (12. 11. 1933), 10.
Dear Abby. In: CHICAGO TRIBUNE (1. 8. 1977), a4.
For What I Am. In: TIME (18. 7. 1945).
He Wouldn't Heil Hitler. In: THE CITIZEN ADVERTISER, Auburn NY (26. 1. 1944).
A Hero with Limitations. In: NEW YORK TIMES (7. 6. 1945), 18.
Hitlerites Fire Nazi Pastor for Defending Jews. In: CHICAGO DAILY TRIBUNE (12. 11. 1933), 17.
Karl Barth on Niemöller. In: THE CHRISTIAN CENTURY (6. 3. 1940).
Local Pastor Talks to Niemoeller. In: PITTSBURGH POST-GAZETTE (30. 7. 1956), 6.
Niemoeller. In: THE WASHINGTON POST (13. 5. 1945), B4.
Niemöller in Jail Rallies His Parish. In: NEW YORK TIMES (5. 6. 1937), 1.
Niemoeller or I. In: TIME (10. 7. 1939).
Niemoeller Sees Whites in Peril of Existence. In: LOS ANGELES TIMES (19. 8. 1957), B1.
Reich Clergy Warn Hitler He Does Not Outrank God. In: NEW YORK HERALD TRIBUNE (28. 7. 1936), 1.
Reich Protestants Call for Warfare on Nazi Paganism. In: NEW YORK TIMES (23. 8. 1936), 1.
White Man Misused Power Turned Against Him: Niemoeller. THE CHURCHMAN, April 1960, 14 f., 17.
White People Held Blame for Current Racial Strife. THE EVENING REVIEW (31. 3. 1960), 7.
White Race in Danger, Says Pastor Niemoeller. In: LOS ANGELES TIMES (3. 5. 1959), A5.
Young Clergymen Lead Revolt Against Nazi Church Policy. In: DAILY BOSTON GLOBE (28. 11. 1933), 8.

II. Published sources / Veröffentlichte Quellen und Darstellungen

BECK, Glenn: The Real America. Messages from the Heart and Heartland. New York 2003.
BELL, Nelson: Restraint Cast to Winds, Pastor Hall Goes All-Out. In: The Washington Post (8. 1. 1941), 6.

BENTLEY, James: Martin Niemöller *1892–1984*. New York 1984.

BESIER, Gerhard / SAUTER, Gerhard: Wie Christen ihre Schuld bekennen. Die Stuttgarter Erklärung 1945. Göttingen 1985.

CAVERT, Samuel McCrea: Hitler and the German Churches. In: Christian Century (24. 5. 1933), 683–685.

CLEMENTS, Keith W. u.a. (Hg.): Dietrich Bonhoeffer Works, vol. 13. London: 1933–1935. Minneapolis, MN 2007.

DAVIDSON, Clarissa Start: God's Man. The Story of Pastor Niemoeller. New York 1959.

GRESCHAT, Martin: Zwischen Widerstand und Widerspruch. Texte zur Denkschrift der Bekennenden Kirche an Hitler (1936) (SKZG 6). München 1987.

HEYMEL, Michael: Martin Niemöller. Vom Marineoffizier zum Friedenskämpfer. Darmstadt 2017.

–: Wer war Leo Stein? Spurensuche nach dem Verfasser des Buches "I was in Hell with Niemoeller". New York 1942. In: MKiZ 5 (2011), 53–87.

HIGGINS, Marguerite: Niemöller Interview. In: New York Herald Tribune (14. 12. 1949).

HOCKENOS, Matthew D.: Then They Came For Me. Martin Niemöller, The Pastor Who Defied the Nazis. New York 2018.

LEIPER, Henry: His Wife's Story. In: The Churchman (15. 10. 1939).

MARCUSE, Harold: The Origin and Reception of Martin Niemöller's Quotation "First They Came for the Communists …". In: Michael Berenbaum et al. (ed.): Remembering for the Future. Armenia, Auschwitz, and Beyond. St. Paul, MN 2016, 173–199.

MAYER, Milton: They Thought They Were Free. The Germans, 1933–45. Chicago, IL 1955.

MCMORRIS, Samuel: Rape of Civilization. In: African-American Free Enterprise Report 1, no. 3 (June 1959), 3 f.

MILLER, Basil: Martin Niemoeller. Hero of the Concentration Camp. Grand Rapids, MI 1942.

MULHERIN, Kathy: New Tone, New Friends at Panther Conference. In: National Catholic Reporter, 5 (6. 8. 1969) H. 40, 1–5.

NIEBUHR, Reinhold: Editorial. In: Christianity and Crisis (17. 2. 1947).

–: Religion and the New Germany. In: Christian Century (28. 6. 1933), 843–845.

NIEMÖLLER, Sibylle Sarah: Crowns, Crosses, and Stars. My Youth in Prussia, Surviving Hitler, and a Life Beyond. West Lafayette, IN 2012.

ROOSEVELT, Eleanor. In: My Day (7. 8. 1945).

SCHMIDT, Dietmar: Pastor Niemöller. Garden City, NY 1959.

STEIN, Leo: I Was in Hell with Martin Niemoeller. New York 1942.

SUSMAN, Milton J.: As I See It. In: The Jewish Chronicle of Pittsburgh (29. 3. 1984), 6.

THOMPSON, Dorothy: Interview with Martin Niemöller. Dorothy Thompson Papers, Syracuse University Library, Special Collections Research Center, box 102.

–: Pastor Niemoeller on Germany. In: Youngstown Vindicator (16. 5. 1945), 8.

VITON, Albert: Niemoller or I. In: The Nation (1. 7. 1939), 13 f.

Volkman, Samuel: Letters. In: The Christian Century (15. 3. 1939), 355.
Ziemann, Benjamin: Martin Niemöller. Ein Leben in Opposition. München 2019.

III. Internetquellen

https://anncoulter.com/2007/10/24/have-you-hugged-an-islamo-fascist-today/ [9. 3. 22]
https://www.ushmm.org/information/press/press-kits/united-states-holocaust-memorial-museum-press-kit [7. 1. 2022]

Frédéric Rognon

Martin Niemöller et la France : les paradoxes d’une réception

Pour parler de la réception de Martin Niemöller en France, et des paradoxes de cette réception, nous pourrions être très rapide. Si nous voulions, en effet, commencer cet article par un clin d’œil, et une note d’humour, nous pourrions simplement dire que cette réception est proche de zéro, et conclure notre propos aussitôt après l’avoir commencé, ce qui nous ferait gagner un peu de temps et d’espace dans ce volume. Ce clin d’œil est à la fois une note d’humour, et un constat très sérieux – et même extrêmement regrettable. Si l’on interroge des Français au sujet de Martin Niemöller, il est fort probable qu’une proportion infime d’entre eux saura répondre quelque chose, y compris au sein du protestantisme, qui pourrait être *a priori* le milieu le plus réceptif – on verra tout à l’heure que ce n’est pas le cas. Le nom de Martin Niemöller est globalement inconnu.

Le seul élément attaché à sa personne que l’on pourra citer, en milieu chrétien notamment, ou dans un contexte plus large attaché aux droits de l’homme et à l’engagement du citoyen dans la cité, est sa fameuse anaphore :

> «Quand ils sont venus chercher les Juifs, je n’ai rien dit, car je n’étais pas juif.
> Quand ils sont venus chercher les communistes, je n’ai rien dit, car je n’étais pas communiste.
> Quand ils sont venus chercher les sociaux-démocrates, je n’ai rien dit, car je n’étais pas social-démocrate.
> Quand ils sont venus chercher les syndicalistes, je n’ai rien dit, car je n’étais pas syndicaliste.
> Et quand ils sont venus me chercher, il n’y avait plus personne pour protester.»[1]

Mais même ceux qui ont déjà entendu cette dernière formule : «il n’y avait plus personne pour protester«, ou même ce propos intégral, ne sauront pas en identifier l’auteur. Bref, tout est encore à faire en France, et nous dirions même en francophonie, pour faire connaître Martin Niemöller et rendre justice à son témoignage. Lorsque nous avons publié, en 2020, le premier livre en français consacré à la vie et aux engagements de Martin Niemöller, sous le titre : Martin Niemöller. Prisonnier personnel de Hitler[2], nous avions conscience de com-

1 Version connue en France. La version autorisée par la Fondation Martin Niemöller ne mentionne pas les juifs.
2 Cf. Rognon, Niemöller.

bler un vide, de réparer en quelque sorte une injustice, et d'entreprendre une indispensable œuvre de reconnaissance.

Notre propos se divisera en deux parties: nous allons commencer par évoquer les quelques textes de Martin Niemöller et sur Martin Niemöller publiés en français, et dans un second temps nous essaierons d'interpréter les paradoxes liés à cette indigence.

1. État des publications

Avant 2020, il existait en tout et pour tout, en langue française, un livre sur Martin Niemöller et un livre de Martin Niemöller. Le premier fait 68 pages, le second 66 pages, il s'agit donc plutôt de brochures que de livres à proprement parler. Le premier date de 1938, le second de 1946, il s'agit donc de textes anciens, depuis longtemps épuisés et seulement accessibles dans des bibliothèques, et qui ne peuvent rendre compte de l'ensemble de la trajectoire biographique du pasteur allemand, décédé en 1984.

Le premier livre s'intitule: Martin Niemöller. Le témoignage d'un pasteur sous la Croix[3]. Il est anonyme, mais en réalité rédigé par Franz Hildebrandt, membre du *Pfarrernotbund*, et pasteur à Dahlem avec Martin Niemöller de 1933 à 1937. Il est traduit de l'allemand par le pasteur Émile Marion, et publié à Genève, aux éditions Labor, en novembre 1938. Martin Niemöller est donc incarcéré au camp de concentration de Sachsenhausen, au tout début de sa longue détention, lors de la publication de ce texte. Celui-ci se veut manifestement un outil de diffusion d'informations sur la résistance de l'Église confessante et de soutien de l'intercession au sein des Églises francophones. Tout le livre est conditionné par cette incertitude inquiète quant à son sort. Il est riche en données précises sur le ministère de Martin Niemöller à Dahlem à partir de 1931, et notamment sur le quotidien du pasteur sous le Troisième Reich, dans ses activités au presbytère et au sein du Conseil fraternel. Ce livre n'échappe cependant pas à la tendance à l'hagiographie, malgré ses dénégations. C'est ainsi que l'auteur anonyme affirme : «Il [Martin Niemöller] n'entend pas être glorifié comme un héros. Il est et ne veut être autre chose qu'un témoin fidèle de la Parole de Dieu en face de ceux qui la falsifient au profit d'intérêts politiques et humains»[4] ; «tous les hymnes de louange en l'honneur de l'homme Martin Niemöler [sic] et de son œuvre sont déplacés. Nous ne cherchons pas à savoir quels sont ses mérites, mais quel rôle la Bible joue dans sa vie»[5]. Ces préventions n'empêchent pas le biographe de dresser du pasteur allemand un tableau élogieux, soulignant son courage et sa détermi-

3 Cf. Anonym [Hildebrandt], Niemöller.
4 Ibid., 5.
5 Ibid.,22.

nation de fer face à la plus grande adversité. Ce petit livre se heurte à la même difficulté que toutes les biographies rédigées par des auteurs protestants et publiées dans des maisons d'édition protestantes : il s'agit de résister à la tentation du mimétisme vis-à-vis des évocations de saints chez les éditeurs catholiques, tout en exaltant les qualités de foi et d'engagement d'un homme, et cela en attribuant ces dons exceptionnels à la seule grâce de Dieu, selon la fameuse formule de l'apôtre Paul : «C'est par la grâce de Dieu que je suis ce que je suis»[6].

Le second livre, le seul qui soit signé de Martin Niemöller, s'intitule : De la culpabilité allemande[7]. Il s'agit d'une traduction de l'ouvrage publié en allemand la même année 1946 sous le titre : Über die deutsche Schuld, Not und Hoffnung. L'éditeur est Delachaux et Niestlé, basé à Neuchâtel en Suisse, ce qui montre à nouveau que la réception française de Martin Niemöller est dépendante de sa réception suisse francophone. Ce livre est une compilation de quatre textes : interview, message, conférence et prédication, qui s'étendent de septembre 1945 à mars 1946. Y est ajouté un portrait de Martin Niemöller, assez contrasté, proposé par Karl Barth. Le lecteur francophone découvre donc le pasteur allemand à travers l'un de ses engagements les plus paradoxaux : en sortant de huit années de captivité, dans des conditions terrifiantes, Martin Niemöller considérait en effet, contre toute attente, que la tâche la plus urgente pour le protestantisme allemand, et pour son peuple d'une façon générale, résidait dans la reconnaissance de culpabilité. Ainsi évoquera-t-il plus tard cette période : «Pour moi, la chose la plus importante était de convaincre notre peuple allemand, et spécialement les chrétiens qui venaient à l'église, que nous n'avions pas à blâmer les autres, mais que nous devions nous repentir nous-mêmes. Je peux dire que de 1945 à 1948 cela a été le fondement de toute mon attitude et de mes activités»[8]. Ainsi l'image du pasteur allemand qui se trouve être diffusée en francophonie est celle de l'appel à la repentance. Il n'est pas certain que ce symbole ait été saisi dans toute sa complexité et toute sa profondeur, étant donné sa teneur paradoxale : c'est en effet l'un de ceux qui avaient manifesté le plus d'audace dans la résistance, et qui en avaient payé le prix fort, qui s'érigeait comme principal promoteur de la reconnaissance de culpabilité. De fait, les lecteurs ne détenaient pas tous les éléments qui leur auraient permis de comprendre le sens du remords de ne pas avoir été suffisamment «Église pour les autres» : le contexte du protestantisme français est si différent de celui du protestantisme allemand que les quelques pages publiées en 1946 ne permettaient guère d'appréhender la situation spécifique dont Martin Niemöller cherchait à rendre compte. Ce point indique à la fois la limite et la fécondité de l'appel à la repentance : la formule «… quand ils sont venus me chercher, il n'y avait plus personne pour protester», saura trouver d'autres

6 1 Kor 15,10.

7 Cf. Niemöller, Culpabilité.

8 Niemöller, Interview 1985, 6.

lieux d'appropriation que celui de l'Église confessante d'Allemagne. On retiendra donc l'expression éloquente, sans nécessairement la rapporter à son contexte d'énonciation particulier, et donc à son auteur.

Hormis ces deux petits ouvrages, la réception de Martin Niemöller va dépendre de quelques articles dispersés et de quelques mentions dans des ouvrages plus généraux sur la résistance allemande au Troisième Reich. De manière significative, ce n'est pas dans le microcosme protestant français qu'il sera le plus connu et reconnu, mais dans deux milieux, eux aussi très restreints : les mouvements pacifistes et non-violents d'une part, et le cercle des historiens de la résistance en Allemagne, d'autre part.

C'est dans la revue de la branche francophone de l'*International Fellowship of Reconciliation* (*IFOR*), le *Mouvement International de la Réconciliation* (*MIR*), qui s'intitule : Cahiers de la Réconciliation, que Martin Niemöller est le plus présent. On y relève neuf textes de Martin Niemöller[9] et sept articles sur Martin Niemöller[10], de 1952 à 1989. Pour ce mouvement chrétien non-violent, promoteur d'une non-violence spécifiquement évangélique, dont Martin Niemöller était membre de la section allemande, son témoignage est un argument de premier ordre pour soutenir la cause de la paix. L'itinéraire d'un ancien commandant de sous-marin vers la résistance spirituelle au Troisième Reich, puis vers le pacifisme radical au début des années cinquante, est mis en exergue pour nourrir abondamment une triple thèse : celle de la possibilité d'une évolution de la conscience individuelle depuis l'idéologie nationaliste et militariste vers l'idéal de la non-violence, d'une part ; celle d'une pertinence de l'éthique de conviction face au totalitarisme, d'autre part ; et enfin, celle de l'évidence de la nécessité du désarmement et de l'objection de conscience face à la montée des périls du fait même de l'arme nucléaire. Martin Niemöller est donc érigé, dans le microcosme de la non-violence évangélique, en icone du combat pour la paix, à côté de quelques autres figures notables qui ont connu une trajectoire analogue : Jacques de Bollardière, général de l'armée française sanctionné pour avoir refusé la torture au cours de la guerre d'Algérie, avant de rejoindre le camp des pacifistes ; ou encore Nelson Mandela, activiste terroriste devenu leader non-violent puis acteur majeur de la sortie de l'Apartheid.

Cette référence ne va pas, là non plus, sans quelques tendances à l'hagiographie. Ainsi par exemple, Allan A. Hunter n'hésite pas à le qualifier de «prophète»[11]. Il rapporte par exemple que dès le début de son engagement pacifiste, dans les années 1950, Martin Niemöller associe à ses arguments théologiques, des considérations géopolitiques et une analyse circonstanciée des grands équilibres et déséquilibres planétaires, et notamment une prise en

---

9 Cf. Niemöller, Discours; Pourquoi; Prière; Interview (1985); paix; Chemin; guerre; Réalisme; Europe.

10 Cf. Trocmé, Réconciliation; Hunter, Prophète; Lochman, Chrétien; Casalis, Éditorial; Charles, Témoignage; Grenier, Le 6 mars 1984; Ibid., Souvenirs.

11 Hunter, Prophète.

compte du problème tragique de la malnutrition[12]. Aussi propose-t-il un désarmement à grande échelle : que chaque grande puissance remette à l'ONU 20 % de l'argent qu'il «gaspille en armements», afin que ces sommes soient consacrées à la lutte contre la terrible pauvreté qui ravage certaines régions du monde. Après une année, précise-t-il, on pourrait monter à 30 %. S'appuyant sur son expérience personnelle, Martin Niemöller dit avoir connu la faim et être décidé à faire quelque chose pour ces multitudes qui sont «en-dessous de la limite de nutrition normale»[13]. Non sans humour (peut-être involontaire), son biographe ajoute : «Le pasteur Niemöller a une façon de présenter cela qui est absolument désarmante»[14].

Quant au théologien réformé de Prague Jan Milic Lochman, dans un article intitulé de manière significative : «Un chrétien libre», et publié dans le Bulletin des Églises protestantes de Tchécoslovaquie, à l'occasion du soixante-dixième anniversaire de Martin Niemöller en 1962, traduit et réédité dans les Cahiers de la Réconciliation en 1965, il défend le pasteur allemand contre les griefs de «girouette» qui change souvent d'avis : «Ses adversaires l'ont souvent accusé d'inconséquence et de contradictions intérieures. Mais toujours à nouveau il nous a redit que l'homme n'a pas à avoir honte de se laisser instruire par les expériences de sa vie et d'en tirer les conséquences nécessaires. La foi chrétienne n'a pas été fixée pour toujours, elle peut changer. C'est une route, et une recherche de nouvelles routes ; la foi vit d'un processus continu de libération du passé, parfois très douloureux, et d'une disponibilité créatrice à l'égard de ce que la vie peut apporter»[15]. Jan Milic Lochman relève que l'on a dit de lui qu'il avait systématiquement ruiné sa bonne réputation, et qu'il s'est aliéné même ses plus proches amis, parfois troublés par ses déclarations et prises de position « peu sages ». Mais le théologien tchèque se fait son avocat, avec l'argument selon lequel, s'il provoque des controverses, c'est parce qu'il est «témoin de l'Évangile» : «puissance de libération, qui délivre les hommes du souci qu'ils ont de leurs propres intérêts»[16].

Plusieurs textes de Martin Niemöller lui-même sont publiés dans les Cahiers de la Réconciliation. C'est ainsi qu'il a plus d'une fois opéré des relectures de son itinéraire, qu'il reconnaissait être fort peu rectiligne, plutôt en zig-zag. C'est en ces termes qu'il s'en justifiait : «J'ai été blâmé pour changer si souvent de conviction. Lors de la première Guerre mondiale, j'étais un officier de carrière. Même lorsque je quittai le service pour le ministère en 1920, je ne devins pas un pacifiste et ne parlai point contre la guerre. Je confesse avoir cru que Hitler fit une bonne chose, lorsqu'en 1935 il dota à nouveau la nation allemande d'une armée. Mais dans les années suivantes, j'appris davantage ; et

12 Cf. Ibid.
13 Ibid., 6.
14 Ibid., 7.
15 Lochman, Chrétien, 36.
16 Ibid., 38.

je crois avoir appris davantage encore ces deux dernières années ; et maintenant que me voilà âgé de 63 ans, je pense toujours que Dieu continuera à me donner des leçons. Ce n'est pas un signe de mauvaise disposition d'esprit, lorsque vous changez de conviction, si vous êtes convaincu que vous étiez dans l'erreur. C'est la leçon qu'en tant que chrétiens nous avons à apprendre aujourd'hui : nous avons à changer d'idées en bien des domaines »[17]. «Cette possibilité d'être modifié dans le sens de la volonté divine à notre égard, est l'espoir, non seulement de l'individu, mais aussi celui de l'humanité»[18]. Le plaidoyer *pro domo* de Martin Niemöller ne vise pas seulement à saluer la capacité de certains êtres humains à reconnaître qu'ils se sont trompés. Ceci est en effet une preuve d'honnêteté intellectuelle, et par conséquent une vertu éthique. Mais il s'agit bien plutôt d'une prise de position en faveur du caractère central de l'exercice du discernement dans la vie chrétienne. Le chrétien est d'abord un virtuose du discernement de la volonté de Dieu à son égard. Et pour oser exercer cette compétence, pour ne pas craindre cette audace, il faut être prêt à changer, à bouger, à remettre en question nos confortables habitudes intellectuelles, morales et spirituelles. La vie de Martin Niemöller, à ses propres yeux, est l'expression même de ce mouvement permanent, le parangon de cette audace.

Ce sont donc pour l'essentiel les Cahiers de la Réconciliation qui rendent compte, en francophonie, du témoignage de vie de Martin Niemöller, par la publication d'articles sur lui, et de lui-même. Leur diffusion reste cependant confidentielle : quelques centaines de lecteurs à l'époque, quelques dizaines aujourd'hui.

Le second milieu dans lequel la figure de Martin Niemöller est présente est celui des historiens de la résistance allemande au nazisme. Quelques six ouvrages sont parus à ce sujet, généralement traduits de l'allemand, entre 1997 et 2000[19]. Martin Niemöller y est mentionné, mais de façon secondaire, si ce n'est marginale, parmi de nombreuses figures, présentées comme plus éminentes, ou ayant joué un rôle plus conséquent, et l'ayant généralement payé de leur vie. Il nous faut évoquer, comme un cas à part, la littérature concernant la résistance spécifiquement ecclésiale, l'histoire de l'Église confessante, et plus particulièrement les biographies de Dietrich Bonhoeffer[20]. L'étude de Bernard Reymond, théologien suisse de tradition libérale, s'élève contre l'amalgame trop souvent fait chez les barthiens entre libéralisme théologique et connivence avec le nazisme, et souligne l'intransigeance de Martin Niemöller, qui, en faisant de la frange résistante de l'Église une Église proprement «confessante», fondée sur une orthodoxie doctrinale, a pu indisposer tous les libéraux

17 Niemöller, paix, 25.

18 Ibid., 26.

19 Cf. Fest, Résistance; Hoffmann, Résistance; Koehn, Résistance; Levisse-Touzé / Martens, Allemands; Merlio, Résistances; Reymond, Église; Weisenborn, Allemagne.

20 Cf. Arnold / Krieger, Chrétiens; Bethge, Bonhoeffer; Metaxas, Bonhoeffer; Reymond, Église; Rognon, Bonhoeffer; Schlingensiepen, Bonhoeffer.

qui ne pouvaient se rattacher ni aux *Deutsche Christen* ni à la *Bekennende Kirche.* Loin de l'hagiographie, nous avons donc affaire ici à un procès à charge. Quant aux biographies de Dietrich Bonhoeffer, elles mentionnent bien entendu Martin Niemöller, mais, par la force des choses, comme un personnage secondaire, que le théologien mort en martyr à Flossenbürg tend à éclipser. Et aucune biographie de l'ampleur de celles rédigées par Eberhard Bethge ou Ferdinand Schliengensiepen, n'existe en français concernant Martin Niemöller. Dans le meilleur des cas, lorsqu'il est connu des protestants français, c'est par le canal de Dietrich Bonhoeffer, qui, pour sa part, bénéficie aujourd'hui d'une réelle reconnaissance.

Avant de nous interroger sur les raisons de cette méconnaissance, il nous faut encore mentionner un livre de correspondance d'Albert Schweitzer, qui comprend quelques lettres échangées avec Martin Niemöller. Mais il s'agit de textes en allemand, ce qui déborde donc de notre périmètre de la réception francophone, même si Albert Schweitzer, né allemand, est devenu français lors de la restitution de l'Alsace à la France en 1918. Mais surtout, Martin Niemöller est ici à nouveau évoqué, non pour lui-même mais à travers un personnage infiniment plus célèbre que lui, pasteur, théologien, philosophe, médecin, musicien, à la silhouette reconnaissable, consacré par le prix Nobel de la paix en 1952, et qui figure au panthéon des hommes universels qui ont marqué l'histoire. Martin Niemöller ne bénéficie nullement d'une telle reconnaissance.

2. Interprétation des paradoxes

Pourquoi donc Martin Niemöller est-il resté dans l'ombre toute sa vie, et y est-il encore confiné trente-sept ans après sa mort, au regard de l'opinion francophone? Plusieurs facteurs peuvent être avancés pour interpréter ce paradoxe.

En 1985, le théologien de la libération Georges Casalis, dans un éditorial nécrologique publié dans les Cahiers de la Réconciliation[21], peu après le décès de Martin Niemöller et peu avant sa propre mort, propose une liste d'hypothèses pour rendre compte de cet oubli, sinon de cet ostracisme : Martin Niemöller n'a jamais renié son passé, même inavouable ; sa focalisation sur la culpabilité allemande l'a rendu impopulaire ; ses efforts pour la réconciliation avec les peuples du bloc soviétique lui ont valu de sérieuses inimitiés ; son pacifisme radical des trente dernières années de sa vie était inaudible. Pourtant, conclut Georges Casalis, il était «un prophète incorruptible, capable en lisant les signes des temps de se convertir à des actions et des convictions que rien ne laissait prévoir»[22].

21 Cf. Casalis, Éditorial.
22 Ibid., 2.

D'autres hypothèses peuvent être évoquées, plus spécifiquement liées au contexte français. Le fait que Martin Niemöller soit allemand l'a sans doute desservi. Malgré la proximité géographique et historique des deux pays voisins, et malgré tous les efforts et toutes les réalisations accomplis en faveur de la réconciliation entre les deux peuples, la frontière symbolique, culturelle et linguistique, demeure vivace, et l'était d'autant plus du vivant du pasteur. Elle ne s'estompe réellement que depuis quelques années.

De plus, le fait que Martin Niemöller soit pasteur constitue un handicap considérable pour sa reconnaissance en France. En-dehors de l'hexagone, on mesure souvent mal la profondeur de cette défiance spécifiquement française envers la religion, et plus particulièrement les religieux. Martin Luther King, par exemple, est reconnu en France comme un leader socio-politique de premier ordre, mais nullement comme pasteur baptiste ; et lorsque ce dernier point est connu, il est en quelque sorte «excusé» par le premier. L'identité d'ecclésiastique demeure foncièrement rédhibitoire. Martin Niemöller n'a pas eu la chance, comme Martin Luther King, d'être identifié comme autre chose qu'un homme d'Église.

Au sein de la micro-communauté protestante (qui ne constitue guère que 2 % de la population française), la figure de Dietrich Bonhoeffer a sans aucun doute fait de l'ombre à celle de Martin Niemöller. Dietrich Bonhoeffer était un immense théologien, qui laisse une œuvre absolument considérable. Martin Niemöller était avant tout un pasteur et un homme d'action, dont la théologie se réduit à ses prédications et à ses conférences. Si l'engagement de Dietrich Bonhoeffer dans la résistance est connu, il s'appuie sur une pensée qui l'a théorisé et qui est étudiée dans les Facultés de théologie. Les sermons de Dahlem de Martin Niemöller ne peuvent jouer le même rôle, pour la simple raison qu'ils ne sont pas traduits. La question de la traduction joue ici un rôle moteur et ambivalent : les éditeurs ne font traduire que ce qui est susceptible d'être vendu, et inversement l'absence de traduction paralyse la diffusion d'une pensée. Ce cercle vicieux explique en grande partie que la notoriété de Martin Niemöller n'ait guère franchi le Rhin.

Il n'empêche que ces sérieux handicaps n'hypothèquent pas une réception qui reste à venir. Depuis la publication de notre livre en 2020, nous constatons un réel intérêt pour la personnalité et la trajectoire de Martin Niemöller. Cela tient sans doute à un facteur qui, à l'inverse de tous ceux que nous venons d'évoquer, va puissamment servir sa mémoire. C'est précisément le caractère paradoxal de sa vie et de sa pensée qui stimule la réflexion, et s'avère susceptible d'appropriations multiples au-delà du contexte historique et national qui était le sien. Martin Niemöller ne laisse en effet d'intriguer l'observateur attentif du fait des discontinuités de sa vie, et des paradoxes hyperboliques de sa personnalité : ses revirements sont-ils des reniements, ou au contraire l'indice d'une quête exigeante, jamais en repos, de plus grande fidélité à soi-même ? N'y a-t-il pas chez lui une conception de l'Évangile, qui en fait un vecteur de remise en question permanente, et donc de constante intranquillité?

Or, cette compréhension du message biblique peut parler à des lecteurs, à des étudiants, à des citoyens croyants, de différents contextes, d'aujourd'hui comme d'hier.

Si la réception de Martin Niemöller s'avère foncièrement paradoxale, cela tient en grande partie aux paradoxes liés à sa propre personne. Mais cette dimension paradoxale peut bien se révéler une chance pour sa mémoire : elle commence à nourrir, et pourra d'autant plus nourrir à l'avenir, la quête de nos contemporains, à la recherche de figures d'identification, non pas dogmatiques mais pratiques. En faisant de la vie, et notamment de la vie chrétienne, un chemin paradoxal, Martin Niemöller peut réveiller des aspirations, et rencontrer des cheminements, chez les femmes et les hommes d'aujourd'hui et de demain, en France comme dans bien d'autres pays.

3. Résumé

La réception de Martin Niemöller en France est des plus paradoxales: un nombre très réduit de textes de sa plume ont été traduits, et fort peu d'articles ou d'ouvrages lui sont consacrés. Les sphères les plus réceptives à sa personnalité et à son message ne sont pas, contre toute attente, les communautés protestantes, mais les cercles militants du pacifisme chrétien, et le milieu de la recherche universitaire spécialisé sur l'histoire de la résistance allemande au Troisième Reich. Or, il s'agit là de deux microcosmes. Plusieurs hypothèses peuvent être avancées pour interpréter cette méconnaissance des Français à l'égard de Martin Niemöller : la frontière symbolique qui sépare encore les deux rives du Rhin (et de ce fait l'indigence des traductions), la reconnaissance dont jouit Dietrich Bonhoeffer et qui fait quelque peu de l'ombre à son ami, enfin le statut religieux de Martin Niemöller, rédhibitoire dans la France laïque. Il n'empêche que sa réception peut très bien éclore lors d'un proche avenir.

Bibliographie / Quellen- und Literaturverzeichnis

Anonym [Hildebrandt, Franz]: Martin Niemöller. Le témoignage d'un pasteur sous la Croix. Traduit de l'allemand par Émile Marion. Genève 1938.

Arnold, Matthieu (dir.) / Krieger, Christian (collab.): Chrétiens et Églises face au nazisme: entre adhésion et résistance. Actes de la journée de l'École Doctorale de Théologie et de Sciences religieuses (Université Marc Bloch, Strasbourg) du 19 novembre 2004. Strasbourg 2005.

Bethge, Eberhard: Dietrich Bonhoeffer. Vie, pensée, témoignage (1967). Traduit de l'allemand par Étienne de Peyer. Genève / Paris 1969.

CASALIS, Georges: Éditorial. In: Cahiers de la Réconciliation, n°8–10 1985, numéro spécial: Martin Niemöller, un homme engageant, 1 f.

CHARLES, Bernard: Un témoignage de reconnaissance. In: Cahiers de la Réconciliation, n°8–10 1985, 3 f.

FEST, Joachim: La résistance allemande à Hitler (1994). Traduit de l'allemand par Olivier Mannoni. Paris 2009.

GRENIER, Michel: Le 6 mars 1984. In: Cahiers de la Réconciliation, n°8–10 1985, 5.

–: Martin Niemöller. Souvenirs de Michel Grenier. In: Cahiers de la Réconciliation, n°8–10 1985, 22 f.

HOFFMANN, Peter: La résistance allemande contre Hitler (1979). Traduit de l'allemand par Michel Brottier. Paris 1984.

HUNTER, Allan A.: Christians in the Arena. Fellowship Publications, New York 1958; chapitre intitulé: Un prophète: Martin Niemöller, traduit et réédité. In: Cahiers de la Réconciliation, n°10 1961, 4–17; réédité in: Cahiers de la Réconciliation, n°8–10 1985, 7 f.

KOEHN, Barbara: La résistance allemande contre Hitler1933–1945 (2003). Paris ^{2}2004.

LEVISSE-TOUZÉ, Christine / MARTENS, Stefan (dir.): Des Allemands contre le nazisme. Oppositions et résistances, 1933–1945. Actes du colloque franco-allemand organisé à Paris du 27 au 29 mai 1996. Paris 1997.

LOCHMAN, Jan Milič: Un chrétien libre. In: Bulletin des Églises protestantes de Tchécoslovaquie, février 1962; traduit et réédité in: Cahiers de la Réconciliation, n°1 1965, 36–39.

MERLIO, Gilbert: Les résistances allemandes à Hitler. Paris 2003.

METAXAS, Eric: Bonhoeffer. Pasteur, Martyr, Prophète, Espion. Un Juste contre le Troisième Reich (2010), Traduit de l'américain. Paris 2014.

NIEMÖLLER, Martin: Contre l'Europe des riches. In: Le Monde, 11 mai 1977; réédité in: Cahiers de la Réconciliation, 45e année, n°3 1978, 3–6.

–: De la culpabilité allemande (Über die deutsche Schuld, Not und Hoffnung. Zürich 1946). Traduit de l'allemand par Pierre Borel, Charles Brutsch et Gilberte Payot. Neuchâtel / Paris 1946.

–: Interview de Martin Niemöller par Révérend Paul Œstreicher. In: The Listener, 27 février 1964; traduit et réédité in: Cahiers de la Réconciliation, n°1 1965, 3–9; réédité in: Cahiers de la Réconciliation, n°8–10 1985, 5–7.

–: Le chemin de la paix. In: Cahiers de la Réconciliation, n°1 1965, 20–26; réédité in: Cahiers de la Réconciliation, n°8–10 1985, 16–20.

–: Le chrétien dans le monde. In: Cahiers de la Réconciliation, n°11965, 10–13; réédité in: Cahiers de la Réconciliation, n°8–101985, 12–14.

–: Le chrétien et la guerre. In: Cahiers de la Réconciliation, n°1 1965, 27–30.

–: Pourquoi je suis devenu pacifiste. In: Student World, second semestre 1956, 128–133; traduit et réédité in: Cahiers de la Réconciliation, n°9–10 1956, 3–7; réédité in: Cahiers de la Réconciliation, n°1 1965, 14–19.

–: Prière pour ceux qui ont faim. In: Cahiers de la Réconciliation, n°3+4 1964, 3.

–: Réalisme politique et pacifisme. In: Stimme der Gemeinde, 15 novembre 1959; traduit et réédité in: Cahiers de la Réconciliation, n°1 1965, 31–35; réédité in: Cahiers de la Réconciliation, n°8–10 1985, 8–11.
–: Un discours de Niemöller. In: Cahiers de la Réconciliation, n°9+10 1952, 3–7.
Reymond, Bernard: Une Église à croix gammée? Lausanne 1980.
Rognon, Frédéric: Dietrich Bonhoeffer. Un modèle de foi incarnée. Lyon 2011.
–: Martin Niemöller. Prisonnier personnel de Hitler. Paris 2020.
Schlingensiepen, Ferdinand: Dietrich Bonhoeffer. 1906–1945. Une biographie (2005), Traduit de l'allemand par Charles Chauvin et Raymond Mengus. Paris 2005.
Trocmé, André: La Réconciliation depuis la guerre. In: Cahiers de la Réconciliation, n°11 1960, 12–20; réédité sous le titre: La Réconciliation en France de 1945 à 1960. In: Cahiers de la Réconciliation, n°6 1989, 10–13.
Weisenborn, Günther: Une Allemagne contre Hitler (1953). Traduit de l'allemand par Raymond Prunier. Paris [3]2007.

III. Niemöller als Repräsentant der Kirche

Michael Heymel

Martin Niemöller als Prediger, Theologe und Ökumeniker

In diesem Beitrag wird das Wirken Martin Niemöllers in den kirchlichen Arbeitsfeldern Verkündigung, Theologie und Ökumene betrachtet. Dabei sollen der derzeitige Forschungsstand berücksichtigt und Perspektiven für die weitere Forschung aufgezeigt werden.

1. Der Prediger

1.1 Forschungsstand

Über den Prediger Martin Niemöller haben wir Studien von Arie Spijkerboer[1] und Sebastian Kuhlmann[2], die durch kleinere Arbeiten ergänzt werden. Wie viele Predigten von ihm aus der Münsteraner Zeit als Vikar und Landesgeschäftsführer der Inneren Mission (1923–1931) erhalten sind, ist nicht bekannt. Seine Predigten aus den Dahlemer Jahren 1931–1937 liegen seit 2011 in einer kritischen Edition vor[3]. Insgesamt konnten dafür 131 Predigten oder predigtähnliche Texte ermittelt werden, 45 wurden erstmals publiziert. Aus der KZ-Haft in Dachau liegen sechs Predigten vor, die Niemöller 1944/45 gehalten hat[4].

Für die Nachkriegszeit ist die Quellenlage komplizierter. Denn wir haben aus diesen Jahren mehrere Predigtbände, die Niemöller selbst veröffentlicht hat[5], einzelne gedruckte Predigten an verstreuten Stellen und zahlreiche Predigtmanuskripte oder Nachschriften, deren genaue Anzahl schwer festzustellen ist. Für die Zeit von 1945 bis 1976 verzeichnet eine Liste 466 Predigten, wobei viele Predigten in englischer oder französischer Sprache nicht

---

1 Spijkerboer, Rebel. Dr. Arie Spijkerboer war Pfarrer der reformierten Kirche und geprägt durch die Theologie von Karl Barth und den in der BK aktiven Heinz Kloppenburg. Seit 1953 war er für Flüchtlinge in Berlin tätig, ab 1955 für die Eglise Réformée in Charleville (Frankreich), ab 1960 in Westfriesland und von 1966–1993 in Amsterdam. Vgl. Regterschot, Biografie.

2 Vgl. Kuhlmann, Predigt.

3 Vgl. Niemöller, Dahlemer Predigten.

4 Vgl. ebd.

5 Vgl. Niemöller, Gott; Ders., Christus; Ders., Herr; und Ders., 16 Predigten. Sie enthalten zusammen 43 Predigten.

mitgezählt sind[6]. Allein in seiner Amtszeit als Kirchenpräsident der Evangelischen Kirche in Hessen und Nassau (EKHN) (1947–1964) hat Niemöller 331 Predigten ausgearbeitet, von denen manche mehrfach gehalten wurden. 1981 predigte er in der Lutherkirche in Wiesbaden zum letzten Mal. Die weit überwiegende Zahl der Predigten seit 1945 ist unveröffentlicht. Die Gesamtzahl aller vorhandenen Predigten wurde auf rund 800 geschätzt.

Wünschenswert wäre eine kritische Edition der Predigten 1945 bis 1981. Sie würde genauere Aussagen erlauben, wie Niemöller die biblischen Texte auslegte und auf die jeweilige Zeitsituation bezog. Von welcher Schrifthermeneutik ließ er sich leiten[7]? Wie predigte er Texte des Alten Testaments[8]? Bisher ist sein Predigtstil lediglich an Einzelbeispielen untersucht worden[9]. Interessant wären Studien, die ihn mit anderen protestantischen Predigern in Deutschland während der NS-Zeit vergleichen[10], sowie Arbeiten, die zeigen, wie sich später Ereignisse der Zeitgeschichte in seinen Predigten spiegeln. Weiter wären die Grundlinien des Predigtverständnisses herauszuarbeiten, das Niemöller schon in den 1930er Jahren formuliert hat[11].

1.2 Zum Predigtverständnis

Die Konzeption seiner Predigten hat sich in den folgenden Jahrzehnten kaum verändert. Er will nichts anderes verkündigen als das Evangelium, die Botschaft, dass Jesus Christus der Herr ist. Niemöller hat diese Botschaft als Ruf zur täglichen Entscheidung verstanden. Sie fordere ihn jeden Tag neu dazu heraus, zu kämpfen und anzugreifen, insofern sie den Herrn über alle und alles proklamiert. Zugespitzt wird diese Einsicht in dem Satz: „Evangelium ist nicht Verteidigung, sondern Angriff."[12] Prediger und Gemeinde sah Niemöller im NS-Staat in einer Kampfsituation, in der sie sich bewähren mussten. Die Christusbotschaft, erklärte er 1936 in einem Vortrag, verkünde „*den Einen*, der uns ganz an *sich* bindet"[13]. Daher sei den Christen der stille Rückzug in eine private Religion verwehrt. Sie hätten in allen Lebensbereichen Zeugen Jesu Christi zu sein, den Gott als den Heiland in die Welt gesandt habe.

Nach dem Zusammenbruch des Nationalsozialismus ging aus Niemöllers Sicht der Kampf darum, dass allein Jesus Christus der Herr sei, an anderen

6 Vgl. Niemöller, Reden 1964–1976, 276–284.
7 Vgl. den Beitrag von Lukas Bormann in diesem Band, ##–##.
8 Vgl. Redhardt, Niemöller; Heymel, Vorbericht, 55–60.
9 Vgl. Kuhlmann, Predigt, 113–262; Reck, Relektüre; und Heymel, Leben.
10 Vgl. Skiles, Preaching. Zu Niemöller ebd., 183–186, 211, 218–220, 225–227, 236, 246 f., 251 f., 289, 293–295, 319 f. Der Autor hat nicht alle Predigten aus der Dahlemer Zeit berücksichtigt.
11 Zum Folgenden vgl. Heymel, Prediger; Ders., Vorbericht, 34–69.
12 Predigt vom 26. 1. 1936 (Nr. 76), zit. nach Heymel, Vorbericht, 35.
13 Ebd., 36 (Hervorh. im Text).

Fronten weiter. Dessen Herrschaft, so schreibt er 1948 in einem Rundbrief an Pfarrer und Kirchenvorstände, werde

> „dort Ereignis, wo sein Evangelium verkündigt wird. Darum ist die Verkündigung unsere erste und wichtigste Aufgabe. Verkündigen heißt nicht, dogmatische Vorträge halten, aber auch nicht, menschliche Selbstverständlichkeiten aussprechen. Verkündigen heißt, lebendige Menschen in der Wirklichkeit ihres Lebens hinweisen und hinführen zu dem wirklichen und lebendigen Gott, der der Vater unseres Herrn Jesu Christi ist.“[14]

Wer im Dienst dieses Herrn stehe, meint Niemöller, der müsse seine Stimme auch zu politischen Fragen erheben. Denn es gehe immer um „die Wirklichkeit unseres Menschseins“[15], die sich von der Bruderschaft mit Christus her erschließt. Im Verhalten gegenüber dem Nächsten kommt heraus, „ob Jesus wirklich unser Herr ist“[16].

Auf diese Konkretion ist die Predigt ausgerichtet. Ihr bevorzugter Redestil ist der prophetische, der die schuldhafte Verstrickung in einen Unheilszusammenhang aufdeckt, zur Umkehr und damit zur Veränderung der Gegenwart aufruft[17]. Niemöller predigt die Buße nicht als gesetzliche Forderung, sondern als „Weg ins Freie“, als befreiende Möglichkeit: „Gott wartet darauf, daß wir selbst anders werden […] In Seiner Vergebung, da bietet er uns die Möglichkeit der Buße und der Erneuerung durch Seinen Geist“[18].

Die Predigt soll der Gemeinde bezeugen, was es heißt, dem Wort Gottes *heute* zu vertrauen und *heute* zu gehorchen. Dabei hält sie sich an den biblischen Text und folgt Martin Luther in dem Grundsatz, dass die Heilige Schrift selbst ihr bester Interpret sei. So kann Niemöller 1931 in seiner Dahlemer Antrittspredigt das Amt des Predigers apostolisch, schriftgemäß und mit Bezug auf das reformatorische „Christus allein“ bestimmen: der Prediger hat die Gegenwart Christi („des lebendigen Herrn“) so zu predigen, dass sie unmittelbar auf die lebendige Gegenwart der Menschen bezogen ist[19].

1.3 „Menschen von heute“ aufsuchen

Nach Kriegsende hat Niemöller sich mehrfach über die sozialen und kulturellen Bedingungen kirchlicher Verkündigung geäußert. In einer programmatischen Rede vom Mai 1951 vor der hessen-nassauischen Kirchensynode bemerkt er, dass die Kirche „es kaum noch mit den wirklichen, lebendigen

14 An die Geistlichen und Ältesten der EKD angeschlossenen Kirchengemeinschaften und Gemeinden, Brief vom 30. 1. 1948, zit. nach WISCHMANN, Leiter, 126.
15 NIEMÖLLER, Humanismus, 48.
16 Predigt zu Gal 5,25–6,10, 15. So. n. Trin., 1951, Weiden. Zit. nach HEYMEL, Prediger, 27.
17 Vgl. KUHLMANN, Predigt, 337; HEYMEL, Prediger, 29.
18 Bußtagspredigt vom 18. 11. 1959, in: ZA EKHN 62 A.
19 Vgl. HEYMEL, Prediger, 29; vgl. KUHLMANN, Predigt, 120, 124.

Menschen zu tun [hat], die heute leben und nicht in irgendeiner näheren oder ferneren Vergangenheit"[20]. Die Kirche müsse sich die Menschen, zu denen sie gesandt sei, „genauer und mit mehr Liebe und Sorgfalt" ansehen[21]. Niemöller findet es

> „höchst bedenklich, daß wir die eigentlichen Menschen unseres Jahrhunderts nicht mehr ansprechen können, den Arbeiter, den Ingenieur, den Wirtschaftler, sondern nur den kleinen Ausschnitt der immer noch bürgerlichen Menschen, die in einer längst nicht mehr bürgerlichen Welt übriggeblieben sind als Reste einer vergangenen [...] Zeit. [...] was bedenklich ist, das ist die Tatsache, daß diese fünf Prozent gar nicht die Menschen von heute sind, sondern die Menschen von gestern."[22]

Das Problem, das Niemöller hier aufgreift, ist der Bedeutungsverlust der evangelischen Predigt, die nur noch auf ein bestimmtes kirchliches Milieu bezogen ist. Diese Predigt erreicht zwar eine bürgerliche Mittelschicht, aber sie hat die Arbeiter und die Intellektuellen aus dem Blick verloren. Den Predigern (zu dieser Zeit fast nur Männer) hält Niemöller vor, dass ihre Predigt realitätsfremd sei. Sie verfehle die heutigen Menschen in ihrer Lebenswirklichkeit. Die Prediger seien im bürgerlichen Christentum einer Minderheit befangen[23]. Dieses Christentum bezeichnet er in eigenen Predigten als eine imaginäre Größe, eine Ideologie der westlichen Welt. Bedenkenswert sind nun die beiden Wege, die Niemöller den Pfarrern zur Erneuerung der kirchlichen Verkündigung vorschlägt: *Seelsorge* und *Innere Mission*, d. h. die persönliche Begegnung und das Hineingehen in die Arbeitswelt von Menschen, denen die Kirche fremd ist.

Bezug zur Gegenwart, zum wirklichen Leben gewinne die Kirche erst, wenn sie den heutigen Menschen als jeweils Einzelnen ernst nehme:

> „Wo wir ihm unter vier Augen persönlich begegnen, da können wir ihm auch persönlich die Botschaft sagen: Du bist der Mann! Verkündigung heute heißt Verkündigung in der Seelsorge, Verkündigung ad hominem, von Mensch zu Mensch. Es gilt hier wirklich und ganz allein, was nicht ‚per Du' geht, das geht ‚perdu'."[24]

Eine solche seelsorgliche Verkündigung erfordert freilich, dass die Pfarrer ihre Praxis in den großen Gemeinden kritisch reflektieren. Niemöller fragt, ob es wirklich sein müsse, dass die pastorale Arbeit, die die Woche ausfüllt und nur den immer gleichen Kreis von Menschen erreicht, kaum eine „Möglichkeit

---

20 Niemöller, Kirche, 17. Die in den Reden 1945–1954 publizierte Version enthält nur einen Teil des Redetextes.

21 Ebd.

22 Ebd. Ähnlich formuliert wird diese Diagnose in Niemöller, Botschaft, 54.

23 Dazu ausführlicher Heymel, Marineoffizier, 252–256.

24 Niemöller, Kirche, 18.

[...] für wirkliche Seelsorge"[25] lässt. Damit ist kein Fünf-Minuten-Hausbesuch gemeint, sondern „das ernste ringende Gespräch von Mensch zu Mensch"[26], für das die Pfarrer nach Ansicht des Kirchenpräsidenten „alle verfügbare Zeit"[27] nutzen sollten.

Niemöller plädiert dafür, kleine, überschaubare Gemeindebezirke zu schaffen, „daß wir wirklich hinkommen zu den Menschen"[28]. Am Beispiel der französischen und englischen Arbeiterpriester zeigt er, dass die christliche Botschaft existenzrelevant wird, wenn

> „ausgebildete Theologen [...] als wirkliche Arbeiter in die Werke gehen [...]. Und man gewinnt den Eindruck, hier fängt die Kirche wirklich an zu leben, heute und in der Gegenwart zu leben, denn hier fängt sie wirklich wieder an, die Botschaft von Jesus dem Christus [...] zu den Menschen von heute hinzubringen"[29].

Es ist ein ökumenisches und missionarisches Konzept von Predigt, das Niemöller in der Nachkriegszeit vertritt. Predigen heißt für ihn nicht, „unsere Theologie oder unsere christlichen Anschauungen zu propagieren"[30], sondern aus dem geschlossenen Kreis der sonntäglichen Gottesdienstbesucher heraustreten und als Botschafter Christi hin zu den Menschen, in ihre Arbeitswelt hinein gehen. Die Predigt wird dabei als „Lebensvorgang"[31] wahrgenommen: in einer ungewohnten Situation wandelt sich die Beziehung zwischen Prediger und Hörer. Mit dem Beispiel der Arbeiterpriester verweist Niemöller darauf, dass die Kirche mit ihrer Verkündigung Menschen von heute erst dann erreicht, wenn sie diese in ihrer Lebenswirklichkeit aufsucht[32]. Er legt seinen Amtsbrüdern nahe, ihre alten Positionen und Gewohnheiten aufzugeben und in ein unkirchliches Umfeld zu gehen, weil er darauf setzt, so könne die christliche Botschaft sich als wahr erweisen. Anscheinend hält Niemöller es für möglich, dass Theologen anders predigen lernen, dass ihr Denken und ihre Sprache sich verändern, wenn sie in persönlichen Kontakt zu Kirchenfernen kommen.

---

25 Ebd.
26 Ebd.
27 Ebd., 19.
28 Ebd.
29 Ebd.
30 Ebd., 16.
31 Ebd.
32 Vgl. Dibelius / Niemöller, Deutschland, 83: „[...] die Verkündigung des Evangeliums entbehrt des Ernstes, wenn man sie Menschen predigt, deren Lebensverhältnisse es nahezu unmöglich machen, dem Evangelium gehorsam zu sein."

2. Der Theologe

2.1 Zuerst Glaube, dann Theologie

„Gott verzeihe allen Theologen! Theologie ist im Grunde Gotteslästerung, weil die Leute etwas aussagen wollen über jemanden, der sich in seinem Subjekt-Charakter nicht anzweifeln und auch nicht in Frage stellen läßt.“[33] So urteilte der 90-jährige Niemöller in einem Vortrag, der am 28. November 1982 im Saarländischen Rundfunk gesendet wurde. Der Vortrag war Teil einer Reihe, in der „Die zornigen alten Männer in den Kirchen“ zu Wort kamen. Niemöller erklärte dort, Glaube sei etwas anderes als „das, was die Theologen in Bänden so vor einen hinstellen.“ Er habe zwar „Theologie studiert“, sei aber selbst „eben kein Theologe geworden“[34].

Unter den Hörern befand sich der evangelische Theologe Hanfried Müller, der seit seiner Studienzeit zu Niemöller Verbindung hatte. 1952 war er in die DDR übergesiedelt und lehrte seit 1964 als Professor für Systematische Theologie an der Humboldt-Universität zu Berlin. In einem Brief widersprach Müller dem Älteren und suchte ihn dafür zu gewinnen, sich doch noch als Theologen zu begreifen:

> „So kritisch-skeptisch das, was Sie sagen, gegenüber der Theologie klingt: es meint ja nur die Schultheologie im Sinne der dritten Ableitung dieses Begriffs bei Johann Gerhard, nämlich die ‚accuratior divinorum mysteriorum cognitio‘ [genaue Erkenntnis der göttlichen Geheimnisse], nicht aber das, was bei Johann Gerhard die erste Bedeutung der Theologie ist: ‚fides et religio Christiana, quae omnibus fidelibus doctis aeque ac indoctis communis est, ut sic theologi dicantur‘ [Glaube und christliche Religion, die allen Gläubigen, den gelehrten wie den ungelehrten, gemeinsam ist, sodass sie demgemäß Theologen heißen]“[35].

Demzufolge ließ Niemöller sich mit Kategorien lutherisch-orthodoxer Dogmatik als elementarer, *gläubiger* Theologe begreifen. Was ihm unvereinbar schien, Glaube und Theologie, passte laut Müller im Denksystem eines gelehrten Dogmatikers aus dem Luthertum des 17. Jahrhunderts gut zusammen.

Niemöllers Vortrag und Müllers Kommentar markieren präzis, in welchem Sinn der Erstere – entgegen seiner Selbstauskunft – als Theologe gelten kann und wie sein äußerst kritisches Urteil über Theologie und die Theologen[36] zu

33 In: SOMMER, Zorn, 236. Teilabdruck in: Weißenseer Blätter 2/1983, 27 f. Der Text im Sammelband bietet eine geglättete und bearbeitete Fassung des Rundfunkvortrags.

34 SOMMER, Zorn, 236 f. „Theologie studiert bis zum Erbrechen (sic!)“ sagte Niemöller wörtlich. Im gedruckten Text sind die letzten drei Worte gestrichen. In der berühmten „Kasseler Rede“ (1959) hatte er noch erklärt, er sei „inzwischen“, d. h. zwischen den beiden Weltkriegen, ein Theologe geworden.

35 Brief an Martin Niemöller vom 7. 2. 1983, in: ZA EKHN 62/665.

36 Diejenigen, die nach 1933 für angeblich christliche Lehren eine biblische und bekenntnismäßige

verstehen ist. Meine These lautet, dass er selbst mit dieser Kritik als elementarer Theologe erkennbar wird. Die Auskunft, die er in hohem Alter seinem britischen Biographen James Bentley gab, er „habe für Theologen nie viel übrig gehabt“,[37] sollte jedenfalls nicht als abschließende Antwort genommen werden. Denn es bleibt offen, wie es zu dieser ablehnenden Haltung kam und worin sie begründet war.

Als Theologe wurde Niemöller bisher meist unterschätzt. Schuld daran ist zunächst er selbst, weil er bei verschiedenen Gelegenheiten bekundete, er halte wenig von der Theologie als Wissenschaft. Ich zitiere eine bekannte Passage aus seiner Autobiographie „Vom U-Boot zur Kanzel“, wo er sich über den entscheidenden Grund für seinen Weg ins Pfarramt äußert:

> „Es war kein eigentlich theologisches Interesse, was dahinter steckte und den Ausschlag gegeben hätte: für Theologie als Wissenschaft, die Probleme lösen will, hatte ich von Hause aus keine Ader. Aber daß das Hören auf die Christusbotschaft und der Glaube an Christus als den Herrn und Heiland neue, freie und starke Menschen macht, dafür hatte ich in meinem Leben Beispiele gesehen, und das hatte ich aus meinem Elternhaus als Erbe mitgenommen und im Auf und Ab, im Hin und Her meines Lebens festgehalten. Damit konnte ich, das war meine Überzeugung, meinem Volk aus ehrlichem und geradem Herzen dienen.“[38]

Wie der Glaube an Christus in Menschen wirkt, wie er sie erneuert, frei und stark macht, das interessiert ihn also, nicht Theologie als Wissenschaft. Mit dieser Selbstaussage gibt Niemöller vor, wie seine Leser ihn sehen sollen: als volksmissionarischen Pastor, der Theologie für die pastorale Praxis braucht. Er betont, was sich in seinem Leben bewährt hat: die Beispiele gelebten Glaubens, das Erbe des elterlichen Pfarrhauses. Daraus erklärt sich, weshalb es ihm nur auf ein Theologiestudium mit kirchlichem Examen, nicht auf eine Promotion ankam. Tatsächlich wurde er, anders als Bentley behauptet, nicht zum Dr. theol. promoviert[39]. Wer Niemöllers Theologie erfassen will, kann dafür kaum auf explizit theologische Texte von ihm zurückgreifen. Sie begegnet nur als „angewandte Theologie“[40] in seinen Reden und Predigten sowie in Briefen und Aufzeichnungen.

Begründung lieferten, d. h. deutsch-christliche Theologen und ihnen nahestehende lutherische Vertreter einer natürlichen Theologie wie Paul Althaus, Werner Elert und Emanuel Hirsch, setzte Niemöller 1945 in Anführungszeichen (vgl. Niemöller, Christusbekenntnis, 63, 72; dazu Wolf, Barmen, 94–112). Im Bericht über seine Moskaureise sprach er noch schärfer von „sogenannten Theologen“, die ihn wegen dieser Reise angriffen. Vgl. Niemöller, Reise, 15.

37 Bentley, Biographie, 12.

38 Niemöller, U-Boot, 163.

39 Vgl. Bentley, Biographie, 45. Eine Dissertation ist nirgendwo nachgewiesen (Auskunft der ULB und des Universitätsarchivs Münster vom 27. 9. und 1. 10. 2018).

40 Reck, Relektüre, 50.

2.2 Bibelorientierte Theologie für die Gemeinde

Über sein Theologiestudium sagt er: „Die unmittelbare Beschäftigung mit der Bibel aber wurde mir vom ersten Tage an das eigentliche Zentrum meines ganzen Studiums."[41] Man muss diesen Satz als Grundsatz nehmen. Er gibt Auskunft, wie Niemöller sich selbst verstand: als bibelorientierter Theologe. Die Lektüre der Bibel, das Meditieren und Durchdenken von Bibelworten war für sein Leben und für seine Tätigkeit als Pfarrer die Basis. Den Wert der Theologie beurteilte er danach, was sie für die Ausbildung der Pfarrer und „die geistliche Versorgung der Gemeinden"[42] austrägt. Hier wirkte offenbar die Erklärung zur praktischen Arbeit der Bekenntnissynode Barmen von 1934 nach, die von der „geistlichen Erneuerung des Pfarrerstandes"[43] handelt. Der theologischen Wissenschaft, die er im Studium kennengelernt hatte, warf Niemöller vor, sie habe „die letzte Verbindung mit dem Leben der christlichen Gemeinde verloren"[44] und dazu geführt, „dass selbst die kirchlichen Kreise in unseren evangelischen Gemeinden geistlich verarmt und unterernährt sind."[45]

Mit dieser Kritik der akademischen Theologie stand Niemöller nicht allein. Ein US-amerikanischer Pfarrer, der nach Kriegsende im Auftrag des ÖRK über die Lage der evangelischen Kirche in Deutschland berichtete, schreibt, vielen Kirchenmännern sei bewusst, dass die theologischen Fakultäten deutscher Universitäten schon lange vor Hitler nur noch effiziente Lieferanten einer wissenschaftlichen Bildung gewesen seien. Was man aus dieser entfernt habe, sei aber wesentlich für die Gemeindearbeit. Es fehle ihr „the warm evangelical spirit"[46]. Der Verfasser des Berichts, Stewart W. Herman, traf damit den Punkt, auf den es auch dem Prediger Niemöller ankam: die lebensbezogene Verkündigung des Evangeliums. Herman verwies auf das Beispiel der Kirchlichen Hochschule Berlin, in der Theologie von prominenten Pfarrern der Bekennenden Kirche gelehrt wurde, und betonte, es sei von entscheidender Bedeutung, dass in Geist und Wesen (*spirit and temper*) der theologischen Fakultäten grundlegende Veränderungen stattfänden[47].

41 Niemöller, U-Boot, 182 und 169.

42 Niemöller, Gedanken, 62.

43 Burgsmüller / Weth, Erklärung, 66.

44 Niemöller, Gedanken, 62.

45 Ebd., 64.

46 Herman, Rebirth, 170. Stewart W. Herman war lutherischer Pfarrer. 1936–1942 arbeitete er in Deutschland, bis 1945 als Agent des amerikanischen Geheimdienstes in London. 1945–1948 war er beim ÖRK tätig. Als Beobachter und Berichterstatter erlebte er den Wiederaufbau der evangelischen Kirche in Deutschland mit. 1948–1952 war er Direktor der Flüchtlingshilfe des Lutherischen Weltbunds.

47 Vgl. ebd., 171.

2.3 *Ein lutherischer und pietistischer Theologe*

Wie sein Vater, der ihm Seelsorger und Lehrer geworden war und bei seiner Ordination assistiert hatte[48], verstand Niemöller sich als lutherischer Theologe[49]. In seiner persönlichen Frömmigkeit verbinden sich Vorbilder aus dem lutherischen Pfarrhaus mit denen des preußischen Pietismus. Nicht die Lehre, sondern der Glaube als persönliches Verhältnis zu Jesus ist ihm das Wichtigste: darin besteht sein pietistischer Grundzug[50]. Die Bibel, das Bekenntnis zu Jesus Christus als Herr und Heiland, Luthers Kleiner Katechismus, die Choräle des Gesangbuchs[51] sind für seine pastorale Arbeit unverzichtbar. Er sieht sich an die Heilige Schrift gebunden, die allein für ihn Grund, Quelle und Maßstab der kirchlichen Lehre ist[52]. In der betont lutherischen Fassung des Betheler Bekenntnisses, die Niemöller sich zu eigen gemacht und im November 1933 herausgegeben hat, grenzt er sich klar von falschen, d. h. unevangelischen Lehren über die Schrift ab: es sei „Irrlehre, daß Christus sich auch ohne die Schrift und außerhalb derselben bezeuge"[53], und es sei Irrlehre, das Alte Testament zu verwerfen und „durch nichtchristliche Urkunden aus der heidnischen Frühzeit eines anderen Volkes" zu ersetzen[54].

2.4 *Die Bibel als Quelle geistlichen Widerstands*

Victoria Barnett hat in ihrer Studie über die Bekennende Kirche auf die Bibelkreise als eine Form des Widerstands hingewiesen, in der intensives Bibelstudium für die Teilnehmenden existentielle Bedeutung hatte[55]. Die Bibel

48 Die Konfirmationsurkunde des Sohnes vom 4. 3. 1906 (ZA EKHN 62 A) hat Heinrich Niemöller als Lehrer, Seelsorger und Vater unterzeichnet. Zur Ordination vgl. Bentley, Biographie, 46.

49 Er bezeichnete sich als „Lutheraner mit synodaler Tradition" (Christusbekenntnis, 74). Hans Asmussen warf ihm vor, er habe „seit 1945 [...] nachdrücklich gegen das Luthertum gekämpft" (Brief vom 30. 3.1948 an Martin Niemöller, ZA EKHN 62/540). Doch Niemöller legte gerade gegenüber Lutheranern Wert darauf, zu bekräftigen, dass er auch Lutheraner bzw. lutherisch sei: „Wenn Sie ein lutherischer Theologe sind, dann bin ich doch wahrhaftig auch ein lutherischer Theologe" (Brief vom 11. 12. 1952 an Prof. Dr. Alfred Adam, ZA EKHN 62/538). Das wurde in der Ökumene genauso gesehen. Josef L. Hromádka erkannte in Niemöller einen lutherischen Christen (vgl. Heymel, Marineoffizier, 261).

50 Vgl. Niemöller, Reformation (1967), 132.

51 Vor allem die Lieder der Reformation, Martin Luthers und Paul Gerhardts. Vgl. Hildebrandt, Bekenntnis, 30.

52 Vgl. Niemöller, Bekenntnis, 6, 9.

53 Ebd., 10.

54 Ebd. 11. Damit wird Häresie der „Deutschen Christen" zurückgewiesen, die evangelische Kirche könne für ein „artgemäßes Christentum" das AT durch die Märchen der Gebrüder Grimm und die Edda ersetzen.

55 Vgl. Barnett, Soul, 170. Sie zitiert die Zeitzeugin Annemarie Grosch: „Wir entdeckten, dass die Bibel Dynamit sein kann, wenn sie richtig interpretiert wird."

wurde in Bekenntnisgemeinden als Kraftquelle geistlichen Widerstands gebraucht[56]. Vor diesem Hintergrund ist auch Niemöllers Umgang mit der Bibel zu verstehen. Als Dahlemer Pfarrer braucht er täglich aus der Bibel das wegweisende Wort für heute. Er kann seine Argumente mit Bibeltexten belegen, weil er sich die Bibel im Gedächtnis eingeprägt hat. Hinzu kommt die tägliche Lektüre der Herrnhuter Losungen[57]. Allein während der Untersuchungshaft in Moabit liest er dreimal die ganze Bibel und lernt bis Mai 1938 über 300 Kirchenlieder auswendig[58].

Auch in der KZ-Haft behält er das intensive Lesen der Bibel bei. Das lässt sich u. a. aus den Aufzeichnungen „Über den Weg der christlichen Kirche" entnehmen, die er 1939 im KZ Sachsenhausen niederschrieb. Sie geben uns Einblick in Niemöllers Verständnis von Theologie und die Funktion, die der Bibel darin zugewiesen wird. Niemöller notiert:

> „Ich habe in diesen Jahren der äußeren Abgeschlossenheit in meinem Lesen, Beten und Denken ganz als ein Glied der Kirche des Herrn Jesus Christus zu leben getrachtet und bin dabei umgeben gewesen von jener ‚Wolke der Zeugen' (Hebräer 12,1), die ja seit den Tagen der jungen Christenheit immer größer geworden ist: Neben dem Bibelbuch ist es das Gesangbuch gewesen, aus dem ich geschöpft habe."[59]

Theologie wird hier als Erfahrungsweisheit und geistlicher Übungsweg begriffen, wie Martin Luther es getan hat. *Oratio*, *meditatio* und *tentatio*, d. h. die Praxis des hörenden, gläubigen Umgangs mit der Schrift macht nach Luther den Theologen[60]. Durch die Erfahrung des Lebens mit dem Wort wird ein Mensch zum Theologen. Er bildet sich an der Schrift, indem er sie als Anrede liest. Das ist im Sinne Luthers elementare Theologie[61].

2.5 Eine Schrifttheologie, die Barmen I ernst nimmt

Sodann bestimmte seit 1934 die Theologie der ersten Barmer These Niemöllers Denken und Leben; durch sie, schreibt er Jahrzehnte später, sei er zum Schüler Karl Barths geworden[62]. Die These lautet: „Jesus Christus, wie er uns

56 Belege in HARDER / NIEMÖLLER, Stunde, 86, 88 f. (Berlin-Dahlem), 136 f. (Fehrbellin), 204 f. (Breslau).

57 Vgl. HILDEBRANDT, Bekenntnis, 20–23.

58 Vgl. EBD., 70.

59 NIEMÖLLER, Gedanken, 66. Später stellt Niemöller sich selbst „als gelernter Theologe und erfahrener Kirchenmann" vor (NIEMÖLLER, Wozu Kirche, 258).

60 Vgl. Vorrede zum ersten Band der Wittenberger Ausgabe der deutschen Schriften, 1539, WA 50, 658–661. Dazu HEYMEL, Oratio; HERMAN, Rebirth, 63, sieht in Niemöller einen Schüler Luthers.

61 HOCKENOS, Pastor, 122 spricht von „Niemöller's uncomplicated, biblically-based Lutheran theology".

62 Vgl. den Brief an Karl Barth vom 3. 5. 1966, zit. bei HEYMEL, Marineoffizier, 263; zur Sache den Beitrag von Thomas Martin Schneider in diesem Band.

in der Heiligen Schrift bezeugt wird, ist das eine Wort Gottes, das wir zu hören, dem wir im Leben und im Sterben zu vertrauen und zu gehorchen haben."[63] Theologie als Wissenschaft, sofern sie nur theoretisches Denken blieb, hatte für Niemöller keine vitale Bedeutung. Ein Christ habe keine derartige Theologie nötig. Woran ihm lag, war eine Schrifttheologie, die Barmen I ernst nimmt[64]. Der Ausdruck „Schrifttheologie" verweist wiederum auf das Modell Martin Luthers, der sich selbst explizit nicht als Doktor der Theologie, sondern als von der Kirche berufener „Doktor der Heiligen Schrift" verstand[65]. Niemöller verbindet Luthers Einsicht, dass Christus die Mitte der Schrift sei, mit der Orientierung an Jesus Christus als dem einen Wort Gottes, mit der er sich als „Schüler" Karl Barths begreift.

Das Motto „Was würde Jesus dazu sagen?", das zu seinem Markenzeichen wurde, hat Niemöller selbst in reifen Jahren in die direkte Gebetsfrage „Was willst du, Herr, dass ich tun soll?" (Apg 9,6 nach Luther 1912) umgewandelt. Zu beachten ist, dass das Motto nicht lautet: „Was hat Jesus dazu gesagt?", sondern: „Was würde er dazu sagen?"[66]. Das ist eine echte Frage, die sich nicht durch Bibelzitate beantworten lässt, sondern ins Heute zielt und zu einer eigenen, persönlichen Antwort herausfordert.

2.6 Freiheit für moderne Theologie

Die Konzentration auf Jesus Christus eröffnete Niemöller geistige Freiheit und Weite, wie sein Eintreten für den Neutestamentler Rudolf Bultmann belegt[67]. Der biblizistische Glaube an die Bibel war für ihn keine Option. Ein Wissenschaftsglaube, der ein bestimmtes theologisches Konzept verabsolutiert, kam für ihn ebenso wenig in Betracht[68]. Das Glaubensverhältnis zur Person Jesu Christi erforderte aus seiner Sicht, sich immer wieder neu dem Zeugnis der Bibel zu stellen, darauf zu hören und zu versuchen, die Botschaft von Jesus Christus mit eigenen zeitgemäßen Worten zu sagen. Eine wissenschaftliche Theologie, die daran arbeitete, diese Botschaft in die Welt von heute zu bringen, und damit der Lebensnähe der Kirche diente, konnte er unbefangen würdigen[69]. Was Niemöller abwehrt, ist akademische Schultheologie bzw. eine Wissenschaft, die sich auf theoretische Erörterungen beschränkt und für die pastorale Praxis wenig austrägt. Woran ihm dagegen liegt, ist eine Theologie, die *auf das Leben bezogen* ist, die das ganze Leben durch das eine Wort Gottes,

---

63 Zit. nach Burgsmüller / Weth, Erklärung, 34.
64 Vgl. Heymel, Marineoffizier, 264 f.
65 Glosse 1531, WA 30/III, 386. Diese Unterscheidung macht auch Niemöller, Gedanken, 62.
66 Darauf weist Kuhlmann, Predigt, 73, hin.
67 Vgl. Jaspert, Interpretation, 134–139; Heymel, Marineoffizier, 182 f.
68 Vgl. ebd., 181–183. Der Vorwurf des Biblizismus bei Redhardt, Prediger, 426, ist zu pauschal.
69 Vgl. Gollwitzer, Niemöller, 246.

d. h. durch Jesus Christus, bestimmt sein lässt und von diesem Faktum her denkt.

2.7 Durch Barmen geprägtes Kirchenverständnis

Niemöller ist ein Theologe der Bekennenden Kirche, für den die Kirche gemäß der vierten Barmer These eine christokratische Bruderschaft bildet, in der die verschiedenen Dienste keine Hierarchie begründen. Seit dem Erlebnis von Barmen blieb für ihn maßgebend, dass die Bekennende Kirche „keine Pastorenkirche“ war, sondern „eine Kirche brüderlicher Ordnung und brüderlichen Lebens“[70]. Die so qualifizierte Kirche entsteht als Bruderschaft, wo Jesus Christus „die Gemeinde um seinen Tisch (sammelt)“ und „wo wir ihn in der Mitte unseres Lebens haben.“[71] Dieses Kirchenverständnis hat Niemöller über alle konfessionellen Grenzen hinweg ausgeweitet. Er verhielt sich kritisch zum Luthertum und zur Kirche als Institution mit bürokratischem Apparat und eigener Rechtsordnung. Wie Bonhoeffer bejahte er die Volkskirche nur unter Vorbehalt[72].

3. Der Ökumeniker

3.1 Forschungsstand

Dieser Bereich seiner öffentlichen Wirksamkeit ist vielleicht am schwersten zu überschauen und bisher nur in Ausschnitten erforscht. Niemöller war in amtlichen Funktionen von 1945 bis 1968 für die Ökumene tätig: als Leiter des Außenamts der EKD (1945–1956), als Kirchenpräsident der EKHN (1947–1964) sowie als Ko-Präsident des ÖRK (1961–1968). In Nairobi nahm er 1975 zum letzten Mal an einer Vollversammlung des ÖRK teil. Niemöller hat für die Ökumene gelebt. Das belegen nicht nur zahlreiche Reisen auf allen Kontinenten[73], sondern auch die Tatsache, dass er in Deutschland sowohl die ökumenische Zusammenarbeit als auch die theologische Arbeit an Themen der Ökumene förderte.

Bezeichnend ist, wie seine ökumenische Wirksamkeit in den ihm gewidmeten Festschriften dokumentiert wurde. Ökumene heißt in seinem Fall: Beziehungen zu konkreten Personen, die über den Erdkreis geknüpft wurden, Beziehungen zu Christen anderer Kirchen aus verschiedenen Ländern. Zum

70 Brief an Wilhelm Niemöller vom 10. 11. 1945, in: ZA EKHN 62/671.

71 Niemöller, Erneuerung, 13.

72 Vgl. Niemöller, Bekenntnis, 33 („Kirche darf Volkskirche sein, solange diese Form ein Mittel ist, ihren Auftrag auszuführen“); Bonhoeffer, Sanctorum, 164.

73 Vgl. die Liste seiner Ökumenischen Reisen 1946–1961 in: Krüger, Ende, 214–221.

Dialog mit anderen Kirchen motivierte ihn der Wille, sich von der Position seines Vorgängers im Außenamt Theodor Heckel abzuwenden[74] und dem Ausland eine Kirche zu präsentieren, die nicht länger deutschnational, sondern ökumenisch orientiert war. Von 1948 bis 1962 hatte Niemöller den Vorsitz der Arbeitsgemeinschaft christlicher Kirchen in Deutschland (ACK) inne und war seit 1952 bis zu seinem Tod Mitherausgeber der Zeitschrift „Ökumenische Rundschau“[75]. Überall wirkte er als Initiator, baute Netzwerke auf und kooperierte mit anderen.

3.2 Weihnachten 1944 im KZ Dachau

Die Geburtsstunde des ökumenischen Niemöller ist der Gottesdienst, den er mit sechs Mitgefangenen am 24. Dezember 1944 im KZ-Dachau hält. Er hat darüber im Vorwort zu den Dachauer Predigten Rechenschaft gegeben[76]. Als einziger Deutscher zusammen mit sechs Angehörigen feindlicher Länder, so schreibt er, hätten sie „die ‚una sancta‘ in die Praxis [umgesetzt]“ und sich „gemeinsam um Gottes Wort“ versammelt und miteinander das Abendmahl gefeiert[77]. Hier wird für ihn die Gemeinschaft der *einen* heiligen Kirche erfahrbar:

> „Dabei war unsere Gemeinde fast ebenso reich an Konfessionen wie an Nationen: Calvinisten, Lutheraner, Anglikaner und Griechisch-Orthodoxe fanden sich hier zusammen, fast alle Einzelgänger, die von ihrer kirchlichen Gemeinschaft ebenso abgeschnitten und getrennt waren wie von ihren Familien und Freunden.“[78]

Der Ausdruck „una sancta“ verweist auf das Nizänische Glaubensbekenntnis und gemäß den lutherischen Bekenntnisschriften auf die Kirche im weiteren Sinn als die alle Gläubigen umfassende heilige katholische und apostolische Kirche (*una sancta catholica et apostolica ecclesia*), in der die über die ganze Erde zerstreuten Menschen „ein und denselben Christus [...] haben“[79].

Waren Niemöller bereits in Barmen 1934 die innerprotestantischen Differenzen zwischen lutherischen, reformierten und unierten Kirchen als überwindbar erschienen, so bekräftigte der Weihnachtsgottesdienst zehn Jahre später den Eindruck, dass trotz „der großen Verschiedenheit der Kirchen [...]

74 Heckel war 1928–1945 Leiter des Außenamtes der Deutschen Evangelischen Kirche und nach 1945 Beauftragter des Rates der EKD für Kriegsgefangenenfragen. Die Abkehr von Heckels kirchenpolitischem Kurs entsprach auch dem Interesse von Willem Visser ’t Hooft (vgl. Zeilstra, Visser ’t Hooft, 211, 229).

75 Vgl. Heymel, Gestalt, 111.

76 Vgl. Niemöller, Dachauer Predigten, 3 f.

77 Ebd., Vorwort, 3.

78 Ebd.

79 Apologie VII, 10. Vgl. Schlink, Theologie, 278–284, hier: 284.

die wirkliche Einheit des Leibes (Christi) da ist“[80]. Das Bewusstsein für die Tatsache, „dass die Kirche Jesu Christi auf Erden *eine* ist über alle nationalen Grenzen hinweg“[81], schreibt er 1946, sei in den vergangenen zwanzig Jahren in der Christenheit gewachsen. „Weder dürfen, noch können wir uns nach Nationalitäten aufspalten.“[82]

3.3 Das Gespräch mit Rom

Die drei römisch-katholischen Priester, mit denen er in Dachau inhaftiert war, betrachtete Niemöller fortan als seine lieben Freunde und Brüder in Christus[83]. Er habe erkannt, sagte er 1964 in einem Interview, dass die Lehren der verschiedenen Kirchen Christen nicht trennen dürften. Der Glaube an Jesus Christus schaffe zwischen ihnen eine Einheit, die viel wichtiger sei als eine äußere Einheit der Kirchen. Aus dieser Einsicht hatte er keine Scheu vor Kontakten zur Una-Sancta-Bewegung[84] und suchte das Gespräch mit Rom. Im Oktober 1963 erhielt er als erster führender Repräsentant einer deutschen evangelischen Landeskirche eine Privataudienz bei Papst Paul VI[85]. Auf Einladung des Sekretariats für die Einheit der Christen nahm er zeitweise als Gast an Verhandlungen des Zweiten Vatikanischen Konzils teil[86].

Niemöller war, wie der Generalsekretär des ÖRK Willem Visser ’t Hooft zu seinem 80. Geburtstag schrieb, schon seit 1934 „in der ganzen Ökumene bekannt.“[87] Man wird sich diesem Urteil anschließen müssen, gehörte Niemöller doch zu den „wenigen deutschen Kirchenführer[n] […], die sich aktiv um eine Neugestaltung der zwischenkirchlichen Beziehungen bemüht haben.“[88]

3.4 Neubeginn in Stuttgart als „Partner der Ökumene“

Dafür steht zuerst sein Beitrag zur Stuttgarter Erklärung des Rats der EKD vom Oktober 1945. Sie wäre so kaum zustande gekommen ohne die Predigt, die Niemöller am 17. Oktober 1945 vor einer großen Hörerschaft in der

80 In einem Interview von 1962. Zit. nach Heymel, Marineoffizier, 113.
81 Introduction, in: Herman, Rebirth, 9 (Übers. MH).
82 Ebd.
83 Vgl. Oestreicher, Niemöller, 349. Die Freunde waren Domkapitular Nikolaus Jansen, Johannes Neuhäusler und Prälat Michael Höck.
84 In dieser Bewegung haben Theologen wie Adolf Deißmann, Rudolf Otto, Friedrich Heiler und Nathan Söderblom, aber auch Niemöllers Weggefährte Hans Asmussen gewirkt.
85 Vgl. Kirche. Paul VI., 78.
86 Nach Götting, Pastor, 32. Vgl. Winterhager, Niemöller. Ungenau Zeilstra, Visser ’t Hooft, 350.
87 Zit. nach Voigt, Ökumene, 231.
88 Ebd., 230 f.

Stuttgarter Markuskirche hielt[89]. Dort sprach er aus, weshalb jetzt ein Schuldbekenntnis der Kirche gefordert sei, und bezog sich dafür auf den Propheten Jeremia: „Ach Herr, unsere Missetaten haben's ja verdient; aber hilf doch um deines Namens willen! denn unser Ungehorsam ist groß, damit wir wider dich gesündigt haben" (Jer 14,7 nach Luther 1912). Visser 't Hooft, der mit einer ökumenischen Delegation angereist war, der Personen aus den Niederlanden, der Schweiz, aus Frankreich und den USA angehörten, erinnert sich:

> „Es war eine machtvolle Predigt über das Wesen der Buße. Niemöller sagte, selbst innerhalb der Kirche werde nicht genügend begriffen, daß die vergangenen zwölf Jahre eine Heimsuchung durch Gott gewesen seien. Es genüge nicht, den Nazis die Schuld zu geben, auch die Kirche müsse ihre Schuld bekennen."[90]

Neuere Studien über Visser 't Hooft lassen erkennen, wie sehr Niemöller sich bis in die 1960er Jahre auf der programmatischen Linie des ÖRK bewegte. Das gilt 1. auf Deutschland und Europa bezogen, 2. gegenüber Israel, 3. im Verhältnis der Kirchen der nördlichen zu den Kirchen der südlichen Hemisphäre. Für Visser 't Hooft war Niemöller nach dem Krieg „der wichtigste ‚gute Deutsche'"[91]. Er stellte ihn als zuverlässigen Vertreter des anderen Deutschlands heraus. Niemöller war für ihn „Partner der Ökumene und der zeitgenössische Prophet, den Europa brauchte."[92] Es ist Visser 't Hoofts diplomatischer Initiative zu verdanken, dass Niemöller und seine Frau Else im Dezember 1946 in die USA einreisen konnten. Der Niederländer bemühte sich schon seit der ersten Versammlung des ÖRK 1948 in Amsterdam, die russisch-orthodoxe Kirche als Mitglied zu gewinnen[93], und war überzeugt, „dass der Ökumenische Rat einen streng unabhängigen Kurs einhalten müsse und sich weder vom Westen noch vom Osten instrumentalisieren lassen dürfe."[94] Er wollte den im Mai 1948 gegründeten Staat Israel ökumenisch interpretieren, was u. a. deshalb nicht gelang, weil kirchliche Solidarität sowohl mit Israel wie den Palästinensern bestand[95]. In Evanston 1954 konnte er nicht durchsetzen, dass die Schlussbotschaft über die Hoffnung des Volkes Gottes einen Verweis auf Römer 9–11 enthielt. Überdies fand sich im ÖRK keine Mehrheit, „die der Existenz des Staates Israel eine theologische Bedeutung beimessen wollte"[96].

---

89 Niemöller hatte keine Zeit, sich dafür vorzubereiten. Den Predigttext hatte ihm Else Niemöller ausgesucht (nach Niemöller, Neuanfang, 57 f.). Zur Bedeutung von Stuttgart vgl. Zeilstra, Visser 't Hooft, 208; Heymel, Einsatz, 110 f.

90 Visser 't Hooft, Welt, 230 f.

91 Zeilstra, Visser 't Hooft, 207, 231.

92 Ebd., 211.

93 Vgl. ebd., 228 f.

94 Ebd., 229.

95 Vgl. ebd., 252–257.

96 Ebd., 257.

3.5 *Für die deutsche Einheit*

Niemöller versuchte, die Evangelische Kirche in Deutschland unabhängig von den großen Machtblöcken zu halten. Damit bewegte er sich auf der Linie des ÖRK. Er trat konsequent für die deutsche Einheit ein und verhielt sich kritisch gegenüber der Adenauer-Regierung der Bundesrepublik und der offiziellen Ideologie des Antikommunismus. Als „politischer Prophet“[97] im Westen war er angreifbar, weil er anscheinend eine naive Vorstellung von kommunistischen Diktaturen hatte[98]. Die meisten EKD-Repräsentanten teilten im Gegensatz zu ihm Adenauers Antikommunismus[99]. Von Barmen her sah Niemöller die Kirche und jeden Christen als verantwortlich für die Mitgestaltung des öffentlichen politischen Lebens; die neulutherische Zwei-Reiche-Lehre und ihre Trennung von Religion und Politik hielt er für überholt[100]. Damit vertrat er innerhalb der Evangelischen Kirche die Position einer Minderheit.

3.6 *Für ein geeintes Europa*

Übereinstimmend mit Visser ’t Hooft trat Niemöller 1947 für ein geeintes Europa ein. Seine These lautete: „Ein geeintes Europa, das sich auf christlichen Grundsätzen neu erbaut, ist heute unsere einzige Hoffnung für eine friedliche Entwicklung unserer Welt und deshalb die einzige mögliche konstruktive Idee.“[101] Der deutsch-französische Bruderrat, dem er angehörte, trat 1951 für „ein offenes Europa“ ein: es gehöre „zum Westen, sofern es ein nicht kommunistisches, nicht totalitäres Europa ist, nicht aber so, dass es den Osten abschreibt und sich gegen die Völker Osteuropas abschließt.“[102] Der Versöhnung der Völker zu dienen und den Nationalismus zu überwinden schien Niemöller nur möglich zu sein auf einem „dritten Weg“ jenseits der Bindung Deutschlands an einen der großen Machtblöcke. In dieser Vision von Europa wusste er sich mit all denen verbunden, die wie er aus dem christlich geprägten Widerstand gegen das nationalsozialistische Deutschland kamen, insbesondere mit Protestanten wie Karl Barth und Willem Visser ’t Hooft[103]. Auf Ein-

---

97 Barnett, Soul, 278.

98 Die Niederländerin Hebe Kohlbrugge urteilte, Niemöller habe Menschen im Osten nicht ernst genommen. Er habe einfach nicht glauben wollen, dass etwas in einem sozialistischen Land unrecht sei (nach Barnett, Soul, 281 f.). Ähnlich äußerte sie sich am 16. 3. 2010 im Gespräch mit dem Verfasser.

99 Vgl. ebd., 276.

100 Vgl. Niemöller, Verantwortung (1946), 98–101.

101 Niemöller, Lage, 104 (im Original gesperrt).

102 Helmut Gollwitzer, Ein Treffen des deutschen und französischen Protestantismus (Bièvres bei Paris, 8.–10. 6. 1951), Manuskript, 4 Seiten, S. 4, in: ZA EKHN 62/589.

103 Vgl. Heymel, Einsatz, 116. Zu Niemöller und Barth vgl. den Beitrag von Stephen Plant in diesem Band.

ladung von Niemöller sprach der Generalsekretär im April 1950 auf der EKD-Synode in Berlin-Weißensee über das Thema „Was können die Kirchen für den Frieden tun?“[104].

3.7 Die Moskaureise 1952

Die in Westdeutschland und der EKD umstrittene Moskaureise im Januar 1952 lag insofern genau auf der Linie der Interessen des ÖRK, als Niemöller damit eine Beziehung zur russisch-orthodoxen Kirche anbahnte[105]. Er wurde so für Visser ’t Hooft „ein wertvoller Türöffner“[106]. Heute wissen wir, dass Niemöllers Einladung durch den Moskauer Patriarchen von Heinz Willmann, dem Generalsekretär des Deutschen Friedensrates, eingefädelt worden war[107]. Obwohl Gollwitzer ihn vor der Reise über die Abhängigkeit des Patriarchen vom Politbüro der KPdSU aufgeklärt hatte, verbreitete Niemöller nach seiner Rückkehr, die Kirche Russlands sei selbständig. Damit ermöglichte er den Politikern des Ostens, ihn für ihre Propaganda zu nutzen, und im Westen wurde er als Parteigänger der Sowjets wahrgenommen. Das entwertet aber nicht sein ökumenisches Engagement. Niemöller reiste nicht von Willmann gesteuert[108]. Er war auf dessen Vorschlag eingegangen, weil er mit dem ÖRK das Interesse an bilateralen Beziehungen zur Kirche in Russland teilte. Für die Aufnahme ökumenischer Kontakte hätte er dort kaum werben können, wenn er seine Gesprächspartner als unfrei betrachtet hätte.

Auf den Besuch in Moskau im Januar 1952 hatte er schon drei Jahre zuvor als Leiter des Außenamts der EKD hingearbeitet. Er lud Wissenschaftler, die sich mit dem orthodoxen Osten befassten, zu einer Tagung in Heidelberg ein und gab 1949 die Vorträge unter dem Titel „Orthodoxie und Evangelisches Christentum“ heraus. Im Vorwort stellte er fest, „daß es zwischen der Christenheit, in deren Mitte wir selber leben, und der östlichen Christenheit an einer lebendigen Beziehung, ja an den notwendigen Verbindungen seit langer Zeit fehlt.“[109] Es sei die Aufgabe, abgebrochene Brücken wieder aufzubauen. Ein niederländischer Theologe und Historiker attestiert Niemöller, er habe sorgfältig geprüft, „wie sich gegenseitige Beziehungen zwischen dem Patriarchat und der ökumenischen Bewegung entwickeln ließen. Doch auf seine Frage, ob die Kirche Russlands in erster Linie Stalin oder Christus diene, erhielt er keine Antwort.“[110]

Im Oktober 1959 besuchte eine russisch-orthodoxe Delegation westdeut-

104 Vgl. Zeilstra, Visser ’t Hooft, 305.
105 Vgl. Heymel, Marineoffizier, 201–206; Illert, Dialog, 304–310.
106 Zeilstra, Visser ’t Hooft, 308.
107 Vgl. Greschat, Feind, 342–353; Ziemann, Leben, 435–440.
108 Diesen Eindruck erweckt Ziemann, Leiter, 333.
109 Niemöller, Orthodoxie.
110 Zeilstra, Visser ’t Hooft, 308.

sche evangelische Landeskirchen und kam zum ersten bilateralen Dialog in der Evangelischen Akademie der EKHN in Arnoldshain, an dem auf evangelischer Seite neben Vertretern des Kirchlichen Außenamts der EKD wie der Ostkirchenexpertin Hildegard Schaeder auch Theologen wie Edmund Schlink, Hans Joachim Iwand und Heinrich Vogel teilnahmen, die alle in den 1930er und 1940er Jahren der Bekennenden Kirche angehört hatten[111]. Im Dezember desselben Jahres reiste eine Delegation des ÖRK nach Moskau[112]. Man kann also die Aufnahme der russisch-orthodoxen Kirche in den ÖRK, die 1961 in Neu Delhi erfolgte, den gemeinsamen Bemühungen von Visser 't Hooft und Niemöller zuschreiben.

3.8 Ambivalentes Verhältnis zu Israel

Im Blick auf den Staat Israel ist festzuhalten, dass Niemöller es vermied, sich in der Öffentlichkeit über ihn zu äußern[113]. Wie wir aus seinen Briefen wissen, betrachtete er ihn als säkulares Gebilde und weigerte sich, ihn in heilsgeschichtlichem Kontext zusammen mit dem biblischen Israel zu sehen. Diese Position wurde im ÖRK mehrheitlich geteilt und war in der deutschen evangelischen Kirche und Theologie vor 1980 – sieht man von Israeltheologien wie denen Karl Barths und Helmut Gollwitzers einmal ab – weithin konsensfähig[114]. Noch 1991 vermied die EKHN, bei der Erweiterung ihres Grundartikels durch ein Bekenntnis zur bleibenden Erwählung der Juden ein politisches Glaubensbekenntnis zum Staat Israel abzugeben. Nach dem Sechstagekrieg 1967 meinte Niemöller, man müsse alles tun, „um zu einem friedlichen Nebeneinander und Miteinander im Nahen Osten zu helfen."[115]

So kritisch er dem Staat Israel und seiner Politik gegenüberstand, so wenig hinderte ihn dies daran, dreimal nach Israel zu reisen[116] und dort freundschaftliche Kontakte zu Juden zu unterhalten, darunter dem israelischen Friedensaktivist Joseph W. Abileah. Es ist unzutreffend, dass der Begriff Jude „bis an Niemöllers Lebensende eine Chimäre, eine reine Abstraktion" geblieben sei und Niemöller zur „Realität des Judentums [...] auch nach der

111 Vgl. Illert, Dialog, 47 f.

112 Vgl. Zeilstra, Visser 't Hooft, 312 f.

113 Vgl. Heymel, Marineoffizier, 190 f. Dies entsprach der Linie des ÖRK. Ein Statement über die Hoffnung Israels, das 1954 der Vollversammlung in Evanston vorlag und von 24 Personen, darunter auch Martin Niemöller, unterzeichnet wurde, hält fest: „Unser Anliegen in dieser Frage ist ganz biblisch und soll nicht verwechselt werden mit irgendeiner politischen Haltung gegenüber dem Staat Israel" (Visser 't Hooft, Evanston Report, 327).

114 Erst der Rheinische Synodalbeschluss von 1980 deutete den Staat Israel als Zeichen der Treue Gottes.

115 In einem Brief vom 22. 7. 1967 an Elsa Freudenberg. Zit. nach Heymel, Marineoffizier, 191.

116 Das geht aus verschiedenen Quellen in Niemöllers Nachlass hervor (ZA EKHN 62/450; 577; 1723; 6097). Ziemann, Leben, 505 f. missachtet diesen Befund, indem er suggeriert, Niemöller habe nicht nach Israel reisen wollen.

Shoah keinen Zugang" gefunden habe.[117] Im November 1961 war er zum ersten Mal in Jerusalem. Hier besuchte er die Erlöserkirche und die Grabeskirche. Er wollte schon im April zur Einweihung des Hauses Abraham der ökumenischen Marienschwestern kommen, war aber durch Amtsgeschäfte verhindert. Im Dezember 1968 reiste er auf Einladung des israelischen Friedenskomitees, das sich für eine Lösung des israelisch-arabischen Konflikts einsetzte. Die längste, fünf Wochen dauernde Reise fand im September / Oktober 1969 statt. Als Vorsitzender im Verwaltungsrat des Palästina-Instituts in Ost-Jerusalem besuchte Niemöller biblische Stätten, Klöster und die Hebräische Universität und führte Gespräche über das Verhältnis von Juden und Arabern.[118]

3.9 Für eine solidarische Welt

Niemöller sah die ökumenische Bewegung in der christlichen Laienschaft verwurzelt[119]. Für sein Wirken in der Ökumene war der Grundgedanke der „Bruderschaft aller Menschen" leitend[120]. Er beruht auf der theologischen Erkenntnis, dass durch Jesus „ein persönliches Verhältnis hergestellt [wird] zwischen Gott und uns, wie zwischen Vater und Kind, und das geschieht, indem Jesus mir als Bruder begegnet und mich zu seinem Bruder macht."[121] Alle Menschen seien durch ihn zu Brüdern füreinander bestimmt. Das sei die christliche Glaubenshaltung, in der die Kirchen und Christen zu leben hätten, und dadurch werde auch der Welt zum menschlichen Leben geholfen. Es ist diese Glaubenshaltung, in der Niemöller für eine nicht vom Westen dominierte Ökumene und eine gerechtere Ordnung der einen Welt eintrat.

Früher und radikaler als viele seiner Generation betrachtete er alle Lebensfragen in globalem Zusammenhang. Als Mitglied im Präsidium des ÖRK prägte er dessen politische Theologie, wonach die Kirchen sich im Kampf für Gerechtigkeit und Freiheit zugunsten der Armen und Unterdrückten zu engagieren haben. Später betrachtete er die Frage der Erhaltung des Friedens als die „erste Lebensfrage der Menschheit"[122]. Mit dieser Einsicht stieß er Christen und Nichtchristen dazu an, sich gemeinsam um eine solidarische Welt zu bemühen[123]. Im Kampf für die *eine* Welt sah Niemöller die Berufung der

117 Ziemann, Leben, 506.
118 Vgl. Siegele-Wenschkewitz, Auseinandersetzungen, 283 f.
119 Vgl. Niemöller, Reformation (1967), 132.
120 Vgl. Heymel, Marineoffizier, 260–263.
121 Die Bergpredigt, in: Stimme der Gemeinde 21 (1969), Sp. 300, zit. nach Herbert, Libertas, 18.
122 Niemöller, Bundesrepublik, 263 f.
123 Vgl. Niemöller, Welt (1976); Ders., Europa (1977). Die vierte Vollversammlung des ÖRK 1968 in Uppsala verabschiedete einen Bericht über „Weltwirtschaft und soziale Entwicklung", in dem sie erklärte: „Die Kirche ist berufen, für eine weltweite verantwortliche Gesellschaft zu arbeiten und Menschen und Völker zur Umkehr aufzufordern" (Goodall, Uppsala Report,

Gemeinde Jesu Christi. Deren Mission bestehe darin, die Menschheit auf „den Weg zum einzig vernünftigen Leben in dieser Welt“[124] hinzuweisen, den Jesus schon in der Bergpredigt gezeigt habe: eines Lebens in Mitmenschlichkeit und Solidarität der Reichen mit den Armen. Niemöller bezog sich bei seiner Situationsanalyse wie auch in seinem Ruf zur Umkehr auf die Weltkonferenz des ÖRK für Kirche und Gesellschaft, die 1966 in Genf stattfand, und auf die päpstliche Sozialenzyklika „Populorum progressio“ des folgenden Jahres.

Im Horizont einer globalisierten Welt weitete sich sein Verständnis von Buße. Nach Niemöllers Auffassung haben Christen der Welt das prophetische Wort zu bezeugen, d. h. die Weisung, dass die weißen Völker in Politik und Wirtschaft tiefgreifend umdenken müssen, damit die Menschheit überleben kann[125]. Dass die jungen Kirchen Menschen in Europa zur Selbstprüfung bewegen, indem sie vorleben, was Nachfolge Jesu heißt, kehrt als Leitmotiv in vielen Reden Niemöllers über die Ökumene wieder. Schon 1956 erklärte er deutschen Zuhörern: „Die Zeit des ‚weißen Mannes‘ geht mit Riesenschritten ihrem Ende entgegen.“[126] Christus sei „nicht auf die weiße Christenheit angewiesen, um seine Botschaft in der Welt ausrichten zu lassen.“[127] Das habe ihm erstmals die christliche Weltjugendkonferenz 1947 in Oslo klargemacht. Die fünfte Weltkirchenkonferenz 1975 in Nairobi, die letzte, die er miterlebte, bestätigte ihn in der Erkenntnis: „Die weiße Welt hat abgedankt, auch und vor allem im Raum der Kirche. Die Weißen […] müssen endlich erkennen, was sie von den neuen Kirchen zu lernen haben.“[128] Noch 1982 erklärt er: „Ich kann nur hoffen, daß die Christenheit in Europa von der jungen Christenheit der sogenannten Dritten Welt eines Tages so angesprochen wird, daß sie wieder auf Jesus von Nazareth als das Wort Gottes […] zu hören willens wird.“[129] Dass man ihm wie dem ÖRK in Deutschland einseitig linke Positionen vorwarf[130], hat ihn nicht von seinem Weg abgebracht. Niemöller kritisierte aus einer

---

Nr. 29, 51). Es gebe „keine kirchlichen, industriellen, regierungseigenen oder internationalen Strukturen, die außerhalb der Reichweite der Aufgabe der Kirchen liegen, wenn sie ihre prophetische Rolle wahrnehmen, den Willen Gottes für alle Menschen zu verstehen“ (Ebd., Nr. 35, 52). Niemöller hat sich dafür eingesetzt.

124 Niemöller, Theologie (1967), 127.

125 Wiederum mit Bezug auf die Genfer Konferenz „Kirche und Gesellschaft“ von 1966 mahnt Niemöller, „daß […] die Reichen noch immer reicher, die Armen noch immer ärmer würden. Das war und das bleibt eine Frage an die Christenheit; denn die ‚Reichen‘ – das sind die Christen oder die christlichen bzw. ehemals christlichen Völker, die ‚weiße Rasse‘“ (Niemöller, Botschaft, 173).

126 Niemöller, Kirchen (1956), 130; ähnlich in: Welt (1959/60), 66 („So naht der Zeitpunkt mit Riesenschritten, an dem wir – die weiße Rasse – unsere hegemoniale Führerstellung in der Welt verlieren werden.“).

127 Niemöller, Kirchen (1956), 133.

128 Schmidt, Biographie, 271.

129 In: Sommer, Zorn, 241.

130 Vgl. Greschat, Feind; Zeilstra, Visser ’t Hooft, 376 und 384 (zu der in Deutschland geübten Kritik am Antirassismus-Programm des ÖRK). Zur Sache auch Richter, Protestantismus.

gefestigten antirassistischen Haltung heraus den Eurozentrismus und das Überlegenheitsgefühl des „weißen" Europas bereits in einer Zeit, in der solche Gedanken noch Außenseiterpositionen darstellten.

Quellen- und Literaturverzeichnis

I. Unveröffentlichte Quellen

Kircheninterne Periodika

NIEMÖLLER, Martin: Gedanken zur europäischen Lage. In: Amtsblatt der EKD 1 (1947), Nr. 16, 101–106.

–: Was müssen wir heute von der Kirche erwarten? In: Protokolle der ersten Kirchensynode der EKHN, 2. Tagung Mai 1951, 14–22.

Zentralarchiv der Evangelischen Kirche in Hessen und Nassau (ZA EKHN) Darmstadt

Bestand 62: Nachlass Martin Niemöller

A Nicht verzeichnete Quellen

450 Briefwechsel mit Personen in Israel 1946–1980
538 Briefwechsel mit Alfred Adam
540 Briefwechsel mit Hans Asmussen
577 Briefwechsel mit Adolf Freudenberg 1948–1977
589 Briefwechsel mit Helmut Gollwitzer
665 Briefwechsel mit Hanfried Müller
671 Briefwechsel mit Wilhelm Niemöller
1723 Reise nach Israel, Juli 1969
6097 Amtskalender Martin Niemöller 1945–1968

II. Veröffentlichte Quellen und Darstellungen

ANONYM [Hildebrandt, Franz]: Martin Niemöller und sein Bekenntnis. Zollikon 1938, [6]1939.

BARNETT, Victoria: For the Soul of the People. Protestant Protest against Hitler. New York 1992, Nachdruck 1998.

BENTLEY, James: Martin Niemöller. Eine Biographie. München 1985.

BONHOEFFER, Dietrich: Sanctorum Communio. Eine dogmatische Untersuchung zur Soziologie der Kirche (TB 3). München 1954.

BURGSMÜLLER, Alfred / WETH, Rudolf (Hg.): Die Barmer Theologische Erklärung. Einführung und Dokumentation. Neukirchen [2]1984.

DIBELIUS, Otto / NIEMÖLLER, Martin: Wir rufen Deutschland zu Gott. Berlin 1937.

Götting, Gerald: Pastor Martin Niemöller. Kämpfer gegen den Faschismus – Kämpfer für den Frieden (Hefte aus Burgscheidungen 221). Burgscheidungen 1984.

Gollwitzer, Helmut: Martin Niemöller. In: Ökumenische Gestalten. Brückenbauer der einen Kirche. Hg. von Günter Gloede. Berlin 1974, 236–250.

Greschat, Martin: „Er ist ein Feind dieses Staates!" Martin Niemöllers Aktivitäten in den Anfangsjahren der Bundesrepublik Deutschland. In: ZKG 114 (2003), 333–356.

Harder, Günther / Niemöller, Wilhelm (Hg.): Die Stunde der Versuchung. Gemeinden im Kirchenkampf 1933–1945. Selbstzeugnisse. München 1963.

Herbert, Karl: Libertas christiana. Thema der Kirche gestern und heute. In: Christliche Freiheit im Dienst am Menschen. Ein Themenband zum 80. Geburtstag von Martin Niemöller. Hg. von Karl Herbert. Frankfurt a. M. 1972, 9–27.

Herman, Stewart: The Rebirth of The German Church. With an Introduction by Martin Niemöller. London 1946.

Heymel, Michael: Der Prediger Martin Niemöller und die EKHN. In: JHKV 60 (2009), 21–31.

–: Editorischer Vorbericht. In: Niemöller, Dahlemer Predigten, 15–73.

–: Martin Niemöller – eine große Gestalt des deutschen Protestantismus. In: ÖR 68 (2019), 103–117.

–: Martin Niemöllers Einsatz für Frieden und Versöhnung nach dem Zweiten Weltkrieg. In: Irene Dingel / Jan Kusber / Malgorzata Morawiec (Hg.): Die europäische Integration und die Kirchen IV. Versöhnung und Ökumene, Ethik und Recht (VIEG.B 131). Göttingen 2020, 109–130.

–: Martin Niemöller. Vom Marineoffizier zum Friedenskämpfer. Darmstadt 2017.

–: Martin Niemöller: Wir haben das „ewige" Leben! Predigt über 1 Joh 5,11–13 am 16. Februar 1958 in Paris. In: JHKGV 69 (2018), 213–218.

–: Oratio – meditatio – tentatio. Der geistliche Grundzug von Luthers Theologie. In: Christian Möller mit Michael Heymel und Peter Goes: „Ich hab einen besseren Sorger". Luthers seelsorgliche Theologie. Kamen 2017, 215–234.

Hockenos, Matthew D.: Pastor Martin Niemöller, German Protestantism, and German National Identity, 1933–1937. In: John Carter Wood (Hg.): Christianity and National Identity in Twentieth-Century Europe. Conflict, Community, and the Social Order. Göttingen 2016, 113–130.

Illert, Martin: Dialog – Narration – Transformation. Die Dialoge der Evangelischen Kirche in Deutschland und des Bundes der Evangelischen Kirchen in der DDR mit orthodoxen Kirchen seit 1959 (ÖR.B 106). Leipzig 2016.

Jaspert, Bernd: Existentiale Interpretation. Zur frühen Entmythologisierungsdebatte. Nordhausen 2015.

Kirche. Paul VI. Schrecklich allein. In: Der Spiegel Nr. 52/1965, 68–84.

Krüger, Hanfried (Hg.): Bis an das Ende der Erde. Ökumenische Beiträge. FS zum 70. Geburtstag. München 1962.

Kuhlmann, Sebastian: Martin Niemöller. Die prophetische Dimension der Predigt (APrTh 39). Leipzig 2008.

Niemöller, Martin: 16 Predigten von Martin Niemöller. Frankfurt a. M. 1962.
–: Ach Gott vom Himmel sieh darein. Sechs Predigten, München 1946.
–: Dahlemer Predigten. Kritische Ausgabe. Hg. von Michael Heymel. Gütersloh 2011.
– (Hg.): Das Bekenntnis der Väter und die bekennende Gemeinde. München 1934.
–: Das Christusbekenntnis der Kirche vor der Welt und die Bekenntnisse der Reformation (1945). In: Ders., Reden 1945–1954, 63–82.
–: Der Weg ins Freie (1946). In: Ders., Reden 1945–1954, 23–42.
–: Die christliche Botschaft in einer unruhigen und veränderlichen Welt (1970). In: Ders., Reden 1964–1976, 171–177.
–: Die eine Kirche in der Welt (1957). In: Ders., Reden 1955–1957, 225–231.
–: Die Erneuerung unserer Kirche. München 1946.
–: Die politische Verantwortung des Christen im akademischen Stand (1946). In: Ders., Reden 1945–1954, 87–102.
–: Dreißig Jahre Bundesrepublik (1979). In: Martin Niemöller: Was würde Jesus dazu sagen? Reden, Predigten, Aufsätze 1937–1980. Hg. von Walter Feurich. Berlin 1980, 245–265.
–: Gedanken über den Weg der christlichen Kirche. Hg. von Alf Christophersen und Benjamin Ziemann. Gütersloh 2019.
–: Gegen das Europa der Reichen (1977). In: Ders., Niemöller, 276–281.
–: Hat die christliche Botschaft dem modernen Menschen etwas zu sagen? (1958). In: Reden 1958–1961. Frankfurt a. M. 1961, 52–61.
–: Herr, wohin sollen wir gehen? Ausgewählte Predigten. München 1956.
–: Humanismus und Christentum (1955). In: Ders., Reden 1955–1957, 34–49.
–: Martin Niemöller. Ein Lesebuch. Hg. von Hans Joachim Oeffler u. a. Köln 1987.
–: Meine Reise nach Moskau. In: Der Spiegel vom 16. 1. 1952, 13–15.
–: Reden 1945–1954. Darmstadt 1958.
–: Reden 1955–1957. Darmstadt 1957.
–: Reden, Predigten, Denkanstöße 1964–1976. Hg. von Hans Joachim Oeffler. Köln 1977.
–: Reformation und Ökumene (1967). In: Ders., Reden 1964–1976, 129–135.
–: Solidarische Welt: Konsequenzen für die Kirche (1976). In: Ders., Reden 1964–1976, 251–258.
–: Theologie der Revolution? (1967). In: Ders., Reden 1964–1976, 120–128.
–: Vom U-Boot zur Kanzel. Berlin 1934, Nachdruck 1938.
–: Vorwort zu: Orthodoxie und Evangelisches Christentum. Hg. vom Kirchlichen Außenamt der EKD, Studienheft Nr. 1. Witten 1949, 5.
–: Was haben die „Jungen Kirchen“ der alten Christenheit zu sagen? (1956). In: Ders., Reden 1955–1957, 130–136.
–: Was müssen wir heute von der Kirche erwarten? (1951). In: Ders., Reden 1945–1954, 178–183.
–: Weltweite Christenheit und die Versöhnung (1949). In: Ders., Reden 1945–1954, 153–158.
–: Wir und die farbige Welt (1959/60). In: Ders., Reden 1958–1961. Frankfurt a. M. 1961, 62–70.

–: Wir predigen den gekreuzigten Christus. Zollikon-Zürich 1949.

–: Wozu heute noch Kirche? (1975). In: Ders., Lesebuch, 256–263.

–: „… zu verkündigen ein gnädiges Jahr des Herrn!“ Sechs Dachauer Predigten. München 1946.

Niemöller, Wilhelm: Neuanfang 1945. Zur Biographie Martin Niemöllers nach seinen Tagebuchaufzeichnungen aus dem Jahre 1945. Frankfurt a. M. 1967.

Oestreicher, Paul: Martin Niemöller talking an interview with Paul Oestreicher. In: The Listener, 27. 2. 1964, 348–349.

Redhardt, Jürgen: Niemöller als Prediger über alttestamentliche Texte. In: Rainer Kessler u. a. (Hg.): „Ihr Völker alle, klatscht in die Hände!“ FS für Erhard S. Gerstenberger zum 65. Geburtstag (Exegese in unserer Zeit. Kontextuelle Bibelinterpretation aus lateinamerikanischer und feministischer Sicht 3). Münster 1997, 417–426.

Richter, Hedwig: Der Protestantismus und das linksrevolutionäre Pathos. Der Ökumenische Rat der Kirchen im Ost-West-Konflikt in den 1960er und 1970er Jahren. In: GeGe 36 (2010), 408–436.

Schlink, Edmund: Theologie der lutherischen Bekenntnisschriften. München 1940.

Schmidt, Dietmar: Martin Niemöller. Eine Biographie. Wesentlich erweiterte Neuausgabe. Stuttgart 1983.

Siegele-Wenschkewitz, Leonore: Auseinandersetzungen mit einem Stereotyp. Die Judenfrage im Leben Martin Niemöllers. In: Dies. (Hg.): Christlicher Antijudaismus und Antisemitismus. Theologische und kirchliche Programme Deutscher Christen (ArTe 85), Frankfurt 1994, 261–291.

Sommer, Norbert (Hg.): Zorn aus Liebe. Die zornigen alten Männer der Kirche. Stuttgart / Berlin 1983, 235–241.

Spijkerboer, Arie Adrianus: Een gehoorzame rebel. Martin Niemöller op de kansel en op het podium. Kampen 1996.

Visser ’t Hooft, Willem A.: Die Welt war meine Gemeinde. Autobiographie. München 1972.

Voigt, Karl Heinz: Ökumene in Deutschland. Von der Gründung der ACK bis zur Charta Oecumenica (1948–2001) (KKR 65). Göttingen 2015.

Winterhager, Jürgen W.: Martin Niemöller. In: Una Sancta 1968/4, XII–XV.

Wischmann, Adolf: Martin Niemöller als Leiter des Kirchlichen Außenamtes. In: Niemöller, Neuanfang, 121–133.

Wolf, Ernst: Barmen. Kirche zwischen Versuchung und Gnade. München ^{2}1970.

Zeilstra, Jurjen Albert: Willem Adolf Visser ’t Hooft. Ein Leben für die Ökumene. Aus dem Niederländischen übersetzt von Katharina Kunter. Leipzig 2020.

Ziemann, Benjamin: Martin Niemöller als Leiter des Kirchlichen Außenamtes 1945–1956. In: Andreas Gestrich / Siegfried Hermle / Dagmar Pöpping (Hg.): Deutsch und evangelisch? Auslandsgemeinden im 20. Jahrhundert zwischen Nationalprotestantismus, Volkstumspolitik und Ökumene (AKIZ B 79). Göttingen 2020, 323–343.

–: Martin Niemöller. Ein Leben in Opposition. München 2019.

III. Internetquellen

THE EVANSTON REPORT. Ed. by Willem Visser 't Hooft. London 1955. In: https://archived.oikoumene.org/de/about-us/organizational-structure/assembly/past-wcc-assemblies [21.5.2021].

RECK, Norbert: „...daß uns in unseren Tagen ein Kampf verordnet ist“. Eine Relektüre von Predigten Martin Niemöllers. In: theologie.geschichte – Zeitschrift für Theologie und Kulturgeschichte 3.2008 (online-Zeitschrift). In: https://theologie-geschichte.de/ojs2/index.php/tg/article/view/161/187 oder als pdf-Datei mit Seitenzahlen 49–85: https://theologie-geschichte.de/ojs2/index.php/tg/article/view/161/1290 [3.10.2022].

REGTERSCHOT, Albert-Jan: Biografie: A. A. Spijkerboer. In: Reformatorisch Dagblad vom 11.1.2016. In: https://www.rd.nl/artikel/646355-biografie-a-a-spijkerboer [21.5.2021].

SKILES, William Stewart: Preaching to Nazi Germany: The Confessing Church on National Socialism, the Jews, and the Question of Opposition, Diss. Phil., University of California. San Diego 2016. In: https://escholarship.org/content/qt3zk2x6p6/qt3zk2x6p6_noSplash_5d987b66d1eb8efdb1d7bbb348d9104f.pdf [21.5.2021].

THE UPPSALA 68 REPORT. Ed. by Norman Goodall. Geneva 1968. In: https://archived.oikoumene.org/de/about-us/organizational-structure/assembly/past-wcc-assemblies [21.5.2021].

Lukas Bormann

Martin Niemöller und die Bibel: Die Schrifthermeneutik Niemöllers nach den Dahlemer Predigten und seinen Beiträgen zur Entmythologisierungsdebatte

1. Der Prediger

Am 5. August 1936 war im Manchester Guardian über Martin Niemöller und die führenden Sprecher der Deutschen Christen, im folgenden Zitat als „controversialists" bezeichnet, zu lesen:

> "Their controversialists were unable for a single moment to stand up to theologians like Karl Barth, Asmussen, Thurneysen, Vogel, Dibelius and others, or to preachers like Niemöller and Jakobi."[1]

Das Zitat macht nicht nur deutlich, wie sehr die Vertreter der Bekennenden Kirche die Diskussion beherrschten, sondern auch wie Martin Niemöller wahrgenommen wurde: Nicht als Theologe wie Karl Barth, Hans Asmussen und die anderen Genannten, sondern als „Prediger". In der Rezeption des Kirchenkampfs durch die britische Presse stand der Mann auf der Kanzel, der Prediger, der das Evangelium verkündigte, ganz im Mittelpunkt des publizistischen Niemöllerbildes[2]. Die Rolle des bekennenden Predigers hatte Niemöller selbst angenommen. Sie entsprach seinem vorrangigen Selbstverständnis und wird auch in der wissenschaftlichen Literatur zu Niemöller als zentrales Wahrnehmungsmuster immer wieder bestätigt[3].

Schon vor seiner Verhaftung am 1. Juli 1937 war Niemöller im Vereinigten Königreich ein bekannter Mann[4]. Seine Publizität hatte die der Landesbischöfe Hans Meiser und Theophil Wurm, die in den Jahren 1933 und 1934 die Berichterstattung über den Kirchenkampf in der britischen Presse dominierten, inzwischen weit überboten. Im Jahr 1937 erreichte die Aufmerksamkeit, die der Prediger Niemöller im Manchester Guardian und der London Times erhielt, ihren Höhepunkt. Eine Abfolge aufsehenerregender Ereignisse, die zu England in Beziehung standen, wurde aufmerksam verfolgt und als Versuch gedeutet, einen christlichen Prediger zum Schweigen zu bringen: Am 14. Mai 1937 wurde fünf Mitgliedern der deutschen Delegation, die zur öku-

---

1 Huttner, Presse, 706, Anm. 186.

2 Vgl. ebd., 301–305.

3 Vgl. Heymel, Prediger, 21; Schreiber, Niemöller, 47; und Greschat, Niemöller, 16 f.

4 1936 war in England und den USA die Autobiographie Niemöllers erschienen: Niemöller, U-boat, vgl. Tetlow, Making, 289–293.

menischen Konferenz für praktisches Christentum (Life and Work, 12. bis 26. Juli 1937) nach Oxford reisen sollte, darunter Niemöller, der Reisepass entzogen[5]. Am 3. Juni 1937 verbot Hitler schließlich der gesamten Delegation, für die von Seiten der Bekennenden Kirche neben Niemöller auch Dietrich Bonhoeffer vorgesehen war, die Teilnahme an der Konferenz[6]. Am 23. Juni wurden acht führende Repräsentanten der Bekennenden Kirche während einer Sitzung des Reichsbruderrates verhaftet. Eine Woche später am 1. Juli erfolgte Niemöllers Verhaftung[7]. Die internationale Presse, insbesondere Times und Guardian berichteten von all diesen Vorgängen an prominenter Stelle. Am 19. Juli verabschiedete die ökumenische Versammlung in Oxford, zu der aufgrund der oben genannten Verhaftungen und Passentzüge nur Vertreter der deutschen Freikirchen anreisen durften, die „Botschaft an die Deutsche Evangelische Kirche", in der die „Leiden vieler Pfarrer und Laien" („the afflictions of many pastors and laymen") in Deutschland beklagt und deren „Kampf gegen Verfälschung und Unterdrückung des christlichen Zeugnisses" („against distortion and suppression of Christian witness") herausgestellt wurde[8]. Im gleichen Jahr 1937 erschienen die von ihm selbst 1935 auf Deutsch in zwei Bänden publizierten 31 Predigten auf Englisch unter dem Titel „First commandment" und in den USA unter „Here stand I!"[9]. Durch diese Wahl der Titel wurden Assoziationen hervorgerufen, die die breite Öffentlichkeit an zentrale und emotional hochbesetzte Schlüsselaussagen des protestantischen Christentums erinnerten: Das Erste Gebot fordert die unbedingte und ausschließliche Verehrung des einen biblischen Gottes und die Anspielung auf Martin Luthers berühmten Ausspruch während des Wormser Reichstages von 1521 verweist auf eine symbolisch verdichtete Wendung, die zum Identitätskern protestantischen Selbstverständnisses im Sinne der Freiheit gegenüber Mächten und Autoritäten gehört. Die bereits 1936 und 1937 auf Englisch erschienene Autobiographie wurde nun mit einer biographischen Ergänzung unter einem erweiterten Titel neu aufgelegt: „From U-boat to concentration camp. The autobiography of Martin Niemöller with his further story by the Dean of Chichester"[10]. Auch hier spielt die Titelwahl deutlich auf eine zum Stereotyp verdichtete Vorstellung vom Schicksal des bekennenden Christen an. Niemöller wurde durch diese Verhaftung und endgültig aufgrund seiner Verurteilung durch das Sondergericht am 2. März 1938 sowie die anschließende offensichtlich widerrechtliche Verbringung in ein Konzentrationslager weltweit endgültig zur „‚Symbolfigur des christlichen Widerstandes' in Deutschland"[11]. Immer wieder wurden die Predigten Nie-

5 Vgl. Boyens, Kirchenkampf, 150; Schmidt, Kirchenkampf, 431.
6 Vgl. ebd.
7 Vgl. Schmidt, Kirchenkampf, 432.
8 The Times, 20. Juli 1937; Forschungsabteilung, Kirche, 267 f.
9 Vgl. Niemöller, Christus; Ders., Dahlemer Predigten; Niemöller, Here.
10 Vgl. Niemöller, U-boat; Ders., camp.
11 Huttner, Presse, 305. So auch: Nicolaisen, Niemöller, 309; Greschat, Niemöller, 17,

möllers unter neuen Titeln und mit Ergänzungen, die ihn als christlichen Märtyrer und Kämpfer gegen Gestapo, Nazis und den Führer darstellten, publiziert und mit aufmerksamkeitsheischenden Titeln versehen: „Gestapo Defied", „God is my Fuehrer" oder „Hero of the Concentration Camp"[12]. Martin Niemöller hatte nun die höchsten Publizitätswerte in der englischen Presse. In den Jahren 1938 und 1939 befassten sich 73,5 % der Berichterstattung über den Kirchenkampf in Deutschland mit ihm[13]. Die Weihnachtsausgabe des Jahres 1940 des Wochenmagazins *Time. The weekly magazine* bildete Niemöller als Pastor auf der Titelseite ab und untertitelte: „Martyr of 1940: In Germany only the cross has not bowed to the swastika"[14]. Die öffentliche Debatte um Niemöller außerhalb Deutschlands war inzwischen hochemotional. James Bentley charakterisiert sie mit den Worten: „Allerdings war es in der emotionsgeladenen Atmosphäre jener Zeit fast unmöglich, in Niemöller *nicht* [k. i. O.] einen Helden von beinahe mythischer Statur zu sehen."[15] An dem großen Interesse an Niemöller als Prediger im Konzentrationslager wollte auch ein Autor teilhaben, der unter dem Pseudonym Leo Stein einen bis in neueste wissenschaftliche Publikationen hinein wirksamen fiktiven Bericht über seine vermeintliche gemeinsame Zeit mit Niemöller im KZ erfolgreich publizierte[16].

Der Kirchenkampf wurde in England als „grundsätzlicher Antagonismus zwischen Totalitarismus und Religion" gesehen[17]. Man hatte den Eindruck gewonnen, dass die Religion als letzter Bereich der Freiheit im totalitären Staat verblieben war[18]. Auch Alfred Wiener, der Leiter des jüdischen Informationszentrums zum Nationalsozialismus (Jewish Central Information Office), stellte im Rückblick auf diese Jahre diesen Aspekt heraus: Das Schicksal dieses Mannes auf der Kanzel trug vor der Pogromnacht vom November 1938 mehr noch als die feindselige Behandlung jüdischer Menschen in Deutschland dazu bei, dass die britische Öffentlichkeit den „wahren Charakter des Nationalsozialismus" erkannte[19].

Es war also die Figur des Predigers, des Auslegers der Schrift, die Martin Niemöller zu einer international verehrten Persönlichkeit hat werden lassen. Vor allem in den im weitesten Sinn protestantisch geprägten Ländern wie den USA, England, Schottland, den Niederlanden und den skandinavischen Län-

---

12 Niemöller, Gestapo; Ders., God; und Miller, Niemoeller.

13 Vgl. Huttner, Presse, 305.

14 Time. The weekly magazine, 23. 12. 1940 (no. 26).

15 Bentley, Niemöller, 187.

16 Vgl. Stein, Hell; Ders., Infierno. Dem fiktiven Bericht über ausführliche Gespräche mit Niemöller während einer vermeintlichen gemeinsamen Haft folgt z. B. Evans, Drittes Reich 2/1, 285–286. Vgl. Heymel, Stein, 53–87; Bentley, Niemöller, 187.

17 Huttner, Presse, 675.

18 Vgl. ebd.

19 Vgl. Wiener, Untersuchungen, 222. Zur Rezeption in den USA s. Hockenos, Niemöller, 117 und 141–145, 153 f. u. ö.

dern galt er als christlicher Kämpfer gegen Gestapo und Hitler. Wie breit und tief die Wirkung Niemöllers war, soll an einem Beispiel aus der Geschichte meines Faches Neues Testament erläutert werden.[20] Der Neutestamentler Gerhard Kittel, NSDAP-Mitglied seit 1933,[21] warnte in einem geheimen Bericht an den Reichserziehungsminister im November 1938, dass ein ungeschicktes Vorgehen der deutschen Vertreter bei der Gründung der angelsächsisch geprägten Society for New Testament Studies dazu führen könnte, dass die „Engländer [...] die Aufnahme des Pfarrers Niemöller" vorschlagen würden[22]. Eine hochrangige Ressortbesprechung mit Vertretern dreier Ministerien, zu der auch der Sicherheitsdienst SD hinzugezogen worden war, erörterte in Folge dieses Berichts die Gefahr, dass „von englisch-ökumenischer Seite die staatsfeindlichen klerikalen Tendenzen in Deutschland gestützt" würden, und gab Kittel Anweisungen für eine diplomatische Verhandlungsstrategie bei der Gründung der Gesellschaft, die dazu führen sollte, dass der Name Niemöllers ungenannt bliebe[23].

Die Nachrichten über den verhafteten Prediger waren demnach in der protestantisch geprägten Öffentlichkeit wirksamer als die Nachrichten von Tausenden von Verhaftungen, denen Kommunisten, Gewerkschafter und viele andere ausgesetzt gewesen waren. Die Ambivalenz dieser Rezeption brachte Niemöller nach dem Krieg in seinen bis heute berühmtesten Worten vom Schweigen gegenüber den Verhaftungen von Kommunisten, Sozialdemokraten und Gewerkschaftern zum Ausdruck[24]. Während der Haft reflektierte er durchaus auch deren öffentliche Wirkung, verstand die Haft ebenfalls als „Predigtdienst"[25] und stellte sich vor, was es bedeutete, wenn er dabei eine „jämmerliche Figur"[26] abgeben würde. Niemöller nahm die ihm zugewiesene Rolle vom Prediger, der sich nicht durch äußeren Zwang beeindrucken lasse, an. Wie ist die außerordentliche Wirkung, die die Gestalt des verfolgten und schließlich inhaftierten Predigers weltweit entfaltete, zu erklären?

2. Die Bedeutung der textgebundenen Predigt in kognitionswissenschaftlicher und philosophischer Perspektive

Die Bedeutung der Schrift für den Protestantismus führte dazu, dass in kontroverskonfessionellen Dialogen die reformatorische Auffassung der Bibel

20 Vgl. Bormann, Gesichtspunkte, 433 f.
21 Vgl. zu Kittel die Beiträge in Bormann / Zwiep, Weg.
22 Gerhard Kittel an Reichserziehungsminister vom 22. 9. 1938 (BArch R 4901/2924, 34v).
23 Ebd., 35r.
24 Zur Entstehung und zu Verformungen des berühmtesten Niemöller zugeschriebenen Ausspruchs vgl. Heymel, Niemöller, 266–270; Hockenos, Niemöller, 1–3.
25 Niemöller, Einführung, 14.
26 Niemöller an Else Niemöller am 12. 02. 1938. In: Niemöller, Briefe, 298.

immer wieder als „papierner Papst"[27] kritisiert wurde. Die Bibel war aber nicht nur papierne, spröde und trockene Lehrautorität. Sie war der zentrale Begriff einer religiösen Semantik, die den in Predigt und Schriftauslegung offenbarten Willen Gottes in den Mittelpunkt stellte[28]. Im 20. Jahrhundert wurde diese Semantik in den übersteigerten faschistischen Rhetoriken Mussolinis und Hitlers aufgenommen, um die imaginierte „Höchstrelevanz" der Nation religiös grundiert, emotional und existentiell ergreifend zu inszenieren: „Eine solche Betonung der Höchstrelevanz des Politischen knüpfte an die seit langem tradierte Semantik des Religiösen in den Offenbarungsreligionen an, zu der die zentrale Stellung der Offenbarung Gottes und seines Wortes gehört."[29] Die hohe Relevanz der Schriftauslegung im Protestantismus hingegen bestand in dem, was die religionssoziologische Forschung den „eschatologischen Code" nennt, der Erwartung nämlich, dass die rechte Schriftauslegung in der Predigt über Heil und Unheil des Menschen, seine Hoffnungen und sein dauerhaft bleibendes Schicksal im Jenseits bestimmte[30]. Das Predigtgeschehen war demnach emotional hoch aufgeladen und konnte zu einem tiefen religiösen Erlebnis werden.

In der Perspektive der kognitionswissenschaftlichen Religionsforschung hat Schriftauslegung im protestantischen Arrangement des Predigtgottesdienstes das Potential dazu, hochgradige Emotionen zu binden und freizusetzen[31]. Die Intensität des religiösen Erlebnisses, der Wunsch dieses zu wiederholen und neu zu erfahren, wird gesteigert durch das „costly signalling", die Kommunikation der Bereitschaft einer religiösen Gemeinschaft, großen Aufwand für die Ermöglichung des religiösen Erlebnisses zu betreiben, sich wechselseitig dieser Bereitschaft zu versichern und dadurch die religiöse Gemeinschaft zu festigen[32]. Der feste Zeitpunkt für den Sonntagsgottesdienst ermöglicht es, dass eine Vielzahl miteinander sonst unverbundener Menschen sich an einem bestimmten Ort zu einer bestimmten Zeit versammeln. Die kognitionswissenschaftliche Religionsforschung spricht von einer Synchronisationsdynamik, die den Zusammenhalt der Gruppe stabilisiert und ihre Kooperationsbereitschaft erhöht[33]. Eine emotionale Steigerung erfährt diese gemeinschaftliche Seite des religiösen Rituals noch dadurch, dass dieses durch einen ausgewählten Vertreter, einen „special agent"[34] ausgeführt wird. Nur der

27 Franck, Chronica, LXXXIIIJ r: „Der Antichrist, der nun des Papstes satt und müde ist [...] wird sich anders verkleiden und sich wohl mitten in den Buchstaben der Schrift setzen [...] Also machen wir jetzt einen Abgott aus der Schrift".

28 Vgl. Ziemann, Sozialgeschichte, 153.

29 Ebd.

30 Ebd.

31 Zum Konzept der kognitionswissenschaftlichen Religionsforschung s. Czachesz, Science, 88–121; Uro, Ritual, 71–98.

32 Vgl. Czachesz, Science, 102–106; Uro, Ritual, 32–34.

33 Vgl. Czachesz, Science, 177–178; Schüler, Religion, 271.

34 Luomanen, Introduction, 12.

ordinierte Pastor darf predigen. Er ist es, der in der Schriftauslegung den Aufwand rechtfertigt, der von der Gemeinschaft für dieses Ereignis betrieben wird. Der „special agent" des sonntäglich synchronisierten und aufwändig gestalteten protestantischen Predigtgeschehens Martin Niemöller war 1937 nun nicht mehr nur irgendein Gemeindepastor, sondern er war durch die öffentliche Wahrnehmung in der protestantischen Welt zum Sinnbild und zur Projektionsfläche der religiösen Wünsche, Hoffnungen und Erwartungen an die Auslegung der Schrift als transzendierendes religiöses Erlebnis geworden. Hinzu kommt der Sachverhalt, dass diese Konstellation eine tiefe Resonanz im Selbstbild des protestantischen Christentums erzeugte, in dessen identitätsbildender Erinnerungskultur von dem jeweiligen Machtestablishment verfolgte Prediger seit Jesus, Petrus und Paulus bis Luther und den Dissenters der angelsächsischen Welt zu dem alle Wirklichkeit überschreitenden Symbol religiöser Intensität und Überlegenheit geworden sind.

Diese hohe Relevanz und Emotionalität, die mit dem Predigtgeschehen verbunden war, sind keine theoretischen Abstrakta, sondern lassen sich quellenorientiert und zeithistorisch bei Niemöller nachweisen. Niemöller betrieb für die Predigtvorbereitung, -durchführung und -nachbereitung zeitlebens einen hohen Aufwand, der sich von dem für Vorträge und Reden signifikant unterschied. Für die Dahlemer Zeit ist gut belegt und mehrfach beschrieben, wie intensiv sich Niemöller auf die sonntägliche Predigt vorbereitete[35]. Nach einer ersten Phase der individuellen Auseinandersetzung mit dem Bibeltext, theologischer Literatur und der Situation, in die hinein dieser Text sprechen sollte, zog er in einer zweiten Phase Gesprächspartner hinzu, um Satz für Satz, Aussage für Aussage seiner geplanten Predigt zur Diskussion zu stellen und zu prüfen, ob diese sich im Gespräch bewähren würden. Weniger bekannt ist, dass dieser Aufwand nicht nur für die intensive Zeit des Kirchenkampfs betrieben wurde, sondern dass Niemöller bis ins hohe Alter so vorging und dabei geradezu in einen Ausnahmezustand geriet. Die zweite Frau Niemöllers Sibylle geb. von Sell, die nach seinem Tod zum Judentum konvertierte, schreibt in ihrer eigenen Biographie in Erinnerung an die Predigtvorbereitung des schon pensionierten Kirchenpräsidenten: „While able to jot down an address by pencil in one night in German as well as in his faultless English, the preparation of a sermon was a different matter."[36] Im Anschluss schildert sie in höchster Differenziertheit die geradezu ritualisierten Vorgänge der mehrere Tage andauernden Predigtausarbeitung, die von ihr als ein mysteriöser Krankheitszustand aufgefasst wurde: Rückzug in die Studierstube, aus der über Tage Klagen und Seufzen zu hören waren, Sortieren und Auswerten von Materialien und Literatur, die Lektüre der Bibel, das Arbeiten bis in die frühen Morgenstunden, schließlich die Platzierung der Schreibmaschine aus dem Jahr 1923, auf der er alle seine Predigten geschrieben habe,

35 Vgl. Heymel, Niemöller, 47–49; Ziemann, Niemöller, 151 f.

36 Niemoeller, Crowns, 274.

das Einlegen des Papiers und die Niederschrift des ersten erlösenden Satzes[37]. In dieser zweiten Phase habe er dann jeden einzelnen Satz der Predigt immer wieder mit ihr und anderen nahestehenden Menschen diskutiert, Zustimmung oder Ablehnung eingefordert, die Arbeit an der Predigt aber nicht zu den Essenszeiten oder zur üblichen Schlafenszeit unterbrochen, sondern sich von ihr in seinem Arbeitszimmer mit Schokolade, Zitronenbonbons und starkem schwarzen Kaffee versorgen lassen[38]. Dieser hier geschilderte außerordentliche Zustand, der ausschließlich mit der Predigtvorbereitung verbunden gewesen sei, sei ihrer Ansicht nach durch Niemöllers religiös-existentielle Haltung hervorgerufen worden: „The word of God, the gospel of his Lord Jesus did not allow for improvisation; every word had to be carefully weight before being put on paper."[39]

Wenn man also nach dem Prediger Martin Niemöller und seinem Schriftverständnis fragt, zielt man nicht auf ein Nebenthema, sondern auf das Zentrum der religiösen und emotionalen Wirksamkeit dieses Mannes. Das gilt nun aber nicht nur für die bis jetzt herausgestellte Emotionalität des Erlebnisses Niemöller. Der Blick auf das religiöse Zentrum seines Wirkens öffnet auch den Blick für die Fähigkeit Niemöllers, Sozialität und Bindung unter den Bedingungen des 20. Jahrhunderts zu ermöglichen. Niemöller als Prediger steht 1937 im Zentrum dessen, was Jürgen Habermas religionsphilosophisch als den „sakralen Komplex" bezeichnet[40]. Nur dieses aus der kontingenten und notwendig kontraintuitiven Komplexität der Religionen entwickelte „religiöse Proprium", das auf die „archaischen Anfänge ritueller Praktiken" zurückgehe, ermögliche es Religion als Religion gesellschaftlich wirksam zu werden[41]. Aus einer rationalen und säkularen Perspektive ist nach Habermas an den sakralen Komplex die Frage zu stellen, inwiefern er dazu in der Lage ist, diese rituell verkapselten sakralen Gehalte zu versprachlichen und „zur Erzeugung und Stabilisierung gesellschaftlicher Solidarität beizutragen"[42]. Niemöller als Prediger und seine Schriftauslegung sind in dieser Perspektive zu analysieren und aus der Sprache der Religion so zu übersetzen, dass ihr rationaler Gehalt zugänglich wird. Diese Übersetzungsarbeit hat meines Erachtens auch die so genannte „Kirchenkampfforschung" zu betreiben und neu anzugehen. Immer wieder wird ironisch oder spöttisch festgehalten, dass, so Bentley, die Diskursebene des Kirchenkampfes durch „weltfremd anmutende theologische Auseinandersetzungen" bestimmt gewesen sei, die „dem kirchlichen Widerstand gegen Hitler zuweilen den Charakter einer theologischen Disputation"

37 Diese Schreibmaschine ist abgebildet bei Hockenos, Niemöller, 101 und befindet sich heute im US Holocaust Memorial Museum als Geschenk von Sibylle Sarah Niemöller.

38 Vgl. Niemoeller, Crowns, 275.

39 Ebd.

40 Habermas, Geschichte 2, 702.

41 Vgl. ebd.

42 Ebd., vgl. Ders., Geschichte 1, 207.

verliehen habe[43]. Es ist der kirchengeschichtlichen Forschung noch nicht gelungen, die Relevanz und Rationalität dieser theologischen Disputationen sowie deren ethische Dimension angemessen zu übersetzen und sie einer rationalen Auseinandersetzung und Bewertung zugänglich zu machen. Für Niemöller als Prediger wird man in Anknüpfung an Habermas zwei Aspekte hervorheben müssen: Sein Vermögen, Solidarität herzustellen und zur Selbstbehauptung des Individuums in einem totalitären Staat beizutragen. Aus der Perspektive der Kulturanthropologie lässt sich das genannte Phänomen als Zuweisung und Erhaltung von „agency“[44] beschreiben, nämlich dem Vermögen des Individuums sich mit gegebenen Strukturen kritisch auseinander zu setzen, sich von diesen zu lösen und selbstbestimmt alternative Handlungsweisen zu entwickeln.

3. Die Dahlemer Predigten

Michael Heymel hat 128 „Predigten und predigtähnliche Texte“ als Dahlemer Predigten herausgegeben und informiert zuverlässig über die Text- und Überlieferungsgeschichte[45]. Mit dieser kritischen Edition ist eine neue Grundlage für die kritische Auseinandersetzung mit der Predigttätigkeit Niemöllers zwischen 1932 und 1937 geschaffen. Die zahlreichen früheren Ausgaben der „Dahlemer Predigten“ waren per se aufs Engste mit dem gerade gezeichneten Bild des zum Symbol gewordenen Gegners der Nationalsozialisten verbunden. Sie beruhten auf den 28 Predigten der Jahre 1936 und 37, die Niemöller vor seiner Inhaftierung gehalten hatte und in denen die Verfolgungssituation deutlicher als in den Jahren zuvor thematisiert wurde. Schon die erste deutschsprachige Publikation in der Schweiz aus dem Jahr 1939 verweist im Titel durch das Adjektiv „letzten“ und in einem eindringlichen Geleitwort, das vom „Gefangenen“, „seinem Kerker“ und „Gefängnistiefen“ spricht, darauf dass diese Predigten im Zusammenhang mit dem Schicksal des Mannes, der sie gehalten hatte und nun in Haft sei, zu interpretieren seien: „Dennoch getrost! Die letzten 28 Predigten, gehalten in den Jahren 1936 und 1937 in Berlin-Dahlem“[46]. Dies gilt im erhöhten Maße für die englischsprachigen Publikationen dieser Predigten vor 1945, deren Titel oben bereits ge-

43 Bentley, Niemöller, 121.

44 Lavenda / Schultz, Concepts, 56: „Contemporary anthropologists use the term agency to refer to individuals' abilities to reflect systematically on taken-for-granted cultural practices, to imagine alternatives, and to take independent action to pursue goals of their own choosing.“

45 Vgl. Heymel, Dahlemer Predigten, 19–27. Vgl. die Besprechung von Engemann, Literatur, 151–153.

46 Vgl. Niemöller, Getrost, 5–6; Heymel, Dahlemer Predigten, 25; vgl. Niemöller, Dahlemer Predigten, 5 f. Heymel verweist auf weitere Publikationen in den Niederlanden, Dänemark, Norwegen, Schweden, den USA und England.

nannt wurden[47]. Thomas Mann nannte Niemöller in seinem Vorwort für die englischsprachige Ausgabe aus dem Jahr 1941 mit dem Titel „God is my Fuehrer" ausdrücklich einen „Märtyrer" und beschreibt Niemöllers Schicksal mit den Worten: „Here is a man who went his way to the cross with full awareness of the terror of the way."[48]

Die Verengung der Rezeption der Predigten Niemöllers auf die Worte eines Märtyrers wurde in der theologischen Forschung nach und nach überwunden. In der Praktischen Theologie befasst man sich mit den Predigten Niemöllers, um in so genannten Predigtanalysen Hinweise auf die Gestaltung gelungener Predigten zu bekommen[49]. Kuhlmann, dem wir die erste umfassende Forschungsarbeit zu den Predigten Niemöllers verdanken, schlägt für die Niemöllerpredigten die Kategorisierung als „prophetische Predigt"[50] vor. Derartige Predigten kommunizierten eine „Zukunftsintuition" in einem „nichtdiskursiven Stil", der provoziere und riskant sei[51]. Die Stärken und Schwächen dieser vermeintlichen Predigtgattung werden dann näher erörtert, um Schlussfolgerungen für die Predigtpraxis der Gegenwart zu ziehen. Auch wenn in einer historischen Perspektive diese Zielsetzung nicht geteilt werden kann, stellt die Kategorisierung als prophetische Predigt doch eine gewisse Distanzierung von der zuvor dominierenden Rezeptionshaltung als Märtyrerpredigten dar. Aus Kuhlmanns kritischer Untersuchung zu Niemöllers Predigten ist einiges Aufschlussreiche zu erfahren. Niemöller vertrete das Prinzip, „nicht der Bote zählt, sondern die Botschaft"[52]. Seine Predigten böten eine „scharfe, schonungslose Gegenwartsanalyse[n]", bringen diese aber nur in Ausnahmefällen „diskursiv" vor. Den Predigten gehe es durchgehend um das „Aufdecken, Bekennen und Vergeben von Schuld"[53]. In den Einzelanalysen dreier Dahlemer Predigten treten dann weitere Züge deutlich hervor: Niemöller folge der Struktur des der Predigt zugrundeliegenden Bibeltextes und mache sich diesen „souverän" zu eigen, indem er als Prediger zurücktrete, aber doch als Person ganz für sie eintrete[54]. Kuhlmann nennt drei Charakteristika, die bei der umfassenden Lektüre aller Dahlemer Predigten noch deutlicher hervortreten: „biblisch, Aktualisierung, Gleichzeitigkeit"[55]. Unter „biblisch" ist hier zu verstehen, dass Niemöller den einzelnen Predigttext jeweils in ein Netz weiterer Schriftzitate einbindet. Er verstärkt die Überzeugungskraft des Gesagten, indem er eben nicht Einzelworte isoliert, son-

47 Niemöller, Dahlemer Predigten, 6. S. o. Anm. 10.
48 Mann, Preface, 12 (Zitat); Mann, Niemöller, 190: „Hier ging ein Mann im vollen Bewußtsein der Fürchterlichkeit seines Weges den Weg ans Kreuz."
49 Vgl. Kuhlmann, Niemöller.
50 Ebd., 108 f.
51 Vgl. ebd., 109.
52 Ebd.
53 Ebd.
54 Vgl. ebd., 120, vgl. 132 und 147.
55 Ebd., 148.

dern diese kanonisch kontextualisiert und den Schriftbezug seiner Predigt über den Predigttext hinaus auf das gesamte Zeugnis der Schrift aus Altem und Neuem Testament ausweitet. Im Zuge der „Aktualisierung" des Textes verlässt Niemöller meist sehr schnell den historischen Kontext des Predigttextes, auch wenn er diesen gelegentlich anklingen lässt, z. B. wenn er Texte aus Jes 40–55 der historischen Kritik folgend ins babylonische Exil datiert und damit von einer pseudepigraphen Verfasserschaft durch einen so genannten zweiten Jesaja oder Deuterojesaja ausgeht. Mit dieser historischen Distinktion stellt Niemöller wie die historische Exegese die Verfasserschaft des Jesajabuches im 8. Jahrhundert v. Chr. in Frage. Ein einfacher Biblizist, der ausschließlich dem Wortlaut und dem von den Schriften erhobenen Anspruch folgt, ist Niemöller demnach nicht gewesen[56]. Er wählt als Ausgangspunkt seiner Überlegungen durchaus die Entstehungssituation der biblischen Schriften, im Falle Deuterojesajas das babylonische Exil im 6. Jahrhundert v. Chr., wie sie die historische Bibelkritik seiner Zeit gegen den Anspruch der einzelnen Schriften bestimmte. In dieser Weise stellt er Bezüge zur Situation der Gegenwart her, die Kuhlmann als das dritte Charakteristikum, das der „Gleichzeitigkeit" bezeichnet. Man wisse oft nicht, ob der Prediger von den Personen im Text oder der Gemeinde rede.

Ohne die Ergebnisse der fachdisziplinären Predigtanalyse aufzunehmen meint Ziemann, der die einschlägige Arbeit von Kuhlmann zu Niemöllers Predigten nicht kennt, den Predigten Niemöllers gerecht werden zu können[57]. Er konzentriert sich auf die vermeintlich historisch relevanten Aussagen zur Gegenwartsanalyse und versucht ausschließlich die Sachgehalte aus den Predigten Niemöllers zu entnehmen. Er erkennt aber auch, dass die Texte eine innere Dynamik entwickeln und sich die Aussagerichtung ändert. In dieser inneren Wende der Predigten erkennt Ziemann ein immer wiederkehrendes Prinzip der Predigten Niemöllers und bezeichnet es als das „Aber":

> „Martin predigte also kurz, prägnant und in einem antithetischen Stil, in dem auf die Exposition des Themas stets ein „Aber" folgte. Mit diesem zweiten Schritt stellt er das zuvor angesprochene Thema in den Rahmen der christlichen Heilslehre [...]. Es wäre jedoch falsch, diese Rückführung des exponierten Themas auf die christliche Heilslehre als Ausdruck der Skepsis gegenüber den politischen Aussagen des ersten Teils zu verstehen."[58]

Ziemann sieht richtig, dass es einen Umschlag der Aussagerichtung gibt. In der Analyse überträgt er aber die fast ritualisierte Dynamik akademischer Diskussionen, in denen oft zunächst positive Aussagen vorgebracht werden, um dann, eingeleitet durch ein „Aber" zu den kritischen Gesichtspunkten überzugehen, auf Niemöllers Predigten. In den weiteren Überlegungen kon-

---

56 Zum Begriff Biblizismus vgl. Karpp, Aufkommen, 65–91.
57 Vgl. Ziemann, Niemöller, 150–152 und 174–179.
58 Ebd., 174.

zentriert sich Ziemann dann auf die Aussagen zur Gegenwartsanalyse, übergeht die für die Zuhörer höchst relevante biblische Weiterführung und nimmt die Aussagen zur Gegenwart weitgehend ungebrochen dafür in Anspruch, Niemöllers politische Gesinnung nachzuzeichnen, indem er ausschließlich eine Zustimmung zur Politik der NSDAP feststellt. Um die Predigtaussagen Niemöllers und damit Predigtkommunikation und -rezeption, die sich zwischen Prediger und Zuhörern vollzieht, zu erfassen, muss man an dieser Stelle weiterdenken, um zu einer angemessenen Analyse zu gelangen. Das vermeintlich beständig begegnende „Aber", also eine sprachliche Markierung des Wechsels der Ebenen, findet sich auch in den großen politisch rezipierten und biblisch inspirierten Predigten Martin Luther Kings, Desmond Tutus und anderer protestantischer Prediger. Es verweist darauf, dass nicht alle Aussagen auf der gleichen Ebene liegen, die Predigt zudem genau in der Verbindung von Gegenwartsanalyse und deren Verfremdung durch den biblischen Text zu ihrem Ziel kommt. Die Gestapo-Beamten, die die Dahlemer Gottesdienste besuchten, notierten zu der Predigt vom 19. Juni 1937 zutreffend, dass diese eine „versteckte" Zielrichtung hatte: „Die Predigt von Niemöller war eine einzige Beschimpfung des Führers, dem er wiederholt in versteckter Form vorwarf, sein feierlich gehaltenes Ehrenwort gebrochen zu haben"[59]. Die Beobachtung, dass es in Niemöllers Predigten mehrere, in den einfachen Worten der Gestapobeamten „versteckte", Aussageebenen und eine Art Wende gibt, führt meines Erachtens zum Kern der Niemöllerschen Schrifthermeneutik, den ich mit einem Begriff der kognitionswissenschaftlichen Metaphernforschung, genauer der *blending theory* bezeichnen möchte: der Überblendung[60]. Niemöllers Predigten beziehen regelmäßig zwei mentale Gehalte oder Sinnkonfigurationen („two input mental spaces") aufeinander: die Gegenwart und den biblischen Text[61]. Seine Predigten interpretieren den Predigttext in seiner Struktur so zielsicher auf die Gegenwart, dass es zu einer vollständigen Überblendung der Situation der Gegenwart, wie sie sich Niemöller darstellt, durch die biblische Textaussage kommt, um daraus eine neue, dritte Sinnkonfiguration zu bilden („a new space, the blend")[62]. Es liegt auf der Hand, dass er dabei ein doppeltes konstruktives Verfahren anwendet. Er konzentriert bzw. elementarisiert den Predigttext auf Grundaussagen und Gegensätze und deutet gleichzeitig die Gegenwart in einer Weise, in der Textauslegung und Gegenwartsanalyse vollständig zur Deckung kommen, die Gegenwart also durch die Auslegung des Predigttextes wahrgenommen und somit überblendet wird und eine neue Sinnkonfiguration entsteht.

Ein solches Verfahren ist hochgradig riskant. Die Akzeptanz beim Zuhörer kann nur erreicht werden, wenn weder die Struktur des Predigttextes offen-

59 Zit. n. Schmidt, Kirchenkampf, 433 f.

60 Vgl. Fauconnier / Turner, Way, 39–57.

61 Vgl. ebd., 47.

62 Vgl. ebd.

sichtlich verzeichnet wird noch sich die Gegenwartsanalyse von der sozial akzeptierten Wirklichkeitswahrnehmung allzu weit entfernt. Es ist aber gerade diese Bereitschaft zum Risiko, die das Predigterlebnis emotional auflädt, dem Zuhörer den Eindruck vermittelt, er nehme an einem offenen Geschehen, geradezu an einem Drama teil, das auch scheitern könne, und zwar sowohl auf einer ästhetischen als auch einer kognitiven Ebene. Niemöller muss dieses riskante Verfahren in seiner Dahlemer Zeit sehr gut gelungen sein. Das zeigt die große Zuhörerschaft, die sich zu seinen Predigten zusammenfand[63]. Es ist leicht nachzuvollziehen, dass angesichts dieser Predigtpraxis Niemöllers der Guardian zu dem eingangs genannten Urteil kommt, dass gegen einen solchen Prediger keiner aus den Reihen der Deutschen Christen ankommen könne.

Blickt man etwas detaillierter auf die theologisch relevanten Gehalte, zeigt sich Folgendes: Niemöller verband sein prophetisches, auf die Zukunft ausgerichtetes Sprechen mit dem Bemühen, eine überzeugende Analyse der Gegenwart vorzulegen. Die Predigten der Jahre 1932 und 1933 stehen im Bann der dramatischen Umbrüche, die sich in Deutschland ankündigten. Die Vorstellung, dass die Machtergreifung durch die Nationalsozialisten auch eine Re-Christianisierung der Nation miteinschließe, erwies sich als unbegründet und Niemöller gehörte zu den ersten, die dies auch auf der Kanzel zum Ausdruck brachten[64]. Am 18. Juni 1933 legt er das Gleichnis vom armen Lazarus und dem reichen Mann aus (Lk 16,19–31). Der reiche Mann sei zu Lebzeiten in „Purpur und köstlichem Leinwand“ (16,19) gekleidet gewesen, dann aber in die ewige Verdammnis geraten (16,23: „Hölle“; 28: „Ort der Qual“). Niemöller überträgt dies auf die Gegenwart des Jahres 1933 in der Weise, dass für ihn das „erwachte(s) völkische(s) Bewusstsein“ solcher „Purpur und köstliche Leinwand“ sei, also in die Verdammnis führe. Es brauche wie im Gleichnis die Mahnung von „Moses und den Propheten“ (16,29.31), also der Predigt, um diese Folge zu verhindern[65]. Die Diskrepanz zwischen der vom Nationalsozialismus propagierten Wirklichkeit („erwachtes völkisches Bewußtsein“) und deren propagandistischer Verzerrung, die er „versteckt“ in der Überblendung mit dem biblischen Text („Pupur und köstliche Leinwand“) thematisierte und diskreditierte („Verhängnis“), wurde zu einem zentralen Thema seiner Predigten[66].

Niemöller insistierte in der Regel darauf, dass für diese propagandistische Verzerrung auch ein „wir“, die Gemeinschaft von Prediger und Predigthörern verantwortlich sei. Diese beständige Klage war jeweils Selbstanklage, was oft genug angesichts der Machtentfaltung des NS-Terrors oder in dem berühmten Predigtbeispiel aus der Nachkriegszeit vom „Steckbrief des lebendigen Gottes

63 Vgl. Heymel, Niemöller, 44: Niemöller predigte „vor 1300 Leuten in einer bis auf die Altarstufen vollbesetzten Kirche“.

64 Vgl. Ziemann, Niemöller, 174–178.

65 Vgl. Heymel, Dahlemer Predigten, 142–146: Nr. 17, 18.6.1933, Lk 16,19–31.

66 Vgl. Ziemann, Niemöller, 174.

gegen Martin Niemöller" angesichts von Niemöllers KZ-Haft bisweilen surreal wirkt[67]. Mancher Kritiker wendet ein, dass Niemöller, der auf der Kanzel niemals „Ich" sagte, im Grunde mit diesem „Wir" das „Ich" meine[68]. Dadurch erzeugte er eine Atmosphäre der Authentizität, die durch den Eindruck bestimmt war, dass dieser Prediger bereit war, mit seiner ganzen Person für seine Botschaft einzutreten. Dieses beständige „Wir" gab ihm die Möglichkeit auch zu behaupten, dass das für diese Situation zumindest mitverantwortliche „Wir" auch die Möglichkeit hätte, diese Verzerrung zu beseitigen und sich der wahren Wirklichkeit schonungslos zuzuwenden. In diesem Bemühen konzentrierte er sich schließlich auf den einzelnen Menschen und seine Handlungsmöglichkeiten, kulturanthropologisch gesprochen auf seine „agency", und stärkte so die Bereitschaft des Individuums zur Selbstbehauptung in der Diktatur[69]. Der Predigttext wurde so interpretiert, dass er für diese Ermächtigung durch Gott Zeugnis ablegte. Die dadurch entstehenden Paradoxien zwischen Forderung des Predigttextes und mangelnden Möglichkeiten der Zuhörer wurden dann im Verweis auf Christus bzw. die Kreuzestheologie, thematisiert, indem daran erinnert wurde, dass Gott selbst Schwäche und Leid angenommen habe. Der einzelne Predigttext entfaltete bei Niemöller demnach nur sehr selten ein eigenes unverwechselbares Profil, sondern wurde in der Regel in eine Vorstellung des Heilsgeschehens, in dessen Mittelpunkt Kreuz und Auferstehung Christi und der predigende Jesus selbst stehen, eingebunden. Niemöller konnte sich ohne Not an die durch die Perikopenordnung vorgegebenen Predigttexte halten, weil es ihm jeweils gelang diese in einen größeren Zusammenhang hinein zu stellen. Von einem „Biblizismus", im Sinne der einfachen unreflektierten Übernahme des Wortlauts des Bibeltextes, kann deswegen keine Rede sein[70].

Die vorgetragene Analyse trifft auf die große Mehrzahl der Predigten Niemöllers uneingeschränkt zu. Was dabei aber nicht vollständig berücksichtig werden konnte, sind die spezifischen Situationen der Predigten einerseits im Ablauf des geschichtlichen Prozesses, also z. B. vor und nach der Machtergreifung der Nationalsozialisten oder vor und nach der Ankündigung von Kirchenwahlen für Februar 1937 durch Hitler u. ä. zeitgeschichtlich bedeutsame Ereignisse. Ebenso wenig konnte auf die Prägung der Predigten durch den Anlass, also etwa Konfirmation, Ostern, Karfreitag oder Pfingsten, oder auf die Herausforderungen, die mit bestimmten Predigttexten verbunden sind, eingegangen werden. Um diesem Mangel abzuhelfen, sollen im Folgenden die besonderen Bedingungen der Predigten für zwei Fälle vertieft analysiert werden: 1. Predigten über Texte des Alten Testaments und zum so

67 HEYMEL, Prediger, 27.

68 Vgl. KUHLMANN, Niemöller, 280 f.

69 S. o. Anm. 44.

70 Vgl. KUHLMANN, Niemöller, 279: „Das [„Bekenntnis zu Christus"] verhindert jeden Biblizismus."

genannten Israelsonntag[71], 2. Predigten zum Sonntag Reminiscere, der zugleich in der Weimarer Zeit als Volkstrauertag und nach 1933 als Heldengedenktag begangen wurde[72].

Hier lassen sich folgende Ergebnisse feststellen. Die Predigten zu Texten des Alten Testamentes galten während der Zeit des Nationalsozialismus als bewusste Provokation und zugleich offensichtlichstes Distinktionsmerkmal der Bekennenden Kirche. Niemöller nimmt diese Herausforderung an und weist den alttestamentlichen Texten die gleiche Würde wie den neutestamentlichen zu. Von den neun Predigten zu alttestamentlichen Texten zwischen 1932 und 1937 sind alleine drei im ersten Halbjahr 1937, also vor seiner Verhaftung gehalten worden. In diesen Zusammenhängen sind die zwei Predigten zum so genannten Israelsonntag, an dem der Zerstörung Jerusalems und des Tempels im Jahr 70 n. Chr. gedacht werden sollte, von besonderer Bedeutung. Diejenige aus dem Jahr 1935, die in der Forschung bereits mehrfach interpretiert wurde, stellt heilsgeschichtliche Abwertungen des Judentums als Religion und den vermeintlichen Ungehorsam Israels heraus, die die so genannte Substitutionslehre begründen. Nach ihr sei die Kirche an die Stelle des Volkes Gottes also Israels getreten und nun seien Aussagen zu Jerusalem, Zion usw. auf die Kirche zu beziehen[73]. Dieser theologische Antijudaismus ist ohne Zweifel aus heutiger Sicht eine Spielart des Antisemitismus, Hockenos verwendet die Begriffe „anti-Judaic theology", „theological anti-Semitism", „Christian anti-Semitism" oder „religious anti-Semitism". Auch im Deutschen ist inzwischen die Bezeichnung als religiöser Antisemitismus üblich geworden[74]. Die christlich-religiös begründete Ablehnung des Judentums unterschied oftmals nicht zwischen Herkunft und Religionszugehörigkeit wie auch der politische Antisemitismus immer wieder religiöse Motive aufgriff. Die Phänomene sind nicht klar voneinander zu trennen, gehen ineinander über und bestärken sich wechselseitig. Die Haltung Niemöllers zum Judentum ist aber deutlich von dem biologistisch-deterministischen Rassenantisemitismus der Nationalsozialisten zu unterscheiden und wurde in seinem historischen Kontext als Abgrenzung von diesem und eben nicht als Antisemitismus aufgefasst[75].

---

71 Vgl. Heymel, Dahlemer Predigten, 55: Es finden sich neun Predigten zum AT. In Heymels Ausgabe sind das die Nummern 35 (1934), 50 (1935), 62 (1935), 70 (1935), 83 (1936), 89 (1936), 112 (1937), 123 (1937), 129 (1937). Zum Israelsonntag (10. Sonntag n. Trin.) liegen zwei Predigten vor: Nr. 20 (1933), 64 (1935).

72 Volkstrauertag, bzw. Heldengedenktag (So. Reminiscere): Heymel, Dahlemer Predigten, Nr. 2 (1932), 25 (1934), 80 (1936), 117 (1937).

73 Vgl. Hockenos, Niemöller, 117–120; Heymel, Dahlemer Predigten, 54–69; Kuhlmann, Niemöller, 341; Bentley, Niemöller, 83–89; und Ziemann, Niemöller, 201–209.

74 Vgl. Hockenos, Niemöller, 115 f.

75 Schreiber, Niemöller, 62: „Niemöller war kein Rassenantisemit." Differenzierter: Hockenos, Niemöller, 115: „He was not first and foremost a racially anti-Semitic". Vgl. Schmidt, Niemöller, 96 f.; Schmidt, Kirchenkampf, 135 f. und 316–318; Schubert, Niemöller, 94; Siegele-Wenschkewitz, Auseinandersetzungen, 275–277; Stöhr, Leben, 284–289; und Niemöller, Nationalismus, 113–124.

Die Predigten am Sonntag Reminiscere, der in der Regel im Februar liegt und zugleich dem Gedenken der Gefallenen des Ersten Weltkriegs diente, wandten sich dem Totengedenken zu. Niemöller spricht 1932 über das Soldatentum sehr nüchtern, die Frontsoldaten hätten sich nicht „als Helden gefühlt“[76]. 1933 hatten die Nationalsozialisten den Tag von „Volkstrauertag“ zu „Heldengedenktag“ umbenannt. Zudem war angewiesen worden, die Fahnen nicht mehr auf Halbmast zur Trauer, sondern voll zu beflaggen, um dem Tag eine triumphale Anmutung zu verleihen. Als Niemöller zu diesem neuen Heldengedenktag am Sonntag Reminiscere im Februar 1934 spricht, steht er noch erkennbar unter dem Eindruck eines Neuaufbruchs der deutschen Nation, wendet aber auch kritisch ein, dass „der neue Name reichlich anspruchsvoll“ klingt und bei „Frontsoldaten“ eher Abwehr hervorrufe[77]. Im Jahr 1936 steht seine Predigt unter dem Eindruck der von den Nationalsozialisten forcierten Politik der Entkonfessionalisierung des öffentlichen Lebens[78], die er in der Predigt thematisiert und als „Entchristlichung“ sowie als satanischen Kampf gegen das Christentum verurteilt[79]. Er fragt deswegen, ob der Heldengedenktag die Kirche überhaupt etwas angehe. Er kritisiert scharf den rassischen Volksbegriff, den die Nationalsozialisten für das deutsche Volk durchsetzen wollten, und verweist auf den Predigttext (Mt 15,21–28), der von einer Frau berichtet, die ihre von einem Dämonen besessene Tochter zu Jesus bringt und um deren Heilung bittet. Mit der bereits geschilderten Technik der Überblendung zieht er die Aussage des Textes über die von ihm analysierte Gegenwartssituation, identifiziert die Mutter mit Deutschland, die besessene Tochter mit dem deutschen Volk und fasst seine Gegenwartsanalyse überblendet mit dem biblischen Text in den Worten zusammen: „Deutschland, deine Tochter wird vom Teufel geplagt.“ Die Zuhörer sollen diese durch Überblendung ambivalente Aussage (deutsches Volk, Kind der Mutter Deutschland = Tochter der heidnischen Mutter) selbst in Bestimmtheit überführen und für sich entscheiden, wer nun der „Teufel“ sei, der die Mutter Deutschland und ihre Tochter, das deutsche Volk, plage. Die meisten Predigthörer, unter ihnen auch die Gestapo-Beamten, schlossen, dass sie nun die sich totalitär gebärdende nationalsozialistische Herrschaft, wenn nicht gar Adolf Hitler, als diesen „Teufel“ ansehen sollten.

Im Jahr 1937 schließlich zieht Niemöller die Konsequenz aus der im Jahr zuvor erwogenen Frage, ob dieser Tag die Kirche noch etwas angehe, indem er am Sonntag Reminiscere mit keinem Wort auf den inzwischen vollständig vom Nationalsozialismus kultisch vereinnahmten Heldengedenktag eingeht[80].

In diesen Predigten wird ein oberflächlicher Heldenbegriff abgelehnt. Es

---

76 Heymel, Dahlemer Predigten, 81–83 (Nr. 2, 21.2.1932 zu 1Thess 4,9 f.), hier 81.

77 Ebd., 179–183 (Nr. 25, 25.2.1934, Heldengedenktag / Volkstrauertag), hier 180.

78 Vgl. Bormann, Staatskirchenrecht, 259–267.

79 Vgl. Heymel, Dahlemer Predigten, 416–419 (Nr. 80, 8.3.1936, 2Kor 12,1–10, Mt 15,21–28, Reminiscere, Heldengedenktag), hier 418.

80 Vgl. ebd., 576–579, (Nr. 117, 18.2.1937, Reminiscere, Mt 26,39–46).

fehlt jegliche Kriegsbegeisterung oder gar Verehrung des Soldatentums. Sie spiegeln auch die Entwicklung, die Niemöller in den Jahren zwischen 1932 und 1937 durchmachte, sehr genau wieder. Im Jahr 1936 bezeichnet er die Situation des deutschen Volkes im Nationalsozialismus als abnorm und „krank“. Die staatliche Politik der Entkonfessionalisierung, die das Christentum aus dem öffentlichen Leben drängen sollte, ist für Niemöller von üblen Absichten getragen und wird schädliche Folgen haben, in seinen Worten aus dem Jahr 1936: Das deutsche Volk ist vom Teufel geplagt. Im Jahr 1937 schließlich schweigt Niemöller zum so genannten Heldengedenken.

4. Die weitere Entwicklung des Schriftverständnisses

4.1 Das Schriftverständnis in „Gedanken über den Weg der christlichen Kirche“ (1939)

Während seiner Haft rang Niemöller mit dem Kirchenbegriff. Seine Überlegungen waren von der Vorannahme geleitet, dass das Luthertum nicht über eine Lehre von der Kirche verfüge, die dem Christentum gemäß sei. In der jetzt neu herausgegebenen Schrift Niemöllers „Gedanken über den Weg der christlichen Kirche“ reflektiert er das Thema, indem er breit angelegte biblische Überlegungen, die das gesamte Alte und Neue Testament sowie die lutherische Lehre von der Kirche umfassen sollen, anstellt[81]. Es selbst spürt offensichtlich sein Scheitern an dieser Aufgabenstellung und merkt an, dass seine Abhandlung nicht alles erfassen könne, was zum Thema zu sagen sei. Der im November 1939 abgeschlossene Text solle keine theologische Abhandlung, sondern eine Antwort auf die Anfechtung durch die gegenwärtige Situation der evangelischen Kirche sein[82].

Der Umgang mit der Schrift erfolgt in einem eher pedantischen Stil einer Seminararbeit: Teil 1: Was sagt die Bibel über die Kirche?, Teil 2: Was sagt die lutherische Lehre über die Kirche?, Fazit: Das Neue Testament spreche durchweg von einer „leiblich-wirklichen und irdisch-sichtbaren“[83] Kirche, die lutherische Lehre über die „unsichtbare“ Kirche. Die Unterscheidung von sichtbarer und unsichtbarer Kirche – eine Unterscheidung, die für die lutherische Ekklesiologie fundamental ist – stimme mit dem Neuen Testament nicht überein und sei deswegen falsch.[84] Es finden sich in dieser Abhandlung drei Grundgedanken, die für Niemöllers Schrifthermeneutik grundlegend sind: 1) Er folgt dem Schriftprinzip, insofern die Auseinandersetzung mit der

81 Vgl. NIEMÖLLER, Gedanken.
82 Vgl. EBD., 66.
83 EBD., 128–134.
84 Vgl. EBD., 205.

Bibel die Grundlage für theologische Entscheidungen darstellen soll. 2) Die akademische Theologie, insbesondere die exegetischen Wissenschaften, würden historisch Interessantes, aber nichts theologisch Relevantes zum Verständnis der Bibel beitragen können. 3) Die Auslegung der Schrift müsse an Christus orientiert sein und nicht an der akademischen Theologie. Da hier im Gegensatz zu den Predigten die Situationsanalyse fehlt bzw. das Versagen der evangelischen Kirche pauschal vorausgesetzt wird, bleibt der Text spröde. Niemöller hat das wohl selbst so empfunden, die Arbeit am Text im November 1939 abgebrochen und nie wieder aufgenommen[85].

4.2 Das Schriftverständnis Niemöllers und die Entmythologisierungsdebatte (1941–1952)

Diese Grundlinien des Schriftverständnisses, d. h. Distanz zur akademischen Theologie, Relativierung der historischen Fragen zur Bibel sowie eine auf Christus fokussierte Gesamtinterpretation der gesamten Schrift aus Altem und Neuem Testament, behielt Niemöller bei. Sie bewährten sich in der die Kirchen und die Theologie erschütternden Nachkriegsdebatte um die sogenannte Entmythologisierung des Neuen Testament, in der Grundfragen des Schriftverständnisses und damit des religiösen Propriums des Protestantismus zur Diskussion standen.

In der Zeit der KZ-Haft Niemöllers, auf dem Höhepunkt der Entfaltung der nationalsozialistischen Gewaltherrschaft über Europa, noch vor dem Russlandfeldzug hielt der Marburger Neutestamentler Rudolf Bultmann, Mitglied der Bekennenden Kirche, am 21. April sowie am 4. und 5. Juni 1941 einen Vortrag über Neues Testament und Mythologie[86]. Bultmann stellte deutlich heraus, dass die Aussagen der Bibel an ein mythologisches Weltbild gebunden seien, das nicht mehr das des „modernen Menschen" sei. Dieser sei dem naturwissenschaftlichen Weltbild verpflichtet, das Bultmann in neukantianischer Tradition als eine ununterbrochene innerweltliche Kausalitätskette verstand. Die Aussagen der Bibel, die diesem naturwissenschaftlichen Weltbild wiedersprächen, seien deswegen nach Bultmann nicht mehr als Glaubenstatsachen anzusehen. Sie seien vielmehr existenzphilosophisch („existential") auf den Menschen bezogen zu interpretieren oder, wenn das nicht möglich sei, zu eliminieren. Letzteres galt nach Bultmann etwa für die Wunder Jesu, die Himmelfahrt Christi und, was für die Diskussion zum zentralen Kritikpunkt an Bultmann wurde, für die leibliche Auferstehung Jesu sowie die allgemeine Totenauferstehung am Jüngsten Tag. Für Bultmann zählten demnach nur die Aussagen der Bibel, die auf den modernen Menschen im Hier und

85 Vgl. Christophersen / Ziemann, Einleitung, 37.
86 Vgl. dazu die Beiträge in: Bormann / Landmesser, Bedeutung.

Jetzt bezogen werden könnten. Diese Position fasste Bultmann in dem unmittelbar verständlichen Satz zusammen:

> „Man kann nicht elektrisches Licht und Radioapparat benutzen, in Krankheitsfällen moderne medizinische und klinische Mittel in Anspruch nehmen und gleichzeitig an die Geister- und Wunderwelt des Neuen Testaments glauben.“[87]

Bonhoeffer begrüßte den Entmythologisierungsvortrag und erkannte seine über den Raum der Theologie hinausgehende Bedeutung klar. Er schrieb im Juli 1942: „Grob gesagt: Bultmann hat die Katze aus dem Sack gelassen [...] Er hat gewagt zu sagen, was viele in sich verdrängen“[88].

Viele andere aber, die ihre Zugehörigkeit zur Bekennenden Kirche in einem neoorthodoxen Schriftverständnis und dem Festhalten an vermeintlich positiven Glaubenstatsachen begründet sahen, waren entsetzt. Sie empfanden den theologischen Vorstoß Bultmanns als Infragestellung der Positionen der Bekennenden Kirche, die sich doch so konsequent auf Schrift und Bekenntnis berief. Wenn das Neue Testament „Mythos“ und seine Aussagen an ein vergangenes Weltbild gebunden seien, warum solle man dann noch mit seiner ganzen Existenz und trotz Androhung von Repressalien für die Aussagen des Neuen Testaments eintreten und diese verkündigen? Niemöllers Sohn Jochen, der als Soldat an der Ostfront im Einsatz war, tauschte sich mit seinem Lehrer Bultmann brieflich über die Frage der Entmythologisierung aus[89]. Man kann also davon ausgehen, dass Niemöller selbst während seiner Haft von dem Vortrag gehört hatte[90].

Nach 1945 nahm die Diskussion um die Theologie Bultmanns an Breite und Schärfe zu. Einige Landeskirchen verurteilten diese und intervenierten bei Berufungen von Schülern Bultmanns, z. B. im Fall von Ernst Fuchs[91]. Es kam zu erbitterten Debatten um die Frage, ob Bultmanns Theologie Häresie und somit aus der Kirche zu verbannen sei. Bultmann erwog angesichts der polemischen Schärfe der Diskussion seinen Austritt aus der Bekennenden Kirche, vollzog ihn aber nicht[92]. Im Jahr 1950 wurde auch in der Kirche Niemöllers das Ansinnen laut, Bultmann aus der Prüfungskommission der EKHN zu entfernen. Seine Theologie sei „eine Gefahr“ für die Kirche[93]. Es könne nicht sein, dass eine solche Theologie Prüfungsgegenstand angehender Pfarrer und

---

87 Bultmann, Mythologie, 18.

88 Bonhoeffer an Winfried Krause vom 25. (oder 23.) 7. 1942. Zitiert nach Bethge, Bonhoeffer, 800.

89 Vgl. Dinkler-von Schubert, Feldpost, 77 u. 151–156.

90 Es findet sich allerdings nichts dazu in: Niemöller, Briefe.

91 Das Gutachten der Kirche im Rheinland begründete die Ablehnung der Berufung von Fuchs ausdrücklich mit dem Einfluss „durch die theologische Arbeit Bultmanns“, s. Evangelische Kirche im Rheinland / Kirchenleitung, Gutachten über Dozent D. Ernst Fuchs, 1. Vgl. Conrad, Bedenken, 446–448.

92 Bultmann an Erica Küppers vom 15. 5. 1952. In: Bultmann, Briefwechsel, 300 f.

93 Jaspert, Einleitung, 47.

ein Theologe mit derart bedenklichen Ansichten Prüfer im kirchlichen Examen sei[94].

Die Kirchenleitung der EKHN, das leitende geistliche Amt, der theologische Ausschuss der Synode und Kirchenpräsident Niemöller stellten sich diesem Ansinnen entgegen. In der Debatte der Kirchensynode um die Entmythologisierung und damit um die Infragestellung des Wortlauts der Bibel und ihrer Sachaussagen griff dann Niemöller selbst ein und gab damit einen tiefen Einblick in sein Schriftverständnis[95]. Zunächst führte er aus, dass die akademische Theologie nur mittelbare Bedeutung für die Kirche habe, sie sei „Instrument nicht Sache". Niemöller hielt fest: „Wir haben ja keine Theologie zu predigen, wir haben Jesus Christus zu predigen."[96] Die Schriftauslegung in der Predigt sei solange „tot" und dem „Buchstaben" verhaftet, solange sie die christologische Aussage nicht erreiche. Predigten könnten wohl „Theologie" oder „Bultmann" enthalten, dürften diese aber nicht predigen, sondern allein und vor allem den Glauben. Die Kirchensynode stellte sich hinter ihren Kirchenpräsidenten und lehnte den Antrag auf den Ausschluss Bultmanns aus der Prüfungskommission für das theologische Examen ab.

In dieser Debatte zeigt sich erneut, wie souverän Niemöller der akademischen Theologie gegenüberstand. Er trat für die Freiheit der theologischen Reflexion ein, betonte aber zugleich die Unabhängigkeit der Kirche von jenen Ergebnissen einer Theologie, die, so Niemöller, „tief in die Finessen der Philosophie einsteigen"[97] müsse. Die Aufgabe der Kirche sei es nicht, ein Wächteramt über die Theologie auszuüben, sondern den Glauben an Christus in der Predigt zu stärken und durch das Handeln der Gemeinde zu bestätigen. Im Jahr 1957 bringt er diese Überzeugung noch einmal etwas griffiger zum Ausdruck: Die Schrift sei nicht wirksam als „gedrucktes Programm" und es gehe nicht darum ein „Buch" zu verbreiten, sondern um „die Botschaft Jesu Christi, die Botschaft von Gott selbst"[98].

5. Fazit

In der kognitionswissenschaftlichen Analyse Niemöllers als Prediger wurde auf zwei Sachverhalte verwiesen, die als besonders charakteristisch erscheinen: Niemöllers Fähigkeit, Solidarität herzustellen und zur Selbstbehauptung des Individuums in einem totalitären Staat beizutragen. In den Predigten machte Niemöller immer wieder deutlich, dass es ein „Wir" jenseits des na-

94 Vgl. Kirchensynode, 133 f.
95 Vgl. ebd., 134–139.
96 Ebd., 137.
97 Ebd., 135.
98 Niemöller, Bedeutung, 173–178, hier 177. So auch in: Niemöller, U-Boot, 162 f. u. 169.

tionalsozialistischen totalitären Staates, der das Christentum und die Kirchen durch die Politik der Entkonfessionalisierung an den Rand der Gesellschaft dränge, gebe. Dieses gegenüber dem totalitären Staat autonome „Wir“ sieht er in Anknüpfung an die reformatorische Lehre von der Schrift in der textgebundenen Predigt und damit der Schriftauslegung begründet, die sich in Anknüpfung an Habermas als das religiöse Proprium des sakralen Komplexes bezeichnen lässt. Die Predigt stellt den konkreten Predigttext in ein Netz alt- und neutestamentlicher Bezüge, aktualisiert ihn, überträgt ihn auf eine Gegenwart, die durch die Schriftauslegung überblendet wird, d. h. die Wahrnehmung der Gegenwart wird durch die aus der Schrift gewonnenen Sichtweisen bestimmt. Der von Niemöller jeweils im Gestus der Selbstanklage vorgetragene Schuldaufweis und die Forderung der Schuldanerkennung bewirken eine Aufwertung des Individuums. Der Predigthörer hat an der Herbeiführung der gegenwärtigen Verhältnisse mitgewirkt, zumindest hat er sie durch Unterlassen begünstigt, er ist aber auch in der Lage, diese zu überwinden. Neben der Herstellung von Solidarität gelingt es den Predigten Niemöllers demnach auch, das Individuum zu stärken und ihm eine Vorstellung seiner legitimen und vom totalitären Staat unabhängigen Handlungsmöglichkeiten zu geben („agency“). Zu den Paradoxien des Predigtgeschehens der Dahlemer Predigten gehört aber auch, dass die Grenzen für Solidarität und für Handlungsmöglichkeiten in diesen Zeiten der Herrschaft des Unrechts sehr eng gezogen waren. Niemöller hat sich in seinen Predigten an diese Grenzen herangewagt und sie durch Überblenden der Gegenwart mit dem biblischen Wort in einer Weise überschritten, die tiefe und kontroverse Emotionen auslöste. Wenn Niemöller die in der nationalsozialistischen Rhetorik überhöhte deutsche Nation als „vom Teufel“ geplagt bezeichnete, bezog er zugleich zwei konkurrierende Konzepte von Höchstrelevanz aufeinander: die religiös angereicherte Sinngebung durch den Nationalsozialismus und die biblische Botschaft in reformatorischer Interpretation.

Quellen- und Literaturverzeichnis

I. Unveröffentlichte Quellen

Bundesarchiv (BArch) Berlin

BArch R 4901/2924: Neutestamentler Tagung

BArch R 4901/2924, 34–35: Gerhard Kittel an Reichserziehungsminister vom 22. 9. 1938

Zeitungsartikel

Time. The weekly magazine, 23. 12. 1940 (no. 26).

II. Veröffentlichte Quellen und Darstellungen

BENTLEY, James: Martin Niemöller. Eine Biographie [Engl. Orig. Oxford 1984]. München 1985.

BETHGE, Eberhard: Dietrich Bonhoeffer. Theologe – Christ – Zeitgenosse. Eine Biographie. München 1967.

BORMANN, Lukas: „Auch unter politischen Gesichtspunkten sehr sorgfältig ausgewählt". Die ersten deutschen Mitglieder der Studiorum Novi Testamenti Societas (SNTS) 1937–1946. In: NTS 58 (2012), 416–452.

–: Staatskirchenrecht im Nationalsozialismus. In: Thomas Holzner / Hannes Ludyga (Hg.): Entwicklungstendenzen des Staatskirchen- und Religionsverfassungsrechts. Ausgewählte begrifflich-systematische, historische, gegenwartsbezogene und biographische Beiträge (19.–21. Jahrhundert). Paderborn 2013, 243–268.

– / LANDMESSER, Christof (Hg.): Die Bedeutung Rudolf Bultmanns für die neutestamentliche Wissenschaft der Gegenwart (HUTh 88). Tübingen 2022.

– / ZWIEP, Arie (Hg.): Auf dem Weg zu einer Biographie Gerhard Kittels (History of Biblical Exegesis 3). Tübingen 2022.

BOYENS, Armin: Kirchenkampf und Ökumene. Darstellung und Dokumentation unter besonderer Berücksichtigung der Quellen des Ökumenischen Rates der Kirchen. München 1969.

BULTMANN, Rudolf: Briefwechsel mit Götz Harbsmeier und Ernst Wolf 1933–1976. Hg. von Werner Zager. Tübingen 2017.

–: Neues Testament und Mythologie. Das Problem der Entmythologisierung der neutestamentlichen Verkündigung (1941). In: Hans-Werner Bartsch (Hg.): Kerygma und Mythos 1. Hamburg ^{4}1960.

CHRISTOPHERSEN, Alf / ZIEMANN, Benjamin: Einleitung. In: Niemöller, Gedanken, 7–60.

CONRAD, Joachim: „Bedenken wegen seiner Lehre…". Der Fall Fuchs in der rheinischen Kirche. In: MEKGR 53 (2004), 437–451.

CZACHESZ, István: Cognitive Science and the New Testament. A New Approach to Early Christian Research. Oxford 2017.

DINKLER-VON SCHUBERT, Erika (Hg.): Feldpost. Zeugnis und Vermächtnis. Briefe und Texte aus dem Kreis der evangelischen Studentengemeinde Marburg 1939–1945. Göttingen 1993.

ENGEMANN, Wilfried: Homiletische Literatur zwischen 2010 und 2015. Schwerpunkte, Problemanzeigen und Perspektiven (Teil II). In: ThR 81 (2016), H. 2, 151–153.

EVANGELISCHE KIRCHE IM RHEINLAND / KIRCHENLEITUNG: Gutachten über Dozent D. Ernst Fuchs, Tübingen, 14. Juli 1950, als Ms. gedr. Düsseldorf 1952.

EVANS, Richard J.: Das Dritte Reich. Bd. 2/1 Diktatur. München 2006.

FAUCONNIER, Gilles / TURNER, Mark: The way we think. Conceptual blending and the mind's hidden complexities. New York 2002.

Forschungsabteilung des Ökumenischen Rates (Hg.): Kirche und Welt in ökumenischer Sicht. Bericht der Weltkirchenkonferenz von Oxford. Genf 1938.

Franck, Sebastian: Chronica, reprograf. Nachdr. d. Orig.-Ausg. Ulm 1536 / Darmstadt 1969.

Greschat, Martin: Martin Niemöller – Repräsentant des deutschen Protestantismus im 20. Jahrhundert. In: Evang. Darlehns-Genossenschaft (Hg.): Martin Niemöller. Glauben und glaubwürdig handeln. Studientag und Festakt aus Anlaß des 100. Geburtstages am 14. Januar 1992. Münster 1992, 11–27.

Habermas, Jürgen: Geschichte der Philosophie. Berlin ²2019.

Heymel, Michael: Dahlemer Predigten. Kritische Ausgabe. Darmstadt 2011.

–: Der Prediger Martin Niemöller und die EKHN. In: JHKGV 60 (2009), 21–31.

–: Martin Niemöller. Vom Marineoffizier zum Friedenskämpfer. Darmstadt 2017.

–: Wer war Leo Stein? Spurensuche nach dem Verfasser des Buches „I was in Hell with Niemoeller". New York 1942. In: MKiZ, 5 = 29.2011, 53–87.

Hockenos, Matthew D.: Then they came for me. Martin Niemöller, the pastor who defied the Nazis. New York 2018.

Huttner, Markus: Britische Presse und nationalsozialistischer Kirchenkampf. Eine Untersuchung der „Times" und des „Manchester Guardian" von 1930 bis 1939 (VKZG.B 67). Paderborn u. a. 1995.

Jaspert, Bernd: Einleitung. In: Ders., Interpretation, 7–55.

– (Hg.): Existentiale Interpretation. Zur frühen Entmythologisierungsdebatte. Nordhausen 2015.

Karpp, Heinrich: Das Aufkommen des Begriffs „Biblizismus". In: ZThK 73 (1976), 65–91.

Kirchensynode der EKHN, Erste Kirchensynode, 2. ordentliche Tagung vom 28. bis 31. Mai 1951, Auszüge. In: Jaspert, Interpretation, 107–174.

Kuhlmann, Sebastian: Martin Niemöller. Zur prophetischen Dimension der Predigt (APrTh 39). Leipzig 2008.

Lavenda, Robert H. / Schultz, Emily Ann: Core concepts in cultural anthropology. Boston ³2007.

Luomanen, Petri / Pyysiäinen, Ilkka / Uro, Risto: Introduction. Social and Cognitive Perspectives in the Study of Christian Origins and Early Judaism. In: Dies. (Hg.): Explaining Christian Origins and Early Judaism. Contributions from Cognitive and Social Science (BiInS 89). Leiden 2007, 1–33.

Mann, Thomas: Niemöller. In: Martin Niemöller: Dahlemer Predigten 1936/37. München 1981, 185–191.

–: Preface. In: Martin Niemöller: „God is my fuehrer," being the last twenty-eight sermons by Martin Niemoller, with a preface by Thomas Mann. New York 1941, 3–14.

Miller, Basil: Martin Niemoeller, hero of the concentration camp. Grand Rapids, Mich. 1942.

Nicolaisen, Carsten: Art. Martin Niemöller. In: RGG⁴, Bd. 6, Sp. 308 f.

Niemöller, Martin: Alles und in allen Christus! Fünfzehn Dahlemer Predigten. Berlin 1935.

–: Briefe aus der Gefangenschaft. Konzentrationslager Sachsenhausen (Oranienburg). Hg. von Wilhelm Niemöller. Bielefeld 1979.
–: Dahlemer Predigten 1936/37. München 1981.
–: … daß wir an Ihm bleiben! 16 Dahlemer Predigten. Berlin 1935.
–: Dennoch getrost. Die letzten 28 Predigten des Pfarrers Martin Niemöller vor seiner Verhaftung, gehalten in den Jahren 1936 und 1937 in Berlin-Dahlem. Zollikon 1939.
–: Die Bedeutung der Bibel in der Welt von heute (London, 1. Mai 1957). In: Martin Niemöller. Reden 1955–1957. Darmstadt 1957, 173–178.
–: From U-boat to pulpit. London 1936.
–: From U-boat to pulpit. Chicago u. a. 1937.
–: From U-boat to concentration camp. The autobiography of Martin Niemöller with his further story by the Dean of Chichester. London 1939.
–: Gedanken über den Weg der christlichen Kirche. Hg. von Alf Christophersen / Benjamin Ziemann. Gütersloh 2019.
–: Gestapo defied, being the last twenty-eight sermons by Martin Niemöller. London u. a. 1941.
–: „God is my fuehrer," being the last twenty-eight sermons by Martin Niemoller, with a preface by Thomas Mann. New York 1941.
–: Here stand I! Chicago / New York 1937.
–: Nationalismus und Antisemitismus als Schuld und Bedrohung der Kirche (1957). In: Martin Niemöller: Gewissen vor Staatsräson. Ausgewählte Schriften. Hg. von Joachim Perels und mit einem Nachwort versehen von Martin Stöhr. Göttingen 2016, 113–124.
–: Vom U-Boot zur Kanzel. Berlin 1934.
Niemoeller, Sibylle Sarah: Crowns, crosses, and stars. My youth in Prussia, surviving Hitler, and a life beyond. West Lafayette 2012.
Niemöller, Wilhelm: Einführung. In: Ders. (Hg.): Martin Niemöller. Briefe aus der Gefangenschaft Moabit. Frankfurt a. M. 1975, 9–17.
Schmidt, Dietmar: Martin Niemöller. Eine Biographie. Stuttgart 1983.
Schmidt, Jürgen: Martin Niemöller im Kirchenkampf Hamburg (Hamburger Beiträge zur Zeitgeschichte 8). Hamburg 1971.
Schreiber, Matthias: Martin Niemöller. Reinbek ^{2}2008.
Schubert, Jan: Martin Niemöller (1892–1984) – Bewahrung der Schöpfung. In: Gisa Bauer (Hg.): Politik – Kirche – politische Kirche (1919–2019). Die evangelischen Kirchen in Hessen und Nassau im Spiegel ihrer kirchenleitenden Persönlichkeiten. Tübingen 2019, 89–127.
Schüler, Sebastian: Religion, Kognition, Evolution. Eine religionswissenschaftliche Auseinandersetzung mit der Cognitive Science of Religion. Stuttgart 2012.
Siegele-Wenschkewitz, Leonore: Auseinandersetzungen mit einem Stereotyp. Die Judenfrage im Leben Martin Niemöllers. In: Dies. (Hg.): Christlicher Antijudaismus und Antisemitismus. Theologische und kirchliche Programme Deutscher Christen (ArTe 85). Frankfurt 1994, 261–291.
Stein, Leo: I was in hell with Niemoeller. New York u. a. 1942.

–: En el infierno de Hitler con Niemoeller. Recuerdos de la prision. Buenos Aires 1944.

Stöhr, Martin: Zu Leben und Werk Martin Niemöllers. In: Martin Niemöller: Gewissen vor Staatsräson. Ausgewählte Schriften. Hg. von Joachim Perels und mit einem Nachwort versehen von Martin Stöhr. Göttingen 2016, 275–329.

Tetlow, Hannah: The Making and Unmaking of a Protestant Hero. British Perceptions on Martin Niemöller in Context of the German Church Struggle 1934–1945. In: SZRKG 116 (2022), 283–300.

Uro, Risto: Ritual and Christian beginnings. A socio-cognitive analysis. Oxford 2016.

Wiener, Alfred: Untersuchungen zum Widerhall des deutschen Kirchenkampfes in England (1933–38). In: Max Beloff (Hg.): On the Track of Tyranny. London 1960, 211–232.

Ziemann, Benjamin: Martin Niemöller. Ein Leben in Opposition. München 2019.

–: Sozialgeschichte der Religion. Von der Reformation bis zur Gegenwart. Frankfurt a. M. / New York 2009.

Jolanda Gräßel-Farnbauer

Martin Niemöller und die Diskussion um Frauen im Pfarramt

Dieser Beitrag untersucht die Rolle Martin Niemöllers als Kirchenpräsident bei der Gleichstellung von Frauen im Pfarramt der Evangelischen Kirche in Hessen und Nassau (EKHN). An den Anfang seien zwei Synoden-Wortbeiträge Niemöllers gestellt, die seine Positionierung illustrieren.

Zum überarbeiteten Entwurf des sogenannten Pfarrerinnengesetzes bei der zweiten Lesung auf der Kirchensynode der EKHN im April 1959 äußerte sich Niemöller folgendermaßen:

> „Im übrigen bin ich über den ganzen Entwurf nicht so glücklich wie über den ursprünglichen Entwurf, […] weil ich fürchte, daß dieses Gesetz, so wie es jetzt lautet, die Synode etwas überfordert. […] Dieses Gesetz bedeutet praktisch die hundertprozentige Gleichstellung, abgesehen von den biologischen Dingen, auf die Bruder Hunzinger hingewiesen hat, von Pfarrer und Pfarrerin. […] [S]o, wie jetzt das Gesetz ist, kann man jede Pfarrvikarin, die Pfarrerin wird, zum Dekan wählen, sie kann zum Propst berufen werden, ja, auch zum Kirchenpräsident! (Heiterkeit und Beifall) […] Das heißt, ich möchte bloß zeigen, wie weit das Anpassen einer solchen Materie führt, wenn man sie auf die volle Gleichberechtigung einfach gewissermaßen jetzt von oben, von der Gleichberechtigung her, konstruiert"[1].

Nach dieser Warnung vor Pfarrerinnen in kirchlichen Leitungspositionen ereignete sich zehn Jahre später folgende Szene. Niemöller war mittlerweile Alt-Kirchenpräsident und Synodaler. Aufgrund des überraschenden Todes seines Nachfolgers Professor D. Wolfgang Sucker war auf der Synode im März 1969 plötzlich die Neuwahl eines Kirchenpräsidenten notwendig. Nachdem der erste Wahlgang ergebnislos geblieben war, schaltete sich Niemöller ein:

> „*Niemöller* – Wiesbaden: Ich glaube, wir sind jetzt in einer bösen Situation mit drei Kandidaten, die alle ungefähr so etwa in der gleichen Lage sind. Ich habe einen ganz anderen Vorschlag und schlage vor, daß wir die Pfarrerin Queckbörner zum Kirchenpräsidenten für Hessen und Nassau wählen. (Beifall) Näheres brauche ich nicht zu erklären.

1 Niemöller, in: Kirchensynode der EKHN (KS EKHN), Zweite Kirchensynode (2. KS), 4. Tagung (4. Tag.), 1959, 382.

Präses Wilhelmi: Sie haben den Vorschlag gehört. Ich frage Frau Pfarrerin Queckbörner, ob sie die Kandidatur annimmt?

Queckbörner – Kirch-Beerfurth: Ich nehme die Kandidatur nicht an. (Beifall)“[2].

Diese Intervention Niemöllers überraschte wohl sowohl die Synodalen als auch die vorgeschlagene Kandidatin – gerade auch vor dem Hintergrund seiner Äußerung zehn Jahre vorher – und illustriert Niemöllers Ambivalenz bezüglich der Frage nach Frauen im Pfarramt.

In diesem Spannungsfeld der Wortbeiträge Niemöllers stellt sich die Frage: Welche Rolle hatte Niemöller im synodalen Gleichstellungsprozess von Frauen im Pfarramt in der EKHN? Schließlich wurden während seiner Amtszeit als Kirchenpräsident der EKHN von 1947 bis 1964 wegweisende Entscheidungen bezüglich der Gleichstellung von Frauen im Pfarramt getroffen. Der erste Schritt der rechtlichen Gleichstellung der Theologinnen erfolgte 1955 mit dem Synodenbeschluss, den Theologinnen im kirchlichen Dienst das gleiche Gehalt zu zahlen wie den Pfarrern[3]. Vier Jahre später beschloss die Synode das sogenannte Pfarrerinnengesetz, das die geistliche Gleichstellung der Theologinnen bewirkte. Diese hatten nun im Bereich der Wortverkündigung und Sakramentsverwaltung die gleichen Rechte, durften die Amtsbezeichnung Pfarrerin führen und nun auch offiziell eine Gemeindepfarrstelle übernehmen[4].

Dieser Aufsatz soll zugleich einen Beitrag zur Erhellung der Rolle Niemöllers in synodalen Prozessen leisten. Insofern trägt diese Arbeit zur Behebung des Forschungsdefizits bezüglich der Zeit Niemöllers als Kirchenpräsident bei und nutzt die in der Niemöller-Forschung bislang wenig verwendeten EKHN-Synodenprotokolle als Hauptquellenbasis. Als weitere Quellen wurden seine Korrespondenzen mit Theologinnen zu Rate gezogen.

In Michael Heymels Niemöller-Biografie findet sich immerhin sogar ein kurzer Abschnitt „Frauen im Pfarramt“. Dieser fußt aber auf recht wenig Material und wird der Komplexität der Fragestellung nur teilweise gerecht[5].

Da ich mich in diesem Beitrag auf Niemöllers Rolle fokussiere, ist eine

---

2 KS EKHN, 4. KS, 3. Tag., 1969, 47. Die Kandidaten im ersten Wahlgang waren der Synodale Helmut Hild, Professor Dr. D. Dieter Stoodt, OKR Dr. Karl Herbert und Propst Rainer Schmidt. Schmidt war vom Plenum vorgeschlagen worden, zog nach dem ersten Wahlgang seine Kandidatur „[u]m der Konzentration willen“ (Ebd.) zurück. Niemöllers Aussage bezüglich „drei Kandidaten, die alle ungefähr so etwa in der gleichen Lage sind“ bezog sich wohl auf die Anzahl der Stimmen im ersten Wahlgang (Hild 65, Stoodt 57, Herbert 54), denn vom Profil her waren die drei Kandidaten durchaus sehr konträr, wie der Wahlslogan „Willst Du weiter alte Zeit? Wähle Herberts ‚Herr‘-lichkeit! Theologisch schweres Brot, – hochgelehrt, abstrakt? Wähl’ Stoodt! Willst Du alles neu und mild? Beste Lösung: Wähle HILD!“ (zit. nach Dieckhoff, Hild, 167) belegt. Vgl. ebd., 174 Anm. 25; KS EKHN, 4. KS, 3. Tag., 1969, 47. Letztendlich gewann Hild die Wahl im dritten Wahlgang.

3 KS EKHN, 1. KS, 6. Tag., 1955, 198; 603.

4 Amtsblatt (ABl.) EKHN 1959, 43 f.

5 Vgl. Heymel, Niemöller, 170 f.

Darstellung des Gleichstellungsprozesses an sich inklusive der Berücksichtigung gesellschaftspolitischer Faktoren, die diesen überhaupt erst ermöglichten, an dieser Stelle nicht leistbar[6].

Im Folgenden sollen Niemöllers Wortbeiträge in der Synodendiskussion um Theologinnen analysiert werden (1.). In einem zweiten Schritt wird nach der Herkunft seiner Position und seiner Argumente gefragt (2.). Abschließend werden einige Schlaglichter auf seinen persönlichen Einsatz für einzelne Frauen in der EKHN geworfen (3.).

1. Analyse der Wortbeiträge Niemöllers in der Synodendiskussion um Theologinnen

Die Auswertung von Niemöllers Wortbeiträgen bei den EKHN-Synodentagungen zur Situation der Vikarinnen bzw. Pfarrerinnen zeigen folgendes Muster bzw. folgende Spannung. Auf der einen Seite findet sich die Betonung, dass ein „weiblicher Pfarrer" – auch auf einer regulären Gemeindepfarrstelle – für ihn im Bereich des grundsätzlich Vorstellbaren sei, verbunden mit dem Hinweis, dass er mit dieser Position aber in der Minderheit sei.

Dies wird bereits 1952 in seiner Resonanz auf den Vorschlag einer Synodalen im Rahmen der Fragestunde an die Kirchenleitung deutlich:

> „Im Augenblick kommt mir nur der Gedanke, wenn wir eine Vikarin in eine Randsiedlung stecken, dann wird ja eine ganz bestimmte Entwicklung damit präjudiziert, denn wer eine Gemeinde sammelt und sie aufbaut – nicht wahr, das ist ja die positive Erfahrung [...] – wer eine Gemeinde sammelt und sie aufbaut, der wird von der Gemeinde hinterher als Pfarrer gewollt. Wenn man also das tut, dann muß man auch mit der Möglichkeit – die ich durchaus für eine tragbare Möglichkeit halte; aber ich stehe damit in der Minorität – rechnen, daß dann eine solche Vikarin tatsächlich die Pfarrerin dieser Siedlungsgemeinde [...] wird. Aber ich bin für diese Anregung dankbar."[7]

Auch der mit der Theologinnenfrage primär befasste Ausbildungsreferent Oberkirchenrat (OKR) D. Hans-Erich Heß[8] erwähnte fünf Jahre später in einem Schreiben an Oberstudienrat Dr. Karl Ringshausen zur Frage der Zu-

6 Der Prozess der rechtlichen Gleichstellung von Frauen im Pfarramt der EKHN wird dargelegt in der Publikation „50 Jahre Gleichstellung", entstanden aus Anlass des EKHN-Gleichstellungsjubiläums 2020, sowie in: Grässel-Farnbauer, Theologin. Zudem ist eine Dissertation zum Thema im Entstehen.

7 Niemöller, in: KS EKHN, 1. KS, 3. Tag., 1952, 325.

8 Vgl. Geschäftsverteilungspläne der Kirchenverwaltung in ZA EKHN Darmstadt, 155/33; 155/1474; 155/4254. Heß war sowohl für die Vikarinnenverordnung von 1949 als auch für das Pfarrerinnengesetz von 1959 verantwortlich. Vgl. u. a. ZA EKHN Darmstadt, 155/240; 155/241; 155/2359.

kunftsperspektive von Theologiestudentinnen die verhältnismäßig progressive Haltung Niemöllers im Vergleich zu anderen Entscheidungsträgern. Heß schrieb am 31. Oktober 1957:

> „Jedoch halte ich es für ziemlich ausgeschlossen, daß wir in absehbarer Zeit dahin kommen, daß die Frau auch zur Übernahme eines normalen Pfarramtes zugelassen wird. Es hat sich herausgestellt, daß unser Kirchenpräsident weit mehr zu konzedieren bereit wäre als viele andere Brüder. Vor allem aber wird es nicht möglich sein, daß unsere Kirche, ohne daß die anderen Gliedkirchen (wenigstens teilweise) mittun, allein vorangeht."[9]

Neben diesem grundsätzlichen Ja zu Frauen im Pfarramt findet sich gleichzeitig ein mehr oder weniger großes Aber, das Niemöllers Zurückhaltung bzw. sein bremsendes Verhalten im Gleichstellungsprozess zeigt.

Das eindrücklichste Beispiel hierfür ist die Debatte um die Angleichung der Gehälter der Vikarinnen auf der Synode im März 1955. Gemäß der sogenannten Vikarinnenverordnung von 1949 konnten theologisch voll ausgebildete Frauen mit erstem und zweitem theologischen Examen auf dem Gebiet der EKHN erstmalig in einem direkten Beschäftigungsverhältnis bei der Landeskirche angestellt und auch ordiniert werden. Allerdings trugen sie lebenslang den Titel „Vikarin", schieden bei Heirat aus dem Dienst aus und erhielten nur 80 Prozent der Dienstbezüge der Pfarrer[10]. Als 1954 vier Synodale eine Überprüfung der Vikarinnenverordnung, v.a. aber eine Angleichung der Gehälter vor dem Hintergrund der im öffentlichen Dienst inzwischen erfolgten Gehaltsangleichung beantragten, widersprach Niemöller bereits. Der Antrag auf Überprüfung der Vikarinnenverordnung wurde dennoch einstimmig angenommen[11]. Auf das einhellige Votum des Theologischen und des Rechtsausschusses auf der Synode im März 1955, die Gehälter aufgrund der Gleichwertigkeit des Dienstes der Vikarin anzugleichen[12], reagierte der Kirchenpräsident mit einem ebenfalls sehr eindeutigen Gegenplädoyer. Hier zeigt sich par excellence seine Ja-Aber-Argumentationsstruktur. Eingangs betonte er einerseits, dass er „nicht einmal Bedenken"[13] habe gegen die Weiterentwicklung, dass Vikarinnen reguläre Pfarrstellen übernehmen können, andererseits sei er aber gegen die Gleichstellung in puncto Gehalt und zwar weil die Vikarin zwangsläufig unverheiratet sei. Zur Untermauerung bemühte er sich um eine schöpfungstheologische Legitimation:

---

9 ZA EKHN Darmstadt, 155/240.

10 Vgl. ABl. EKHN 1949, 113 f. Im Gültigkeitszeitraum gab es zwei Revisionen der Vikarinnenverordnung: 1952 betreffs § 8 (Planstellen) und 1955 betreffs § 12 (Gehalt).

11 Vgl. KS EKHN, 1. KS, 5. Tag., 1954, 459 f. Die Angleichung der Gehälter im öffentlichen Dienst erfolgte auf Grundlage von Art. 117 Grundgesetz zum 1. 4. 1953. Vgl. Krüger, Gleichberechtigung, hier v. a. 102.

12 Vgl. Synodaler Prof. Lic. Otto Stroh (1894–1959; Direktor des Friedberger Theologischen Seminars; Vorsitzender des Theologischen Ausschusses), in: KS EKHN, 1. KS, 6. Tag., 1955, 195 f.

13 Niemöller, in: KS EKHN, 1. KS, 6. Tag., 1955, 197.

> „Aber nun hat der liebe Gott so einige Unterschiede zwischen Mann und Frau gesetzt, über die wir nicht Herr sind, d.h. ich würde ohne weiteres für die vollkommen gleiche Besoldung usw. sein, wenn man durch Gesetz dekretieren könnte, daß die Kinder abwechselnd von Männern und Frauen zur Welt gebracht werden müßten (Heiterkeit). Damit hängen aber noch ein paar andere Dinge zusammen! Entschuldigung, aber ich wollte gar nicht so sehr einen Witz machen, sondern ich wollte sagen, daß ein Junggeselle allerdings gut und gerne 20 Prozent teurer lebt als eine Junggesellin. Das ist auch in der Schöpfungsgestaltung, wie das Gott in seiner unerforschlichen Weisheit, die wir manchmal nicht durchschauen, so geordnet hat. Eine Frau, die 80 Prozent des Pfarrergehaltes bekommt und unverheiratet ist, kommt mit den 80 Prozent sehr viel weiter als der unverheiratete Pfarrer mit seinen 100 Prozent. Ich bitte, hier nicht einfach den Schluß zu ziehen, daß wir gleichziehen müssen. Gleichmacherei bedeutet noch keine Gleichstellung[14] (Beifall).“[15]

Niemöller versuchte die von ihm erlebten Geschlechterunterschiede theologisch zu untermauern und zwar mit Verweis auf die Schöpfungsordnung und Gottes „unerforschliche[] Weisheit“. Interessanterweise war Niemöller in diesem Zusammenhang der einzige, der dezidiert theologisch argumentierte. Dass dies aber „nach hinten losging“, belegt die unmittelbare Reaktion des Synodalen Professor D. Wilhelm Jannasch, eines Weggefährten Niemöllers aus der Bekennenden Kirche (BK)[16]. Jannasch erklärte:

> „Die Worte des Herrn Kirchenpräsidenten haben mich in keiner Weise überzeugt [...] Ich glaube, es ist eine beinahe scherzhafte Unternehmung, hier die Schöpfungsordnung zu bemühen und nun je nach Auslegung der Schöpfungsordnung festzustellen, ob die Männer und die Frauen, wenn sie verheiratet sind, dasselbe verbrauchen oder nicht verbrauchen.“[17]

Jannasch machte also deutlich, wie unseriös die angeblich theologische Argumentation Niemöllers war. Jannasch selbst argumentierte für die Gleichbesoldung aufgrund der allgemeinrechtlich gebotenen Gleichbehandlung von Männern und Frauen. Er beantragte im Auftrag der Vereinigten Ausschüsse eine entsprechende Änderung des § 12. Dieser Antrag wurde mit eindeutiger

14 Die Sorge bzw. den Vorwurf der „Gleichmacherei“ im Zusammenhang mit Gleichberechtigung gab es bereits im Kontext der Entstehung von Art. 3 Abs. 2 Grundgesetz. Vgl. Dr. Elisabeth Selberts (1896–1986; Juristin und Politikerin) Erwiderung im Rahmen der zweiten Lesung im Hauptausschuss des Parlamentarischen Rats am 18. 1. 1949 (Parlamentarischer Rat, Verhandlungen, 540). Interessanterweise war die Debatte um die Gleichberechtigung von Frauen und Männern im Grundgesetz eng verbunden mit der Frage der Lohngleichheit. Ebd., 538–544.

15 Niemöller, in: KS EKHN, 1. KS, 6. Tag., 1955, 197.

16 Vgl. KS EKHN, 11. KS, 3. Tag., 2011, 107; Biogramm Jannasch, in: Braun / Grünzinger, Personenlexikon, 123. Ausführlicher und einschlägig zu Jannasch ist der Beitrag: Buss, Jannasch.

17 Jannasch, in: KS EKHN, 1. KS, 6. Tag., 1955, 197.

Mehrheit angenommen[18]. Offensichtlich hatte die schöpfungstheologische Argumentation Niemöllers auch die Synodalen nicht überzeugt. Die Angleichung der Gehälter war der erste Schritt der rechtlichen Gleichstellung der Theologinnen in der EKHN. Die EKHN war die erste Landeskirche, die diesen Schritt vollzog[19].

Bei Niemöllers argumentativer Intervention gegen die Gehaltsangleichung zeigt sich ein Reflex seines konservativen Frauenbildes, wie es in der gemeinsam mit D. Dr. Otto Dibelius 1937 publizierten Schrift „Wir rufen Deutschland zu Gott" hervortrat und schon damals für Widerspruch sorgte. Die beiden verurteilten gegen Ende ihres Textes en passant die bürgerliche Frauenbewegung und behaupteten:

> „Die Frau hat ihre Bestimmung von Gott! Das ist ihre Bestimmung: daß sie zunächst einmal die Frau ihres Mannes und die Mutter ihrer Kinder sein soll! Alles andere kommt in zweiter Linie. Und wenn die Frau nicht mehr Mutter sein will und nicht mehr die sorgende Gefährtin ihres Mannes, dann ist sie nicht wert, daß die Sonne sie bescheint."[20]

Neben dem expliziten Versuch Niemöllers, einen wesentlichen Gleichstellungsschritt zu verhindern, lässt sich von 1950 bis 1959 beobachten, wie Niemöller hinsichtlich der Öffnung des regulären Gemeindepfarramts für Frauen versuchte, diese Entwicklung zu bremsen. Bereits bei der ersten Synodendiskussion um Frauen im Pfarramt der EKHN, zu der es auf der ersten ordentlichen Tagung der Ersten Kirchensynode der EKHN im Kontext der Verabschiedung des „Kirchengesetz[es] betreffend die Vorbildung und Anstellungsfähigkeit der Pfarrer"[21] aufgrund der in § 11 enthaltenen Regelung bezüglich Theologinnen[22] gekommen war, verwies er darauf, dass „die Dinge

18 Vgl. EBD., 198. Die EKD dagegen urteilte 1956: „Alle Gliedkirchen stimmen offenbar unserer Auffassung zu, dass das Vikarinnen-Amt ein Amt sui generis ist und dass die Vikarinnen nicht ‚weibliche Pfarrer' sind und daher keinen Anspruch auf besoldungsrechtliche Gleichstellung mit den Pfarrern aus dem Grundgesetz herleiten können." (Schreiben der EKD an die Leitungen der deutschen evangelischen Landeskirchen vom 19. 5. 1956 (ZA EKHN DARMSTADT, 155/240)).

19 Die EKHN war mit diesem Schritt neben Baden (wo es aber für Vikarinnenstellen keine Stellenzulagen gab) die einzige Landeskirche, die Vikarinnen gleich besoldete. Vgl. Schreiben der EKD an die Leitungen der deutschen evangelischen Landeskirchen vom 19. 5. 1956 (ZA EKHN DARMSTADT, 155/240) sowie Kirchenpräsident Niemöller, in: KS EKHN, 2. KS, 2. Tag., 1957, 77 f.

20 DIBELIUS / NIEMÖLLER, Deutschland, 104. Vgl. EBD., 103–105; KÖHLER, Eyl, 307 f.; GAILUS / VOLLNHALS, Frauen, 7–9; und BAUER, Zahn-Harnack von Harnack, 39 f. Anm. 58. Verfasser des Textes war allerdings Dibelius und nicht Niemöller. Vgl. GRÄSSEL-FARNBAUER, Dibelius.

21 ABl. EKHN 1950, 139–141.

22 Die Formulierung war eine wörtliche Übernahme des § 15 im entsprechenden Gesetz der Evangelischen Landeskirche in Nassau vom 3. Januar 1930 (ABl. Evangelische Kirche in Nassau 1930, 27). Auch die Synodendiskussionen weisen frappierende Parallelen auf: Wie bereits 1929 in Nassau wurde auch 1950 von Synodalen beantragt, den einschränkenden Nebensatz „die kein Gemeindepfarramt im herkömmlichen Sinne sind" zu streichen. Sowohl 1929 („Um gewisser

noch nicht geklärt sind" und eine entsprechende Synodendebatte zu keinem Ergebnis käme:

> „Ich halte es nicht für möglich, daß wir eine Debatte zu Ende führen mit dem einheitlichen Ergebnis, ob die Theologin in unserer Kirche zum Pfarrer gewählt werden kann. Liebe Brüder, es ist schon viel Wasser aus den verschiedensten Flüssen seit Eröffnung dieser Diskussion in den Ozean geflossen und wird noch weiter fließen! Sonst werden wir vor nächster Woche nicht zum Ziele kommen."[23]

Auch 1956 plädierte er für einen Abbruch der Synodendebatte zum Dienstrecht der Vikarinnen mit den Worten: „Vielleicht kriegen wir auch einmal Pfarrerinnen, aber machen Sie es heute nicht, ich fürchte sonst über Mitternacht noch an dieser Sache zu sein!"[24]

1954 warnte er im Kontext der Angleichung der Gehälter vor einem vorschnellen Beschluss und mahnte an, dass vor einer entsprechenden Entscheidung auch die Handhabung in anderen Landeskirchen geprüft werden solle[25]. Zwei Jahre nach der Angleichung der Gehälter betonte er im Rahmen der Märzsynode 1957 zur Vikarinnenfrage, dass die EKHN die einzige Landeskirche sei, die die Vikarinnen gleich besolde. Er schlussfolgerte: „Also wir marschieren in bezug auf die Behandlung der Vikarinnen an der Spitze innerhalb der Evangelischen Kirche in Deutschland." Das wolle er auch nicht ändern, aber „auch [...] nichts überstürzen". Er sei zwar überzeugt, dass die Entwicklung der Öffnung des Pfarramts kommen werde, aber noch Zeit brauche. Die Frage sei noch nirgends endgültig entschieden – weder in Deutschland noch weltweit. Hierbei verwies er auch auf diejenigen, „die den Apostel Paulus mit seiner Meinung, daß das Weib in der Gemeinde zu schweigen hat, auch heute noch als absolut geltende Autorität anerkennen."[26]

Sein Bestreben war offenbar, dass die EKHN mit ihren Regelungen an der „Spitze" der Landeskirchen stand und „seine" Landeskirche somit als fortschrittlich galt. Solange dies in seiner Wahrnehmung gegeben war, bremste er. Das Blatt wendete sich daher erst, als 1958 die Evangelische Landeskirche Anhalts, die Evangelisch-Lutherische Kirche Lübecks und die pfälzische Landeskirche das Pfarramt für Frauen insofern öffneten, als Theologinnen nun ordiniert werden konnten und das Recht zur Wortverkündigung und Sakramentsverwaltung erhielten. Das pfälzische Gesetz ging dabei am weitesten: Es ermöglichte Theologinnen die Übernahme des vollen Gemeinde-

ängstlicher Gemüter willen halte auch ich es für gut, die Worte ‚die kein Gemeindepfarramt ...' beizubehalten." (Landesbischof D. August Kortheuer, in: 1. Landeskirchentag der Evangelischen Kirche in Nassau, 3. Tag., 1929, 38 f.) als auch 1950 wurde der Änderungsantrag abgelehnt – auch aufgrund der Gegenvoten des Bischofs bzw. Kirchenpräsidenten.

23 Niemöller, in: KS EKHN, 1. KS, 1. Tag., 1950, 105 f.

24 Niemöller, in: KS EKHN, 2. KS, 1. Tag., 1956, 373.

25 Vgl. Niemöller, in: KS EKHN, 1. KS, 5. Tag., 1954, 460.

26 Niemöller, in: KS EKHN, 2. KS, 2. Tag., 1957, 77 f.

pfarramtes[27]. Bereits Anfang 1958 war der Diskussionsprozess der pfälzischen Nachbarkirche in der Kirchenverwaltung der EKHN bekannt[28].

Auch im März 1958 plädierte Niemöller dennoch für einen Weg von unten, von den Gemeinden ausgehend:

> „Stellen Sie sich doch einmal vor, meine Damen und Herren, eine Gemeinde wählt in einer normalen Pfarrerwahl, wo sie das Wahlrecht hat, eine weibliche Vikarin zum Pfarrer! Bitte schön, dann stehen wir heute in einem famosen Dilemma drinnen! Dann müssen wir nämlich die Synode fragen: Ja oder Nein? Aber solange so etwas nicht passiert – wir können von oben solche Geschichten nicht machen! Da muß die Not von unten drängen! Bitte, bescheren Sie uns einmal solch einen Musterbeispielsfall! Dann haben Sie aber die ganze Christenheit in Deutschland plötzlich, na, ich hätte beinahe gesagt auf der Palme! Und das wäre mir außerordentlich erwünscht! (Heiterkeit)“[29].

Niemöller votierte hier also für die organisationstheoretisch häufig angewendete Strategie, konfliktbehaftete Entscheidungen an eine andere Entscheidungsebene zu delegieren: Die Gemeinden sollten in die Pflicht genommen werden, weil sich Kirchenleitung und Synode nicht entscheiden konnten oder wollten; letztendlich eine Strategie der Verantwortungsabwälzung, wenngleich grundsätzlich die Akzeptanz von Frauen im Pfarramt durch die jeweiligen Gemeinden natürlich notwendig war und hinter Niemöllers Vorschlag eine Hochschätzung der Gemeinden und die aus der BK herrührende Idee einer Kirche von unten gestanden haben mag. Wie wenig folgenreich Niemöllers eigene Aussage war, zeigte sich, als eine Vikarin dezidiert unter Rekurs auf diese Synoden-Äußerung Niemöllers versuchte, eine Gemeindepfarrstelle übertragen zu bekommen. Die Gemeinde hätte sie wohl gerne als ihre Pfarrerin gehabt, daher bewarb sie sich bei der Kirchenleitung

---

27 Vgl. Schreiben der EKD an die Kirchenleitungen der evangelischen Landeskirchen vom 2. 8. 1958 (ZA EKHN Darmstadt, 155/241). Die Evangelische Landeskirche Anhalts hielt allerdings dezidiert fest, dass das „Amt der Pastorin [...] eine besondere Ausprägung des geistlichen Amtes“ sei (§ 1 Abs. 1 Satz 1, abgedruckt in: ABl. EKD 1958, 321). Die Evangelisch Lutherische Landeskirche in Lübeck führte eine Planstelle für Frauenarbeit ein, die Stelleninhaberin könne „auch mit der Verwaltung einer Pfarrstelle [...] beauftragt werden“ (2. Abs. 2 Satz 1 der „Dienstordnung für die Inhaberin der landeskirchlichen Planstelle für Frauenarbeit“ vom 2. 7. 1958, abgedruckt in: ABl. EKD 1958, 370). Das Gesetz der pfälzischen Landeskirche ist ebenfalls abgedruckt in ABl. EKD 1958, 345 f.

28 Schreiben von OKR D. Lic. Erwin Wißmann an Kirchenpräsident Niemöller und die Oberkirchenräte Sucker, Becker und Heß vom 30. 1. 1958 (ZA EKHN Darmstadt, 175/2181). Neben den entsprechenden Gesetzesänderungen in anderen Landeskirchen fällt zudem der zeitliche Umstand auf, dass sowohl Niemöller als Kirchenpräsident als auch Heß als Ausbildungsreferent im März 1958 auf der Synode in ihrem Amt bestätigt und wiedergewählt wurden – bei Niemöller war es denkbar knapp (nur eine Stimme mehr als die erforderliche Mehrheit), bei Heß dagegen ein sehr eindeutig positives Ergebnis. (KS EKHN, 2. KS, 3. Tag., 1958, 128–132; 250–252). Es entsteht der Eindruck, dass beide erst nach der erfolgten Wiederwahl expliziter Stellung bezogen bzw. aktiv geworden sind in Sachen Gleichstellung der Vikarinnen.

29 Niemöller, in: KS EKHN, 2. KS, 3. Tag., 1958, 116 f.

auf die entsprechende Stellenausschreibung. Sie scheiterte allerdings mit diesem Versuch[30]. 1958 hatte sie als Vikarin, also als Theologin im kirchlichen Dienst, kirchenrechtlich betrachtet keine Bewerbungsfähigkeit auf freie Pfarrstellen.

Allerdings war ein entsprechendes Gesetz, das sogenannte Pfarrerinnengesetz, und damit der „Weg von oben" zu diesem Zeitpunkt schon in der Vorbereitung. Niemöller scheint dies unterstützt zu haben. Dies legen jedenfalls die kurze Korrespondenz mit dem für den Gesetzentwurf Verantwortlichen OKR Heß und ein Vermerk auf einem Protokollauszug nahe[31].

Auf der Synodentagung im Dezember 1958 erfolgte die erste Lesung des sogenannten Pfarrerinnengesetzes, das Theologinnen die Übernahme einer Gemeindepfarrstelle ermöglichen sollte. In der Aussprache kam es zu einer Grundsatzdebatte zum Umgang mit den einschlägigen Bibelstellen. Die Gegner des Gesetzes - wenngleich in der Minderheit - kritisierten die Ausführungen von OKR Heß als „Siegeszug der Entschärfungen des Wortes Gottes"[32]. Dagegen befürworteten alle sich zu Wort meldenden Theologen das Gesetz - mit einer Ausnahme und zwar dem Vertreter des Pfarrerausschusses[33]. Die sich äußernden Theologen waren vorrangig in leitenden Positionen: zwei Dekane, ein Professor des Theologischen Seminars in Herborn und der Kirchenpräsident[34]. Niemöllers Argumentation in der Schlussphase der Diskussion bestand aus drei Teilen.

Zunächst begründete er exegetisch, dass sich mit dem Neuen Testament nicht gegen die Öffnung des Pfarramts für Frauen argumentieren lasse. Er führte den Auftrag zur Verkündigung der Auferstehungsbotschaft an die Frauen am leeren Grab in den synoptischen Evangelien an und betonte, dass

---

30 Schreiben von Vikarin Frohilde Wißmann an die Kirchenleitung auf dem Dienstweg vom 17. 9. 1958; Bewerbungsschreiben von F. Wißmann an die Kirchenleitung auf dem Dienstweg vom 3. 12. 1958; Schreiben der Kirchenverwaltung an F. Wißmann vom 2. 4. 1959 (ZA EKHN Darmstadt, 120/635).

31 „Können und wollen Sie das Pfarrerinnengesetz am kommenden Montag in der Kirchenleitungssitzung vortragen? Bejahendenfalls melden Sie es bitte bei Bruder Hahn für die Tagesordnung noch an." (Schreiben von Niemöller an OKR Heß vom 25. 9. 1958 (ZA EKHN Darmstadt, 155/241)); „Mit OKR. Hess besprochen; neue Verhandlg. nicht nötig?! [Unterschrift] Niemöller 20. 11." (handschriftlicher Vermerk auf dem Protokollauszug vom Leitenden Geistlichen Amt vom 6. 11. 1958, Nr. 40/58, Ziffer 3 (ZA EKHN Darmstadt, 155/241)).

32 Synodaler Friedrich Stephan, in: KS EKHN, 2. KS, 3. außerordentl. Tag., 1958, 171.

33 Auch aus einer gemeinsamen Sitzung des Theologischen Ausschusses mit dem Rechtsausschuss und dem Pfarrerausschuss gehen die Vorbehalte des Pfarrerausschusses gegen das Gesetz hervor. Bei der Argumentation des Pfarrerausschusses werden sozialpsychologische Argumente resultierend aus einem traditionellen Frauenbild gegen die Eignung von Frauen für das Gemeindepfarramt mit konservativ theologischen Anfragen gegen die Zulässigkeit der Öffnung des Amtes für Frauen verbunden. Vgl. Protokoll der Sitzung des Rechtsausschusses und des Theologischen Ausschusses der Kirchensynode unter Hinzuziehung des Pfarrerausschusses am 2. 2. 1959 (ZA EKHN Darmstadt, 255/3264).

34 Die gesamte Synodenverhandlung der ersten Lesung des sogenannten Pfarrerinnengesetzes ist abgedruckt in: KS EKHN, 2. KS, 3. außerordentl. Tag., 1958, 153–190.

das Neue Testament kein Gesetzbuch sei. Innerhalb dieser Grundsatzdebatte der EKHN-Synode war Niemöller der Erste, der den Verkündigungsauftrag an die Frauen am leeren Grab als Argument für Frauen im Pfarramt vorbrachte. Als zweites Argument erinnerte er an die Selbstverständlichkeit, mit der Vikarinnen und Frauen aus den Gemeinden während des Krieges verwaiste Pfarrämter übernommen hatten. Schließlich schloss er seinen Redebeitrag mit dem Verweis auf Gottes Handeln in der Gegenwart, denn Gott habe „Frauen als Pfarrerinnen gerufen und beglaubigt“[35].

Auf der Synode im April 1959 im Rahmen der zweiten und dritten Lesung des überarbeiteten Gesetzentwurfs brachte Niemöller gegen Ende noch ein ganz anderes Argument in die Debatte ein – und zwar ein konfessionelles: Dass „der evangelische Pfarrer nicht ein Duplikat des römisch-katholischen Priesters ist“[36]. Während der katholische Priester unter Rekurs auf den alttestamentlichen Priester ein Mann sein müsse, könne ein evangelischer Pfarrer auch eine weibliche Person sein. Damit warf er in seinem Redebeitrag den Gegnern von Frauen im Pfarramt ein katholisches Amtsverständnis vor.

In seinem Eingangsstatement verwies er erneut auf die Entwicklung in anderen Landeskirchen; allerdings argumentierte er nun umgekehrt: Nachdem er jahrelang unter Bezug auf die anderen Landeskirchen bremste, mahnte Niemöller nun, dass keine Zeit zu verlieren sei. Andere Kirchen seien bereits weiter und hätten daher mehr theologischen Nachwuchs. Auch in seinem Bericht über die Tätigkeit der Kirchenleitung hatte er sich aufgrund des Pfarrermangels für die Verabschiedung des Pfarrerinnengesetzes ausgesprochen. Insgesamt hatte er sich allerdings als „nicht so glücklich“ mit dem nun vorliegenden Entwurf gezeigt und Bedenken artikuliert, dass die Synode damit überfordert sei[37]. Auszüge seines Statements standen am Beginn dieses

35 Niemöller, in: Ebd., 179 f. Auch das zweite, erfahrungsbezogene Argument bildet eine exegetische Debatte ab, indem Niemöller auf den „theologische[n] Streit“ um „das Frauen-Pfarramt“ in der BK rekurriert und diesen wie folgt zusammenfasst: „[D]a haben Frauen daran gedacht, daß der Herr Jesus gesagt hat von den Kindern: Wenn diese schweigen, dann werden die Steine schreien! Und auf der anderen Seite haben sie stehen gehabt: Das Weib schweige in der Gemeinde, den Apostel Paulus! Und da hatten die Frauen die Wahl zwischen ‚Die Steine schreien zu lassen‘ oder aber ‚Selber reden‘. Sie entschlossen sich, die Autorität Jesu doch noch etwas höher einzuschätzen als die Autorität des Apostel Paulus. Jedenfalls wollten sie nicht, daß die Steine schrien, sondern sie haben erst einmal selber den Mund aufgemacht!“. Niemöller zitiert mit „Wenn diese schweigen, dann werden die Steine schreien“ einerseits Lk 19,40 (das Schweigen bezieht sich hier allerdings auf die Jünger) und vermischt bzw. kombiniert diese Textstelle andererseits mit Mt 21,15 (Schreien der Kinder im Tempel).

36 Niemöller, in: KS EKHN, 2. KS, 4. Tag., 1959, 395.

37 Niemöller, in: Ebd., 382. Vgl. auch in seinem Bericht über die Tätigkeit der Kirchenleitung: „[W]ir werden noch auf Jahre hinaus mit einem Mangel an pfarramtlichen Kräften rechnen müssen. Um so dringlicher scheint es mir zu sein, daß wir das Kirchengesetz betreffend die Verwendung von Theologinnen im pfarramtlichen Dienst fertigstellen und verabschieden, selbst auf die Gefahr hin, daß wir später Änderungen werden vornehmen müssen. Das Leitende Geistliche Amt hat sich in anderer Richtung ausgesprochen und es wird ja hier in der Synode, so wie ich das sehe, noch ganz erhebliche Auseinandersetzungen geben.“ (Ebd., 23).

Beitrags. Niemöller erkannte, dass die Konstruktion des nun vorliegenden Gesetzentwurfs und die Verzahnung des Gesetzes mit dem sogenannten Pfarrergesetz den Weg der rechtlichen Gleichstellung ebnete. Dieser führte letztendlich 1970 zum gemeinsamen Dienstrecht[38]. Mit seiner Angst vor einer Überforderung unterschätzte Niemöller allerdings die Synode: Sie nahm das Gesetz in der dritten Lesung bei nur neun Gegenstimmen und vier Enthaltungen (zur Einordnung: die Zweite Kirchensynode der EKHN umfasste 200 Synodale) an[39]. Damit war ein wichtiger Schritt in Richtung Gleichberechtigung von Männern und Frauen im Pfarramt der EKHN vollzogen. Der Weg ins Gemeindepfarramt war offiziell geöffnet - wenngleich die rechtliche Gleichstellung v. a. in puncto Eheschließung unvollständig blieb. Nach wie vor mussten Frauen aus dem Dienst ausscheiden, sobald sie heirateten. Dies wurde erst 1968 per Initiativantrag - eingebracht von 38 Synodalen - geändert[40].

2. Herkunft der Haltung und Argumente Niemöllers

Nach der Darlegung der Positionierung Niemöllers in der Synodendiskussion um Frauen im Pfarramt soll nun die Herkunft seiner Haltung und seiner Argumente untersucht werden.

Niemöller selbst benannte 1962 rückblickend den Kontext der BK als prägend bezüglich der Frage nach Frauen im Pfarramt:

> „Solange die Frage der Pastorin eine theoretische Frage war, bin ich dieser Frage mit viel Mißtrauen begegnet. Im Kirchenkampf zur Nazizeit waren wir in der Bekennenden Kirche dankbar dafür, daß sich junge Theologinnen zum Dienst meldeten und sich mit weiblich entschiedenem Einsatz zur Verfügung stellten. So ist für mich die Pfarrerin, der weibliche Gemeindepastor, seit 1945 in gar keiner Weise mehr ein Problem."[41]

Diese retrospektive Aussage Niemöllers weist auf die Rolle der BK für seine Einstellung hin, wenngleich eine Spannung besteht zu seinen tatsächlichen Äußerungen in der Debatte.

Tatsächlich war Niemöller über das Umfeld seiner Dahlemer Gemeinde und die BK verschiedentlich und sehr früh in persönlichen Kontakt mit Theologinnen gekommen. Diese Begegnungen und Erfahrungen waren offenbar wechselseitig prägend und positiv. Davon zeugt die Korrespondenz mit

---

38 KS EKHN, 4. KS, 8. Tag., 1970, 409–424; ABl. EKHN 1971, 12–14.

39 Vgl. KS EKHN, 2. KS, 4. Tag., 1959, 406.

40 Vgl. KS EKHN, 4. KS, 2. Tag., 1968, 217–232; 286–301; ABl. EKHN 1969, 65.

41 Antwort von Niemöller auf eine Rundfrage der Zeitschrift „Quick" vom 23. 1. 1962 (ZA EKHN Darmstadt, 62/1586). Vgl. Heymel, Niemöller, 171.

Theologinnen auch nach 1945, zum Teil bestand lebenslängliche Korrespondenz[42].

In diesem Zusammenhang verdient Erwähnung, dass die Theologin Christa Müller, die auch Mitglied des Pfarrernotbundes war, ihr Lehrvikariat, d. h. ihre praktische Ausbildung, von Dezember 1933 bis Juni 1935 u. a. in der Dahlemer Gemeinde bei Niemöller absolvierte[43].

Eine andere Theologin, Klara Hunsche, wurde gemeinsam mit vier anderen Vikarinnen am 24. Juni 1937 – also kurz vor Niemöllers Verhaftung – in der Dahlemer Jesus Christus-Kirche ordiniert bzw. eingesegnet[44]. Sie erwähnte in einem Schreiben an Lic. Gerhard Ebeling vom 27. September 1940 die aktive Mitbeteiligung Niemöllers an der Ordination bzw. Einsegnung[45].

Es waren vermutlich diese persönlichen Kontakte und Erfahrungen innerhalb der BK, die zu Niemöllers grundsätzlicher Aufgeschlossenheit gegenüber Frauen im Pfarramt führten[46].

Zudem fällt auf, dass die oben gezeigten inhaltlichen Argumente Niemöllers zugunsten von Frauen im Pfarramt auch im BK-Kontext auftauchen und sie Niemöller vermutlich daher kannte. Zum Beispiel argumentierte die Vikarin Hunsche in eben erwähntem Schreiben ebenfalls mit dem Verkündigungs-

---

42 Vgl. Korrespondenz mit Klara Hunsche (ZA EKHN Darmstadt, 62/615); Korrespondenz mit Dr. Christa Jastram, geb. Müller (ZA EKHN Darmstadt, 62/619); Korrespondenz mit Hannelotte Reiffen (ZA EKHN Darmstadt, 62/683; 62/6013); Korrespondenz mit Maria Weller (ZA EKHN Darmstadt, 62/732; 62/1645). Vgl. Domes, Art. Hunsche, 185; Semmler, Art. Jastram, 194; Härter, Art. Reiffen, 308; und Kreutler, Art. Weller, 434.

43 Vgl. Heymel, Niemöller, 75; Ziemann, Niemöller, 215; 223; 226; und Semmler, Art. Jastram, 194.

44 Vgl. zur Diskussion Ordination oder Einsegnung Herbrecht / Härter / Erhart, Streit, 29 f.; sowie Köhler, Entwicklung, 120. Hunsche selbst setzte in ihrem Brief „Ordination" in Anführungszeichen.

45 Abgedruckt in: Herbrecht / Härter / Erhart, Streit, 110–112, hier 111. Insbesondere die Abendmahlsfeier muss eindrücklich gewesen sein. Niemöller nahm darauf im ersten Brief aus Moabit Bezug: „Ich denke viel an Jesu letztes Wort an Petrus und – Du magst das dem guten Hildebrandt sagen – an die letzte Abendmahlsfeier nach der Ordination von Vikarinnen, wo er lauter Segenswünsche nahm mit dem Anfang: ‚Fürchte dich nicht!'" (Brief von Niemöller an seine Frau Else vom 2. 7. 1937, abgedruckt in: Niemöller, Briefe Moabit, 21). Hunsche erinnerte sich noch rund vierzig Jahre später daran: „Wir [ein inzwischen verstorbenes Fräulein Flammiger aus der Dahlemer Gemeinde und sie] sprachen von gemeinsamen Erinnerungen, auch – wie schon oft – von der Ordination der fünf Vikarinnen am 24. Juni 1937, zu denen ich ja gehört hatte. Von dieser Feier ist uns allen eins vor allem unvergeßlich geblieben, das ‚Fürchte dich nicht!' in allen Abendmahlssprüchen, die P. Hildebrandt ausgewählt hatte. Sie selbst haben in Ihrem ersten Brief aus Moabit darauf bezug genommen." (Brief von Hunsche an Niemöller vom 4. 3. 1976 (ZA EKHN Darmstadt, 62/615)).

46 Ein weiterer persönlicher Kontakt Niemöllers zu einer Gemeindepfarrerin war der zu Bé Ruys, ab 1954 Pastorin der niederländischen ökumenischen Gemeinde in Berlin (Hendrik-Kraemer-Haus; ich danke Dr. Wilken Veen für den freundlichen Hinweis). Aufgrund der in ZA EKHN Darmstadt, 62/688 vorhandenen Korrespondenz zwischen Ruys und Niemöller lässt sich leider nicht nachweisen, ob der Umstand, dass er Ruys als Gemeindepfarrerin kannte, seine Auffassung über Frauen im Gemeindepfarramt beeinflusst hat.

auftrag an Maria Magdalena[47]. Auch das konfessionelle Argument und den Vorwurf eines katholischen Amtsverständnisses an die Gegner von Frauen im Pfarramt dürfte Niemöller aus der BK-Debatte um Frauen im Pfarramt gekannt haben. Die Theologin und gute Freundin Niemöllers Erica Küppers[48] schrieb am 13. Juli 1946 an ihn:

> „Uebrigens bin ich Dir dankbar fuer Dein Wort zu Gunsten der Frau in Bruderraeten und Synoden. Der Antifeminismus gewisser Kreise leider grade in der BK nimmt allmaehlich groteske Formen an. Die Ablehnung der Theologin haengt ja bei P. Brunner, Asmussen etc zweifellos mit ihrem katholisierenden Amts- und Sakramentsbegriff zusammen. (Kuerzlich hoerte ich, in dem Kreis um K. B. Ritter habe man festgestellt, die Frau koenne nie ein volles Pfarramt uebernehmen, weil sie nicht die Sakramente verwalten koenne, denn das duerfte nur der Mann, weil nur er Stellvertreter Christi sein koenne.)".[49]

Dieses Zitat belegt neben dem konfessionellen Argument, dass die Aufgeschlossenheit Niemöllers gegenüber Theologinnen auch innerhalb der BK keine Selbstverständlichkeit war. Manche Vertreter der BK standen der Theologinnenfrage deutlich ablehnender gegenüber. Ebenfalls ist aber festzustellen, dass es auch aus den Reihen der BK progressivere Positionen als die Niemöllers gab. Im Kontext der EKHN-Synodendiskussion fiel hier bereits Jannasch auf mit seinen deutlicheren Gleichberechtigungsforderungen, zum Beispiel in puncto Gehalt, aber auch bei der Frage der Eheschließung der Vikarin[50].

---

47 Am Ende des Briefes heißt es: „Ich frage nur, ob es nicht auch eine neue Form der Werkgerechtigkeit sein könnte, wenn man die Gabe des Evangeliums irgendwie von der Zugehörigkeit zum männlichen Geschlecht abhängig machen wollte. Es könnte wohl gefragt werden, ob Jesus sich davon abhängig gemacht hat. Er brauchte nicht zu warten, er konnte auch einer Maria Magdalena den Auftrag geben, zuerst die Botschaft seiner Auferstehung weiterzusagen – sogar den Jüngern, nicht nur Jüngerinnen. Aber lassen wir das!" (Herbrecht / Härter / Erhart, Streit, 111 f.). Der Rekurs auf Maria Magdalena als Vorbild für predigende Frauen hat dabei eine lange Tradition. Z. B. rekurrierte die während der Reformationszeit in Straßburg wirkende Katharina Schütz Zell auf Maria Magdalena, um ihre Predigt am Grab ihres Ehemannes zu legitimieren (Schütz Zell, writings, 71).

48 Vgl. Standhartinger, Art. Küppers, 235.

49 ZA EKHN Darmstadt, 62/646. Das „Wort zu Gunsten der Frau" von Niemöller, das Küppers hier erwähnte, ist im Synodenprotokoll wie folgt vermerkt: „Synodaler Pfarrer Niemöller [im Original hervorgehoben] unterstreicht besonders die Notwendigkeit, eine Frau in den Landesbruderrat zu wählen. Im ‚rückständigen' Osten haben wir das immer gehabt und es hat sich sehr bewährt." Else Amelung (als Frau eines Arztes als „Frau Dr. Amelung" betitelt; gestorben 1996, Geburtsjahr leider nicht bekannt) wurde daraufhin als Vertreterin für Nassau in den Landesbruderrat gewählt. (Protokoll über die 3. Sitzung der VII. ordentlichen Tagung der Bekenntnissynode der Landeskirche Nassau-Hessen 10.–12. 7. 1946 (ZA EKHN Darmstadt, 62/1146), darin: 11. 7. 1946 Vormittagssitzung, Tagesordnungspunkt „Ergänzung des Landesbruderrates", Protokollseite 20).

50 Vgl. Jannasch, in: KS EKHN, 2. KS, 2. Tag., 1957, 45 f.

3. Niemöllers persönlicher Einsatz für einzelne Frauen in der EKHN

Neben Niemöllers strukturellem und argumentativem Handeln soll abschließend sein persönlicher Einsatz für einzelne Frauen in der EKHN behandelt werden.

Hier ist zunächst die Durchführung von mindestens zwei Ordinationen von Frauen zu nennen und zwar die von Küppers 1950 und die von Helga Kittel 1960. Auf die Hintergründe dieser beiden Ordinationen kann nicht im Detail eingegangen werden. Festzuhalten ist hier lediglich, dass Niemöller beide Frauen wohl aus Überzeugung und aus persönlicher Verpflichtung ordinierte – auch wenn beides nicht unumstrittene Ausnahmefälle waren (Küppers hatte kein konkretes kirchliches Amt und bei Kittel war die Heiratsabsicht bekannt)[51].

Zudem verhalf Niemöller Theologinnen ins Gemeindepfarramt, die auf Umwegen Pfarrerinnen in der EKHN wurden. Hier ist insbesondere Therese von Helmolt (1902–1967)[52] zu erwähnen. Ihre extrem positiven Äußerungen gegenüber Niemöller, z. B. „daß Sie den Anstoß dazu gegeben haben, auch Frauen den Zugang ins volle Pfarramt zu ermöglichen"[53] sind vor dem Hintergrund zu betrachten, dass Niemöller Helmolt ins Gemeindepfarramt der EKHN verholfen hat. Helmolts Einschätzung der Position Niemöllers wird auch bei Heymel zitiert, charakterisiert Niemöllers Position aber nicht angemessen.

---

51 Vgl. zur Ordination von Küppers die Korrespondenz zwischen Küppers und Niemöller vom 4. 11. 1948–8. 12. 1948 (ZA EKHN Darmstadt, 62/646); Protokoll der Kirchenleitung vom 20. 2. 1950 Nr. 76, Ziffer 39; 21. 8. 1950, Nr. 11, Ziffer 28 (ZA EKHN Darmstadt, Bestand 106); Protokoll des Leitenden Geistlichen Amtes vom 13. 12. 1950, Nr. 30/50, Ziffer 30 (ZA EKHN Darmstadt, Bestand 204); und zur Ordination von Kittel Protokoll der Kirchenleitung vom 10. 10. 1960, Nr. 100, Ziffer 21 (ZA EKHN Darmstadt, Bestand 106); Protokoll des Leitenden Geistlichen Amtes vom 18. 9. 1960, Nr. 29/60, Ziffer 21; 1. 9. 1960, Nr. 31/60, Ziffer 24; 29. 9. 1960, Nr. 34/60, Ziffer 26 (ZA EKHN Darmstadt, Bestand 204).

52 Vgl. Standhartinger, Art. Helmolt, 170. Allerdings finden sich hier zwei fehlerhafte Angaben: Helmolt war ab 16. 5. 1961 mit dem pfarramtlichen Dienst in Laubach (nicht Lauterbach) beauftragt, wo sie am 2. 9. 1962 auch ordiniert wurde; erst ab 1. 10. 1962 war sie mit der Verwaltung der Pfarrstelle Ilbeshausen beauftragt. Vgl. ABl. EKHN 1962, 131; 137; 144; ZA EKHN Darmstadt, 120/245.

53 Brief von Helmolt an Niemöller vom 26. 12. 1962 (ZA EKHN Darmstadt, 62/606). Vgl. auch Heymel, Niemöller, 171. Folgende biografische und kirchenpolitische Gemeinsamkeiten zwischen Niemöller und Helmolt, die die Sympathie Niemöllers für Helmolt befördert haben mögen, fallen auf: die Arbeit in der Inneren Mission, das Engagement in der BK und die damit einhergehende Verfolgung durch die Gestapo sowie der Einsatz gegen die Wiederbewaffnung der Bundesrepublik und aufgrund dessen Erfahrungen von Anfeindungen. Helmolts friedenspolitische Positionierung im Religionsunterricht führte auch zu Konflikten an der Berufsschule. Dabei ging es in den Diskussionen auch um die Position Niemöllers als Kirchenpräsident in diesen Fragen, die von Helmolt verteidigt wurde. Vgl. ZA EKHN Darmstadt, 120/245; 120/5290; insbesondere das Schreiben von Helmolt an OKR Heinz Becker vom 17. 12. 1960 (ZA EKHN Darmstadt, 120/5290).

Abschließend ist in diesem Zusammenhang nochmal der eingangs erwähnte Vorgang anzuführen, dass Niemöller im März 1969 die 36-jährige Pfarrerin Queckbörner für das Amt des Kirchenpräsidenten vorschlug. Mit Queckbörner war 1968 in der Vierten Kirchensynode der EKHN erstmals eine Pfarrerin in der Synode und eine Frau im Kirchensynodalvorstand vertreten. Bei Niemöllers Vorschlag war anscheinend manchen unklar, ob er überhaupt ernst gemeint war. Denn gut eine Woche später, am 2. April 1969, betonte Niemöller in einem Brief an den neugewählten Kirchenpräsidenten Hild ausdrücklich, dass sein „Vorschlag mit der Frau Pfarrer Queckbörner" [sic] „durchaus ernst gemeint" gewesen sei[54]. In einer Pressemeldung vom 25. März 1997 anlässlich von Queckbörners 65. Geburtstag wird der Vorgang ebenfalls erzählt. Hier wird zudem Niemöllers Reaktion erwähnt, nachdem Queckbörner die Kandidatur ablehnte: „Ich bin eben meiner Zeit zwanzig Jahre voraus" soll Niemöller konstatiert haben[55]. Auch wenn letzteres eine Stilisierung ist, bleibt die Frage, wie der Vorschlag einzuordnen ist: Als ein klassischer „Think-out-of-the-box"-Vorschlag in einer verfahrenen Situation, bei dem durch eine völlig neue Perspektive eine Problemlösung herbei geführt werden soll, oder als Altersradikalismus des Alt-Kirchenpräsidenten? In jedem Fall scheint Niemöller mit dieser überraschenden Intervention, eine 36-jährige Pfarrerin als Kirchenpräsidentin der EKHN vorzuschlagen, zweierlei intendiert zu haben: sich selbst als fortschrittlich zu präsentieren sowie als bemüht, die EKHN wieder an die „Spitze" der Landeskirchen zu setzen, zu erscheinen.

4. Fazit

Welche Rolle hatte Niemöller also im Gleichstellungsprozess von Frauen im Pfarramt in der EKHN? Trotz positiver Erfahrungen, persönlicher Kontakte mit Theologinnen im BK-Kontext und einer grundsätzlichen Aufgeschlossenheit zeigen Niemöllers Wortbeiträge auf den EKHN-Synoden bis 1959 eine Form der Uneindeutigkeit und des Sich-nicht-festlegen-wollens. Bis 1958 andere Landeskirchen das Pfarramt für Frauen öffneten und die Zeit somit gewissermaßen reif war, verhielt sich Niemöller eher bremsend. Es fällt hier die starke Orientierung an den anderen Landeskirchen auf. Sein Bestreben war offensichtlich, dass die EKHN als fortschrittlich wahrgenommen wurde. Dies hat sich als ein Leitmotiv in seinen Wortbeiträgen herauskristallisiert. Erst bei der Diskussion um das sogenannte Pfarrerinnengesetz 1958/59 brachte er

54 ZA EKHN Darmstadt, 62/616.

55 Hartmut Schmidt, Marianne Queckbörner war oft allein unter Männern. Erste Pfarrerin in Spitze der hessen-nassauischen Kirche wird 65 (EPD Hessen-Nassau Nr. 14 (ZA EKHN Darmstadt, 104/40)). Anders als der Artikel und der Brief von Niemöller suggerieren, geht aus dem Synodenprotokoll hervor, dass Niemöller den Vorschlag beim zweiten Wahlgang und nicht „nach mehreren ergebnislosen Wahlgängen" (so der Artikel) vorbrachte.

eindeutige inhaltliche Pro-Argumente in die Debatte ein, die ihm auch aus dem BK-Kontext vertraut gewesen sein dürften. Beim ersten Schritt der rechtlichen Gleichstellung hingegen, der Gehaltsangleichung 1955, wurde sichtbar, dass Niemöller von deutlichen biologischen und sozialen Geschlechterunterschieden überzeugt war. Diese versuchte er in diesem Kontext schöpfungstheologisch zu begründen. Die Gehaltsangleichung ist ein Beispiel dafür, dass die Synode sich über ihn hinwegsetzte und trotz dezidiertem Gegenvotum des Kirchenpräsidenten für diesen Schritt votierte. Dagegen war im Prozess der Entstehung und des Beschlusses des sogenannten Pfarrerinnengesetzes 1958/59 seine grundsätzlich befürwortende Haltung sicherlich förderlich. Der Vorgang hatte allerdings keine besondere Priorität auf seiner Agenda. Dies hängt auch damit zusammen, dass die primäre Zuständigkeit beim Ausbildungsreferenten OKR Heß und dem Leitenden Geistlichen Amt lag[56]. Auch hätte es Niemöllers Stellung als Kirchenpräsident gemäß der Kirchenordnung nicht erlaubt, den Prozess zu blockieren[57]. Seine Rolle sollte daher weder über- noch unterschätzt werden. Niemöller erscheint insgesamt vor dem Hintergrund seiner Synodenwortbeiträge zu Frauen im Pfarramt und seiner Korrespondenz mit Theologinnen weder als dezidierter Feminist noch als ausdrücklicher Frauenfeind[58]. Vielmehr zeigt auch Niemöllers Rolle in der Diskussion um Frauen im Pfarramt die Ambivalenzen seiner Person auf.

56 Vgl. Niemöller, in: KS EKHN, 1. KS, 3. Tag., 1952, 325. Diese Aussage Niemöllers stimmt mit dem Geschäftsverteilungsplan der Kirchenverwaltung und die Kirchenordnung überein. Vgl. auch Anm. 8.

57 Vgl. „Ordnung der Evangelischen Kirche in Hessen und Nassau" vom 17. 3. 1949 (ABl. EKHN 1949, 27–34), hier v. a. unter 4. Der Kirchenpräsident Art. 47 Abs. 3. Hier lag der entscheidende Unterschied etwa zu den Landesbischöfen in Bayern und Schaumburg-Lippe, die qua ihrer Stellung in den Kirchenverfassungen aufgrund ihrer theologischen Argumentation den Prozess der Öffnung des regulären Gemeindepfarramtes für Frauen jahrzehntelang verhinderten. Vgl. Hauschild, Kirche, 67 Anm. 55. Im Kontext seiner Wiederwahl hat Niemöller sein Amtsverständnis als Kirchenpräsident auf der Synode im März 1958 wie folgt formuliert: „Die eigentliche Aufgabe des Kirchenpräsidenten: Er ist Vorsitzender im Leitenden Geistlichen Amt. Ich habe Ihnen gesagt: Bischofsamt – jawohl! Aber das recht verstandene Bischofsamt! Nicht Jurisdiktion! Sondern Hirtendienst und Wächterdienst! […] Aber ich bin mir weniger als pastor pastorum vorgekommen; eher als der Schäferhund des Leitenden Geistlichen Amtes, d. h. da, wo die Pröpste mit ihren Schäflein nicht mehr ganz hinkamen, da bin ich dann angesetzt worden, nicht gleich um zu beißen, aber doch, um einmal zu bellen. (Heiterkeit) Und ich glaube das ist auch eine wichtige Aufgabe, wenn man eine Herde zu weiden hat, daß ein Schäferhund da ist, der dann dafür sorgt." (Niemöller, in: KS EKHN, 2. KS, 3. Tag., 1958, 126).

58 Ziemann verwendet – Klaus Theweleit rezipierend – das Adjektiv „frauenfeindlich" für eine Gruppe von Männern im Freikorpsumfeld, darunter Niemöller – wenngleich dieser von der Gruppe wiederum abgegrenzt wird (Ziemann, Niemöller, 95 f.; Theweleit, Männerphantasien, hier v. a. 19–22).

Quellen- und Literaturverzeichnis

I. Unveröffentlichte Quellen

Zentralarchiv der Evangelischen Kirchen von Hessen-Nassau (ZA EKHN) Darmstadt

Bestand 62: Nachlass Martin Niemöller:
Nr. 606: Gelegenheitskorrespondenz (Heis–Hem), 1946–1982.
Nr. 615: Gelegenheitskorrespondenz (Hor–Hu), 1945–1979.
Nr. 616: Vorgänge von allgemeiner Bedeutung (Heß–Hör), 1946–1982.
Nr. 619: Gelegenheitskorrespondenz (Ja–Jen), 1945–1975.
Nr. 646: Vorgänge von allgemeiner Bedeutung (Krum–Küp), 1945–1975.
Nr. 683: Gelegenheitskorrespondenz (Ref–Rem), 1946–1978.
Nr. 688: Gelegenheitskorrespondenz (Ron–Rz), 1945–1980.
Nr. 732: Gelegenheitskorrespondenz (Wei–Wel), 1946–1981.
Nr. 1146: Evangelische Landeskirche in Nassau-Hessen: Landesbruderrat und Landesbekenntnissynode, 1945–1946.
Nr. 1586: Schriftwechsel mit Laien (Qu), 1946–1982.
Nr. 1645: Schriftwechsel mit Laien (Wel–Weng), 1945–1977.
Nr. 6013: Schriftwechsel (Re–So), 1934–1942.
Bestand 104: Sammlung zur allgemeinen Kirchengeschichte sowie zu Kirchengemeinden:
Nr. 40: Frauen im kirchlichen Dienst, 1917–2001.
Bestand 106: Protokolle der Kirchenleitung der EKHN.
Bestand 120: Personalverwaltung der EKHN, Personalakten:
Nr. 245: Helmolt, Therese von.
Nr. 635: Wißmann, Frohilde.
Nr. 5290: Ausbildungs- und Prüfungs-Akten Helmolt, Therese von.
Bestand 155: Kirchenverwaltung der EKHN:
Nr. 33: Geschäftsverteilungspläne der Kirchenverwaltung und der Kirchenleitung, 1938–1955.
Nr. 240: Theologinnen, 1947–1959.
Nr. 241: Frauen im pfarramtlichen Dienst, 1954–1958.
Nr. 1474: Geschäftsverteilungspläne der Kirchenverwaltung, Bd. 2, 1956–1970.
Nr. 2359: Frauen im pfarramtlichen Dienst (Pfarrerin und Pfarrvikarin), 1959–1970.
Nr. 4254: Sammlung von Geschäftsverteilungsplänen der Kirchenverwaltung der EKHN, 1952–1972.
Bestand 175: Kirchenverwaltung der EKHN, Schulreferat:
Nr. 2181: Diskussionen über die Rechtsstellung der Vikarinnen in der EKHN sowie über die Auswirkungen des Pfarrerinnengesetzes, 1957–1959.
Bestand 204: Sitzungsprotokolle des Leitenden Geistlichen Amtes der EKHN.
Bestand 255: Kirchensynode der EKHN:

Nr. 3264: Protokolle der Sitzungen des Theologischen Ausschusses der Ersten und Zweiten Kirchensynode, 1951–1960.

II. Veröffentlichte Quellen und Darstellungen

Amtsblatt der Evangelischen Kirche in Deutschland 1958.

Amtsblatt der Evangelischen Kirche in Nassau 1930.

Amtsblätter der Evangelischen Kirche in Hessen und Nassau 1949; 1950; 1959; 1962; 1969; 1971.

Bauer, Gisa: Agnes von Zahn-Harnack und Elisabeth von Harnack. Liberale Protestantinnen im Widerstand. In: Gailus / Vollnhals, Herz, 21–47.

Braun, Hannelore / Grünzinger, Gertraud: Personenlexikon zum deutschen Protestantismus 1919–1949 (AKIZ A 12). Göttingen 2006.

Buss, Hansjörg: Wilhelm Jannasch. In: Claudia Tietz / Ruth Albrecht / Rainer Hering (Hg.): Auf den zweiten Blick. Frauen und Männer der Nordkirche vom Mittelalter bis zur Gegenwart (SVSHKG 61). Husum 2018, 349–360.

Dibelius, Otto / Niemöller, Martin: Wir rufen Deutschland zu Gott. Berlin 1937.

Dieckhoff, Ute: Helmut Hild (1921–1999) – Der Ort der Kirche in der Gegenwart. In: Gisa Bauer (Hg.): Politik – Kirche – politische Kirche (1919–2019). Die evangelischen Kirchen in Hessen und Nassau im Spiegel ihrer kirchenleitenden Persönlichkeiten. Tübingen 2019, 167–211.

Domes, Gudrun: Art. Klara Hunsche 1900–1979. In: Erhart, Lexikon, 185.

Evangelische Kirche in Hessen und Nassau (Hg.): Mutige Schritte. 50 Jahre Gleichstellung von Frauen und Männern im Pfarrdienst. Darmstadt 2020.

Erhart, Hannelore (Hg.): Lexikon früher evangelischer Theologinnen. Biographische Skizzen. Neukirchen-Vluyn 2005.

Frauenforschungsprojekt zur Geschichte der Theologinnen, Göttingen (Hg.): „Darum wagt es, Schwestern …“. Zur Geschichte evangelischer Theologinnen in Deutschland (HTSt 7). Neukirchen-Vluyn 1994.

Gailus, Manfred / Vollnhals, Clemens (Hg.): Mit Herz und Verstand. Protestantische Frauen im Widerstand gegen die NS-Rassenpolitik (Hannah-Arendt-Institut Berichte und Studien 65). Göttingen 2013.

Gailus, Manfred / Vollenhals, Clemens: Protestantische Frauen mit viel Empathie und Eigensinn. Zur Einführung. In: Dies., Herz, 7–20.

Grässel-Farnbauer, Jolanda: Von der ersten Theologin im Predigerseminar bis zur Gleichstellung im Dienstrecht. Theologinnen im Pfarrberuf der EKHN und ihren Vorgängerkirchen. In: Sarah Banhardt / Jolanda Gräßel-Farnbauer / Carlotta Israel (Hg.): Frauenordination in der Evangelischen Kirche in Deutschland. Interdisziplinäre Perspektiven. Stuttgart 2023, 49–60.

Grässel-Farnbauer, Jolanda: Otto Dibelius und seine Haltung zur ‚Frauenfrage‘. In: Lukas Bormann/ Manfred Gailus (Hg.): Otto Dibelius. Neue Forschungen zu einer protestantischen Jahrhundertfigur, Tübingen, in Vorbereitung für 2024.

Härter, Ilse: Art. Hannelotte Reiffen 1906–1985. In: Erhart, Lexikon, 308.

Hauschild, Wolf-Dieter: Evangelische Kirche in der Bundesrepublik Deutschland zwischen 1961 und 1979. In: Siegfried Hermle / Claudia Lepp / Harry Oelke (Hg.): Umbrüche. Der deutsche Protestantismus und die sozialen Bewegungen in den 1960er und 70er Jahren (AKIZ B 47). Göttingen 2007, 51–90.

Herbrecht, Dagmar / Härter, Ilse / Erhart, Hannelore (Hg.): Der Streit um die Frauenordination in der Bekennenden Kirche. Quellentexte zu ihrer Geschichte im Zweiten Weltkrieg. Neukirchen-Vluyn 1997.

Heymel, Michael: Martin Niemöller. Vom Marineoffizier zum Friedenskämpfer. Darmstadt 2017.

Kirchenleitung der Ekhn (Hg.): Kirchensynode der EKHN. Erste Kirchensynode 5. ordentliche Tagung 22. bis 25. März 1954 in Frankfurt a. M. Darmstadt / [Druck] Wiesbaden o. J.

Kirchenleitung der Ekhn (Hg.): Kirchensynode der EKHN. Erste Kirchensynode 6. ordentliche Tagung 21. bis 24. März 1955 in Frankfurt a. M. Darmstadt / [Druck] Wiesbaden o. J.

Kirchenleitung der Ekhn (Hg.): Kirchensynode der EKHN. Zweite Kirchensynode 1. ordentliche Tagung 16. bis 20. April 1956 in Frankfurt a. M. Darmstadt / [Druck] Wiesbaden o. J.

Kirchenleitung der Ekhn (Hg.): Kirchensynode der EKHN. Zweite Kirchensynode 2. ordentliche Tagung 18. bis 22. März 1957 in Mainz, Darmstadt / [Druck] Wiesbaden o. J.

Kirchenleitung der Ekhn (Hg.): Kirchensynode der EKHN. Zweite Kirchensynode 3. ordentliche Tagung 10. bis 14. März 1958 in Frankfurt a. M. Darmstadt / [Druck] Wiesbaden o. J.

Kirchenleitung der Ekhn (Hg.): Kirchensynode der EKHN. Zweite Kirchensynode 3. außerordentliche Tagung 1. bis 4. Dezember 1958 in Frankfurt a. M. Darmstadt / [Druck] Wiesbaden o. J.

Kirchenleitung der Ekhn (Hg.): Kirchensynode der EKHN. Zweite Kirchensynode 4. ordentliche Tagung 20. bis 24. April 1959 in Frankfurt a. M. Darmstadt / [Druck] Wiesbaden o. J.

Kirchenleitung der Ekhn (Hg.): Verhandlungen der Kirchensynode der EKHN. Vierte Kirchensynode 2. Tagung 2. bis 6. Dezember 1968 in Frankfurt a. M. Darmstadt / [Druck] Mainz o. J.

Kirchenleitung der Ekhn (Hg.): Verhandlungen der Kirchensynode der EKHN. Vierte Kirchensynode 3. Tagung 23. bis 26. März 1969 in Frankfurt a. M. Darmstadt / [Druck] Mainz o. J.

Kirchenleitung der Ekhn (Hg.): Verhandlungen der Kirchensynode der EKHN. Vierte Kirchensynode 8. Tagung 4. bis 8. Dezember 1970 in Frankfurt a. M. Protokoll der Verhandlungen. Darmstadt / [Druck] Mainz o. J.

Kirchensynodalvorstand der Ekhn (Hg.): Verhandlungen der Kirchensynode der EKHN. 3. Tagung Elfte Synode 12. bis 14. Mai 2011. Protokoll der Verhandlungen. Darmstadt / [Druck] Mainz o. J.

Kirchensynode der Ekhn. Erste Kirchensynode 1. ordentliche Tagung 11. bis 15. April 1950 in Mainz. [Druck] Wiesbaden 1950.

Kirchensynode der Ekhn. Erste Kirchensynode 3. ordentliche Tagung 11. bis 15. Februar 1952 in Frankfurt a. M. [Druck] Wiesbaden 1952.

Köhler, Heike: Die Entwicklung der Theologinnengesetzgebung bis 1932. In: Frauenforschungsprojekt, 109–128.

Köhler, Heike: Meta Eyl und der Deutsch-Evangelische Frauenbund, ein Beispiel evangelischer Frauenarbeit im Nationalsozialismus. In: Frauenforschungsprojekt, 295–313.

Kreutler, Erika: Art. Maria Weller 1893–1976. In: Erhart, Lexikon, 434.

Krüger, Hildegard: Die Gleichberechtigung der Beamtin nach dem 1. 4. 1953. In: ZBR 1 (1953) H. 5, 101–103.

Niemöller, Martin: Briefe aus der Gefangenschaft Moabit. Hg. von Wilhelm Niemöller. Frankfurt a. M. 1975.

Parlamentarischer Rat: Verhandlungen des Hauptausschusses. Bonn 1948/1949.

Schütz Zell, Katharina: The writings. A critical edition. Vol. 2. Hg. von Elsie Anne McKee (SMRT 69). Leiden u. a. 1999.

Semmler, Doris: Art. Dr. Christa Jastram geb. Müller 1910. In: Erhart, Lexikon, 194.

Standhartinger, Astrid: Art. Erica Küppers 1891–1968. In: Erhart, Lexikon, 235.

–: Art. Therese von Helmolt 1902–1967. In: Erhart, Lexikon, 170.

Theweleit, Klaus: Männerphantasien (Bundeszentrale für politische Bildung 10525). Berlin ^{2}2020.

Verhandlungen der dritten (ordentlichen) Tagung des ersten Landeskirchentages der Evangelischen Landeskirche in Nassau 5. bis 15. November 1929. [Druck] Wiesbaden o. J.

Ziemann, Benjamin: Martin Niemöller. Ein Leben in Opposition. München 2019.

Gisa Bauer

Martin Niemöller und die Evangelische Kirche in Hessen und Nassau – die Evangelische Kirche in Hessen und Nassau und „ihr“ Niemöller. Ein Beitrag zur Wahrnehmungsgeschichte

Dem Thema „Martin Niemöller und die Evangelische Kirche in Hessen und Nassau“ ist eine derartige Vielschichtigkeit und Divergenz von Bearbeitungsmöglichkeiten inhärent, dass eine Reihe der Themen, die auf der Tagung erörtert wurden, die die Grundlage des vorliegenden Sammelbandes bildet, in diesen Beobachtungsbereich fallen könnten. Eine Abgrenzung bzw. Schwerpunktsetzung innerhalb des genannten Betrachtungsfeldes ist also unabdingbar, schon allein unter formalen Gesichtspunkten.

Inhaltlich lässt sich das Wirken Martin Niemöllers spätestens seit 1946 nicht mehr von der Geschichte der Evangelischen Kirche in Hessen und Nassau (EKHN) trennen, denn seit diesem Zeitpunkt haben alle seine Arbeitsbereiche einen gewissen Nachhall, wenn nicht gar eine direkte Wirkung in dieser Landeskirche entfaltet, sei es auf der Ebene der Kirchenleitung, sei es in den Synoden, sei es in den Gemeinden, die Niemöller auch als Kirchenpräsident regelmäßig besuchte. Somit mündet eine konventionelle Beschreibung des Verhältnisses von Niemöller zu „seiner“ Landeskirche zwangsläufig bei einer Erörterung der Wirkungsbereiche von Niemöller: Niemöller steht dabei im Mittelpunkt bzw. bildet den Ausgangspunkt der Betrachtung[1].

Im Folgenden soll dagegen ein Perspektivwechsel vorgenommen und der Fokus auf einen anderen Aspekt gelegt werden, bei dem nicht Niemöller als Agierender betrachtet wird, als derjenige, der „die Linien vorgab“, sondern es soll der Versuch gewagt werden, „die EKHN“ als Akteurin in den Blick zu nehmen. Wie wurde Niemöller in der EKHN wahrgenommen und wandelte sich diese Wahrnehmung im Laufe der Zeit? Lässt sich aus dieser Wahrnehmung ableiten, wie Niemöller bei der Identitätsbildung der sich nach 1945 institutionell-strukturell und damit auch mentalitätsgeschichtlich neu ausrichtenden Landeskirche mitwirkte, und zwar passiv? Es wird um die Funktion Niemöllers im „kollektiven Gedächtnis“ der EKHN gehen, um einmal den bekannten Begriff von Aleida und Jan Assmann aufzunehmen[2]. Nur sekundär

---

1 Als Hintergrundliteratur zu Biografie und Wirken Martin Niemöllers wurden für die folgenden Überlegungen herangezogen: Bentley, Niemöller; Heymel, Niemöller; Schreiber, Niemöller; Schubert, Niemöller; und Ziemann, Niemöller.

2 Zum „kollektiven Gedächtnis“ vgl. u. a. Assmann, Gedächtnis; und Assmann, Erinnerungsräume. Bei dem behandelten Thema kann es sich selbstverständlich auf Grund der Kürze des betreffenden Zeitraums nur um das „kommunikative Gedächtnis“ innerhalb des „kollektiven Gedächtnisses“ der EKHN handeln.

wird erörtert werden, welche Rolle Martin Niemöller auf welchen kirchenpolitischen Ebenen spielte, welche seiner Aktivitäten sich in welchen Bereichen von Kirche, Gesellschaft und Politik auswirkten oder welchen Einfluss biografische Ereignisse auf seine Umwelt (und dadurch auch wiederum auf ihn selbst) hatten etc. Eine solche sich aus dem Perspektivwechsel ergebende Fragestellung nach dem Bild eines Protagonisten in einer Landeskirche und der Entwicklung dieses Bildes ist historiografisch eher ungewöhnlich und lässt sich zwar nicht ausschließlich, aber methodisch sehr passend mit dem Instrumentarium der „Wahrnehmungsgeschichte" fassen, die an dieser Stelle kurz vorgestellt werden soll.

1. Wahrnehmungsgeschichte

Wahrnehmungsgeschichte ist eine in der Geschichtswissenschaft noch relativ junge und bisher kaum profilierte historiografische Perspektive[3]. Sie wurde angestoßen von den Erkenntnissen der Neurobiologie und Neurologie hinsichtlich der Funktionsweise des menschlichen Gedächtnisses und des Erinnerungsvermögens, deren Erforschung in den letzten Jahren eine enorme Ausweitung und sogar Popularisierung fand[4].

Wahrnehmungsgeschichtsschreibung fokussiert den Blick darauf, wie Menschen, einzeln und in Gruppen, Ereignisse wahrnehmen, sie erinnern, kommunizieren und wie diese Wahrnehmungen wiederum von Hörer- und Leserschaften wahrgenommen und gedeutet werden. Wahrnehmungsgeschichte ist also eine Geschichte von Inanspruchnahmen der Welt durch die sie wahrnehmenden Personen und damit von Deutungsprozessen.

Ausgangspunkt der Wahrnehmungsgeschichte als geschichtswissenschaftliche Methode ist die Beobachtung, dass Texte, mithin der überragende

3 Einen Auftakt zum Erfassen von Wahrnehmung als eigener Bereich in der Geschichtswissenschaft stellte der Eröffnungsvortrag des Direktors des Frankfurter Max-Planck-Instituts für Hirnforschung, Wolf Singer, auf dem 43. Historikertag in Aachen 2000 dar (Singer, Wahrnehmen). Der 2005 publizierte Aufsatz der in Augsburg lehrenden Historikerin Silvia Serena Tschopp (Tschopp, Unsichtbare) bietet eine sehr gute Einführung in das Thema, die u. a. auch einen ersten Überblick über die Geschichte des Instrumentariums Wahrnehmungsgeschichte beinhaltet. Für die Anwendung von Wahrnehmungsgeschichtsschreibung ist die 2020 publizierte Qualifikationsarbeit des Historikers Sebastian Justke über Auslandspfarrer in Südafrika und Namibia ein ausgesprochen gelungenes Beispiel. In ihr werden „Wahrnehmungsprämissen", „Wahrnehmungsintentionen" und „Wahrnehmungsinhalte" von Akteuren als „Sehepunkte" – in Anlehnung und Weiterführung eines Terminus des im 18. Jahrhundert wirkenden Historikers Martin Chladenius – präsentiert (Justke, „Brückenbauen", 30 f., zu der methodischen Grundlegung, zum Forschungsstand und zu Facetten der Wahrnehmungsgeschichtsschreibung besonders 30–39).

4 Paradigmatisch sei genannt der 2016 erschienene Bestseller der Rechtspsychologin Julia Shaw „The Memory Illusion. Remembering, Forgetting, and the Science of False Memory" (dt.: Shaw, Gedächtnis).

Teil aller historiografischen Quellen, nicht deckungsgleich mit der Wirklichkeit sind, die sie abbilden wollen: „[D]er Text bildet kein eineindeutiges Abbild, sondern ein vieldeutiges Konstrukt wirklicher Erfahrung“[5]. In Texte fließen nicht nur die subjektiven Wahrnehmungen der Autorin oder des Autors ein, sondern Texte sind geradezu der Ausdruck subjektiver Wahrnehmungen eines Ereignisses. Wahrnehmung, so der Neurophysiologe Wolf Singer, ist „ein hochaktiver, hypothesengesteuerter Interpretationsprozeß [...], der das Wirrwarr der Sinnessignale nach ganz bestimmten Gesetzen ordnet [...] und auf diese Weise die Objekte der Wahrnehmung definiert.“[6] Für die „Zuverlässigkeit von menschenvermittelten historischen Quellen“ habe das, so Singer weiter, „mitunter katastrophale Folgen“[7]. Da sie historische „Fakten“ oder „Tatsachen“ nicht „real“ wiedergeben, sind Quellen eher als Trägerinnen eines inhärenten Wahrnehmungspotentials anzusehen, konstatiert die Historikerin Silvia Serena Tschopp[8].

Das „Quellenproblem“ markiert aber nur eine der Herausforderungen für die Geschichtswissenschaft. Eine weitere besteht darin, dass die Rezeption von Texten als „Sinnproduktion [...] in engster Abhängigkeit von einem Individuum oder einem Kollektiv, das diesen Text wahrnimmt“[9], erfolgt. D. h. die ohnehin subjektiven Quellentexte werden durch ihre Leserinnen und Leser subjektiv gedeutet, und in ähnlicher Weise wie die Ursprungsereignisse durch die Autorin oder den Autor der Quelle in der je eigenen, erfahrungsgeprägten Art wahrgenommen. Es ist also illusorisch, die Perzeption einer Quelle als die einzig mögliche anzusehen: „Die historische Erforschung der Kategorie ‚Wahrnehmung‘ kann von [...] [der] Variabilität menschlicher Perzeption nicht absehen.“[10] Darüber hinaus ist der mediale Charakter von Texten und Bildern in Rechnung zu stellen, der die gattungsbedingte Stilisierung evoziert[11].

Es soll in diesem Beitrag nicht thematisiert werden, was eine Feststellung wie diese von Wolf Singer: „und so wird jeweils in die Geschichte als Tatsache eingehen, was die Mehrheit derer, die sich gegenseitig Kompetenz zuschreiben, für das Zutreffendste halten“[12], für die Geschichtswissenschaft und damit

5 Tschopp, Unsichtbare, 51.

6 Singer, Wahrnehmen, 21. Erinnern wiederum unterliegt weiteren Prozessen der Sondierung und Selektion im menschlichen Gehirn – Wahrnehmungen und Erinnerungen „sind datengestützte Erfindungen“ konstatiert Singer in seinem Beitrag abschließend (ebd., 27). Auf diese Problematik, die nicht zuletzt im Hinblick auf die Erinnerung von Zeitzeuginnen und Zeitzeugen für die geschichtswissenschaftliche Forschung außerordentlich bedeutsam ist, kann hier nur hingewiesen werden.

7 Ebd.

8 Vgl. Tschopp, Unsichtbare, 55.

9 Ebd., 52.

10 Ebd., 55.

11 Vgl. ebd., 52.78.

12 Singer, Wahrnehmen, 27.

die Kirchengeschichtsschreibung grundsätzlich bedeutet,[13] sondern es geht durchaus um eine Konturierung der Wahrnehmungsgeschichte als methodischen Zugang in der Geschichtswissenschaft. Dahingehend konstatiert Tschopp in Anlehnung an den französischen Historiker Roger Chartier, diese müsse sich einerseits auf die „‚Repräsentationen' menschlicher Vorstellung"[14] konzentrieren und andererseits auf die „zeitgenössischen ‚Praktiken' der Aneignung, die sich mit diesen Repräsentationen verbinden"[15]. Indem das Augenmerk auf „Quellen als ‚Repräsentationen' historischer Erfahrung und auf die mit diesen verknüpften kommunikativen Praktiken" gerichtet werde, erschließe sich „eine zusätzliche Untersuchungsebene, die es ermöglicht, das weite Feld sich eröffnender Deutungsoptionen wieder einzugrenzen"[16]. Tschopp macht dies in ihrem Beitrag im Folgenden an einem konkreten Beispiel aus dem 16. Jahrhundert deutlich. Außerdem müssten die in dieselbe Richtung gehenden Erkenntnisse anderer Bereiche der Geschichtswissenschaft und der Kulturwissenschaften in die Theoriebildung von Wahrnehmungsgeschichtsschreibung erst noch aufgenommen und integriert werden[17]. Um nur einige Beispiele für Überlappungen und Anschlussmöglichkeiten zu nennen: Wahrnehmungsgeschichte bildet den Hintergrund für das bereits erwähnte „kollektive kommunikative Gedächtnis", Mentalitätsgeschichtsschreibung ist eng mit Wahrnehmungsgeschichte verknüpft,[18] ebenso das Spezifische der Zeitzeugenschaft. Trotzdem geht Wahrnehmungsgeschichtsschreibung als eigene Gattung innerhalb der Gliederung historiografischer Zugriffe, Paradigmen oder Methoden über die genannten Aspekte hinaus. Aber leider ist sie, wie Sebastian Justke feststellt, „als erkenntnistheoretische Kategorie in der Geschichtswissenschaft bislang noch nicht in systematischer Weise reflektiert worden" – möglicherweise, weil sich „die neuere Kulturgeschichte […] anderen subjektzentrierten Begriffen wie ‚Erinnerung', ‚Gedächtnis' und ‚Identität' zugewandt hat."[19]

Im Hinblick auf das hier erörterte Thema „Martin Niemöller und die

13 Zwar nur am Rande, aber nicht unerwähnt bleiben soll, dass neben allen Herausforderungen die Methode der Wahrnehmungsgeschichte für die Kirchengeschichte ein großes Potential beinhalten dürfte. Das betrifft z. B. die Frömmigkeitsgeschichte, auf deren zentrales Problem schon 1977 Berndt Hamm in seinem wegweisenden Aufsatz „Frömmigkeit als Gegenstand theologiegeschichtlicher Forschung" hinwies, als er die Unterscheidung „zwischen innerer und äußerer [Frömmigkeits]Praxis, zwischen innerseelischen Frömmigkeitsvorgängen und wahrnehmbaren, ja oft sogar zähl- und meßbaren Frömmigkeitsäußerungen und -haltungen" (Hamm, Frömmigkeit, 467) thematisierte. Unter wahrnehmungsgeschichtlichen Gesichtspunkten könnte diese Diskrepanz in einen neuen Zusammenhang gestellt und dadurch möglicherweise einer Auflösung zugeführt werden.

14 Tschopp, Unsichtbare, 54.

15 Ebd., 55.

16 Ebd.

17 Vgl. ebd., 45 f.

18 Vgl. ebd., 48–50.

19 Justke, „Brückenbauen", 31 f.

EKHN" soll die Wahrnehmung Niemöllers innerhalb der EKHN in ihrer Entwicklung ausgearbeitet werden. Es liegt in der Sache begründet, dass es sich bei dieser Wahrnehmung nicht um die historische Person Niemöller handelt, sondern um ein Bild, bei dem bestimmte Aspekte dieser Person eine stärkere Gewichtung als andere Aspekte erfuhren und so – der menschlichen Wahrnehmungsform grundsätzlich entsprechend – ein anderes Bild von Niemöller evozieren als das in der biografischen geschichtswissenschaftlichen Forschung vorherrschende.

2. Die „politische Kirche"

Die Selbstwahrnehmung der EKHN ist bis heute geprägt von der Einschätzung, eine dezidierte oder im besonderen Maße „politische" Landeskirche zu sein. In dem kurzen, prägnanten Aufsatz zur eigenen Geschichte auf der Homepage der Landeskirche heißt es: „Die EKHN versteht sich seit jeher als eine streitbare fromme und politische Kirche."[20] Im Allgemeinen wird für Identitätsbeschreibungen und -selbstzuschreibungen Geschichte auf Grund ihrer identitätsstiftenden und -bewahrenden Funktion herangezogen – das ist auch hier der Fall. Zahlreiche geschichtliche, politisch einschneidende Auseinandersetzungen werden auf dieser Homepage, der öffentlichen Repräsentation der EKHN nach innen und außen, genannt, von der Wiederbewaffnungsdebatte in den 1950er Jahren bis zu den Konflikten um den Ausbau des Frankfurter Flughafens in den 1980er Jahren. In dem gesamten Beitrag gibt es eine einzige Fotografie. Diese steht ganz am Anfang des Textes, nicht nur als Blickfang, sondern gewissermaßen als vorwegnehmende Zusammenfassung des im Weiteren sprachlich Dargestellten. Es ist ein Foto von Martin Niemöller. Er ist das Symbol der Identität dieser Landeskirche, die mitunter auch als „die Niemöller-Kirche"[21] bezeichnet wurde.

Für die weitere Betrachtung stellt sich nun die Frage: War Niemöller tatsächlich der Begründer einer „politischen Landeskirche" oder hat erst die spätere landeskirchliche Wahrnehmung ihn zu einem solchen gemacht? Oder anders gewendet: Was ist unter historiografischen Gesichtspunkten stimmig an dem Symbol Niemöller für die „politische Kirche" und wie kam diese „Symbolisierung" zustande? Vor dem Hintergrund dieser Fragestellung soll zunächst auf den Beginn der Beziehung von Niemöller und der EKHN geblickt werden.

---

20 Art. Geschichte EKHN.

21 Karl Dienst, Oberkirchenrat in der Kirchenverwaltung der EKHN und „Chronist" derselben, verwendete den Terminus „Niemöller-Kirche" (Dienst, Politik, 255) und trug zur weiteren Verbreitung bei. Vermutlich kam der Begriff – zu seiner Genese müsste noch geforscht werden – in der Außenwahrnehmung der EKHN in den 1980er Jahren auf.

3. Der Beginn

Das Wirken Martin Niemöllers in der EKHN und für die EKHN begann 1946, als er im Februar zum Mitglied der Landesbekenntnissynode berufen und im April Vorsitzender des Landesbruderrates wurde[22]. Etwa eineinhalb Jahre später, Ende September 1947, fand in Friedberg der Kirchentag statt, der als einschneidendes Datum in die Geschichte der EKHN eingehen sollte. Zum ersten bestätigten hier am 30. September die Repräsentanten der jeweiligen Kirchen von Nassau, Hessen und Frankfurt die kirchliche und kirchenrechtliche Vereinigung der 1933 durchgeführten Kirchenunion. Damals war unter nationalsozialistischem politischen Druck in Planung einer großhessischen Landeskirche als Teil einer Reichskirche die Gründung der Evangelischen Landeskirche Nassau-Hessen durch den Zusammenschluss der Hessischen, Nassauischen und Frankfurter Landeskirche erfolgt. Diese Fusion wurde nun bestätigt, aber unter andere Vorzeichen gestellt, die eine konsequente Distanzierung vom Nationalsozialismus demonstrieren sollten. Dazu gehörte auch die Wahl eines Kirchenpräsidenten – wohlgemerkt keines „Bischofs". Diese Wahl war der zweite gravierende Beschluss des Friedberger Kirchentages: Am 1. Oktober 1947 wurde Martin Niemöller erster Kirchenpräsident der EKHN.

Für Niemöller votierte der radikale Flügel der Bekennenden Kirche, dessen Landesbruderrat – Niemöller war wie bereits erwähnt seit 1946 der Vorsitzende – schon im Oktober 1945 gegenüber Niemöller signalisiert hatte, „daß alle Pfarrer und Gemeinden [...] Ihre Berufung in das leitende Amt der nassauisch-hessischen Kirche begrüßen würden"[23]. Der radikale Flügel der Bekennenden Kirche war in der Nachkriegszeit in der nassauisch-hessischen Landeskirche und nachfolgend in der EKHN stark aufgestellt, was von den, „durch die Besatzungsmächte bedingten fehlenden Einflußmöglichkeiten anderer kirchenpolitischer Gruppierungen"[24] noch befördert wurde. Ein geeigneter Kandidat traf also auf das allgemeine „linke hessische Nachkriegsmilieu"[25], wie Karl Dienst es bezeichnete. Hier begann nun die Geschichte einer Wechselwirkung: Niemöller, der sich seit seiner Befreiung aus siebenjähriger Haft in Konzentrationslagern immer wieder in die bundesdeutsche Politik einmischte und als einer der „politischsten" Kirchenmänner seiner Zeit wahrgenommen wurde, beförderte die Politisierung innerhalb der EKHN. Die EKHN wiederum bildete mit spezifischen, historisch gewachsenen Traditionslinien der über die engere Kirchenpolitik hinausgehenden politischen Partizipation bzw. des Partizipationswillens die Grundlage, bildlich gespro-

22 Vgl. Schubert, Niemöller, 100.
23 Ebd.
24 Dienst, Politik, 258.
25 Ebd.

chen den Humus, auf dem Niemöller wachsen und gedeihen konnte. Schon vor Niemöllers Wahl zum Kirchenpräsidenten waren mit seiner Wahl zum Vorsitzenden des in der nassauisch-hessischen Kirche vergleichsweise einflussreichen Landesbruderrates entscheidende Weichenstellungen erfolgt.

Einer der Spannungsbögen der innerkirchlichen Reflexion über die nahe Vergangenheit im Kontext der kirchenpolitischen Frontstellungen nach 1945 war derjenige zur Frage, ob es die politische Einmischung oder das Gegenteil, die politische Passivität der evangelischen Kirchen gewesen seien, die die Katastrophe des „Dritten Reichs" befördert hatten. Bei den Gruppen der „gemäßigten" Bekennenden Kirche und auch der so genannten kirchlichen Mitte herrschte größtenteils die Vorstellung vor, der Fehler der Kirche im Nationalsozialismus sei eine zu starke Politisierung gewesen. Als Beispiel dafür galten die Deutschen Christen mit ihrer nationalsozialistisch-politischen Orientierung. Demgegenüber unterstrichen die Vertreter aus den Reihen der radikalen Bekennenden Kirche – und mit ihnen Niemöller –,[26] die Kirche habe gerade nicht politisch genug gehandelt und sich auf eine scheinbar unpolitische Verkündigung zurückgezogen. In Verlängerung dieser Positionen bis in die 1960er Jahre hinein ergaben sich Grundmuster der Debatten um die Politisierung der Kirche in den 1970er Jahren[27], in denen Niemöller zum Symbol für die „streitbare politische" EKHN zu werden begann – und zwar nicht zufällig zeitgleich. Dazu ausführlich im fünften Abschnitt der vorliegenden Untersuchung. Zunächst einige kurze Überlegungen zur „Politisierung der Kirche".

4. Die Politisierung

„Politisierung der Kirche" meint das zunehmende Interesse von Kirchenmitgliedern und Kirchenleitungen an den öffentlichen, gesellschaftlichen Angelegenheiten, an politischen Entscheidungen, an der Staats- und Parteienpolitik. Darüber hinaus stellt „Politisierung" auch „eine gewachsene politische Teilhabe jenseits der Partizipationsmöglichkeiten der repräsentativen Demokratie – also etwa in Gestalt von Demonstrationen, Unterschriftensammlungen, Hausbesetzungen o. ä."[28] dar. Für die zweite Hälfte des 20. Jahrhunderts lassen sich mit Detlef Siegfried, Zeithistoriker an der Uni-

26 Niemöllers offensive Bejahung politischen Engagements als „Resultat seiner Erfahrung des Kirchenkampfes und des KZ" im Gegensatz zu seiner früheren Trennung beider Bereiche erörtert konzise SCHUBERT, Niemöller, 103.

27 Zu den veränderten Wahrnehmungen einer „Politisierung der Kirche", insbesondere zu dem bis heute noch nicht umfassend erforschten Phänomen, dass „Politisierung der Kirche" in den 1970er und 1980er Jahren in weiten kirchlichen Kreisen nahezu durchgehend als Politik des linken Parteienspektrums aufgefasst wurde und damit Politik des rechten Parteienspektrums als vermeintlich „unpolitisch" aus dem Blick geriet, vgl. BAUER, Einleitung, besonders 14–17.

28 SIEGFRIED, Politisierungsschübe, 31.

versität Kopenhagen, vier Phasen der Politisierung in Westdeutschland ausmachen:

1. Die „Inkubationszeit einer demokratischen politischen Kultur" in den 1950er Jahren[29]. Erste Diskursfelder der Zivilgesellschaft im Zeichen des Antikommunismus lassen sich hier erheben, aber von einer Politisierung im engeren Sinne kann noch keine Rede sein, da sie eher „von oben" erfolgte.
2. Der erste Politisierungsschub innerhalb der Kirchen erfolgte in der ersten Hälfte der 1960er Jahre. Er stand unter dem Zeichen des Durchbruchs von „Zeitkritik" und von Reformen.
3. Der folgende Politisierungsschub lässt sich in den späten 1960er und frühen 1970er Jahren ausmachen. Er war ein Polarisierungsschub in der Gesellschaft und gleichermaßen ein Schub von zivilgesellschaftlichem Engagement. Bis 1960 hatten sich 30 % der Bundesbürger als politisch interessiert beschrieben, 1973 waren es bereits 50 %, 1983 knapp 60 %[30]. Dieses sprunghaft gestiegene Interesse an Politik und die damit einhergehende politische Partizipation zeigte sich nicht zuletzt auch in den Kirchen.
4. Der nächste Politisierungsschub erfolgte in den 1970er und 1980er Jahren und war geprägt vom Ausbau partizipatorischer Demokratie, aber auch der gleichzeitigen partiellen „Rücknahme des Demokratisierungsversprechens"[31]. Ausschlaggebend waren in diesem Politisierungsschub die „neuen sozialen Bewegungen", die auch in die Kirchen Einzug hielten oder sich teilweise aus ihnen heraus entwickelten.

Holzschnittartig lässt sich vor diesem Hintergrund Martin Niemöllers Wirken wie folgt einordnen: Während er den ersten, schwach ausgeprägten Politisierungsschub in den 1950er Jahren in der Kirche als „politisierender" Vorreiter mitgestaltete und bemerkenswerterweise im zweiten Politisierungsschub 1964 sein Amt als Kirchenpräsident niederlegte, wurde er im Zuge des dritten und vierten Politisierungsschubs selbst „politisiert", und zwar indem er zur Symbolfigur der Politisierung der EKHN wurde.

5. Die „Heiligsprechung"

Die Überschrift dieses Abschnitts verweist trotz ihrer humoristischen Intention auf ernst zu nehmende Analogien von Heiligsprechungsverfahren[32] der

29 Ebd.
30 Vgl. ebd., 39, 46.
31 Ebd., 44 u. ö.
32 Zu dem langen und formal festgelegten Verfahren zur Heiligsprechung in der römisch-katho-

römisch-katholischen Kirche und der Stilisierung Martin Niemöllers zur Symbolfigur für die Identität der EKHN als „politische Kirche". Dabei fallen besonders zwei Aspekte ins Auge:

1. Grundlegend für eine Heiligsprechung ist es, dass es eine seit längerem bestehende „öffentliche Verehrung" gibt und eine größere Anzahl von Menschen sich dafür verbürgen kann, dass der oder die Betreffende Herausragendes, Übermenschliches vollbracht habe.
2. Diese „Öffentlichkeit" darf kein Kirchenleitungspersonal umfassen, sondern muss von der christlichen Basis, dem „gläubige[n] Volk"[33] gestellt werden.

Beide Elemente weisen eine bemerkenswerte Parallelität zur Entwicklung der Symbolträchtigkeit Martin Niemöllers in den 1970er, 1980er Jahren in der EKHN auf. Das zeigt sich paradigmatisch in den Trauer- und Gedenkreden nach seinem Tod am 6. März 1984. In der im selben Jahr erschienenen Sammlung der Gedenkworte fällt auf, dass die unmittelbaren Weggefährten aus Politik und Kirchenleitung wiederholt die Schwierigkeiten ansprachen, die sich aus dem Umgang mit dem „nicht einfachen" Martin Niemöller ergaben[34]. So ist von seinem „temperamentvolle[n] Naturell" bei dem hessischen Ministerpräsident Holger Börner die Rede,[35] und von „Augenblicke[n] belastender Auseinandersetzungen"[36] sprach Reinhard Vogel, der damalige amtierende Ministerpräsident von Rheinland-Pfalz. Aber auch Niemöllers langjährige kirchliche Mitstreiter aus der Zeit der Bekennenden Kirche wie Helmut Gollwitzer oder Karl Herbert verschweigen nicht, dass Niemöller „schwer erträglich"[37], zumindest für konservative Christen gewesen sei, oder dass man es sich in der hessen-naussauischen Kirchenleitung gegenseitig nicht leicht gemacht habe: „wir ihm nicht und er uns auch nicht"[38]. Der Präses der Synode der EKHN, der Jurist und Präsident des Bundesarbeitsgerichts Otto Rudolf Kissel, brachte es auf den Punkt: „Er war als Kirchenpräsident nicht bequem, nicht für sich selbst und nicht für die anderen."[39]

Deutlich anders klingen die Nachrufe auf der Seite derer, die sich in den innerkirchlichen und gesellschaftlichen „neuen sozialen Bewegungen" sammelten. Die Bewunderung für Niemöller als dem politischen Aktivisten in Nationalsozialismus und Bundesrepublik war hier unverhohlen, wobei die Wahrnehmung der Person zunehmend etwas Holzschnittartiges bzw. Vages

lischen Kirche – das dem in der orthodoxen Kirche ähnelt – vgl. besonders Art. Instruction; Schulz, Heiligsprechung; und Sieger, Heiligsprechung.

33 Schulz, Kanonisierung, 591.

34 Erk, Prophet.

35 Ebd., 28.

36 Ebd., 53

37 Ebd., 32.

38 Ebd., 35.

39 Ebd., 42.

bekam. Es handelte sich bei dieser Wahrnehmung der Person Niemöllers bereits um die Person als Symbol, nicht den historisch, realiter existierenden Martin Niemöller. Diese „Symbolisierung" war getragen von einer durchgehenden Politisierung. Volkmar Deile, Geschäftsführer von Aktion Sühnezeichen Friedensdienste und späterer Generalsekretär der deutschen Sektion von Amnesty International, entfaltete unter dem Vorzeichen des von Niemöller häufig in Anschlag gebrachten Satzes: „Wir sollen Gott mehr gehorchen als den Menschen!" dessen theologische Kernaussage. Niemöller habe „mit klaren Worten markiert": „Es gibt keine Berufung auf den Befehl als Entschuldigung. Leistet überall und immer tapferen Widerstand, wo es um den Menschen geht."[40] Diese knappe Schilderung des Bodens, auf dem Niemöller gestanden habe, stellte Deile seinen weiteren Ausführungen voran. Diese wiederum erfolgten zur Friedensethik und zu Niemöller als Pazifist, zur „Ent-Feindung" durch Niemöller, der 1952 nach Moskau flog, um zu „ent-feinden", zur Umkehr aus Irrtümern, für die Niemöller und die „Stuttgarter Schulderklärung" beispielhaft stünden, und zur Hoffnung, da Niemöller ein Vorkämpfer gewesen sei, der hoffte, dass ihm andere folgten.

Der Duktus von Friedens-, Anti-Atomwaffen- und Ostermarschaktivistinnen und -aktivisten in Bezug auf Niemöller ähnelte sich: Martin Niemöller war der Veteran und der Vorkämpfer, das Vorbild für eine junge Generation. Dadurch, dass es v. a. junge Menschen waren, die sich in den „neuen sozialen Bewegungen" engagierten, avancierte Niemöller hier zu einer Orientierungsgröße, zur Vater- (oder Großvater-) Figur. In der Erinnerung von Klaus Vack, einem der bedeutenden Friedensaktivisten in der zweiten Hälfte des 20. Jahrhunderts, klang das so:

> „Es war im Frühjahr 1958. […] Ich, ein 22jähriger junger Mann, der erst kurz zuvor zur Kriegsdienstverweigerung und zur ‚Kampf dem Atomtod'-Kampagne gestoßen war. Martin Niemöller, der große Pazifist, der Aufrechte im Widerstand gegen Hitler, der sich dennoch in die Mitschuld und Mitverantwortung für das Versagen der Kirche gegen die Naziverbrechen stellte. Martin Niemöller, damals im Alter von 66 Jahren, ein großes Vorbild für uns Jüngere, ein Mann der Erfahrung, der Liebe, der Ausdauer und der Ungeduld gegen die Restauration. Diese Ungeduld, gepaart mit einem langen Atem, wirkte auf uns ansteckend."[41]

Eine ganze Generation derer, die an der Gesellschafts- und Kirchenbasis politisch aktiv waren, verklärte Niemöller und projizierte die eigenen ethischen Ansprüche in dessen Leben hinein. Das erfolgte freilich nicht ohne Orientierung an einigen real-biografischen Zäsuren im Leben Niemöllers. Aber um eine Wahrnehmung seiner Person in all seinen Facetten ging es hier nicht mehr.

Dass Niemöller selbst diese Entwicklung verschiedentlich beförderte, lässt sich nicht leugnen. Aber die Stilisierung wurde auch medial vorangetrieben.

---

40 Ebd., 57.
41 Ebd., 70.

Bonmots wie dasjenige, das in einem Interview des Wochenmagazins „Stern“ im Januar 1982 veröffentlicht wurde und von dort Aufnahme an prominenter Stelle als Eingangszitat in das „Lesebuch Martin Niemöller“ von 1987 fand, hatten durchaus einen anderen Entstehungskontext und, noch wesentlicher, einen anderen Ursprungswortlaut. Im „Lesebuch“ wurde Niemöller wiedergegeben mit: „Als ich anfing war ich konservativer Lutheraner. Mit neunzig bin ich jetzt Revolutionär. Von Reformen halte ich nichts mehr.“[42] Die Sätze stammten ursprünglich aus einem Interview mit seinem Biografen James Bentley und lauteten:

> „Am Anfang meines politisch bewußten Denkens war ich ein Ultrakonservativer. Ich wollte den Kaiser wiederhaben. Heute bin ich ein Revolutionär. Ich meine das wirklich. Falls ich hundert Jahre alt werde, werde ich vielleicht Anarchist, denn ein Anarchist will ganz ohne Staat auskommen.“[43]

Auch ohne eingehende Exegese dieser beiden Texte wird deutlich, dass der Satz „Von Reformen halte ich nichts mehr“, frei hinzugefügt wurde, wohingegen die Passage, in der Niemöller mit dem Anarchismus liebäugelte, bemerkenswerterweise wegfiel. Die Stilisierung von Niemöller, seine Umgestaltung auf das Bild hin, das die Rezipientinnen und Rezipienten von ihm hatten, erfolgte in großen Schritten.

Wie sah nun die Inanspruchnahme Niemöllers als Symbol der politischen „Niemöllerkirche“ in der EKHN selbst aus? Für diesen Bereich lassen sich die Entwicklungen besonders deutlich an den Festschriften von 1952, 1962, 1972 und 1982 jeweils zu Niemöllers 60., 70., 80. und 90. Geburtstag ablesen.

Festschriften bilden ein eigenes Genre im Grenzbereich von szientifischer, populärwissenschaftlicher und hagiografischer Literatur, das bisher unter wissenschaftlichen Gesichtspunkten kaum erforscht ist. In den letzten Jahren hat eine kritische, eher feuilletonistische Auseinandersetzung mit dem überbordenden Festschriftwesen in den Geisteswissenschaften als „Jahrmarkt persönlicher Eitelkeiten“[44] zugenommen, ohne dass dabei eine Geschichte des Festschriftwesens in den Blick genommen wird und demzufolge keine Veränderungen in eben dieser Geschichte deutlich werden. Ebenso fehlen Untersuchungen zu den Spezifika des Festschriftwesens in nicht-wissenschaftlichen Bereichen, z. B. in den Kirchen. Angesichts dieser nahezu vollständigen Abstinenz an validen Charakteristika von Festschriften in verschiedenen Zeiten scheint es gewagt, den Wandel des Niemöller-Bildes in der EKHN ausgerechnet anhand der Festschriften für Niemöller zu exemplifizieren. Dass dies im Folgenden trotzdem versucht wird, verdankt sich einem Aspekt, der dem wahrnehmungsgeschichtlichen Ansatz der vorliegenden Überlegungen entgegenkommt: Da Festschriften im besten Fall eine Form von Dialog zwi-

42 Oeffler u. a., Niemöller, [5].
43 Bentley, Niemöller, 271.
44 Münch, Festschriftwesen, 3253.

schen Beschäftigungsfeld des oder der Geehrten und den Beiträgen der Ehrenden darstellt[45], bringen sie so evident wie kaum ein anderes Textgenre zum Ausdruck, wie eine Person wahrgenommen wird. Sie sind Repräsentationen menschlicher Vorstellung – wie eingangs dargestellt, eines der Sujets der Wahrnehmungsgeschichte.

Festschriften speziell für kirchenleitende Personen, um die es nun im Folgenden gehen soll, bilden den in der Gesamtheit einer Landeskirche wahrgenommenen Wirkungskreis der betreffenden Person im Dialog mit den „Themen" dieser Landeskirche ab – und zwar stärker als es bei analogen Festschriften aus Schülerinnen- und Schülerkreisen akademischer Honoratioren in Bezug auf die wissenschaftliche Community der Fall ist. Da Festschriften für kirchliche Repräsentantinnen und Repräsentanten in der Regel stets in einem mehr oder weniger großen Kreis der betreffenden Kirchenleitung abgesprochen werden, die wiederum eine Repräsentation der Landeskirche ist bzw. im Selbstverständnis sein will[46], ist der Zusammenhang zwischen der Wahrnehmung von Person und Wirkung des oder der Geehrten, den Inhalten aktueller Diskurse innerhalb der Landeskirche und dem Thema und der Ausführung der Festschrift enger als in anderen Bezugsgruppen. Und – auch das ist wesentlich – diese Wahrnehmung erfolgt durch eine Gemeinschaft, die regional klar umrissen und zumindest damit relativ homogen ist: die Landeskirche. Bemerkenswerterweise wird die im wissenschaftlichen Bereich immer stärker beklagte „Zufälligkeit" von Beiträgen in Festschriften[47] konterkariert von den recht kohärenten Publikationen im kirchlichen Festschriftbereich, wo Präsentation, Renommee und Wirkung in die Öffentlichkeit hinein eine größere Rolle spielen.

Eine kirchliche Festschrift hat zumindest neben der Festschriftempfängerin oder dem Festschriftempfänger einen klaren Adressatenkreis: Die landeskirchliche Öffentlichkeit, die gleichermaßen die Referenzgruppe der sich in der Festschrift widerspiegelnden Wahrnehmung der Wirkung des oder der Geehrten ist. Das bedeutet u. a., dass bei dieser Form von Festschriften von

---

45 Vgl. Keazor, Rezension.

46 An dieser Stelle liegt m. E. das potentiell größte Problem, das einen Widerspruch zu der von mir entwickelten Charakteristik einer kirchlichen Festschrift im wahrnehmungsgeschichtlichen Kontext darstellen kann: Bei einer grundlegenden Diskrepanz zwischen Kirchenleitung und Landeskirchenbasis bzw. bei einer grundlegenden Diskrepanz zwischen der Wahrnehmung in der Kirchenleitung und in „der Landeskirche" im Hinblick auf Herausforderungen und Themen, die die Landeskirche betreffen, würden die von mir dargelegten Überlegungen obsolet. Sind aber Kirchenleitungen in der Tat Repräsentationsorgane einer landeskirchlichen Basis, könnten auf der Grundlage des Vergleichs von Festschriften für kirchenleitende Personen ganze komparative Untersuchungen von Landeskirchen erfolgen, die u. a. das schwierig fassbare Thema spezifisch landeskirchlicher Mentalitäten aufzunehmen in der Lage wären.

47 Das weitgehende Fehlen von Zeit und Ruhe für die Auseinandersetzung mit den Interessen und Leistungen des Geburtstagskindes bei den meisten Festschriftbeiträgerinnen und -beiträgern beklagt z. B. Keazor, Rezension.

vornherein ein größerer Kreis von Rezipientinnen und Rezipienten als bei wissenschaftlichen Festschriften avisiert ist.

Der Umstand, dass Festschriften ausschließlich positiv konnotiert sind, spielt für die folgenden Überlegungen nur insofern eine explizite Rolle als dass er als Rahmen und Begrenzung von Festschriften vorausgesetzt wird. Dass die Wahrnehmung des oder der Geehrten in „der Landeskirche" sowohl im Einzelnen durchaus weit auseinandergehen,[48] als auch im Bereich der Stilisierung liegen kann, widerspricht dem gewählten wahrnehmungsgeschichtlichen Ansatz nicht, sondern kommt ihm vielmehr entgegen.

Bei den Festschriften für Martin Niemöller lassen sich zwei Aspekte ausmachen, die eine unauflösliche Einheit bilden und von denen nicht gesagt werden kann, in welcher kausalen oder chronologischen Anordnung sie zueinanderstehen:

1. Die Wahrnehmung von Person und Wirken Niemöllers vor dem Hintergrund der die Landeskirche aktuell bewegenden Themen und
2. Lösungsversuche der die Landeskirche aktuell bewegenden Themen durch die Inanspruchnahme Niemöllers und seines Wirkens für die Gegenwart.

1952 erschien die von einem nicht namentlich genannten Herausgeberkreis veröffentlichte Festschrift für Niemöller mit dem wegweisenden schlichten Titel „Bekennende Kirche"[49]. Lediglich durch die Verfasser des Vorwortes lässt sich ein Rückschluss auf die Herausgeber ziehen: Es waren Joachim Beckmann und Herbert Mochalski. Joachim Beckmann war eine der renommiertesten Persönlichkeiten der Bekennenden Kirche, insbesondere der rheinischen Landeskirche, in deren Leitung er nach 1945 mitarbeitete und deren Präses er 1958 wurde. Herbert Mochalski hatte von 1941 bis 1945 die Pfarrstelle Niemöllers in Berlin-Dahlem während dessen Inhaftierung verwaltet und war Geschäftsführer des Bruderrates der Evangelischen Kirche in Deutschland (EKD), Chefredakteur der von ihm gegründeten Zeitschrift „Die Stimme der Gemeinde" und ein Jahr vor der Publikation mit Unterstützung Niemöllers Studentenpfarrer in Darmstadt geworden. Das Vorwort von Beckmann und Mochalski beginnt mit den Worten:

> „Lieber Bruder Niemöller, es ist uns eine große Freude, Ihnen zu Ihrem 60. Geburtstag dieses Buch überreichen zu dürfen, das zusammengefügt ist von einem Kreis Ihrer Freunde, Mitarbeiter und Mitkämpfer vieler Jahre Ihres Lebens, um Ihnen damit ein Zeugnis ihrer Verbundenheit und Dankbarkeit an diesem Tage zu geben, zugleich aber auch im Dienst der uns allen aufgetragenen Sache der Bekennenden Kirche ein in aller Vielfalt der Beiträge gemeinsames Wort zu sagen, in

---

48 Zum Zusammenhang von individueller Wahrnehmung und kollektiver Wahrnehmung im Rahmen der Wahrnehmungsgeschichte vgl. Tschopp, Unsichtbare, 80.

49 Vgl. Bekennende Kirche.

dem sichtbar werden soll, was es um die ‚Bekennende Kirche' in der Vergangenheit war und worum es uns geht, wenn wir heute dieses Wort gebrauchen."[50]

Niemöller wird zwar direkt angesprochen, die Intention des Bandes aber ist die Erinnerung, die Wahrnehmung der Bekennenden Kirche im Kreise der „Freunde, Mitarbeiter und Mitkämpfer" nicht nur aus der gegenwärtigen Perspektive, sondern auch für die Gegenwart des Jahres 1952. Die o. g. ineinander übergehenden Aspekte kommen bereits im Vorwort zum Ausdruck. Es geht um die Gegenwart, für die Niemöllers Wirken in Anspruch genommen wird:

> „Und diese Geschichte [der Bekennenden Kirche] ist mit Ihrem Namen, lieber Bruder Niemöller, unlöslich verbunden. Gott gab Ihnen in der Stunde der Anfechtung und Bewährung der evangelischen Kirche den besonderen Auftrag in unserer Mitte, das Wort der Wahrheit unerschrocken zu sagen, in aller Verwirrung der Geister unbeirrbar allein nach der Verheissung und Weisung des Wortes Gottes zu fragen [...]."[51]

Niemöller als der alleinige Retter in der Not – so erscheint er in der Beschreibung von Beckmann und Mochalski, die in einer pathetischen Passage über Niemöllers Zeit im Konzentrationslager gipfelt: „Und eine große Gemeinde betete für Sie. Gott hat unser Gebet erhört und Sie uns wiedergegeben."[52] Die Emphase der Darstellung wird von den beiden Autoren im Folgenden aber wieder etwas zurückgenommen:

> „Die Bekennende Kirche war nie und wir sind auch jetzt nicht eine Gefolgschaft Martin Niemöllers. Unsere Gemeinschaft und Verbundenheit ist anders und tiefer gegründet. Wir wissen uns mit Ihnen eins in dem Auftrag des Herrn, das Evangelium von der freien Gnade Gottes auszurichten an alles Volk, das eine Wort Gottes, Jesus Christus, zu verkündigen und ihm allein im Leben und Sterben zu vertrauen und gehorchen."[53]

Die illustre Schar der 37 Beiträger, beginnend mit den Theologen Karl Barth, Pierre Maury, Hans Joachim Iwand, Ernst Wolf und Helmut Gollwitzer, über den rheinischen „Dahlemiten" Hermann Albert Hesse und den Initiator des Berliner „Büro Grüber", das Jüdinnen und Juden im Nationalsozialismus unterstützte, Heinrich Grüber, bis zum Leiter der Abteilung Brandenburg im Berliner Evangelischen Konsistorium und späteren Bischof der Evangelischen Kirche in Berlin-Brandenburg Kurt Scharf, den Präses der Evangelischen Kirche von Westfalen Ernst Wilm und dem norwegischen Bischof und Präses der Norwegischen Kirche Eivind Berggrav, um nur einige zu nennen, beschäftigt sich in ihren Festschriftbeiträgen mit der Bekennenden Kirche so-

50 Beckmann / Mochalski, [Vorwort], [5].
51 Ebd.
52 Ebd.
53 Ebd.

wohl im historischen als auch systematisch-theologischen Rückblick und ihrer daraus folgenden Bedeutung für die Gegenwart. Der Bezugspunkt für die Gegenwart, so die gesamte Anlage der Festschrift, die zweifelsohne Haltungen großer Teile des Protestantismus zu Beginn der 1950er Jahre widerspiegelt, war die Vergangenheit und der „Kirchenkampf", der für eine mehr oder weniger gelingende Vergangenheitsbewältigung und Identitätsfindung in der Gegenwart eine zentrale Rolle spielte. Wie die Stoßrichtung mehrerer Beiträge zeigt, gehörte dazu die internationale Verankerung der deutschen Kirchen bzw. auf kirchlicher Ebene das Verhältnis zur Ökumene.

Zusammenfassend ist zu konstatieren: Die unter der Ägide von mindestens Beckmann und Mochalski gebündelten Festschriftbeiträge verweisen auf zwei, eng zusammenhängende Elemente: Identitätsfindung mit entsprechenden Deutungen der Vergangenheit und die internationale und ökumenische Dimension der Kirche auf deutschem Gebiet. Für beides wurde Niemöllers Biografie und sein Wirken in Anspruch genommen.

Das Thema „Ökumene" sollte sich in dem folgenden Jahrzehnt dergestalt ausweiten, dass es der Leitfaden für die nächste Festschrift zu Niemöllers 70. Geburtstag wurde. Sie erschien 1962 unter dem Titel „Bis an das Ende der Erde"[54] und wurde herausgegeben von Hanfried Krüger, Oberkirchenrat im Kirchlichen Außenamt der EKD – dessen Leiter Niemöller bis 1955/56 gewesen war – und Leiter der Ökumenischen Centrale, der Geschäftsstelle der Arbeitsgemeinschaft Christlicher Kirchen in Deutschland. Krüger war einer der ökumenisch profiliertesten Theologen seiner Zeit, der sich u. a. von Beginn an in der nicht unumstrittenen Christlichen Friedenskonferenz engagierte. Die Beiträge, u. a. von Josef Hromádka, Albert Schweitzer, Philipp Potter und Willem Adolf Visser 't Hooft, weisen bei der Wahl des Genres eine große Bandbreite auf, vom theologischen Aufsatz bis zur Erzählung von Begegnungen mit Niemöller. Besonders letztere spiegeln die Wahrnehmung Niemöllers in anderen regionalen Kontexten, speziell in den USA. Für eine weiterführende wahrnehmungsgeschichtliche Betrachtung wären sie nicht unerheblich.

Im Hinblick für die vorliegende Untersuchung ist allerdings ein anderer Umstand von Bedeutung: Diese Festschrift weist eine auffällige Diskrepanz zum Wirken Martin Niemöllers von 1952 bis 1962 auf. In der Tat war sein Engagement in dieser Zeit geprägt von ökumenischer Aktivität. Nur kurz erwähnt seien an dieser Stelle seine Reisen nach Moskau – die erste, hochumstrittene, die den Eintritt der Russischen Orthodoxen Kirche in den Ökumenischen Rat der Kirchen (ÖRK) 1961 anbahnte, im Januar 1952, die zweite im Frühjahr 1961 – sowie Niemöllers Teilnahme an der Vollversammlung des ÖRK im Herbst 1961 in Neu-Delhi, wo er zu einem der Präsidenten des Rates gewählt wurde. Andererseits ist bemerkenswert, was die rein ökumenische Perspektive auf Niemöllers Wirken ausschließt: Seine ra-

54 Vgl. Krüger, Ende.

dikale Hinwendung zur Friedensbewegung und damit einhergehende kirchenpolitische Positionierung gegen Wiederbewaffnung und Atomrüstung in eben diesen Jahren. In der Niemöllerforschung ist unumstritten, dass es 1954 eine Zäsur in seinem Denken im Hinblick auf die Friedensethik gab, die, wie Niemöller selbst erklärte, Resultat eines Gesprächs mit den Atomphysikern Werner Heisenberg, Carl Friedrich von Weizsäcker und Otto Hahn gewesen sei, in dem er erstmalig verstanden habe, welch verheerende Folgen Atombomben haben und dass der technische Entwicklungsstand für die Zerstörung allen Lebens auf dem Planeten ausreiche. Mit diesem Wissen, so Niemöller, sehe die Welt anders aus „als die letzten drei Millionen Jahre" und er selbst sei „theologisch etwas anderes, als was ich vorher war."[55] Unabhängig davon, wie Niemöllers friedensethischer Ansatz zu bezeichnen und zu bewerten ist, fällt auf, dass diese für seine Biografie bedeutende Thematik keinen Nachhall in der Festschrift von 1962 findet.

Von einer Ausklammerung des Themas Friedensethik bereits bei der Projektierung der Festschrift ist auszugehen, aber über die Motive dieser Auslassung kann nur spekuliert werden. Für die folgenden Überlegungen ist der nicht unerhebliche Faktor festzuhalten, der in kritischen Beiträgen über das jüngere Festschriftwesen stets hervorgehoben wird, dass Festschriften durchaus von dem Wirken des Geehrten abweichen können und insofern weniger dessen Person und Engagement widerspiegeln als die Intentionen der Festschriftherausgeber und -beiträger, die sich wiederum in der Wahrnehmung des Jubilars niederschlagen.

Die Festschrift mit der größten Bandbreite der behandelten Themen ist diejenige von 1972, die Niemöller zu seinem 80. Geburtstag gewidmet war. Unter dem Titel „Christliche Freiheit im Dienst am Menschen"[56] ist in den Beiträgen dieser Festschrift eine ausgesprochene Fokussierung auf „die Welt" zu verzeichnen, d. h. auf die zeitgenössische Gesellschaft. Herausgegeben von Karl Herbert, inzwischen Stellvertreter des Kirchenpräsidenten der EKHN, versammelt der Band verschiedenartige Aufsätze von Verfassern aus diversen gesellschaftlichen und kirchlich-theologischen Bereichen. Bereits in dem vorangestellten „Gruß an Martin Niemöller" von Gustav Heinemann vermerkte der amtierende Bundespräsident, die Beiträge machten „deutlich, daß eine Fülle von Fragen und Aufgaben verbleiben."[57] Die Verfasser – auch in diesem Fall war keine Frau dabei – reichen von kirchenleitenden Personen wie Werner Krusche, Landesbischof der Evangelischen Kirche der Kirchenprovinz Sachsen in der DDR, über Theologen wie Eberhard Bethge, Eberhard Jüngel, Jürgen Moltmann und Hellmut Gollwitzer bis zu dem Historiker Rudolf von Thadden und dem brasilianischen Bischof und Befreiungstheologen Hélder Câmara, die Themen erstrecken sich von der Frage der Demokratisierung der

55 Zitiert nach Schreiber, Niemöller, 128. Im Original sind die Zitate kursiv gedruckt.
56 Herbert, Freiheit.
57 Ebd., [7].

Kirche und ihrer Position angesichts von Atheismus, „Rasseproblem", historischer Schuld und Pluralismus bis zu Überlegungen über Jesus als wahren Mensch und Mitmenschen.

Niemöller wurde dabei relativ wenig wahrgenommen: Meist wird er in den ersten und den letzten Zeilen der Beiträge genannt. Dadurch ist zwar der Facettenreichtum seines Wirkens angezeigt, aber es entsteht gleichermaßen der Eindruck einer Zersplitterung der Tätigkeitsbereiche. Ein kohärentes Bild von Niemöller ergibt sich aus dieser Festschrift nicht. Hier spiegelt sich vielmehr das zeitgenössische Verhältnis von Kirche zu ihrem gesellschaftlichen Umfeld. Niemöller als Person scheint in gewisser Weise verloren gegangen zu sein.

Umso auffälliger ist die monolithisch anmutende, nunmehr stark auf das Symbolhafte Niemöllers zielende Inanspruchnahme seines Wirkens in dem zehn Jahre später publizierten Band „Martin Niemöller. Festschrift zum 90. Geburtstag"[58]. Herausgegeben wurde diese Festschrift von einem ganzen Kreis von Editoren: von dem ehemaligen Oberkirchenrat der Oldenburgischen Kirche und Vorsitzenden der „Arbeitsgemeinschaft deutscher Friedensverbände" Heinz Kloppenburg, von dem Politikwissenschaftler und Europapolitiker Eugen Kogon, von dem Systematischen und Praktischen Theologen Walter Kreck, von dem Friedensaktivist Gunnar Matthiessen, von dem Ordinarius für Verfassungsrecht Helmut Ridder und von Herbert Mochalski, der bereits die erste Festschrift für Niemöller mitverantwortet hatte. Auffällig am Kreis der Herausgeber ist die generationelle Überschneidung. Bis auf Ridder und Matthiessen waren die Herausgeber über 70 Jahre alt und hatten den „Kirchenkampf" im Nationalsozialismus auf der Seite der Bekennenden Kirche noch miterlebt. Der 1982 63jährige engagierte linksliberale Bürgerrechtler Helmut Ridder fiel aus dieser Generation bereits heraus, aber als Vertreter einer neuen Generationenkohorte trat der 43jährige Gunnar Matthiessen in Erscheinung. Dem gesamten Herausgeberkreis dürfte klar gewesen sein, dass sich hier ein Generationenwechsel abspielte, betonte doch Herbert Mochalski in seinen einleitenden Worten, dieses Buch sei „für die junge Generation bestimmt"[59]. Bereits in der Zusammensetzung derer, die die Festschrift verantworteten, schien die Überschneidung der alten und der neuen Friedensbewegung in den 1970er Jahren auf. Im Brennpunkt der Schnittmenge aber stand Martin Niemöller, der „Friedenskämpfer" mit dem „urchristliche[n], emanzipatorische[n] Profil"[60] – zumindest wurde er so wahrgenommen und gedeutet.

Die Festschrift von 1982 versammelte unter den Kapitelüberschriften „Frieden und Abrüstung", „Dialog als Chance der Demokratie" und „Kirche und Frieden" ausschließlich politische Aufsätze, konkret aus dem linksliberalen

58 Kloppenburg / Kogon / Kreck, Niemöller.
59 Ebd., 13.
60 Heymel, Niemöller, 250.

ralen oder linkspolitischen Spektrum. Thematisch setzte sich der Autorenkreis mit Atomkrieg, NATO-Beschluss, Marxismus und Antikommunismus, nicht zuletzt in der Kirche, und Gesinnungs- und Verantwortungsethik auseinander. Mit der Soziologin Uta Gerhardt, spätere Professorin in Heidelberg, war in diesem Falle sogar eine Frau in der Festschrift vertreten.

Ein Beitrag, der die o. g. Verbindung von linkspolitischer Theologie der 1970er Jahre und einer Widerstandsethik der Bekennenden Kirche im Nationalsozialismus mit einer dementsprechenden Analyse der historischen Situation zwischen 1933 und 1945 eloquent vorbereitete, war derjenige von Wolfgang Abendroth, Professor für wissenschaftliche Politik in Marburg. Abendroth referierte in „Vom Weg der marxistischen Widerstandskämpfer zum Verständnis für den christlichen Widerstand der ‚Bekennenden Kirche'"[61] über den Zusammenhang von kommunistischem Widerstand im Nationalsozialismus und dem der Bekennenden Kirche – die selbstredend mit dem „radikalen", dem Dahlemitischen Flügel in eins gesetzt wurde.

Egon Bahr, der SPD-Bundesminister für besondere Aufgaben und spätere Minister für wirtschaftliche Zusammenarbeit schrieb in der Festschrift zum Thema „Frieden retten – Frieden stiften"[62], und Stephan Hermlin sandte „Eine Botschaft"[63] aus der DDR. Eine der illustren Personen in der Reihe der Autoren ist Gerd Bastian, der ehemalige bundesdeutsche Generalmajor, der zehn Jahre später mit dem Mord an seiner Lebensgefährtin Petra Kelly und dem anschließenden Selbstmord traurige Berühmtheit erlangen sollte. Bastian schrieb in der Festschrift den Beitrag „Begrenzter Atomkrieg"[64]. Ein stärkerer politischer Impetus als diese Festschrift ihn hatte, war kaum zu erreichen. Niemöller war im Pantheon der „politischen Kirche" als die herausragende Figur angekommen. Das „Bild des Pazifisten, des Kämpfers für Frieden und Versöhnung" sollte im Blick auf Niemöller nunmehr „eine große Rolle"[65] einnehmen, wenn nicht gar die entscheidende. Idealerweise trafen sich in der Person Niemöller ein – als solcher gedeuteter – Pazifismus der 1950er Jahre mit einem Friedensengagement der 1970er Jahre. Darüber hinaus verlieh der „Kontrast zu seiner militärischen und militaristischen Vergangenheit", der regelmäßig hervorgehoben wurde, Niemöller eine größere Glaubwürdigkeit in seinem Engagement gegen Krieg und Aufrüstung. Er eröffnete aber auch Identifikationsspielräume dafür, die Schuld der Vergangenheit mit einem umso intensiveren Engagement für den Frieden in der Gegenwart zu begegnen und dergestalt für die schuldbehaftete Vergangenheit zu büßen. Damit war Niemöller eine ideale Identifikationsfigur besonders für die junge Generation,

61 Kloppenburg / Kogon / Kreck, Niemöller, 115–121.
62 Ebd., 81–87.
63 Ebd., 43 f.
64 Ebd., 70–74.
65 Schubert, Niemöller, 122.

die um eine politische Haltung im Deutschland der Gegenwart vor dem politischen Versagen Deutschlands in der Vergangenheit rang.

Spätestens ab der ersten Hälfte der 1980er Jahre wurde eine geschichtswissenschaftliche Erforschung von Niemöllers Person schwierig – zumindest wenn historische Person und symbolische Figur nicht strikt voneinander getrennt betrachtet wurden –, da sie von dem Niemöllerbild der Erinnerungskultur überlagert bzw. konfrontiert wurde. Beide Umgangsweisen mit Niemöller, die historiografische und die identifikatorische, haben ihre jeweiligen Berechtigungen. Für die Geschichtsforschung aber wäre es ein Zugewinn, mit dem eingangs erläuterten Instrumentarium einer Wahrnehmungsgeschichtsschreibung die Genese des „symbolischen Niemöller" zu eruieren, statt bei der Abgrenzung gegenüber der Niemöllerhagiografie stehenzubleiben.

6. Schluss

Die EKHN wurde im Verhältnis zu Niemöller keineswegs in erster Linie durch ihn zur „politischen Kirche". Die Anlagen dafür waren bereits vor Beginn seines Wirkens in der EKHN vorhanden. Im engeren Sinne wurde die EKHN zur „politischen Kirche" in den Konflikten um die Themen, die seit den frühen 1970er Jahren in der Landeskirche und im (west)deutschen Protestantismus virulent waren: Anti-Apartheit und Antirassismus, DKP-Pfarrer, Frauenemanzipation und Frauenordination, beginnendes ökologisches Bewusstsein und Schöpfungstheologie, der Bau der „Startbahn West", die bereits genannte Neuauflage der Friedensbewegung im Zuge des Kalten Krieges und der Hochrüstung Ende der 1970er und Anfang der 1980er Jahre. Bemerkenswerterweise spielten sich all diese Auseinandersetzungen, kirchlichen Selbstverortungskämpfe und Aufbrüche unter den Nachfolgern von Martin Niemöller im Amt des Kirchenpräsidenten der EKHN ab, insbesondere unter demjenigen, der neben Niemöller der wohl politischste war, ohne dass er zur Symbolgestalt wurde: Helmut Hild. Es war nicht die fehlende historiografische Aufarbeitung zu Hild – auch wenn es zu ihm in der Tat wesentlich weniger geschichtswissenschaftliche Untersuchungen als zu Niemöller gibt –, sondern die *Wahrnehmung* Niemöllers, seine Stilisierung und Entwicklung zum Symbol, seine plakativ gedeutete Vergangenheit, die schließlich dazu führten, dass er als der „politischere" von beiden angesehen und die politische EKHN zur „Niemöller-Kirche" und eben nicht zur „Hild-Kirche" wurde.

Quellen- und Literaturverzeichnis

I. Veröffentlichte Quellen und Darstellungen

Assmann, Aleida: Erinnerungsräume. Formen und Wandlungen des kulturellen Gedächtnisses. München 1999.

Assmann, Jan: Das kulturelle Gedächtnis. Schrift, Erinnerung und politische Identität in frühen Hochkulturen. München 1992.

Bauer, Gisa: Einleitung. In: Dies., Politik, 9–26.

Bauer, Gisa (Hg.): Politik – Kirche – politische Kirche (1919–2019). Die evangelischen Kirchen in Hessen und Nassau im Spiegel ihrer kirchenleitenden Persönlichkeiten. Tübingen 2019.

Beckmann, Joachim / Mochalski, Herbert: [Vorwort]. In: Bekennende Kirche, 5 f.

Bekennende Kirche. Martin Niemöller zum 60. Geburtstag. München 1952.

Bentley, James: Martin Niemöller. Eine Biographie. München 1985.

Dienst, Karl: Politik und Religionskultur in Hessen und Nassau zwischen „Staatsumbruch" (1918) und „Nationaler Revolution" (1933) (Theion 25). Frankfurt 2010.

Erk, Wolfgang (Hg.): Prophet dieser Zeit. Erinnerung an Martin Niemöller. Stuttgart 1984.

Hamm, Berndt: Frömmigkeit als Gegenstand theologiegeschichtlicher Forschung. Methodisch-historische Überlegungen am Beispiel von Spätmittelalter und Reformation. In: ZThK 74 (1977), 464–497.

Herbert, Karl (Hg.): Christliche Freiheit im Dienst am Menschen. Deutungen der kirchlichen Aufgabe heute. Zum 80. Geburtstag von Martin Niemöller. Frankfurt a. M. 1972.

Heymel, Michael: Martin Niemöller. Vom Marineoffizier zum Friedenskämpfer. Darmstadt 2017.

Justke, Sebastian: „Brückenbauen" gegen Apartheid? Auslandspfarrer in Südafrika und Namibia (Hamburger Beiträge zur Sozial- und Zeitgeschichte 59). Göttingen 2020.

Keazor, Henry: Rezension von: Hannah Baader / Ulrike Müller-Hofstede / Kristine Patz (Hg.): Ars et Scriptura. Festschrift für Rudolf Preimesberger zum 65. Geburtstag, Berlin: Gebr. Mann Verlag 2001. In: sehepunkte 2 (2002), Nr. 10; http://www.sehepunkte.historicum.net/2002/10/3786123934.html [3. 8. 2021].

Kloppenburg, Heinz / Kogon, Eugen / Kreck, Walter (Hg.): Martin Niemöller. Festschrift zum 90. Geburtstag. Köln 1982.

Krüger, Hanfried (Hg.): Bis an das Ende der Erde. Ökumenische Beiträge. Zum Geburtstag von D. Martin Niemöller. München 1962.

Münch, Ingo von: Das Festschriftwesen und -unwesen. In: NJW 44 (2000), 3253–3256.

Oeffler, Hans Joachim u. a. (Hg.): Martin Niemöller. Ein Lesebuch. Köln 1987.

Schreiber, Matthias: Martin Niemöller. Reinbek bei Hamburg 1997.

Schubert, Jan: Martin Niemöller (1892–1984) – Bewahrung der Schöpfung. In: Bauer, Politik, 89–127.

Schulz, Winfried: Heiligenverehrung, 2. Kanonisierung. In: Lexikon der Kirchengeschichte / LTHK³ kompakt, Bd. 1, 589–591.

–: Heiligsprechung. In: LThK³, Bd. 4, 1327–1331.

Shaw, Julia: Das trügerische Gedächtnis. Wie unser Gehirn Erinnerungen fälscht. München 2016.

Sieger, Marcus: Die Heiligsprechung. Geschichte und heutige Rechtslage (fzk 23). Würzburg 1995.

Siegfried, Detlef: Politisierungsschübe in der Bundesrepublik 1945 bis 1980. In: Klaus Fitschen u. a. (Hg.): Die Politisierung des Protestantismus. Entwicklungen in der Bundesrepublik Deutschland während der 1960er und 70er Jahre (AKIZ B 52). Göttingen 2011, 31–50.

Singer, Wolf: Wahrnehmen, Erinnern, Vergessen. Eröffnungsvortrag des Direktors des Max-Planck-Instituts für Hirnforschung, Frankfurt a. M. In: Max Kerner (Hg.): Eine Welt – Eine Geschichte? 43. Deutscher Historikertag in Aachen 26. bis 29. September 2000. Berichtsband. Hg. im Auftrag des Verbandes der Historiker und Historikerinnen Deutschlands e. V. München 2001, 18–27.

Tschopp, Silvia Serena: Das Unsichtbare begreifen. Die Rekonstruktion historischer Wahrnehmungsmodi als methodische Herausforderung der Kulturgeschichte. In: HZ 280 (2005), 39–81.

Ziemann, Benjamin: Martin Niemöller. Ein Leben in Opposition. München 2019.

II. Internetquellen

Art. Die Geschichte der EKHN – Blick in die Vergangenheit. In: https://www.ekhn.de/ueber-uns/geschichte.html [2.7.2021].

Art. Instruction for Conducting Diocesan or Eparchial Inquiries in the Causes of Saints. In: https://www.vatican.va/roman_curia/congregations/csaints/documents/rc_con_csaints_doc_20070517_sanctorum-mater_en.html [3.8.2021].

IV. „Die Zeit des ‚weißen Mannes' geht ihrem Ende entgegen". Niemöllers Einsatz für Antikolonialismus, Antirassismus, Flüchtlings- und Menschenrechte

Alf Christophersen

Wege in die Freiheit: das „ökumenische Zeitalter". Niemöller zwischen Luthertum und Katholizismus

1. Ökumene als Ausweg aus der Isolation

Als im August 1945 in Treysa die Evangelische Kirche in Deutschland (EKD) gegründet wurde, fanden unterschiedlichste Kräfte und Traditionen zusammen. Über Jahre hinweg wurde um Form und Ausrichtung der kirchlichen Landschaft gerungen. Einen vorläufigen Höhepunkt bildete die Kirchenversammlung von Eisenach, auf der im Juli 1948 eine Grundordnung beschlossen wurde. Die institutionellen Auseinandersetzungen gerade auch zwischen den vornehmlich unierten Bruderräten und dem Lutherrat endeten mit einem Kompromiss, der zumindest äußere Stabilität dokumentierte. Die inhaltlichen Richtungskämpfe gingen allerdings relativ ungebremst weiter. Wie stand es etwa um Geist und gegenwärtige Relevanz der Bekennenden Kirche, welcher Status sollte den Bekenntnissynoden und der Barmer Theologischen Erklärung beigemessen werden? In den von vielfältigen machtpolitischen Interessen und Optionen bestimmten Debatten und Orientierungsprozessen hatte Martin Niemöller durchaus eine Schlüsselfunktion, die er im Bewusstsein der besonderen Glaubwürdigkeit eines Mannes, der Sachsenhausen und Dachau überlebt hatte, zu nutzen wusste. Gleichzeitig stand er sich immer auch selbst im Weg, wenn er aufgrund seiner komplizierten Persönlichkeitsstruktur das jeweilige Gegenüber brüskierte und sich eher als Einzelgestalt, weniger als Teamplayer erwies. Niemöller wurde zwar mit einflussreichen Ämtern versehen, der Sprung an die Spitze blieb ihm allerdings versagt.

Mit der Ökumene aber fand der Leiter des Kirchlichen Außenamtes der EKD[1] ein entscheidendes theologisch-kirchliches Thema, dessen Ausstrahlungskraft er für sich entdeckte. Die internationale Karriere Niemöllers, der als Kongressteilnehmer und Vortragsreisender die Welt durchschritt, ist legendär. Durch seine facettenreichen ökumenischen Kontakte öffneten sich für ihn ganz neue Horizonte und Einflusssphären, die stets auch mit Epochenproblemen verknüpft waren: von der Friedens- und Kriegsproblematik bis hin zum Kolonialismus und dem globalen Gefälle zwischen Armut und Reichtum. Niemöller ließ sich in seinem Wirken nicht auf einen engeren, von ihm durchaus ernst genommenen deutschen Kontext festlegen, sondern ging konsequent über diesen hinaus. Dabei wurde die Ökumene für ihn zur

---

1 Vgl. zu diesem Amt ausführlich ZIEMANN, Niemöller Leiter.

Möglichkeit, über frustrierende, ermüdende und wenig produktive Alltagskonflikte in einer sich neu ordnenden (Landes-)Kirche mehr oder weniger souverän hinwegzusehen.

Wenn in der am 31. August 1945 in Treysa beschlossenen vorläufigen Ordnung der landeskirchlich orientierten EKD unter den „[b]esondere Aufgaben“ des aus zwölf Personen bestehenden Rates, zu dessen sieben Vertretern neben Wurm, Lilje und anderen auch Niemöller bestimmt worden war, an zweiter Stelle die Ökumene genannt wird, unterstreicht dies ihren Stellenwert nachdrücklich. Vorangesetzt ist ihr nur die Wahrnehmung der gemeinsamen EKD-Anliegen – ohne dass „die Selbständigkeit der Landeskirchen“ davon tangiert wird. Es folgen die nach außen wahrzunehmenden Belange, „[d]ie Durchführung kirchlicher Hilfswerke“, „[d]ie Beratung und Unterstützung von Landeskirchen bei der Wiederherstellung bekenntnismäßiger Ordnungen“ sowie die auf Eisenach dann vorausweisende „Vorbereitung einer endgültigen Ordnung der EKD“[2]. Die Ökumene war nachgerade ein existenzielles Anliegen, und zwar nicht aus dem theologisch motivierten Wunsch heraus, zentrale Differenzpunkte zu klären, um in gefährdeter Zeit (endlich) Einheit zu erwirken, sondern aus der doppelten kirchenpolitischen Notwendigkeit heraus, einerseits binnenkonfessionelle Konflikte innerhalb von EKD und Landeskirchen zu pazifizieren und andererseits nach Zweitem Weltkrieg, Nationalsozialismus und Holocaust überhaupt wieder in eine internationale (Glaubens-)Gemeinschaft aufgenommen zu werden. Um insbesondere auf der zweiten Ebene voranzukommen, war ein klares Wort zur Schuld erforderlich, das dann im Oktober 1945 mit dem maßgeblich auch von Martin Niemöller verantworteten „Stuttgarter Schuldbekenntnis“ tatsächlich erfolgen sollte.

2. „Wo ist die Kirche?“ – Martin Niemöllers Konversionspläne

1937 war Niemöller verhaftet worden. Als „persönlicher Gefangener“ Hitlers kam er 1938 in Einzelhaft ins Konzentrationslager Sachsenhausen. Zwischen Ende August und Anfang November 1939 verfasste er dort ein umfängliches mit „Gedanken über den Weg der christlichen Kirche“ überschriebenes Manuskript, in dem er mit der evangelischen Kirche abrechnete. Dieser erst im Jahr 2019 publizierte Text ist Ausdruck intensiver Überlegungen, zur römisch-katholischen Kirche zu konvertieren. Zutiefst enttäuscht war Niemöller von seiner Landeskirche, der altpreußischen Union, von der er sich nicht unterstützt sah. Vielmehr fürchtete er, in den sogenannten „Wartestand“ versetzt zu werden und sein Pfarramt zu verlieren. Von Hans Asmussen begleitet und theologisch beraten, versuchte Niemöllers Frau Else, die ihren Mann regelmäßig zu „Sprechstunden“ besuchen durfte, ihn mit aller Kraft von der

2 Vorläufige Ordnung, 14.

Konversion abzuhalten. In Dachau schließlich entschied sich Niemöller aber endgültig dagegen, die Konfession zu wechseln, zu deutlich traten ihm, gerade auch im Kontakt mit katholischen Mitbrüdern, die Differenzen vor Augen. In der legendären Reihe „Zur Person" kommentierte er Günter Gaus gegenüber noch 1963 ernüchtert: „Aber das Fehlurteil bei der ganzen Geschichte ist immer, daß man das *Ideal* einer anderen Größe mit den *praktischen Erfahrungen* einer Größe, zu der man selber gehört, vergleicht. Dann kommt es sehr leicht zu diesem Urteil: Die anderen sind besser! Nicht wahr?"[3]

Dachau war aber auch im Hinblick auf eine spezifische Form der Ökumene für Niemöller prägend, wiederholt kam er darauf zurück. Im Juli 1945 berichtet er im Vorwort zur Veröffentlichung seiner Predigten aus Dachau von Gottesdiensten, die vom 24. Dezember 1944 an im Zellenbau möglich waren. Die „Gemeinde" sei „fast ebenso reich an Konfessionen wie an Nationen" gewesen:

> „Calvinisten, Lutheraner, Anglikaner und Griechisch-Orthodoxe fanden sich hier zusammen, fast alle Einzelgänger, die von ihrer kirchlichen Gemeinschaft ebenso abgeschnitten und getrennt waren wie von ihren Familien und Freunden. – Was blieb uns anderes übrig, als nun, so gut wir es verstanden, die ‚una sancta' in die Praxis umzusetzen und uns gemeinsam um Gottes Wort zu versammeln? Ja, was blieb uns anderes übrig, als auch miteinander das Abendmahl unseres Herrn zu feiern?"[4]

Das Urteil über die evangelische Kirche fiel 1939 allerdings deutlich aus[5]. Sie sei zu einem bloßen Apparat geworden, dessen Wortführern es nicht um die Verkündigungsbotschaft Jesu, sondern lediglich um den eigenen Machterhalt gehe. Von einer Gültigkeit der im VII. Artikel der „Confessio Augustana" aufgestellten Kriterien einer rechten Lehre des Evangeliums und einer rechten Sakramentsverwaltung könne nicht mehr ausgegangen werden:

> „Von einer ‚*richtigen*' Predigt des Evangeliums kann aber dort nicht gesprochen werden, wo man bei den Hörern den Eindruck erweckt, daß das weltliche Gesetz über dem Wort Gottes steht; und von einer ‚*richtigen*' Verwaltung der Sakramente kann dort keine Rede sein, wo man die Gemeinschaft an dem Leib und Blut Christi zugunsten einer irdischen Leibes- und Blutsgemeinschaft der Verachtung anheimfallen läßt!"

Da führe „auch das Märchen ‚von der sichtbaren und unsichtbaren Kirche' nicht"[6] weiter. Wenn überhaupt etwas als unsichtbar gelten könne, dann wären es die Landeskirchen, die nur noch über die Taufe als Kennzeichen verfügten; sie sind, kommentiert Niemöller desillusioniert, „nur ein Schatten oder ein

---

3 Niemöller, Gespräch, 267.
4 Niemöller, Vorwort, 3.
5 Vgl. dazu ausführlich auch Christophersen / Ziemann, Einleitung.
6 Niemöller, Gedanken, 165.

Gespenst der Kirche. Und die Frage, die für uns bleibt, ist die, ob es trotzdem im Luthertum noch sichtbare, wirkliche Kirche gibt?!"[7] Letztlich wirke das, „[w]as wir hier vor uns haben, [...] wie ein Muschelgehäuse, in dem es seltsam rauscht und braust, aber – es ist leer, ganz und gar leer!"[8] Als maßgebliche Fehlentwicklung sieht Niemöller den Verzicht auf das Lehramt der Kirche an. Deshalb herrsche nun eine Orientierungslosigkeit, die nicht durch die Autorität eines Papstamtes in der Nachfolge Petri aufgefangen werde. Die „Aufspaltung" der Konfessionen habe zu einer „Christentumsmüdigkeit"[9] geführt.

„Der eigentliche Schade bei Luther scheint mir der zu sein, daß er das Lehramt der Kirche praktisch abgeschafft hat" – schreibt Niemöller am 19. November 1939 an seine Frau. Er verbindet diese Einsicht auch hier mit einer Kritik an der unsichtbaren Kirche:

> „Damit mußte ja die Einheit und auch die Leiblichkeit der Kirche hinfallen; und seitdem haben wir das Gespenst der ‚unsichtbaren' Kirche. Es mag zweifelhaft sein, ob ein Synodal- oder ein Episkopalsystem biblisch richtig ist; aber, daß die Kirche ohne das einheitliche Lehramt aufhört, christliche Kirche zu sein, das ist eine biblische, logische und historische Tatsache!"[10]

Der Protestantismus sei dem Papstamt gegenüber ignorant. Die Fehleinschätzung des Apostels Petrus zeige sich als Irrweg, als Abweichen von der ursprünglichen Sukzession und Trennung der gegenwärtigen Kirche vor ihren im Neuen Testament dokumentierten Ursprüngen. Es existiere zwar „das Wissen um die Einheit des Leibes Christi"[11], jedoch werde diese nicht realisiert, denn es „fehlt uns jene wegweisende Führung, die der Herr Jesus Christus für seine Jüngerschaft und die die Apostel im Auftrage Jesu für die Kirche des Neuen Testaments ausgeübt haben"[12]. Seinen Befund bewertet Niemöller als Autoritätsproblem. Wenn der Heilige Geist in den Aposteln wirke und seine Wahrheit zum Ausdruck bringe, dann seien nicht mehrere Wahrheiten vorhanden, vielmehr existiere nur eine einzige.

Werde in der evangelischen Tradition ein Sprechen des Heiligen Geistes auf das biblische Wort begrenzt – und eben dafür zeichne ein falsches Amtsverständnis verantwortlich –, setze sich eine Beliebigkeit durch, sodass keine eindeutige Aussage über die Wahrheit des Wortes Gottes möglich sei. Das Ergebnis seien Verwirrung und Orientierungslosigkeit. Allerdings kann Niemöller eine Perspektive aufzeigen: „Wir brauchen also eine Autorität, nach deren Anweisung das Gotteswort zu verstehen ist, damit die Einheit der Kirche erhalten bleibt: von daher erklärt sich das starke Interesse für das lutherische

7 Ebd., 166. Bei Niemöller Hervorhebungen.
8 Ebd., 194.
9 Ebd., 67.
10 Martin Niemöller an Else Niemöller, 19. 11. 1939. In: Niemöller, Briefe, 80–82; hier: 81.
11 Niemöller, Gedanken, 202.
12 Ebd., 203.

‚Bekenntnis‘, das ja nicht erst seit 1933 lebendig geworden ist!“[13] Nun werde aber das Bekenntnis am Maßstab der Bibel, dem Worte Gottes, gemessen und gegenwärtige Ausleger seien aufgrund seines Alters – Niemöller bezieht sich vor allem auf den Abschluss der Bekenntnisbildung mit der „Konkordienformel“ von 1577 – nicht mehr dazu in der Lage, eindeutige Antworten auf Gegenwartsprobleme zu formulieren. Dadurch entstünde eine „Erstarrung“[14]. Die Bekenntnisschriften wirkten sich in ihrer Abgeschlossenheit als lähmend aus und verhinderten eine sich fortsetzende Lehrbildung. Die katholische Kirche verfüge demgegenüber gleichzeitig über ein Lehramt, das mit seiner Ausrichtung „nicht nur auf den Glauben, sondern auch auf die Sitten“ als „ein bleibendes Element des Fortschritts“[15] anzusehen sei. Der Protestantismus sei auch fortschrittlich, aber, urteilt Niemöller, nur noch dort, wo er sich als vom Glauben gelöster „Säkularismus“[16] zeige.

In der Ablehnung von ihm ausgemachter Säkularisierungstendenzen setzt Niemöller auf einen strengen Kurs der Profilbildung und spricht sich dafür aus, die eigene Identität zu stärken, um dem Bedeutungsverlust entgegenzutreten. Die historisch gewachsene Vielgestaltigkeit des Protestantismus war für Niemöller zur Ursache kirchlichen Scheiterns geworden. Landeskirchlichen Strukturen, ihren Bischöfen, aber auch den Deutschen Christen begegnete er mit Verachtung. Wenngleich ihm auch vielfältige Schwachstellen der Bekennenden Kirche vor Augen standen, war sie für Niemöller, wie er es formulierte, doch ein „Notdach“, unter dem sich die evangelischen Christen versammeln konnten. Eine zentrale Bedeutung maß Niemöller der ersten These der „Barmer Erklärung“ zu: „Jesus Christus, wie er uns in der heiligen Schrift bezeugt wird, ist das eine Wort Gottes, das wir zu hören, dem wir im Leben und Sterben zu vertrauen und zu gehorchen haben.“ Niemöller propagiert, dass es diesen Satz auch weiterhin durchzusetzen gelte. Zuspruch und Anspruch Gottes kämen in ihm zusammen. Tatsächlich müsse es um Nachfolge gehen. Und aus dieser Perspektive laute die Frage nicht, *was* die Kirche sei, sondern: „*Wo ist die Kirche?*“[17] Als zentrale Orientierungsgröße habe das Neue Testament zu gelten, in dem eine einheitliche Kirche nicht als „Phantom“ auftrete, sondern als „lebensvolle Wirklichkeit“[18]. Die Perspektiven einer derartigen Realität erkannte Niemöller dann in der Nachkriegszeit im Ökumenegedanken, getragen vom wechselseitigen Respekt und einer Achtung der jeweiligen kirchlichen Individualität. Im Jahr 1939 war die Perspektive aber eine andere. Hier votierte Niemöller nicht für eine wie auch immer zu gestaltende Ökumene, vielmehr stand auf dem Programm die Möglichkeit einer Konversion. Religionstheologisch formuliert, ist es ein Exklusivmodell, das

---

13 Ebd.
14 Ebd., 204.
15 Ebd.
16 Ebd.
17 Ebd., 207; vgl. ebd., 202.
18 Ebd., 141.

Niemöller vertritt. Nicht mehrere Ansprüche existieren mehr oder weniger gleichberechtigt nebeneinander, sondern es gibt nur die eine heilstiftende Wahrheit – und diese meinte Niemöller vorübergehend in der römisch-katholischen Kirche gefunden zu haben.

3. Ökumene und Stuttgarter Schuldbekenntnis

Im Kirchenkampf erlebte Niemöller die Brüchigkeit aller Selbstverständlichkeiten. Nach Kriegsende kam er stets aufs Neue auf die Erfahrungen im Nationalsozialismus zurück und beklagte auch die Fortdauer von Elementen der eigentlich überwunden geglaubten Ideologie. „Wo kommen wir her? – Wo stehen wir? – Wohin gehen wir?“ fragte Niemöller am 5. Juli 1964 in einer Gedenkrede zum 25. Todestag des am 18. Juli 1939 im Konzentrationslager Buchenwald ermordeten Pfarrers Paul Schneider. Anzugehen sei gegen das Vergessen:

> „Die Frage ist nur die, wohin uns ein solches Erinnern bringt, ob es tatsächlich nur das Gedenken an einen lieben Bruder, einen Weg- und Kampf- und Leidensgenossen einer vergangenen Epoche bleibt oder ob dieses Gedenken uns heute – wenn auch in abgewandelter Form – die Fragen von damals wieder lebendig werden läßt, so daß wir aufs neue Antworten geben müssen [...].“[19]

Institutionell war die Bekennende Kirche zwar keine reale Größe mehr, aber ihrem Wesen sah sich Niemöller auch unter gänzlich anderen politischen und kirchlichen Voraussetzungen weiterhin verpflichtet. Der christliche Widerstand wird von ihm mit seiner einstigen Kraft aktualisiert:

> „Damals in den Jahren des Bekennens, des Kämpfens und des Leidens, da wußten wir, wohin wir uns zu wenden, woher wir unsere Kraft, unsere Liebe, unsere Zuversicht, unsere Hoffnung zu erwarten und zu erbitten hatten: Damals war er – Jesus – irgendwie der eine, auf den wir schauten. Ist er's heute noch? Oder ist er wieder zu dem geworden, der er für den Nationalsozialismus werden sollte, der Helfer und Beistand zur Erreichung unserer eigenen Wünsche und Ziele?“[20]

Mit Barmen hebt Niemöller hervor, dass Jesus „nicht allein Zuspruch Gottes für uns“ sei, „sondern auch der Anspruch Gottes auf unser ganzes Leben“[21].

Zwei Wochen nach dem Gedenken an Paul Schneider, den „Prediger von Buchenwald“, äußert sich Niemöller in Frankfurt am Main zum 20. Juli 1944: „... stellvertretend auf unser Gewissen nehmen ...“ lautet die Überschrift. Und erneut sucht Niemöller nach der bleibenden Gültigkeit und somit ganz

---

19 Niemöller, Todestag, 23.

20 Ebd., 25.

21 Ebd., 26.

eigenen Kontinuität des Widerstands, indem er fragt, ob der einstige „Ungeist“ tatsächlich verschwunden sei. Die Antwort lautet: Nein. Er ist immer noch eine permanente Gefahr: als

> „der schrankenlose Machttrieb, der mit Menschen kurzerhand als mit brauchbaren Mitteln rechnet und verfährt, um die eigene Macht zu gewinnen, zu festigen, auszudehnen und aufrechtzuerhalten, und der sie gewaltsam ausschaltet, kaltstellt, einsperrt und umbringt, wo sie als störend und gegensätzlich wirkend, kurzum als nicht brauchbar angesehen und beurteilt werden“.

Niemöller unterstreicht das Stehen in „eine[r] lebendige[n] Verantwortung“[22] den Toten gegenüber, die am 20. Juli 1944 ihr Leben eingesetzt haben. Die Männer verband, kommentiert er, „die Stimme des Gewissens, das ihnen keine Ruhe ließ und ihren ganzen Einsatz verlangte“[23]. Wer sich an den 20. Juli 1944 erinnere, werde stets auch mit sich selbst konfrontiert.

> „Und welch ein Segen könnte es für unser menschliches-mitmenschliches Beieinanderleben in dieser Welt werden, wenn wir die Frage nach der Schuld anderer, an der wir uns so gerne festbeißen, dahintenlassen und als Menschen darauf bedacht sein wollten, was wir stellvertretend für die anderen selbst auf unsere Verantwortung und auf unser Gewissen nehmen könnten, um so unseren Anteil voll zu leisten, den wir zu einer menschenwürdigen Zukunft [...] beizutragen gerufen sind.“[24]

Niemöller kommt nunmehr auf einen Begriff zu sprechen, mit dem er in der Nachkriegsgesellschaft, wie zeitgleich Karl Jaspers, vielschichtige Kontroversen auslöste: die Schuld. „Kollektivschuld“ setze ein „Kollektivgewissen“ voraus, das aber genauso wenig existiere wie ein „Weltgewissen“. Gesprochen werden könne aber von einer „Kollektivhaftung“, die bedeute, „daß eine vorhandene Schuld von einer Gemeinschaft in ihren Folgen getragen werden muß“[25]. Individuelle Schuld sei aber zu bekennen. Dies sei auch die Voraussetzung für eine Erneuerung der Kirche. Ohne konstruktiven Rückblick auf die ganz eigene Geschichte sei diese aber unmöglich. War die Bekennende Kirche tatsächlich eine Widerstandsbewegung, reflektiert Niemöller am 19. Januar 1970 in London. „[A]ls kirchliche Institution, wenn auch ohne Anerkennung seitens des Nazi-Staates“, habe sie

> „niemals auf einen Sturz von Adolf Hitler hingearbeitet; sie hat die Regierung anerkannt, aber mit erheblichem Mut Mahnung und Warnung an den Führer und seine Gehilfen wie auch an die christliche Gemeinde gerichtet, wenn Dinge geschahen, die ‚vor dem Angesicht Jesu Christi‘ nicht verantwortet werden konnten.

---

22 Niemöller, Gewissen, 28.
23 Ebd., 29.
24 Ebd., 30 f.
25 Niemöller, Erneuerung, 19.

> Diese Art von Widerspruch war stets mit der Gefahr des Freiheitsentzuges im Gefängnis oder KZ verbunden […].“[26]

Auch auf den 20. Juli geht Niemöller ein und besonders auf die Brüder Hans Bernd und Werner von Haeften: „zwei lebendige und tätige Glieder meiner Bekenntnisgemeinde und meiner Bibelstunde für Bekennende Christen“. Darüber hinaus erwähnt er auch den ehemaligen Oberbürgermeister von Leipzig Carl Friedrich Goerdeler, der ebenfalls der Bekennenden Kirche angehörte.

> „Daß Männer der Bekennenden Kirche im aktiven Widerstand mitmachten, ist klar und natürlich; aber die Bekennende Kirche als solche hat sich niemals mit Fragen des Tyrannenmordes oder mit Plänen zur Beseitigung des Regimes befaßt. Es gibt keine Stellungnahmen von Bruderräten und keine Beschlüsse von Synoden der Bekennenden Kirche zu diesem ganzen Problemkreis, und hier mußte jeder Christ seine eigene Stellung finden und seine Entscheidungen verantworten.“[27]

Das Individuum wird mit seiner vor Gott zur verantwortenden Gewissensentscheidung von Niemöller zur maßgeblichen Instanz erklärt.

Mit dem Stuttgarter Schuldbekenntnis habe die Bekennende Kirche das „liegengebliebene Erbe der Widerstandsbewegung“ angetreten und sich entschieden gegen den „Drang zur Selbstrechtfertigung der deutschen Nation, die sich von Hitler hatte führen und verführen lassen“[28], gewandt. Worauf Niemöller genau abzielte, zeigte er repräsentativ in seiner Göttinger Rede vom Januar 1946: „Wir rufen Deutschland zu Gott“. Nur durch Schulderkenntnis und durch das Schuldbekenntnis sei ein Neuanfang möglich. Niemöller unterstreicht: „[D]ie Schuld *erkennt* man schon bei sich selbst. Aber damit wird sie nicht erledigt. Kümmern wir uns nicht um sie, dann liegt sie noch in tausend Jahren genauso da wie heute.“[29] Konsequent verbindet Niemöller auch hier die einzelne Person mit ihrer Schuld und zeigt, dass es im „Stuttgarter Schuldbekenntnis“ nicht nur darum gegangen sei, wer die Verantwortung für den Krieg zu übernehmen habe. Es gehe vielmehr fortwährend um eine ganz andere existentielle Tiefendimension:

> „Jeder muss sich vor seinem Gewissen selbst fragen. […] Ich habe auch im KZ das Leben noch mehr geliebt als die Wahrheit. Ich bin schuldig, weil ich 1933 noch Hitler gewählt habe, weil ich geschwiegen habe, als man gleich in der ersten Zeit Scharen von aktiven Kommunisten ohne Prozeß- und Gerichtsverfahren verhaftete und einsperrte; ja, auch im KZ noch bin ich schuldig geworden, denn wenn all die Menschen ins Krematorium geschleift wurden, habe ich mich in die Ecke gedrückt und habe nichts dazu gesagt, habe nicht einmal dazu geschrien. […] Die

26 Niemöller, Bedeutung, 166.
27 Ebd., 168.
28 Ebd., 170.
29 Niemöller, Deutschland, 15.

Entschuldigung ‚ich habe davon nichts gewußt‘ ist bei jedem erwachsenen Menschen unwahr.“[30]

Trotzdem legt Niemöller den Akzent auch auf die Gemeinschaft. Wie für den einzelnen Menschen könne für sie in einem ernstzunehmenden Schuldbekenntnis der Verweis auf die durchaus vorhandene Schuld anderer keine Rolle spielen. Konsequent brachte Niemöller in Treysa zum Ausdruck, dass gerade auch über das Individuum hinaus die besondere Schuld der Bekennenden Kirche darin liege, dass sie es besser als alle anderen gewusst habe, wie es um den vernichtenden Charakter nationalsozialistischer Herrschaft stand. Trotzdem aber habe sie nicht entschieden genug widersprochen. Das „Wächteramt“ der Bekennenden Kirche, forderte Niemöller während der Kirchenversammlung, solle zunächst beibehalten werden.[31]

„Unsere heutige Situation ist aber auch nicht in erster Linie die Schuld unseres Volkes und der Nazis. Wie hätten sie den Weg gehen sollen, den sie nicht kannten! [...] Nein, die eigentliche Schuld liegt auf der Kirche; denn sie allein wußte, daß der eingeschlagene Weg ins Verderben führte, und sie hat unser Volk nicht gewarnt [...]. Und hier trägt die Bekennende Kirche ein besonders großes Maß an Schuld; denn sie sah am klarsten, was vor sich ging und was sich entwickelte [...].“[32]

Buße, Umkehr und der Blick in die Zukunft bestimmen Niemöllers Treysacher Redebeitrag. „Wir sind eine Behördenkirche gewesen“, formuliert er auf der Linie seiner „Gedanken über den Weg der christlichen Kirche“ von 1939. Einen Mangel an Verantwortungsübernahme habe es gegeben. Dies dürfe nicht wieder geschehen. Für inakzeptabel erklärt Niemöller an Bestandswahrung orientierte Landeskirchen. Gefragt sei vielmehr „eine lebendige Kirche“[33]. Auch rückblickend wendet sich Niemöller im Dezember 1945 noch gegen die Deutschen Christen und vor allem die Vertreter natürlicher Theologie:

„die reformatorischen Kirchen, vorab die lutherischen, aber auch die calvinischen und unierten, wurden hoffnungslos aufgespalten, und ihr Glaubensbekenntnis vor der Welt verstummte streckenweise überhaupt. Von dem solus Christus blieb so wenig übrig, daß es vielfach zum solus Hitler wurde.“[34]

30 Ebd., 16.

31 Vgl. Niemöller, Rede Treysa, 11. Vgl. in diesem Zusammenhang zu Treysa auch Greschat, Christenheit, 96–131; Heymel, Niemöller, bes. 120–127; und Mehlhausen, Konvention.

32 Niemöller, Rede Treysa, 12.

33 Ebd., 13.

34 Niemöller, Christusbekenntnis, 73. – Vgl. dazu auch ebd., 71: „Wir haben eine lange Epoche der Nivellierung und der Relativierung vieler oder gar aller Bekenntnisaussagen der lutherischen wie der reformierten Kirchen hinter uns, von denen die Grundaussagen: solus Christus, sola gratia, sola scriptura und sola fide keineswegs ausgenommen geblieben sind. Das Aufgeben dieser Positionen in der Praxis der Kirchen bedeutete eine heimliche Annäherung an Rom, aber eben nur ein heimliche; es wurde eine Art Unterströmung.“

Hier habe dann die Barmer Theologische Erklärung eingesetzt, die Niemöller nun mit Blick auf die Bemühungen einer Neugestaltung der Evangelischen Kirche Deutschland als Bekenntnis gegen die Lutheraner in Stellung bringt. Zugleich wendet er sich gegen Bestrebungen, das Bischofsamt zu behaupten und zu stärken. „Ich kenne kein Jesuswort, das hieße: Wo ein Bischof ist, da bin ich bei ihm […].“[35]

In Treysa beschwört Niemöller den Aufbruch und fordert eine „öffentliche Verantwortung unserer Kirche“[36], die sich nicht an einem Luthertum orientieren dürfe, das sich aus einem falschen Verständnis heraus dem Staat gegenüber gehorsamsfixiert als unkritisch gezeigt habe. Als angemessene Staatsform benennt Niemöller aus christlicher Perspektive die Demokratie. „Unser Volk wartet auf Wegweisung, die Völker warten auf die Stimme der Kirche in Deutschland, weil wir alle wissen: es geht nun darum, daß ein Neues werde und daß die Kirche, die allein noch etwas in dieser Richtung sagen und beginnen könnte, ihren Mund auftut.“[37] Ohne ein Eingeständnis der Schuld werde Deutschland international keine Akzeptanz finden. Aus den intensiven Ökumenedebatten heraus wurde allen Seiten deutlich, dass eine Positionierung unumgänglich war. Die neu gegründete evangelische Kirche konnte dabei einen maßgeblichen Beitrag zu einer Überwindung der Isolation Deutschlands leisten. Der Ökumene und den mit ihr verbundenen weltweiten Kontakten, die auch während des Nationalsozialismus nicht abgerissen waren, kam somit eine eminente politische Bedeutung zu, die weit über den engeren kirchlich-theologischen Kontext hinausreichte. „Das Schuldbekenntnis von Stuttgart“, kommentierte Niemöller 1946 nicht ohne Pathos,

> „hat unser himmlischer Vater in seiner unbegreiflichen und unverdienten Gnade dazu benutzt, um die Kirche zu erneuern, und zwar nicht nur die Kirche in Deutschland, sondern die Christenheit in der ganzen Welt. Wir haben unsere Schuld bekannt, uns mit der Schuld unseres Volkes solidarisch erklärt.“[38]

Persönliche Verantwortungsübernahme war für Niemöller die Voraussetzung für Freiheit; denn „wenn wir die persönliche Verantwortung nicht wieder gewinnen, wird sich uns der Weg ins Freie niemals wieder erschließen“[39].

Die Stuttgarter Erklärung mit ihrer Rede „von einer großen Gemeinschaft der Leiden“ und der einprägsamen Formel „Solidarität der Schuld“ führte unmittelbar zur Einladung deutscher Vertreter zum Weltrat der Kirchen nach Genf im Frühjahr 1946. Niemöller, der dort mit Theophil Wurm präsent war, gab an, er habe sich nicht „als der Repräsentant einer besiegten Nation“ wahrgenommen, sondern „als Bruder unter Brüdern“[40].

35 Ebd., 76.
36 Niemöller, Rede Treysa, 14.
37 Ebd., 15.
38 Niemöller, Erneuerung, 21 f.
39 Niemöller, Weg, 24.
40 Ebd., 38 f. Vgl. dazu ebd., 39 f., Niemöllers Erinnerungen an seine Aufnahme in Genf. Zur

Doch wurde neben deutlicher Zustimmung auch erheblicher Widerspruch gegen das Stuttgarter Schuldbekenntnis laut. Die Debattenlage war kontrovers und emotional aufgeladen. So positionierte sich prominent der Tübinger Systematische Theologe und spätere Gründungsdekan der Evangelisch-Theologischen Fakultät in Hamburg Helmut Thielicke als Widerpart. Thielicke gehörte zu denjenigen, die ihre theologische Karriere in den 1930er Jahren begannen, dann aber erst in der Nachkriegszeit eine vielbeachtete Wirksamkeit entfalten konnten. In den Fokus seiner Kritik geriet Karl Barth, der im November 1945 zu Vorträgen nach Tübingen und Stuttgart gereist war und mit deutlichen Schuldzuweisungen – so auch in seiner Broschüre „Ein Wort an die Deutschen" – heftige Debatten ausgelöst hatte[41]. Das „Unheil" habe „diesmal unzweideutig in Deutschland selbst seinen Ursprung und Anfang gehabt"[42], hob Barth hervor und nahm dabei indirekt auch auf die seinem Publikum durchaus präsente Schulddebatte zum Ersten Weltkrieg Bezug. Anders als Barth wollte Thielicke „die Schuldfrage [...] allein auf religiöser Ebene" beantwortet sehen, „und nahm damit eine für den Nachkriegsprotestantismus typische Position hinsichtlich des Umgangs mit der eigenen Vergangenheit ein"[43]. Angesichts des zur Schau gestellten „Pathos des Vergeltungsrechtes"[44] wies er am 8. November 1945 im Festsaal der Neuen Universität in Tübingen Forderungen nach einem uneingeschränkten Schuldbekenntnis zurück. Thielicke geht auf die eben darauf abzielende Forderung Karl Barths ein und fragt: „Warum sind wir also offenbar nicht in der Lage, dieses von Barth gewünschte allgemeine Schuldbekenntnis abzulegen, und warum hat das auch Niemöller [...] in dieser Form nicht getan?"[45] Schuld könne „niemals einseitig" betrachtet werden, sondern sie sei stets Ausdruck „eine[s] Miteinander[s] von solchen, die einander und also wechselseitig schuldig geworden sind"[46]. Gerade auch das Erbsündendogma zeige,

> „daß wir immer schon von der Schuld *her*-kommen und von jenem belastenden Prozeß immer schon getragen *sind*. Das zwischen den Völkern wirksame Vergeltungs- und Echogesetz, das in den letzten Jahrzehnten den Grad besonderer Kraßheit angenommen hat, und das sich nach dem Gesetz der Lawinenbildung auswirkt, bildet dafür eine grauenvolle, aber anschauliche Illustration."

Schulderklärung vgl. v. a. Besier / Sauter, Christen; Greschat, Christenheit, 131–149; Ders., Schuld der Kirche; und Ders., Zeichen der Schuld; sowie zusammenfassend unter Ökumeneaspekt Held, Ökumene.

41 Vgl. zum vorliegenden Zusammenhang auch Pautler / Rendtorff, Pläne, 536 f.; sowie ausführlich Graf, Thielicke, 62–68; Tietz, Barth, v. a. 320–327.

42 Barth, Wort, 93.

43 Pautler / Rendtorff, Pläne, 537.

44 Thielicke, Exkurs, 377.

45 Ebd., 373.

46 Ebd.

Zwei Missverständnisse werden von Thielicke abgewehrt: Zum einen dürfte Versailles nicht als „die Ursache für alles, was gekommen ist“[47], eingestuft werden, als ob es eine mit Versailles „anhebende[] Kausalkette“ gäbe. Es gehe nicht an, „sich selbst in dieser Weise einfach als Wirkung aufzufassen“, die eigene Aktivität, die sich auch in Schweigen ausdrücken könne, ausblende. „Nachdem selbst ein Martin Niemöller sich der allgemeinen Solidarität dieser Selbstbezichtigung nicht versagt hat, sollten wir anderen mit unseren Ausreden vorsichtiger sein.“[48] Versailles tauge nicht als „Blitzableiter für unser Gewissen“[49]. Zum anderen liege Barth falsch, wenn er der Auffassung sei, „ein öffentliches pauschales Schuldbekenntnis des ganzen deutschen Volkes würde die Atmosphäre reinigen“[50]. Gott gegenüber sei dies möglich, nicht aber gegenüber Menschen.

In der Schuldfrage komme auf politischer Ebene immer auch ein Taktieren zum Ausdruck, als Ineinander von Politik und Moral. Wenn sich Christen, so Thielicke, „vor Gott“ dialogisch begegnen, dann trete

> „in diesem einzigartigen, beglückenden und gottgeschenkten Phänomen, daß nämlich die ökumenische Christenheit inmitten der babylonischen Sprachverwirrung unserer Stunde doch noch miteinander reden […] kann, der ganze Unterschied dessen in Erscheinung, was es heißt vor *Gott* miteinander zu reden – und – nun eben in der *Welt* miteinander zu reden oder auch sich anzuschreien.“ Hier lägen „die wirklichen Heilungskräfte in unseren Fieberschauern“[51].

Die Schuldfrage lasse sich in ihrer Tiefe nur als ein Bekennen vor Gott verstehen; „denn dort, wo die Schuldfrage wirklich ernst genommen wird, hört das öffentliche Reden auf. So etwas hängt man nicht an die große Glocke.“[52] Vor Gott seien dann alle Menschen schuldig, wodurch sich eine Nivellierung einstelle.

> „Barth hat recht, wenn er von der Notwendigkeit dieses Schuldbekenntnisses spricht. Man gebe uns dazu die innere Freiheit. Man gebe sie uns in einer Haltung, die selber bereit ist, zu bekennen, daß wir alle (Franzosen, Amerikaner, Engländer, Deutsche, Japaner – und Juden) siebenzig mal siebenmal die Vergebung nötig haben.“[53]

Mit Matthäus 18,21 f. und unüberhörbar antisemitischer Pointe stellt Thielicke hier das eigene Unvermögen zur Schau, sich ernsthaft selbstkritisch zu äußern. Es zeigt sich in diesem Vortragszitat, wie weit die seinerzeitige De-

47 Ebd., 374.
48 Ebd.
49 Ebd., 375.
50 Ebd., 376.
51 Ebd., 379.
52 Ebd., 382.
53 Ebd.

battenlage von einer „Theologie nach Auschwitz“ entfernt gewesen ist. In seinem eigenen Sprachduktus formuliert Thielicke:

> „Solange die Schuldfrage nur auf der *menschlichen* Ebene angeschnitten wird, werden nur neue Wunden aufgerissen und wird das moralische Sauberkeitsgefühl in Konflikte mit der Ehre und der politischen Klugheit gebracht. Das spüren wir an der eisigen Luft, welche heute die Diskussion über die Schuld in der Weltöffentlichkeit durchweht.“[54]

Der „Solidarität der Schuld“ des Stuttgarter Schuldbekenntnisses stellt Thielicke eine andere Form gegenüber, stünden doch „Richter und Gerichtete [...] in einer letzten Solidarität vor diesem obersten, vom dem Jüngsten Gericht“[55].

Thielicke erfuhr manch emphatische Zustimmung, erntete aber auch harsche Kritik. Ernst Wolf etwa, einer der Protagonisten der Bekennenden Kirche, gab seinem Ärger am 28. Dezember 1945 in einem Offenen Brief freien Lauf und ordnete Thielickes Kommentare „etlichen ‚politischen Traktaten‘ von P[aul] Althaus“[56] und Emanuel Hirschs „Deutschlands Schicksal“[57] zu, denen sie in Argumentation und Geisteshaltung verpflichtet seien. Sie hätten „den Weg in die Irre“ gelenkt, „z. T. sogar ihm die Richtung hin zum späteren Nationalsozialismus (mit der Schöpfungsordnungsideologie und einem lutherischen Plazet)“[58] gewiesen. Wolf thematisiert die Zwei Reiche-Lehre und identifiziert als

> „tiefste[n] Schade[n] der evangelischen Kirche, daß sie unter falscher Berufung auf Luther den liberalistischen Satz von der Eigengesetzlichkeit der Kulturgebiete [...] dazu mißbraucht hat, dem politischen Handeln grundsätzlich ein vom Richterspruch des Wortes Gottes freies Gebiet zuzubilligen, in dem es ungehemmt seiner ‚Dämonisierung‘ preisgeben war“[59].

In den Resonanzraum seiner Überlegungen stellt Wolf damit die Barmer Theologische Erklärung, zumal die zweite These zur Königsherrschaft, wonach in Christus den Menschen die vollständige Sündenvergebung zugesprochen werde und er „so und mit gleichem Ernst [...] auch Gottes kräftiger Anspruch auf unser ganzes Leben“ sei. Stringent erhebt Wolf die Forderung nach einem „Öffentlichkeitsanspruch des Evangeliums“[60]. Insbesondere auch die ökumenische Brisanz der Aussagen Thielickes ist Wolf bewusst. „Sie irren

---

54 Ebd., 383.
55 Ebd.
56 Vgl. etwa Althaus, Stunde. Thielicke hatte sich im Entnazifizierungsverfahren, dem Althaus unterzogen wurde und das entlastend ausfiel, mit einer Stellungnahme für Althaus eingesetzt; vgl. dazu Ericksen, Theologen, 158 f. und 306.
57 Hirsch, Schicksal.
58 Wolf an Thielicke, 28. 12. 1945. In: Bultmann, Briefwechsel, 520–529; hier: 520.
59 Ebd., 525. Zur Eigengesetzlichkeit vgl. grundlegend Honecker, Eigengesetzlichkeit.
60 Wolf an Thielicke, 28. 12. 1945. In: Bultmann, Briefwechsel, 520–529; hier: 525.

sich", konstatiert er, „denn jene Trennung von Kirchlichem (‚vor Gott') und Politischen (‚vor der Welt') hat heute im ökumenischen Gespräch keinen Ort mehr; und darum ist das ökumenische ‚Gespräch' heute schon mehr als ein Gespräch – und nur um dieses Mehr willen hat es Sinn [...]."[61] Wie zu erwarten, fühlte sich der so Angegriffene missverstanden. Thielicke sah sich am 25. Januar 1946 zu einer Klarstellung genötigt und wies mit Nachdruck zurück, er habe Kritik an der Stuttgarter Erklärung üben wollen. Sie sei

> „vielmehr nach Gesichtspunkten vollzogen [...], die ich für eine Schulderklärung als maßgeblich meinte feststellen zu müssen: daß nämlich die Kirche, die für sich und unser Volk die Schuld bekennt, das unter Brüdern, daß sie es inmitten der ökumenischen Christenheit, daß sie es also vor dem Bruder als vor Gott tut".

Er teile die Auffassung, dass „die Öffentlichkeit der Welt"[62] ein angemessenes Forum sei.

4. Die „vierte Konfession"

Über die bislang erörterten Facetten hinaus, haben die von Martin Niemöller mitgestalteten Ökumenediskurse noch eine ganz andere Seite, die eher die binnenkonfessionell-ekklesiologische Dynamik innerhalb der sich langsam etablierenden EKD betrifft. Hauptakteur war mit Hans Asmussen einer der wichtigsten Protagonisten des Kirchenkampfes. Sein späteres Amt als Präsident der Kirchenkanzlei musste er 1948 aufgeben. Zusammen mit Niemöller und Otto Dibelius war er maßgeblich verantwortlich für die Stuttgarter Schulderklärung. Das Verhältnis zwischen beiden war trotz einstiger Nähe zunehmend konfliktär. In einem „Memorandum an den Rat der EKD über die Detmolder Arbeit und die vierte Konfession" griff Asmussen im März 1948 Niemöller an und hielt ihm vor, eine „vierte Konfession" durchsetzen zu wollen. Dies alles spielte sich ab im Vorfeld des Ringens um die Kirchenordnung der EKD und die Versammlung von Eisenach sowie dem Gegeneinander von Bruderrat und lutherisch agierendem Detmolder Kreis. Asmussen gibt zu verstehen: „Man will keine neue Union. *Man will aber eine neue Konfession.*" Mit Blick auf Niemöller spitzt er zu: „Kirchen [...], die weder lutherisch, noch reformiert, noch uniert, sondern einfach ‚evangelisch' seien."[63] Es formiere sich eine „vierte Konfession", die allerdings „noch kein Bekenntnis" habe. „Was sie ist, kann darum mit Bestimmtheit noch nicht ausgesprochen wer-

61 Ebd. Hermann Diem hält Thielicke am 3. 1. 1946 vor, dass er sich mit der Kritik am Schuldbekenntnis in seinem ökumenischen Kontext nicht etwa an Theophil Wurm oder Niemöller gewandt habe. Barth sei nicht das richtige Gegenüber gewesen (s. ebd., 529–535; hier: 531 f.).

62 Thielicke, Rundbrief, 180.

63 Asmussen, Memorandum, 583. Zur „vierten Konfession" vgl. v. a. Besier, Kirchenversammlung.

den.“[64] Auch in der von Asmussen hier angestoßenen Debatte ist die Barmer Theologische Erklärung ein zentraler Referenzpunkt. „Wir haben in Barmen für Lutheraner, Reformierte und Unierte gesprochen, nicht aber für eine vierte Konfession.“[65] Detailliert trägt Asmussen „Mosaiksteine“ der vierten Konfession, die Barmen nicht für sich in Anspruch nehmen könne, zusammen: so die Theologie Rudolf Bultmanns, den „Liberalismus“[66], den Berliner „*Unterwegs-Kreis*“ oder Karl Barth samt seinem Verständnis von Taufe, Verhältnis von Gesetz und Evangelium, Erwählungslehre und ‚Verklärung des Marxismus‘. Asmussen identifiziert seinen Gegner genau: „Die führenden Kreise des *Bruderrates der EKD* können wohl als die leitenden Kräfte der vierten Konfession angesprochen werden.“[67]

Asmussen bezieht sich gezielt auf das „Darmstädter Wort“ vom 8. August 1947, in dem „eine Lehre von der Sündenvergebung, von Glauben und Werken, von den staatlichen Verpflichtungen der Christen vertreten“ werde, „die nicht nur bei weiten Kreisen der deutschen Christenheit Widerspruch und Aergernis erregt, sondern viel mehr im Widerspruch steht zu allen bei uns in Geltung stehenden Bekenntnissen“[68]. Somit wirft Asmussen die Frage nach dem Status des Bruderrates auf. „Die vierte Konfession aber durchsetzt mit kirchenregimentlichem Handeln die ganze EKD und erweckt den Eindruck, dass sie sich selbst als die kommende Konfession der gesamten EKD versteht.“[69] Dezidiert kommt Asmussen auf die Auseinandersetzungen um die Grundordnung der EKD zu sprechen und kennzeichnet als Thema die Debatte um „Kanzel- und Abendmahlgemeinschaft“. Aber auch auf die vorgeschlagenen Aussagen zur Ökumene nimmt er Bezug, drücke sich doch in ihnen aus, was von der „vierten Konfession“ zu erwarten sei. Werde sie „herrschend, dann müssen wir unsere Verbindungen zu denjenigen Kirchen der Welt verlieren, die uns nach Bekenntnis und Geschichte am nächsten stehen. Und vor allem: Die Bewegungen, in denen die oben genannten Lehren geduldet, oder verbreitet oder gefördert werden, sind gar nicht mehr theologische Bewegungen im Sinne des neunzehnten Jahrhunderts, sondern sie verbinden mit theologischer Dynamik den Griff nach dem entscheidenden kirchenregimentlichen Einfluss in der EKD.“[70] Der Bruderrat grenze gegenteilige Positionen in seinen eigenen Reihen aus. „Das widerspricht allem, was wir seit 1933 miteinander erlebt haben.“[71] Mit Verweis auf die eigene Detmolder Ar-

64 Asmussen, Memorandum, 583.
65 Ebd.; vgl. insbes. auch ebd., 588.
66 Ebd., 585.
67 Ebd., 586.
68 Ebd.
69 Ebd.; bei Asmussen hervorgehoben.
70 Ebd., 589. Vgl. dazu die Ökumene-Bezüge, in: Grundordnung, Art. 18, 99 f.
71 Asmussen, Memorandum, 590.

beit betont Asmussen, dass nur dort „der Weg zur Einheit“[72] gefunden werden könne[73].

Niemöller regiert auf das Memorandum entsetzt und nennt es am 25. März 1948 in einem Brief an Asmussen eine „Teufelei“. Er wendet sich nun auch persönlich vom einstigen Freund und Weggefährten ab. Die Behauptung, er habe „von einer ‚vierten‘ Konfession gesprochen“, weist Niemöller zurück. „Diese ‚kleinen‘ Korrekturen, dieses leichte Umbiegen der Wahrheit in eine Form, die Ihren propagandistischen, kirchenpolitischen und sonstigen Zielen dienen mag, ist nun freilich nichts Neues mehr.“[74] Das Memorandum blieb kirchenpolitisch eine Randerscheinung. Asmussen allerdings musste seinen Posten als Präsident der Kirchenkanzlei räumen. Er ließ sich zunächst beurlauben, gab das Amt aber dann verbittert auf[75]. „Asmussens erzwungener Rücktritt“, resümiert Gerhard Besier, „erregte in der protestantischen Welt großes Aufsehen und lenkte die Aufmerksamkeit der Ökumene erneut auf die theologischen und kirchenpolitischen Verhältnisse in Deutschland.“[76] Aus diesem Blickwinkel betrachtet hatte das Memorandum allerdings doch seine Relevanz.

5. Ökumene als Aufbruch

Martin Niemöller setzte sich sowohl in seinen leitenden Ämtern als auch in den Jahrzehnten danach in für ihn spezifischer Einheit von Theorie und Praxis für ein Ökumenekonzept ein, das sich zunehmend von der Kirche als festgefügter Institution löste. Entscheidend wurde für ihn der Nachfolgedanke als Mittelpunkt eines Christentums, das nicht über konfessionelle Differenzen verstanden werden sollte. Die Wucht seiner Kirchenkritik wusste Niemöller in einen kraftvollen Einsatz für die Ökumene umzuleiten. Den Kampfgeist der Bekennenden Kirche nahm er als Vorbild. Das ökumenische Feld wurde für ihn Ausdruck einer politischen Theologie des Widerstands, nicht selten getragen vom Geist prophetischer Mahnrede. Weiterhin sah er sich in der Tradition Barmens, eines Wächteramtes[77].

Nicht von ungefähr wurde Niemöller zu einem Helden des Linksprotes-

72 Ebd., 591.

73 Vgl. Besier, Kirchenversammlung, 271: Auch in der VELKD setzte sich schließlich „Asmussens Erkenntnis“ durch, „daß kirchliche Einheit nur im theologischen Konsens zu erreichen war und weder über eine bürokratische verwaltete Rechtseinheit auf der Grundlage einer wie auch immer gearteten indifferenten ‚vierten Konfession‘ noch auf der Basis eines oktroyierten radikalen Konfessionalismus“.

74 Niemöller an Asmussen, 25. 3. 1948. In: Lehmann, Asmussen, 222 f. Vgl. zur Auseinandersetzung in ihrem Kontext auch ebd., 198–225; sowie Konukiewitz, Asmussen, bes. 266–276.

75 Vgl. dazu Smith-von Osten, Treysa, 353.

76 Besier, Kirchenversammlung, 259.

77 Vgl. zum weltweiten Einsatz für die Ökumene Ziemann, Niemöller, bes. 475–496; als Ausdruck zeitgenössischer Resonanz nur Krüger, Ende.

tantismus der 1960er und 70er Jahre. Wie Helmut Gollwitzer oder Jürgen Moltmann wusste er sich Karl Barth verpflichtet. Nicht wenige, die sich heute im öffentlichen Ringen um ein politisches Urteil, zu dem die Kirche verpflichtet sei, positionieren, wähnen sich in dieser Tradition. Dabei ist aber zu beachten, dass Barth gerade dafür eintrat, göttliches und menschliches Handeln zu differenzieren. Eine Einheit von Theorie und Praxis, wie sie Gollwitzer bei Barth erkennt, muss nicht darauf hinauslaufen, kirchliches Handeln für eine bessere und ethisch überlegene Form der Politik zu halten. Gerade davor hatte Barth ja stets gewarnt. Niemöller dachte an dieser Stelle etwas „ungezwungener“ und ging von ihm erkannte Probleme gewohnt offensiv an. Unermüdlich rekurriert er dabei – vielfältig dokumentiert in Reden, Vorträgen, Predigten, Interviews – auch auf die ökumenischen Implikationen.

Das „Elend der Friedlosigkeit“[78] sei nicht nur Kennzeichen der Welt und der ihr eigenen Gesetzmäßigkeit, sondern auch innerhalb der Christenheit selbst zu finden. Dies habe zu einer immer tiefergehenden Zersplitterung geführt.

> „Nun ist offensichtlich in unserem ‚ökumenischen Zeitalter‘ eine Besinnung eingetreten. Die Christenheit fühlt sich nicht mehr wohl bei der in ihrer Mitte herrschenden gegnerischen Rivalität; sie erinnert sich daran – oder läßt sich daran erinnern –, daß sie einen ganz anderen Auftrag hat, als das eigene Leben zu erhalten, daß ihr vielmehr von ihrem Herrn befohlen ist, die Frohe Botschaft aller Kreatur in aller Welt zu bringen.“[79]

Die Kirchen dürften keinesfalls als „Konkurrenzunternehmen“ auftreten. Friede zwischen den Kirchen müsse über das bloße Geltenlassen des Gegenübers hinausgehen und sich in wechselseitiger Unterstützung und Zusammenarbeit ausdrücken. Die dritte Weltkirchenversammlung in Neu-Delhi zeige dies 1961 in ihrem auf Nachfolge angelegten Christusbekenntnis. Das Amsterdamer Friedenszeugnis des Ökumenischen Rates von 1948 habe die Voraussetzungen geliefert. Der Einsatz gegen Atombewaffnung, Wettrüsten und Armut sei eine notwendige Konsequenz.

Zu einem hermeneutischen Schlüssel wird für Niemöller die Einsicht, dass für Einheit die Nachfolge bestimmend sei und nicht die vermeintliche Übereinstimmung in einer einzigen Institution, die in Lehre und Amt als homogen erscheine[80]. Nicht die Kirche selbst sei entscheidend, sondern ihre Botschaft, konnte Niemöller 1956 kurz und knapp in Oberhausen formulieren[81]. Solidarität in der Welt müsse sich, heißt es 20 Jahre später, in einer Aktivität ausdrücken, „die mit den Eigeninteressen von einzelnen wie von Gruppen von Menschen Schluß macht“. Mit zunehmender Reserve verwendet Niemöller überhaupt noch den Kirchenbegriff: „Ich spreche lieber und einfach von der

78 Niemöller, Kirchen Friede, 101.
79 Ebd., 102.
80 Siehe dazu Niemöller, Reformation, 134 f.
81 Vgl. Niemöller, Kirche, 146.

‚Christenheit', von uns Menschen, die Jesus von Nazareth als ihren Herrn und Meister anerkennen und meinen, ihren Lebensweg unter seiner Leitung gehen zu sollen und zu dürfen." Der Glaube sei mehr als „eine Summe von Lehren oder Meinungen", er drücke sich als „persönliches Verhältnis"[82] aus und zeige sich in der Übernahme „christlich-kirchlicher Weltveranwortung"[83].

Solidarität, propagiert Niemöller 1975, könne einen Neubeginn ermöglichen und „chaotische Selbstvernichtung verhindern"[84]. Er unterstreicht: „ich bin auch überzeugt und bin dankbar dafür, daß die ‚Ökumenische Bewegung' Wegbereiterin dieses ‚Neuen' geworden ist und sich nicht als eine gemeinsame Interessenvertretung historisch gewordener, traditionell gebundener, organisatorisch etablierter Kirchen totgelaufen hat"[85].

Auch mit Blick auf den Ökumenischen Rat der Kirchen betont Niemöller den Bezug auf Christus. Er sei die entscheidende Autorität. Zugleich greift Niemöller Paulus auf, dessen Rede von der Versöhnung in 2. Korinther 5 er mit den Gedanken von Vergebung, Frieden und Solidarität verknüpft[86].

> „Die Gegenwartsfrage an den Protestantismus ist eine Frage des Herrn Jesus Christus: ob wir's auf ihn hin und mit ihm wagen wollen, den Weg seiner Nachfolge zu gehen, oder ob wir – weil wir nun eben doch nicht glauben – nach diesem oder jenem ‚politischen' Strohhalm greifen."[87]

Die Kirche habe „als ökumenische Christenheit Brücken gebaut und Zäune der Trennung und Isolierung abgerissen"[88]. Reformation könne als „fortwirkendes Prinzip der christlichen Kirche" verstanden werden: als „Wiedergestaltwerdung"[89]. Auch für gegenwärtige Kolonialismusdebatten ist Niemöllers Denken womöglich anschlussfähig, konnte er doch schon 1956 in Bad Soden konstatieren:

> „Die Zeit des ‚weißen Mannes' geht mit Riesenschritten ihrem Ende entgegen [...]: die unbestrittene Vorherrschaft der sogenannten ‚christlichen' – und das heißt der weißen – Völker wird mit dem Ende des 20. Jahrhunderts vorüber sein, nachdem sie rund fünfhundert Jahre den Gang des Weltgeschehens bestimmt hatte."[90]

Verhandelt werden die „jungen Kirchen", die im Zuge des Kolonialismus und entsprechender Missionsvorhaben entstanden sind. Niemöller richtet sein

---

82 Niemöller, Welt, 255.

83 Ebd., 258.

84 Niemöller, 30 Jahre, 240.

85 Ebd., 241.

86 Siehe Niemöller, Christenheit, 156–158. Niemöller betont, ebd., 158, durchaus pathetisch: „Es geht darum, daß das Wort von der Versöhnung gepredigt und geglaubt werde; denn da wird die Bruderschaft wachsen, und da wird der Friede sich ausbreiten wie ein Strom." Vgl. Niemöller, Gegenwartsfragen, 210.

87 Ebd., 212 f.

88 Niemöller, Kirche erwarten, 179.

89 Ebd., 181.

90 Niemöller, Junge Kirchen, 130.

Augenmerk darauf, dass die überkommenen kirchlichen Zersplitterungen hier nicht unbedingt übernommen würden. Der Wunsch „Gemeinde Jesu Christi“ zu sein, dominiere und nicht „Entscheidungen, die nur von außen [...] herangetragen werden“[91].

Die Fähigkeit zum Widerspruch kennzeichnet Niemöllers Denken und Handeln gerade auch in den Jahrzehnten nach 1945. Er spitzte Debattenlagen zu und übte von Anfang an scharfe Kritik am Zuschnitt der Bundesrepublik. Aus dem U-Boot-Kommandanten wurde ein entschiedener Pazifist, der die Wiederbewaffnung genauso ablehnte wie die Atombombe. Nicht im Beibehalten eingeübter Positionen, sondern im radikalen, den Konflikt nicht scheuenden Hinterfragen gerade auch persönlicher Haltungen zeigte Niemöller eine ganz eigene Konsequenz und auch Freude an der Inszenierung. Er verkörperte eine originäre Gestalt ethisch-moralischer Urteilsbildung, die er mit ihm eigener Unmittelbarkeit in Handlungsformen überführte. Die von Niemöller propagierte politische Theologie war trotz aller Gemeinschaftsbezüge auf ihn selbst zugeschnitten und geprägt von einem autoritären Duktus. Indem er engere kirchliche Bezüge hinter sich ließ, überführte Niemöller sie in eine gewisse Form institutioneller Indifferenz. Er operierte mit klaren Freund/Feind-Schemata und führte sie gesinnungsethisch zusammen. Das Gewissen wurde von Niemöller letztlich zur entscheidenden Instanz erhoben. Die auf seine Person ausgerichtete systemsprengende Dynamik von Leben und Denken erzeugte für viele eine besondere Glaubwürdigkeit. Über Ambiguitätstoleranz verfügte Martin Niemöller in ausgeprägter Form – wie nicht nur der Gang in die Archive zeigt, vor allem auch der eigenen Person gegenüber.

Quellen- und Literaturverzeichnis

ALTHAUS, Paul: Die deutsche Stunde der Kirche. Göttingen 1933.

ASMUSSEN, Hans: Memorandum an den Rat der EKD über die Detmolder Arbeit und die vierte Konfession. In: Bultmann, Briefwechsel, 582–591.

BARTH, Karl: Ein Wort an die Deutschen [1945]. In: Ders.: „Der Götze wackelt“. Zeitkritische Aufsätze, Reden und Briefe von 1930 bis 1960. Hg. von Karl Kupisch. Waltrop 1993, 87–97.

BESIER, Gerhard / SAUTER, Gerhard: Wie Christen ihre Schuld bekennen. Die Stuttgarter Schulderklärung 1945. Göttingen 1985.

–: Die Kirchenversammlung von Eisenach (1948), die Frage der „Entstehung einer vierten Konfession“ und die Entlassung Hans Asmussens. Zugleich eine Erinnerung an den ersten Leiter der EKD-Kirchenkanzlei. In: KuD 34 (1988), 252–281.

BULTMANN, Rudolf: Briefwechsel mit Götz Harbsmeier und Ernst Wolf. 1933–1976. Hg. von Werner Zager. Tübingen 2017.

---

91 EBD., 135.

Christophersen, Alf / Ziemann, Benjamin: Einleitung. In: Niemöller, Gedanken, 7–59.

Ericksen, Robert P.: Theologen unter Hitler. Das Bündnis zwischen evangelischer Dogmatik und Nationalsozialismus. Aus dem Amerikanischen von Annegrete Lösch. (AFSB) München / Wien 1986.

Erklärung des Rates der Evangelischen Kirche in Deutschland gegenüber den Vertretern des Ökumenischen Rates der Kirchen, 19. Oktober 1945. In: KJ 72–75 (1945–1948), 26 f.

Graf, Friedrich Wilhelm: Helmut Thielicke und die „Zeitschrift für Evangelische Ethik" (RBRD 10). Tübingen 2021.

Greschat, Martin: Die evangelische Christenheit und die deutsche Geschichte nach 1945. Weichenstellungen in der Nachkriegszeit. Stuttgart 2002.

– (Hg.): Die Schuld der Kirche. Dokumente und Reflexionen zur Stuttgarter Schulderklärung vom 18./19. Oktober 1945 (SKZG 4). München 1982.

– (Hg.): Im Zeichen der Schuld. 40 Jahre Stuttgarter Schuldbekenntnis. Eine Dokumentation. Mit einem Geleitwort von Wolfgang Huber. Neukirchen-Vluyn 1985.

Grundordnung der Evangelischen Kirche in Deutschland. In: KJ 72–75 (1945–1948), 95–105.

Held, Heinz Joachim: Ökumene in der Nachkriegszeit. In: Bern Hey / Günther van Norden (Hg.): Kontinuität und Neubeginn. Die rheinische und westfälische Kirche in der Nachkriegszeit (1945–1949) (SVRKG 123). Köln 1996, 287–316.

Heymel, Michael: Martin Niemöller. Vom Marineoffizier zum Friedenskämpfer. Darmstadt 2017.

Hirsch, Emanuel: Deutschlands Schicksal. Staat, Volk und Menschheit im Lichte einer ethischen Geschichtsansicht. 2., durchges. und um ein Nachwort verm. Aufl. Göttingen [1920] 1922.

Honecker, Martin: Das Problem der Eigengesetzlichkeit. In: ZThK 73 (1976), 92–130.

Konukiewitz, Enno: Hans Asmussen. Ein lutherischer Theologe im Kirchenkampf (LKGG 6). Gütersloh 1984.

Krüger, Hanfried (Hg.): Bis an das Ende der Erde. Ökumenische Beiträge. Zum 70. Geburtstag von D. Martin Niemöller. München 1962.

Lehmann, Wolfgang: Hans Asmussen. Ein Leben für die Kirche. Göttingen 1988.

Mehlhausen, Joachim: Die Konvention von Treysa. Ein Rückblick nach vierzig Jahren. In: Ders.: Vestigia Verbi. Aufsätze zur Geschichte der evangelischen Theologie (AKG 72). Berlin / New York 1999, 485–499.

Niemöller, Martin: 30 Jahre danach. Vortrag am 6. April 1975. In: Ders., Reden 1964–1976, 238–241.

–: Briefe aus der Gefangenschaft. Konzentrationslager Sachsenhausen (Oranienburg). Hg. von Wilhelm Niemöller. Bielefeld 1979.

–: Das Christusbekenntnis der Kirche vor der Welt und die Bekenntnisse der Reformation, Dezember 1945. In: Ders., Reden. 1945–1954, 63–82.

–: Der Weg ins Freie, Stuttgart, 3. Juli 1946. In: Ders., Reden. 1945–1954, 23–42.

–: Die Bedeutung der Bekennenden Kirche in der Widerstandsbewegung zur Zeit des Dritten Reiches. Vortrag in London, 19. Januar 1970. In: Ders., Reden, Predigten, Denkanstöße. 1964–1976, 161–170.
–: Die Erneuerung unserer Kirche, 1946. In: Ders., Reden. 1945–1954, 19–22.
–: Die Kirchen und der Friede, München, 24. Juni 1966. In: Ders., Reden, Predigten, Denkanstöße. 1964–1976, 100–106.
–: Gedanken über den Weg der christlichen Kirche. Hg. von Alf Christophersen / Benjamin Ziemann. Gütersloh 2019.
–: Gegenwartsfragen des Protestantismus, 1957. In: Ders., Reden. 1955–1957, 206–213.
–: Gespräch [mit Günter Gaus] zur Person. In: Ders.: Gewissen vor Staatsräson. Ausgewählte Schriften. Hg. von Joachim Perels und mit einem Nachwort versehen von Martin Stöhr. Göttingen 2016, 247–274.
–: Rede auf der Kirchenversammlung in Treysa 1945. In: Ders., Reden. 1945–1954, 11–15.
–: Reden. 1945–1954. Darmstadt 1958.
–: Reden. 1955–1957. Darmstadt 1957.
–: Reden, Predigten, Denkanstöße. 1964–1976. Mit einem Geleitwort von Walter Kreck. Hg. von Hans Joachim Oeffler. Köln 1977.
–: Reformation und Ökumene. Vortrag vor der Frauenhilfe, Frankfurt, 1. November 1967. In: Ders., Reden, Predigten, Denkanstöße. 1964–1976, 129–135.
–: Solidarische Welt: Konsequenzen für die Kirche. Ende oder Wende kirchlicher Weltverantwortung? Vortrag zur Arbeitstagung des Versöhnungsbundes e. V., 27. Mai 1976 in Höchst/Odenwald. In: Ders., Reden, Predigten, Denkanstöße. 1964–1976, 251–258.
–: … stellvertretend auf unser Gewissen nehmen … Zum 20. Juli 1944, Frankfurt am Main, 19. 7. 1964. In: Ders., Reden, Predigten, Denkanstöße. 1964–1976, 28–31.
–: Vorwort. In: Ders.: „… zu verkündigen ein gnädiges Jahr des Herrn!“ Sechs Dachauer Predigten. München 1946, 3 f.
–: Was haben die „Jungen Kirchen“ der alten Christenheit zu sagen? Vortrag anläßlich der Einweihung des Gemeindehauses am 14. 10. 1956 in Bad Soden. In: Ders., Reden. 1955–1957, 130–136.
–: Was ist die Evangelische Kirche heute unserem Volk und der Welt schuldig? Vortrag auf der Reformationsversammlung der Evangelischen Woche am 31. Oktober 1956 in Oberhausen. In: Ders., Reden. 1955–1957, 137–146.
–: Was müssen wir heute von der Kirche erwarten? In: Ders., Reden. 1945–1954, 178–183.
–: Weltweite Christenheit und die Versöhnung. In: Ders., Reden. 1945–1954, 153–158.
–: Wir rufen Deutschland zu Gott. Eine Rede von Martin Niemöller gehalten im Januar 1946 in Göttingen (Schriftenreihe für den Kriegsgefangenenheimkehr). London 1946.

–: Wo kommen wir her? – Wo stehen wir? – Wohin gehen wir? Zum 25. Todestag von Pfarrer Paul Schneider. Gedenkrede in Dickenschied/Hunsrück, 5. Juli 1964. In: Ders., Reden, Predigten, Denkanstöße. 1964–1976, 22–27.

Pautler, Stefan / Rendtorff, Trutz: „Die großen Pläne und die lauten Worte müssen wir begraben". Das theologische Programm nach 1945. In: Saul Friedländer u. a. (Hg.): Bertelsmann im Dritten Reich. München 2002, 535–541.

Smith-von Osten, Annemarie: Von Treysa 1945 bis Eisenach 1948. Zur Geschichte der Grundordnung der Evangelischen Kirche in Deutschland (AKIZ B 9). Göttingen 1980.

Thielicke, Helmut: Exkurs über Karl Barths Vortrag in Tübingen, gehalten am 8. November 1945 im Festsaal der Neuen Universität in Tübingen innerhalb der Vorlesungsreihe „Die geistige und religiöse Krise des Abendlandes". In: Bultmann, Briefwechsel, 370–383.

–: Rundbrief, Tübingen, 25. Januar 1946. In: Greschat, Schuld der Kirche, 180–182.

Tietz, Christiane: Karl Barth. Ein Leben im Widerspruch. München 2018.

Vorläufige Ordnung der Evangelischen Kirche in Deutschland mit Erläuterungen. Treysa, 31. August 1945. In: Die Protokolle des Rates der Evangelischen Kirche in Deutschland, Bd. I: 1945/46 bearb. von Carsten Nicolaisen und Nora Andrea Schulze mit einer Einleitung von Wolf-Dieter Hauschild (AKIZ A 5). Göttingen 1995, 12–15.

Wort des Bruderrates der Evangelischen Kirche in Deutschland zum politischen Weg unseres Volkes. In: KJ 72–75 (1945–1948), 220–222.

Ziemann, Benjamin: Martin Niemöller als Leiter des Kirchlichen Außenamtes 1945–1956. In: Gestrich, Andreas / Hermle, Siegfried / Pöpping, Dagmar (Hg.): Evangelisch und deutsch? Auslandsgemeinden im 20. Jahrhundert zwischen Nationalprotestantismus, Volkstumspolitik und Ökumene (AKIZ B 79). Göttingen 2021, 323–343.

–: Martin Niemöller. Ein Leben in Opposition. München 2019.

Matthias Ehmann

"For the migrant takes the place of Christ himself"

Martin Niemöllers früher Ansatz zu einer Theologie der Migration des ÖRK im Horizont des Endes der Kolonialherrschaft

1. Martin Niemöller aus der Perspektive Interkultureller Theologie

Martin Niemöller wurde, besonders in den letzten Jahren, als historische Figur in Biografien und Aufsätzen aus unterschiedlicher Perspektive untersucht und dargestellt. Obwohl er häufig als Evangelist und mit hohem missionarischem Impetus beschrieben wird, finden sich bisher keine umfassenden Forschungen im Fachgebiet der Missionswissenschaft und Interkulturellen Theologie zu Martin Niemöller. Dabei bieten Leben und Werk von Niemöller etliche Anknüpfungspunkte für die zeitgenössische Forschung zu globalem Christentum und christlichem Zeugnis in einer pluralen Welt. Niemöllers Wirkungszeit in der ökumenischen Bewegung geht sowohl mit der Institutionalisierung dieser als auch mit dem Erreichen der Unabhängigkeit vieler ehemaliger Kolonialstaaten und ihrer Kirchen einher. In dieser Phase der nun auch empirisch greifbaren Entwicklung des Christentums hin zu einer globalen Religionsformation ist Niemöller einer der zentralen Akteure des deutschen Protestantismus. In die Phase seines Wirkens im Ökumenischen Rat der Kirchen fällt das Ende der Kolonialherrschaft in den meisten ehemaligen Kolonialstaaten und die enorme Bedeutungszunahme der Kirchen des globalen Südens in den Diskursen der ökumenischen Bewegung.

Der Artikel nähert sich daher in einer zweifach globalen Perspektive dem Werk Niemöllers: Zum einen zeichnet er Niemöllers Beitrag zu den Diskursformationen des Ökumenischen Rates der Kirchen zu Beginn der 1960er Jahre, genauer seiner Abteilung für Zwischenkirchliche Hilfe und Flüchtlingsdienst, nach. Zum anderen analysiert er Niemöllers Sicht auf das – seiner Grundstruktur nach – globale Phänomen der Migration und der mit ihm verbundenen Themen in Gesellschaft, Kirche und Ökumene.

Im Mittelpunkt des Artikels steht dabei der Beitrag Martin Niemöllers zu einer internationalen Konferenz des Ökumenischen Rates der Kirchen (ÖRK) im Juni 1961. Diese für die Entwicklung ökumenischer Ansätze zu Theologien der Migration wohl bedeutendste Konferenz des 20. Jahrhunderts jährte sich im Jahr 2021 zum 60. Mal. Mit diesem zeitlichen Abstand lohnt eine *relecture* der Konferenz im Allgemeinen und des bisher in der Niemöller-Forschung nicht beachteten Beitrags Niemöllers zu dieser im Besonderen.

2. Die Konferenz von Leysin im Kontext von Niemöllers Aktivitäten

Um die Rede Niemöllers auf der Konferenz in Leysin sowohl in seine eigene Entwicklung als auch in die damaligen Diskurse des Ökumenischen Rates der Kirchen einordnen zu können, muss der Kontext dieser Rede betrachtet werden.

Die Konferenz „World Conference on Problems of International Migration and the Responsibility of the Churches" fand vom 11. bis zum 16. Juni 1961 im schweizerischen Leysin statt.

Im Frühsommer des Jahres 1960 hat sich das Wirken Niemöllers schon wesentlich auf seine internationalen, besonders auf seine ökumenischen Aktivitäten verlagert. Innerhalb der Evangelischen Kirche in Deutschland (EKD) war Niemöller dagegen eher isoliert. Er hatte bereits vor einigen Jahren seinen Sitz im Rat der EKD nach deutlicher Kritik an seinem Wirken aufgegeben, aber er ist zu dieser Zeit noch Kirchenpräsident der Evangelischen Kirche von Hessen und Nassau (EKHN). Zwar gab es immer wieder Kritik am Umfang seiner internationalen Reisetätigkeit, jedoch führte er gleichzeitig die EKHN nach wie vor mit großem Einsatz.

In der politischen Debatte ist er inzwischen deutlich ein Feindbild vieler Konservativer, die Anzeige von Strauß, damals Verteidigungsminister der Bundesrepublik, gegen ihn erfolgte etwa vor zwei Jahren. Seine Reise zum russisch-orthodoxen Patriarchen Alexius mit der Bitte, als Seelsorger für Kriegsgefangene bleiben zu können, liegt nun schon knapp ein Jahrzehnt zurück. Im April und Mai 1961 – wenige Wochen vor der Konferenz in Leysin – ist er zu einer zweiten Reise auf Einladung des Moskauer Patriarchats in der Sowjetunion[1].

Die Arbeitsbelastung Niemöllers zu dieser Zeit war extrem hoch. Der Historiker Benjamin Ziemann charakterisiert mit entsprechenden Belegen den Sommer 1961 als „hektische Zeit"[2] und arbeitet heraus, wie Niemöller in seinen Aufzeichnungen die eigene Erschöpfung benennt. Auf dem Weg nach Dänemark kommt Niemöller am 7. August 1961 am Steuer seines Wagens bei Apenrade von der Straße ab. Else Niemöller, seine Frau, und Dora Schulz, die Haushälterin der Familie, versterben, während der Enkel Martin von Klewitz überlebt. Niemöller selbst muss schwer verletzt zunächst in Krankenhäusern und dann zu Hause etliche Wochen genesen und kann auch nicht an der Beerdigung von Else Niemöller teilnehmen[3].

Das Jahr 1961 ist im Kontext des Ökumenischen Rates der Kirchen stark durch die anstehende Vollversammlung vom 15. November bis zum 5. Dezember in Neu-Delhi unter dem Titel „Jesus Christus, das Licht der Welt"

1 Vgl. HEYMEL, Niemöller, 194. Siehe auch KRÜGER, Ende, 221.
2 ZIEMANN, Niemöller, 497.
3 Vgl. EBD., 497 f.

dominiert. Diese Vollversammlung hat für den hier untersuchten Beitrag Niemöllers eine dreifache Bedeutung:

Erstens wird auf dieser Vollversammlung Martin Niemöller zu einem der sechs Präsidenten des Ökumenischen Rates der Kirchen gewählt werden. Darin ist auch eine Würdigung seines bisherigen ökumenischen Engagements und seiner Verdienste im Brückenbau zu einigen orthodoxen Kirchen zu sehen.

Zweitens werden in Neu-Delhi 23 Kirchen in den Ökumenischen Rat der Kirchen aufgenommen. Dies sind zum einen – zu dieser Zeit als „junge Kirchen" bezeichnete – nun unabhängig gewordene Kirchen in Afrika, Lateinamerika und Asien, welche von westlichen Kirchen in der Kolonialzeit gegründet wurden. Das immer wieder als „Afrikanisches Jahr" bezeichnete Jahr 1960 mit der Unabhängigkeit vieler Staaten prägte auch die Agenda der globalen Ökumene[4]. Zum anderen wurden viele Kirchen der östlichen Orthodoxie, für welche Niemöller eine integrale Figur darstellte, in den Rat aufgenommen. Der Rat bereitete sich so ab den 1960er Jahren auf eine intensive Schwerpunktverschiebung – weg von einem hauptsächlich durch den nordatlantischen Protestantismus geprägten Gebilde, hin zu einer globaleren Struktur – vor.

Drittens ist in Neu-Delhi die Integration des Internationalen Missionsrates unter der Führung Lesslie Newbigins von großer Bedeutung. Diese dritte Entwicklung ist eng mit der zweiten verbunden. Man war damals der Meinung, dass dieser dritte Zweig der ökumenischen Bewegung – neben „faith and order" und „life and work" nun in den Ökumenischen Rat der Kirchen integriert werden sollte, da die Missionsgebiete und auch die dortigen Kirchen nun mehr und mehr als eigenständige Akteure auftreten. Die Integration des „Internationalen Missionsrates" als „Kommission für Weltmission und Evangelisation" in den ÖRK lässt sich letztlich nur auf dem Hintergrund des beginnenden postkolonialen Zeitalters verstehen.

Niemöller, schon seit Kriegsende in der internationalen ökumenischen Bewegung engagiert, ist im Jahr 1961 wohl intensiv in diese Entwicklungen involviert. Anders lässt sich seine Wahl zu einem der Präsidenten des Rates zum Ende des Jahres kaum verstehen. Dies zeigen auch seine intensiven Reisen im ökumenischen Kontext, welche in der ökumenischen Festschrift zu seinem 70. Geburtstag aus dem Jahr 1962 für die Jahre 1946 bis 1961 minutiös aufgelistet sind[5].

Dieser Auflistung lässt sich auch entnehmen, wie intensiv die internationale Tätigkeit Niemöllers im Frühsommer 1961 war. Im April und Mai war er drei

4 Vgl. ALBERS, ÖRK, 200 f.

5 Vgl. KRÜGER, Ende, 214–221. In der Festschrift zu Niemöllers Geburtstag werden Niemöller Reisen umfassend aufgelistet. Für die vorliegende Untersuchung zu Niemöllers Vortrag auf der Konferenz von Leysin im Jahr 1961 ist dies besonders relevant, da auf Grund der zeitlichen Nähe zur Veröffentlichung der Festschrift von einer umfassenden Auflistung für die Jahre 1960 und 1961 auszugehen ist.

Wochen in der Sowjetunion (UdSSR) auf Einladung des Moskauer Patriarchats als auch drei Tage in Belfast zu einer Predigt- und Vortragsreise. Im Juni nahm er an der Konferenz Europäischer Kirchen in den Niederlanden teil, bevor er am 12. und 13. Juni – offenbar nur zwei Tage – an der hier untersuchten Konferenz teilnahm. Direkt im Anschluss reiste er nach Prag zur Allchristlichen Friedenskonferenz und von dort zum einwöchigen Exekutivausschuss des ÖRK in Bossey, Schweiz[6].

Erst danach ergibt sich eine längere Pause internationaler, ökumenischer Reisen bis November. Zunächst reiste Niemöller zu dieser Zeit zu Vorträgen durch die Deutsche Demokratische Republik (DDR), auch um seine ablehnende Haltung gegenüber dem Veranstaltungsort des Evangelischen Kirchentags, West-Berlin, zu verdeutlichen[7]. Die anschließende Pause bis zu seiner Reise über Beirut nach Indien – mit Vorträgen zum 125. Jubiläum der dortigen Baptistenvereinigung und der Teilnahme an der Vollversammlung des Ökumenischen Rates der Kirchen[8] – lässt sich durch den Autounfall im Sommer 1961 erklären.

3. Niemöllers frühere Begegnungen mit dem Themenkomplex der Migration

Wie in der bisherigen Ausführung deutlich wurde, bringt Niemöller im Jahr 1961 eine – besonders im Kontext der Zeit – enorm globale Sicht auf weltweite Entwicklungen mit. Auch wenn zu beachten ist, dass sich seine internationalen Erfahrungen stark auf die westliche und östliche, jedoch nur sehr eingeschränkt auf die südliche Hemisphäre der damaligen Zeit bezogen. Gerade mit dem im Jahr 1961 im Rahmen der Vollversammlung von Neu-Delhi für ihn bedeutsamen indischen Kontext hatte er jedoch schon 1952 auf einer Reise im Zusammenhang mit der Weltkonferenz der christlichen Jugend Erfahrungen sammeln können[9]. Seine an verschiedenen Stellen auf dem internationalen Parkett positiv hervorgehobene Sprachbegabung hat darüber hinaus sicherlich zu seinem weiten internationalen Horizont beigetragen[10].

Neben diesem internationalen Blick ist der Themenkomplex der Migration jedoch auch aus Niemöllers Biografie heraus bedeutsam. Nach dem Zweiten Weltkrieg kam er auf unterschiedliche Weise mit dem umfassenden Phänomen der Migration in Berührung. Dies betrifft insbesondere die Gruppen der Kriegsflüchtlinge sowie der Kriegsgefangenen. Beide stellen zwei durchaus

6 Vgl. Ebd., 221.
7 Vgl. Ziemann, Niemöller, 497.
8 Vgl. Krüger, Ende, 221.
9 Vgl. Ziemann, Niemöller, 493.
10 Vgl. Heymel, Niemöller, 144 f.

distinkte, jedoch international keineswegs singuläre Gruppen von Migrantinnen und Migranten dar. Dadurch ergeben sich aus seiner Biografie und seinem Engagement Anknüpfungspunkte an ähnliche Herausforderungen in anderen Weltregionen.

Unmittelbar nach dem Krieg erlebte Niemöller nicht nur die aus den östlichen Gebieten in die entstehende Bundesrepublik geflohenen Deutschen, sondern er setzte sich auch in internationaler Perspektive mit den Herausforderungen von Migration auseinander.

Niemöller sprach auf einer Konferenz des ÖRK, welche sich mit Flüchtlingen in Deutschland beschäftigte. Diese Konferenz fand 1949 in Hamburg statt. Auf dieser Konferenz wurde die Situation der Flüchtlinge in Deutschland stark mit der Schuldfrage verbunden. Niemöller setzte sich darüber hinaus kritisch damit auseinander, dass die schon immer im Gebiet der Bundesrepublik Deutschland (BRD) beheimateten Deutschen sich nicht recht um die aus den Ostgebieten geflüchteten Deutschen kümmerten[11]. Dabei betonte er kritisch gegenüber der Bevölkerung, dass es keine andere Möglichkeit gebe, als die Geflüchteten komplett in die Zivilgesellschaft zu integrieren.

Niemöller versuchte in seinen verschiedenen nationalen und internationalen Funktionen die Herausforderungen der Integration von Millionen Geflüchteter in Deutschland zu thematisieren und kirchliche wie politische Akteure zum Handeln zu motivieren. In diesem Zusammenhang initiierte er in der EKHN gemeinsam mit dem Evangelischen Hilfswerk die evangelische Baugemeinde-Bewegung, um notwendigen Wohnraum für Geflüchtete zu schaffen[12].

Als einer der frühen Reisenden des besiegten Deutschlands traf Niemöller auch in den Nachbarländern auf geflüchtete und internierte Deutsche. Ein Jahr nach der Befreiung Dänemarks von deutscher Besatzung waren dort etwa 200 000 Deutsche interniert, welche auf Anweisung der Alliierten noch nicht nach Deutschland zurückkehren durften. Die Stimmung im zuvor durch Deutschland besetzten Dänemark war dieser Gruppe gegenüber eher feindselig, dennoch organisierte der Ökumenische Rat der Dänischen Kirchen den Dienst an dieser Gruppe zusammen mit einigen deutschen Pfarrern. Niemöller wurde als Gast eingeladen, um zu den deutschen Flüchtlingen, aber auch zur dänischen Öffentlichkeit zu sprechen. Der Leiter dieses ökumenischen Flüchtlingsdienstes, der spätere Bischof Halfdan Högsbro, berichtet dazu:

> „An dieser Reise mit Niemöller durch die Lager ist mir vieles unvergeßlich. Sein schlichtes, offenes und bescheidenes Auftreten überwand die vielen Hemmungen auf dänischer Seite und seine klare, evangelische Rede drang den deutschen Flüchtlingen, die ihn hörten, ins Herz. Die erste Begegnung mit Deutschen und

11 Vgl. Robertson, Politik, 39 f.

12 Vgl. Heymel, Niemöller, 145 f.

> Dänen war in der großen Flugzeughalle in dem Lager Ålborg Ost, wo Tausende von Flüchtlingen, die dänische Lagerleitung und viele dänische Journalisten ihn anhörten. In dem Oksbøl-Lager sprach er im Freien zu den 30 000 dort untergebrachten Flüchtlingen, die sich nachher um ihn drängten mit allerlei Fragen und Grüßen.«[13]

Högsbro resümiert:

> „Der damalige Pastor Niemöller war in dieser Stunde bei uns der einzig mögliche Botschafter seiner Kirche und seines Volkes. Einen besseren konnten sie nicht haben. Sein Name war allen bekannt, und vor ihm öffneten sich die Türen und viele Herzen.«[14]

Sicherlich noch bekannter als dieser Aspekt von Niemöllers Einsatz für deutsche Flüchtlinge unmittelbar nach dem Zweiten Weltkrieg ist seine Initiative für deutsche Kriegsgefangene in der Sowjetunion, welche darum an dieser Stelle nicht ausführlicher darzustellen notwendig ist[15].

Gerade die ökumenisch-kirchliche Initiative für Geflüchtete in Dänemark spannt die Brücke zum späteren Wirken Niemöllers im Ökumenischen Rat der Kirchen. Dort hat sich der Flüchtlingsdienst schon vor der offiziellen Gründung des Rates etabliert[16]. Die Wurzeln dieser Organisation lagen in der 1924 gegründeten Europäische Zentralstelle für Zwischenkirchliche Hilfe und dem im Februar 1939 initiierten ÖRK-Sekretariat für Nichtarische Flüchtlinge[17]. Dieser Arbeitszweig wuchs in den ersten Jahren des Bestehens des Ökumenischen Rates der Kirchen zu seinem umfangreichsten Arbeitszweig an und hatte in den ersten zwei Jahrzehnten nach der Gründung des Ökumenischen Rates einen enormen Umfang. Niemöller, der seit 1946 umfassend in die Arbeit des Ökumenischen Rates der Kirchen eingebunden war, hat im Exekutiv- und im Zentralausschuss des ÖRK die Arbeit des „Refugee Service" und später der „Division of Inter-Church Aid and Service to Refugees" zweifelsohne verfolgen können.

Für die historische Einordnung der Konferenz von Leysin 1961 und Niemöllers grundlegendem Vortrag dort ist der Umfang und die Bedeutung der Flüchtlingsarbeit des ÖRK nach dem Zweiten Weltkrieg unbedingt zu beachten. Es handelte sich damals um den – auch durch Kooperationen etwa mit

---

13 Högsbro, Botschafter, 17 f.

14 Ebd., 18.

15 Aufschlussreich dazu ist etwa der im Spiegel vom 16. 1. 1952 veröffentlichte dreiseitige Bericht Niemöllers zu seiner Moskaureise, in welchem er knapp seine Argumentation für die Freilassung der Kriegsgefangenen darlegt. Vgl. Niemöller, Reise, 14.

16 Vgl. Murray, Erneuerung, 270–274.

17 Eine genauere Beschreibung der Europäischen Zentralstelle für Zwischenkirchliche Hilfe bietet Emidio Campi im Rahmen seiner Arbeit zum Theologen Adolf Keller, vgl. Campi, Keller, 31–33. Demgegenüber betont Geofrey Murray in seinem Beitrag zur Geschichte des Ökumenischen Rates die Bedeutung des schon vor der offiziellen Gründung des ÖRK operierenden ÖRK-Sekretariats für Nichtarische Flüchtlinge, vgl. Murray, Erneuerung, 272.

den Programmen der Vereinten Nationen - größten Arbeitszweig des ÖRK, welcher allerdings eher pragmatisch-situativ gewachsen war und darum auf einen grundlegenden theologischen Unterbau harrte[18].

4. Die Konferenz von Leysin im Jahr 1961

Einen solchen inhaltlichen Unterbau für die Arbeit des ÖRK im Feld der Migration sollte, mit einer Neueinschätzung zur internationalen Lage der Migration über ein Jahrzehnt nach Kriegsende, die Konferenz von Leysin leisten. Auf der Konferenz spiegelten sich verschiedene globale Entwicklungen zu Beginn der 1960er Jahre in ihrer kirchlichen Gestalt wider. Im Jahr vor der Kuba-Krise wirkte sich die zunehmende Ost-West-Polarisierung auf die Konferenz aus. Zudem bereitete sich der Ökumenische Rat der Kirchen auf die Aufnahme einer größeren Zahl orthodoxer Kirchen vor. Diese waren zum Zeitpunkt der Konferenz in Leysin jedoch noch keine Mitglieder, die zuständige Abteilung für zwischenkirchliche Hilfe und Flüchtlingsdienst hatte allerdings schon zu diesem Zeitpunkt an verschiedenen Stellen mit diesen Kirchen zusammengearbeitet. Auf der Konferenz wird die orthodoxe Perspektive dann freilich noch vom griechisch-orthodoxen Erzbischof von Australien, Ezekiel Tsoukalas, eingebracht.

Weiterhin spiegelt die Konferenz auch die globale Weltordnung an der Schwelle zum nachkolonialen Zeitalter wider. Im Jahr 1961 sind schon viele der Staaten Afrikas, des Nahen Ostens und der Karibik unabhängig geworden und etliche weitere bereiteten diese Unabhängigkeit vor. Meist gleichzeitig haben die Kirchen in diesen Staaten die Selbstständigkeit von den westlichen Kirchen oder deren Missionsorganisationen erreicht. In diesem Zusammenhang ist die Aufnahme dieser sogenannten „jungen Kirchen" in den ÖRK und auch die Eingliederung des Internationalen Missionsrates (IMR) als ein Arbeitszweig des ÖRK zu verstehen. Einer der einflussreichsten Missionswissenschaftler der damaligen Zeit, der wie Niemöller im kirchlichen Widerstand gegen den Nationalsozialismus aktive Niederländer und reformierte Theologe Hendrik Kraemer, beschreibt in einer Niemöllerfestschrift die Situation vor der Fusion von IMR und ÖRK wie folgt:

> „Die Integration oder Fusion mußte nun auch kommen, obwohl - nebenbei gesagt - die Welt der Missionsgesellschaften, die zugestimmt hat und gerne mitmacht, im Grunde genommen innerlich noch nicht wirklich dazu ausgerüstet ist. Diejenigen, die schon lange innerlich bereit waren für diese Integration, sind die ‚jungen Kirchen'. Folglich sind sie denn auch im Ökumenischen Rat die überzeugtesten Vorkämpfer dafür gewesen. Für sie war sozusagen der Internationale Missionsrat,

18 Vgl. Visser 't Hooft, Bericht, 168.

dem sie Großes verdanken in der Vergangenheit, eine erledigte Sache, weil er aus der Kolonialzeit stammte, als die ‚jungen Kirchen' als selbstständige, auf den Plan tretende Körper noch kaum am Missionshorizont erschienen waren und ‚Mission' sehr, sehr betont ‚westliche' Mission bedeutete. Sie hatten unmittelbar, als der Ökumenische Rat ein offizielles Faktum geworden war, gespürt, daß das ihre richtige Zentraladresse war, denn dort lag wenigstens potentiell die Möglichkeit der einen Weltmission der einen Kirche, anstatt der Begegnungsstelle der vielen, viel zuvielen Missionen im Internationalen Missionsrat. Der erste Akt der Neu-Delhi-Versammlung wird also ein gewichtiger, solenner sein. Er schließt ein bedeutsames Kapitel der modernen Kirchengeschichte ab und eröffnet ein neues."[19]

In dieser Situation zwischen Block-Polarisierung und Ende der Kolonialzeit versuchte die Abteilung für Zwischenkirchliche Hilfe und Flüchtlingsdienst mit der internationalen, hochrangig besetzten Konferenz eine Neubestimmung und theologische Fundierung der eigenen umfangreichen Arbeit. Dies war erforderlich, da mit dem schon geplanten Zusammenschluss von ÖRK und Internationalem Missionsrat am Ende des Jahres 1961 auch eine neue Verhältnisbestimmung des Flüchtlingsdienstes zur Mission nötig war. Die Vollversammlung in Neu-Delhi hielt dann auch fest,

„daß der Zusammenschluß des Internationalen Missionsrates und des Ökumenischen Rates der Kirchen engste Zusammenarbeit zwischen der Abteilung für Weltmission und Evangelisation und der Abteilung für Zwischenkirchliche Hilfe und Flüchtlingsdienst verlangen wird."[20]

Im Sommer vor dem Zusammenschluss fand vom 11. bis 16. Juni 1961 im schweizerischen Leysin die Tagung unter dem offiziellen Titel „World Conference on Problems of International Migration and the Responsibility of the Churches" statt. Die Ergebnisse der Konferenz wurden im Report „In a strange Land"[21] veröffentlicht. Das Zentralkomitee hatte die Abteilung beauftragt

"to consider the calling of a special conference of church leaders with consultants representing governmental and inter-governmental agencies and others specially qualified to undertake a comprehensive study of the role and resources of the churches in the field of International Migration."[22]

Nach einleitenden und sozialwissenschaftlichen Vorträgen, sowie der Konstituierung verschiedener Arbeitsgruppen, hielt Martin Niemöller den ersten theologisch ausgerichteten Vortrag der Konferenz zum Abschluss des ersten Tages.

Der zweite Tag vertiefte das Thema mit Perspektiven zwischenstaatlicher Organisationen, unter anderem durch einen Vortrag des Hochkommissars für

---

19 Kraemer, Neu-Delhi, 111 f.
20 Visser 't Hooft, Kirche, 267.
21 Vgl. Division.
22 Sjollema, Churches, 9.

Flüchtlinge der Vereinten Nationen, sowie mit weiteren Beiträgen zur Rolle der Kirche, unter anderem durch den orthodoxen Erzbischof Ezekiel Tsoukalas.

Am dritten Tag, Niemöller war inzwischen abgereist, lag der Fokus auf den Arbeitsgruppen und der Perspektive des globalen Südens mit Vortragenden aus Indien und Rhodesien.

Die letzten beiden Tage widmeten sich vor allem der Erarbeitung einer Abschlusserklärung, welche sich an die Vollversammlung in Neu-Delhi richtete[23].

Gerade die Abschlusserklärung wurde in der Folge immer wieder im Kontext des Ökumenischen Rates rezipiert, allerdings meist nur durch ihre Nennung und weniger in einer vertieften inhaltlichen Auseinandersetzung. Es ist jedoch davon auszugehen, dass der Kongress und seine Diskurse und Ergebnisse insbesondere die Arbeit der Kommission für Zwischenkirchliche Hilfe und Flüchtlingsdienst entscheidend prägten. Unklar bleibt, wie viel Einfluss Niemöller auf das Abschlussstatement ausübte und ausüben konnte, da er schon vor Ende der Konferenz abreiste.

An der Konferenz nahmen, wie die im Konferenzband akribisch verzeichnete Liste zeigt, 68 Delegierte von Kirchen, 21 Beobachter anderer kirchlicher, staatlicher und überstaatlicher Organisationen, 18 Berater mit Expertise zum Thema sowie 33 Mitarbeiterinnen und Mitarbeiter des ÖRK teil. Die Delegierten kamen von allen Kontinenten, jedoch mit einem deutlichen Schwerpunkt auf Nordamerika und Europa. Die meisten Delegierten waren Männer[24].

5. Niemöllers Beitrag zu Kirche und Migration

Der Vortrag Martin Niemöllers bot auf der Konferenz eine erste vertiefte theologische Perspektive auf den Themenkomplex der Migration. Unter dem Titel „The Churches and Migration“[25] arbeitete Niemöller ekklesiologische und ökumenische Ansatzpunkte für den Umgang mit dem Phänomen der Migration heraus. Dabei ist der Vortrag insgesamt knapp gehalten, was wesentlich dem Kontext eines Abendvortrags auf einer Konferenz geschuldet sein dürfte.

Ausgangspunkt für den Vortrag Niemöllers ist die Frage, was die unterschiedlichen Mitgliedskirchen des Ökumenischen Rates mit dem Phänomen der Migration zu tun haben. Dabei verweist Niemöller schon zu Beginn auf die unterschiedlichen Erfahrungen von Kirchen mit Emigration und Immigration und die gemeinsamen Anstrengungen, welche der Ökumenische Rat der

---

23 Vgl. Division, 5–8.
24 Vgl. ebd., 89–94.
25 Niemöller, Churches, 48.

Kirchen in diesem Bereich in den letzten Jahren, insbesondere durch seine Division of Inter-Church Aid and Service to Refugees unternommen habe[26].

Mit Blick auf Zentraleuropa und die dortigen Staatskirchen - er nutzt im Englischen den Begriff „State Churches", setzt ihn aber selbst in Anführungszeichen[27] - betont er, dass diese in der Vergangenheit nur Verantwortung für das eigene Kirchengebiet übernommen hätten. Demgegenüber sei keine Verantwortung für Migrantinnen und Migranten der eigenen Kirche wahrgenommen worden. Diese seien in den Ländern ihrer Ankunft entweder einfach von neuen Staatskirchen absorbiert oder jedoch auf ihre eigene Initiative zurückgeworfen worden. Die einzige Ausnahme sieht Niemöller in den europäischen Kolonialgebieten. Dort verspürten die Staatskirchen weiterhin Verantwortung für Auswanderinnen und Auswanderer. Niemöller sieht gerade darin den Beleg für seine Beobachtung: „the principle remained the same; and the Church's responsibility for her members was confined to the territory of her respective State."[28]

Diese offensichtlich von Niemöller abgelehnte Handhabung der Sorge für Migrantinnen und Migranten durch die Kirchen Europas änderte sich seiner Analyse nach erst durch den Pietismus. Dieser habe weniger den Staatsbürger als viel mehr die Gläubigen als Individuen in den Blick genommen. Kirchenmitgliedschaft bedeute nun „not just members of a State-controlled religious body, but of the body of Christ"[29] zu sein. Niemöller sieht besonders im Pietismus die Entwicklung eines Selbstverständnisses von Kirche als einer überstaatlichen Institution, welche sich theologisch durch ihren Herrn und nicht durch staatliche Beauftragung zum Handeln veranlasst sehe. Daher sei der einzelne als Kind Gottes und nicht als Staatsbürger Ziel der evangelistischen Verkündigung und brüderlicher Hilfe. Zur Begründung dieses Handelns zitiert Niemöller das bei Evangelisten dieser Zeit stark rezipierte Johanneswort aus Kapitel 3,16, ohne die Quelle explizit zu nennen[30].

Dort, wo diese simple Grundlage des Evangeliums erkannt werde, müsse sich die Kirche nun auch denen zuwenden, die nicht Teil ihrer Kirche oder Staatsbürger ihres Landes sind. Niemöller betont dabei die Aktivität, welche zuerst von der Kirche ausgehen müsse:

> "Whenever the Lordship of Christ is accepted, the initiative rests with his people. We, the Churches, have to make the first step, we have to go and to look for those, who need Christ's 'mission' and 'service,' [!] and we have to offer them our solidarity."[31]

---

26 Vgl. EBD.

27 Hier kann davon ausgegangen werden, dass Niemöller mit dem Begriff auch auf die deutschen Landeskirchen zielte, auch wenn diese heute meist mit „regional Churches" übersetzt werden.

28 NIEMÖLLER, Churches, 49.

29 EBD.

30 Vgl. EBD.

31 EBD.

Beachtenswert ist, dass Niemöller in seiner theologischen Argumentation mit Bezug zum Pietismus von Kirche im Singular spricht, während er den Aufruf zum Handeln im Plural formuliert. Während er theologisch von der einen Kirche Christi her argumentiert, betont er in organisatorischer Hinsicht die Pluralität der von ihm zum Handeln aufgerufenen Kirchen.

Dabei gelte dieser doppelte Auftrag zu Mission und Dienst der Kirche sowohl an den Orten der Emigration als auch der Immigration. Dabei – so die Spitze der weiteren Argumentation mit Bezug auf Matthäus 23,35 – verkörpere der Fremde den Christus selbst:

> "Thus migration becomes a genuin concern for the Churches in all places, where migration takes place: the Churches in a country of emigration are not finally rid of their Christian responsibility when the emigrant has left; and in the country of immigration Church's responsibility does not only begin, when the immigrant has joint their fellowship. – For the migrant takes the place of Christ himself."[32]

Diese Verantwortung der Kirche, sowohl im Herkunfts- als auch im Aufnahmeland, lasse sich nach Niemöller nur in enger Kooperation der jeweiligen Kirchen gestalten. Aus diesen Kooperationen erwachse mit der Ausweitung des Phänomens der Migration auch die ökumenische Dimension in der Kooperation der Kirchen[33]. Die Sorge für die Migrantinnen und Migranten wird in dieser Hinsicht von Niemöller als genuin ökumenische Aufgabe verstanden.

Im Kontrast zu vergangenen Zeiten konstatiert Niemöller, die Kirchen seien nun nicht mehr allein herausgefordert, die Umsiedlung ihrer Mitglieder zu begleiten oder umgesiedelte Christinnen und Christen aufzunehmen, sondern stehen nun vor der Aufgabe einer großen Zahl nicht-christlicher Migrantinnen und Migranten zu dienen. Darin ist ein Unterschied zur Situation der Kirchen – und auch der Arbeit des ÖRK – unmittelbar nach dem Zweiten Weltkrieg zu sehen. Die Kirche sei jedoch auch gegenüber Angehörigen anderer Religionen zu Dienst und Zeugnis gerufen. Niemöller bemüht dafür das Narrativ des barmherzigen Samariters als Begründung. Er ruft, besonders für die Weltregionen, in welchen es keinen Wohlfahrtsstaat mit entsprechenden Sicherungssystemen gebe, zur Hilfe für Migrantinnen und Migranten auf, welche nicht dem Christentum angehören. Dies verbindet er mit einer deutlichen Kritik an kolonialen Strukturen und Haltungen:

> "Now an absolutely new situation has developed with the mass-misery of non-Christian refugees and expellees in the Near and Far East, and also in parts of the African continent. Are we – the Christian Churches – to leave them to their respective religious groups, which may not care at all, or just to the United Nations Organisation? Or will we as Churches, acknowledging our common responsibility, and that might mean: will we as the Church try to pay back as much of our

32 Ebd.

33 Vgl. ebd., 50.

> 'Christian' debt to these victims of a policy of our more civilized and more advanced and more powerful world, which in fact has been everything but 'Christian'?"[34]

Diese Kritik und den Aufruf zu globaler diakonischer Anstrengung der Kirchen verbindet Niemöller im Duktus prophetischer Deutung mit der damaligen Lage der Weltmission. Dies ist sicher auch auf dem Hintergrund der dargestellten Diskurse zur Integration des Internationalen Missionsrates in den Ökumenischen Rat der Kirchen zu verstehen, da

> "the present set-back in World-Mission can very well be understood as an illustration to the prophetic and apostolic judgment on God's people for bringing shame on his name: 'For the name of God is blasphemous among the gentiles through you!'"[35]

Die knappe, auch recht unvermittelte Analyse der Situation der weltweiten Missionsbewegung, erfolgt im Gestus des Bußpredigers, welcher immer wieder im Wirken Niemöllers zu finden ist.

Im weiteren Verlauf seines Vortrags reflektiert Niemöller die Ziele des Dienstes der Kirche für Migrantinnen und Migranten. Darin räumt er dem Anliegen, dass auch die Kirchen selbst von ihrem Dienst für Migrantinnen und Migranten profitieren, eine gewisse Legitimität ein, betont jedoch die absolute Vorrangstellung der Bedürfnisse der Migrantinnen und Migranten. Er begründet diese Vorrangstellung christologisch mit der Identifikation der Bedürftigen mit Christus selbst:

> "All service of the Church is meant to be service to her Master, and our Master wants to be recognized and wants to be served as our fellow-human being, who is in need of our service. Therefore the interest of the Church must never be given priority over the debt that we – the Church – owe to our fellow-man, who is dependent on our service and assistance."[36]

Dabei seien die je individuellen Aspekte jeder Migrationserfahrung zu beachten, auch wenn Kirchen natürlich mit Klassifikationen arbeiten müssten und dürften. Bei aller Differenzierung in unterschiedliche Gruppen, etwa nach Familienstand oder Kirchenbindung, dürfe es doch nie um einen Fall, sondern immer um einen Menschen gehen, so Niemöller[37].

An dieser Stelle fügt Niemöller in seine Rede einen thematischen Einschub zur Einheit der Kirche als wesentlichen Diskurs des Ökumenischen Rates ein. Davon ausgehend wendet er sich, nachdem er zuvor den Fokus auf die Bedürfnisse von Migrantinnen und Migranten im Dienst der Kirche gelegt hatte, nun den Auswirkungen auf die Kirchen zu. In der Rückschau auf die Diskurse

34 Ebd.
35 Ebd.
36 Ebd., 51.
37 Vgl. ebd.

zu Migrationskirchen in der Theologie seit der Jahrtausendwende benennt Niemöller enorm weitsichtig die wachsende Pluralität von Kirchen, welche mit dem Phänomen der Migration einhergehe. Er betont dabei, dass dies besonders dort geschehen werde, wo sich Kolonien – er nutzt das Wort wohl in dem Sinn, in dem wir heute von Diasporen sprechen würden – von Migrantinnen und Migranten bildeten. Diese Kirchen würden so viele Traditionen bewahren, wie ihnen nur möglich sei[38]. Zur Zukunft dieser neu geformten Kirchen im Westen prognostiziert Niemöller mit Blick auf seine Erfahrung in den Vereinigten Staaten:

> "These new Churches will survive, as experience shows, they adapt themselves in due time to the language and customs of the country. The great number of Churches and denominations in the USA for instance owe their existence to this kind of process."[39]

Die Vielfalt könne, so Niemöller, durchaus zur Spaltung beitragen. Er benennt etwa die mögliche Abkapselung und verzögerte Integration durch Gemeinden, welche die eigene Sprache und Tradition in der ersten Generation bewahren. Diese verzögerte Integration sei jedoch vor allem ein Problem für den Staat, nicht für die Kirche. Da die Immigrantinnen und Immigranten mit ihrer eigenen Kirche auch ein Stück Heimat mit sich brächten, würden sie eher im christlichen Glauben verwurzelt bleiben. Aus Sicht der Kirche sei das der religiösen Entwurzelung in jedem Fall vorzuziehen, so Niemöller[40].

Hier lässt sich aus dem Vortrag Niemöllers Optimismus gegenüber der Zeugniskraft nicht-westlichen Christentums herauslesen, wie es etwa Benjamin Ziemann mit Blick auf Niemöllers Gedankenspiel, indische und afrikanische Missionare nach Europa einzuladen, herausgearbeitet hat[41]. Während für den Staat mit den neu entstehenden Kirchen durchaus Probleme in der Frage der Integration verbunden seien, nimmt Niemöller aus kirchlich-missionarischer Sicht eine grundsätzlich positive Haltung gegenüber den durch Migration entstehenden Kirchen im Westen ein.

Damit betont Niemöller die Ressourcen, welche Migrationskirchen ihren Mitgliedern bieten, und gewichtet diese aus kirchlicher Sicht höher als die von ihm ebenfalls benannte Herausforderung kirchlicher Vielfalt für die Ökumene. Niemöller gibt zu, er könne die Frage, ob die größere Zahl an Kirchen ein Hindernis für die Ökumene sei, nicht beantworten. Bedeutender sei für den kirchlichen Kontext demgegenüber, „their willingness, to let Him be their only Head and Master, and to fulfil together the mission and the service, which He has entrusted to his Church."[42]

---

38 Vgl. Ebd., 52.
39 Ebd.
40 Vgl. Ebd.
41 Vgl. Ziemann, Niemöller, 494 f.
42 Niemöller, Churches, 53.

6. Bewertung und Rezeption der Rede im Kontext von Niemöllers internationalem Wirken nach 1945

Das Verhältnis von Kirche und Migration entfaltet Niemöller in seiner knappen Rede durchaus programmatisch mit Blick auf ekklesiologische und ökumenische Fragestellungen. Dabei tritt theologisch immer wieder die unbedingte Betonung christologischer Argumentationsfiguren in den Vordergrund. Aus heutiger Sicht ist seine soziologische und kirchentheoretische Analyse besonders im Bezug auf die entstehenden Migrationskirchen mit ihren Chancen und Begrenzungen erstaunlich differenziert und weitsichtig. Niemöller profitiert in dieser Hinsicht offensichtlich von seiner Weltgewandtheit, die ihm einen internationalen Blick, auch im Vergleich etwa zu Entwicklungen in den Vereinigten Staaten, ermöglicht. So wirft Niemöller Fragen zu Themen auf, welche die ökumenische Bewegung und die theologische Forschung zu globalem Christentum, Interkultureller Theologie und interreligiösem Dialog noch Jahre später beschäftigen werden.

In seiner Rede in Leysin greift Niemöller so schon der Vollversammlung von Neu-Delhi als Symbol und Ort der Entwestlichung des ÖRK vor[43]. Den von Katharina Kunter und Annegreth Schilling beschriebenen Prozess der Internationalisierung und der Interdisziplinarität in der Arbeit des ÖRK[44] beschreitet die gesamte Konferenz von Leysin. Die Konferenz kann dabei als frühes Beispiel dieser Entwicklung dienen. Während in den 1960er Jahren die Entwestlichung des ÖRK voranschreitet und auch die Generation der alten weisen und weißen Männer aus der Gründergeneration des Rates abtritt[45], stellt sich Niemöller in recht hohem Alter nochmals der Herausforderung eines neuen Amtes und neuer Themen. Am Beispiel der Migration wird deutlich, wie Niemöller bis ins hohe Alter bereit und fähig ist, sich neue Themen zu erarbeiten und zu kommunizieren.

Während sich in den 1950er Jahren Diskurse zur Thematik der einen Welt sicher eher an den Rändern des deutschen Protestantismus finden[46], bestimmt im Jahr 1961 zumindest in wesentlichen Teilen eine globale Perspektive das theologische Denken Niemöllers zur Ökumene. Seine Rede in Leysin zeigt das exemplarisch und verdeutlicht so, wie sein Denken schon ab den 1950er Jahren deutlich von der Rezeption globaler Zusammenhänge geprägt war[47].

---

43 Katharina Kunter und Annegreth Schilling führen den Gedanken von der Vollversammlung in Neu-Delhi als Startpunkt der Entwestlichung des ÖRK in ihrem Artikel ausführlich aus. Für den hier aufgegriffenen Kerngedanken vgl. insbesondere Kunter / Schilling, Christ, 29 f.

44 Vgl. ebd., 57.

45 Vgl. ebd., 59.

46 Zu den jeweiligen Graden der Internationalisierung des Protestantismus in Deutschland in den ersten Jahrzehnten der Bundesrepublik, dargestellt am Beispiel der Kirchentage, siehe Benjamin Pearsons Studie. Vgl. für die 1950er Jahre insbesondere Pearson, Nation, 259.

47 Vgl. Heymel, Niemöller, 280.

In seinen Überlegungen zu Migration, Kirche und Ökumene – wie sie Niemöller in Leysin präsentiert – spielen nationalprotestantische Überlegungen keine Rolle mehr. So dass aus dieser Perspektive die These Ziemanns plausibel erscheint, die ökumenische Arbeit habe Niemöller geholfen, sich vom Nationalprotestantismus zu lösen[48].

Die Rede Niemöllers lohnt besonders für eine *relecture*, weil darin sowohl viele zukunftsweisende theologische Themen benannt werden als auch Bruchstellen der ökumenischen Bewegung zu Beginn der 1960er Jahre deutlich werden.

In seiner Rede skizziert Niemöller die Herausforderungen der interreligiösen Begegnung und damit das Thema des interreligiösen Dialogs, die Herausforderung des kolonialen Erbes des Westens in Verbindung zur christlichen Mission und damit das Thema des Postkolonialismus und die Herausforderung wachsender kirchlicher Diversität und damit die Frage des Umgangs mit entstehenden Kirchen von Migrantinnen und Migranten. Damit nimmt Niemöller viele Themen heutiger Missionswissenschaft und Interkultureller Theologie meist um mehrere Jahre, teilweise Jahrzehnte, vorweg.

In seinem Vortrag spricht er dabei immer wieder auf die doppelte Aufgabe der Kirche in Mission und Dienst an. So kommen in seinem Beitrag zu einer frühen Theologie der Migration des ÖRK auch die ihm immer wieder zugesprochenen Attribute des Evangelisten und des caritativen Organisators zum Tragen.

Der Beitrag Niemöllers auf der Konferenz von Leysin wird bisher für das Gesamtwerk Niemöllers nicht rezipiert. Es finden sich weder in den Festschriften für Niemöller zu seinem 70., 90. und 100. Geburtstag noch in den beiden neueren deutschsprachigen Biografien von Michael Heymel und Benjamin Ziemann Bezüge zu dieser Rede[49]. Mir scheint dieser Beitrag wahrscheinlich durch die anderen Ereignisse zu dieser Zeit überlagert. Für das Jahr 1961 wird gemeinhin besonders die Friedenskonferenz in Prag, der Autounfall und die Vollversammlung von Neu-Delhi mit der Wahl Niemöllers zum Präsidenten des ÖRK wahrgenommen.

Im Vortrag selbst spielen weder die Situation der Flüchtlinge in der Palästina-Frage noch der Pazifismus Niemöllers eine Rolle. Demgegenüber wird in der Rede Niemöllers Sicht einer globalen Kirche in der einen Welt und seine kritische Auseinandersetzung mit dem westlichen Zivilisations-Export in der Kolonialherrschaft und auch in der christlichen Mission deutlich. Seine Einschätzungen zur Neuausrichtung der Mission im Angesicht der einen Welt

---

48 Vgl. Ziemann, Niemöller, 496.

49 Zu den drei von mir untersuchten Festschriften siehe Krüger, Ende; Kloppenburg / Kogon / Kreck, Niemöller; Evangelische Darlehns-Genossenschaft eG / Diakonisches Werk der Evangelischen Kirche von Westfalen, Niemöller. Für die beiden wesentlichen neueren deutschsprachigen Biografien zu Niemöller siehe Heymel, Niemöller; Ziemann, Niemöller.

sind dabei auch mit Blick auf die Eingliederung des Internationalen Missionsrates in den ÖRK zu lesen.

Niemöllers Beitrag bietet so als ein weitsichtiger Beitrag ein prophetisches Wort zu den Herausforderungen globaler Ökumene angesichts eines dringlichen globalen Phänomens, der Migration. Dabei zeigt Niemöller Fragestellungen und theologische Grundlinien auf, expliziert diese jedoch nicht für eine Praxis des Flüchtlingsdienstes des ÖRK.

Zum 60. Jubiläum der Tagung lohnt aus meiner Sicht eine genaue historische Einordnung und Reflexion der Tagung und insbesondere des Beitrags von Niemöller, zeigt er doch frühe Ansätze einer Theologie der Migration, welche die Entwicklungen am Ende des Zeitalters des Kolonialismus und klassisch westlicher Mission aufgreift.

Quellen- und Literaturverzeichnis

Albers, Christian: Der ÖRK und die Menschenrechte im Kontext von Kaltem Krieg und Dekolonisierung. In: Kunter / Schilling, Globalisierung, 189–215.

Campi, Emidio: Adolf Kellers Initiative und Beitrag zur Gründung und Entwicklung des SEK auf dem Hintergrund seiner ökumenischen Erfahrungen. In: Martin Ernst Hirzel / Martin Wallraff (Hg.): Ökumene in Wahrheit und Liebe. Beiträge zu Werk und Leben des Schweizer Theologen Adolf Keller (1872–1963) (BSHST 78). Zürich 2016, 17–33.

Division of Inter-Church Aid and Service to Refugees (Hg.): In a strange Land. A Report of a World Conference on Problems International Migrations and the Responsibility of the Churches. Geneva 1961.

Evangelische Darlehns-Genossenschaft eG / Diakonisches Werk der Evangelischen Kirche von Westfalen (Hg.): Martin Niemöller. Glauben und glaubwürdig handeln. Studientag und Festakt aus Anlaß des 100. Geburtstages am 14. Januar 1992. Münster 1992.

Heymel, Michael: Martin Niemöller. Vom Marineoffizier zum Friedenskämpfer. Darmstadt 2017.

Högsbro, Halfdan: Botschafter des Evangeliums. In: Krüger, Ende, 17–19.

Kloppenburg, Heinz / Kogon, Eugen / Kreck, Walter (Hg.): Martin Niemöller. Festschrift zum 90. Geburtstag. Köln 1982.

Kraemer, Hendrik. Neu-Delhi – und was dann? In: Krüger, Ende, 111–117.

Krüger, Hanfried (Hg.): Bis an das Ende der Erde. Ökumenische Beiträge. Zum 70. Geburtstag von D. Martin Niemöller. München 1962.

Kunter, Katharina / Schilling, Annegreth (Hg.): Globalisierung der Kirchen. Der Ökumenische Rat der Kirchen und die Entdeckung der Dritten Welt in den 1960er und 1970er Jahren (AKIZ B 58). Göttingen 2014.

– / Schilling, Annegreth: „Der Christ fürchtet den Umbruch nicht". Der Ökumenische Rat der Kirchen im Spannungsfeld von Dekolonisierung, Entwestlichung und Politisierung. In: Dies., Globalisierung, 21–74.

Murray, Geofrey: Erneuerung durch Dienst. In: Harlod E. Fey (Hg.): Geschichte der ökumenischen Bewegung 1948–1968. Im Auftrag des Ausschusses für ökumenische Geschichte, Genf. Bearb. von Günther Gaßmann. Göttingen 1974, 266–308.

Niemöller, Martin: The Churches and Migration. In: Division, 48–53.

–: Meine Reise nach Moskau. In: Der Spiegel (1952), H. 3, 13–15.

Pearson, Benjamin: A Divided Nation in a Divided World. The Kirchentag and the Globalization of German Protestantism from the 1950s to the 1970s. In: Kunter / Schilling, Globalisierung, 257–276.

Robertson, Edwin H.: Politik aus Glauben. In: Krüger, Ende, 37–45.

Sjollema, Baldwin Ch.: The Churches and Migration. An introductory Memorandum. In: Division, 9–23.

Vissert 't Hooft, Willem A.: „Für eine geteilte Kirche ist die Welt zu stark". In: Krüger, Ende, 91–97.

Vissert 't Hooft, Willem A.: Der Bericht des Generalsekretärs. In: Focko Lüpsen (Hg.): Evanston Dokumente. Berichte und Reden auf der Weltmissionskonferenz in Evanston 1954. Witten, 165–174.

Ziemann, Benjamin: Martin Niemöller. Ein Leben in Opposition. München 2019.

Peter Morée

„Ihre Anwesenheit in Prag war für uns alle ein großes und heilsames Ereignis“

Niemöller und die tschechischen Evangelischen

> „Alles ist bei Niemöller konkret, lebendig, spontan und schlicht: kein dogmatisches System, keine konfessionelle Formel, keine kirchliche Institution, keine abstrakte Ideologie, kein politisches oder soziales System, sondern Jesus, der Gekreuzigte und Auferstandene, der wahrhaft den Menschen sucht, sich mit ihm solidarisch erklärt und ihm die Fülle des Lebens in Liebe, Freude und Hoffnung darbietet.“[1]

So beschrieb Josef Lukl Hromádka Martin Niemöller im Bildband *Der Mann in der Brandung*, der zu Niemöllers siebzigstem Geburtstag von Hromádkas Mitarbeiter Herbert Mochalski herausgegeben wurde[2]. Der Bildband bietet eine interessante Perspektive auf die Frage, wie Niemöller in seinem Kontext wahrgenommen wurde und nach Mochalski wahrgenommen werden sollte. Eine Reihe von Fotographien aus Niemöllers Leben soll dessen Rolle als Kirchenmann im Rahmen der Bekennenden Kirche bestätigen: Als ein Mann der Ökumene nach dem Krieg, engagiert für Frieden und Versöhnung, gegen die Wiederaufrüstung der Adenauer-Republik, gegen atomare Bewaffnung, der wegen seines Charismas eine einflussreiche Stimme in Deutschland und der Welt war. Dazu kommen dann viele Zitate und Aussagen von Niemöller zu den verschiedenen Themen und Ereignissen seines Lebens.

Über Niemöller äußern sich im Buch insgesamt zwölf Männer aus kirchlichen Organisationen, die ihm im Laufe seines Lebens begegneten und mit ihm zusammenarbeiteten (Marc Boegner, Halfdan Högsbro, Josef L. Hromádka, Howard Schomer, Paul Hutchinson, Philip Potter, Edwin H. Robertson, Frank de Jonge, Ladislaus M. Pakozdy, Pierre Maury, Albert Schweizer und Otto Dibelius). Nur zwei sind Deutsche: Albert Schweitzer (mit einem Gruß aus Lambarene am Anfang) und Otto Dibelius (mit nur einer

---

1 Mochalski, Mann, 8.

2 Wie Niemöller war Mochalski Mitglied der Christlichen Friedenskonferenz (CFK), geleitet von Hromádka. Nur acht Jahre später, in der Zeit nach dem Prager Frühling, wählte Mochalski allerdings eine von Niemöller unterschiedene Position, die schicksalhaft für Hromádka und die CFK sein würde. Mochalski lehnte Hromádkas Kritik an dem Einmarsch der Länder des Warschauer Paktes in die ČSSR ab und teilte die Stellungnahme der CFK-Abteilungen in der DDR, der Sowjetunion und anderen Ostblockländer, dass der Einmarsch ein notwendiger Schritt zur Bewahrung des Weltfriedens darstellte. Damit kam es zu einem Bruch zwischen der CFK und Hromádka. Manche Mitglieder der CFK in den westlichen Ländern – unter ihnen auch Martin Niemöller und Heinz Kloppenburg – nahmen Abstand von der neuen CFK-Führung; Niemöller machte allerdings am Ende doch weiter. Siehe dazu Casalis / Matthes, Friedenskonferenz, und Dokumente der Sitzungen der CFK-Führung 1969 im Nachlass Hromádkas (ETF UK), 3–29a.

kurzen zitierten Aussage aus einem anderen Kontext). Es ist gerade Hromádka, der als einziger zweimal im Buch auftaucht (visuell dagegen nur einmal, auf einem Gruppenbild). Herausgeber Mochalski schrieb später an Hromádka dazu:

> „Ich habe mir erlaubt, Dich in dem Bildband kräftig zu benutzen. Du wirst gleich beim ersten Bild einige Worte über Bruder Niemöller von Dir gefunden haben und Dich auch am Schluss bei den ‚Begegnungen mit Martin Niemöller' wiederfinden. Ich hoffe sehr, dass das auch in Deinem Sinne war."[3]

Im zweiten Text äußert Hromádka sich zu den Kontroversen, die Niemöller in seinem Leben evozierte:

> „Niemöllers Ringen in der Kirche, an der Grenze zwischen Kirche und Welt, in der Welt, unter Heiden und Atheisten, ist ein mächtiges Ringen um die Kirche Jesu Christi. Man greift Niemöller unablässig und verschiedenartig wegen seiner politischen Arbeit an. Nur mit Zurückhaltung benutze ich das Wort ‚politisch' in Bezug auf seine Tätigkeit nach dem Kriege. Es ist eine Tätigkeit, die sich auf der politischen Ebene abspielt, aber ihre Wurzeln befinden sich tief unterhalb des Normal-Politischen; es ist eine Politik sui generis, ein Ausdruck seiner Glaubensentscheidung, seines Verständnisses des Evangeliums. In Martin Niemöller kreuzt sich die vertikale Ebene der evangelischen Botschaft von der Gnade, Versöhnung und Liebe mit der horizontalen Ebene eines leidenschaftlichen Interesses für den Menschen, wo immer er sich befindet, mag es in dem Raum der Kirche oder unter den säkularsten Lebensbedingungen sein. Diese zwei Brennpunkte offenbaren sich in allen seinen Vorträgen und Predigten, politischen Handlungen und Kämpfen: Die Kirche ist dazu da, um die Gnadenbotschaft von der Versöhnung und Vergebung in dem Gekreuzigten und Auferstandenen in ihrer Freiheit und Reinheit zu predigen und klarzumachen, aber zugleich – oder besser gesagt: dadurch – den Menschen zu suchen, sein Hüter zu sein und ihm in seiner Not und Hilflosigkeit, in seinem Leiden und Ringen zu helfen."[4]

Hromádka hob das Zusammengehen von Glaubensperspektiven und politischen Stellungnahmen in Niemöllers Leben hervor. Für ihn lag Niemöllers Integrität darin, dass dieser sich dauernd zwischen Theologie und Öffentlichkeit, Kirche und säkularem Leben bewegte, und zwar auf Grund identischer Motive und Grundannahmen. Der Prager Theologe spiegelte damit seine eigene Einstellung zur Theologie und Politik in Niemöllers Engagement. Sein Verhalten war ja ähnlich, nur praktizierte er es in einem teilweise anderen Kontext, nämlich auf der anderen Seite des Eisernen Vorhangs.

Ob Niemöller diese angebliche Nähe und Verwandtschaft mit Hromádka auch so wahrnahm, wie die doppelte Anwesenheit des Prager Theologen und Präsidenten der Christlichen Friedenskonferenz (CFK) im Jubiläumsbuch

3 Mochalski an Hromádka vom 27. 1. 1962 (Nachlass J. L. Hromádka, ETF UK).

4 Mochalski, Mann, 100.

anzudeuten scheint, ist allerdings zweifelhaft. Wie wir sehen werden, war Niemöllers Bewertung Hromádkas mindestens ambivalent und motiviert von Vorsicht und Kalkulation. Bevor wir Niemöllers Haltung zu Hromádka analysieren, stellen wir aber zuerst die Frage, worin Niemöllers Bedeutung für die tschechischen Evangelischen und für Hromádka lag. Um diese verschiedenen Fragen zu beantworten, müssen wir zuerst kurz die Lage der tschechischen Evangelischen, die Interessen des kommunistischen Regimes in der Tschechoslowakei und Hromádkas Position ins Auge fassen. Am Ende versuche ich dann, eine etwas allgemeinere These zu freundschaftlichen Beziehungen zwischen Theologen über die Grenze des Eisernen Vorhangs zu formulieren.

1. Die tschechischen Evangelischen nach dem 2. Weltkrieg

Die Kontakte der tschechischen Evangelischen mit Martin Niemöller entstanden erst nach dem zweiten Weltkrieg - wie die meisten der internationalen Kontakte Niemöllers - und zwar im Rahmen einer Umorientierung nach 1945. Die Evangelische Kirche der Böhmischen Brüder (EKBB) entstand 1918, nachdem die Donaumonarchie auseinanderbrach und damit auch die Evangelische Kirche Augsburgischen Bekenntnisses (A. B.) und Helvetischen Bekenntnisses (H. B.), die das institutionelle Zuhause u. a. für die tschechischsprachigen Evangelischen war. Die neue Kirche wurde getragen von einer Welle voller Begeisterung für die neue Tschechoslowakische Republik. Die Gründungsgeneration, die theologisch zur liberalen Theologie gehörte, hoffte, dass jetzt die große Stunde der Kirche angebrochen sei, weil sie bald die führende Kirche im neuen Staat sein würde. Dieser Staat berief sich ja auf die Böhmische Reformation des 15. Jahrhunderts und rehabilitierte damit implizit den Inhaber dieses Vermächtnisses, nämlich die EKBB. Gegenstimmen in der Kirche, die diese evangelische Variante des tschechischen Nationalismus ablehnten, riefen die Kirche auf, bei ihren biblischen und reformierten Wurzeln zu bleiben. Zu ihnen gehörte auch Josef L. Hromádka. Im Laufe der 1930er machte die EKBB tatsächlich einen Umwandlungsprozess durch, der zu einer Stärkung der ökumenischen Orientierung der Kirche führte[5].

Für die EKBB brachte der Zweite Weltkrieg zwei neue Erfahrungen. Erstens kam es in der Führung zu einem Generationswechsel, wobei diejenigen, die 1918 bei der Gründung der Kirche mitgewirkt hatten, von einer jüngeren Generation abgelöst wurden, die zu den Schülern Hromádkas gehörte. Zweitens verlor die Kirche ihre relativ komfortable Position in der Gesellschaft. Im Allgemeinen überstand die EKBB den Zweiten Weltkrieg ohne große materielle Verluste. Allerdings wurden einige ihrer Vertreter wegen Widerstandsaktivitäten hingerichtet, eine größere Anzahl wurde verhaftet

5 Vgl. Matějka, Generation.

und in Dachau oder anderen Konzentrationslagern interniert. Nur eine geringe Anzahl von Gebäuden erlitt Kriegsschäden. Die Strategie der Kirchenleitung, die direkte Konfrontation mit der Protektoratsbehörde und mit der Gestapo zu vermeiden, war insofern erfolgreich, als die Kirche als ein im Grunde ungefährlicher Spieler im öffentlichen Raum wahrgenommen wurde[6]. Auch der Anschlag auf den Stellvertretenden Reichsprotektor Reinhard Heydrich 1942 änderte an dieser Einschätzung nur wenig.

Die wichtigsten Verluste der Kriegszeit waren immateriell und betrafen die Position der Kirche in der Gesellschaft. Seit der Gründung 1918 stand sie als Minderheitskirche mental in der Mitte des neuen Staates und in der Gesellschaft. Diese Position fand ein bitteres Ende mit der Demontage der Republik in Folge des Münchener Abkommens und etwas später mit der Einrichtung des Protektorats. Die Kirche befand sich in einer bedrohlichen Lage, die sie nicht aus ihrer Geschichte kannte.

Diese Situation wurde nun nach 1945 zum Dauerzustand. Bald nach dem Krieg zeigte sich, dass die Hoffnung auf die Wiederherstellung der Situation vor 1938 getrogen hatte. Die Tschechoslowakei kehrte nicht zurück zu einer liberalen Demokratie, sondern zu einer Art regulierter Demokratie mit einer bestimmenden Rolle für die Kommunistische Partei. Die EKBB musste zwar nicht wie andere tschechische Kirchen staatlich überprüft werden, ob sie politisch zuverlässig war, allerdings verlor sie ihre gewisse privilegierte Position aus der Vorkriegszeit. Das hing großenteils damit zusammen, dass die Kirchenführung nie gezielt Beziehungen zu der Kommunistischen Partei gepflegt hatte. Diese Lage wurde nach der kommunistischen Machtergreifung 1948 weiter kompliziert. Die Evangelischen sahen sich erneut konfrontiert mit einer gesellschaftlichen Konstellation, in der sie ohne politischen Schutz operieren mussten.

Die Kombination von Generationswechsel und gesellschaftlichem Prestigeverlust führten zu einem überraschenden Ergebnis: sie steigerte die Bedeutung des Josef Lukl Hromádka beträchtlich. Hromádka gehörte als jüngster Professor der Hus-Fakultät schon vor dem Krieg zu den respektierten Persönlichkeiten im evangelischen Milieu. Sein Ruf war allerdings nicht unumstritten. Für manche war er politisch zu progressiv, für andere theologisch zu radikal. Er verbrachte den Krieg in Princeton in den Vereinigten Staaten

6 Als Antwort auf eine Umfrage des Reichsprotektors an die Oberlandräte in Böhmen und Mähren zur Einschätzung der einzelnen Kirchen schrieb der Oberlandrat von Deutschbrod (heute Havlíčkův Brod; zu seinem Bezirk gehörten evangelische Gemeinden traditionellen Zuschnitts): „Die Böhmischen Brüder sind in meinem Bezirk in der altangesessenen bäuerlichen Bevölkerung in einzelnen Gegenden vertreten und haben dort einige Kirchen. Sie machen politisch überhaupt nicht von sich reden, spielen die Rolle der ‚Stillen im Lande'. Als solche sind sie früher schon von den Behörden der čsl. Republik gewertet worden." Einige seiner Kollegen in anderen Bezirken waren zwar der Meinung, dass die Kirche durch ihre mit der Böhmischen Reformation verbundene Identität potenziell feindlich gesinnt war, allerdings wegen ihrer geringen Größe kein Risiko darstellte (Nationalarchiv, Reichsprotektor, Karton 541, I-10K, Mappe K 15).

und kehrte kurz vor dem kommunistischen Putsch nach Prag zurück. Seine guten Beziehungen zu einigen Schlüsselfiguren des neuen Regimes und seine theologische Position – der die ältere Generation kaum noch widersprach – wurden jetzt entscheidend für die bedrängte EKBB.

Die ersten Folgen der kommunistischen Diktatur für die Evangelischen wurden hauptsächlich spürbar im ökumenischen Bereich. Das Regime verfolgte eine Politik der internationalen Isolierung der Kirchen. Vertreter der evangelischen Kirchen konnten nicht an internationalen Veranstaltungen oder Sitzungen des Ökumenischen Rates teilnehmen. Dieses Reiseverbot galt auch für Hromádka, der allerdings für die internationalen Beziehungen seiner Kirche wichtig war. Schon vor dem Krieg war er aktiv in ökumenischen Organisationen. Seine hastige Flucht aus dem besetzten Prag 1939 verdankte er dem im Aufbau befindlichen Ökumenischen Rat der Kirchen (ÖRK). Er hielt 1948 eine wichtige Rede auf der Gründungsversammlung des ÖRK in Amsterdam, in der er für eine offene Haltung der ökumenischen Bewegung gegenüber der Sowjetunion plädierte. Bald wurde ihm aber die Teilnahme an den weiteren Sitzungen des Exekutivkomitees unmöglich gemacht. Die Ausnahme waren Reisen im Rahmen des Weltfriedensrats, in dessen Verlauf die erste persönliche Begegnung zwischen Hromádka und Niemöller zustande kam.

2. Der erste Kontakt zwischen Niemöller und tschechischen Evangelischen

Niemöller taucht das erste Mal in Hromádkas Terminkalender für 1952 auf. In Berlin fand eine Konferenz des Weltfriedensrats statt, die im Zeichen der ersten sogenannten Stalin-Note zur Demilitarisierung und Wiedervereinigung eines neutralen Deutschlands stand. Hromádka wurde von der tschechischen Abteilung des Weltfriedensrates beauftragt, an der Berliner Veranstaltung teilzunehmen. Sein Terminkalender meldet, dass er Teil der Delegation des tschechoslowakischen Staatspräsidenten Klement Gottwald war[7]. In dem Kalender sind zudem die Namen und Anschriften von drei deutschen Theologen bzw. Kirchenvertretern eingetragen, die auch in Berlin anwesend waren, nämlich „Professor Hans Iwand", „Pastor D. Niemöller" und „Dr. Gustav Heinemann". Die handschriftliche Notiz ist vermutlich von Heinemann,[8] der in seiner Rede bei der Konferenz dazu aufrief, auf die Stalin Note positiv zu reagieren. Niemöller und Hromádka trafen einander wieder in Lund bei der dritten Weltkonferenz für Glaube und Kirchenverfassung

7 Terminkalender J. L. Hromádka 1952, 11.–13. 3 (Archiv der Familie Zikmund).

8 Die Ähnlichkeit mit zugänglichen handgeschriebenen Aufzeichnungen von Gustav Heinemann aus 1966 (im Willy-Brandt-Archiv des AdsD, siehe https://www.fes.de/adsd50/koalitionsverhandlungen) ist deutlich.

(15.–28. August 1952). Hromádkas Terminkalender enthält einen Eintrag am 21. August über ein Treffen am Abend mit „den Deutschen: Niesel, Iwand, Obendiek, Niemöller, Kreck“[9]. Hier geht es vermutlich um das erste gezielte Treffen zwischen Vertretern der tschechischen und deutschen Evangelischen über ihre Beziehungen. Im Gespräch wurden auch Fragen des Friedens zwischen Ost und West diskutiert[10]. Die dritte Begegnung zwischen Hromádka und Niemöller im Jahr 1952 fand wieder in Berlin statt, wo eine Konferenz im November zur deutschen Frage tagte.

Wir können also ziemlich genau feststellen, wann und in welchen Kontext die ersten Kontakte zwischen tschechischen Evangelischen und Niemöller zustande gekommen sind. Aus dieser kurzen Rekonstruktion folgt allerdings auch, dass wir, wenn wir etwas über Beziehungen zwischen Niemöller und den tschechischen Evangelischen wissen wollen, notwendigerweise auch nach der Beziehung zwischen Niemöller und Hromádka fragen. In Folge des Interesses der EKBB in Sachen politischer und ökumenischer Beziehungen und des Interesses des kommunistischen Regimes in Sachen der Kontrolle der EKBB wurde Hromádkas Position in ökumenischen Beziehungen zu einem Monopol. Mindestens in der ersten Dekade der kommunistischen Diktatur konnten ohne Hromádka keine kirchlichen Beziehungen zu internationalen Partnern aufgebaut oder gepflegt werden.

3. Die tschechischen Evangelischen und Deutschland

Die Kontakte zwischen Niemöller und Hromádka 1952 waren also Ausdruck einer innenpolitischen Lage nach dem Zweiten Weltkrieg. Wie sahen aber die Beziehungen zwischen deutschen und tschechischen Evangelischen vor dem Krieg aus? Im Allgemeinen kann man behaupten, dass die tschechischen Evangelischen vor dem Krieg durchaus gut über die Entwicklungen im deutschen evangelischen Milieu informiert waren. Die evangelische Minderheitskirche war schon im Rahmen der Evangelischen Kirche A. B. und H. B. in der Donaumonarchie sehr international ausgerichtet. Zukünftige Pfarrer studierten üblicherweise an Fakultäten in Wien, in der Schweiz, in Deutschland und in Schottland. Deutsche Theologie bedeutete damit für tschechische Reformierte (die Mehrheit) Hermann Friedrich Kohlbrügge und seine Nachfolger, für die tschechischen Lutheraner (eine kleine, aber fähige Minderheit) eher Adolf von Harnack und dessen liberaler Ansatz[11]. Nach der

9 Terminkalender Hromádka 1952, 20. 8. (Archiv der Familie Zikmund).

10 Vgl. J. L. Hromádka an Ruth L. Achelis-Bezzel vom 12. 9. 1952 (Nachlass J. L. Hromádka, ETF UK).

11 Lebensbeschreibungen von etwa drei Generationen Pfarrer (insgesamt 170) aus 1942 geben einen guten Einblick in die Sache ihrer theologischen Ausbildung: Lebensbeschreibungen der Geistlichen für die Gestapo, 1942 (Zentralarchiv der EKBB, XV/B/1, Protektorát 1939–1943).

Gründung der EKBB wurden die Verbindungen zur angelsächsischen Welt wichtiger. Das hatte viel mit der politischen Orientierung der neuen Tschechoslowakischen Republik zu tun, die sich auf der Seite der Siegermächte des ersten Weltkrieges scharte. Die neue Republik behauptete, dass die Tschechoslowakei in Opposition zu Deutschland und Österreich entstanden sei. Die neue Kirche in ihrer Identifikation folgte dieser politischen Linie und suchte ihre Identität im nichtdeutschen Protestantismus zu stützen. Die EKBB erklärte auf ihrer Gründungssitzung, dass sie sich als Vertreterin des Protestantismus sah, sowie in der englischsprachigen reformierten Ökumene vertreten sei[12]. Praktisch bedeutete dies, dass in der Zwischenkriegszeit die Verbindungen mit der Church of Scotland eine zentrale Rolle für die eigene Profilierung spielten. Nicht nur politisch, aber auch theologisch stand diese Kirche dem mehrheitlich reformierten Charakter der Gemeinden der EKBB nah. Weitere ökumenische Zusammenarbeit fand hauptsächlich im Rahmen interkonfessioneller Organisationen statt. Ökumenische Gremien wie der World Student Christian Federation (WSCF) nahmen einen zunehmend wichtigen Platz für die EKBB ein. Kontakte mit deutschen Theologen und Erkenntnisse über die Entwicklungen in der deutschen evangelischen Welt liefen durchaus über diese Linie.

Die Entwicklungen der 1930er Jahre in Deutschland brachten eine Änderung in dieser Perspektive. Über den Kirchenkampf in der Evangelischen Kirche in Deutschland wurde die tschechische evangelische Öffentlichkeit regelmäßig in der kirchlichen Presse informiert. Diese Berichterstattung wurde deutlich bestimmt durch eine Sympathie für die Bekennende Kirche. 1935, kurz nach dem Ende seiner Zeit in Bonn, machte Karl Barth eine Reise durch die Tschechoslowakei und berichtete über die Lage in Nazi-Deutschland. Seine Beziehung zu Hromádka resultierte in den berühmten Hromádka-Brief vom September 1938, worin er aufrief, nicht vor Hitlers Drohung zu kapitulieren[13]. Auch Martin Niemöllers Rolle wurde wahrgenommen. Er taucht mehrere Male in der Kommunikation der tschechischen Abteilung der WSCF auf, die geleitet wurde von Jaroslav Šimsa. Dieser erwähnte, dass während seines Aufenthalts in Stuttgart im August 1938 im Gottesdienst für den „von der Gestapo ungerecht gefangen gehaltenen" Niemöller gebetet wurde[14]. Šimsa meinte in dieser Zeit, dass Niemöllers Einfluss in Deutschland zunahm, was ein Zeugnis dafür sei, dass „das Christentum nicht mit Despotie und Tyrannei vereinbar ist."[15] Šimsa wurde nach der Besatzung der Tschechoslowakei selber auch verhaftet und im Konzentrationslager Dachau gefangen gehalten, wo er auch Niemöller „aus der Ferne" sah[16]. Niemöllers Be-

12 Vgl. Ustavující generální sněm českobratrské církve evangelické konaný v Praze dne 17. a 18. prosince 1918, Praha: Synodní výbor českobratrské církve evangelické, 1919.

13 Vgl. Karl Barth an Josef L. Hromádka vom 19. 9. 1938. In: Rohkrämer, Freundschaft, 53–55.

14 Vgl. Šimsová, Svět, 400.

15 Ebd., 404.

16 Ebd., 256. Šimsa starb am 8. 2. 1944 in Dachau.

kanntheit in tschechischen evangelischen Kreisen war der Grund für den positiven Empfang, der dem hessischen Kirchenpräsidenten nach dem Krieg in Prag zuteil wurde.

Die Änderung der 1930er Jahre, die wesentlich ein erneuertes Interesse an der deutschen Theologie evozierte, setze sich nach dem Zweiten Weltkrieg weiter durch. Auch die politische Teilung Europas, die es schwieriger machte, aktiv die Beziehungen mit Großbritannien oder den Vereinigten Staaten zu pflegen, trug dazu bei, dass Deutschland für die tschechischen Evangelischen theologisch und kirchlich wichtiger wurde. Eigentlich ist das ein Paradox: Statt einer Intensivierung der Beziehungen zu Deutschland würde man nach sechs Jahre Protektorat Böhmen und Mähren eher eine Abnahme an Interesse erwarten. Und ein zweites Paradox: Dieses Interesse wurde intensiviert, weil es vom kommunistischen Regime gefordert wurde.

4. Die kommunistischen Machthaber und Niemöller

Ein weiterer wichtiger Akteur im Kontext des Neuanfangs der Beziehungen zwischen deutschen und tschechischen Evangelischen war also das tschechoslowakische kommunistische Regime. Wie nahm Martin Niemöller dieses wahr? Nach dem Krieg befanden sich die offiziellen staatlichen Beziehungen zwischen der Tschechoslowakei und den beiden Teilen Deutschlands in einem tiefen Koma. Die Situation mit dem östlichen Teil war einfacher (sicher nach 1949), weil von der Seite der Sowjets die Beziehungen zum „guten" Deutschland gefördert wurden. 1951 fand der erste offizielle Staatsbesuch von Wilhelm Pieck in Prag statt, womit jedenfalls symbolisch eine Normalisierung eintrat[17].

Beziehungen zur Bundesrepublik Deutschland (BRD) existierten zu dieser Zeit praktisch nicht. Das Problem war nicht nur allgemein politisch: Die BRD gehörte in kommunistischer Sicht zum imperialistischen Lager. Auch das Problem der Vertreibung von drei Millionen Sudetendeutschen aus den Grenzgebieten der Tschechoslowakei nach dem Krieg belastete einen Neuanfang offizieller Beziehungen. Das Regime in Prag suchte allerdings nach Möglichkeiten wieder Kontakte zu knüpfen, und darin spielten auch die Evangelischen auf beiden Seiten eine Rolle. In den Überlegungen des tschechoslowakischen Politbüros tauchte Niemöller als interessanter Partner auf westdeutscher Seite auf. Das Kirchenministerium (Státní úřad pro věci církevní) überlegte schon 1951, wie Niemöller einzuladen wäre[18]. In den Augen der tschechoslowakischen Behörde sollte der Kirchenpräsident unbedingt

17 Zum Verlauf (und zur Bedeutung des Besuches für die Bohemistik) siehe: Mutschler, Kodex.

18 Vgl. Nationalarchiv, Staatsbureau für kirchliche Angelegenheiten, Karton 23, 9. Sitzung, 5. 2. 1951.

herangezogen werden, weil er „durch seine prinzipielle Ablehnung der Politik Adenauers im Sinne einer pazifistischen Orientierung das Lager des Friedens verstärkt."[19]

In der Planung der Prager Machthaber zur Wiederaufnahme offizieller Kontakte mit der BRD sollte auch die EKBB eine Rolle spielen. In der allgemeineren Strategie des Regimes von 1953 sollten die protestantischen Kirchen in der Tschechoslowakei benutzt werden zur Verbesserung der internationalen Reputation des Landes. Zentral in dieser Strategie stand die zweite Versammlung des ÖRK in Evanston im Sommer 1954. Im Rahmen dieses Engagements der EKBB für regimepolitische Ziele entstand eine Erklärung der Kirche, die 1953 offiziell von der Synode verabschiedet wurde. Der Text wurde hauptsächlich von Hromádka geschrieben und als Broschüre durch tschechoslowakische Botschaften in der Welt verbreitet. Die ausführliche Denkschrift an internationale Partner betonte die Freiheit von Religion und Kirche in der Tschechoslowakei und die Notwendigkeit für die Kirche, sich kritisch mit dem kapitalistischen System auseinanderzusetzen. Die Konvergenz des Kapitalismus mit dem Christentum stelle einen Angriff auf das Herz und die Eigenheit der Kirche und des Glaubens dar. „[T]he secular and material interests have penetrated into the foundations of our sanctuary and corrupted the integrity of our faith. We are challenged by contemporary events to look for inward freedom where it is properly to be found."[20] Nur durch diese innerliche Freiheit könne das göttliche Urteil, das sich über die alte Weltordnung vollzieht, verstanden und akzeptiert werden. Die EKBB kritisierte die westlichen Kirchen, dass sie zwar guten Willens waren in ihrem Streben, die Lage der Partner im Sowjetblock zu verstehen, aber nicht im Stande, ihre bisherige Position der Verwobenheit mit dem Kapitalismus aufzugeben.

> „We often see that even those of you who have good intentions to ‚deal' with the so called Eastern world, first declare the efforts of this world as something basically evil and worthy of condemnation – and only then are ready, with a certain condescending patience and a certain pathos of self-righteousness, to negotiate a kind of modus vivendi with it. We think that to approach the problems of today in such a way is theologically wrong and biblically dubious. It is an approach with closed eyes. As such an approach fills the hearts of people with self-righteous arrogance. Is it not the duty of churches in the traditionally rich and powerful countries to try at least to awaken in their lands a desire to understand the struggle of the poor and long exploited countries that are awakening to a more human life, even though they do it with the aid of an ideology which severely criticises Christianity? Ba-

19 Schreiben des Auswärtigen Amtes an das Kirchenministerium vom 2. 4. 1953 (Archiv des Auswärtigen Amtes, GS-A, Kabinet 1945–1954, Karton 80, Mappe 138). Siehe für weitere Details Morée / Piškula, Nejpokrokovější, 148–153.

20 Message, 4.

sically it is a struggle for a deeper and fuller freedom than the freedom in the conventional forms we have been used to.“[21]

Die Botschaft erwähnte explizit die Wiederaufrüstung West-Deutschlands als eine Bedrohung des Friedens, die von den Kirchen abgelehnt werden sollte. Im Lichte dieser gemeinsamen Offensive von Staat und Kirche ist es keine Überraschung, dass gerade Martin Niemöller als ideale Figur aus der westdeutschen Öffentlichkeit für eine Eröffnung neuer Beziehungen angesehen wurde. In der Strategie der tschechoslowakischen Behörden konnte er wegen seiner Ablehnung der Politik Adenauers durch einen Besuch in Prag eine Legitimierung des kommunistischen Regimes in der westdeutschen Gesellschaft initiieren. Niemöller würde den kommunistischen Staat als einen Partner für seine Alternative zur Deutschlandpolitik und Friedensfragen präsentieren. Innenpolitisch würde das Regime zeigen, dass es nicht gegen Religion und Kirche war, sondern „fortschrittliche“ kirchliche Bestrebungen unterstützte. Auf diesem Hintergrund stand natürlich auch die Moskaureise Niemöllers von 1952. Weil noch keine ökumenischen Beziehungen zum Moskauer Patriarchat bestanden, konnte Niemöller dort vom Regime allerdings viel weniger kirchlich nutzbar gemacht werden als im Falle der Pragreise 1954.

Die Strategie des Prager Regimes im Falle Niemöllers ist vergleichbar mit der Weise, wie es Hewlett Johnson, den sogenannten Red Dean of Canterbury, sowohl für innerpolitische wie außenpolitische Zwecke ausnutzte[22]. Johnson wurde schon 1950 vom Regime zu einer Friedensmanifestation von Geistlichen aus verschiedenen Kirchen in der Tschechoslowakei in Luhačovice eingeladen. Auch da war es ein Ziel, den Westen und die westlichen Kirchen wegen ihrer imperialistischen Politik, die den Weltfrieden gefährdete, zu kritisieren[23]. Im Unterschied zu Johnsons Besuch, der kaum institutionell oder kirchlich eingebettet war und deshalb einmaligen Charakter hatte, zielte das Regime im Falle Niemöllers darauf, ihn mit der EKBB zu verbinden und eine andauerndere Nutzung seiner Tätigkeit zu gewährleisten. Luhačovice wurde auch praktisch vom kommunistischen Staat organisiert, Niemöllers Besuch dagegen großenteils von Hromádka und der EKBB.

5. Niemöllers Pragreise 1954

Wie schon erwähnt, fand der erste persönliche Kontakt zwischen Niemöller und Hromádka spätestens am 21. August 1952 statt. Bald darauf setzte eine regelmäßige Korrespondenz zwischen den beiden Theologen ein. Eines der

---

21 Ebd., 5.
22 Vgl. Butler, Dean.
23 Vgl. Morée / Piškula, Nejpokrokovější, 237–242.

ersten Themen, die in den Briefen angesprochen werden, ist ein Besuch von Niemöller in Prag. Eine erste Erwähnung der Besuchspläne findet sich in einem Schreiben Hromádkas vom 30. März 1953. Er wies auf eine Tagung des Weltfriedensrates in Budapest hin und schlug vor, dass Niemöller von Budapest über Prag nach Hause reisen würde: „Es wäre eine ausgezeichnete Gelegenheit, die kirchliche Lage in Ungarn an Ort und Stelle kennen zu lernen und auch, wenn Sie Zeit hätten, sich einen oder mehrere Tage nach der Budapester Versammlung in Prag aufzuhalten."[24] Niemöller reagierte darauf mit der Mitteilung, dass er schon plane, die Gelegenheit für Besuche bei kirchlichen Vertretern zu nutzen. Zugleich berief er sich auf begrenzte Zeit und allgemeine Mühe, die eine Reise nach Prag unsicher mache: „Ob es diesmal freilich auch zu einem Besuch in Prag langen wird, kann ich noch nicht übersehen."[25] Wegen einer Verschiebung der Budapester Veranstaltung des Weltfriedensrates fasste Hromádka aufs Neue Mut, dass es Niemöller nun doch möglich wäre, auch Prag zu besuchen. Er nahm Kontakt zu den Behörden des Kirchenministeriums auf, damit die Reise organisatorisch einfacher verlaufen könnte.

> „Wir haben bereits wegen Ihrer Einreisebewilligung Schritte getan und die Lage erscheint sehr günstig. Sowohl die Comenius Fakultät als auch unsere kirchliche und weitere Öffentlichkeit würde Ihren Besuch als einen wichtigen Beitrag zu der gemeinsamen Verständigung und Annäherung unserer Kirchen und Völker herzlich begrüssen. Bitte, betrachten Sie unsere Einladung als dringend, und falls Sie sich for [sic] Budapest entscheiden, nehmen Sie auch Prag in Ihre Pläne ein."[26]

Hromádka erwähnte hier explizit das Ziel und die Bedeutung eines eventuellen Besuches von Niemöller. Eines der Symbole der Bekennenden Kirche, des evangelischen Widerstands gegen Hitler und der alternativen Linie in der deutschen Öffentlichkeit gegenüber Adenauer sollte durch eine Reise nach Prag beitragen zur Versöhnung und zum Neuanfang der Beziehungen nicht nur zwischen Kirchen, sondern auch zwischen Völkern. Niemöller war sich dieser Dimension anscheinend bewusst, als er auf Hromádkas Schreiben antwortete: „Jedenfalls soll Ihre Bitte von mir mit all dem Ernst genommen werden, der ihr gebührt."[27]

Hromádkas Druck auf Niemöller hatte keinen unmittelbaren Effekt. Im Oktober 1953 vernahm der Prager Theologe – vermutlich bei seinen häufigen Kontakten mit ungarischen Kirchenvertretern –, dass Niemöller eine Reise nach Ungarn verabredet hatte. Er schrieb sofort nach Wiesbaden, ob Niemöller einen „Seitensprung" nach Prag machen könnte, und schlug ver-

24 Hromádka an Niemöller vom 30. 3. 1953 (Nachlass J. L. Hromádka, ETF UK, Korrespondenz 1953).
25 Niemöller an Hromádka vom 9. 4. 1953 (EBD.).
26 Hromádka an Niemöller vom 22. 4. 1953 (EBD.).
27 Niemöller an Hromádka vom 27. 4. 1953 (EBD.).

schiedene Routen vor, damit die Reise vereinfacht werden könnte. „Im Namen der Comenius-Fakultät als auch vieler Ihrer Freunde möchte ich Sie herzlich nach Prag einladen. Sie sind noch nicht bei uns gewesen und einige Tage in unserem Lande werden Ihnen eine Gelegenheit geben, wenigstens etwas neues zu sehen.“[28]

Bemerkenswert ist, dass Hromádka zwar höflich, aber nachdrücklich um eine schriftliche Antwort von Niemöller bat. Das könnte mit einem früherem Brief Hromádkas in Mai zusammenhängen, in dem Hromádka Niemöller über ein Treffen in Berlin im Rahmen einer Konferenz des Internationalen Komitees zur Lösung der deutschen Frage schrieb. Der Brief blieb vermutlich unbeantwortet[29]. Auch in diesem Fall musste Hromádka zuerst auf eine Antwort warten, aber eine Begegnung mit Niemöller und seiner Frau in Wien am Rande einer Konferenz des Weltfriedensrates brachte die Angelegenheit in Bewegung[30]. Niemöller hielt dort eine Rede, worin er die Kirchen aufrief, sich für eine friedliche Koexistenz einzusetzen[31].

Der entscheidende Impuls, der Niemöller überzeugte, jetzt doch einen Besuch in Prag zu planen, kam allerdings nicht von Hromádka, sondern vom Prager Kirchenministerium. Niemöller schrieb an Hromádka: „Bei unserem kurzen Wiedersehen in Wien habe ich Ihnen erklärt, dass Ihr ‚Kirchenminister‘ mir eine sehr dringende Einladung für die Tschechei hat zuteil werden lassen, und dass ich ihm geantwortet habe, ich sei bereit, im Monat März zu kommen.“[32] Er schlug dann einen Termin für seinen Besuch nach dem 29. März vor. Warum erst die Einladung der tschechoslowakischen Behörden Niemöller endgültig überzeugte, bleibt unklar. Möglicherweise sah er darin eine Bestätigung des guten Willens und der Offenheit des Regimes für einen Neuanfang in den Beziehungen zu West-Deutschland. Auch könnte er die Einladung als Zeichen einer Bereitschaft zur Lösung einiger Gesuche gelesen haben, die er an die Behörden gerichtet hatte. Klar ist jedenfalls, dass eine nur von Hromádka vermittelte Einladung ihm nicht genug war.

Hromádka war jedenfalls begeistert von der Nachricht. Diese habe ihm „eine ganz große Freude gebracht“, schrieb er. Er rechnete mit einem Besuch von einer Woche ab dem 30. März. Die Grundrisse des Besuches wurden auch schon klar. Niemöller würde predigen in einer (oder zwei) Prager Kirchengemeinden, Gastvorlesungen halten an der Evangelisch-Theologischen Fakultät und noch weitere Orte besuchen. Er wurde gebeten auch seine Frau

28 Hromádka an Niemöller vom 30. 10. 1953 (EBD.).

29 Vgl. Hromádka an Niemöller vom 29. 5. 1953 (EBD.). Eine schriftliche Antwort Niemöllers gibt es in Hromádkas Nachlass nicht.

30 Hromádka war bei der Konferenz in Wien vom 22. bis zum 28. 11. Sein Terminkalender erwähnt die Begegnung mit Martin und Else Niemöller am 27. 11.

31 Vgl. Dienst für den Frieden. In: NIEMÖLLER, Reden, 268–271.

32 Niemöller an Hromádka vom 4. 12. 1953 (Nachlass J. L. Hromádka, ETF UK, Korrespondenz 1953).

mitzunehmen[33]. Niemöller bestätigte den Termin und die Begleitung seiner Frau in einem Schreiben zu Weihnachten[34].

In den darauffolgenden Wochen wurde das Programm des Besuchs in Prag weiter inhaltlich geplant. Am 17. Februar sandte Hromádka seinen Vorschlag an Niemöller, wobei er bemerkte, dass es „ziemlich schwer"[35] sei. Das Programm enthielt auch einen Besuch in Bratislava sowie einen Besuch beim Kirchenministerium[36]. In diesem Zusammenhang kündigten sich auch weitere Themen an, die die beiden besprechen wollten. Niemöller wollte mit dem Kirchenministerium über die Entlassung von Josef Moj verhandeln, der Pfarrer in der Deutschen Evangelischen Kirche in Böhmen, Mähren und Schlesien war. Moj befand sich seit 1946 wegen seines Verhaltens im Krieg in einem tschechoslowakischen Gefängnis – noch als einziger Pfarrer aus dieser Kirche, die inzwischen aufgehoben war; andere waren schon entlassen. Über ihn hatte Niemöller schon an Hromádka vor der Vereinbarung des endgültigen Termins seines Besuches geschrieben[37]. Hromádka hatte über die Angelegenheit mit den Behörden kommuniziert und Niemöller informiert, dass die Lösung Zeit brauchte[38]. Neben dem Fall Moj wollte Niemöller auch die Genehmigung für die Einreise der Frau eines Kollegen erhalten, die – so lässt sich aus der Korrespondenz erschließen – aus der Tschechoslowakei geflüchtet war.

Hromádka wollte seinerseits Fragen und Positionen der Ökumene besprechen und zwar im Rahmen der bevorstehenden Versammlung des ÖRK, die im Sommer 1954 in Evanston stattfinden sollte. Er schrieb an Niemöller, dass er vor kurzem George Bell und Willem Visser 't Hooft getroffen hatte: „Die Lage in der Oekumene hat sich seit 1948 viel geändert und ich habe einen starken Eindruck, dass Evanston für uns kein leichtes Spiel sein wird. Wir hoffen, dass wir anlässlich Ihren Besuches genug Zeit haben werden, um auch die oekumenischen Fragen zu besprechen."[39]

6. Reflektionen

Der Verlauf von Niemöllers Besuch in Prag wurde für alle Beteiligten ein großes Erlebnis. Hromádka schrieb ihm kurz nach seiner Abreise einen Brief

33 Vgl. Hromádka an Niemöller vom 15. 12. 1953 (EBD.).

34 Vgl. Niemöller an Hromádka vom 22. 12. 1953 (EBD.).

35 Hromádka an Niemöller vom 17. 2. 1954 (EBD.).

36 Der Programmvorschlag ist leider im Hromádka-Nachlass nicht aufbewahrt. Auch Hromádkas Terminkalender 1954 fehlt.

37 Vgl. Niemöller an Hromádka vom 27. 2. 1953 und vom 31. 10. 1953 (Nachlass J. L. Hromádka, ETF UK, Korrespondenz 1953). Der letzte Brief ist nicht im Hromádka-Nachlass überliefert, aber wir wissen von ihm aus Hromádkas Antwort vom 6. 11. 1953 (EBD.).

38 Vgl. Hromádka an Niemöller vom 6. 11. 1953 (EBD.).

39 Hromádka an Niemöller vom 17. 2. 1954 (EBD.).

voller Danksagung und Charakterisierung des Besuches. Er betonte die Begeisterung, die Niemöller während seines Besuchs aufgerufen hatte:

> „Es ist keine Übertreibung, wenn ich sage, dass Ihre Anwesenheit in Prag für uns alle ein großes und heilsames Ereignis war. Sie werden noch öfters nicht nur von mir, sondern auch von unseren Kommilitonen hören. Die große Zahl der am Flugplatz erschienenen Studenten und Studentinnen war ein schlagender Beweis davon, dass Sie und Ihre Frau unsere Herzen gewonnen haben. Über das von Ihnen Gehörte wird noch lange und gründlich disputiert werden. Nun haben Sie und Frau Niemöller unseren tiefen Dank für Ihre Gastvorlesungen, Predigten, Gespräche und Antworten. Wir haben Ihre Vitalität und Dynamik bewundert, ganz besonders aber sind wir durch Ihr Glaubenszeugnis bereichert und gestärkt worden. Sie haben uns auch dem deutschen Volk näher gebracht.“[40]

Die kirchliche Presse würdigte in der Berichterstattung über den Besuch die Bedeutung Niemöllers in Kriegszeiten und in der Situation der Bundesrepublik. Hervorgehoben wurden der besondere Charakter des Besuches und die Schwierigkeiten, die Niemöller wegen seiner Position erfuhr. Er wurde allerdings von den Evangelischen in der Tschechoslowakei verstanden, in seiner eigenen Kirche stieß er auf weniger Verständnis.

> „In den ersten Apriltagen hatten die Mitglieder der evangelischen Kirchen in unserem Land die Möglichkeit, einen Mann zu sehen und zu hören, dessen Name damals ein Symbol war für die Bekennende Kirche gegen das Hitler-Regime, und dessen Name heute nicht weniger als Symbol steht für den Kampf der Christen für eine friedliche Lösung internationaler Fragen im Allgemeinen und der deutschen Frage insbesondere.“

Niemöller, so der anonyme Autor des Berichtes, mache alles dafür, damit die breite Öffentlichkeit

> „versteht, dass der Weg zu einer konstruktiven Lösung der Fragen unseres öffentlichen Lebens nicht der Krieg ist, sondern der Frieden. Schon dieses zu sagen, ist nicht einfach. Er lebt in einem Land der Waffenproduzenten, die sich daran gewöhnten, an den zwei Kriegen Geld zu verdienen. Er lebt in einem Land, wo die Kirche traditionell eng mit Regierungskreisen verbunden ist. Dennoch lässt er weder seine Freunde, noch seine Feinde in Unsicherheit über seine tatsächlichen Absichten.“[41]

Auch Niemöller blickte bald mit Zufriedenheit zurück auf die Reise nach Prag, wo er eine „brüderliche Aufnahme“ fand, die ihn mit Dankbarkeit erfüllte: „Wir werden die Tage sicherlich unser ganzes Leben lang nicht vergessen: Unser Blick hat sich geweitet und unser Wissen um die Verbundenheit in der

---

40 Hromádka an Niemöller vom 9. 4. 1954 (EBD.).

41 Martin Niemöller v Praze, in: Křesťanská revue 21 (1954), H. 4, 112 f.

Gemeinde Jesu Christi ist aufs Neue gestärkt worden."[42] Er drückte seine Hoffnung aus, dass er und die Vertretung der tschechoslowakischen Kirchen im Rahmen der Versammlung des ÖRK in Evanston eng miteinander zusammen arbeiten könnten. Auch Niemöllers Ehefrau Else richtete eine Danksagung an Hromádka und weitere Gastgeber für die Freundlichkeit: „Ihre Gastfreundschaft übertrifft alles bis dahin Erfahrene, und wir haben ja darin einige Erfahrung."[43]

Die drei Hauptakteure (Niemöller, Hromádka und das Kirchenministerium) waren zufrieden mit der Reise Niemöllers, die zugleich den ersten offiziellen Besuch eines westdeutschen Kirchenvertreters darstellte. Das Kirchenministerium als Vertretung des Regimes fand in den Ergebnissen Anlass, auf dem gewählten Wege weiterzugehen. Die Beschränkungen für eine Teilnahme an ökumenischen Veranstaltungen wurden aufgehoben unter der Bedingung, dass die Teilnehmer im Ausland ein positives Bild über die Kirchenpolitik des Regimes verbreiteten. Eine umfangreiche Delegation konnte im Sommer 1954 zu der ÖRK-Vollversammlung in Evanston abreisen, und im Frühjahr 1955 kam eine offizielle Delegation der Evangelischen Kirche in Deutschland unter der Leitung von Otto Dibelius nach Prag und Bratislava[44]. Niemöller wurde es ermöglicht, seine Reise 1956 zu wiederholen. In einer Hinsicht hatten die Anstrengungen des Regimes keinen Erfolg: Niemöller wurde trotz aller Bemühungen nicht aufgenommen in die offizielle Delegation der Evangelischen Kirche in Deutschland (EKD) zum Besuch von 1955. Für die Kirchenleitung der EKD ging es anscheinend einen Schritt zu weit, Niemöller eine zentrale Rolle in den Beziehungen zu den östlichen Ländern zu geben.

Auch Hromádka war zufrieden mit dem Verlauf des Besuches und dessen Auswirkung. Er stärkte seine Position sowohl in der Beziehung zu den Behörden als auch in kirchlichen Kreisen. Bald bekam er die Genehmigung, nachdem auch die Behörden der DDR zustimmten,[45] den Besuch der Delegation der EKD zu organisieren. Mit solchen Schritten konnte der Prager Theologe sein Netzwerk in Westdeutschland weiter ausbreiten und so letztendlich die Gründung der CFK vorbereiten.

Für Niemöller brachte die Pragreise Anerkennung seiner Position als Vertreter der Bekennenden Kirche und der Friedensaktivisten und damit Bestätigung seiner Bedeutung für die Beziehungen der EKD mit den östlichen Nachbarn. Auch konnte er im Kontext der Reise Angelegenheiten deutscher Bürger befürworten, die sich aus politischen Gründen in einer problematischen Lage bei den tschechoslowakischen Behörden befanden. Erwähnt wurden schon der gefangene Pfarrer Josef Moj und eine vermutlich aus der

42 Niemöller an Hromádka vom 12. 4. 1954 (Nachlass Hromádka, ETF UK).

43 Else Niemöller an Hromádka vom 11. 4. 1954 (Ebd.).

44 Siehe: Morée / Piškula, Nejpokrokovější, 148–153.

45 Hromádka sprach über diese Angelegenheit mit dem Sekretär der SED Paul Wandel (Archiv des Auswärtigen Amts, GS, 1955–1964, Karton 24, Mappe 419; auch Nationalarchiv, Staatsbureau für kirchliche Angelegenheiten, Karton 3, 4, 112).

kommunistischen Tschechoslowakei geflohene Frau. Nach seiner Reise schrieb Niemöller an Hromádka über weitere Fälle,[46] wozu auch eine gewisse Rehabilitierung von Erich Wehrenfennig, dem ehemaligen Kirchenpräsidenten der Deutschen Evangelischen Kirche in Böhmen, Mähren und Schlesien, gehörte[47].

7. Das ungeplante Ergebnis

Niemöllers Vorlesungen und die Gespräche mit ihm an die Prager Fakultät hatten große Begeisterung unter den Studenten ausgelöst. Ein klares Zeichen dafür war ihre ungeplante Anwesenheit beim Abschied von Niemöller am Prager Flughafen, was beide, Hromádka und der Bericht in der kirchlichen Zeitschrift, erwähnten[48]. Im Juni 1955 schrieben die Studenten einen Brief an Niemöller, in dem sie an das Ereignis seines Besuches erinnerten. Niemöller antwortete, dass das Schreiben „ein wirklicher Trost und eine rechte Aufrichtung gewesen“[49] sei. Als Niemöller zwei Jahre später eine zweite Reise nach Prag machte, waren die Studenten wieder am Flughafen. Hromádka schätzte es als einen neuen „Beweis ihrer Liebe und Hochachtung“[50] Niemöller gegenüber ein.

Es ist dieser Popularität Niemöllers bei den Prager Studenten zu verdanken, dass wir heute ziemlich genau wissen, was Niemöller in den Treffen an der Fakultät oder auch in der Kirche sagte. Seine Texte wurden übersetzt und (mit Schreibmaschinen) kopiert und fanden ihren Weg in die Kirche[51]. Am 1. April

46 Darunter waren deutschsprachige Evangelische in Jablonec / Gablonz, die keine Gottesdienste in der eigenen Sprache abhalten konnten; vgl. Niemöller an Hromádka vom 10. 1. 1955 (Nachlass J. L. Hromádka, ETF UK).

47 Niemöller an Hromádka vom 18. 5. 1955 (EBD.), worin Niemöller auf die Rückgabe des beschlagnahmten Amtskreuzes des Kirchenpräsidenten drängte. Er wiederholte sein Gesuch am 13. 9. 1955, als die Delegation der tschechoslowakischen Kirchen sich vorbereitete für den Besuch der EKD. Weiter setzte Niemöller sich ein für die Aussiedlung des Pfarrers Martin Hoffmann aus der EKBB, der zu der deutschen Minderheit gehörte.

48 Die Zeitschrift interpretierte die Begeisterung als Reaktion auf Niemöllers Vitalität: „Beim Abschied von dem lieben Gast am Flughafen sang eine große Gruppe Studierender der Comenius-Fakultät das alte Studentenlied: Gaudeamus igitur ... lasst uns jauchzen, solange wir jung sind! [...] Martin Niemöller ist bestimmt noch immer jung. Und die Verlegenheit, die viele sogenannte etablierte, in den üblichen Kategorien denkenden Kirchenmänner in der Begegnung mit ihm erfuhren? Auch die gehören ja zu einem Treffen mit der siegreichen Majestät der wahrhaftigen Jugend.“ Křesťanská revue, 21 (1954), H. 4, 113.

49 Niemöller an die Studenten der Comenius Fakultät vom 20. 7. 1955 (Nachlass J. L. Hromádka, ETF UK). Der Brief der Studenten liegt nicht im Nachlass vor.

50 Hromádka an Niemöller vom 2. 6. 1956 (EBD.).

51 Von Niemöllers Besuch 1954 sind zwei Vorlesungen, zwei Predigten, ein Text mit Antworten auf vorher eingereichte Fragen von Pfarrern, ein Bericht über ein Gespräch mit Studenten und eine Ansprache in einer Gemeinde erhalten geblieben. Für diesen Aufsatz konnte der Nachlass Jaroslav Pfanns, jetzt im Besitz der Familie Pfann, benutzt werden. Die Zeitschrift Český bratr brachte einen kurzen Überblick zu Niemöllers Besuch. Wichtig zu erwähnen sind ein Besuch im

1954 hielt Niemöller eine Vorlesung an der Comenius-Fakultät über die Bekennende Kirche, worin er sich auf die Rolle Karl Barths, auf die Synoden der Bekennenden Kirche und auf die Verfolgung der Juden konzentrierte. Die zweite Vorlesung über die Entwicklungen in der Evangelischen Kirche in Deutschland seit 1945, die Niemöller als ein Ringen zwischen verschiedenen Flügeln in der Kirche darstellte, fand am 6. April 1954 statt.

Die erste Predigt hielt Niemöller in der zweitgrößten Kirche in Prag (Vinohrady) über Apostelgeschichte 2,42–47, in der er die Gemeinschaft Christi über Grenzen und Unterschiede hinweg betonte[52]. Die zweite Predigt hielt er in der Studentengemeinde der Fakultät in der Kirche St. Martin in der Mauer. Der Predigttext war Johannes 10,5, den Niemöller verband mit der Frage nach dem Sinn des Leidens. Niemöller traf Studenten auch in deren Wohnheim und wurde befragt nach der Lage an den theologischen Fakultäten, der Position der christlichen Sozialisten, der Beziehung zu Juden und dem prophetischen Wort der Kirche. In einer Begegnung mit Pfarrern wurde er nach der kirchlichen Lage in der DDR und der Sowjetunion gefragt. In diesem Gespräch äußerte Niemöller sich offen über die Beziehung zwischen Christen und Marxisten. Die kommunistische Ideologie habe im Grunde nichts mit dem christlichen Glauben zu tun, aber dieser solle nicht als Quelle für antikommunistische Stellungnahmen benutzt werden. Niemöller betonte, dass es keine christliche Weltanschauung gäbe, die ein Rezept für eine christliche Gesellschaft biete. An dieser Stelle verurteilte Niemöller das Attentat auf Hitler am 20. Juli 1944. Niemöller besuchte auch die evangelische Gemeinde in Poděbrad, wo er von seiner Zeit im Konzentrationslager Dachau erzählte[53].

Durch die Weise, wie Niemöller die wichtigen Themen der Zeit an der Prager Fakultät und in Gemeinden der EKBB diskutierte, wurde er zu einer Inspiration für eine Generation zukünftiger Pfarrer, die sehr intensiv ihre Position in der Kirche und Gesellschaft suchte. Aus dieser Studentengeneration, die 1954 großenteils zu den Zuhörern Niemöllers gehörte, formierte sich eine Gruppe, die sich als kritische Schüler Hromádkas verstand. Ihr theologisches Profil umfasste zwei Schwerpunkte, die beide aus einer Reflektion über Hromádkas Theologie und sein politisches Handeln entstanden. Erstens ging es um eine sogenannte „zivile" Interpretation der Bibel, was bedeutete, dass Kirche und Theologie die Gesellschaft mit einer nicht-kirchlichen und nicht-theologischen Sprache ansprechen sollten. Zweitens sollte die Kirche sich nicht aus der Gesellschaft zurückziehen, sondern ihre Verantwortung für das öffentliche Leben wahrnehmen und wenn nötig mit einer prophetischen

---

Kirchenministerium und ein feierliches Abendessen bei der offiziellen Friedensorganisation Výbor obránců míru (Český bratr, 30 [1954]), 4, 63–64.

52 Exzerpte aus dieser Predigt wurden gedruckt in der Zeitschrift Křesťanská revue, 21 (1954), H. 4, 116–118.

53 Teile aus Niemöllers Rede in Poděbrady wurden auch veröffentlicht in der Zeitschrift Český bratr, 30 (1954), H. 5, 70–75.

Stimme reden. Politisch stand die Gruppe, die sich später die „Neue Orientierung“ nannte, nicht weit von Hromádka. Ihre Dokumente aus den Jahren zwischen 1957 und 1968 sprechen von einem neutralen, vereinigten Deutschland und einer friedlichen Koexistenz zwischen Ost und West. In den sogenannten Thesen, die die Ausgangspunkte der Gruppe zusammenfassten, wurde Niemöller ausdrücklich als Inspiration genannt[54]. Niemöller, so wurde in einer Debatte gesagt, betonte während seines Prager Aufenthalts die Menschlichkeit Christi. Die Offenbarung beziehe sich nicht nur auf die göttliche Natur Christi, sondern auch darauf, in welcher menschlichen Gestalt Gott auf uns zutritt. Die Offenbarung vollziehe sich deswegen auch am Menschen, so wurde Niemöller von der Neuen Orientierung interpretiert[55].

Im Jahrzehnt nach dem Prager Frühling 1968 formierte sich die oppositionelle Bewegung Charta 77. Die führenden Persönlichkeiten der Neuen Orientierung schlossen sich ihr an und einige wurden sogar Sprecher der Charta 77. In der EKBB wurde die Gruppe, deren Mitgliedern das Kirchenministerium nicht selten ein Berufsverbot erteilte, eine deutlich wahrnehmbare Opposition. Nach der Wende 1989 übernahmen einige von ihnen führende Positionen in der Kirche, an der Fakultät, aber auch in der Politik.

Niemöllers Besuch in Prag hatte so ein nicht einkalkuliertes Resultat. Er wurde wegen seiner Botschaft und wegen seines persönlichen Stils mit zum Impuls für die Studentengeneration an der Prager Fakultät, von der sich manche theologische und kirchenpolitisch profilierten und letztendlich zur Opposition in Kirche und Gesellschaft gegen die sogenannte Normalisierung nach dem Prager Frühling wurden. Niemöller gehört deswegen auch zur Vorgeschichte der Oppositionsbewegung Charta 77, der sich verschiedene seiner Zuhörer von 1954 anschlossen.

8. Politik und Freundschaft: die CFK, Niemöller und Hromádka

Niemöllers Besuch in Prag 1954 war zwar der wichtigste seiner Besuche, aber auch der erste in einer Reihe. Er kam wieder an Pfingsten 1956, und ab 1958 wurde er auch aktiv in der CFK. Das geschah allerdings nicht ohne Hemmungen.

Die CFK[56] entstand als Ergebnis der Serie von internationalen ökumeni-

54 Vgl. Trojan, Rozhovory, 291. Siehe auch: Pfann, Nová orientace.

55 Vgl. Šimsa, běh, 200. Bemerkenswert ist auch das Exemplar von Niemöllers Reden 1945–1954 aus der Bibliothek von Alfred Kocáb, der zu den wichtigen Vertretern der Neuen Orientierung gehörte. Kocáb, der das Buch 1960 bekam, stattete zwei Reden zur Friedensfrage aus den Jahren 1953 und 1954 mit vielen Unterstreichungen und Kommentaren aus (das Buch ist jetzt im Besitz des Autors dieses Aufsatzes).

56 Zur Entstehung und Entwicklung der CFK zwischen 1968 und 1971 siehe: Lindemann, Sauerteig, 683–933; Morée / Piškula, Nejpokrokovější, 237–253.

schen Besuchen und Reisen[57], die sich seit 1954 abspielten. Die Konvergenz zwischen dem Prager Regime und Josef Hromádka machte es notwendig, dass eine permanente Struktur ins Leben gerufen wurde. Die Beschränkungen, mit denen Hromádka im Rahmen des Weltfriedensrats konfrontiert wurde, erforderten eine Lösung. Der Rat wurde in kirchlichen Kreisen im Westen und in ökumenischen Organisationen wahrgenommen als ein Vehikel Moskaus. Trotz Hromádkas Anliegen akzeptierte der ÖRK den Friedensrat als Partner nicht. Damit scheiterte die Bemühung Hromádkas, der in der Leitung beider Organisationen tätig war, die Friedensproblematik stärker aus östlicher Sicht in den ÖRK einzubringen. Die CFK sollte eine Alternative für diese Sackgasse werden[58].

Wichtig für die Legitimierung der CFK im nichtsozialistischen Teil Europas war die Teilnahme von Theologen, die in Verbindung mit der Bekennenden Kirche und mit den Bruderschaften standen. Damit sollte klargemacht werden, dass die CFK nicht eine vom Ostblock kontrollierte Organisation war, sondern eine breitere ökumenische Bewegung für Friedensfragen. Hromádka und sein Kreis versuchten deshalb vom Anfang an, die Unterstützung und Mitarbeit derer zu bekommen, die ein solches Profil hatten. Dazu gehörten Hans Joachim Iwand, Heinrich Vogel, Helmut Gollwitzer, Werner Schmauch und Niemöller. Für die CFK brauchte Hromádka Kontakt „mit den kirchlichen und außerkirchlichen Friedenskräften in der Bundesrepublik", so schrieb er im Jahr 1958 in der Vorbereitungsphase der CFK. Und er fügte hinzu:

> „Mit großer Spannung verfolgen wir in den letzten Wochen politisches Geschehen in der Bundesrepublik, namentlich auch die Arbeit, welche von unseren Brüdern in den Bruderschaften und von Männern wie Bruder Niemöller geleistet wird. Was wir vor 10 Jahren nicht geahnt haben, ist zur Tatsache geworden: die Welt befindet sich heute in unbeschreiblicher Verwirrung und Angst und unsere Kirchen sind nicht in der Lage, eine wirkliche Hilfe, Stärkung und Trost darzubieten. Die Tätigkeit der Bruderschaften bedeutet für uns eine wahrhafte Ermutigung."[59]

Hromádkas Appell an verschiedene Vertreter der EKD war nicht immer erfolgreich. So sagte auch Gustav Heinemann ab, obwohl er seine allgemeine Übereinstimmung mit Hromádkas Vorhaben ausdrückte[60]. Der Dortmunder Pfarrer und Oberkirchenrat i. R. Heinz Kloppenburg richtete sich im Auftrag des Präses der Evangelischen Kirche von Westfalen Ernst Wilm in einem Schreiben an Vertreter verschiedener Kirchen in Europa, dazu auch an Niemöller, mit der Frage, wie sie die Risiken des Unternehmens von Hromádka einschätzten.

57 U. a. der Besuch und Gegenbesuch deutscher und tschechoslowakischer Evangelischer 1955, Studentenaustausche mit Bonn 1954, Hromádkas Reisen nach Asien 1954 und 1956.

58 Vgl. Morée, Allies.

59 Hromádka an Kurt Essen vom 30. 4. 1958 (Nachlass J. L. Hromádka, ETF UK).

60 Heinemann an Hromádka vom 8. 5. 1958 (ebd.).

> „Diese Konferenz soll nach dem Willen der tschechischen Brüder keinesfalls die Existenz des Weltkirchenrates übergehen noch irgendetwas ohne sorgfältige Beratung mit dem Weltkirchenrat und mit den großen Weltverbänden unternehmen. Auf der anderen Seite erhofft man für diese Konferenz auch die Teilnahme solcher Kirchen, die nicht zur Ökumene gehören, oder gar in einem Gegensatz zu ihr stehen. Eine solche Konferenz könne nicht nur das Vertrauen vieler Menschen zur christlichen Kirche stärken, sondern auch den angefochtenen Menschen viel Trost gewähren."[61]

Allerdings könnte das Prager Vorhaben, so Kloppenburg, eine Trennung in der Ökumene hervorrufen:

> „Auf der anderen Seite besteht eine gewisse Gefahr, dass es hier doch zu irgendeiner Ostökumene kommen könnte und dass die wohlgemeinte Initiative der Prager Brüder verhängnisvolle Nebenwirkungen haben könnte. Man muss wohl das positive und negative einer solchen Konferenz sehr sorgfältig vorher erwägen."[62]

Niemöller reagierte zustimmend auf Kloppenburgs Schreiben. Auch er sah die problematischen Seiten der Pläne Hromádkas, plädierte allerdings auch dafür, Hromádka nicht ganz im Stich zu lassen, „gerade um Unglücksfälle zu vermeiden." Es wäre besser in Prag dabei zu sein, damit es eventuell doch zu einem gemeinsamen Handeln kommen könnte[63]. Zugleich schrieb er aber an Hromádka, dass er wegen anderer Verpflichtungen nicht nach Prag abreisen könne[64]. Hromádka reagierte enttäuscht darauf, so zeigt ein Schreiben an Kloppenburg. „Wir zögern, ihn zur Änderung seiner Pläne zu drängen, dennoch aber glauben wir, dass seine Mitarbeit uns in allen Richtungen wesentlich helfen würde"[65], so formulierte er sein Dilemma.

Aus der Korrespondenz sprechen gewisse Vorbehalte Niemöllers Hromádka gegenüber. Er möchte wohl gerne Hromádkas Initiativen unterstützen, aber zugleich auch nicht in eine Situation geraten, in der er von Hromádka abhängig sein würde. Er und andere Vertreter der westdeutschen EKD waren nicht davon überzeugt, dass Hromádka in politischer Hinsicht zuverlässig war. Niemöllers Hemmungen zeigen eine Parallele auf mit Karl Barths Ringen in der Beziehung mit Josef Hromádka. Barth wurde auch oft von Hromádka nach Prag eingeladen, allerdings nicht direkt, um an Tagungen der CFK teilzunehmen. Die Korrespondenz zwischen dem Basler und dem Prager Theologen, die im Vergleich zu der mit Niemöller von einer tieferen

---

61 Heinz Kloppenburg an Dr. Emmen, P. Conord, D. Hoegsbro, D. Beckmann und Martin Niemöller vom 1. 4. 1958 (ZA EKHN, Bestand 62: Nachlass Martin Niemöller, Akz. Nr. 37).

62 Ebd.

63 Niemöller an Kloppenburg vom 11. 4. 1958 (ZA EKHN, Bestand 62: Nachlass Martin Niemöller, Akz. Nr. 37).

64 Vgl. Niemöller an Hromádka vom 11. 4. 1958 (ebd.).

65 Hromádka an Kloppenburg vom 24. 4. 1958 (ebd.).

Freundschaft zeugt, handelt in der Zeit nach Niemöllers Besuch 1954 von den zeitlichen Möglichkeiten, einen Termin für Barths Besuch festzulegen. Barth beruft sich auch auf seine vielen Tätigkeiten, die es ihm unmöglich machten, eine Reise nach Prag zu unternehmen. Aus der Korrespondenz von Barth mit anderen Theologen wissen wir allerdings, dass Barth Hromádkas politische Bestrebungen argwöhnisch betrachtete und deshalb nicht nach Prag reisen wollte[66].

Im Unterschied zu Barth wurde Niemöller aber doch tätig in der CFK und blieb in der Bewegung auch nach Hromádkas erzwungenem Rücktritt 1969. Die Unsicherheit und der Argwohn, die sowohl Barth wie Niemöller in den Beziehungen zu Hromádka erfuhren, decken aber einen tragischen Aspekt der Freundschaften zwischen Theologen über den Eisernen Vorhang hinweg auf: Beide Seiten waren sich der politischen Agenda des Anderen bewusst, was zur Beschädigung der Vertraulichkeit führte. Oder anders gesagt: Die Freundschaften wurden mitgekennzeichnet von einer gewissen Transaktionalität.

9. Fazit

Niemöllers bedeutsamste Reise in die kommunistische Tschechoslowakei von 1954 war ein wichtiger Testfall für die Glaubwürdigkeit Hromádkas bei den Prager Machthabern. Sowohl Hromádka als auch das Regime waren zufrieden mit den Ergebnissen. Zugleich stieß Niemöller aber eine Dynamik an, die nicht in den Drehbüchern vorgesehen war. Seine Begegnungen mit Studenten und Pfarrern, seine Predigten und Vorlesungen wurden für viele Anwesenden ein Zeichen, dass sie als tschechische Evangelische die Verbindungen mit dem Westen nicht verloren hatten. Für manche wurde Niemöllers Besuch ein Emanzipationsmoment, eine erste gemeinsame Erfahrung eines Freiraums in Bezug auf die eigene theologische Identität. Kennzeichnend für diese Erfahrung eines Durchbruchs ist, dass viele von den Pfarrern, die 23 Jahre später Teil der oppositionellen Bewegung Charta 77 wurden, mit Begeisterung über Niemöllers Anwesenheit in Prag redeten. Niemöller hat dies selber vermutlich nie geahnt.

66 Siehe dazu Morée / Piškula, Nejpokrokovější, 322–336.

Quellen- und Literaturverzeichnis

I. Unveröffentlichte Quellen

Archiv der Evangelisch-Theologischen Fakultät der Karlsuniversität Prag (ETF UK) Prag

Nachlass J. L. Hromádka

Dokumente der Sitzungen der CFK-Führung 1969 im Nachlass Hromádkas (ETF UK), 3–29a.

Brief J. L. Hromádka an Ruth L. Achelis-Bezzel, 12. 9.1952.

Brief Hromádka an Niemöller, 30. 3. 1953.

Brief Niemöller an Hromádka, 9. 4. 1953.

Brief Hromádka an Niemöller, 22. 4. 1953.

Brief Niemöller an Hromádka, 27. 4. 1953.

Brief Hromádka an Niemöller, 30. 10. 1953.

Brief Hromádka an Niemöller, 29. 5. 1953.

Brief Niemöller an Hromádka, 4. 12. 1953.

Brief Hromádka an Niemöller, 15. 12. 1953.

Brief Niemöller an Hromádka, 22. 12. 1953.

Brief Hromádka an Niemöller, 17. 2. 1954.

Brief Niemöller an Hromádka, 27. 2. 1953.

Brief Niemöller an Hromádka, 31. 10. 1953.

Brief Hromádka an Niemöller, 6. 11. 1953.

Brief Hromádka an Niemöller, 6. 11. 1953.

Brief Hromádka an Niemöller, 17. 2. 1954.

Brief Hromádka an Niemöller, 9. 4. 1954

Brief Niemöller an Hromádka, 12. 4. 1954.

Brief Else Niemöller an Hromádka, 11. 4. 1954.

Brief Niemöller an Hromádka, 10. 1. 1955.

Brief Niemöller an Hromádka, 18. 5. 1955.

Brief Niemöller an Hromádka, 13. 9. 1955.

Brief Niemöller an die Studenten der Comenius Fakultät, 20. 7. 1955.

Brief Hromádka an Niemöller, 2. 6. 1956.

Brief Hromádka an Kurt Essen, 30. 4. 1958.

Brief Heinemann an Hromádka, 8 .5. 1958.

Brief Hromádka an Kloppenburg, 24. 4. 1958.

Brief Mochalski an Hromádka, 27. 1. 1962

Zentralarchiv der Evangelischen Kirche in Hessen und Nassau (ZA EKHN) Darmstadt

Bestand 62: Nachlass Martin Niemöller, Akz. Nr. 37

Brief Heinz Kloppenburg an Dr. Emmen, P. Conord, D. Hoegsbro, D. Beckmann und Martin Niemöller, 1. 4. 1958.

Brief Niemöller an Kloppenburg, 11. 4. 1958.
Brief Niemöller an Hromádka, 11. 4. 1958.

Tschechisches Nationalarchiv Prag
Reichsprotektor, Karton 541, I-10K, Mappe K 15.
Staatsbureau für kirchliche Angelegenheiten, Karton 23, 9. Sitzung, 5. 2. 1951.
Staatsbureau für kirchliche Angelegenheiten, Karton 3, 4, 112.

Archiv der Familie Zikmund
Terminkalender J. L. Hromádka 1952, 11.–13. 3.
Terminkalender J. L. Hromádka 1952, 20. 8.

Zentralarchiv der Evangelischen Kirche der Böhmischen Brüder (ZA EKBB) Prag
XV/B/1, Protektorát 1939–1943, Lebensbeschreibungen der Geistlichen für die Gestapo 1942.

Archiv des Tschechischen Auswärtigen Amtes Prag
GS-A, Kabinet 1945–1954, Karton 80, Mappe 138, Schreiben des Auswärtigen Amtes an das Kirchenministerium von 2. 4. 1953.
GS, 1955–1964, Karton 24, Mappe 419.

Zeitungsartikel
Český bratr, 30 (1954), H. 4, 63–64, H. 5, 70–75.
Křesťanská revue, 21 (1954), H. 4, 112–113, 116–118.

II. Veröffentlichte Quellen und Darstellungen

Butler, John: The Red Dean of Canterbury. The Public and Private Faces of Hewlett Johnson. London 2011.
Casalis, Georges / Matthes, Hannelore (Hg.): Christliche Friedenskonferenz 1968–1971. Dokumente und Berichte. Wuppertal 1971.
Lindemann, Gerhard: „Sauerteig im Kreis der gesamtchristlichen Ökumene". Das Verhältnis zwischen der Christlichen Friedenskonferenz und dem Ökumenischen Rat der Kirchen. In: Gerhard Besier / Armin Boyens / Gerhard Lindemann (Hg.): Nationaler Protestantismus und Ökumenische Bewegung. Kirchliches Handeln im Kalten Krieg (1945–1990) (Zeitgeschichtliche Forschungen 3). Berlin 1999, 683–933.
Matějka, Ondřej: A Generation? A School? A Fraternity? An Army? Understanding the Roots of Josef Lukl Hromádka's Influence in the Czech Protestant Milieu 1920–1948. In: CV 3 (2012), 25–38.
Message from the Evangelical Church of Czech Brethren to Protestants throughout the World. Prague 1953.

MOCHALSKI, Herbert (Hg.): Der Mann in der Brandung. Ein Bildbuch um Martin Niemöller. Frankfurt a. M. 1962.

MORÉE, Peter: Allies Against the Imperial West. Josef L. Hromádka, the Ecumenical Movement and the Internationalization of the Eastern Bloc since the 1950s. In: Katharina Kunter / Annegreth Schilling (Hg.): Globalisierung der Kirchen. Der Ökumenische Rat der Kirchen und die Entdeckung der Dritten Welt in den 1960er und 1970er Jahren (AKIZ B 58). Göttingen 2014, 167–188.

– / PIŠKULA, Jiří: „Nejpokrokovější církevní pracovník." Protestantské církve a Josef Lukl Hromádka v letech 1945–1969. Benešov 2015.

MUTSCHLER, Thomas: Der Jenaer Kodex. Eine Handschriftenaffäre in der frühen DDR? In: ZfBB 56 (2009), H. 2, 71–78.

NIEMÖLLER, Martin: Reden 1945–1954. Hg. v. Hans-Joachim Oeffler. Darmstadt 1958.

PFANN, Miroslav: „Nová orientace" v Českobratrské církvi evangelické v letech 1959–1968. malá historie jednoho hnutí evangelických křesťanů podle archivních dokumentů. Středokluky 1998.

ROHKRÄMER, Martin (Hg.): Freundschaft im Widerspruch, Der Briefwechsel zwischen Karl Barth, Josef L. Hromádka und Josef B. Souček 1935–1968. Zürich 1995.

ŠIMSA, Milena: Dlouhý běh Jana Šimsy. Vzpomínky, články, rozhovory, dokumenty, dopisy. Benešov 2020.

ŠIMSOVÁ, Milena: Svět Jaroslava Šimsy. Benešov 2013.

TROJAN, Jakub S.: Rozhovory s pamětí, Bd. 1. Středokluky 2010.

USTAVUJÍCÍ GENERÁLNÍ SNĚM ČESKOBRATRSKÉ CÍRKVE EVANGELICKÉ KONANÝ V PRAZE DNE 17. A 18. PROSINCE 1918, Praha: Synodní výbor českobratrské církve evangelické, 1919.

III: Internetquellen

https://www.fes.de/adsd50/koalitionsverhandlungen [23. 12. 2021]

V. Barmen und das Erbe der Bekennenden Kirche

Gerard den Hertog

„Das Evangelium ist Angriff". Hans Joachim Iwand und Martin Niemöller: Zwei Nationalprotestanten in der Feuerprobe des „Dritten Reiches"

1. Einleitung

Die Pfarrersöhne Hans Joachim Iwand und Martin Niemöller sind einander erst im Kirchenkampf begegnet. Bis dahin liefen ihre Lebenswege auf Distanz, und auch nicht ganz parallel. Dennoch, wohl ohne einander wahrzunehmen, haben sie sich im März 1920 beide als Freikorpskämpfer für den Kapp-Putsch eingesetzt. Sie lassen sich von daher beide als „Nationalprotestanten" kennzeichnen, aber damit ist nicht alles gesagt, denn sie waren es auf unterschiedliche Weise, was sich auch in ihren (kirchen)politischen Ansichten nach der Machtergreifung 1933 widerspiegelt. Es lässt sich an ihnen aufzeigen, dass die Bezeichnung „Nationalprotestant" Schattierungen hat, mit Unterschieden, die nicht übersehen werden dürfen und die den Vergleich erst recht interessant machen.

In diesem Beitrag gehe ich der Frage nach, wie Iwand und Niemöller je ihren Weg in der Zeit des „Dritten Reiches" gegangen sind, und beachte vor allem, wo ihre Wege sich berührt und gekreuzt haben. Zwei Phasen sind hier von Bedeutung, erstens die Jahre 1933 bis 1936, in denen sich die entscheidende Zeit des Kirchenkampfes abspielte, und die Jahre 1939 bis 1941, in denen Niemöller eine Konversion zur römisch-katholischen Kirche erwog und Iwand gebeten wurde, eine theologische Handreichung abzufassen, die das Ziel verfolgen sollte, dem Übertritt Niemöllers vorzubeugen. Um beide im historischen Kontext des „Dritten Reiches" zu verstehen, skizziere ich zuerst ihre jeweilige biographische Entwicklung in der Zeit der Weimarer Republik.

2. Herkunft und Weg in der Weimarer Republik

Martin Niemöller entstammt dem Westen Deutschlands. Berlin war sein am östlichsten gelegener Arbeits- und Wohnort. Nach seinem Abitur wählte er eine Laufbahn als Marine-Offizier, und als er nach dem Ersten Weltkrieg aus der Marine ausscheiden musste, versuchte er zuerst, für sich und seine Familie eine Existenz auf dem Land aufzubauen, was an der flutartig anschwellenden Inflation scheiterte. Mehr oder weniger notgedrungen fing er ab dem Wintersemester 1919/1920 an, in Münster Theologie zu studieren, um Pfarrer zu werden. Während seines Studiums engagierte er sich politisch rechts, stets nationalistisch, antidemokratisch und auch öfters antisemitisch[1]. Trotz seiner aktiven Beteiligung an rechtsradikalen Verbänden bestand er das Studium schnell und mit hervorragenden Noten. Schon Ende 1923 konnte er zum hauptamtlichen „Geschäftsführer der Inneren Mission" mit Dienstsitz in Münster ernannt werden. Nach etwa sieben Jahren entschied er sich für ein Gemeindepfarramt und bewarb sich in Berlin Dahlem, wo er tatsächlich berufen wurde und am 1. Juli 1931 sein Amt übernahm.

Hans Joachim Iwand stammt aus dem deutschen Osten, geboren und aufgewachsen im schlesischen Schreibendorf. Kaum fünfzehn Jahre alt war er, als der Erste Weltkrieg ausbrach, fing nach seinem Abitur in Görlitz im Jahr 1917 gleich mit seinem Theologiestudium an, um es aber im letzten Kriegsjahr für Frontdienst und 1920 und 1921 nochmals für Freikorpsteilnahme zu unterbrechen. In den Briefen an seinen Lehrer Rudolf Hermann aus den Jahren 1920 und 1921 fehlt das Politische durchaus, mit einer Ausnahme: in dem am 23. Mai 1921 geschriebenen Brief wird nüchtern und sachlich, ohne politisches Pathos, vom anstehenden Streit um den Annaberg – gegen die Polen – berichtet, als sei es bloß eine Bürgerpflicht, da im Freikorps mitzukämpfen[2]. Nach Studium in Breslau, Halle an der Saale und wiederum Breslau wurde Iwand in 1923 in Königsberg Inspektor des Lutherheims und später dort auch Privatdozent an der Universität.

Dieser kurze Vergleich ergibt als auffälligsten Unterschied, dass sich Niemöller und Iwand aus sehr verschiedenen Beweggründen für das Studium der Theologie entschieden haben. Für Niemöller war das Theologiestudium nach Offiziers- und Bauernstand die dritte Wahl. Er war und blieb ein Mann der Praxis und nicht der akademischen Theologie. Iwand hingegen wollte immer schon Theologie studieren und tat es ebenso leidenschaftlich wie wissenschaftlich engagiert, selbständig, aber inspiriert von den beiden „Aufbrüchen" der Nachkriegszeit: der Lutherrenaissance und der Dialektischen Theologie von Karl Barth, Friedrich Gogarten und anderen. Er strebte eine akademische Laufbahn an, und wurde erst Pfarrer, als ihm in der Zeit des „Dritten Reiches" die Lehrbefugnis entzogen wurde. Insofern gilt auch für ihn, dass der Pfarrberuf nicht seine erste Wahl war.

Wenn wir die theologisch-politischen Einstellungen von Niemöller und Iwand vergleichen, so drängen sich auf den ersten Blick die Übereinstimmungen auf. Erst bei einer tieferen Analyse ergeben sich bemerkenswerte und

---

1 Vgl. SCHMIDT, Niemöller, 42: „Niemöller führte [...] die politischen, gesellschaftlichen und geistigen Krisenerscheinungen nicht auf den Einfluß des ‚Weltjudentums', sondern auf die ‚Entchristlichung' der Bevölkerung zurück. Für seine Einstellung zur Judenfrage und zur Ideologie vom Primat der germanischen Rasse lassen sich in dem vorhandenen Quellenmaterial aus der Zeit vor dem Kirchenkampf keine Belege finden." Anders ZIEMANN, Niemöller, 112: „Der völkische Studentenpolitiker Martin Niemöller war von 1919 bis 1923 also in insgesamt acht rechtsradikalen und rassenantisemitischen Parteien und Verbänden aktiv."

2 Vgl. SEIM, Iwand, 25.

interessante Unterschiede. Obwohl in einigen Aufsätzen von Iwand in den frühen dreißiger Jahren spürbar ist, dass der neue völkische Zeitgeist ihn nicht unberührt ließ, gibt es keinerlei Hinweise, dass er sich aktiv politisch engagierte[3]. Zwar zeigt sich bei ihm der übliche lutherisch bestimmte theologische Antijudaismus, dennoch findet sich von Antisemitismus keine Spur, was im Lichte seiner Ehe mit Ilse Ehrhardt, deren Mutter eine getaufte Jüdin war, auch schwer vorstellbar gewesen wäre. Dennoch – in Iwands Theologie dieser Zeit ist das Volk – konkret: das deutsche Volk – eine theologisch besetzte Kategorie, die auch die Sicht auf die Gesellschaft und die Politik wesentlich bestimmte. Das besagt aber noch nicht alles, denn „Volk" kann „vaterländisch" und also eher politisch konservativ gefasst sein, oder auch „völkisch", und damit eine offene Flanke haben in Richtung des revolutionär-konservativen Zeitgeistes mit seiner zunehmend rassistischen Prägung. In der bekannten Rede „Kirche und Volkstum", die Paul Althaus, ein konservativ-lutherischer Theologe mit einem Hang zu antidemokratisch-völkischen politischen Anschauungen[4], 1927 auf dem Königsberger Kirchentag hielt, zeigen sich beide Linien. Althaus betonte dort, nicht Blut an sich sei entscheidend für das „Volk", sondern zutiefst: „Sprache"[5], aber er versicherte auch, er „unterschätze die Bedrohung unseres Volkes durch den jüdischen Geist und die jüdische Macht nicht"[6], und rief darum auch auf zu Wachsamkeit: „Die Kirchen müssen […] ein Auge und ein Wort haben für die jüdische Bedrohung unseres Volkstums."[7] Wie für Althaus war für Iwand genau dies auschlaggebend, dass der Mensch von Gott geschaffen ist „als sprachbegabtes Wesen, das ist seine Ebenbildlichkeit zu Gott"[8], und dass Luther „uns das Wort Gottes deutsch geschenkt hat"[9]. Von daher ging es ihm in seiner Auffassung vom „Volkstumseinsatz" vorrangig um das Recht deutschsprachiger Minderheiten in Posen und den baltischen Ländern, ihre Gottesdienste in der Muttersprache zu halten[10]. Was Iwand dennoch in dieser Hinsicht von Althaus unterscheidet, ist der Sachverhalt, dass in seinem theologischen Umgang mit der Kategorie des „Volkes" der Beiklang „Blut" durchaus fehlt, wie auch jeder Antisemitis-

3 Vgl. den Hertog, Gerechtigkeit, 189–193.

4 Vgl. Fischer, Zeugnis; Hetzer, Althaus, 69–95.

5 Vgl. Althaus, Kirche, 189: „Wie groß immer die Bedeutung des Blutes in der Geistesgeschichte sein mag, das Herrschende ist doch, wenn einmal als Volkstum geboren, der Geist und nicht das Blut. In der Geschichte entwickelt und entfaltet sich das Volkstum, in ihr, durch sie. Seinen deutlichsten Ausdruck findet es in der Sprache. Da schlägt sich die geistige Eigenart eines Volkes nieder."

6 Ebd., 191.

7 Ebd., 199.

8 Iwand, Gegenwartslage, 14.

9 Iwand, Briefe an Rudolf Hermann, 252 (Brief vom 9. 9. 1933). Ähnlich Althaus, Kirche, 200.

10 In seinem 7. Rundbrief für ostpreußische Pfarrer von Pfingsten 1934 (BArch N 1528) schreibt Iwand noch: „Es ist kein unchristliches Beginnen, wenn unsere Pastoren jenseits der Grenze Führer in der Volkstumsarbeit sind, und es wird auch nicht unchristlich, wenn sie es diesseits der Grenze ebenfalls sind."

mus[11]. Es war vorrangig nicht das Nationalistisch-Politische, das ihn entscheidend bewegte und prägte, sondern die Theologie. Als sich im Sommer 1932 in ganz Deutschland der SA-Terror breit machte und viele Studenten – auch der Theologie – in Ostpreußen sich aktiv engagierten, sodass das Lutherheim „in ein S. A.-Lokal verwandelt"[12] zu werden drohte, hat Iwand sich denn auch gegen die Vereinnahmung durch den Nationalsozialismus gewehrt. Es hat alles in allem den Anschein, dass seine konservativ-politische Einstellung eher eine kulturelle Selbstverständlichkeit war, die seinem theologischen Anliegen prinzipiell untergeordnet war.

Bei Niemöller war dies in diesem „gefährlichsten Augenblick"[13] der Weimarer Republik anders. In genau derselben Zeit, Juni 1932, betonte er bei „Dahlems Sonnenwendfeier": „Den Gefallenen des großen Krieges gilt jetzt unser Gedenken"[14]. Er sprach die Gefallenen auch selber an: „was ihr tatet, das tatet ihr für uns!" und führte aus, das dankende Gedenken solle nun auch „zum Gelöbnis [werden]: auch wir wollen nicht uns selber leben. Volk und Vaterland brauchen unser Opfer wie das eure: Deutschland soll leben."[15] Dass Niemöller in geschichts-metaphysischen Zusammenhängen dachte, zeigt sich darin, dass er betonte, das Vaterland „dürfe jedes Opfer fordern", weil es für das geschichtliche Dasein des Volkes lebensnotwendig sei, dass „der Wille zum Opfer und die Kraft der Hingabe in seiner Mitte lebendig sind."[16] In der Entfaltung solcher Gedanken war der Dahlemer Pfarrer nicht einzigartig, er war bloß Exponent einer Strömung, die 1933 in großer Mehrheit in begeisterter Hingabe ins „Dritten Reich" münden würde. Damals kam die Opfermetaphorik aus den ersten Nachkriegsjahren wieder hoch, nach der die Überlebenden des Ersten Weltkriegs berufen wären, durch deren Opferbereitschaft dem Tode der Gefallenen nachträglich Sinn zu verleihen. Vor allem bei Emanuel Hirsch war dieser „Messianismus" sehr stark, und es führte dazu, dass er sich ohne Vorbehalt zum „deutschen Jahr 1933"[17] bekannte und das bis zum bitteren Ende und darüber hinaus durchhielt.

Der wichtigste Unterschied zwischen Iwand und Niemöller liegt also darin, dass das Völkische bei diesem politisch aufgeladen war, und – wie wir schon sahen – antisemitisches und insofern auch rassistisches Kolorit zeigte. Ob Niemöller – wie er in seinem Prozess vor dem Sondergericht 1938 behauptete –

---

11 Vgl. ALTHAUS, Kirche, 191 u. 201.

12 SEIM, Iwand, 112 (Zitat Iwands aus einem Brief an Erich Seeberg). Seim bemerkt: „Das Lutherheim war ein Stützpunkt der königsberger SA geworden, ohne Iwands Zutun." (112; vgl. 111 f.)

13 BARTH, Theologie, 395. Vgl. dazu SCHELLONG, Augenblick, 104–135.

14 „Dahlems Sonnenwendfeier", in: Dahlemer Nachrichten Nr. 50, 25. 6. 1932 (Beiblatt). Zitat bei ZIEMANN, Niemöller, 162.

15 „Dahlems Sonnenwendfeier", Zitat bei EBD., 162.

16 „Dahlems Sonnenwendfeier", Zitat bei SCHMIDT, Niemöller, 39.

17 HIRSCH, Lage. Vgl. zu dieser Opfermetaphorik bei Hirsch: DEN HERTOG, Schöpfung, 87–89.

seit 1924 stets die NSDAP gewählt hat, ist fraglich[18]. Es steht aber fest, dass er es am 5. März 1933 getan hat, damals wissend um die rabiat-antisemitischen Zielsetzungen Hitlers und seiner Gefolgsleute[19]. Von Iwand gibt es aber keinerlei briefliche oder sonstige Äußerungen, weder vor noch nach 1933, in denen er sich positiv zur nationalsozialistischen Ideologie oder zum „Dritten Reich" bekennt. Als Iwand und Niemöller sich während des Kirchenkampfes fanden, kamen sie also aus unterschiedlichen „Zweigen" des nationalprotestantischen Milieus.

3. Iwand und Niemöller in der Zeit des „Dritten Reiches"

3.1. 1933–1936

Wenn man danach fragt, wo und wie die Wege von Iwand und Niemöller sich in den ersten Jahren des „Dritten Reiches" gekreuzt haben, kommt man nicht umhin zu skizzieren, wie unterschiedlich die Entwicklungen in Berlin bzw. Ostpreußen in dieser Anfangszeit verliefen. Ich werde darum die Geschichte des Verhältnisses der Evangelischen Kirche Deutschlands zum neuen Staat in dieser Zeit grob umreißen, dabei aber vor allem die Entwicklungen und Vorgänge, in denen Niemöller bzw. Iwand involviert waren, beleuchten, da nur so die Wege von beiden Konturen bekommen.

Nach der Machtergreifung am 30. Januar 1933 erfasste eine Welle von Begeisterung über die „nationale Erhebung" die Evangelischen Kirchen in Deutschland. Manfred Gailus hat sie als ein „protestantisches Erlebnis" gekennzeichnet, das „in protestantischer Selbstwahrnehmung" nichts weniger war „als eine euphorische Phase der Erfüllung langgehegter Erwartungen und Hoffnungen sowie der aktiven Teilnahme und Mitarbeit am geistig-politischen Umbruch, als eine alles in allem wundergleiche Zeitenkehre"[20]. Obwohl keine direkten diesbezüglichen Äußerungen Niemöllers vorhanden sind[21], kann es als gewiss gelten, dass er im Hinblick auf das neue Regime anfänglich positiv und hoffnungsvoll gestimmt war. Am 5. März wählte er bei den letzten

18 Vgl. Ziemann, Niemöller, 136 f.

19 Im Dezember 1930 bestellte Niemöller sich Adolf Hitler, Mein Kampf, in dem „er – wie durch seine eigene Aussage und durch das Zeugnis eines Gemeindemitglieds belegt ist – in den folgenden Jahren ‚ständig gelesen' hat. Die unsachliche Argumentation, der pornographische Stil besonders in den Angriffen auf das Judentum, die überspannten außenpolitischen Forderungen und das verschwommene sozialpolitische Programm dieser Schrift hielten ihn nicht davon ab, sich verschiedene Leitsätze Adolf Hitlers anzueignen und das politische Programm des Nationalsozialismus weitgehend zu akzeptieren." (Schmidt, Niemöller, 41; vgl. Ziemann, Niemöller, 160)

20 Gailus, Erlebnis, 483 (481–511).

21 Vgl. Schmidt, Niemöller, 47 f.; Ziemann, Niemöller, 173 f.

Reichstagswahlen nicht nur aus Überzeugung Adolf Hitler, er hielt an diesem Sonntag Invocavit auch eine, wie er in seinem Amtskalender notierte, „politische Predigt"[22], in der er versicherte, dass es „für unser deutsches Volk niemals eine nationale Wiedergeburt gegeben hat noch jemals geben kann, die nicht innerlich getragen wäre von einer Erweckung des christlichen Glaubens."[23] Auf dem Hintergrund dieser Aussage stand der Gedanke des deutschen Volkes als organisches Ganzes, als „Lebewesen mit Leib und Seele", dem Gott „den Christusglauben als Seele" verliehen hat. Darum kann und darf Religion nicht zur „Privatsache"[24] herabsinken, wie Niemöller es meinte in der Weimarer Republik zu seinem Leidwesen erfahren zu haben. Die Predigt lief allerdings nicht auf eine vorbehaltlose Beifallsbezeugung an die neue nationalsozialistische Regierung hinaus, sondern auf eine Warnung vor jedem Versuch, Kirche und Christentum politischen Zwecken unterzuordnen. Das Evangelium vom Predigttext dieses Sonntags, Matthäus 16,13–20, stellt laut Niemöller vor die Frage,

> „[o]b es doch nicht gut ist, liebe Gemeinde, ob es nicht doch seinen ganz besonderen Sinn hat, wenn der heutige Tag, von dem unser Volk die Wendung zu neuem Leben erhofft, uns als Gemeinde vor die Notwendigkeit des Kreuzesweges stellt? Es ist gut, und es hat seinen ganz besonderen Sinn, damit wir sehen, daß an diesem Wendepunkt eine ungeheure Gefahr, eine teuflische Versuchung lauert."[25]

Jürgen Schmidt hat diese Predigt Niemöllers mit gutem Recht als „symptomatisch"[26] für seine Sicht der Lage in den ersten Monaten von 1933 bezeichnet: freudige Bejahung des „nationalen Aufbruchs", mit dem klaren Vorbehalt, dass dieser nur dann zu seinem Ziel kommt, wenn die Kirche sich erneuern lässt durch das Wort Jesu Christi und ihn im Alltag bekennt[27]. Dieser Vorbehalt spiegelt den Kern von Niemöllers Glaubensüberzeugung und bildet tatsächlich den roten Faden für seinen Einsatz während des Kirchenkampfes.

Es wundert von daher nicht, dass Niemöller alsbald hart zusammenprallte mit der Berliner Gruppe der im Juni 1932 gegründeten „Glaubensbewegung

---

22 Vgl. Schmidt, Niemöller, 48; Ziemann, Niemöller, 175.

23 Niemöller, Dahlemer Predigten, 105.

24 Ebd., 105.

25 Ebd., 108.

26 Schmidt, Niemöller, 49.

27 Vgl. auch Ziemann, Niemöller, 174: „Martin predigte [...] kurz, prägnant und in einem antithetischen Stil, in dem auf die Exposition des Themas stets ein ‚Aber' folgte. Mit diesem zweiten Schritt stellte er das zuvor angesprochene Thema in den Rahmen der christlichen Heilslehre und ihrer zentralen Forderungen, des nötigen Gehorsams gegen Gott und der Aufnahme der christlichen Botschaft in Wort und Sakrament." Heymel, Dahlemer Predigten, 45: „In seinen Predigten greift Niemöller geschickt und gezielt Schlagworte der NS-Ideologie und der deutschen Christen auf, um sie aus biblisch-theologischer Perspektive kritisch zu beleuchten. Er zeigt daran die unchristliche bzw. neuheidnische Denkweise auf, die sich in dieser Ideologie äußert, oder deckt auf, inwiefern die Sprache und das Denken der Deutschen Christen dem Evangelium von Jesus Christus widersprechen."

Deutsche Christen", die sich im neuen Staat zum Ziel setzte, die Kirchen und ihre Verkündigung dem Programm der nationalsozialistischen Ideologie „gleichzuschalten". Nun war die im „Evangelischen Kirchenbund" schon laufende Diskussion „Anfang der dreißiger Jahre" so weit, dass „in weiten Kreisen des deutschen Protestantismus eine gemeinsame kirchliche Vertretung [...] als erstrebenswertes Ziel"[28] erschien. Als am 30. Januar 1933 die Machtübernahme stattfand, sahen die „Deutschen Christen" darin das Gebot der Stunde, eine „Reichskirche" zu bilden, die in ihrer Verfassung mit dem neuen Staat konform sein sollte. Damit kamen sie dem Anspruch des neuen Regimes, alle Bereiche des Lebens in ihr Herrschaftssystem einzugliedern, entgegen und unterstützten die Eingliederung der Kirchen „in das Herrschaftssystem des Dritten Reiches"[29] und damit in eine totalitäre Gesellschaft.

Vor allem in Berlin waren die „Deutschen Christen" stark vertreten. Der junge Berliner Pfarrer Joachim Hossenfelder, Vertreter der radikalen „Deutschen Christen" und seit September 1933 Bischof von Brandenburg, war als „Reichsleiter" der „Deutschen Christen" für die Zeit Mitte 1932 bis Ende 1933 sogar eine „der wichtigsten Figuren des deutschen Protestantismus"[30]. Aufgrund einer Untersuchung der damaligen kirchlichen Lage in Berlin hat Manfred Gailus die „Kircheneroberung der Deutschen Christen"[31] vor Ort als „im wesentlichen protestantische Selbstnazifizierung" gekennzeichnet[32]. Wie das konkret vorging, zeigt er an einigen Beispielen: „Bereits im März 1933 waren die alljährlichen ‚Heldengedenkfeiern' in vielen Gemeinden vom neu vorherrschenden DC-Geist überformt worden. Im April gab es – schon 1933 – in nicht wenigen Gemeinden kirchliche ‚Führergeburtstagsfeiern', in den Folgejahren noch häufiger."[33] Der Berliner Kreis der „Deutschen Christen" in dieser Zeit, in der es um die Bildung einer „Reichskirche" ging, gehörte der „radikalen" Hossenfelder Richtung an. „Völkische Idee, arisches Blut, Führertum und Reichsgedanke bildeten im Denken dieser Berliner Gruppe eine Einheit. Sie in kirchliche Macht umzusetzen war nun das Ziel."[34]

Nach den Wahlen vom 5. März 1933 hatte es den Anschein, nichts stehe noch dem Versuch, eine „Reichskirche" zu bilden, im Wege. Der „Deutsche Evangelische Kirchenbund" ernannte einen Ausschuss, nach seinem Vorsitzenden Hermann Kapler, Präsident des Evangelischen Oberkirchenrats der Evangelischen Kirche der Altpreußischen Union, „Kapler-Ausschuss" genannt. Er wurde zusammen mit dem lutherischen Hannoverschen Bischof

---

28 Scholder, Kirchen, 355.

29 Vgl. Schmidt, Niemöller, 44: „Die nationalsozialistische Kirchenpolitik verfolgte daher zunächst das Ziel, die Kirchen in das Herrschaftssystem des Dritten Reiches einzugliedern."

30 Scholder, Kirchen, 258.

31 Gailus, Ja, 45 (32–50).

32 Gailus, Erlebnis, 486.

33 Ebd.

34 Scholder, Kirchen, 369; vgl. 368: „Es war deutlich, daß die Berliner Gruppe [...] ihre Impulse und Gedanken fast allein von der nationalen Revolution empfing."

August Marahrens und dem reformierten Pfarrer Hermann Albert Hesse beauftragt, eine Verfassung der zu bildenden Reichskirche auszuarbeiten. Die Reichsleitung der „Deutschen Christen", angeregt von der Berliner Gruppe um Hossenfelder, strebte aber eine nach dem Führerprinzip strukturierte Reichskirche an, die sich eher völkisch-politisch als christlich-theologisch und bekenntnismäßig definierte. Niemöller war auf Seite derer, die diesem Streben widerstanden. Er schloss sich der Anfang Mai gegründeten „Jungreformatorischen Bewegung" an, die zwar die neue politische Lage herzlich begrüßte und das Anliegen der Bildung einer neuen „Reichskirche" unterstützte, das reformatorische Bekenntnis aber als einzige Grundlage der Kirche hervorhob. Die Jungreformatoren befürworteten die Ernennung von Friedrich von Bodelschwingh zum Reichsbischof, und der zog Niemöller gleich als „Adjutant" heran[35].

Nicht nur die Jungreformatoren, auch die radikale Berliner Gruppe um Hossenfelder wurde aber Ende Mai überrascht, als die ostpreußischen „Deutschen Christen" unter Leitung von Erich Vogelsang den Königsberger Wehrkreispfarrer und „gemäßigten" „Deutschen Christen" Ludwig Müller als ihren Kandidaten für dieses Amt präsentierten[36]. Dass es die *ostpreußischen* „Deutschen Christen" waren, die Müller vorbrachten, hatte einen bestimmten Hintergrund, der mit der kirchlichen und politischen Lage in dieser isolierten Provinz im Zusammenhang stand. Der Umstand, dass der Gauleiter und Oberpräsident Erich Koch nicht nur Mitglied der Evangelischen Kirche war, sondern sich auf der Linie der gemäßigten „Deutschen Christen" auch kirchlich engagierte, war für die kirchliche Entwicklungen in Ostpreußen während der Anfangszeit des „Dritten Reiches" sehr bestimmend. „Unter Kochs Einfluß erarbeiteten die Deutschen Christen in Ostpreußen eigene Richtlinien, die nur entfernt an die Hossenfelderschen erinnerten und sich vor allem durch eine sehr viel stärkere Kirchlichkeit unterschieden."[37] Diese Richtlinien bezeugten, Deutschland brauche „eine starke evangelische Kirche, welche mehr als bisher imstande ist, eine Durchdringung des gesamten Volkswesens mit den sittlich erneuernden Aufbaukräften des Evangeliums zu gewährleisten"[38]. Das war weitgehend im Einklang mit den Auffassungen der Jungreformatoren, wie auch die Art und Weise, wie man dieses Ziel zu verwirklichen meinte: „Dienen wollen wir: durch unermüdliche Werbung für unsere Gottesdienste, durch ritterliches Eintreten für die Armen und Hilfs-

35 Vgl. SCHMIDT, Niemöller, 55–60.

36 Vgl. SCHOLDER, Kirchen, 413; SCHMIDT, Niemöller, 61.

37 SCHOLDER, Kirchen, 268. Scholder bemerkt dazu noch: „Wie weit der spätere Reichsbischof Müller, der damals Wehrkreispfarrer in Königsberg war und in enger Verbindung zu Koch stand, an der Formulierung dieser ostpreußischen Richtlinien mitwirkte, ist nicht genau festzustellen. Sicher ist, daß sie ihm später mit zugeschrieben wurden und dazu beitrugen, Vertrauen für ihn in der Kirche zu begründen." (268)

38 Zitat bei MEINDL, Gauleiter, 141.

bedürftigen, durch Verteidigung unseres Glaubens, […] durch treues evangelisches Bekenntnis in aller Öffentlichkeit."[39]

Noch bevor Gauleiter Koch sich August 1933 zum Präses der ostpreußischen Provinzialsynode wählen ließ[40], hatte er bereits eine überraschende und auffällige Rolle gespielt, als Iwand am 29. Juni 1933 auf Antreiben der ostpreußischen „Deutschen Christen" als Inspektor des Lutherheims abgesetzt wurde. Auf Eingreifen Kochs wurde Iwand wieder eingesetzt[41]. Als am 5. Oktober 1933 für die ostpreußische Kirche ein deutschchristlicher Bischof, Friedrich Keßel[42], ernannt wurde, hat Koch auch ihm gegenüber einen eigenen Kurs verfolgt. Wo Bischof Keßel und die „Deutschen Christen" versuchten, die ostpreußische Kirche auf ihre Linie zu lenken, agierte Koch vorsichtiger und trug der Stimmung der ostpreußischen evangelischen Christenheit viel mehr Rechnung, ohne übrigens ein anderes Ziel zu haben als die Hingabe an das „Dritte Reich" zu erreichen. Auch später noch engagierte Koch sich im Kirchenstreit, so als er Dezember 1934 zusammen mit der „Vorläufigen Kirchenleitung" das „tollkühne kirchendiplomatische Unternehmen" initiierte, „eine Einigung der gesamten deutschen Kirche, unter Einschluss der deutschchristlichen Gruppen" zustande zu bringen, die allerdings „scheiterte an einer einzigen Bedingung: Reichsbischof Müller und seine Kirchenregierung sollten ausscheiden."[43] Vor diesem Hintergrund lässt sich verstehen, warum die kirchlichen Auseinandersetzungen 1933 in Ostpreußen anders verliefen als in Berlin. Hinzu kam auch die besondere geographische Lage, die die Geschichte dieser Provinz in den vorangegangenen Jahrzehnten weitgehend bestimmt und das Empfinden der ostpreußischen Bevölkerung tief geprägt hatte. Umgeben von nicht sehr freundlich gesinnten Nachbarn, vor allem von Russland bzw. der Sowjetunion an der Ostgrenze, mit deren Armeen die Ostpreußen im Ersten Weltkrieg bereits Erfahrungen gemacht hatten, war diese Provinz damals eine Art Insel in der Völkerwelt.

Trotz dieser Unterschiede waren bis Sommer 1933 die evangelisch-kirchlichen Weichen in Königsberg wie in Berlin gestellt. So nahm die Frühjahrsversammlung des ostpreußischen Pfarrervereins am 8. Juni 1933 mit 115 gegen fünf Stimmen eine Entschließung an, in der „zur Wahrung der ev. Kirche eine vertrauensvolle Arbeit zwischen Reichsbischof von Bodelschwingh und der Reichsleitung der Deutschen Christen vorgeschlagen"[44]

---

39 Scholder, Kirchen, 268. Nach seiner Wahl zum Präses der ostpreußischen Provinzialsynode hielt Koch eine Rede, in dem er sagte: „Vieles ist anders geworden in äußerlichen Dingen. Aber in unserer Kirche bleibt das Wort Christi nach der Lehre Luthers." (593)

40 Vgl. für Kochs Rolle in kirchlichen Sachen zwischen 1933 und 1945: Koschorke, Jahr, 122–129.

41 Vgl. Iwand, Briefe Rudolf Hermann, 251 (Brief vom 9. 9. 1933).

42 Vgl. für Bischof Keßel: Schoenborn, Kirche, 9–34.

43 Besier, Kirchen, 50. Vgl. Schmidt, Niemöller, 247 f.

44 Lenkitsch, Vorbereitung, 42. Hugo Linck bezeichnet diese Versammlung als ein Treffen nur von Königsberger Pfarrern und notiert dazu: „Einhellig war die Meinung, daß er weder theologisch noch moralisch den Anforderungen genügte." (Linck, Kirchenkampf, 40)

wurde. Dennoch verfolgte Ostpreußen innerhalb der Evangelischen Kirche der altpreußischen Union in der Folgezeit einen eigenen Kurs. In dem entbrannten Kirchenstreit spielte der Vorsitzende des ostpreußischen Pfarrernotbundes, Pfarrer Theodor Kuessner, eine bestimmende Rolle. Am 17. Dezember 1933 schrieb Christa Müller, damals Vikarin bei Niemöller, an ihren Lehrer Rudolf Hermann: „Der ostpreuß[ische] Notbund macht Seitensprünge (führt Führerprinzip ein): Niem[öller] will sich von ihnen trennen."[45] Das wollte Kuessner seinerseits auch, und zum Zeichen dessen benannte er im Januar 1934 den ostpreußischen Pfarrernotbund in „Kirchliche Arbeitsgemeinschaft" um[46]. Die Folge war, dass Ostpreußen nicht auf der Barmer Bekenntnissynode vertreten war[47]. Das brachte wiederum mit sich, dass die ostpreußischen Mitglieder des Pfarrernotbundes bzw. der „Kirchlichen Arbeitsgemeinschaft" sich mehr an die Landeskirchen außerhalb des Bereichs der altpreußischen Union richteten, und zwar vor allem an die Evangelisch-Lutherische Kirche Bayerns. Ihrem neuen Bischof Hans Meiser gelang es 1933 ja nicht nur, seine Kirche „intakt" zu halten, sondern er traf auch im Herbst „eine klare Entscheidung zu Gunsten der innerkirchlichen Opposition gegen die Deutschen Christen und die Reichskirchenregierung unter Reichsbischof Ludwig Müller". Er galt darum „zur Jahreswende 1933/34 als ‚Sprecher' der Bekenntnisfront"[48].

Dass die ostpreußische Kirche als vorwiegend lutherisch geprägte Kirche gute Verbindungen pflegte mit evangelisch-lutherischen Landeskirchen außerhalb des Bereichs der altpreußischen Union, wurde in Berlin aber nicht verstanden und geschätzt. Das hatte auch einen psychologischen Hintergrund: Für Niemöller, der sich in Berlin als „Adjutant" von Bodelschwingh und Vorsitzender des Pfarrernotbundes in dem Epizentrum der Politik und des kirchlichen Streits befand, lag das sechshundert Kilometer östlich gelegene Königsberg weit entfernt. Es stellt sich deswegen auch die Frage, wie gut er über die aktuelle kirchliche und politische Lage in Ostpreußen informiert war und ob er genügend Gespür hatte für die eigene Geschichte und die spezifische Lage und die Umstände dieser Ostprovinz. In dem Brief, den Iwand am 29. Mai 1934, also während der Barmer Synode, an Karl Barth schrieb, um ihn nach Königsberg für einen Vortrag einzuladen, spiegeln sich sowohl die

45 Müller, Theologin, 20.

46 Kuessner, Erinnerungen, 415; vgl. 425 f.

47 Vgl. ebd., 414: „Niemöller erkannte unseren ostpreußischen Pfarrer-Notbund allerdings nicht an, weil wir uns ihm nicht voll unterstellen wollten. Ich hatte zum Ausdruck gebracht, daß wir uns vorbehalten müßten zu prüfen, ob das, was wir von Berlin bekamen, auch auf Ostpreußen anwendbar sei. Wir waren ja, seit dem Versailler Vertrag durch den sogenannten ‚Korridor' vom ‚Reich', wie wir sagten, abgetrennt, gewöhnt, eine besondere Stellung einzunehmen. Was etwa in Berlin als Kanzelabkündigung richtig und notwendig sei, können in einem masurischen Kirchdorf, wenn es nach geraumer Zeit dorthin käme, unter den ganz anders gearteten Verhältnissen sogar Schaden stiften."

48 Schulze, Meiser, 170 f.

besonderen kirchlichen und politischen Verhältnisse in Ostpreußen, wie auch, welche Position Iwand darin einnahm: „Unsere Situation hier ist dadurch gekennzeichnet, dass es schwierig ist, in der Form einer Bekenntnissynode zu arbeiten, wie ja überhaupt diese Form im Osten wenig durchschlagende Kraft bewiesen hat."[49]

Wenn wir nun Iwands Weg in den ersten Jahren des „Dritten Reiches" in den Blick nehmen, so fällt zunächst auf, dass bei ihm 1933 im Unterschied zu Niemöller von Beifall oder gar Begeisterung im Hinblick auf das neue Regime nichts zu spüren ist. Wenn er sich zur Lage äußerte, tat er es nicht politisch, sondern aus theologischer und kirchlicher Perspektive. Am 23. April 1933 schrieb er in einem Brief an Rudolf Hermann, in dem er sich kritisch zum „Reichsleiter" der „Deutschen Christen" Joachim Hossenfelder äußerte, er habe „die große Freude, daß wir vorläufig die Pfarrerschaft geschlossen gegen jedes politische Experiment und unverantwortliche Zerstörung der protestantischen Kirche zusammen halten können."[50] Dass er gerade die Politisierung der „Deutschen Christen" meinte, zeigt auch sein Brief vom 9. Juni 1933 an Erich Seeberg, in dem er als Ziel derjenigen, die sich für die Wahl Bodelschwinghs einsetzten, angab, die „mit Frömmigkeit getarnte[n] Politik" der Führung der „Deutschen Christen" ans Licht zu bringen. Er freute sich aber auch darüber, dass die „guten Kräfte [...] sich von selbst in den D. C. zusammenzuschließen und Widerstand zu leisten [...] beginnen"[51]. Das heißt also, dass Iwand in dieser Zeit bei den „Deutschen Christen" positive Entwicklungen wahrnahm. Damit ist wiederum im Einklang, dass er in seinem unter dem Eindruck der „Braunen Synode" geschriebenen Brief vom 9./10. September 1933 an Rudolf Hermann den führenden Deutschchristen Karl Fezer dafür lobt, dass er in seiner Predigt zur 600jährigen Königsberger Domfeier „das Gehör für das Wort Gottes (Dein Name werde geheiligt) nicht aus dem Eingehen auf die nationalsozialistische Weltanschauung, sondern aus dem Schicksal des Volkes zu gewinnen" suchte. Was er mit dieser Gegenüberstellung meinte, zeigt der darauf folgende Satz: „Das eben scheint mir der letzte Unterschied zwischen den beiden Lagern der D. C. zu sein, daß die einen weltanschaulich und darum ‚gleichgeschaltet' denken; die anderen geschichtlich erleben."[52] Wenn er in seinem ebenfalls im September 1933 erschienenen Aufsatz „Die Gegenwartslage des Protestantismus im östlichen Raum" behauptet, der Nationalsozialismus sei „religiös gesehen die Fortsetzung der Erweckungsbewegung"[53], meint er das denn auch nicht als eine religiöse Glorifizierung des „Dritten Reiches" und noch weniger als Beifallserklärung für die politischen Ziele der „Deutschen Christen", sondern eher

49 Iwand an Barth vom 29. 5. 1934 (Karl Barth Archiv 9334.626).

50 Iwand, Briefe Rudolf Hermann, 249 (Brief vom 23. 4. 1933).

51 Original, BA Koblenz, N 1248 Erich Seeberg.

52 Iwand, Briefe Rudolf Hermann, 253 f. (Brief vom 9. / 10. 9. 1933).

53 Iwand, Gegenwartslage, 15.

umgekehrt als Versuch, der nationalsozialistischen Begeisterung Schranken zu setzen und ihr ihren Platz in der Gesellschaft zuzuweisen. Es ist eine nüchterne Analyse, die die Euphorie eher zu dämpfen versucht, als dass sie ihr Beifall bezeugt. Der „völkische Glaube“[54] darf unter keinen Umständen eine „politische Weltanschauung“ werden, wie bei den „Deutschen Christen“, deren Anliegen er als „Religion der in sich geschlossenen Endlichkeit“ charakterisierte[55]. Das Treiben der „Deutschen Christen“, die dem Staat gestatteten, den „Raum“ der Kirche zu bestimmen, wird von ihm prinzipiell abgelehnt[56].

Hier machen sich bei Iwand theologische Einsichten geltend, die er schon vor 1933 hegte. Grundlegend ist für ihn die Grenze von Kirche und Staat, die es verhindert, dass Glaube und politische Weltanschauung vermischt werden. Schon in einem Aufsatz aus 1931 hatte Iwand beteuert: „der Staat [...] darf [...] niemals seine Macht zu Religionszwecken nützen.“[57] Wenn er am 10. September 1933 an Hermann schreibt: „Man kann doch nicht zugleich an das ‚Forme Menschen nach meinem Bilde‘ und an Gott glauben“[58], so korrespondiert das mit dem, was er im Aufsatz „Die Gegenwartslage des Protestantismus im östlichen Raum“ notiert: „der Staat [verliert] sein Recht, wenn er in dieses Heiligtum [sc. wo Gott mit seinem Wort die Kirche führt] eingreift. Denn er verletzt die Grenze von Staat und Kirche, die einzige, die der Protestantismus kennt“[59]. Von daher protestiert er auch gegen die antisemitischen Maßnahmen der „Braunen Synode“ von 4./5. September 1933:

> „Denn das Hineinnehmen des Rassedogmas in die kirchliche Gesetzgebung ist ein erster wenn auch vorläufig noch bemäntelter Schritt zum Doketismus. Es darf nicht sein, daß eine Kirche, die Paulus so viel verdankt wie wir, den Juden die Möglichkeit der Verkündigung nimmt.“[60]

Das ist wirklich ein ganz anderer Ton als er im Votum, das Paul Althaus 1934 veröffentlichte, vorherrscht: „Wir schauen deutsches Wesen am klarsten an in Christen deutschen Blutes.“[61] Iwands theologisches Anliegen ist somit klar: völlige Trennung der Bereiche von Kirche und Staat, nicht aber um etwa damit – neuprotestantisch – die Anpassung an die politische Ordnung, etwa in der Gestalt der „Gleichschaltung“, zu legitimieren und sanktionieren, sondern um

---

54 Vgl. Iwand, Briefe Rudolf Hermann, 252, 255.

55 Ebd., 252.

56 In seinem 7. Rundbrief für ostpreußische Pfarrer von Pfingsten 1934 (vgl. o. Anm. 10) warnt Iwand davor, dass da, wo das „Christ-Sein und Pfarrer-Sein zur Selbstverständlichkeit wurde, unsere politische Existenz aber zur Überzeugungssache, wenn das Pathos da liegt, wo es gerade nicht liegen soll, [...] dann ist auch hier das erste Gebot verraten, und aus dem Trachten nach dem Reiche Gottes eine Propaganda für irgendeine ‚Religionsgesellschaft‘ geworden.“

57 Iwand, Leben, 29.

58 Iwand, Briefe Rudolf Hermann, 253.

59 Iwand, Gegenwartslage, 13.

60 Iwand, Briefe Rudolf Hermann, 255 (Brief vom 10. 9. 1933).

61 Althaus, Christus, 17.

der Kirche ihr Recht und ihre Freiheit zuzuerkennen, den „Raum" der Kirche vom Evangelium her zu gestalten und von daher die Gemeinde auszurüsten und aufzufordern, in Gesellschaft und Politik ihre Verantwortung zu übernehmen.

Anfang 1934 begegneten Iwand und Niemöller sich zum ersten Mal bei der Vorbereitung für den Hitler-Empfang am 25. Januar 1934 in Berlin, wo Iwand auf Barth einen „besonders günstigen Eindruck machte"[62]. Er lehnte es damals schon prinzipiell ab, in der Predigt der Kirche in welcher Weise auch immer dem neuen politischen Regime beizupflichten, erkannte aber der Kirche den Auftrag zu, das Wort Gottes von der konkreten Lage des Volkes zu hören und daraufhin auszulegen. Diese theologische Grundansicht befähigte Iwand, den eigenen kirchenpolitischen Kurs der ostpreußischen Kirche eine ganze Strecke mitzugehen, ohne seine eigene Überzeugung zu verleugnen. Bei Niemöller war eher das Umgekehrte der Fall. Er war schon Anfang 1934 kirchenpolitisch kompromisslos, plädierte dann aber auch noch dafür, als Pfarrernotbund geschlossen der NSDAP beizutreten, um so zu zeigen, es ginge ihnen ausschließlich um die „reine Predigt des Evangeliums"[63]. So stritt Niemöller sich mit den Bischöfen der „intakten Kirchen", weil er deren Linie als nicht prinzipiell genug empfand, während Iwand in Ostpreußen innerhalb der Möglichkeiten, die die dortige kirchliche und politische Lage ihm bot, einen Kurs verfolgte, der aus der Perspektive des Pfarrernotbundes eher als kompromisshaft erschien. Obwohl Iwand von Anfang an konsistent die Linie von Barmen und Dahlem ging und an ihr festhielt, hatte er theologisch aber keine prinzipiellen Probleme damit, gemeinsam mit der „intakten" Evangelisch-Lutherischen Kirche Bayerns vorzugehen. Wenn etwa Dietrich Bonhoeffer auf „konkreten Gehorsam" und „sichtbare Kirche" drängte, ging es Iwand hingegen um die „Reinheit" der Verkündigung, weil er von ihr die Reinigung und Erneuerung der Kirche erhoffte,[64] und er setzte dabei nicht auf organisatori-

---

62 Am 26. 1. 1934 berichtete Charlotte von Kirschbaum an Eduard Thurneysen über diese Begegnung: „Von den dort versammelten Führern erwartet er [Barth] insgesamt *nichts*. Unter den Pfarrern traf er manche Getreue, und besonders günstigen Eindruck machte ihm Prv. Dozent Iwand-Königsberg" (von Kirschbaum an Thurneysen vom 26. 1. 1934. In: Barth / Thurneysen, Briefwechsel, 594 [Hervorhebung im Original]).

63 Vgl. Schmidt, Niemöller, 181 f. Christa Müller schrieb am 10. 12. 1933 an Rudolf Hermann Niemöller sei „ein überzeugter Nazi" (in: Christa Müller, Theologin im Kirchenkampf, Vikarin bei Martin Niemöller. Ihre Briefe an Rudolf Hermann (1933–1935), 18 (<https://theologie.uni-greifswald.de/lehrstuehle/lehrstuehle/sys/theologiegeschichte/unpublizierte-quellen/> https://theologie.uni-greifswald.de/lehrstuehle/lehrstuehle/sys/theologiegeschichte/unpublizierte-quellen/ [27. Dezember 2021]). Michael Heymel notiert: „Die Aufgabe, eine politische Theologie in Opposition zu den ‚häretischen Verirrungen' der Deutschen Christen und der mit ihnen verbündeten völkischen Theologen (Seeberg, Hirsch, Althaus, Stapel) zu formulieren, wurde in der ersten Hälfte des Jahres 1934 unter prinzipieller Führung des Schweizer Theologen Karl Barth begonnen." (Heymel, Dahlemer Predigten, 42 f.)

64 Vgl. Basse / den Hertog, Bonhoeffer. Iwands Anliegen tritt klar hervor im Titel des Flugblatts, das er für die vierte Bekenntnissynode van Bad Oeynhausen Februar 1936 verfasste und das ein leidenschaftliches Plädoyer war, zu bleiben bei den Beschlüssen der Synoden von Barmen und

sche Trennung oder gar Kirchenspaltung[65]. Darum konnte er auch, als er am 22. Juni 1934 von Bischof Hans Meiser gebeten wurde, an der Errichtung eines „lutherischen Konvents“ innerhalb der Bekennenden Kirche mitzuarbeiten, gleich zusagen[66]. Am 19. August 1934 schrieb er an seinen Lehrer Rudolf Hermann, Delegierter in Barmen und Dahlem:

> „Ich war jetzt auch bei Meiser in München, man hat mich aufgefordert, bei dem lutherischen Konvent mitzuarbeiten. Meiser und die bairischen Pfarrer machen auf mich einen guten und ruhigen Eindruck, ich glaube, daß sie entschlossen sind, ihren Weg zu gehen. Das Schlimme ist nur, daß Niemöller eigentlich nicht verstanden hat, die ostelbischen Kirchen mit ihrer eigentümlichen Lage zu sammeln und daß überhaupt die Berliner nicht gerade sehr weitsichtig und vorwärtsweisend sind.“[67]

Hier klingt wiederum die Kritik an Niemöller an, dass er die besondere kirchliche und politische Lage Ostpreußens nicht verstehe und ihr nicht gerecht werde.

Der eigene Kurs der ostpreußischen Kirche blieb lange Zeit unentschieden. Als Reichskirchenminister Hanns Kerrl im Oktober 1935 sogenannte „Kirchenausschüsse“ einsetzte, in denen Vertreter der kirchenpolitisch neutralen Mitte, Mitglieder der Bekennenden Kirche und der „Deutschen Christen“ zusammenarbeiten sollten, erklärte der Vorsitzende des ostpreußischen Bruderrats Kuessner, dazu gebeten vom Bischof Marahrens, sich bereit, daran mitzuarbeiten[68]. Damit zeigte sich noch einmal die eigene Position der Bekennenden Kirche Ostpreußens: Sie war Teil der Bekennenden Kirche der altpreußischen Union, aber sie pflegte auch gute Kontakte mit der „intakten“ Landeskirche Bayerns, bei der sie 1935 praktische Hilfe für die Prüfung von Kandidaten, die sich weigerten sich vom Königsberger Konsistorium prüfen zu lassen, suchte und erhielt[69]. Die Bayerische Kirche wehrte sich zwar gegen die Errichtung von Kirchenausschüssen in ihren eigenen Kirchen, befürwortete aber für die „zerstörten“ Kirchen eine bedingte Kooperation. Kuessner schloss sich in seiner Beurteilung der Ausschüsse dieser Sicht an, und versuchte sogar, die ostpreußische Kirche von der altpreußischen Union zu trennen; danach sollte die Ostpreußische Bekenntnissynode sich auflösen[70].

Dahlem: Um Einheit und Reinheit der Bekennenden Kirche (in: SCHMIDT, Dokumente, 280–286; auch in: IWAND, Briefe, 193–199).

65 Vgl. Iwand an Niemöller vom 13. 9. 1935. In: NIEMÖLLER, Synode, 122: „Die wahre Kirche durch menschliche Organisation zu bauen und – was ja dann notwendig wäre – sichtbar in Erscheinung treten zu lassen, wäre schlimmste Hybris. Die Gefahr des Antichristentums geistert überall herum und wir sind vor ihr nicht weniger sicher als die da draußen.“

66 Vgl. SEIM, Iwand, 133.

67 IWAND, Briefe Rudolf Hermann, 267.

68 Vgl. KUESSNER, Erinnerungen, 432.

69 Vgl. SEIM, Iwand, 152; LUDWIG, Beitrag, 292.

70 Vgl. LINCK, Kirchenkampf, 126; KOSCHORKE, Jahr, 215.

Dieser Schritt Kuessners löste eine tiefgehende Diskussion in der ostpreußischen Kirche aus, vor allem zwischen Iwand und Kuessner[71]. Am 23. November 1935 schrieb Iwand an Joachim Beckmann:

> „Wir wollen aber nicht, daß die Bekennende Kirche in Ostpreußen auf diesem Wege, der kein guter Weg ist, mitgeführt wird. Wir sind selbstverständlich persönlich weiter in Fühlung mit Küssner, können ihm aber nicht mehr das Vertrauen dazu geben, daß er die Kirche richtig führt. So ist etwa die Situation. Bei der ganzen Anlage der ostpreußischen Bekenntniskirche muß diese Schwenkung Küssners natürlich eine ungeheure Wirrnis zur Folge haben. Der Bruderrat muß sich nun erst eigentlich durchsetzen, denn er war ja bisher eigentlich nur eine mehr beratende und beschließende, als leitende Instanz."[72]

Obwohl der ostpreußische Bruderrat Mitarbeit in den Kirchenausschüssen zurückwies, blieb man mit Kuessner in Verbindung. Tatsächlich folgte Iwand in der entstandenen Situation dem Kurs des Bruderrates der Bekennenden Kirche der altpreußischen Union, und er und andere in Ostpreußen weigerten sich prinzipiell, den Weg der Kirchenausschüsse mitzugehen[73]. Ein klarer Beweis dafür ist wohl, dass er auf die Anerkennung des ostpreußischen Predigerseminars der Bekennenden Kirche in Bloestau verzichtet und Niemöller einlädt, die Eröffnung auszuführen und die Eröffnungspredigt zu halten[74].

Das Scheitern der vierten Bekenntnissynode von Bad Oeynhausen im Februar 1936, wonach die Bischöfe der „intakten Kirchen" sich lossagten von der vorläufigen Kirchenleitung, war für Iwand eine tiefe Enttäuschung. Dennoch zerschnitt er auch dann das Band mit der Bayerischen Kirche nicht. Aus einem Brief von Karl Gerhard Steck an Martin Niemöller vom 11. Dezember 1935 geht hervor, dass Iwand von Schülern Barths wie dieser in Bayern „als Vertrauter Niemöllers, mindestens als ein Mann in dessen Nähe angesehen wurde"[75]. Dennoch, als Bischof Meiser zusammen mit anderen am 11. März 1936 den „Lutherrat" – offiziell: „Rat der Evangelisch-Lutherischen Kirche Deutschlands" – errichtete, der Abstand nahm von Barmen und von den Beschlüssen von den Synoden von Dahlem und Augsburg, sagte Iwand zu, ein Referat zu halten. In diesem Vortrag bekannte er sich allerdings offen zur

71 Vgl. Linck, Kirchenkampf, 122; Koschorke, Jahr, 219–221.

72 Original LKA Düsseldorf, Kirchenkampfsammlung Beckmann, B 53.

73 Vgl. Iwand, Warum, 875–880.

74 Vgl. Seim, Iwand, 168.

75 Ebd., 163. Dort auch ein Zitat aus dem Brief Stecks: „Wir stehen hier gegenwärtig im Zeichen der Ostpreußen mit Prof. Iwand an der Spitze, der die Luft hier doch – wie wir hoffen – in kräftigem Maße gereinigt oder umgekehrt, den Bazillus der Einsicht in gewisse grundlegende Regeln angesetzt hat. Weswegen schon allein das Examen der Ostpreußen in der ‚intakten' Landeskirche eine gute Sache war, wenn auch vielleicht mehr gegen als nach der eigentlichen Intention und Meinung unseres ‚bischöflichen Palais'."

Barmer Theologischen Erklärung und war sogar möglicherweise der erste überhaupt, der Barmen als ein Bekenntnis bezeichnete[76].

Wenn wir hier eine Zwischenbilanz ziehen, soll sie differenziert ausfallen. Niemöller hat die Machtübernahme Anfang 1933 begrüßt, die theologische Linie der radikalen „Deutschen Christen" aber abgelehnt. Er musste allerdings theologisch umlernen, um den Weg von Barmen und Dahlem zu gehen. Sein politischer Kurs war noch ein ganz anderes Kapitel, Ende 1933 und Anfang 1934 stand und ging er nicht mit Barth auf einer Linie, und noch in seinem Prozess 1938 stellte er sich als Nationalsozialist dar[77]. Iwand ist, obwohl wie Niemöller „Nationalprotestant", nie Nationalsozialist gewesen, und hat auch nie Sympathie für den Nationalsozialismus oder Hitler gezeigt. Er gesteht in theologischer Hinsicht zwar der Kategorie des „Volkes" eine eigene Bedeutung zu, macht aber von vornherein klar, dass ihr keine Offenbarungsqualität zukommt. Aus diesem Grund steht er als einer der wenigen schon im Januar 1934 theologisch an der Seite Karl Barths. Am 13. August 1935 sagte Iwand auf dem Oeynhausener Theologenkonvent: „Barth hat recht: Die Entscheidungen auch über die politischen und sozialen Fragen fallen in der höheren Ebene des Glaubens"[78]. Zugleich unterschied er sich von Barth darin, dass er von der theologia crucis her alle direkte Einflussnahme der Kirche auf das politische Geschehen zurückwies[79]. Das befähigte ihn innerlich, sei es sicher mitbedingt durch die spezifische Umstände und Verhältnisse in Ostpreußen, weiterhin mit dem Bayrischen Bischof Meiser zusammenzuarbeiten, auch nachdem dieser die Linie von Barmen und Dahlem verlassen hatte[80]. Laut dem schon erwähnten Brief von Karl Gerhard Steck vom 11. Dezember 1935 an Martin Niemöller, von dem er einen Durchschlag an Karl Barth schickte, stellte sich Iwand gegen Barths politische Linie[81]. Am 23. Dezember 1935 reagierte Barth in einem Brief an Karl Immer: „Es sind mir [...] aus Bayern entrüstete Stimmen zu Ohren gekommen, wo man sich von Ostpreußen (Iwand) her hatte zuraunen lassen, dass mein Tun ein verderbliches sei."[82]

Alles in allem zeigen die Wege Iwands und Niemöllers in den ersten Jahren des „Dritten Reiches", dass es zwischen ihnen deutlich Nuancierungen in der nationalprotestantischen Mentalität gab, und auch eine unterschiedliche Haltung dem Nationalsozialismus gegenüber. Beide waren sie politisch rechts, aber Niemöller hatte eine offene Flanke zum Nationalsozialismus hin, die

76 Vgl. LUDWIG, Fenster, 72.

77 Vgl. ZIEMANN, Niemöller, 7 f., 303–309.

78 Zitiert in: NIEMÖLLER, Bekenntnissynode, 122.

79 Vgl. NEDDENS, Theologie, 702–714.

80 Kennzeichnend ist wohl, was er Anfang 1936 in einem Bayrischen Kirchenblatt schreibt: „Bekennende Kirche ist nur dann dieses Namens wert, wenn sie weiß, daß die Grenzen zwischen drinnen und draußen Gott allein bekannt sind" (IWAND, Was heißt Bekennende Kirche?, 120).

81 Vgl. die Zitate aus diesem Brief in: BARTH, Vorträge, 225. Jedenfalls blieb Iwand bis 1939 in politisch-theologischer Hinsicht auf dieser Position (vgl. DEN HERTOG, Stationen, 220–224).

82 BARTH, Vorträge, 226.

Iwand so nicht hatte. Gemeinsam ist ihnen, dass das Evangelium für sie beide ausschlaggebend war und sie dazu brachte, ihre nationalprotestantische Mentalität zu revidieren. Iwand war 1933 theologisch schon weiter als Niemöller, lebte aber in einem erheblich anderen kirchlichen und politischen Kontext als jener. Auf den ersten Blick kann es den Anschein haben, dass Niemöller nach den Barmer und Dahlemer Synoden geradlinig den Weg der Bekennenden Kirche ging, Iwand aber, obwohl theologisch klar, in seiner Kooperation mit der Bayerischen Kirche und seiner Mitarbeit am „Lutherrat" eher schwankend war. Wenn man aber fragt, welche Linie Iwand in diesen Kontakten vertrat, dann zeigt sich, dass er wie Niemöller energisch darum geworben hat, dass die „intakten" Kirchen auf der Linie von Barmen und Dahlem bleiben würden.

3.2 1937–1941

In 1937 verschärft sich die Lage für die Bekennende Kirche. Das Regime sitzt fest im Sattel und bemüht sich, die kirchliche Opposition endgültig zum Schweigen zu bringen. Am 24. Juni 1937 werden in Berlin die anwesenden Mitglieder des Reichsbruderrats, unter ihnen auch Iwand, verhaftet, nach einigen Tagen aber wieder entlassen. Eine Woche später, am 1. Juli 1937, wird Niemöller festgenommen, ohne in der Zeit des „Dritten Reiches" noch einmal frei zu kommen. Iwand war damals schon am 24. Mai 1937 aus Ostpreußen ausgewiesen worden, und war mit seinem Predigerseminar zuerst nach Jordan (Kreis Meseritz), dann im Oktober 1937 nach Dortmund gegangen, in der Hoffnung, dort die Arbeit in der Form eines Sammelvikariats fortsetzen zu können[83]. Als die Arbeit des Seminars im Oktober 1937 beendet werden musste, markierte man das mit einem feierlichen Abschluss. Die Reden, die Iwand zur Feier der Beichte und des Heiligen Abendmahls gehalten hatte, wurden in einem Heft in der Reihe „Theologische Existenz heute", unter dem Titel „Von der Gemeinschaft christlichen Lebens" herausgegeben[84]. Iwand hatte dieses Heft offenbar gleich an Niemöller im Berliner Gefängnis Moabit geschickt, denn schon am 17. Dezember 1937 dankte ihm Niemöller mit einer Postkarte für den Empfang, auf der er auch seine Verwunderung dazu äußerte, dass Iwand mit seinem Predigerseminar jetzt im Westen gelandet sei[85].

Das Thema dieses Heftes enthält in einem gewissen Sinn die Frage, mit der Niemöller in den folgenden Jahren ringen wird. Ab August 1938 erwägt er ja eine Zeit lang ernsthaft, zur römisch-katholischen Kirche zu konvertieren. Er verfasst im Hinblick darauf zwischen Ende August und Anfang November 1939 für sich ein ausführliches Manuskript „Gedanken über den Weg der

83 Vgl. Seim, Iwand, 206–217.
84 Iwand, Gemeinschaft.
85 BArch N 1528.

christlichen Kirche"[86]. Offensichtlich war das Problem dem Rat der Bekennenden Kirche der altpreußischen Union schon bekannt, denn er „veranlaßte" bereits am 19. Dezember 1939 Iwand „eine Schrift über ‚Glaubensgerechtigkeit nach Luthers Lehre' zu verfassen, in der Hoffnung, daß es Frau Niemöller gelingen möchte, diese ihrem Mann bei einem Besuch im KZ zu übergeben"[87]. Es bedarf keiner Rede, dass eine Konversion des bekanntesten Vertreters der Bekennenden Kirche, geschätzt wegen seinen Dahlemer Predigten und seiner unerschrockenen Haltung im Kirchenkampf, ein schwerer Schlag für die Bekennende Kirche gewesen wäre, die ja damals ohnehin durchaus eine schwere Zeit erlebte. Es liegt also nahe, dass man sich in Kreisen und Gremien der Bekennenden Kirche dafür einsetzte, Niemöller von diesem Vornehmen abzubringen.

Iwand hatte die Zeit zwischen Ende November 1938 und Anfang März 1939 in Gestapohaft in der Steinwache in Dortmund verbracht. Dort nutzte er die Zeit dafür, einen Kommentar auf Luthers de servo arbitrio für die Münchener Ausgabe zu verfassen[88]. Nach seiner unerwarteten Freilassung – ihm war mit KZ-Haft gedroht worden – trat er ein Pfarramt in Dortmund an. Dieses Amt bot ihm eine von den ganz wenigen Existenzmöglichkeiten, die ihm im „Dritten Reich" offenstanden und gewährte ihm auch einen willkommenen rechtlichen Schutz[89]. Im Sommer und Herbst 1940 schrieb er dann die vom Bruderrat erbetene kleine Studie „Glaubensgerechtigkeit nach Luthers Lehre"[90], die im März 1941 herauskam[91]. Zu dieser Zeit erfuhr von Niemöllers Vorhaben der Konversion „eine breite internationale Öffentlichkeit"[92]. Es gelang, „das Heft unter einem andern Umschlag in das Lager einzuschmuggeln", und Niemöller ließ Iwand über seine Frau Dank ausrichten. Am 11. März 1941 schrieb Iwand an Ilse Gräfin Kanitz: „So hat die Sache – die Lutherstudie – sich doch gelohnt. Ich freue mich darüber."[93] Am 4. Mai 1941 schrieb Niemöller allerdings an seine Frau, „er habe trotz Iwands Schrift keinen Grund gefunden, seine sachliche Einstellung zu revidieren"[94].

Es stellt sich die Frage, warum Gremien, Kreise oder wer auch immer innerhalb der Bekennenden Kirche gerade Iwand und nicht vielmehr Bon-

86 Niemöller, Gedanken. In ihrer Einleitung notieren Christophersen und Ziemann, dass Niemöller August 1938 anfing, „sich intensiv mit dem katholischen Glauben auseinanderzusetzen" (9), und dass er sein Manuskript „von Ende August bis Anfang November 1939" verfasste (8).

87 Niesel, Kirche, 212. Es stimmt also nicht, dass noch November 1940 „nur Familienangehörige und engste Freuden Martin Niemöllers von seinem Vorhaben […] wussten", wie Christophersen und Ziemann notieren (Einleitung, 19). Weder die Bitte des Bruderrats an Iwand noch Niemöllers Reaktion auf Iwands Heft werden bei Christophersen und Ziemann erwähnt.

88 Vgl. Iwand, Erläuterungen.

89 Vgl. Seim, Iwand, 232 f.

90 Iwand, Glaubensgerechtigkeit.

91 Vgl. Seim, Iwand, 257. 260.

92 Christophersen / Ziemann, Einleitung. In: Niemöller, Gedanken, 8.

93 Vgl. Seim, Iwand, 260.

94 So Schäberle-Koenigs, Weg, 251.

hoeffer gebeten haben, eine Schrift, und zwar zu diesem Thema, zu schreiben? In seinen „Gedanken über den Weg der christlichen Kirche" betont Niemöller sehr die Einheit und Sichtbarkeit der Kirche Jesu Christi weltweit, und es ist klar, dass das mit seiner Enttäuschung über den Weg der Bekennenden Kirche zu tun hatte[95]. Wäre hier Bonhoeffer nicht der naheliegende Gesprächspartner gewesen? Er hatte sich im Streit gegen die Irrlehren der „Deutschen Christen" und im Einsatz für den Frieden auf die Sichtbarkeit der Kirche gesetzt. In den ersten Jahren des „Dritten Reiches" waren Bonhoeffer und Niemöller in dieser Hinsicht noch uneinig gewesen, sodass Bonhoeffer am 28. April 1934 an Erwin Sutz über „Phantasten und Naive wie Niemöller"[96] spottete, die meinten, sowohl Bekenner wie auch wahre Nationalsozialisten zu sein. Im Exemplar des Ende 1937 erschienenen Buches „Nachfolge", das Bonhoeffer an Frau Niemöller schickte, schreibt er die Widmung: „Herrn Pfarrer Martin Niemöller zum Advent 1937 als brüderlicher Dank. Ein Buch, das er selbst besser schreiben könnte als der Verfasser."[97] Mit diesen Worten anerkannte Bonhoeffer, dass in den zwischenliegenden Jahren etwas passiert war, nämlich dass Niemöller durch sein Stehen für den Kurs der Synoden von Barmen und Berlin-Dahlem genügend gezeigt hatte, er wolle den Streit nicht nur innerkirchlich führen, sondern tatsächlich den Weg der Nachfolge gehen[98]. Bonhoeffer wäre auch deswegen ein geeigneter Gesprächspartner Niemöllers in dieser Frage gewesen, weil er dessen Kritik an den Lutheranern in der Bekennenden Kirche verstand und nachvollziehen konnte, und dennoch keinen Übertritt zur römisch-katholischen Kirche erwogen hat.

Warum also Iwand? Weil er im Gegensatz zu Bonhoeffer als unverfälschter Lutheraner angesehen wurde? Oder weil Bonhoeffer Hitlers Kriegspläne unerbittlich ablehnte und erwog, Kriegsdienst zu verweigern – und Iwand wie Niemöller damals noch „nationalprotestantisch" genug waren, um sich für die Wehrmacht zu melden[99]? Spielte es eine Rolle, dass Iwand mehrere Male verhaftet worden war und fast vier Monate Gestapohaft hinter sich hatte und

95 Vgl. Niemöller, Gedanken, 129 („sichtbare und feststellbare Wirklichkeit"), 132 („wirklich sein Leib ist").

96 Bonhoeffer, London, 128.

97 Bonhoeffer, Theologenausbildung, 21.

98 Vgl. Niemöller, Gedanken, 151: „Nehmen wir hinzu, wie Jesus über das Hören, dem kein Tun folgt, urteilt (Matthäus 7,26) oder über das ‚Herr, Herr' sagen, dem die Bruderliebe fehlt (Matthäus 25,45), und erinnern wir uns noch an die […] Warnung vor einem Mißverstehen der Paulusbriefe (2. Petrus 3,15–16), dann werden wir nicht den Mut haben zu behaupten, daß die heilige Schrift das lutherische Dogma als die einzig-schriftgemäße Lehre von der Rechtfertigung beurteilt." (Vgl. auch ebd., 175 f.)

99 Am 10. 4. 1940 schrieb Iwand an Ernst Burdach: „.. vielleicht stehen dem Osten doch noch große Dinge bevor. Sie können sich denken, wie ich in meiner Erinnerung manchmal den ganzen östlichen Raum durchwandere, zumal heute, wo die Möglichkeit einer neuen Epoche dieses Raumes im deutschen Sinne wieder bevorsteht. Daß Sie gern Soldat waren, verstehe ich gut, ich bin es auch gern gewesen und – würde es auch jetzt sogar noch einmal wieder werden". (BArch N 1528. Vgl. Seim, Iwand, 250, 262)

mit KZ-Haft bedroht wurde? Oder erwartete man von Iwand, er würde Niemöllers massive Kritik am Luthertum[100] einiges Stichhaltige entgegenhalten? Entschied der Bruderrat sich etwa für das Thema „Glaubensgerechtigkeit nach Luthers Lehre", weil ihm der Mut fehlte, die Auseinandersetzung mit der Kritik Bonhoeffers anzugehen? Wenn ja, dann wäre dieses Thema kennzeichnend für die defensive Haltung der Bekennenden Kirche. Es lässt sich aber kaum denken, dass Iwand sich auf eine Aufgabe mit einem solchen Hintergrund eingelassen hätte. Man wusste ja auch, dass gerade er auf das Eigene der Ekklesiologie Luthers hingewiesen hatte und jeden Konfessionalismus ablehnte[101]. Während seiner Gestapohaft 1938/39 hatte Iwand auch einen Kommentar zu Luthers Schrift „de servo arbitrio" geschrieben, in dem er ausführte, Luther entfalte

> „einen neuen Begriff der Kirche, er spricht von der verborgenen Kirche und stellt ihr an die Seite – die Klarheit der Schrift. […] Luther lehrt hier nicht die *ecclesia invisibilis*, das könnte geistig verstanden und damit mißverstanden werden, sondern er redet von der *ecclesia abscondita*, von der Kirche, die unter Kreuz und Leiden, Spott und Hohn verborgen ist und von der anderen Kirche verfolgt und unterdrückt wird, die vor der Welt den Namen hat"[102].

In diesem sachlich-theologischen Kommentar stellte Iwand auch eine Seite Luthers dar, die sich dem Geist, der den Kern des Nationalsozialismus bildete, ungemein aktuell-kritisch zeigte:

> „Großartig, mit prophetischem Blick über Jahrhunderte hinweg eine geistige Entwicklung voraussehend, hält Luther hier dem Erasmus entgegen: Durch dies sein Dogma wird es dahin kommen, daß der Mensch über Christus und den Satan weit emporgehoben, daß er der Gott aller Götter und der Herr aller Herren wird […]. Luther hat gesehen, daß die Erlösungslehre des Christentums mit diesem humanistischen Unterbau vom edlen Kern des Menschen die Keimzelle werden muß für eine Apotheose des Menschen, die alles Heidentum weit übertrifft."[103]

Hat dies eine Rolle in den Erwägungen des Bruderrates gespielt, Iwand mit der Schrift zu „Glaubensgerechtigkeit nach Luthers Lehre" zu beauftragen? Wir kommen hier leider nicht weiter als Vermutungen, und müssen uns damit begnügen, was Iwand 1941 dazu im Vorwort andeutet:

> „Von Freunden wurde ich gebeten, in möglichst gedrängter Form die Grundgedanken von Luthers Theologie darzulegen. Dahinter stand die Sorge darum, daß in den Reihen der evangelischen Theologen die Erkenntnis von den Grundlagen des evangelischen Glaubens keine einheitliche sei, und daß auch die Auseinandersetzung mit dem Katholizismus ein klares Wissen um die Entscheidungen

100 Vgl. Niemöller, Gedanken, 152–209.
101 Vgl. Iwand, Coena, 202–221 (auch in: Iwand, Glauben, 125–137).
102 Iwand, Erläuterungen, 282 f.
103 Ebd., 306.

> voraussetzt, die damals durch Luthers theologischen Kampf gefallen sind. Jahrhundertelang haben die beiden christlichen Konfessionen in Deutschland von dem Bestand gelebt, der sich in Reformation und Gegenreformation für die ergeben hatte. Es könnte sein, daß wir in eine Zeit eintreten, in der dieses traditionelle Festhalten an der vererbten Konfession hinfällig wird, in der wir wieder nach dem Grund fragen, auf dem unser Bekenntnis ruht. Und es könnte sein, daß wir uns nicht mehr so leicht und einfach mit der Zertrennung der Kirche in Konfessionen abfinden, wie das etwa im 19. Jahrhundert der Fall war, daß wir wieder nach der Einheit der Kirche fragen und die Gegensätze von einst uns nicht mehr so schwerwiegend erscheinen. Das etwa waren die Gedanken, die hinter dieser Bitte der Freunde standen. So habe ich denn versucht, diesem Wunsche gerecht zu werden, auf knappem Raum und in kurzer Zeit."[104]

Es ist gut verständlich, dass Iwand von einer „Bitte der Freunde" spricht. Es wäre 1941 nicht klug gewesen, auf den Rat der Bekennenden Kirche zu verweisen, zumal das Fragen hervorgerufen hätte, warum dieser Rat gerade dieses Thema jetzt für so dringlich hält. Iwand erweckte im Vorwort den Eindruck, er halte die konfessionelle Kontroverse für mehr oder weniger obsolet und wolle Brücken bauen, macht aber auch klar, dass eine Befreiung Luthers aus der Enge des Konfessionalismus keine Milderung und Abschwächung der Rechtfertigungslehre bedeute. Er notiert hingegen: „Wer meint, Luther konfessionell in Erbpacht nehmen zu können, gerät leicht in Gefahr zu übersehen, daß gerade wir, die von ihm herkommende Kirche, durch ihn zur Umkehr und Buße aufgerufen sind."[105] Beim Lesen zeigt sich dieses Heft tatsächlich als ein leidenschaftliches Plädoyer für die Wahrheit und die kritische Potenz einer genuin-reformatorischen Rechtfertigungslehre, die die Kirche aus einer farblosen „Unsichtbarkeit" herausholt[106]. In dieser Schrift finden wir nicht den Luther der „Deutschen Christen", dem quasi nur ein Stahlhelm fehlt, um ihn in die SS einverleiben zu können, und auch nicht einen konfessionell eingebundenen Luther, dessen Theologie eine zeitlose und ungefährliche Wahrheit bietet[107]. Nein, Iwand stellt hier einen polemischen Luther dar, der „zur Umkehr und Buße" aufruft.

4. Ausblick: „Umkehr und Buße"

Im Vorwort der 3. Auflage 1951 seiner Schrift „Glaubensgerechtigkeit nach Luthers Lehre", das Iwand fast unverändert in der 4. Auflage 1959 wieder abdrucken ließ, schrieb er:

104 Iwand, Glaubensgerechtigkeit, 11 f.
105 Ebd., 13 f.
106 Vgl. Niemöller, Gedanken, 193 f.
107 Vgl. die klare Abgrenzung in: Iwand, Schlink, 158–169.

„Dies Heft müßte ganz neu geschrieben werden. […] Aber man bedenke, daß diese Schrift schnell und zu bestimmten Zwecken vor nunmehr fast 20 Jahren geschrieben wurde. Manches im Vorwort von damals – 1941 – Gesagte dürfte auch heute noch seine Gültigkeit haben und zugleich deutlich machen, daß alle unsere Bemühungen in dieser Richtung umsonst gewesen sind. Der Wind der Zeit war gegen uns, und die damals schon sich ankündigende Richtung einer scharfen Konfessionalisierung des Lutherverständnisses und zugleich einer zunehmenden Erweichung der entscheidenden Punkte innerhalb der Rechtfertigungslehre und der Unterscheidung von Gesetz und Evangelium hat sich nach 1945 in unerwartetem Maße fortgesetzt.“[108]

Noch immer werden die konkreten Hintergründe der „Bitte der Freunde“ nicht erläutert, aber Iwand gesteht nun ein, dass seine Schrift „zu bestimmten Zwecken“ geschrieben worden war. Welche das waren, spricht er nicht aus, aber er gibt zu erkennen, dass er noch immer zu dem steht, was er 1941 im Vorwort schrieb. Leider müsse er mit Enttäuschung feststellen, dass „alle unsere Bemühungen in dieser Richtung umsonst gewesen sind“. Dabei wäre gewiss das „Wort des Bruderrates der Evangelischen Kirche in Deutschland zum politischen Weg unseres Volkes“[109] zu nennen, das Iwand und Niemöller 1947 gemeinsam mit Karl Barth in Darmstadt entworfen hatten, und das im Kern ein Aufruf „zur Umkehr und Buße“ war.

1941 hatte Iwand Niemöller nicht überzeugt. Nach 1945 fanden sich aber beide im Kampf gegen eine „scharfe Konfessionalisierung“, die mit Blindheit für die deutsche Schuld und mit einer restaurativen Politik einherging, vereint. Martin Stöhr hat Niemöllers Umgang mit der Schuldfrage auf die Formel „organisierte Unbußfertigkeit“ gebracht, und schreibt ihm diesen prägnanten Ausdruck auch zu[110]. Diese Formulierung hatte aber Iwand, nicht Niemöller, geprägt und häufiger benutzt[111]. Niemöller würde sich aber vermutlich über diesen Fehler Stöhrs nicht beklagt, sondern eher gefreut haben, wenn wir uns

108 Iwand, Glaubensgerechtigkeit, 11.

109 In Iwand, Frieden, 18–24.

110 Stöhr, Schuldfrage, 101.

111 Am 28. 7. 1947 beklagt Iwand sich in einem Brief an Hans Ehrenberg (BA Koblenz, N 1528) über den lutherischen Konfessionalismus und diagnostiziert: „Der Krebs, an dem die lutherische Kirche leidet, muß schonungslos operiert werden.“ Einige Zeilen weiter bemerkt er: „Wenn schon die NSDAP die im Vergleich zu den Ereignissen von 1918 organisierte Unbußfertigkeit des Deutschen Volkes war, so sind wir heute in Gefahr, daß die Kirchlichkeit die Rolle übernimmt, die die Partei nicht mehr spielen kann.“ In seinem Brief an Barth vom 8. 3. 1948 (Karl Barth Archiv 9348.745) bezeichnet Iwand die Versuche, eine VELKD zu bilden, als Weigerung, eine „echte, theologische, an Barmen ausgerichtete Kritik des Luthertums“ zuzulassen. In diesem Zusammenhang äußert er erneut die Befürchtung, die VELKD werde sich zu einer „organisierten Unbußfertigkeit des Luthertums“ entwickeln. Im selben Jahr nannte er die Hitlerära die „organisierte Unbußfertigkeit“ des wilhelminischen Zeitalters (Iwand, Deutschland zwischen Ost und West [1950/1951]. In: Iwand, Frieden, 47). Im Jahr 1953 umschrieb er die „Dolchstoßlegende“ und das Aufblühen des Nationalismus als Reaktionen auf den Ersten Weltkrieg mit eben diesem Begriff (Iwand, Existenz. In: Iwand, Glauben, 194).

vor Augen halten dürfen, was er am 2. November 1951 an Iwand schrieb: „Sachlich erübrigt sich beinahe ein Meinungsaustausch zwischen uns beiden, weil wir uns ja – quodam miraculo modo – immer schon vor dem Miteinanderreden verstehen oder verstanden haben."[112]

Quellen- und Literaturverzeichnis

I. Unveröffentlichte Quellen

Bundesarchiv Koblenz
N 1248 Teilnachlass Seeberg, Erich (1888–1945).
N 1528 Nachlass Iwand, Hans (1899–1960).

Landeskirchliches Archiv der Evangelischen Kirche im Rheinland Düsseldorf
Kirchenkampfsammlung Beckmann, B 53.

Karl Barth-Archiv Basel
Briefwechsel Barth – Iwand

Zentralarchiv der Evangelischen Kirchen von Hessen-Nassau (ZA EKHN) Darmstadt
Bestand 62: Nachlass Martin Niemöller, Akz. Nr. 1783.

II. Veröffentlichte Quellen und Darstellungen

ALTHAUS, Paul: Kirche und Volkstum. Der völkische Wille im Lichte des Evangeliums. Gütersloh 1928, zitiert nach: Hans-Walter Krumwiede: Evangelische Kirche und Theologie in der Weimarer Republik (GKTG 2). Neukirchen-Vluyn 1990, 187–207.

–: Christus und die deutsche Seele. Gütersloh 1934.

BARTH, Karl: Die Theologie und der heutige Mensch. In: ZZ 8 (1930) H. 5, 374–396; zitiert nach: Karl Barth: Vorträge und kleinere Arbeiten 1930–1933. Hg. von Michael Beintker / Michael Hüttenhoff / Peter Zocher, Karl Barth Gesamtausgabe Bd. 49. Zürich 2013, 8–43.

– / THURNEYSEN, Eduard: Briefwechsel, Bd. 3, 1930–1935, einschließlich des Briefwechsels zwischen Charlotte von Kirschbaum und Eduard Thurneysen, Karl Barth Gesamtausgabe Bd. 34. Hg. von Caren Algner. Zürich 2000.

112 Niemöller an Iwand vom 2. 11. 1951, Zentralarchiv Evangelische Kirche in Hessen und Nassau, Bestand 62: Nachlass Martin Niemöller, Akz. Nr. 1783.

–: Vorträge und kleinere Arbeiten 1935–1937. Hg. von Lucius Kratzert / Peter Zocher: Karl Barth Gesamtausgabe Bd. 55. Zürich 2021.

Basse, Michael / den Hertog, Gerard (Hg.): Dietrich Bonhoeffer und Hans Joachim Iwand. Kritische Theologen im Dienst der Kirche (FSÖTh157). Göttingen 2017.

Besier, Gerhard: Die Kirchen und das Dritte Reich. Spaltungen und Abwehrkämpfe 1934–1937. Berlin / München 2001.

Bethge, Eberhard: Dietrich Bonhoeffer. Theologe – Christ – Zeitgenosse. Eine Biografie. Gütersloh [9]2005.

Bonhoeffer, Dietrich: Zur Frage nach der Kirchengemeinschaft. In: EvTh 2 (1935), 245–262; auch in: Dietrich Bonhoeffer: Illegale Theologenausbildung. Finkenwalde 1935–1937. Hg. von Otto Dudzus u. a., DBW Bd. 14. Gütersloh 1996, 655–680.

–: London 1933–1935. Hg. von Hans Goedeking u. a., DBW Bd. 13. Gütersloh 1994.

–: Illegale Theologenausbildung. Sammelvikariate 1937–1940. Hg. von Dirk Schulz, DBW Bd. 15. Gütersloh 1998.

Fischer, André: Zwischen Zeugnis und Zeitgeist. Die politische Theologie von Paul Althaus in der Weimarer Republik (AKIZ B 55). Göttingen 2012.

Gailus, Manfred: 1933 als protestantisches Erlebnis: emphatische Selbsttransformation und Spaltung. In: GeGe 29 (2003), 482–511.

–: Ein großes, freudiges „Ja“ und ein kleines, leicht überhörbares „Nein“. Der „Tag von Potsdam“ (21. März 1933) und die Kirchen. In: Ders. (Hg.): Täter und Komplizen in Theologie und Kirchen 1933–1945. Göttingen [2]2015, 32–50.

Hetzer, Tanja: Paul Althaus – Wegbereiter einer geistlichen Gleichschaltung. In: Manfred Gailus / Clemens Vollnhals (Hg.): Für ein artgemäßes Christentum der Tat. Völkische Theologen im „Dritten Reich“ (Hannah-Arendt-Institut Berichte und Studien 71). Göttingen 2016, 69–95.

den Hertog, Gerard: Stationen auf dem Weg des „Denkens aus der Umkehr heraus“. Hans Joachim Iwands theologisches und politisches Umdenken in der Zeit des Dritten Reiches. In: Katja Kriener / Marion Obitz / Johann Michael Schmidt (Hg.): „Die Gemeinde als Ort von Theologie“. Festschrift für Jürgen Seim zum 70. Geburtstag (SVRKG 158). Bonn 2002, 211–224.

–: Wie Gottes Gerechtigkeit Leben wird, in unserem Tun und Lassen. Tertius usus legis: ein problematisches Thema in Hans Joachim Iwands Lehre von Gesetz und Evangelium. In: Görge K. Hasselhoff / Ernstpeter Maurer (Hg.): Tertius Usus Legis. Theologische Dimensionen von Gesetz. Festschrift für Michael Basse. Würzburg 2021, 189–193.

–: Schöpfung, Sünde, Kreuz und Nachfolge Christi. Die Suche Emanuel Hirschs und Dietrich Bonhoeffers nach einer konkreten und wirklichkeitsgemäßen Ethik im Vorfeld des „Dritten Reiches“. In: Michael Basse / Christian Neddens (Hg.): Anstoß des Kreuzes. Kreuzestheologische Aufbrüche im 20. und 21. Jahrhundert (LThG 3). Leipzig 2021, 85–102.

Heymel, Martin: Martin Niemöllers Dahlemer Predigten. Editorischer Vorbericht. In: Martin Niemöller: Dahlemer Predigten. Kritische Ausgabe. Hg. von Michael Heymel. Gütersloh 2011, 15–72.

Hirsch, Emanuel: Die gegenwärtige geistige Lage im Spiegel philosophischer und theologischer Besinnung. Akademische Vorlesungen zum Verständnis des deutschen Jahrs 1933. Göttingen 1934.

Iwand, Hans Joachim: Leben und Lehre. Etwas über vergessene Schätze aus Luthers Theologie. Ein Vortrag von Privatdozent Lic. theol. Iwand Königsberg Pr. (Schriften des Lutherheims Heft 2). Königsberg 1931.

–: Die Gegenwartslage des Protestantismus im östlichen Raum. In: Protestantismus und östlicher Raum. Hg. vom Evangelischen Bund, Hauptverein für Ost- und Westpreußen, zum Reformationsfest 1933, Königsberg, im Selbstverlag des Ev. Bundes 1933, 17–33; zitiert nach: Hans Joachim Iwand: Frieden mit dem Osten. Texte 1933–1959. München 1988, 9–17.

–: Was heißt Bekennende Kirche? In: Evangelisches Gemeindeblatt Nürnberg 43 (1936) Nr. 11 (15. 3. 1936), 120 f.

–: Um Einheit und Reinheit der Bekennenden Kirche. In: Schmidt, Dokumente II, 1, 280–286; auch in: Hans Joachim Iwand: Briefe, Vorträge, Predigtmeditationen. Eine Auswahl. Hg. von Peter-Paul Sänger. Berlin 1979, 193–199.

–: Von der Gemeinschaft christlichen Lebens. Zwei Reden zur Feier der Beichte und des Heiligen Abendmahls (TEH 52). München 1937.

–: Zu Edmund Schlink, „Theologie der lutherischen Bekenntnisschriften". In: ThBl 21 (1942), 158–169.

–: Erläuterungen zu: Martin Luther, Vom unfreien Willen. In: Martin Luther: Ausgewählte Werke. Hg. von Hans Heinrich Borcherdt / Georg Merz, 1. Ergänzungsband. München ^{1}1939 / München ^{3}1954.

–: Coena Domini. Bemerkungen zu dem Buch von Helmut Gollwitzer. In: EvTh 5 (1938), 202–221; zitiert nach: Hans Joachim Iwand: Um den rechten Glauben. Gesammelte Aufsätze I. Hg. und eingeleitet von Karl Gerhard Steck. München ^{1}1959 / ^{2}1965, 125–137.

–: Glaubensgerechtigkeit nach Luthers Lehre (TEH 75), München 1941, zitiert nach: Hans Joachim Iwand: Glaubensgerechtigkeit. Gesammelte Aufsätze II. Hg. von Gerhard Sauter (TB 64). München ^{1}1979, 11–125.

–: Warum ich dem Wort des Generalsuperintendenten D. Zoellner nicht zustimmen kann. In: Schmidt, Dokumente II, 2, 875–880.

–: Kirche und Gesellschaft. In: Joachim Beckmann / Herbert Mochalski (Hg.): Bekennende Kirche. Martin Niemöller zum 60. Geburtstag. München 1952, 101–116, zitiert nach: Hans Joachim Iwand: Kirche und Gesellschaft, Nachgelassene Werke Neue Folge Band I; Bearbeitet, kommentiert und mit einem Nachwort versehen von Ekkehard Börsch. Gütersloh 1998, 262–280.

–: Die politische Existenz des Christen unter dem Auftrag und der Verheißung des Evangeliums von Jesus Christus. In: Ders. / Walter Kreck / Karl Gerhard Steck: Die Verkündigung des Evangeliums und die politische Existenz (TEH NF 41). München 1954, 7–22, zitiert nach: Hans Joachim Iwand: Um den rechten Glauben. Gesammelte Aufsätze I. Hg. und eingeleitet von Karl Gerhard Steck. München ^{1}1939 / ^{2}1965, 183–201.

–: Predigtmeditationen I. Göttingen 1963.

–: Briefe an Rudolf Hermann, Nachgelassene Werke Bd. 6. Hg. von Karl Gerhard Steck. München 1964.

–: Briefe, Vorträge, Predigtmeditationen. Eine Auswahl. Hg. von Peter-Paul Sänger. Berlin 1979.

Koschorke, Manfred (Hg.): Geschichte der Bekennenden Kirche in Ostpreußen 1933–1945. Allein das Wort hat's getan, Göttingen 1976.

–: 1934 – Jahr der Entscheidung: Aus der Herausforderung durch die völkische Religiosität zur Bekennenden Kirche in Ostpreußen. In: Ders., Geschichte, 91–196.

Kuessner, Theodor: I. Erinnerungen an den Kirchenkampf. In: Koschorke, Geschichte, 407–449.

Lenkitsch, Wilhelm: 1918–1933 – Die Vorbereitung. 1. Teil: Die Vorgeschichte des Kirchenkampfes in Ostpreußen. In: Koschorke, Geschichte, 22–56.

Linck, Hugo: Der Kirchenkampf in Ostpreußen. 1933–1945. Geschichte und Dokumentation. München 1968.

Ludwig, Hartmut: Der Beitrag Hans Joachim Iwands zur Diskussion um das rechte Verständnis der Barmer Theologischen Erklärung. In: Wolf Dieter Hauschild / Georg Kretschmar / Carsten Nicolaisen (Hg.): Die lutherischen Kirchen und die Bekenntnissynode von Barmen. Referate des internationalen Symposiums auf der Reisensburg 1984. Göttingen 1984, 289–306.

–: „Ein aufgeschlagenes Fenster". Die Barmer Theologische Erklärung in der Sicht Hans Joachim Iwands. In: Günther van Norden (Hg.): Zwischen Bekenntnis und Anpassung. Aufsätze zum Kirchenkampf in rheinischen Gemeinden, in Kirche und Gesellschaft (SVRKG 84). Köln 1985, 71–88.

Meindl, Ralf: Ostpreußens Gauleiter. Erich Koch – eine politische Biographie (Einzelveröffentlichungen des Deutschen Historischen Instituts Warschau 18). Osnabrück 2007.

Neddens, Christian Johannes: Politische Theologie und Theologie des Kreuzes. Werner Elert und Hans Joachim Iwand (FSÖTh 128). Göttingen 2010.

Niemöller, Gerhard (Hg.): Die erste Bekenntnissynode der Deutschen Evangelischen Kirche zu Barmen. Teil I: Geschichte, Kritik und Bedeutung der Synode und ihrer Theologischen Erklärung (AGK 5). Göttingen 1959.

Niemöller, Martin: „Dahlems Sonnenwendfeier". In: Dahlemer Nachrichten Nr. 50, 25. 6. 1932 (Beiblatt).

–: Briefe aus der Gefangenschaft. Moabit. Hg. von Wilhelm Niemöller. Frankfurt a. M. 1975.

–: Dahlemer Predigten. Kritische Ausgabe. Hg. von Michael Heymel. Gütersloh 2011.

–: Gedanken über den Weg der christlichen Kirche. Hg. von Alf Christophersen / Benjamin Ziemann. Gütersloh 2019.

Niemöller, Wilhelm (Hg.): Die Synode zu Steglitz. Die dritte Bekenntnissynode der Evangelischen Kirche der Altpreußischen Union. Geschichte – Dokumente – Berichte (AGK 23). Göttingen 1970.

Niesel, Wilhelm: Kirche unter dem Wort. Der Kampf der Bekennenden Kirche de altpreußischen Union 1933–1945 (AGK ER 11). Göttingen 1978.

SCHÄBERLE-KOENIGS, Gerhard: Und sie waren täglich einmütig beieinander. Der Weg der Bekennenden Gemeinde Berlin, Dahlem 1937–1943 mit Helmut Gollwitzer. Gütersloh 1998.

SCHELLONG, Dieter: „Ein gefährlichster Augenblick". Zur Lage der evangelischen Theologie am Ausgang der Weimarer Zeit. In: Hubert Cancik (Hg.): Religions- und Geistesgeschichte der Weimarer Republik. Düsseldorf 1982, 104–135.

SCHMIDT, Jürgen: Martin Niemöller im Kirchenkampf (Hamburger Beiträge zur Zeitgeschichte 8). Hamburg 1971.

SCHMIDT, Kurt Dietrich (Hg.): Dokumente des Kirchenkampfes II. Die Zeit des Reichskirchenausschusses 1935–1937. Erster Teil (1935 bis 28. 5. 1936) (AGK 13). Göttingen 1964.

– (Hg.): Dokumente des Kirchenkampfes II. Die Zeit des Reichskirchenausschusses 1935–1937. Zweiter Teil (29. 5. 1936 bis Ende Februar 1937) (AGK 14). Göttingen 1965.

SCHOENBORN, Ulrich: Kirche und Nationalsozialismus in Ostpreußen. Zwei Porträts aus dem Kirchenkampf. Norderstedt 2012.

SCHOLDER, Klaus: Die Kirchen und das Dritte Reich. Band 1. Vorgeschichte und Zeit der Illusionen 1918–1934. Frankfurt a. M. / Berlin / Wien 1977.

SCHULZE, Nora Andrea: Hans Meiser, Lutheraner – Untertan – Opponent. Eine Biographie (AKIZ B 81). Göttingen 2021.

SEIM, Jürgen: Hans Joachim Iwand. Eine Biografie. Gütersloh ^{2}1999.

STÖHR, Martin: Die Schuldfrage in Kirche und Gesellschaft. Martin Niemöller – Wegweisendes und Widersprüchliches. In: Reinhard Höppner / Joachim Perels (Hg.): Das verdrängte Erbe der Bekennenden Kirche. Stuttgart 2012, 100–130.

ZIEMANN, Benjamin: Martin Niemöller. Ein Leben in Opposition. München 2019.

III: Internetquellen

MÜLLER, Christa: Theologin im Kirchenkampf, Vikarin bei Martin Niemöller. Ihre Briefe an Rudolf Hermann (1933–1935). Hg. von Irmfried Garbe / Kyra Radke / Arnold Wiebel. In: https://theologie.uni-greifswald.de/lehrstuehle/lehrstuehle/sys/theologiegeschichte/unpublizierte-quellen/ [27. 12. 2021].

Hannah M. Kreß

Martin Niemöller und Hans Asmussen nach 1945

Die enge, wertschätzende und loyale Zusammenarbeit zwischen Martin Niemöller und Hans Asmussen während der Zeit des nationalsozialistischen Regimes und in der Bekennenden Kirche ist hinlänglich bekannt[1]. Dabei betonte Asmussen nicht nur die Angewiesenheit der Bekennenden Kirche auf Niemöllers „kirchenpolitisches Urteil“[2], sondern er sei, wie er im Oktober 1937 an Niemöller schrieb, desgleichen bereit, „alles […] [zu tun], wovon ich weiss, dass Du es wünschst.“[3]

Nach Niemöllers Entlassung aus der Haft und dem Ende des Zweiten Weltkriegs erfuhr das Verhältnis beider jedoch einen grundsätzlichen Wandel und zeitigte zum Teil öffentlich ausgetragene Konflikte. Im Fokus steht daher im Folgenden insbesondere die Zeit nach 1945, für die anhand der brieflichen Korrespondenz[4] zwischen Niemöller und Asmussen das Zusammenwirken beider sowie ihre Entfremdung nachgezeichnet und mögliche Ursachen skizziert werden sollen[5].

Am 27. Juli 1945 schrieb Niemöller einen Brief an Elsbeth Asmussen, die Frau von Hans Asmussen, der ihn auf seine gegenwärtige Situation und sein Wiedersehen mit Asmussen nach der Befreiung aus der Haft und seiner Rückkehr nach Frankfurt im Juni 1945 blicken ließ:

1 Vgl. u.a. Ziemann, Niemöller, 419 u.ö.

2 Asmussen an Niemöller vom 31. 3. 1937 (LASH Schleswig, Abt. 399.5 Nr. 86).

3 Asmussen an Niemöller vom 29. 10. 1937 (LASH Schleswig, Abt. 399.5 Nr. 86).

4 Im Zentrum steht dabei der Briefwechsel zwischen Niemöller und Asmussen im Nachlass Niemöllers (ZA EKHN Darmstadt, Best. 62 Akz. 49; Akz. 539; Akz. 540; Akz. 6001). Ein herzlicher Dank sei hier an die Mitarbeitenden des Archivs, insbesondere an Natalia Alekseeva, gerichtet, die die Einsichtnahme in die Archivalien trotz der Einschränkungen durch das Coronavirus ermöglichten.

5 Ziemann weist bereits darauf hin, dass ein „Bruch“ zwischen Niemöller und Asmussen für den Sommer 1946 angenommen werden könne. Im Gegensatz dazu stehen die bisherigen Datierungen auf den Sommer 1948 (vgl. Ziemann, Niemöller, 419, FN 147), auf den Zeitraum zwischen Dezember 1946 und Mai 1947 (vgl. Besier, Asmussen, 74) sowie auf die Zeit nach dem „Darmstädter Wort“ (8. 8. 1947) (vgl. Hünerbein, Niemöller, 139). An dieser Stelle sei bereits darauf hingewiesen, dass das „Darmstädter Wort“ häufig als Konfliktpunkt zwischen Niemöller und Asmussen antizipiert wurde, jedoch weder als solcher noch in irgendeiner Form inhaltlich im Briefwechsel zur Sprache kommt.

> „Daß Hans mich hier in Frankfurt fand und dann die Reise nach Leoni mit mir machte, war mit das Schönste, was mir in meinem Leben begegnet ist, und ich hatte den Eindruck, daß die Jahre des Getrenntseins garnicht dagewesen wären.“[6]

Weniger als ein Jahr später konstatierte Niemöller im Rückblick einen „Riss“ zwischen beiden, der, wie er im Sommer 1947 schreibt, „im vorigen Sommer“[7] offenbar geworden sei. Dieser „Riss“ führte jedoch nicht unmittelbar dazu, dass beide den Kontakt zueinander einstellten, sondern versuchten, ihre Differenzen durch Aussprachen zu überbrücken, jedoch ohne Erfolg. So war das Verhältnis beider im Februar 1948 derart zerrüttet, dass Niemöller durch einen Brief die gemeinsame Freundschaft beendete:

> „Es tut mir leid, daß dies das Ende einer Freundschaft sein muß, die ich lange gegen alle menschliche Hoffnung festzuhalten und wieder zu festigen versucht habe. Ich werde auch jetzt nicht in die Reihe Deiner Gegner abschwenken; dazu hat der Name und der Mann Asmussen zu viel in den Jahren seit 1933 in meinem Leben bedeutet.“[8]

Die genannte Aussage Niemöllers über den Sommer 1946 und schließlich das Aufkündigen der Freundschaft zu Asmussen werfen natürlich die Frage auf, was in der Zwischenzeit vorgefallen sein muss, das Niemöller veranlasste, die Verbindung zu dem Menschen zu kappen, der ihm seit der gemeinsamen Zeit im Kirchenkampf und in der Bekennenden Kirche so viel bedeutet hatte.

An dieser Stelle sei bereits vorausgeschickt, dass sich die Ursachen für den Konflikt aus der unbeteiligten Rückschau nur erahnen lassen. Des Weiteren scheint es sich um mehrere Konfliktpunkte als um ein singulär ausgelöstes Zerwürfnis zu handeln. An keiner Stelle im Briefwechsel zwischen Niemöller und Asmussen werden die Konfliktthemen eindeutig benannt und einzelne Differenzen mögen für den einen bedeutsamer gewesen sein als für den anderen. Selbst Niemöller schrieb im Rückblick und anlässlich des Todes von Asmussen im Januar 1969 an dessen Sohn Reimer: „Was eigentlich zwischen Ihrem Vater und mir hemmend und sperrend gestanden hat, ist mir nie deutlich und bewußt geworden.“[9]

So kann auch die folgende Rekonstruktion nur fragmentarisch bleiben, wenngleich sie einen Eindruck davon zu geben vermag, entlang welcher Linien sich die Auseinandersetzungen entfalteten.

---

6 Niemöller an E. Asmussen vom 27. 7. 1945 (ZA EKHN Darmstadt, Best. 62 Akz. 539).

7 Niemöller an Asmussen vom 24. 6. 1947 (ZA EKHN Darmstadt, Best. 62 Akz. 540).

8 Niemöller an Asmussen vom 21. 2. 1948 (ZA EKHN Darmstadt, Best. 62 Akz. 540).

9 Niemöller an R. Asmussen vom 24. 1. 1969 (ZA EKHN Darmstadt, Best. 62 Akz. 540). Reimer Asmussen war der jüngere, 1931 geborene Sohn von Hans Asmussen.

1. Rückblick

Um die teilweise lange Persistenz mancher konfliktbeladener Aspekte im Verhältnis von Niemöller und Asmussen nachzuzeichnen, ist ein kurzer Rückblick notwendig. So soll hier – trotz der Konzentration auf die Nachkriegszeit – ein Blick auf Asmussen und Niemöller im Zeitraum während des nationalsozialistischen Regimes gerichtet werden.

Nachdem Asmussen als Pfarrer nach einer Station in Albersdorf (Schleswig-Holstein)[10] und anschließend in Altona durch sein Mitwirken am „Altonaer Bekenntnis"[11] 1933 einer breiteren kirchlichen Öffentlichkeit bekannt geworden war, wurde er durch die deutsch-christliche Kirchenleitung im folgenden Jahr in den Ruhestand versetzt[12]. Durch nun freigewordene Kräfte konnte Asmussen sich auf reichskirchenpolitischer Ebene engagieren[13]. Im Dezember 1933 lernte er Niemöller kennen, als sich beide erstmals in einem kleinen Kreis von Personen trafen, der einen Entwurf für die Richtlinien des Pfarrernotbundes erarbeiten wollte[14]. Des Weiteren begleitete Asmussen eng die Entstehung der Barmer Theologischen Erklärung 1934[15] und er war es auch, dessen Vortrag auf der Synode in Barmen als die autoritative Auslegung der Barmer Erklärung verabschiedet wurde[16]. Im Rahmen der Synode wurde Asmussen in den Reichsbruderrat gewählt und er wurde Mitarbeiter im

10 Hans Asmussen hatte seit dem Frühjahr 1919 in Kiel und Tübingen Theologie studiert, legte im Sommer 1921 das erste theologische Examen ab und absolvierte sein Vikariat in Flensburg. Erst im Dezember 1925 erhielt er seine erste Pfarrstelle in Albersdorf, die er bis 1932 bekleidete (vgl. KONUKIEWITZ, Asmussen [1985], 19–26.42).

11 Das *Altonaer Bekenntnis* war eine kirchliche Reaktion auf den sogenannten *Altonaer Blutsonntag*, 17. 7. 1932, bei dem es in Reaktion auf Propagandamärsche der Sturmabteilung (SA) zu teilweise tödlichen Zusammenstößen rund um die Altonaer Hauptkirche kam. Initiiert wurde das Altonaer Bekenntnis von der dortigen Pastorenkonferenz und schließlich von einer fünfköpfigen Kommission, der auch Asmussen angehörte, ausgearbeitet, um die kirchliche Haltung zu den gegenwärtigen politischen Veränderungen und Umwälzungen zum Ausdruck zu bringen (vgl. KONUKIEWITZ, Asmussen [1985], 48–60, dort auch weitere Literatur). Besonders hervorzuheben sind die wichtigen Aussagen, dass kirchliche Existenz allein auf Gottes Wort begründet und daher weder durch den Staat noch durch eine Weltanschauung zu bestimmen sei, sowie die Feststellung, dass auch staatliches Handeln Gottes Geboten unterliege und Gehorsam gegenüber dem Staat angesichts dessen von jedem Christ und jeder Christin selbst abzuwägen sei (vgl. KONUKIEWITZ, Asmussen [2001], 24).

12 Zum 15. 1. 1934 wurde Asmussen ohne Angabe von Gründen in den Ruhestand versetzt (vgl. KONUKIEWITZ, Asmussen [2001], 25).

13 Durch seine Mitarbeit am *Altonaer Bekenntnis* und die starke Beachtung, die dasselbe in der kirchlichen Öffentlichkeit fand, hatte Asmussen sich offenbar ein solches Ansehen erworben, dass er in den theologischen Ausschuss zur Vorbereitung der ersten Bekenntnissynode berufen wurde (vgl. KONUKIEWITZ, Asmussen [1985], 60–62 sowie KONUKIEWITZ, Asmussen [2001], 26).

14 Vgl. KONUKIEWITZ, Asmussen (1985), 84.

15 Vgl. u. a. HAUSCHILD, Konfliktgemeinschaft, 145.

16 Vgl. EBD., 144.194.

Präsidium der Reichsbekenntnissynode unter der Leitung von Karl Koch[17]. Veranlasst durch die Auseinandersetzungen innerhalb der Bekennenden Kirche verlagerte Asmussen den Schwerpunkt seiner Tätigkeit nach Berlin, wo er u. a. eine Stelle an der Kirchlichen Hochschule antrat[18]. In Berlin entwickelte sich – nicht nur durch die räumliche Nähe – eine enge Freundschaft zwischen Niemöller und Asmussen[19]. Er unterstützte insbesondere Else Niemöller während der Haft ihres Mannes und stand mit Niemöller in regem Austausch über gegenwärtige Ereignisse und die Arbeit in Niemöllers Gemeinde[20]. Vor allem das Abwenden von Niemöllers Plänen, zum katholischen Glauben zu konvertieren, wird Asmussen und der Vermittlung von Niemöllers Frau zugeschrieben[21].

Ende der 1930er Jahre veröffentlichte Asmussen seine Schrift „Die Kirche und das Amt"[22], in der er sich ausführlich mit dem Verhältnis der Konfessionen auseinandersetzte und sein Kirchenverständnis, das allein auf biblische Aussagen rekurrierte, als einen Ausgangspunkt für die Zusammenarbeit mit und die Wertschätzung der anderen Konfessionen postulierte. Kaum später, während seiner Haft im KZ Sachsenhausen, formulierte auch Niemöller seine „Gedanken über den Weg der christlichen Kirche". Zur Abfassung lag Niemöller der genannte Band Asmussens vor[23]. Niemöller rezipierte Asmussens Darstellung wohlwollend und nahm sein Kirchenverständnis als in Übereinstimmung mit Asmussen wahr[24].

Nach diesem kurzen Überblick und der Nennung einiger Wegmarken im Verhältnis zwischen Niemöller und Asmussen während des nationalsozialistischen Regimes soll sich der Blick nun auf die Nachkriegszeit richten. Das erste Wiedersehen zwischen Niemöller und Asmussen fand, wie erwähnt, im Juni 1945 in Frankfurt am Main statt und bewegte Niemöller zu seiner eingangs genannten Aussage. Nur wenig später begann im August 1945 mit einer

---

17 Vgl. Konukiewitz, Asmussen (1985), 105.

18 Vgl. Konukiewitz, Asmussen (2001), 30 f.

19 Vgl. u. a. Ziemann, Niemöller, 255 sowie die Tatsache, dass Niemöller selbst sein Verhältnis zu Asmussen als „Freundschaft" bezeichnete, die er mit bereits genanntem Brief aus dem Februar 1948 beendete (Niemöller an Asmussen vom 21. 2. 1948 [ZA EKHN Darmstadt, Best. 62 Akz. 540]).

20 Beispielhaft sei hier darauf verwiesen, dass Asmussen Niemöller unmittelbar nach dessen Verhaftung brieflich über das Ergehen von dessen Gemeinde informierte: „Es ist doch eine ganz große Entlastung zu wissen, daß daheim alles in Ordnung geht und daß die Gemeinde versorgt wird." (Niemöller an Asmussen vom 22. 8. 1937, LASH Schleswig, Abt. 399.5 Nr. 86).

21 Vgl. u. a. Ziemann, Niemöller, 340 sowie Christophersen / Ziemann, Gedanken, 23.28.

22 Vgl. Asmussen, Kirche, München 1939.

23 Vgl. Christophersen / Ziemann, Gedanken, 31.

24 Vgl. ebd., 30 f. Tatsächlich zeigen sich bei genauerer inhaltlicher Prüfung auch Differenzen zwischen beiden. In Entsprechung zu seiner Neigung zum Katholizismus konstatiert Niemöller eine biblisch zu belegende Exklusivität des Petrusamtes, die Asmussen verneinte. Dieser hebt dagegen hervor, dass sich jegliches Amt allein durch die Wortverkündigung konstituiere und nicht durch die Schlüsselgewalt (vgl. dazu Christophersen / Ziemann, Gedanken, 50).

Sitzung des Reichsbruderrates[25] unter der Leitung Niemöllers die inhaltliche Arbeit zum Wiederaufbau der Evangelischen Kirche in Deutschland.

2. Kirche und Amt

Ein wesentliches erstes Konfliktthema, das sich auch aus Differenzen vor Niemöllers Verhaftung speiste, wurde in Reaktion auf die Kirchenführerkonferenz in Treysa im August des Jahres 1945 wieder virulent.

In Treysa war Asmussen zum Leiter der Kirchenkanzlei bestimmt worden, während Niemöller das Außenamt bekleidete. Beide waren in diesen Positionen ebenfalls Mitglieder des Rates der EKD[26]. Die grundsätzliche Frage, von der sich Treysa herausgefordert sah, betraf die zukünftige organisatorische Struktur der Kirche, mit der sich zugleich Bekenntnisfragen verbanden[27]. Einerseits strebten die Bruderräte eine von unten durch die Gemeinden getragene Struktur an[28], während die vormals intakten Landeskirchen eine am geistlichen Amt orientierte hierarchisch episkopal gegliederte Kirche präferierten[29]. Damit einhergehend war andererseits das Bedenken der lutherischen Landeskirchen, dass ein großer Einfluss der Bruderräte und ihre Berufung auf die Barmer Bekenntnissynode und ihre Theologische Erklärung einer Aufweichung des lutherischen Bekenntnisses Vorschub leiste. In Treysa wurde unter diesen Voraussetzungen zwar die EKD gegründet, vorerst jedoch ohne kirchenrechtliche und strukturelle Fragen zu entscheiden.

25 Ausführlicher zu den vorbereitenden Treffen und dieser Sitzung des Reichsbruderrates sowie zu der dort verabschiedete Vorlage für die unmittelbar nachfolgende Kirchenführerkonferenz in Treysa, die die bruderrätliche Vorstellung des zukünftigen Aufbaus der Kirche zum Ausdruck brachte, vgl. HAUSCHILD, Konfliktgemeinschaft, 309–312 sowie VOGEL, Kirche, 38. Die Quellen zur Sitzung des Reichsbruderrates finden sich bei BESIER / LUDWIG / THIERFELDER, Kompromiß, 83–178.

26 Vgl. HAUSCHILD, Konfliktgemeinschaft, 348–351. Insbesondere Niemöller hatte sich dafür eingesetzt, dass Asmussen, der in kirchenleitenden Funktionen bisher eher unerfahren war, die Leitung der Kirchenkanzlei übertragen wurde (vgl. auch LEHMANN, Asmussen, 67 f.).

27 Vgl. KAISER, Protestantismus, 252. In Treysa wurde daher in der „Vorläufige[n] Ordnung der Evangelischen Kirche in Deutschland" die Einsetzung des Rates der EKD und die allgemeine Einrichtung von sechs Aufgabengebieten beschlossen. Nach langen und schwierigen Auseinandersetzungen wurde der Rat der EKD schließlich unter konfessionellem Proporz und in einem ausgewogenen Verhältnis mit Vertretern des Reichsbruderrates und Vertretern der Kirchenleitungen besetzt (vgl. HAUSCHILD, Konfliktgemeinschaft, 346).

28 Vgl. hier beispielhaft ASMUSSEN, Stunde, 168 f.

29 Die Kirchenführerkonferenz in Treysa förderte die Spannung, die 1936 zur Spaltung der Bekennenden Kirche geführt hatte, erneut zutage. Durch einen Kompromissvorschlag konnten die Auseinandersetzungen um die Gestaltung der Kirchenleitung jedoch vorerst beigelegt werden (vgl. HAUSCHILD, Konfliktgemeinschaft, 309–313.344–346). Vorschub leistete dieser Kompromiss allerdings der weiterhin forcierten Gründung eines Zusammenschlusses der lutherischen Landeskirchen als VELKD.

Niemöller empörte sich im Anschluss an die Verhandlungen in Treysa insbesondere über die in Person von Landesbischof Hans Meiser vorgebrachte Absicht der Lutherischen zur Gründung einer Vereinigten Evangelisch-Lutherischen Kirche Deutschlands als Kern der neu zu gründenden Gesamtkirche[30]. Er forderte vielmehr eine weitere Bekenntnissynode, die unter Berufung auf kirchliches Notrecht allein die anstehenden Fragen zu klären vermochte. Asmussen plädierte in jeglicher Hinsicht für ein maßvolles Vorgehen und betonte vor allem, „daß wir der evangelischen Christenheit in Deutschland deutlich machen, daß sie tatsächlich eine Einheit ist, daß sie eine einheitliche und gute Sache vertreten hat. [...] Dibelius und Meiser sind nun einmal Angelpunkte in der gegenwärtigen Lage."[31]

Daher bat er Niemöller, seine Polemik gegen das Bischofsamt zu unterlassen. Entscheidender sei, die Handlungsfähigkeit der Kirche respektive des Rates des EKD zu demonstrieren und als Leiter des Außenamtes und der Kanzlei einen einheitlichen Kurs zu garantieren.

Diese uneindeutige und ungeklärte Situation der EKD trotz der gemeinsamen Bekenntnisgrundlage in der Barmer Theologischen Erklärung sowie eine Unzufriedenheit mit seiner gegenwärtigen Situation veranlassten Niemöller gegenüber Asmussen zu einer Abrechnung mit der EKD im Sommer 1946:

> „Da ich nach Berlin nicht zurück konnte [...] meinte ich, dass mir vielleicht in der Bekennenden Kirche eine Aufgabe zufiele. Auch dieser Eindruck war eine Täuschung. [...] Angesichts dieser ganzen Entwicklung und der sachlichen wie technischen Unmöglichkeit, ihr irgendwie zu begegnen, sehe ich mich vor die Notwendigkeit irgend einer Entscheidung gestellt. Die EKiD ist zu einer undefinierbaren Größe geworden, deren Legalität im Blick auf ihr Zustandekommen völlig in der Luft schwebt und deren Tätigkeit einen rein personellen und bürokratischen Charakter anzunehmen droht, wobei Anliegen in den Vordergrund treten, die mit der Barmer Erklärung (trotz der Feststellung in Treysa) keinerlei innere Verbindung haben."[32]

In Kenntnis dieser Einstellung Niemöllers versuchte Asmussen ihn zur Räson zu rufen, um möglichen Schaden von der neugegründeten EKD abzuwenden, nachdem er befürchten musste, dass Niemöller seine Unzufriedenheit und Kritik öffentlich machen könnte[33].

> „In Deinem Brief, den Du an mich geschrieben hast [...,] bist Du nicht im Rahmen geblieben, in den Dich der Rat der EKD und der Bruderrat stellt. Ich bitte Dich herzlich, in diese brüderliche Bindung zurückzukehren. Wie sollen sonst die Erkenntnisse der BK sich durchsetzen, wenn nicht die ganze Kirche den Eindruck

30 Vgl. Niemöller an Asmussen vom 20. 11. 1945 (ZA EKHN Darmstadt, Best. 62 Akz. 539).
31 Asmussen an Niemöller vom 20. 12. 1945 (ZA EKHN Darmstadt, Best. 62 Akz. 539).
32 Niemöller an Asmussen vom 22. 6. 1946 (ZA EKHN Darmstadt, Best. 62 Akz. 539).
33 Asmussen an Niemöller vom 2. 7. 1946 (ZA EKHN Darmstadt, Best. 62 Akz. 539).

des Zuverlässigen, des Berechenbaren und des Unabdinglichen hat, sobald sie einem der verantwortlichen Brüder der Bekennenden Kirche gegenübersteht!?"

Zu Niemöllers persönlicher Unzufriedenheit, die er zuvor ebenfalls zum Ausdruck gebracht hatte, schreibt Asmussen weiter:

> „Du bist nicht darum unglücklich, weil Du unter mancherlei technischen Schwierigkeiten zu leiden hast. Du leidest auch nicht darum, weil Wurm oder ich angeblich Deine Arbeit sabotieren, was im übrigen wahrlich nicht der Fall ist. Du leidest, weil Du einsam bist. Du bist einsam, weil Du eine Ungebundenheit von Wort und Rat der Brüder in Anspruch nimmst, welche die Brüder Dir nicht gegeben haben."

Ende Juli des Jahres 1946 scheint sich dieser erste Konflikt über den Umgang mit dem Erbe von Barmen, den Aufbau der Kirche und das zugehörige Vorgehen zwischen Niemöller und Asmussen manifestiert zu haben. In einem Brief schrieb Asmussen, die Dinge, die zwischen beiden ständen, seien schwerwiegend[34]. Wie bereits eingangs erwähnt, datierte auch Niemöller einen „Riss"[35] im Verhältnis beider auf den Sommer 1946.

Dieser Konflikt scheint sich also vornehmlich aus Fragen des Verhandlungsmodus zu speisen, wie Asmussen in einem Brief an Niemöller im Juli 1946 konkretisierte. Des Weiteren auch aus dem Umgang mit dem Wunsch der Lutherischen nach einem Zusammenschluss im Rahmen der EKD, in welcher Form auch immer:

> „Du musst nämlich damit rechnen, dass Du durch diese Art der Auseinandersetzung bei mir und bei anderen die Ohren verstopfst. [...] Ich verstehe unter brüderlicher Zusammenarbeit die Bereitschaft, auch die abweichende Meinung des anderen in Ruhe entgegen zu nehmen [...]. Ich habe in der letzten Zeit oft gefürchtet, Du erwartest von mir eine unbedingte Gefolgschaft. Das kann ich Dir nicht geben."[36]

In diesem Kontext werden die grundsätzlich verschiedenen Herangehensweisen Niemöllers und Asmussens an die Gestaltung von Kirche und die Bereitschaft, Ausgleich und Verständigung zu erzielen, sichtbar. Schon in den kirchlichen Auseinandersetzungen während des nationalsozialistischen Regimes nahm Asmussen eine eher vermittelnde Haltung, insbesondere gegenüber den Lutheranern, ein, um die Stellung der Bekennenden Kirche nicht zu desavouieren[37]. Diese Haltung charakterisierte Asmussen desgleichen später während der Verhandlungen in Treysa, bei denen er ebenfalls eine ausgleichende Position vertrat[38]. Anders hingegen agierte Niemöller, der seine

34 Vgl. Asmussen an Niemöller vom 23. 7. 1946 (ZA EKHN Darmstadt, Best. 62 Akz. 539).
35 Vgl. Niemöller an Asmussen vom 24. 6. 1947 (ZA EKHN Darmstadt, Best. 62 Akz. 540).
36 Asmussen an Niemöller vom 23. 7. 1946 (ZA EKHN Darmstadt, Best. 62 Akz. 539).
37 Vgl. u. a. Hauschild, Konfliktgemeinschaft, 152.192.194.
38 Vgl. u. a. ebd., 364.387.399 f.

Ablehnung gegenüber Hans Meiser über 1945 hinaus konservierte[39]. Sein Auftreten im Rahmen der Verhandlungen in Treysa 1945 und seine persönlichen Äußerungen gegenüber Asmussen[40] zeugen davon, dass Niemöller auch mehr als zwölf Jahre später Konflikte perpetuierte, die schon den Kirchenkampf geprägt hatten. So bat er Asmussen im November 1948 rückblickend auf die Kirchenversammlung in Treysa im vorherigen Jahr, „keinen Fingerbreit von Barmen und dessen Kirchenverständnis“[41] abzurücken – vornehmlich angesichts von Meisers Verständnis der EKD als Kirchenbund im Gegensatz zu einer Kirche im Vollsinn. Asmussens Reaktion auf diesen Brief ist nicht bekannt. In Hinblick auf seine eher vermittelnde Einstellung und seine Überzeugung, „daß im Bekenntnis durch die Entscheidung in einer Kontroverse Stellung genommen wird zu der Frage, wie in *diesem Augenblick* Gott das Recht gegeben […] wird“[42] und dass „[i]n der christlichen Kirche […] nur ein solches Bekenntnis gelten [darf], welches zugleich eine Ausrichtung der ganzen Kirche ist“[43], bleibt zwar genauso Asmussens Festhalten an Barmen bestehen, jedoch nicht um den Preis eines Zerwürfnisses mit den Lutheranern.

Bis zum Jahr 1947, als Niemöller den Riss rückblickend konstatierte, zeigten sich weitere Konfliktfelder in Hinblick auf das Amtsverständnis einerseits und die hierarchische Struktur der Kirche andererseits. Beide Konfliktpunkt sind natürlich eng mit dem im Hintergrund des zuvor Genannten stehenden Kirchenverständnisses verbunden.

Niemöller befürchtete eine sukzessive und „unmerkliche Überführung in ein hierarchisches Kirchen- und Amtsverständnis“[44], die er auch Asmussen vorwarf. Im Zusammenwirken mit dem differierenden inhaltlichen Amtsverständnis entfremdeten sich Niemöller und Asmussen zusehends. So kritisierte Niemöller, für den sich das pastorale Amt durch die Ausübung der Predigttätigkeit realisierte und legitimierte[45], Predigtverbote in der bayrischen Landeskirche, die Geistlichen jedoch weiterhin andere Amtshandlungen gestatteten, da „wir nicht den Anschein erwecken [dürfen], als gäbe es

39 Vgl. EBD., 314.376 f.

40 Vgl. Niemöller an Asmussen vom 20. 11. 1945 (ZA EKHN DARMSTADT, Best. 62 Akz. 539). Hier polemisiert Niemöller gegen Hans Meiser sowie dessen Absicht, die lutherischen Landeskirchen zusammenzuschließen, und verspricht, so lange es ihm möglich sei, gegen den „bayrischen Unsinn“ anzukämpfen.

41 Niemöller an Asmussen vom 28. 11. 1948 (ZA EKHN DARMSTADT, Best. 62 Akz. 539).

42 ASMUSSEN, Bekenntnisschriften, 60 [Hervorhebung im Original].

43 ASMUSSEN, Bekenntnis, 183 [Text im Original kursiviert].

44 Vgl. Niemöller an Asmussen vom 21. 11. 1946 (ZA EKHN DARMSTADT, Best. 62 Akz. 539).

45 Vgl. CHRISTOPHERSEN / ZIEMANN, Gedanken, 165. An dieser Stelle ist darauf hinzuweisen, dass hier allein auf die konstituierende Relevanz der Predigt als solche rekurriert wird. In genanntem Zitat ist für Niemöller mit der Predigt zugleich auch der Predigtinhalt verbunden, der für ihn bei Abfassung des Manuskripts 1939 verbindlich von einer Lehrautorität normiert werden sollte (vgl. CHRISTOPHERSEN / ZIEMANN, Gedanken, 203–205). Diese Prämisse mag für seine sehr vergleichbare Aussage über das Predigtamt aus dem Jahr 1946 nicht mehr zutreffen.

noch abseits der Verkündigung ein Amt der christlichen Kirche, das unter bewusstem Verzicht auf die Freiheit des Wortes Gottes weiter Sakramente spendet, traut und beerdigt."[46]

Asmussens Reaktion darauf ist nicht überliefert. So eindeutig und exklusiv wie Niemöller positionierte Asmussen sich jedoch nicht, sondern betonte vor allem das Zusammenwirken von Predigt und Liturgie. Dabei sei es tatsächlich so, dass „unsere Kirche, die sich rühmt, eine Kirche des Wortes zu sein, [...] gestehen [muss], daß die römische Liturgie dem geschriebenen Worte einen weit größeren Raum läßt als die eigene."[47] In der Absicht, „der Liturgie der Kirche eine ganz andere Bedeutung [zu] schenken als bisher"[48], war Asmussen ausschweifenden liturgischen Formen nicht abgeneigt. Diese kritisierte Niemöller in Erinnerung an eine Andacht, die Asmussen bei der Kirchenführerkonferenz in Treysa gehalten hatte, unter Bezugnahme auf Mt 6,7[49]: „Ich denke mit Grauen an deine Abendandacht in Treysa"[50].

Vielleicht auch in der Zusammenschau mit Asmussens Ansicht, dass „jene geheime Gabe des Amtes, die aus den verborgenen Tiefen der Offenbarung kommt, [...] es zweifelhaft [...] [lässt], ob die Ordination zum Amte nicht auch ein Sakrament sei"[51], warf Niemöller Asmussen „katholisierende Tendenzen"[52], auch öffentlich, vor und befürchtete, dass Asmussens Konzept von Amt und Gottesdienst „in Rom landen"[53] könne. Asmussen verteidigte sich gegen diese Vorwürfe Niemöllers. Er erinnerte an dessen während der Inhaftierung beabsichtigte Konversion, die für großen Aufruhr gesorgt und nur mit Mühe hatte verhindert werden können, und wünschte sich eine offene Aussprache zwischen beiden:

> „In dieser Angelegenheit nun wird die offene Aussprache bei mir gehindert dadurch, dass ich aus irgend einer Scheu heraus Dich bisher nicht habe daraufhin anreden mögen, da es eine Zeit in Deinem Leben gab, wo Du sehr viel mehr ‚katholisierende Tendenzen' hattest, als ich sie je vertreten habe. Du wirst Dich erinnern, wie Du uns aus dem Gefängnis darüber schriebest, dass der evangelischen Kirche die absolute Lehrautorität mangle, die Rom habe, und dass die Rechtfertigungslehre des Tridentinums schriftgemäß sei. Dies und noch vieles andere hat damals mich und viele Deiner Freunde auf das Aeusserste beschäftigt. Nun habe ich bisher geglaubt, mit Dir darüber nicht reden zu sollen, weil ich es für unfair hielt, Dich in eine Situation zu bringen, in welcher Du gleichsam an eine ‚schwache Stunde' erinnert würdest. Ich habe aber erkannt, dass diese Meinung

46 Niemöller an Asmussen vom 20. 11. 1946 (ZA EKHN Darmstadt, Best. 62 Akz. 539).
47 Asmussen, Frage, 849.
48 Asmussen, Stunde, 169.
49 „Und wenn ihr betet, sollt ihr nicht viel plappern wie die Heiden; denn sie meinen sie werden gehört, wenn sie viele Worte machen."
50 Niemöller an Asmussen vom 29. 4. 1946 (ZA EKHN Darmstadt, Best. 62 Akz. 539).
51 Asmussen, Stunde, 167.
52 Asmussen an Niemöller vom 20. 6. 1947 (ZA EKHN Darmstadt, Best. 62 Akz. 539).
53 Niemöller an Asmussen vom 24. 6. 1947 (ZA EKHN Darmstadt, Best. 62 Akz. 539).

falsch ist. Du hast wahrscheinlich in Deinem Leben nie echtere und stärkere Stunden gehabt als jene Stunden im Gefängnis."[54]

In diesem Zitat zeigt sich vorrangig, wie sich das Verhältnis zwischen Niemöller und Asmussen gewendet hatte. Die „katholisierenden Tendenzen", die Niemöller im Gefängnis selbst gehegt und die ihn einer Konversion sehr nahe gebracht hatten, warf er nun Asmussen vor, der doch eigentlich dessen Konversion verhindert hatte. In Hinblick auf Asmussens Darstellung in „Die Kirche und das Amt" sind seine „katholisierenden Tendenzen" jedoch nicht als Konversionsambition zu deuten, sondern als Offenheit gegenüber den anderen Konfessionen auf der Suche nach der absoluten und nicht partikularen „Bestreitung des Christentums"[55] im Rahmen der Kirche. Des Weiteren führt es die Konfliktlinie zwischen Niemöller und Asmussen, die ihr jeweiliges Kirchen- und Amtsverständnis betrifft, fort und leitet zu dem Aspekt des Aufbaus der Kirche als Ganzer über.

Niemöller hinterfragte, wie gezeigt, die Gestalt und den Aufbau der neugegründeten EKD in Hinblick auf ihre konfessionelle und strukturelle Ausrichtung sowie in Hinblick auf das pastorale Amt. Während Asmussen dabei vornehmlich vermittelnde Positionen eingenommen hatte, geriet auch er zunehmend in Opposition zum Rat der EKD. Gründe hierfür wurden darin gesehen, dass er seine Position als Leiter der Kirchenkanzlei genutzt habe, um Politik gegen den Rat zu machen[56], etwa durch sein Engagement im Detmolder Kreis und seine Positionierung in der Diskussion um die „vierte Konfession"[57]. Im März 1948 verfasste Asmussen ein Memorandum an alle Mitglieder des Rates der EKD,[58] das die Arbeit des Detmolder Kreises und dessen Bedeutung für den Weg zur Einheit der Kirche herausstellte. Diese Einheit lag für ihn in der Umstrukturierung unierter zu lutherischen Kirchen, wie es in dem Memorandum heißt: „Im Verfolge der Detmolder Bemühungen haben sich zwei Kirchen als lutherisch erklärt, die bisher uniert waren. Welch ein Schritt zur Einheit der EKD!"[59]

Zugleich kritisierte Asmussen die Uneindeutigkeit der „vierten Konfession", die von den führenden Kreisen des Bruderrates maßgeblich vorangetrieben würde und als gemeinsames Bekenntnis die Barmer Theologische

---

54 Asmussen an Niemöller vom 20. 6. 1946 (ZA EKHN Darmstadt, Best. 62 Akz. 539).

55 Asmussen, Kirche, 12.

56 Vgl. Pastor Fahrenheim an Niemöller vom 29. 7. 1947 (ZA EKHN Darmstadt, Best. 62 Akz. 540).

57 Vgl. dazu auch Besier, Kirchenversammlung, 57–87. Im Hintergrund der Diskussionen um die vierte Konfession standen auch die Polarisierungen zwischen dem Lutherrat und bruderrätlichen Kreisen um die Struktur und Verfassung der EKD. Dazu vgl. auch Hauschild, Konfliktgemeinschaft, 286 f.

58 Vgl. ebd., 79–87. Hier findet sich auch das Memorandum in Gänze abgedruckt. Das Memorandum selbst ist undatiert, die Datierung lässt sich aus dem Begleitschreiben an den Rat der EKD entnehmen.

59 Ebd., 86.

Erklärung postuliere[60]. Des Weiteren sei weder einsichtig noch trennscharf, was die Propria und das Anliegen der „vierten Konfession“ seien. Sicher sei hingegen, dass

> „[d]er Bruderrat der EKD [...] seit Treysa I seine kirchenregimentliche Funktion ruhen lassen [...] und auf ein Eindringen in eine andere Konfession [verzichten wollte]. Die vierte Konfession aber durchsetzt mit kirchenregimentlichem Handeln die ganze EKD und erweckt den Eindruck, daß sie sich selbst als die kommende Konfession der gesamten EKD versteht.“[61]

Niemöller antwortete mit seinem persönlichen Brief an Asmussen. Er verstand die in dem Memorandum vorgebrachte Kritik als eine, die gegen seine eigenen Äußerungen auf der vorangegangenen Ratssitzung gerichtet war. Gleichzeitig war Niemöllers Schreiben der vorerst letzte briefliche Kontakt zwischen beiden.

> „Lieber Hans Asmussen: vielleicht darf ich Dich noch einmal so anreden, es wird nun definitiv das letzte Mal gewesen sein; – dieses Memorandum ist eine Teufelei! Ich habe in der vergangenen Sitzung nicht von einer vierten Konfession gesprochen, sondern davon, dass es innerhalb der Evangelischen Kirche in Deutschland Gemeinden und Christen gibt, die sich weigern im Rahmen Ihres Gespräches als lutherisch, reformiert oder uniert sich anreden zu lassen. Hieraus machen Sie, sehr verehrter Herr Präsident, eine Feststellung: ‚Man will aber eine neue Konfession‘. Ich stelle hierzu fest, dass ich leider nicht in der Lage bin, Sie für so töricht zu halten, dass dieses Hinüberspielen einer Feststellung auf einen Programmsatz zufällig oder von Ihrer Intelligenz unbemerkt erfolgt sein sollte. [...] Diese ‚kleinen‘ Korrekturen, dieses leichte Umbiegen der Wahrheit in eine Form, die Ihren propagandistischen, kirchenpolitischen und sonstigen Zielen dienen mag, ist nun freilich nichts Neues mehr. [...] Ich stelle fest, dass [...] [diese] Unwahrhaftigkeit, die an dieser Stelle Ihres Memorandums, auch für den Dümmsten verständlich, zum Ausdruck kommt, auch in Bezug auf [...] alles, was Ihnen nicht passt und nicht nach Ihrer Pfeife zu tanzen gewillt ist, festzustellen ist. Ich halte darum jede weitere persönliche Auseinandersetzung zwischen uns [...] für sinnlos. Ich kann eine Unterhaltung nur da führen, wo ich ein Gegenüber habe, dem ich wenigstens die subjektive Wahrhaftigkeit nicht von vornherein abstreiten muss. Ich muss leider heute feststellen, sehr geehrter Herr Präsident: an Ihre subjektive Wahrhaftigkeit kann ich nicht mehr glauben und es tut mir weh, daraus die Konsequenzen ziehen zu müssen.“[62]

Asmussen antwortete auf Niemöllers Kritik nur mit einer kurzen Notiz, die dessen Brief als „ungehörig“ zurückwies und ihn aufforderte sich seiner Kritik inhaltlich anzunehmen, da Niemöller selbst „weder uniert noch reformiert

60 Vgl. Ebd., 84.
61 Ebd., 82.
62 Niemöller an Asmussen vom 25. 3. 1948 (ZA EKHN Darmstadt, Best. 62 Akz. 540).

sein“ wolle. Weiter schreibt Asmussen daran anschließend, „[d]ass Du Dich als Lutheraner weisst, wirst Du nicht glaubhaft machen können, nachdem Du nun seit 1945 so nachdrücklich gegen das Luthertum gekämpft hast.“[63]

Die Auseinandersetzung, die Asmussens Memorandum auslöste, war also ursächlich von konfessionellen Fragen bestimmt, nimmt sich aber zugleich als eine grundsätzliche Kritik am jeweils anderen aus. Dabei treten sowohl Asmussens als auch Niemöllers Eigenarten der Verhandlungsführung und Positionierung im Gründungsprozess der EKD hervor, die, wie bereits dargestellt, eng mit ihrer differenten inhaltlichen Ansicht über die Ausrichtung der EKD verwoben sind.

Auch in der öffentlichen Wahrnehmung führten diese konfessionellen Auseinandersetzungen[64] sowie Asmussens Konflikt mit Karl Barth[65], dazu, dass Asmussen im Mai 1948 die Beurlaubung als Leiter der Kirchenkanzlei ausgesprochen und er gedrängt wurde, diese zu akzeptieren.

Mit seinem Ausscheiden aus der Kirchenkanzlei scheint besonders für Asmussen ein Punkt im Verhältnis zu Niemöller überschritten worden zu sein, der in seinen Augen keine Umkehr mehr zuließ. Wenngleich auf der Synode in Eisenach 1948 noch ein Gesprächsversuch unternommen wurde, konsolidierte Asmussen den Bruch schließlich dadurch, dass er sich weigerte, Niemöller weiterhin zu duzen[66]. Eine letzte Begegnung fand auf der Synode in Bethel 1949 statt[67]. Im Rückblick auf den Konflikt schrieb Niemöller 1964 über Asmussen,

> „dass er mich für wortbrüchig hielt, weil ich ihm einmal versprochen hätte, so lange ich das Kirchliche Aussenamt leiten würde, würde ich mich dafür einsetzen, dass er auf keinen Fall aus der Leitung der Kirchenkanzlei der EKiD entfernt würde. Tatsächlich habe ich nicht einen einzigen Schritt getan, um ihn aus der Kirchenkanzlei zu beseitigen.“[68]

63 Asmussen an Niemöller vom 30. 3. 1948 (ZA EKHN Darmstadt, Best. 62 Akz. 540).

64 Im Nachlass Niemöllers findet sich die Abschrift eines Zeitungsartikels aus dem „Flensburger Tageblatt“ vom 29. 6. 1948 (ZA EKHN Darmstadt, Best. 62 Akz. 540). Dieser berichtet über die Nachricht des „Lutheran Council“, das über Asmussens Rücktritt informiert hatte. Sein Rücktritt sei einerseits durch Asmussens Opposition zu Karl Barth sowie andererseits „konfessionspolitisch bedingt“.

65 An dieser Stelle kann aufgrund der vorliegenden Fragestellung nicht ausführlicher auf den Konflikt zwischen Asmussen und Karl Barth eingegangen werden. Hier sei auf die folgenden diesbezüglichen Aufsätze verwiesen: Besier, Auseinandersetzung, 121–142; sowie Ders., Asmussen, 46–78. Außerdem sei erwähnt, dass sich im Archiv der KAS Archivalien zum Konflikt zwischen beiden finden, auf die Besier in genanntem Aufsatz teilweise auch zurückgegriffen hat.

66 Vgl. Niemöller an Dr. Hammelsbeck vom 25. 1. 1950 (ZA EKHN Darmstadt, Best. 62 Akz. 540).

67 Vgl. ebd.

68 Niemöller an W. Lehmann vom 9. 12. 1964 (ZA EKHN Darmstadt, Best. 62 Akz. 540).

3. Kirche und Staat

Der Abbruch des direkten Kontakts zwischen Niemöller und Asmussen bedeutete jedoch nicht, dass nicht weitere Konfliktpunkte zwischen beiden öffentlich thematisiert wurden.

Bereits im Juli 1945 erwartete Niemöller, dass sich die Bekennende Kirche „klar werden [muß], was sie den Gemeinden über die grundsätzliche Verkündigung heute zu sagen hat"[69]. Er befürchte, dass die Kirche zum „Vollzugsorgan der Besatzungsmächte" werde und so ihre Glaubwürdigkeit verlöre[70]. Im Verlauf der folgenden Jahre rief – als zweite große Konfliktlinie – insbesondere das Verhältnis der Kirche zum Staat sowie politisches Engagement von Theologinnen und Theologen Auseinandersetzung zwischen Niemöller und Asmussen hervor. Im Juli 1945 sagte Niemöller über Karl Barth: „Ein Unheil, wenn die Theologen anfangen, in Politik zu machen!"[71] Diese Haltung mag auch seiner Einstellung Asmussen gegenüber zutreffen, der in den 1950er Jahren in die CDU eintrat, wenngleich Niemöller selbst immer wieder auch zu parteipolitischen Themen öffentlich Stellung bezog. So verlagerte sich die Auseinandersetzung zwischen Niemöller und Asmussen um das Verhältnis von Kirche und Staat angesichts tagesaktueller Politik in eine weitere Öffentlichkeit.

In einer Notiz mit dem Titel „Asmussen contra Niemöller" in der Zeitung „Christ und Welt" vom Mai 1952 wurde aus einem Brief Asmussens, der Niemöllers Bekleidung des Außenamtes und seine „politische Theologie" kritisierte, zitiert:

> „Niemals ist die Gefahr der Politisierung [...] so groß gewesen wie heute, wo Herr D. Niemöller das Außenamt leitet. [...] Heute wird in den Kirchen Westdeutschlands unter dem Einfluß D. Niemöllers mehr geschwiegen als je im Dritten Reich. [...] Im Kampf gegen die Deutschen Christen haben wir gegen eine politische Theologie gekämpft. Heute ist die Gefahr einer politischen Theologie nicht geringer [...] und diese Pseudotheologie beherrscht die kirchlichen Debatten in der Öffentlichkeit Westdeutschlands."[72]

Hier klingen bereits alle Konfliktpunkte in Hinblick auf das Verhältnis von Kirche und Staat zwischen Niemöller und Asmussen an, die in den folgenden Jahren anlässlich der Bundestagswahl 1953 und der Debatte um die Wiederbewaffnung weiter zutage traten.

---

69 Niemöller an E. Asmussen vom 7. 7. 1945 (ZA EKHN DARMSTADT, Best. 62 Akz. 539).

70 EBD.

71 EBD.

72 CHRIST UND WELT Nr. 20 (1952), 2.

Für die Bundestagswahl 1953 veröffentlichte Niemöller einen „Wahlaufruf“[73] für die Gesamtdeutsche Volkspartei (GVP), der aufgrund seines Eingriffs in parteipolitische Angelegenheiten, auch aus kirchlichen Kreisen, kritisiert wurde. Die Synode der EKHN kam auf ihrer Sitzung Anfang August 1953 zu dem Entschluss, dass Niemöller seinen Aufgabenbereich als Kirchenpräsident durch seine politischen Äußerungen und seine Parteinahme überschritten habe: Man „mißbilligte, in der heftig geführten [Synodal-]Debatte, daß Niemöller entgegen dem Beschluß der Synode vom 29. November 1950 keine Zurückhaltung bei politischen Äußerungen geübt, unnötige Schärfe nicht vermieden und sich auch des anempfohlenen brüderlichen Rates nicht bedient habe. [...] [D]ie Synode [erteilte] nach etwa zehnstündiger Diskussion dem Kirchenpräsidenten eine Rüge.“[74]

Ähnliches ist in einer Broschüre, die anlässlich der Bundestagswahl 1953 vom „Evangelischen Arbeitskreis der CDU/CSU“, herausgegeben wurde, zu lesen. Dort heißt es, dass die CDU „für das Wächteramt unserer Kirche gegenüber dem Staat ein[tritt], aber [...] entschieden die parteipolitische Stellungnahme von Männern oder Organen der Kirche ab[lehnt]. Wenn Martin Niemöller, der Kirchenpräsident der Hessen-Nassauischen Landeskirche, in einem Wahlaufruf [...] Propaganda macht, dann ist damit die Grenze des Erträglichen überschritten.“[75]

Mit einem vergleichbaren Tenor wurde Niemöller durch den Wiederabdruck einer zuvor in der Zeitung „Christ und Welt“ erschienen Stellungnahme in der ebenfalls vom „Evangelischen Arbeitskreis der CDU/CSU“ herausgegebenen Zeitschrift „Evangelische Verantwortung“ für seinen „Wahlaufruf“ kritisiert:

> „Kirchenpräsident Niemöller hat sich mit seinem Aufruf unmißverständlich auf die Ebene der tagespolitischen Auseinandersetzung begeben. Es ist das erste Mal, daß der Oberhirte einer deutschen evangelischen Landeskirche diesen Schritt tut. Was in Zukunft zu besprechen ist, das ist also nicht mehr mit dem Kirchenführer, sondern mit dem Tagespolitiker Martin Niemöller zu besprechen.“[76]

---

73 Vgl. dazu auch Ziemann, Niemöller, 440–443.

74 Evangelische Verantwortung Nr. 7, 17. Selbstredend ist bei diesem Bericht sowie der zuvor genannten Kritik an Niemöllers Vorgehen durch den Wiederabdruck der Stellungnahme aus „Christ und Welt“ zu beachten, dass es sich bei der Zeitschrift „Evangelische Verantwortung“ um ein Parteiblatt christdemokratischer Kreise handelt. Dennoch geben beide wohl das Ergebnis richtig wieder und illustrieren so die öffentliche Wahrnehmung der Auseinandersetzung und diese Konfliktlinie zwischen Niemöller und Asmussen.

75 Diese Broschüre mit dem Titel „Wir Evangelischen“ ist Teil der Akten zu Asmussen im Nachlass Niemöllers (ZA EKHN Darmstadt, Best. 62 Akz. 540). Schon in der Zeitschrift „Evangelische Verantwortung“ wurden im Juli 1953 einige Reaktionen auf Niemöllers „Wahlaufruf“ abgedruckt. Niemöller hatte die Bundesregierung scharf kritisiert und gegen die Westbindung der Bundesrepublik polemisiert. Die Reaktionen lehnen Niemöllers Aussagen nicht nur inhaltlich ab, sondern kritisieren darüber hinaus auch die Äußerung in seiner Funktion als Kirchenpräsident (vgl. Evangelische Verantwortung Nr. 5/6, 2–4).

76 Evangelische Verantwortung Nr. 7, 7.

Doch Niemöller übte im Nachgang der Wahl seinerseits Kritik an den von der CDU/CSU und ihr angehörigen Politikern getätigten Aussagen. Möglicherweise bezog er sich in seinem Vortrag mit dem Titel „Die Aufgabe der evangelischen Kirche in Deutschland“[77] auch auf Asmussens „14 Leitsätze“[78] zur Bundestagswahl 1953[79]. In Opposition zu Asmussens Aufruf, vor allem Mitglieder christlicher Kirchen zu wählen, betont Niemöller:

> „Und das Törichtste, was die Propaganda sich geleistet hat, war eine kirchliche Verlautbarung, Christen sollen Christen wählen. Nein, Christen sollen gar keine Christen wählen, liebe Brüder und Schwestern. Christen sollen Menschen wählen, von denen sie überzeugt sind, daß sie den Menschen helfen wollen und daß sie zu diesem Willen auch ein Können haben.“[80]

Wenngleich auch Asmussen seine Empfehlung nicht nur für die Wahl christlicher Politiker, sondern auch christlicher Politik im Allgemeinen gab[81], lässt sich hier eine deutliche Konfliktlinie nachzeichnen. Neben inhaltlichen Differenzen agiert Asmussen integriert in seine Partei, während Niemöller zunächst politisches Engagement durch theologisches Personal ablehnte, dann punktuell auch parteipolitisch partizipierte, jedoch stets eher unverbindlich und allein zur Beförderung ihm persönlich wichtiger Themen.

Gleichsam eine Fortsetzung fand diese Konfliktlinie in einer weiteren öffentlich zutage tretenden Auseinandersetzung, die Asmussen veranlasste, Niemöller erneut für sein außerparteiliches Eintreten zu schelten.

In einem weiteren Artikel aus der Zeitung „Christ und Welt“ mit dem Titel „Der Mißbrauch des christlichen Gewissens“ vom Februar 1955 kritisierte Asmussen abermals – allerdings nicht mehr auf parteipolitische Fragen bezogen – das kirchliche Engagement gegen die Wiederbewaffnung und die

---

77 NIEMÖLLER, Aufgabe.

78 In diesem „14 Leitsätzen“ ruft Asmussen zur Beteiligung an der Bundestagswahl 1953 auf und verdeutlicht, wie aus seiner Perspektive christlich verantwortlich zu wählen sei. Darin heißt es u. a.: „5. Wähle möglichst nur Glieder christlicher Kirchen. Die Parteien sind dir Rechenschaft schuldig, welche ihrer Kandidaten einer christlichen Kirche angehören.“ (ZA EKHN DARMSTADT, Best. 62 Akz. 540).

79 In diesem Vortrag weist Niemöller darüber hinaus darauf hin, dass es ein Versäumnis gewesen sei, zu denken, dass Kirche und Politik nichts miteinander zu tun hätten, da „wir [...], indem wir sagten, die Politik geht uns nichts an, die Menschen einfach Opfer werden lassen.“ Er fügt – möglicherweise auch in Hinblick auf die Auseinandersetzung mit seinem „Wahlaufruf“ – hinzu: „Kirche und Politik haben nichts miteinander zu tun! Man kann es immer noch hören. [...] Denn man sagt das ja auch nur in der Propaganda da, wo die Kirche etwas sagt, was einem in die Schlagwortpropaganda nicht hineinpaßt. Es ist komisch, daß die Kirche immer getadelt wird, wenn mal ein Kirchenmann etwas gegen die herrschende Meinung sagt. Wenn er etwas für die herrschende Meinung sagt, dann ist das kein Sicheinmischen in die Politik.“ (NIEMÖLLER, Aufgabe, 8).

80 NIEMÖLLER, Aufgabe, 17.

81 Im 6. Leitsatz heißt es, „wähle aber nicht nur christliche Politiker, sondern wähle christliche Politik! Es ist niemandem geholfen, wenn christliche Politiker durch eine unchristliche Politik lahmgelegt werden.“ (ZA EKHN DARMSTADT, Best. 62 Akz. 540).

Pariser Verträge und richtete sich auch gegen Niemöller[82]. Ausgehend von der Gewissensfreiheit und unter Bezugnahme auf Mehrheitsentscheidungen in einer Demokratie fragte Asmussen:

> „Wie nun, wenn die Mehrheit einen Weg geht, den ich zusammen mit manchen anderen für einen Irrweg halte? Kann ich es dann verantworten, wenn ich mich der Mehrheit unterordne? Das ist [ein] echtes theologisches, aber ein unechtes politisches Problem. [...] Wenn ich in diesem Augenblick mich auf mein Gewissen berufe, aber nicht den Mut habe mit dieser Berufung ein einzelner vor Gott zu bleiben, sondern aus dem Gewissen eine Volksbewegung mache, dann zerstöre ich nicht nur im theologischen Sinn mein Gewissen, sondern auch die Demokratie.“[83]

Unter dieser Prämisse kritisierte er dann die Versammlung in der Paulskirche in Frankfurt im Januar 1955, die das „Deutsche Manifest“ gegen die Wiederbewaffnung verabschiedet hatte und an der unter anderem auch Niemöller beteiligt gewesen war:

> „Daß aber hinter ihnen eine erstaunlich große Zahl von ‚Kirchenpräsidenten und Oberkirchenräten‘ steht [...,] bedeutet doch wohl die offene Krise in der Evangelischen Kirche in Deutschland. [...] [D]ie radikale Gruppe, die heute so wirkungsvoll in die Politik eingreift, [fordert,] daß [...] Niemöllers [...] und anderer Gewissen für alle Deutschen verbindlich werde. Es ist Zeit, dass die Kirche sich aufmacht und sich gegen die Verabsolutierung des privatisierten christlichen Gewissens richtet.“[84]

Dieser Artikel Asmussens empörte Niemöller derart, dass er einerseits einen scharf formulierten Brief an Asmussen aufsetzte, ihn jedoch nicht abschickte[85], und die „Arbeitsgemeinschaft demokratischer Kreise“, die den Aufsatz ebenfalls verbreitete, inkriminierend zurechtwies[86].

---

82 Dieser Zeitungsartikel findet sich auch in Niemöllers Nachlass. Niemöller hat einige Unterstreichungen vorgenommen, die wesentliche Argumente sowie die direkte Kritik an seiner Person hervorheben.

83 Asmussen, Mißbrauch, 7.

84 Ebd.

85 Vgl. Niemöller an Asmussen vom 8. 3. 1955 (ZA EKHN Darmstadt, Best. 62 Akz. 540).

86 Vgl. Niemöller an „Arbeitsgemeinschaft demokratischer Kreise“ vom 11. 4. 1955 (ZA EKHN Darmstadt, Best. 62 Akz. 540). Niemöller schrieb: „Sie versenden einen Artikel des Rompilgers D. Hans Asmussen D. D., der in dem Blättchen ‚Christ und Welt‘ vom 10. Februar erschienen ist. Dieser Artikel versucht, die Kundgebung, die in der Paulskirche stattgefunden hat, durch persönliche Verunglimpfung herabzusetzen. Sie nennen sich Arbeitsgemeinschaft demokratischer Kreise. Ich weiss nicht, woraus diese Arbeitsgemeinschaft besteht; ich muss indessen annehmen, dass Sie lediglich eine Tarnorganisation der Regierung in Bonn darstellen, von der Sie vermutlich auch das Geld für Ihre weitgreifende Propaganda erhalten. Wenn Sie aber das Wort ‚demokratisch‘ nicht restlos um jeden Kredit bringen wollen, möchte ich Ihnen dringend empfehlen, die Überzeugungen anderer zu achten und nicht in dieser Weise in den Schmutz zu ziehen. Sie graben sich selbst damit das Grab, falls Sie nicht nur getarnte Faschisten sind.“

Schließlich sind neben diesen beiden großen Konfliktlinien auch persönliche Animositäten, Kränkungen und wohl auch die Persönlichkeiten beider als ursächlich für die Entstehung und Perpetuierung der Auseinandersetzungen anzunehmen: Beispielhaft sei hier genannt, dass eine mögliche Kandidatur Asmussens für das Amt des Kirchenpräsidenten der EKHN im November 1946 kolportiert wurde, von der Niemöller jedoch erst durch die Information Dritter erfuhr[87]. Weiterhin, dass Asmussen insinuierte, dass seine geplante Reise in die USA im Jahr 1947 durch Niemöllers vorherigen Aufenthalt dort erschwert oder ganz verunmöglicht werden könnte[88]. Im Lauf der Zeit gab es bis Ende der 1940er Jahre immer wieder Versuche, die Differenzen durch persönliche Aussprachen, wenn nicht beizulegen, so doch mindestens zur Sprache zu bringen. Diese kamen in der Mehrzahl der Fälle durch einen der beiden oder andere Imponderabilien nicht zustande[89]. Spätestens mit dem Beginn der 1950er Jahre, nachdem der briefliche Kontakt zwischen Niemöller und Asmussen gänzlich abgerissen war, verlagerte sich die Kritik am jeweils anderen auf dritte Personen oder einen weiteren öffentlichen Kreis, ohne dem anderen davon Kenntnis zu geben[90].

87 Vgl. Niemöller an Asmussen vom 17. 11. 1946 (ZA EKHN Darmstadt, Best. 62 Akz. 539). Niemöller schrieb in diesem Brief an Asmussen, er habe von Asmussens möglicher Kandidatur gehört und „[e]s würde ja eine etwas seltsame Sache werden, wenn bei der nassau-hessischen Synode zwei Kandidaturen N. und A. aufgestellt werden."

88 Vgl. Asmussen an Niemöller vom 26. 2. 1947 (ZA EKHN Darmstadt, Best. 62 Akz. 540). Asmussen gab zu bedenken, dass „[d]as meiste, was wir an Nachrichten [von Niemöllers Reise in die USA] bekommen, [...] im allgemeinen nicht allzu erfreulich [ist]. Hinzu kommt, dass die Behandlung der Ausreise von Dibelius und mir auch den Eindruck verstärkt, als ob man in den Staaten durch Deinen Besuch empfindlich geworden ist." Vgl. dazu auch Besier, Efforts, 214–218.228.233–235.

89 Beispielhaft sei hier etwa auf einen Brief Niemöllers vom 17. 7. 1948 an Lothar Kreysing (ZA EKHN Darmstadt, Best. 62 Akz. 540) verwiesen, in dem Niemöller über den Konflikt sagt, dass „trotz allseitigem guten Willen [...] eine absolute Klärung und Bereinigung nicht möglich gewesen" ist. Weiterhin schrieb Niemöller im Jahr 1952 über den Kontaktabbruch und seine Haltung gegenüber Asmussen, dass er auf seine „letzten Briefe an Bruder Asmussen völlig ohne Antwort geblieben" ist und es ihm „also praktisch unmöglich gewesen ist, [...] mit Herrn D. Asmussen in Verbindung zu treten". Niemöller habe auch „schon seit Jahren seine Angriffe gegen [...] [ihn] in der Öffentlichkeit nicht mehr zur Kenntnis genommen." (Niemöller an Reinhard Quitmann vom 11. 2. 1952 [ZA EKHN Darmstadt, Best. 62 Akz. 540]).

90 Anfang des Jahres 1951 oder kurze Zeit vorher versandte Asmussen einen Rundbrief, in dem er Niemöller, auch persönlich, scharf kritisierte. Aus den Briefen, die in Niemöllers Nachlass enthalten sind, lässt sich der Inhalt bruchstückhaft rekonstruieren, da Niemöller keine Kenntnis des Rundschreibens hatte (vgl. Niemöller an Rudolf Bäumer vom 9. 4. 1951 [ZA EKHN Darmstadt, Best. 62 Akz. 540]). Auch Wilhelm Niemöller reagierte auf Asmussens Rundschreiben und ließ seine Antwort seinem Bruder offenbar in Kopie zukommen. Darin verurteilt er Asmussens Vorgehen: „Ich habe eine Fülle von früheren Aussagen im Gedächtnis und vor Augen, in denen Du den Mann [Martin Niemöller] überschwenglich gelobt und gepriesen hast, den Du heute nicht nur mit ‚Leidenschaft', sondern auch mit niedrigen Mitteln angreifst, ohne ihm selbst davon Kenntnis zu geben" (W. Niemöller an Asmussen vom 24. 4. 1951 [ZA EKHN Darmstadt, Best. 62 Akz. 540]).

4. Fazit

Für das Verhältnis von Martin Niemöller und Hans Asmussen lässt sich also, wie gezeigt, kein konkretes Ereignis oder Datum finden, zu dem oder anlässlich dessen das Verhältnis beider zerbrochen wäre. Vielmehr zeigt sich seit dem Ende des Jahres 1945 ein multifaktorieller Entfremdungsprozess, der aus sich schon länger manifestierenden, nun aber weiterentwickelnden und sich verfestigenden individuellen Überzeugungen und Erfahrungen resultierte und durch persönliche Betroffenheiten beider verstärkt wurde.

Die Konfliktlinien, die zwischen Niemöller und Asmussen standen, reichen teilweise bis vor 1945 zurück, wenngleich sie erst nach Kriegsende deutlicher hervortraten. Insbesondere ihr differentes Kirchen- und Amtsverständnis – in Hinblick einerseits auf die inhaltliche Ausgestaltung, aber genauso andererseits auf den Aufbau der EKD – gaben mannigfachen Anlass zu Auseinandersetzung. Niemöller perpetuierte seit seiner Rückkehr auf die kirchenpolitische Bühne seine Aversion gegen die Bestrebungen der Lutheraner zu einem Zusammenschluss, der in einem zunächst ungeklärten Verhältnis zur neu zu gründenden EKD stehen sollte. Damit befand er sich in Kontinuität zu einer Haltung, die schon sein Verhältnis zu den Lutheranern und insbesondere zu Landesbischof Hans Meiser während der Zeit der Bekennenden Kirche geprägt hatte. Niemöller knüpfte in seinem Handeln und Argumentieren gleichsam an den Zeitpunkt an, zu dem sein direkter Einfluss auf die Kirchenpolitik durch seine Verhaftung geschwunden war[91]. Gleiches lässt sich jedoch auch für Asmussen konstatieren, der auch nach 1945 in einer, wie zuvor dargestellt, eher vermittelnden Rolle in den Verhandlungen von Treysa und zu nachfolgenden Gelegenheiten in Erscheinung trat. Trotz des Kontinuitätsabbruchs, den der Zweite Weltkrieg bedeutete, zeigt sich im Verhältnis von Asmussen und Niemöller hier also zweierlei, was für die Mehrheit der kirchlichen Entscheidungsträger Geltung beanspruchen darf: Die allgemein kirchenfreundliche Politik der Alliierten, die auch auf die Kirche als einzige „intakte" Institution nach dem Zweiten Weltkrieg angewiesen war[92], konfrontierte die Kirche von außen mit den gleichen Herausforderungen, die sie

91 Vgl. Niemöller an Asmussen vom 22. 6. 1946 (ZA EKHN Darmstadt, Best. 62 Akz. 539). Vgl. Ziemann, Leiter, 340. Ziemann schreibt hier, dass Niemöller in der Konfliktsituation um das Außenamt eine „verspätete Schlacht des Kirchenkampfs" ausfocht. Gleiches lässt sich auch, wie dargestellt, in dessen Agieren im Kontext der Gründung der EKD bemerken.
Zu konzedieren ist zwar, dass die Frage nach der Bekenntnisbindung der EKD bis heute eine intensiv diskutierte sowie in wesentlichen Teilen ungeklärte ist und sie inhaltlich daher kaum als verspätetet ausgetragener Konflikt aus der Zeit des Kirchenkampfes bezeichnet werden kann. Dennoch kann insbesondere Niemöllers scharfe Polemik gegen Meiser und seine Verhandlungsführung wie ein Relikt aus einer Zeit der existentiellen Bedrohung der Kirche und völlig anderer politisch-äußerlicher Umstände anmuten, das hier mit zeitlicher Verzögerung ausagiert wurde.

92 Vgl. Hauschild, Konfliktgemeinschaft, 301.320.

im Inneren zu bewältigen hatte. Die Möglichkeiten, die ein Neuanfang, die Neugründung der EKD, bieten konnte, war stets auszutarieren mit wertvollen strukturellen wie personellen Kontinuitäten[93].

Differenzen im Verständnis der inhaltlichen Ausgestaltung des kirchlichen Amtes, vornehmlich der Vorwurf „katholisierender Tendenzen", traten darüber hinaus neben die Uneinigkeit über den Aufbau der Kirche. Ausgerechnet Niemöller, der während seiner Haft, „den Reichtum an Gebeten und biblischen Lektionen"[94] in katholischer Liturgie für sich entdeckt hatte, diskreditierte Asmussen mit diesem Vorwurf. Dieser wiederum erblickte in Niemöllers „katholisierenden Tendenzen" einen unverfälschten Ausdruck von dessen tatsächlicher Überzeugung[95]. Niemöllers stark antikatholische Haltung nach 1945 mag gerade hier, als Gegenreaktion, ihren Ursprung haben[96], markiert aber zugleich eine weitere Diskrepanz zu Asmussens konzilianter Einstellung.

Neben diese Konfliktlinie, die das Kirchen- und Amtsverständnis betrifft, tritt noch eine zweite, die jedoch erst nach 1945 erkennbar wird: das Verhältnis von Kirche und Staat. Schon in Treysa 1945 war die politische Verantwortung der Kirche sowie das politische Engagement von kirchlichen Amtsträgern zwischen Niemöller und Asmussen strittig[97]. Aus den hier dargestellten Quellen lässt sich jedoch noch ein weiterer Aspekt erkennen, den Niemöller in Gegensatz zu Asmussen brachte.

Zentral für Niemöllers Positionierung nach 1945 ist, was Asmussen bereits im Juli 1946 feststellte: „Du leidest, weil Du einsam bist. Du bist einsam, weil Du eine Ungebundenheit von Wort und Rat der Brüder in Anspruch nimmst, welche die Brüder Dir nicht gegeben haben."[98] Hier bezog Asmussen sich zwar im Speziellen auf Niemöllers Verhältnis zum Reichsbruderrat und sein Auftreten in den ersten Verhandlungen zum Aufbau der EKD. Dennoch lässt sich Niemöllers Inanspruchnahme von Ungebundenheit auch in Hinblick auf sein politisches Eintreten erkennen. Die dargestellten Auseinandersetzungen um das parteipolitische Engagement von kirchlichen Amtsträgern, Niemöllers Parteinahme für die GVP[99] und schließlich seine außerparteiliche Opposition

93 Vgl. Kuhlemann, Traumatisierungen, 68–70.

94 Niemöller an E. Niemöller, zitiert nach: Christophersen / Ziemann, Gedanken, 9.

95 Vgl. Asmussen an Niemöller vom 20. 6. 1946 (ZA EKHN Darmstadt, Best. 62 Akz. 539).

96 Vgl. dazu auch Ziemann, Niemöller, 517.

97 Vgl. Hauschild, Konfliktgemeinschaft, 321.326.

98 Asmussen an Niemöller vom 2. 7. 1946 (ZA EKHN Darmstadt, Best. 62 Akz. 539).

99 Bemerkenswert ist, dass die bereits genannte Replik auf Niemöllers „Wahlaufruf" seine Ansichten auch als reaktionär und nationalistisch charakterisiert. In Hinblick auf Niemöllers Plädoyer für einen „neutralen" Status der Bundesrepublik heißt es: „Das Eigengewicht Deutschlands in der heutigen weltumspannenden Auseinandersetzung wird naiv überschätzt. [...] Das unangefochtene Weiterdenken in den politischen Kategorien des 19. Jahrhunderts mit dem auf sich selbst gestellten bewaffneten Nationalstaat als Leitbild der Politik ist erschreckend wirklichkeitsfern und unnüchtern. Es ist ein Rückfall in das nationalistische Denken alter Schule." (Evangelische Verantwortung Nr. 7, 8). Vielleicht überwog Niemöllers nationa-

gegen die Wiederbewaffnung und die Westintegration der Bundesrepublik zeigen, dass Niemöller an (institutionalisierter) Vergemeinschaftung von Interessen wenig gelegen war. Vielmehr nutzte er seine persönliche Popularität und seine Einflussmöglichkeiten, um seinen Anliegen Gehör und Öffentlichkeit zu verschaffen, sich aber dennoch ungebunden positionieren zu können[100]. Gleiches stellte Asmussen fest, der seinerseits in Strukturen und Institutionen – sei es Kirche oder Partei – verhaftet blieb[101] und stets als Theologe oder Politiker auftrat, wenngleich für christliche Politik. Niemöller hingegen verwahrte sich gegen diese strikte Trennung in der Überzeugung, dass mit Blick auf die unmittelbare Vergangenheit sichtbar geworden sei, wohin die „Loslösung des öffentlichen Lebens von den Grundlagen und Grundsätzen christlichen Lebens und christlicher Verantwortung geführt"[102] habe. So trennten Niemöller und Asmussen in Hinblick auf das Verhältnis von Kirche und Staat, wie auch schon hinsichtlich Kirche und Amt, nicht nur inhaltliche Differenzen.

Die genannten Konfliktlinien, die zwischen beiden standen, sind aber zugleich auch als grundsätzlich für die Entstehung der Evangelischen Kirche in Deutschland nach dem Zweiten Weltkrieg und den Umgang mit dem Erbe der Bekennenden Kirche anzusehen. Die Auseinandersetzung mit dem Verhältnis von Martin Niemöller und Hans Asmussen kann daher den Blick dafür schärfen, wie tiefgreifend der individuelle Anteil der beteiligten Personen an der Gründung der EKD 1945 und ihrer Weiterentwicklung war. Dabei waren die Entscheidungen vor dem ambivalenten Hintergrund des Erbes der Bekennenden Kirche zu treffen. Sie konnten dennoch weder konsequent aus dem Vorhergehenden resultieren, noch wurden sie mit zwingender Eindeutigkeit getroffen. Vielmehr waren sie neben machtpolitischen Überlegungen auch von individuellen Präferenzen und Überzeugungen sowie von Verhandlungsgeschick geprägt.

Daneben sind die Themen, die Anlass für die Auseinandersetzung gaben, solche, deren Relevanz bis heute geblieben ist: die Frage nach der gesellschaftlichen Funktion von Kirche und ihr Verhältnis zum Staat sowie nach ihrer Organisation und der Bekenntnisbindung.

---

listische Einstellung hier seine eigentliche Skepsis gegenüber Parteipolitik, um die Westbindung Deutschlands im Gegenüber zu dessen Souveränität zu verhindern.

100 Die scharfe und breit gestreute Kritik an Niemöllers „Wahlaufruf" für die GVP kann als Indiz für seine Reichweite und seinen Einfluss gelesen werden, der im Vorfeld der Bundestagswahl 1953 nicht unwidersprochen bleiben konnte.

101 Vgl. Asmussen, Kirchengeschichte, 96: „Durch die Presse ging die Nachricht, Niemöller habe über das Thema: ‚Gott oder Atombombe' reden wollen. Ein großartiges Thema! Ich würde sagen, man solle für Gott votieren und also weniger von der Atombombe reden, aber mehr von Gott. Die Frage ist, ob die Prediger das können".

102 Niemöller, Verantwortung, 16.

Abschließend soll nicht verschwiegen werden, dass Asmussen und Niemöller sich wenige Jahre vor Asmussens Tod zu einem letzten gemeinsamen Gespräch in Frankfurt trafen. Handschriftlich notierte Niemöller im Anschluss: „Gespräch fand am 21.06.65 statt und verlief gut (nicht sachlich, sondern persönlich!)."[103] Doch auch dieses letzte persönliche Gespräch, über das Niemöller sich sehr gefreut hatte, konnte, wie erwähnt, für ihn keine Klarheit bringen[104], während die unbeteiligte Rückschau Konfliktlinien nachzeichnen kann, die beiden in ihrer unmittelbaren Beteiligung offenbar kaum bewusst waren.

Quellen- und Literaturverzeichnis

I. Unveröffentlichte Quellen

Zentralarchiv der Evangelischen Kirchen von Hessen-Nassau (ZA EKHN) Darmstadt

Bestand 62: Nachlass Martin Niemöller

Akz. Nr. 539 Korrespondenz mit Theologen: Martin Niemöller - Hans Asmussen, 1944–1946

Akz. Nr. 540 Korrespondenz mit Theologen: Martin Niemöller - Hans Asmussen, 1947, 1951–1969

Landesarchiv Schleswig Holstein (LASH) Schleswig

Abt. 399.5: Nachlass Hans Beyer

040302 Originalmaterial

04030201 Pastor Hans Asmussen, Altona

Nr. 86 u. a. Korrespondenz mit Pastor Martin Niemöller 1936–1937

II. Veröffentlichte Quellen und Darstellungen

Asmussen, Hans: Der Mißbrauch des christlichen Gewissens. In: ChrWelt 8 (1955), H. 6, 7.

–: Die Bekenntnisschriften der Evangelisch-Lutherischen Kirche in der Kirche unserer Zeit. In: Hübner / Kunst / Schnell, Asmussen, 53–66.

–: Die Kirche und das Amt. München 1939.

–: Die liturgische Frage. In: JK 6 (1938), 847–850.

103 W. Lehmann an Niemöller vom 23. 5. 1965 [handschriftliche Notiz] (ZA EKHN Darmstadt, Best. 62 Akz. 540).

104 Vgl. Niemöller an R. Asmussen vom 24. 1. 1969 (ZA EKHN Darmstadt, Best. 62 Akz. 540).

–: Die Stunde der Kirche. In: Hans Asmussen: Aufsätze, Briefe, Reden 1927–1945. Itzehoe 1963, 158–171.

–: „Efforts to strengthen the German Church". Der Federal Council of Churches of Christ in America und die Repräsentanten der deutschen evangelischen Kirche in der Nachkriegszeit (1945–1948). In: Gerhard Besier / Günter R. Schmidt (Hg.): Widerstehen und Erziehen im christlichen Glauben. Festgabe für Gerhard Ringshausen zum 60. Geburtstag. Holzgerlingen 1999, 205–238.

–: Hans Asmussen, Karl Barth und Martin Niemöller im „Kirchenkampf". Theologie und Kirchenpolitik in „Schülerschaft", Partnerschaft und Gegnerschaft. In: Josef Außermair (Hg.): Hans Asmussen im Kontext heutiger ökumenischer Theologie (SSThE 24). Münster 2001, 46–78.

–: Lutherisches Bekenntnis heute. In: Hübner / Kunst / Schnell, Asmussen, 181–195.

–: Zur jüngsten Kirchengeschichte. Anmerkungen und Folgerungen. Stuttgart 1961.

Besier, Gerhard: Die Kirchenversammlung von Eisenach (1948), die Frage nach der „Entstehung einer vierten Konfession" und die Entlassung Hans Asmussens. Zugleich eine Erinnerung an den ersten Leiter der EKD-Kirchenkanzlei. In: Gerhard Besier (Hg.): Die evangelische Kirche in den Umbrüchen des 20. Jahrhunderts Bd. 2 (HTSt 5). Neukirchen-Vluyn 1994, 57–87.

Besier, Gerhard / Ludwig, Hartmut / Thierfelder, Jörg (Hg.): Der Kompromiß von Treysa. Die Entstehung der Evangelischen Kirche in Deutschland (EKD) 1945. Eine Dokumentation (Schriftenreihe der Pädagogischen Hochschule Heidelberg 24). Weinheim 1995.

Christ und Welt 5 (1952), H. 20.

Christophersen, Alf / Ziemann, Benjamin (Hg.): Martin Niemöller. Gedanken über den Weg der christlichen Kirche. Gütersloh 2019.

Evangelische Verantwortung 1 (1953), H. 5/6.

Evangelische Verantwortung 1 (1953), H. 7.

Hauschild, Wolf-Dieter: Konfliktgemeinschaft Kirche. Aufsätze zur Geschichte der Evangelischen Kirche in Deutschland (AKIZ B 40). Göttingen 2004.

Hübner, Friedrich / Kunst, Hermann / Schnell, Hugo (Hg.): Hans Asmussen. Leben und Werk Bd. 3,1: Aufsätze 1927–1934. Berlin 1976.

Hünerbein, Kurt: Martin Niemöller und Hans Asmussen in ihrem wechselnden Verhältnis zueinander. In: Quat. 56 (1992), 130–141.

Kaiser, Jochen-Christoph: Der Protestantismus von 1918 bis 1989. In: Raymund Kottje / Thomas Bremer /Hubert Wolf (Hg.): Ökumenische Kirchengeschichte Bd. 3. Darmstadt 2007, 181–270.

Konukiewitz, Enno: Hans Asmussen. Ein lutherischer Theologe im Kirchenkampf (LKGG 6). Gütersloh [2]1985.

–: Hans Asmussen. Ein lutherischer Theologe im Kirchenkampf. In: Josef Außermair (Hg.): Hans Asmussen im Kontext heutiger ökumenischer Theologie (SSThE 24). Münster 2001, 16–45.

Kuhlemann, Frank-Michael: Protestantische „Traumatisierungen". Zur Situationsanalyse nationaler Mentalitäten in Deutschland 1918/19 und 1945/46. In: Manfred Gailus / Hartmut Lehmann (Hg.): Nationalprotestantische Mentalitäten in Deutschland (1870–1970). Konturen, Entwicklungslinien und Umbrüche eines Weltbildes (VMPIG 214). Göttingen 2005, 45–78.

Lehmann, Wolfgang: Hans Asmussen. Ein Leben für die Kirche. Göttingen 1988.

Niemöller, Martin: Die Aufgabe der evangelischen Kirche in Deutschland. Vortrag von Kirchenpräsident D. Martin Niemöller in der Kirche in Obereisenhausen am 27. September 1953. Weidenau 1953.

–: Die politische Verantwortung des Christen im akademischen Stand. Vortrag gehalten auf Einladung der evangelischen Studentengemeinde vor Studierenden der Philipps-Universität zu Marburg an der Lahn am 4. Mai 1946. Gießen 1946.

Vogel, Johanna: Kirche und Wiederbewaffnung. Die Haltung der Evangelischen Kirche in Deutschland in den Auseinandersetzungen um die Wiederbewaffnung der Bundesrepublik 1949–1956 (AKIZ B 4). Göttingen 1978.

Ziemann, Benjamin: Martin Niemöller. Ein Leben in Opposition. München 2019.

–: Martin Niemöller als Leiter des Kirchlichen Außenamtes 1945–1956. In: Andreas Gestrich / Siegfried Hermle / Dagmar Pöpping (Hg.): Evangelisch und deutsch? Auslandsgemeinden im 20. Jahrhundert zwischen Nationalprotestantismus, Volkstumspolitik und Ökumene (AKIZ B 79). Göttingen 2021, 323–343.

Thomas Martin Schneider

Die Magna Charta der Bekennenden Kirche: Martin Niemöller und die Barmer Theologische Erklärung

Der Name Martin Niemöller wird eng mit der Barmer Theologischen Erklärung in Verbindung gebracht. Der Gießener Kirchenhistoriker Martin Greschat etwa schrieb:

> „Niemöller war entscheidend an der organisatorischen Vorbereitung und Durchführung dieser Synode [sc. der Barmer Reichsbekenntnissynode] beteiligt gewesen. Die Barmer Theologische Erklärung wurde für ihn dann zunehmend zur Zusammenfassung und zum Inbegriff dessen, was die evangelische Kirche zu lehren und zu predigen hätte. Nicht nur in den dreißiger Jahren, sondern auch nach 1945 kreisten seine Vorträge und Predigten wieder und wieder um diese Bekenntnissätze, zitierten und entfalteten sie. […] Wenn irgendein Text als die Summe der Theologie Martin Niemöllers bezeichnet werden kann, war es fraglos die Barmer Theologische Erklärung."[1]

Selbst in einer Art Online-Lexikon für Kinder der bekannten „Was ist was"-Buchreihe findet sich in einem kurzen Beitrag zur Barmer Theologischen Erklärung gleich fünf Mal der Name Martin Niemöller, der dort zudem als einziger Vertreter der Bekennenden Kirche (BK) neben Dietrich Bonhoeffer erwähnt wird[2].

In drei Schritten soll das Verhältnis von Niemöller zur Barmer Erklärung genauer betrachtet werden: Zunächst sollen unabhängig von der Person Niemöller ganz allgemein die Entstehung, der Inhalt und die Bedeutung und Wirkung der Erklärung als *Magna Charta* der BK kurz skizziert werden (Teil 1). Sodann sollen genauer Niemöllers Rolle bei der Entstehung (Teil 2) und seine Rezeption der Erklärung (Teil 3) nachgezeichnet bzw. untersucht werden. Am Schluss steht ein kurzes Fazit (Teil 4).

1 Greschat, Niemöller, 193.
2 https://www.wasistwas.de/archiv-geschichte-details/barmer-theologische-erklaerung.html [19. 5. 2021].

1. Die Barmer Erklärung als Magna Charta der BK[3]

1.1 Die Barmer Erklärung als kirchenpolitisches und theologisches Konsenspapier

Die Barmer Erklärung war kirchenpolitisch ein Konsenspapier der beiden Flügel der sich formierenden BK, des radikaleren, uniert-reformierten Flügels und des gemäßigteren, lutherischen Flügels, gerichtet gegen die nationalsozialistische Kirchenpartei der Deutschen Christen (DC) und deren Gleichschaltungsbestrebungen. Theologisch war die Erklärung - ganz dem entsprechend - ein Konsens zwischen der vor allem durch Karl Barth repräsentierten Wort-Gottes-Theologie und dem konfessionellen Luthertum. Was die beiden Richtungen miteinander verband, war eine „antimodernistische Absage"[4] an den sogenannten Kultur- und Neuprotestantismus, den man für die Irrlehren der DC verantwortlich machte. Entgegen einer von Barth geschickt gestreuten und bis heute verbreiteten anekdotenhaften Legende, die sich auf die Formel vom Schlaf der Lutheraner bei der Abfassung der Barmer Erklärung einerseits und vom gewissenhaft wahrgenommenen Wächteramt des Reformierten Barth andererseits bringen lässt[5], hat der Münchner Kirchenhistoriker Carsten Nicolaisen nachgewiesen, dass - ungeachtet der Hauptverfasserschaft Barths - an der Entstehung der Barmer Erklärung „von der ersten Planungsphase an bis zur Verabschiedung der letzten Fassung auf der Synode lutherische Theologen verantwortlich und maßgeblich beteiligt" waren[6].

1.2 Die Barmer Erklärung als Bekenntnis zu evangelischen Grundwahrheiten

Die Barmer Erklärung war vor allem ein Bekenntnis zu evangelischen Grundwahrheiten, etwa zum Solus Christus und zum Sola scriptura (vgl. Thesen 1 und 2), zum reformatorischen - und nicht katholisch-hierarchischen - Amtsverständnis (vgl. These 4), zur Wortverkündigung und Sakramentsverwaltung als den zentralen Aufgaben der Kirche gemäß Artikel 7 der Confessio Augustana (vgl. These 6).

3 Vgl. zum ganzen Abschnitt: SCHNEIDER, Jahre; DERS., Barmen, 56–59.
4 So HONECKER, Erklärung, 15.
5 Vgl. hierzu SCHNEIDER, Dokument, 140–146.
6 NICOLAISEN, Beitrag, 37.

1.3 Spannungen in der Barmer Erklärung und lutherische Einwände

Die Barmer Erklärung war nicht frei von Spannungen, so insbesondere zwischen der fünften These, die im Grunde der lutherischen Zwei-Regimenten-Lehre entsprach (Eigenrecht des Staates, der allerdings Gott gegenüber verantwortlich ist), und der zweiten These, in der sich Barths Lehre von der „Königsherrschaft Christi“ spiegelte[7]. Einige namhafte lutherische Theologen, vor allem die Erlanger Professoren Paul Althaus und Werner Elert, erhoben sogleich auch grundsätzliche Einwände gegen die Barmer Erklärung, weil sie Barths pauschale Verwerfung jeder natürlichen Theologie nicht nachvollziehen konnten. Der anekdotenhaften Legende Barths entsprach die Polemik Althaus' von der „Preisgabe des Luthertums an Karl Barth“[8]. Elert und Althaus waren aber im Kreise des konfessionellen Luthertums zunehmend isoliert. Auf dem Lutherischen Tag in Hannover im Juli 1935 etwa waren Hanns Lilje und Georg Merz, die der Barmer Erklärung positiv gegenüberstanden, die tonangebenden Theologen[9]. Althaus' und Elerts Erlanger Kollege Hermann Sasse, schon vor 1933 ein entschiedener Gegner des Nationalsozialismus, konnte – übrigens als einziger Synodaler – der Barmer Erklärung zwar auch nicht zustimmen, jedoch nicht aus inhaltlichen, sondern aus rein formalen Gründen, weil er die Reichsbekenntnissynode in Barmen auf Grund ihrer Zusammensetzung nicht für legitimiert hielt, in Lehrfragen Entscheidungen zu treffen.

1.4 Die unterschiedliche Rezeption der Barmer Erklärung durch die beiden Flügel der BK

Die Barmer Erklärung wurde von den beiden Flügeln der BK unterschiedlich rezipiert. Die Lutheraner verstanden sie insbesondere als Ruf zur Rückkehr zu den altkirchlichen Symbolen und den Bekenntnisschriften der Reformationszeit. Hierbei konnten sie sich vor allem auch auf die in Barmen ebenfalls beschlossene „Erklärung zur Rechtslage“ berufen, in der die Wahrung der „reformatorischen Bekenntnisse“ betont und ein „organischer Zusammenschluß der Landeskirchen und Gemeinden auf der Grundlage ihres Bekenntnisstandes“ gefordert wurde[10]. Aber auch in der Barmer Erklärung selbst wurde die Deutsche Evangelische Kirche als ein „Bund der [...] Bekenntniskirchen“ bezeichnet[11]. Der radikalere Flügel der BK interpretierte die Barmer Erklärung demgegenüber – unter Berufung auf den letzten Satz ihrer Prä-

7 Vgl. Barth, Christengemeinde.
8 Zitiert nach Nicolaisen, Weg, 38.
9 Vgl. Schneider, Zeitgeist, 86–116.
10 Zitiert nach Hermle / Thierfelder, Dokumente, 206.
11 Zitiert nach ebd., 206 f.

ambel, den Vorsatz der eigentlichen Thesen: „Wir bekennen uns [...] zu folgenden evangelischen Wahrheiten: [...]"[12] – eher im Sinne eines neuen Unionsbekenntnisses. Je mehr er dies tat, desto mehr gingen die Lutheraner auf Distanz zur Barmer Erklärung. Bis Anfang 1936 blieb die BK auf der Grundlage der Beschlüsse der Barmer Reichsbekenntnissynode immerhin geeint, seit der zweiten Reichsbekenntnissynode im Oktober 1934 in Dahlem sogar unter dem Dach einer gemeinsamen (ersten) Vorläufigen Kirchenleitung (VKL I). Mit Nicolaisen lässt sich von einer „Doppelgesichtigkeit" der Barmer Erklärung sprechen: „Sie ruft zurück zu den Bekenntnissen der Reformationszeit und gleichzeitig nach vorwärts zu neuer Bekenntnisgemeinschaft."[13] Nach Kriegsende erfuhr die unterschiedliche Rezeption der Barmer Erklärung eine Fortsetzung, als eine Reihe von reformierten und unierten Landeskirchen sie in ihre Grundordnung bzw. die Ordinationsverpflichtung aufnahmen und dadurch gleichsam in den Rang eines neuen Bekenntnisses erhoben. Dies lehnten die in der Vereinigten Evangelisch-Lutherischen Kirche Deutschlands (VELKD) zusammengeschlossenen Kirchen ab; die VELKD-Verfassung von 1948 bezog sich lediglich auf die „Verwerfungen" der Barmer Erklärung „in der Auslegung durch das lutherische Bekenntnis"[14].

1.5 Die politische Dimension der Barmer Erklärung und ihre politische Inanspruchnahme

Abgesehen von durchaus konkreter kirchenpolitischer Abwehr angesichts der Gleichschaltungsbestrebungen der DC enthielt die Barmer Erklärung ihrem Selbstverständnis nach kein politisches Programm. Widerstand oder Eintreten für die Opfer des Nationalsozialismus lagen „nicht im Denkhorizont" der ganz überwiegend nationalkonservativ eingestellten Synodalen[15]. Die – zweifellos vorhandene – politische Bedeutung der Barmer Erklärung bestand paradoxerweise in der grundsätzlich ideologiekritischen Rückbesinnung auf die Theologie im eigentlichen Sinne – darin, dass man sich, wie der Tübinger Kirchenhistoriker Klaus Scholder es formulierte, „die damals übermächtige politische Fragestellung gerade nicht aufnötigen" ließ[16]. Entgegen ihrer ursprünglichen Intention ist die Barmer Erklärung nach 1945 dann allerdings immer wieder für unterschiedliche kirchenpolitische und politische Ziele in Anspruch genommen worden, insbesondere im Zusammenhang mit den Umbrüchen und sozialen Bewegungen ab den 1960er Jahren. Das reichte von der evangelikalen „Bekenntnisbewegung ‚Kein anderes Evangelium'" bis zu

12 Ebd., 207.
13 Nicolaisen, Beitrag, 38.
14 Zitiert nach Kirchliches Jahrbuch 1945–1948, 150.
15 Greschat, Bekenntnis, 540.
16 Scholder, Grundlage, 510.

linksprotestantischen Kreisen. Man lieh sich, wie der Kölner Staatsrechtler Martin Kriele es ausdrückte, „etwas von dem Pathos des Widerstands, der Redlichkeit, der Klarsicht, des Mutes, des Erfülltseins vom Heiligen Geist" zur Legitimierung und Stärkung eigener Anliegen[17].

2. Niemöllers Rolle bei der Entstehung der Barmer Erklärung

Die Quellenlage erlaubt es, die Rolle Niemöllers beim Zustandekommen der Barmer Erklärung ziemlich genau nachzuzeichnen. Als Vorsitzender des Pfarrernotbundes gehörte er dem „Nürnberger Ausschuss" an, der die Reichsbekenntnissynode von Barmen plante und vorbereitete, und er nahm an drei der insgesamt sieben Sitzungen dieses Ausschusses teil[18]. Schon im Vorfeld der konstituierenden Sitzung des „Nürnberger Ausschusses" zeigten sich erhebliche Spannungen zwischen Niemöller und den lutherischen Landesbischöfen von Bayern und Württemberg, Hans Meiser und Theophil Wurm[19]. Niemöller verübelte es den beiden, dass sie sich nach dem Kanzlerempfang der Kirchenführer am 25. Januar 1934 genötigt gesehen hatten, sich wie alle anderen nicht-deutsch-christlichen Kirchenführer noch einmal hinter den deutsch-christlichen Reichsbischof Ludwig Müller zu stellen, nachdem Niemöller während des Kanzlerempfangs durch das Verlesen eines abgehörten Telefonats bloßgestellt und der Subversion verdächtigt worden war[20]. Nachdem Müller das als Ermutigung aufgefasst hatte, mit seinen Maßnahmen zur Errichtung einer Reichsbischofsdiktatur fortzufahren und diese sogar noch zu intensivieren, waren Meiser und Wurm allerdings sehr bald wieder zu ihrem oppositionellen Kurs zurückgekehrt[21]. Gleichwohl befürchtete Niemöller, dass Meiser, der zu der konstituierenden Sitzung des „Nürnberger Ausschusses" einlud, ihn übergehen wollte. Tatsächlich hatte man wohl überlegt, ob es opportun sei, den bei den staatlichen Stellen besonders desavouierten Vorsitzenden des Pfarrernotbundes mit einzubeziehen. Jedoch wurde ihm gleichwohl eine schriftliche Einladung zugeschickt, die Niemöller allerdings offenbar wegen einer Reise nicht sogleich erhielt, was – letztlich wohl unbegründeterweise – sein Misstrauen nährte[22]. Dass die Sitzung dann kurzfristig um einen Tag vorverlegt wurde, was Niemöller durch Boten mit-

17 Kriele, Präzedenz-Wirkung, 17.

18 Niemöller nahm an den Sitzungen am 18. 4. sowie am 7. und 22. 5. 1934 teil. Weitere Sitzungen ohne seine Anwesenheit fanden am 11. und 22. 4. sowie am 2. und 29. 5. statt. Vgl. Handbuch, 105 f.

19 Vgl. Nicolaisen, Weg, 15.

20 Vgl. hierzu u. a. Schneider, Reichsbischof, 186–191.

21 Vgl. ebd., 207.

22 Vgl. Nicolaisen, Weg, 15; Ebd., Anm. 49 der Hinweis auf das von Niemöller am 8. 4. 1934 abgezeichnete Einladungsschreiben.

geteilt wurde, verstärkte natürlich Niemöllers Misstrauen[23]. Er nahm an der konstituierenden Sitzung des „Nürnberger Ausschusses“ am 11. April 1934 auch nicht teil. Niemöllers weitere Befürchtung, Meiser und Wurm suchten immer noch nach einer Lösung unter Einbeziehung Müllers, war unbegründet, zeigte aber, wie tief das Misstrauen war[24]. Auf Initiative Friedrich von Bodelschwinghs sollte das nächste Zusammenkommen des „Nürnberger Ausschusses“ am 18. April – diesmal nicht in Nürnberg, sondern in München – der Aussöhnung zwischen Niemöller und den beiden süddeutschen Bischöfen dienen. Diese Sitzung, an der Niemöller auch teilnahm, stand jedoch ganz unter dem Eindruck des am 13. April erfolgten Eingriffs des Reichsbischofs in die Rechtshoheit der württembergischen Landeskirche mit dem Ziel, diese mit der Reichskirche gleichzuschalten. Für den kommenden Sonntag, den 22. April, wurde rasch ein großer Bekenntnisgottesdienst im Ulmer Münster geplant, an dem etwa 5.000 Menschen aus ganz Deutschland teilnahmen und in dem Meiser die „Ulmer Erklärung“ verlas, in der der Anspruch erhoben wurde, die „rechtmäßige evangelische Kirche Deutschlands“ zu vertreten. Die sogenannte „Ulmer Einung“ gilt als die eigentliche Geburtsstunde der BK. Wegen eines Urlaubs nahm Niemöller weder an dem Gottesdienst teil noch wirkte er an der „Ulmer Erklärung“ mit – diese unterschrieb als sein Vertreter Franz Hildebrandt – noch war er bei der am Nachmittag, ebenfalls in Ulm, stattfindenden dritten Sitzung des „Nürnberger Ausschusses“ zugegen. Gleichwohl wurde er dort als ein Mitglied des „ständigen Ausschusses“, des Leitungsgremiums der sich formierenden BK, benannt, was zeigte, dass man ihn trotz Abwesenheit nicht überging[25]. Auch an der vierten Sitzung des „Nürnberger Ausschusses“ am 2. Mai 1934 in Berlin, in der weitreichende Entscheidungen getroffen wurden, nahm Niemöller nicht teil, sondern ließ sich wieder durch Hildebrandt vertreten[26]. Es wurde u. a. beschlossen, eine freie Synode auf nationaler Ebene durchzuführen – eben die Barmer Reichsbekenntnissynode – und öffentliche Erklärungen dieser Synode – u. a. die spätere Barmer Erklärung – vorzubereiten. Zudem wurde ein Theologenausschuss benannt, der einen Textentwurf für die Barmer Erklärung erstellen sollte. Diesem Theologenausschuss sollten neben dem Reformierten Barth die Lutheraner Hans Asmussen und Thomas Breit, bayerischer Oberkirchenrat, angehören. Auf Wunsch Meisers sollte zudem Sasse als profilierter Lutheraner hinzugezogen werden, der aber aus Krankheitsgründen nicht mitarbeiten konnte. An der fünften Sitzung des „Nürnberger Ausschusses“ in Kassel am 7. Mai nahm Niemöller wieder teil. In dieser Sitzung

---

23 Vgl. EBD.

24 Vgl. EBD.

25 Vgl. EBD., 18–22. Zur Vertretung Niemöllers durch Hildebrandt vgl. ROGGELIN, Hildebrandt, 73; und HANDBUCH, 108. Die „Ulmer Erklärung“ ist u. a. abgedruckt in: HERMLE / THIERFELDER, Dokumente, 204 f. Zu abweichenden Zählungen der Sitzungen des „Nürnberger Ausschusses“ vgl. NICOLAISEN, Weg, 22 f., Anm. 87.

26 Vgl. EBD., 23; und ROGGELIN, Hildebrandt, 74.

ging es im Wesentlichen um die Frage der Terminierung der Reichsbekenntnissynode sowie um Verfahrensfragen. Niemöller äußerte sich zu beiden Punkten. Er plädierte für einen nicht zu frühen Termin und schlug die „Woche nach Trinitatis" vor[27], in der die Synode dann auch tatsächlich stattfand. Seine weiteren, in den beiden vorhandenen Protokollen teilweise nur stichwortartig notierten Äußerungen lassen erkennen, dass Niemöller die Interessen der altpreußischen Unionskirche gegen die Interessen der Lutheraner vertrat. Es ging ihm zum einen offensichtlich um eine angemessene Repräsentanz der großen preußischen Unionskirche in der Reichsbekenntnissynode. Zum anderen plädierte er dafür, dass die von den Lutheranern um Meiser geforderte Aufteilung und Abstimmung der Synodalen gemäß ihrem Bekenntnis („itio in partes") erst nach einem Zusammenkommen der Gesamtsynode erfolgen sollte und nicht umgekehrt[28]. Der am 2. Mai in Berlin berufene Theologenausschuss – wegen der Erkrankung Sasses nur mehr bestehend aus Asmussen, Barth und Breit – traf sich am 15. und 16. Mai in Frankfurt am Main und verständigte sich auf die sogenannte „Frankfurter Konkordie", mit der die eigentliche Text- und Redaktionsgeschichte der Barmer Erklärung begann. Nicolaisen hat diese durchaus verwickelte und vielschichtige Text- und Redaktionsgeschichte detailliert nachgezeichnet und dabei etwa, wie schon erwähnt, auch die wirkmächtige Legendenbildung Barths richtiggestellt. Diese Text- und Redaktionsgeschichte ist hier nur insofern von Interesse, als Niemöller daran beteiligt war. Niemöller wirkte an keinem der von Nicolaisen recherchierten insgesamt sieben Vorentwürfe mit[29], auch nicht an einem von dem Tübinger Kirchenhistoriker Jürgen Kampmann als möglicherweise weiterer – achter – Vorentwurf beschriebenen und edierten Text[30]. In der sechsten Sitzung des „Nürnberger Ausschusses" am 22. Mai wurde u. a. ein Vorentwurf der Barmer Erklärung beraten. Seiner eigenen Mitschrift zufolge meldete Niemöller sich nur einmal zu Wort, als Meiser anregte, der ersten These ein anderes bzw. weiteres Bibelwort voranzustellen und Joh 14,6 vorschlug: „Ich bin der Weg ... [die Wahrheit und das Leben; niemand kommt zum Vater denn durch mich.]" Niemöller schlug stattdessen den Vers aus der Bergpredigt Mt 6,33 vor: „Trachtet am ersten ... [nach dem Reich Gottes und nach seiner Gerechtigkeit, so wird euch solches alles zufallen.]"[31] Meisers Vorschlag setzte sich letztlich durch. Dem am 22. Mai bestimmten vierköpfigen Redaktionsausschuss gehörte Niemöller nicht an[32]. In den Dokumenten taucht Niemöllers Name erst wieder im Zusammenhang mit dem lutherischen Bekenntniskonvent der Barmer Reichsbekenntnissynode auf. Wie es Niemöllers Position entsprach, war der Entwurf zur Barmer Erklärung am 30. Mai

27 Vgl. Nicolaisen, Weg, 66 u. 70.
28 Vgl. ebd., 66 f. u. 70 f.
29 Vgl. die synoptische Gegenüberstellung der Entwürfe ebd., 161–192.
30 Vgl. Kampmann, Tagung, 146–155.
31 Vgl. Nicolaisen, Weg, 89 f.
32 Vgl. ebd., 40 u. 90.

zunächst der gesamten Synode vorgestellt und von Asmussen detailliert erläutert worden. Dem offiziellen Bericht über die Synode zufolge war der Entwurf allgemein auf sehr positive Resonanz gestoßen, sodass viele Synodale offenbar eine „itio in partes“ für überflüssig hielten[33]. Der Präses der Bekenntnissynode, Karl Koch, hielt gleichwohl an der geplanten und insbesondere von den Lutheranern um Meiser für notwendig erachteten „itio in partes“ fest. Während der reformierte Konvent nur kurz zusammentrat und dem vorgelegten Entwurf gleich zustimmte, entbrannte um die Zusammensetzung des lutherischen Konventes ein heftiger Streit. Die Vertreter der großen altpreußischen Unionskirche entschieden sich nämlich nach kurzer Beratung, sich auf den lutherischen bzw. reformierten Konvent aufzuteilen; ein eigener unierter Konvent kam daher gar nicht mehr zustande. Neben dem brandenburgischen Gutsbesitzer Detlev von Arnim-Kröchlendorff war Niemöller offenbar der Wortführer, der – erfolgreich – für diese Strategie stritt. Die Lutheraner um Meiser hatten dagegen heftig opponiert, da sie – sicher nicht ganz zu Unrecht – eine Schwächung der lutherischen Anliegen durch die zahlreichen Vertreter der preußischen Union fürchteten, die sich jetzt auf ihre lutherischen Wurzeln zurückbesannen[34]. Um handlungsfähig zu bleiben, wurde ein kleinerer lutherischer Unterausschuss gebildet, dem weder Meiser noch Niemöller angehörten; allerdings waren enge Weggefährten bzw. Mitstreiter von beiden Mitglieder dieses Unterausschusses. Dessen Beratungen zogen sich so lange hin, dass Außenstehende schon befürchteten, dass der Konsens von Barmen scheitern würde[35]. Als der lutherische Unterausschuss schließlich doch zu einem Ergebnis gelangt war, musste dieses noch mit den Reformierten abgestimmt werden. Es wurde eine interkonfessionelle „Schlussberatungskommission“ gebildet, der wiederum weder Niemöller noch Meiser angehörten. Über den sachlichen Dissens zwischen den beiden gibt eine Mitschrift über eine Besprechung lutherischer Synodaler Auskunft, die am Abend des 29. Mai, also am Vorabend der Präsentation des Entwurfs durch Asmussen vor der Gesamtsynode, stattfand. Meiser und andere lutherische Theologen äußerten, die Barmer Erklärung dürfe nicht als ein gemeinsames lutherisch-reformiertes Unionsbekenntnis verstanden werden, sondern vielmehr als eine klare Abgrenzung gegenüber den DC. Niemöller hielt leidenschaftlich, kompromisslos und nicht ohne Polemik dagegen. Er drohte damit, das ganze Vorhaben platzen zu lassen, wenn er mit Emphase ausrief: „wir blasen ab [doppelt unterstrichen], wenn das so weitergeht.“ Und vor dem Hintergrund der damaligen allgemeinen konfessionellen Großwetterlage kann es nur als Polemik gedeutet werden, wenn er zwei Mal kurz hintereinander erklärte, dass

33 Vgl. Bekenntnissynode, 24; Nicolaisen, Weg, 53.
34 Vgl. ebd., 53 f.
35 Vgl. ebd., 55.

man sich, wenn es lediglich um die DC gehe, ja auch mit den Katholiken zusammentun könne[36].

Ein kurzes Zwischenfazit: Niemöller war als Vorsitzender des Pfarrernotbundes von Anfang an in die Planungen der ersten Reichsbekenntnissynode in Barmen mit eingebunden und gehörte dem die Synode vorbereitenden Gremium, dem „Nürnberger Ausschuss", an. Er arbeitete dort allerdings nicht kontinuierlich mit bzw. ließ sich öfter vertreten und war insbesondere an organisatorischen Fragen interessiert. An der Entstehung des Textes der Barmer Erklärung war er dagegen so gut wie gar nicht beteiligt. Sein Handeln im Vorfeld der Synode und auf der Synode selbst war stark geprägt von der kirchenpolitisch motivierten Spannung zu dem lutherischen Teil der (werdenden) BK, insbesondere zu dem bayerischen Landesbischof Meiser. Für die theologischen Anliegen der den lutherischen Bekenntnisschriften treu bleiben wollenden Lutheraner hatte er offenbar keinerlei Verständnis. Seine Selbstzuordnung zum lutherischen Konvent auf der Barmer Synode war vermutlich vor allem taktisch motiviert. Neben theologischen Differenzen werden wohl auch preußisch-bayerische Mentalitätsunterschiede eine Rolle gespielt haben.

3. Niemöllers Rezeption der Barmer Erklärung

Greschat hatte zweifellos recht, wenn er schrieb, Niemöller habe sich immer wieder auf die Barmer Erklärung bezogen. Wo und wie er das getan hat, aber auch, wo er es unterlassen hat, soll anhand von exemplarischen Quellen verschiedener Art untersucht werden.

3.1 Niemöllers Bericht über die Barmer Reichsbekenntnissynode vom 6. Juni 1934

Bereits wenige Tage nach der Barmer Reichsbekenntnissynode, nämlich am 6. Juni 1934, verfasste Niemöller einen Bericht[37] über die Synode, der in verkürzter Form am 1. Juli in der Deutschen Allgemeinen Zeitung veröffentlicht wurde[38]. In diesem Bericht – in seiner ursprünglichen, längeren Fassung – führte Niemöller aus, es sei auf der Synode um „ein gemeinsames Wort zu der bekenntnismäßigen Grundlage und zur bekenntnismäßigen Gestaltung und Verkündigung der Deutschen Evangelischen Kirche" gegangen. Lutheraner und Reformierte hätten gemeinsam an der Textvorlage gearbeitet. Diese Vorlage sei dann „den Conventen des lutherischen und des reformierten Be-

36 Vgl. EBD., 106 f.
37 Abgedruckt in: NIEMÖLLER, Bekenntnissynode, Bd. 2, 34–38.
38 Vgl. hierzu: SCHMIDT, Niemöller, 210 u. 484, Anm. 99.

kenntnisses zur Bearbeitung und Prüfung überwiesen" worden. Niemöller fuhr fort: „Hierzu ist ausdrücklich zu bemerken, daß es sich in dieser Erklärung nicht um einen Versuch handelte, die Grenzen zwischen den verschiedenen Bekenntnissen zu verwischen und etwa eine neue Union der Bekenntnisse zu schaffen, sondern vielmehr darum, die der evangelischen Kirche heute gestellten Fragen einheitlich zu beantworten."[39] Später beschrieb Niemöller in seinem Bericht noch die Stimmung der Synodalen nach der „einhellige[n] Annahme der Vorlage": „die Synode samt den Gästen [erhob sich], um ihrer Bewegung in dem Choral ‚Lob, Ehr und Preis sei Gott' Ausdruck zu geben"[40]. Auf den Inhalt der Barmer Erklärung ging Niemöller in seinem Bericht nicht ein.

3.2 Die Dahlemer Predigten

Die erhabene Stimmung auf der Synode erwähnte Niemöller auch kurz am Ende seiner ersten Predigt in Dahlem nach der Barmer Reichsbekenntnissynode am 10. Juni 1934: „ich glaube, vor zehn Tagen bei der ersten deutschen Bekenntnissynode in Barmen inmitten eines breiten, tiefen und lebendigen Stromes solcher Liebe [sc. christlicher Bruderliebe] gestanden zu haben". Dies „Widerfahrnis" habe „Mut gemacht [...], vor allem gerade dazu, daß wir ein festes und klares Ja sprechen konnten zu dem Schnitt, mit dem sich die Kirche der Welt [gemeint ist die von den DC regierte Kirche] von der glaubenden und bekennenden Gemeinde geschieden hat."[41]

Bis zu seiner Verhaftung am 1. Juli 1937 predigte Niemöller drei Mal über Bibeltexte mit Versen, die jeweils verschiedenen Thesen der Barmer Erklärung vorangestellt sind[42], nahm aber nur einmal, in seiner Predigt zu Eph. 4,11–16 am Pfingstmontag 1937, ausdrücklich Bezug auf die Barmer Erklärung: „vor drei Jahren auf der Barmer Synode" hätten „Lutheraner und Reformierte [...] gemeinsam [...] gesprochen". Niemöller kommentierte das dann wie folgt: Man solle sich hüten vor der „Verführung", „die evangelische Christenheit einigen" zu wollen „auf ein gemeinsames kirchliches Programm hin". Eine Einigung der Kirche könne es nur von Jesus Christus als dem alleinigen „Herr[n] und Haupt seiner Kirche" her geben und nicht durch Orientierung an „Vater Luther" oder „Vater Calvin" oder an „Propheten einer neuen Zeit und eines neuen Glaubens"[43]. Gott begegne, so Niemöller unter zwar nicht

39 Niemöller, Bekenntnissynode, Bd. 2, 36.

40 Ebd., 37.

41 Niemöller, Dahlemer Predigten, 212.

42 Niemöller predigte am Altjahrsabend 1935 über Mt. 28,20 (vgl. Barmen IV), am 24. 4. 1937 (Sonntag Kantate) über 2. Tim. 2,8–14 (vgl. Barmen VI: 2. Tim. 2,9) und am Pfingstmontag, 17. 5. 1937 über Eph. 4,11–16 (vgl. Barmen III: Eph. 4,15 f.) – vgl. ebd., 391–394, 607–613 u. 625–631.

43 Ebd., 627.

expliziter, aber doch wohl impliziter Bezugnahme auf Barmen I, ausschließlich durch das „*eine* Wort, das uns sagt, daß in Jesus von Nazareth Gott selber zu *mir* – auch heute – kommt“[44]. Bemerkenswerterweise leitete Niemöller sodann aus dem *einen* Wort Gottes ab, dass es auch nur „*ein* Amt in der Kirche“ gebe, nämlich „das *eine* Amt der Verkündigung“, wobei er durch ausdrücklichen Hinweis auf das „Ordinationsgelübde“ keinen Zweifel daran ließ, dass er das Pfarramt meinte[45]. Dies steht aber nun in einer gewissen Spannung zur vierten Barmer These, in der ausdrücklich von den „verschiedenen Ämtern in der Kirche“ die Rede ist.

3.3 „Vom U-Boot zur Kanzel“

Gut sieben Wochen nach der Barmer Synode, am 21. Juli 1934, fuhr Niemöller mit seiner Familie in den Sommerurlaub nach Usedom und begann dort sogleich mit der Abfassung seines berühmten autobiografischen Buches „Vom U-Boot zur Kanzel“. Am 16. August war das Manuskript schon fertiggestellt; bis Ende des Jahres wurden bereits 60.000 Exemplare verkauft[46]. Zwar umfasst das Buch nur den Werdegang Niemöllers bis zum Antritt seiner ersten Pfarrstelle als Geschäftsführer der westfälischen Inneren Mission im Jahre 1924, jedoch spiegelt es zumindest indirekt seine Haltung im Sommer 1934 bzw. das, was für ihn nachhaltig prägend war. Was seine Beschäftigung mit der Theologie betrifft, so betonte Niemöller geradezu demonstrativ, wie wenig er sich wissenschaftlich damit auseinandergesetzt habe. Da er sein Theologiestudium in Münster aufnahm, als er bereits Familienvater war, musste er nebenher in wirtschaftlich schweren Zeiten Geld verdienen. Hinzu kam eine, wie er schrieb, „sehr beträchtliche Mitarbeit in den vaterländischen Organisationen“[47]. Diese Tätigkeiten zum Broterwerb und sein politisches Engagement für nationalistische Gruppierungen nahmen ihn nach eigenen Angaben derart in Anspruch, dass das Studium mehr und mehr in den Hintergrund rückte. In „Vom U-Boot zur Kanzel“ finden sich sogar Formulierungen wie die folgende: „Mit der wissenschaftlichen Arbeit nebenbei [sic!] hörte es nun freilich so gut wie völlig auf“[48]. Und zu seiner Vorbereitung auf das erste Examen hieß es etwa: „Aber wir hatten ein Büchlein, in dem ‚alles‘ drinstand, und das wurde mit Todesverachtung auswendig gelernt: ein System, das sich in diesem Fall bewährte, obwohl ich es nicht zur Nachahmung empfehlen kann.“[49] Niemöller inszenierte sich geradezu als antiintellektueller hart arbeitender Familienvater. Daneben atmet das Buch auf jeder Seite den Geist des

44 Ebd., 628 (Hervorhebungen im Original).
45 Ebd., 629 f. (Hervorhebungen im Original).
46 Vgl. Ziemann, Niemöller, 242–244.
47 Niemöller, U-Boot, 187.
48 Ebd., 194.
49 Ebd., 197.

politisch stramm rechten Weltkriegsoffiziers[50]. Dahinter verbargen sich sicherlich apologetische Motive des stark bedrängten BK-Pfarrers. Gleichwohl verwundert es dann doch, was Niemöller kurz nach der Barmer Synode positiv über seine theologischen Prägungen schrieb. Zum einen würdigte er seinen akademischen Lehrer Georg Wehrung:

> „Vor allem bin ich D. Wehrung heute noch [sic!] dankbar dafür, daß er mir und vielen andern den Blick für das, was heute gern mit dem Wort ‚Ordnungen' bezeichnet wird, für das christliche Verständnis der Gegebenheiten, mit denen wir Menschen es zu tun haben, erschlossen hat. Von daher fand ich [...] das gute Gewissen für meine [...] Mitarbeit in den vaterländischen Organisationen".

Ausdrücklich nannte er die paramilitärische, rechtsextremistische „Organisation Escherich", kurz „Orgesch"[51]. Das Grundübel der DC-Irrlehre war nach der Barmer Erklärung nun aber ja gerade die Ordnungstheologie.

Niemöller erwähnte in „Vom U-Boot zur Kanzel" zum anderen seine Teilnahme an der „Theologischen Woche in Bethel" Anfang Oktober 1922. Wenigstens hierfür habe er sich „Urlaub" nehmen können, wenn er schon sonst keine Zeit zum wissenschaftlichen Arbeiten gehabt habe. Von den in Bethel gehörten Vorträgen seien ihm „vor allem die von Althaus [...] von bleibender Bedeutung geworden". Althaus war aber nun nicht nur ein ganz besonders profilierter Vertreter einer Ordnungstheologie – just im August 1934 erschien die erste Auflage seiner „Theologie der Ordnungen"[52] –, sondern, wie schon erwähnt, auch ein prominenter, scharfer Kritiker der Barmer Erklärung. Erst im Juni 1934, also nur wenige Wochen vor der Abfassung von Niemöllers Buch, war der von Althaus mitverfasste „Ansbacher Ratschlag" veröffentlicht worden, der ausdrücklich gegen die Barmer Erklärung vehement die Theologie der Schöpfungsordnungen verteidigte[53]. Ausgerechnet Althaus benannte Niemöller nun aber in seinem Buch als denjenigen Theologen, der ihn ganz besonders und nachhaltig geprägt habe.

3.4 Franz Hildebrandts Schrift: „Martin Niemöller und sein Bekenntnis" von 1938

1938 veröffentlichte Franz Hildebrandt, der nach kurzer Haft im Spätsommer 1937 über die Schweiz nach England emigriert war, anonym in der Schweiz und in den Niederlanden die Schrift „Martin Niemöller und sein Bekenntnis". In der Schweiz erschienen bis 1939 mindestens acht Auflagen. Noch 1938 und

---

50 Vgl. dazu ZIEMANN, Schiffe.

51 NIEMÖLLER, U-Boot, 186 f. Zur „Orgesch" vgl. etwa: HÜBNER, Organisation.

52 ALTHAUS, Theologie.

53 Der „Ansbacher Ratschlag" vom 11. 6. 1934 ist u. a. abgedruckt in: HERMLE / THIERFELDER, Dokumente, 209–211.

1939 kamen zudem Übersetzungen ins Niederländische, Norwegische, Dänische, Französische, Englische und Schwedische heraus[54]. Hildebrandt warb mit dieser Schrift im Ausland um Unterstützung für den seit einem Jahr inhaftierten Niemöller, wollte diesem aber gleichzeitig im nationalsozialistischen Deutschland gewiss auch helfen bzw. ihm zumindest nicht schaden. Als enger Mitarbeiter und Vertrauter Niemöllers in Dahlem befasste Hildebrandt sich in seiner Schrift nicht nur mit dem öffentlichen Wirken Niemöllers, sondern vermittelte auch Einblicke in dessen Privatleben und zeichnete ein klares, anekdotenreiches Bild seiner ganzen Persönlichkeit. Nach Hildebrandt hatte Niemöller „den sprichwörtlichen westfälischen ‚Dickschädel' mitbekommen [...], [...] dem es die Natur versagt hat, sein Ziel durch Kompromisse zu erreichen." Er sei vielmehr „für den Kampf geboren"[55] und habe ein „explosives Temperament"[56]. Sein gesamtes Denken, Reden und Handeln vollziehe sich „in militärischen Kategorien"[57]. Ein häufig von ihm benutztes Diktum sei etwa: „wir müssen jetzt schießen"[58]. Politisch sei er „von Haus aus ‚natürlich' rechts gerichtet". Das NSDAP-„Programm einer völkischen Erneuerung" sei „im Grunde auch das seine", einschließlich „der leidenschaftlichen Ablehnung alles dessen, was Individualismus, Parlamentarismus, Pazifismus, Marxismus und Judentum heißt"[59]. Das „Dritte Reich" habe er „emphatisch [...], uneingeschränkt [...]" begrüßt; deswegen habe „die eigentliche politische Opposition [...] Grund, mit ihm unzufrieden zu sein"[60]. Niemöller, „der Pastor [...] wie der Soldat", wolle „nichts anderes", als dem „Erbe der Väter [...] treu bleiben" und „den alten Glauben behalten und behaupten"[61]. Hildebrandt bestätigte wiederholt die Distanz und Skepsis Niemöllers gegenüber der akademischen Theologie, wie er selbst sie in „Vom U-Boot zur Kanzel" beschrieben hatte: „Alles geht ja nur darum, daß das Wort Gottes lauter und unverfälscht in Kraft bleibt. Was auf den theologischen Fakultäten weithin vergessen wird, muß der ‚einfache Pastor' praktizieren."[62] Niemöllers Credo fasste Hildebrandt wie folgt zusammen:

„Was der Herr Christus befiehlt, das ist im Grunde die einzige Frage, die sein Diener und Jünger sich zu stellen und nach der sich sein Handeln zu richten hat"[63]; wie ein Soldat stehe „der Christ in der militia *Christi*"[64]. Nur

---

54 Vgl. Roggelin, Hildebrandt, 297.
55 Hildebrandt, Niemöller, 8.
56 Ebd., 49.
57 Ebd., 17.
58 Ebd., 33.
59 Ebd., 9.
60 Ebd., 38 f.
61 Ebd., 14.
62 Ebd., 24.
63 Ebd., 15.
64 Ebd., 20 (Hervorhebung im Original).

zwei Mal wird in Hildebrandts Schrift die Barmer Erklärung, genauer deren erste These, kurz erwähnt:

> „Seine [sc. Niemöllers] Stellung zur Bibel ist, wie sein ganzes Denken, unkompliziert; die Fragen der literarischen und philologischen Kritik machen ihm kaum viel Kopfzerbrechen […] Er hat gelernt und wird es immer weiter lernen, die Heilige Schrift direkt und praktisch als das lebendige Wort Gottes zu hören und zu befolgen, ‚dem wir im Leben und im Sterben zu vertrauen und zu gehorchen haben', wie es auf der Bekenntnissynode in Barmen hieß."[65]

Und an anderer Stelle schrieb Hildebrandt, Niemöller wisse sich „vor allem" an die grundlegenden Beschlüsse der Bekenntnissynoden von Barmen und Dahlem „gebunden"; diese gälten „ihm für die Zukunft der Kirche als unbedingt verpflichtend". Zu Barmen findet sich dann jedoch nur noch eine kurze Paraphrase der ersten These: „Daß Jesus Christus, in der Heiligen Schrift bezeugt, das eine Wort Gottes für die Welt ist"[66]. Als Quellen und Inhalt von Niemöllers „Bekenntnis" verwies Hildebrandt im Übrigen im Wesentlichen auf den Dreiklang „Bibel, Katechismus, Gesangbuch"[67] und hier insbesondere auf den Dekalog, das Apostolikum, die Bergpredigt, das Vaterunser, die Sakramente Taufe und Abendmahl sowie die Choräle der Reformation[68]. Auch die Herrnhuter Losungen und Karl Barth werden kurz erwähnt[69].

Hildebrandts Schrift vermittelt den Eindruck, als habe Niemöller die Barmer Erklärung zwar hochgeschätzt, sie aber theologisch nicht weiter reflektiert. Folgt man Hildebrandts Ausführungen, dann hat Niemöller sie vielmehr in seine konventionellen konservativ-volkskirchlichen und teilweise pietistisch-erwecklichen Glaubensvorstellungen integriert, die sich insbesondere durch eine biblizistische Christologie bzw. Christozentrik auszeichneten, die sich für ihn wiederum problemlos mit seiner soldatisch-nationalistischen Gesinnung und Mentalität verbinden ließ. Vermutlich hat er so auch Barth rezipiert, der sich mitunter ebenfalls militärischer Kategorien bedienen und von der (sonstigen) akademischen Theologie pauschal distanzieren konnte, wie das folgende Zitat von ihm zeigt:

> „Die Bibel redet nämlich erst dann, wenn man sie das erste Wort reden, wenn man sie in unseren Gedanken einen neuen Anfang setzen läßt, dem dann alle anderen Gedanken folgen müssen wie Soldaten ihrem Vorgesetzten. Das war es, was man uns auf der Universität nicht gesagt hatte"[70].

---

65 Ebd., 22. Der zitierte Teilsatz aus der ersten Barmer These ist eine Anspielung auf den Heidelberger Katechismus, Frage 1.

66 Hildebrandt, Niemöller, 35.

67 Ebd., 30.

68 Ebd., 25 f., 28 u. 30.

69 Ebd., 22 u. 26.

70 Aus: Karl Barth, Die Neuorientierung der protestantischen Theologie in den letzten dreißig Jahren. Vortrag im Radio Basel vom 22. 3. 1940, abgedruckt in: Barth, Anfang, 18 f., hier 18.

3.5 Niemöllers Predigt in Barmen 1946 und sein Rückblick 1974

Am 27. März 1946 predigte Niemöller in der Immanuelskirche in Wuppertal-Barmen, einem der Versammlungsorte der Barmer Reichsbekenntnissynode. Obwohl er in der Predigt immer wieder Bezug nahm auf die Zeit des „Dritten Reiches“, fehlt in ihr überraschenderweise jeglicher Hinweis auf die Barmer Synode und die Barmer Erklärung; nicht einmal eine vage Andeutung findet sich[71].

Im Mai 1974 veröffentlichte die in der DDR erscheinende und der dortigen Blockpartei CDU nahestehende „Evangelische Monatsschrift Standpunkt“ anlässlich des 40-jährigen Jubiläums der Barmer Synode einen Beitrag Niemöllers unter der Überschrift „Zum Gedächtnis an Barmen 1934“[72]. Nur ein knappes Viertel des Textes beschäftigt sich mit dem Text der Barmer Erklärung. In den übrigen gut drei Vierteln geht es um die Barmer Synode allgemein und um Themen, bei denen ein Zusammenhang mit Barmen jedenfalls auf den ersten Blick nicht ohne Weiteres erkennbar ist. Niemöller begann mit einer Analyse der Gegenwart, die er, ohne zwischen Ost und West zu differenzieren, als sehr positiv bezeichnete, aber auch als geprägt durch Zukunftsangst, die er nicht genauer bestimmte:

> „Es geht uns gut, jedenfalls sehr viel besser, als wir es uns zur Zeit des ‚kalten Krieges‘ haben träumen lassen. […] Wir haben ja wohl Sorge im Blick auf das Kommende; ja, wir haben Angst vor der Zukunft!“[73]

Die gegenwärtige Situation verglich er dann mit derjenigen vor 40 Jahren: Damals sei man ebenfalls nach „einer leidvollen Vergangenheit“ zunächst sehr zuversichtlich gewesen und die „Hitler-Partei“ habe sich sehr christlich gegeben. Jedoch sei die „Zuversicht nichts als eine böse Selbsttäuschung gewesen“ und das proklamierte Christentum sei eines „ohne Christus“ gewesen[74]. Im Mai 1934 hätten sich aber in der Barmer Reichsbekenntnissynode verschiedene christliche „Bruderschaften“ mit „den Abgeordneten der sogenannten ‚intakten‘ Landeskirchen“ zusammengefunden, um die von „der Nazi-Gruppe ‚Deutsche Christen‘“ dominierte Deutsche Evangelische Kirche „als wirkliche christliche Kirche, d. h. als lebendige Gemeinde Jesu“ wiederherzustellen. Niemöller sprach dann von einem „Wunder“, dass man auf der Synode bei der Abwehr eines „gemeinsamen Feind[es]“ „eines Sinnes“ gewesen sei und sich bei allen „Verschiedenheiten und Differenzen“ auf den einen gemeinsamen „wirklichen und lebendigen Herrn“ besonnen habe. Um diese Selbstverständlichkeit wieder zu erkennen, habe es „Propheten“ bedurft,

71 Die Predigt zu 1. Joh. 4,9–14 erschien im Juli 1946 als separater Druck: Niemöller, Aufgaben.
72 Abgedruckt in: Niemöller, Reden, 217–221.
73 Ebd., 217.
74 Ebd., 218.

die die um sie herumgewachsenen und gepflanzten „,Dogmen‘ und ‚Lehren‘“, die er als „viel Gebüsch und Hecken“ bezeichnete, entfernt hätten[75]. Solche Propheten seien Asmussen und Barth gewesen, die den Entwurf der Barmer Erklärung vorbereitet hätten. Diese Barmer Erklärung sei, so fuhr Niemöller sachlich nicht ganz korrekt fort, „damals von einer ganzen Anzahl ehemaliger ‚Landeskirchen‘ unter die grundlegenden ‚Bekenntnisschriften‘ in ihre Verfassung bzw. Kirchenordnung aufgenommen worden“ und würde „in Geltung bleiben“. Die beiden ersten der sechs Thesen der Barmer Erklärung würden „wohl niemals vergessen werden können“. Niemöller zitierte dann diese beiden ersten Thesen (ohne die dazugehörigen Bibelworte und ohne die Verwerfungen) und kommentierte diese und die gesamte Barmer Erklärung knapp wie folgt: Barmen I spreche „vom rechten, wahren Selbstverständnis der Kirche als der Gemeinde ihres Herrn“, Barmen II „von der Verantwortung, in der allein wir Christen leben können“. Insgesamt lehne die Barmer Erklärung „jede Fremdherrschaft neben oder über Jesus Christus“ ab und „damit zugleich auch jede[n] Kompromiß, der ihn nicht als die höchste und entscheidende Autorität gelten läßt“[76]. Der „Nazismus“ habe „darin eine grundsätzliche Absage an seinen Totalitätsanspruch erkennen“ müssen, weshalb die BK „eine Zeit der Verfolgung und des Leidens“ habe durchmachen und „viele und schwere Opfer“ habe bringen müssen. Anschließend würdigte Niemöller den drei Jahre zuvor verstorbenen Emil Fuchs, der als „religiöser Sozialist“ längst vor der Konstituierung der BK von der „Kirche“ (in Anführungszeichen!) „hinausgestoßen“ worden sei und bei den Quäkern Heimat gefunden habe. Seine im Alter verfasste Autobiografie zeuge von der „Hingabe des Lebens in der Nachfolge“ Christi. Gegen die „Mode geworden[e]“ Prophezeiung eines baldigen Untergangs des Christentums verwies Niemöller am Ende mit dem Schlusssatz der Barmer Erklärung auf die Hoffnung, dass Gottes Wort in Ewigkeit bleibe[77].

Auch 40 Jahre nach Barmen scheint Niemöller sich, abgesehen von den streng christozentrisch bzw. christokratisch verstandenen ersten beiden Thesen, für den Inhalt der Barmer Erklärung nicht genauer interessiert zu haben. Wie er sein Bekenntnis zur Barmer Erklärung vor 1945 für grundsätzlich vereinbar hielt mit einem Engagement in rechten, wenn auch nicht nationalsozialistischen politischen Gruppierungen, so brachte er die Barmer Erklärung 1974 in Zusammenhang mit einem religiösen Sozialisten, der 1949 aus West-Deutschland in die DDR übergesiedelt war und u. a. als Ehrenmitglied der DDR-CDU, ungeachtet mancher Kritik an einzelnen Maßnahmen, dem DDR-Regime gegenüber loyal eingestellt war[78]. Auffallend ist, dass Niemöller bei der Nennung der Urheber der Barmer Erklärung den dezidierten

75 Ebd., 219.
76 Ebd., 220.
77 Ebd., 221.
78 Vgl. Bundesstiftung Aufarbeitung / Biographische Datenbanken, Fuchs.

Lutheraner Breit, den Mitarbeiter Meisers, unterschlug. Das lag aber ganz auf der Linie seiner bisherigen Reserviertheit gegenüber der lutherischen BK. Eine Kontinuität ist auch in seiner dazu passenden ablehnenden Haltung gegenüber den Dogmen und Lehren feststellbar.

4. Fazit

Niemöller war an der organisatorischen Vorbereitung der Barmer Synode beteiligt, wenn auch nur in eingeschränktem Maße und nicht kontinuierlich. Dieses Engagement geschah in Abgrenzung zur sich formierenden lutherischen BK, insbesondere zum bayerischen Landesbischof Meiser. An der Entstehung des Textes der Barmer Erklärung war Niemöller indes nicht beteiligt. Später hat er sich immer wieder auf Barmen berufen, wenn vielleicht auch nicht ganz so häufig, wie es etwa das Eingangszitat von Greschat vermuten lässt. Das Beispiel seiner Barmer Predigt von 1946 zeigt, dass Niemöller das Thema sogar dann gänzlich aussparen konnte, wenn es sich unmittelbar angeboten, ja wegen des Ortes und der Thematik seiner Predigt geradezu aufgedrängt hätte. Für ihn war zudem offenbar vor allem „das Erlebnis von Barmen maßgebend", wie es Michael Heymel treffend herausgestellt hat[79]. Inhaltlich hat Niemöller sich offenbar im Wesentlichen auf die ersten beiden Thesen bezogen, die er im Sinne einer recht steilen, überkonfessionellen und theologisch nicht weiter reflektierten biblizistischen Christologie verstand, wie er sie aus dem erwecklichen Milieu seiner westfälischen Heimat kannte – ganz im Sinne des Spruches: „Was würde Jesus dazu sagen?", der ihn nach eigenen Angaben von Kindheit an sein ganzes Leben lang prägte[80]. Für die übrigen Thesen hat er sich dagegen anscheinend kaum interessiert, konnte verschiedentlich sogar Positionen vertreten, die diesen und sogar der ersten Barmer These widersprachen, z. B. ordnungstheologische Vorstellungen oder auch ein eher autoritäres, pfarrerzentriertes Amtsverständnis. Für den kirchenpolitischen und theologischen Kompromisscharakter der Barmer Erklärung hatte Niemöller wohl ebenso wenig Verständnis wie für die Spannungen innerhalb der Barmer Erklärung (insbesondere zwischen Barmen II und V), die lutherischen Bedenken, die unterschiedliche Rezeption und die politische Abstinenz der Barmer Erklärung. Seine Christologie war anschlussfähig für bestimmte theologische Grundgedanken Barths, wie z. B. für dessen exklusives Offenbarungsverständnis oder für die Lehre von der „Königsherrschaft Christi". Diese Christologie immunisierte Niemöller gegenüber dem Totalitätsanspruch und Führerkult der Nationalsozialisten, nicht aber gegenüber autoritären politischen Vorstellungen von rechts vor 1945 wie

79 Heymel, Niemöller, 70.

80 Vgl. Karnick / Richter, Niemöller, 14.

von links nach 1945; ein Zugang zur repräsentativen liberalen Demokratie blieb ihm offenbar zeitlebens weitgehend verschlossen.

Quellen- und Literaturverzeichnis

I. Veröffentlichte Quellen und Darstellungen

ANONYM [Hildebrandt, Franz]: Martin Niemöller und sein Bekenntnis. Hg. vom Schweizerischen Evangelischen Hilfswerk für die Bekennende Kirche in Deutschland. Zollikon 1938.

ALTHAUS, Paul: Theologie der Ordnungen. Gütersloh 1934 (²1935).

BARTH, Karl: Christengemeinde und Bürgergemeinde. Stuttgart 1946.

–: Mit dem Anfang anfangen. Lesebuch. Hg. von Rolf Joachim Erler / Reiner Marquard. Zürich 1985.

BEKENNTNISSYNODE DER DEUTSCHEN EVANGELISCHEN KIRCHE BARMEN 1934. Vorträge und Entschließungen. Im Auftrage des Bruderrates der Bekenntnissynode hg. von Karl Immer. Wuppertal-Barmen 1934.

GRESCHAT, Martin: Bekenntnis und Politik. Voraussetzungen und Ziele der Barmer Bekenntnissynode. In: EvTh 44 (1984), 524–542.

–: Martin Niemöller. In: Ders. (Hg.): Gestalten der Kirchengeschichte, Bd. 10,2: Die neueste Zeit IV. Stuttgart / Berlin / Köln 1984, 187–204.

HANDBUCH DER DEUTSCHEN EVANGELISCHEN KIRCHEN 1918 BIS 1949. Organe – Ämter – Verbände – Personen, Bd. 1: Überregionale Einrichtungen. Bearb. von Heinz Boberach / Carsten Nicolaisen / Ruth Papst (AKIZ A 18). Göttingen 2010.

HERMLE, Siegfried / THIERFELDER, Jörg (Hg.): Herausgefordert. Dokumente zur Geschichte der Evangelischen Kirche in der Zeit des Nationalsozialismus. Stuttgart 2008.

HEYMEL, Michael: Martin Niemöller. Vom Marineoffizier zum Friedenskämpfer. Darmstadt 2017.

HONECKER, Martin: Die Barmer Theologische Erklärung und ihre Wirkungsgeschichte (Nordrhein-Westfälische Akademie der Wissenschaften. Vorträge G 330). Opladen 1995.

KAMPMANN, Jürgen: Die gemeinsame Tagung der Westfälischen Bekenntnissynode und der rheinischen Freien Synode am 29. April 1934 in Dortmund. In: Bernd Hey / Volkmar Wittmütz (Hg.): Evangelische Kirche an Ruhr und Saar. Beiträge zur rheinischen und westfälischen Kirchengeschichte (RIG 16). Bielefeld 2007, 109–161.

KARNICK, Hannes / RICHTER, Wolfgang: Niemöller. Was würde Jesus dazu sagen? Eine Reise durch ein protestantisches Leben. Ein Film-Bilder-Lesebuch. Köln ²1988.

KIRCHLICHES JAHRBUCH FÜR DIE EVANGELISCHE KIRCHE IN DEUTSCHLAND. Hg. von Joachim Beckmann. Gütersloh 72–75 (1945–1948).

KRIELE, Martin: Die Präzedenz-Wirkung der Barmer Theologischen Erklärung. In: Barmer Theologische Erklärung und heutiges Staatsverständnis. Symposion aus Anlaß des 50. Jahrestages der Barmer Theologischen Erklärung. Dokumentation einer Veranstaltung des Kultusministers des Landes Nordrhein-Westfalen in Wuppertal am 30. 5. 1984. Hg. vom Kultusminister des Landes Nordrhein-Westfalen. Köln 1986, 17–24.

NICOLAISEN, Carsten: Der lutherische Beitrag zur Entstehung der Barmer Theologischen Erklärung. In: Wolf-Dieter Hauschild / Georg Kretschmar / Carsten Nicolaisen (Hg.): Die lutherischen Kirchen und die Bekenntnissynode von Barmen. Referate des Internationalen Symposiums auf der Reisensburg 1984. Göttingen 1984, 13–38.

–: Der Weg nach Barmen. Die Entstehungsgeschichte der Theologischen Erklärung von 1934. Neukirchen-Vluyn 1985.

NIEMÖLLER, Gerhard: Die erste Bekenntnissynode der Deutschen Evangelischen Kirche zu Barmen, Bd. 1: Geschichte, Kritik und Bedeutung der Synode und ihrer Theologischen Erklärung; Bd. 2: Text – Dokumente – Berichte (AGK 5–6). Göttingen 1959.

NIEMÖLLER, Martin: Dahlemer Predigten. Kritische Ausgabe. Hg. von Michael Heymel. Gütersloh 2011.

–: Die Aufgaben der Evangelischen Kirche in der Gegenwart. Düsseldorf 1946.

–: Reden, Predigten, Denkanstöße 1964–1976. Mit einem Geleitwort von Walter Kreck hg. von Hans Joachim Oeffler. Köln 1977.

–: Vom U-Boot zur Kanzel. Berlin 1934.

ROGGELIN, Holger: Franz Hildebrandt. Ein lutherischer Dissenter im Kirchenkampf und Exil (AKIZ B 31). Göttingen 1999.

SCHMIDT, Jürgen: Martin Niemöller im Kirchenkampf (Hamburger Beiträge zur Zeitgeschichte 8). Hamburg 1971.

SCHNEIDER, Thomas Martin: 75 Jahre Barmer Theologische Erklärung. Thesen aus kirchenhistorischer Perspektive. In: MKiZ 3 (2009), 189–196.

–: Gegen den Zeitgeist. Der Weg zur VELKD als lutherischer Bekenntniskirche (AKIZ B 49). Göttingen 2008.

–: Reichsbischof Ludwig Müller. Eine Untersuchung zu Leben, Werk und Persönlichkeit (AKIZ B 19). Göttingen 1993.

–: Wem gehört Barmen? Das Gründungsdokument der Bekennenden Kirche und seine Wirkungsgeschichte (CuZ 1). Leipzig 2017.

–: Zwischen historischem Dokument und Bekenntnis. 75 Jahre Barmer Theologische Erklärung. In: PTh 98 (2009), 138–156.

SCHOLDER, Klaus: Die theologische Grundlage des Kirchenkampfes. Zur Entstehung und Bedeutung der Barmer Erklärung. In: EvTh 44 (1984), 505–524.

ZIEMANN, Benjamin: Martin Niemöller. Ein Leben in Opposition. München 2019.

–: Schiffe versenken. Martin Niemöllers Bericht über die deutsche U-Bootflotte im Ersten Weltkrieg. In: Claudia Jung / Thomas F. Schneider (Hg.): Die Revolte der heiligen Verdammten. Literarische Kriegsverarbeitung vom 19. bis zum

21. Jahrhundert (Krieg und Literatur / War and Literature XXIII). Göttingen 2017, 7–46.

II. Internetquellen

Bundesstiftung Aufarbeitung / Biographische Datenbanken: Fuchs, Emil. In: https://www.bundesstiftung-aufarbeitung.de/de/recherche/kataloge-datenbanken/biographische-datenbanken/emil-fuchs [19.5.2021].

Artikel: Barmer Theologische Erklärung auf der Internetseite der Buchreihe „Was ist was“

https://www.wasistwas.de/archiv-geschichte-details/barmer-theologische-erklaerung.html [19.5.2021].

Hübner, Christoph: Organisation Escherich (Orgesch),1920/21. In: https://www.historisches-lexikon-bayerns.de/Lexikon/Organisation_Escherich_(Orgesch),_1920/21 [19.5.2021].

Harry Oelke

Der heutige Protestantismus und das Erbe der Bekennenden Kirche

Der gegenwärtige Protestantismus erlebt seit geraumer Zeit eine erinnerungskulturelle Zäsur. Der seit Jahren voranschreitende altersbedingte Verlust der Zeitzeugen des sogenannten Kirchenkampfes stellt die Erinnerung an denselben auf ein grundlegend verändertes Fundament. Die bekenntniskirchlich orientierten Akteure und Akteurinnen mit ihren Handlungsfeldern im Kirchenkampf haben als Bekennende Kirche (BK) die protestantische Erinnerungskultur nach 1945 über lange Jahre bestimmt. Die Frage steht heute im Raum: Was bleibt von der BK im Gegenwartsprotestantismus erhalten?

Die Frage leitet die folgenden Ausführungen. Zunächst wird die Aufgabenstellung begrifflich präzisiert, um anschließend das Thema in einen erinnerungskulturellen Rahmen zu stellen. Drittens werden wir im Blick zurück auf dieser Basis drei erinnerungsgeschichtliche Phasen der BK im Gedächtnis des Protestantismus nachzeichnen. Vor diesem Hintergrund kommen wir schließlich dem Auftrag der Themenstellung nach und verlassen das sichere Terrain der Historiographie, um einige Beobachtungen zur BK im Gegenwartsprotestantismus zu wagen.

1. Das „Erbe" der Bekennenden Kirche

Der Begriff „Protestantismus" ist gegenüber der Begrifflichkeit „Evangelische Kirche" der weiter gefasste Terminus. Im Zentrum des Protestantismusbegriffs steht auch eine Idee von Kirche, die an den Rändern allerdings nahtlos mit der neben ihr entwickelten modernen Kultur verwächst, wie Ernst Troeltsch das herausstellte[1]. Nachfolgend ist mit dem Protestantismus beides gemeint: ein kirchlicher evangelischer Kern[2] und das dicht darum angelagerte evangelisch geprägte gesellschaftlich-kulturelle Umfeld[3].

Die BK basierte auf einer normativen Grundlage mit Bekenntnischarakter, sie war also eine bekenntnisbasierte Organisationsform, dies auf der Reichs-, Länder- und Gemeindeebene. Die Rede vom „Erbe" ist streng genommen ein

---

1 Vgl. Troeltsch, Christentum, 82; grundlegend Ders., Bedeutung.

2 Vgl. dazu grundlegend Hauschild, Kirche.

3 Vgl. zum Protestantismus als politischer Akteur Albrecht / Anselm, Verantwortung.

Begriff aus der juristischen Fachsprache (Erbrecht) und bezieht sich auf das Eigentum oder andere veräußerbare Rechte einer Person, die zum Eintritt des Todes auf eine andere rechtlich verbindliche Person oder Institution übergeht. Das sprachliche Bild vom „Erbe" soll nicht überstrapaziert werden, aber doch zumindest wollen wir fragen: Was ist der Erb*gewinn*, der von der BK nach ihrem ereignisgeschichtlichem Ende 1945 auf den Protestantismus übergeht bzw. sich im historischen Verlauf konstituiert?

Der Protestantismus gewinnt zumindest in vierfacher Hinsicht aus den Grundlegungen der BK: Besondere Bedeutung hat zweifellos die Barmer Theologische Erklärung (BTE) als das wirkmächtigste theologische Dokument des sogenannten Kirchenkampfes[4]. Sie gewinnt nach 1945 eine identitätsstiftende Bedeutung als bekenntnisbezogenes historisches Dokument. Darüber hinaus wird man an das Personal der BK zu denken haben: Von tapferen Gemeindepastoren über umtriebige Leiter von Bekenntnisgemeinschaften im landeskirchlichen Bereich bis hin zu den Protagonisten auf Reichsebene wie Martin Niemöller, Karl Barth oder Dietrich Bonhoeffer sind es vielfach einzelne Persönlichkeiten der BK, die den Protestantismus inspirierten und nach Kriegsende für viele eine Vorbildfunktion wahrnahmen[5]. Drittens wird der bekenntniskirchliche Habitus des Festhaltens an einer von politischen Übergriffen unabhängigen kirchlichen Identität als Gewinn zu verrechnen sein[6]. Das Beharrungsvermögen der BK gegenüber der nationalsozialistischen Gleichschaltungspolitik, in der Spitze an den sogenannten drei intakten Landeskirchen Bayerns, Württembergs und bedingt auch in Hannover ablesbar, formte – ungeachtet aller Nachlässigkeiten und Opportunismen, die es freilich auch gab – zumindest in Ansätzen eine mental-resistente protestantische Disposition, die nach Kriegsende zu einem selbstbewussten Selbstverständnis in den Reihen der BK führte[7]. Punktuell verband sich das bekenntniskirchliche Engagement mit dem Potential zum individuellen Widerstehen. Nicht die Kirche insgesamt, sondern einzelne couragierte Christen,

4 Vgl. Heimbucher / Weth, Erklärung; vgl. Schneider, Barmen.

5 Vgl. dazu die Personenangaben in der Online-Ausstellung https://de.evangelischer-widerstand.de/#/; und die hilfreiche Zusammenstellung diverser gedruckter und digitaler Überblickswerke zu den Akteuren und Akteurinnen auch der BK in Pöpping, Katalog, 246 f.

6 Bereits das Motto der Jungreformatorischen Bewegung zur Kirchenwahl im Juli 1933 „Kirche muß Kirche bleiben" wehrte die politischen Übergriffe der NS-Herrschaft bzw. die deutschchristlichen Kooperationsversuche mit ihr entschieden ab. Die daraus hervorgehende BK wies den totalitären Machtanspruch des Staates, dem sich auch die Kirche unterzuordnen habe, im Mai 1934 dezidiert in der BTE (besonders These V.) zurück. Heimbucher / Weth, Erklärung, 33–43, 41. Der unterschiedliche Umgang der BK mit den von „Reichskirchenminister" Kerrl vorgeschlagenen Kirchenausschüssen machte deutlich, dass die bruderrätliche Linie die Distanz zum Staat im Ernstfall eindeutiger aufrecht erhielt als die lutherische Seite, die einer Kooperation mit dem Staat in dieser Frage zuneigte. Dabei handelte es sich eher um eine Ausnahme, im Grundsatz galt die Kirche der gesamten BK als „politikfreie Zone", vgl. dazu Lepp, Protestantismus, 38–46.

7 Vgl. beispielsweise den thematischen Zuschnitt der Monographienreihe Arbeiten zur Geschichte des Kirchenkampfes, Oelke, Forschungsgegenstände, 78–81.

nicht selten in Verbindung mit der BK stehend, zeigten ein resistentes Verhalten gegen den Nationalsozialismus und seine Machenschaften. Insofern verliehen nicht nur BK-Protagonisten, sondern auch weniger bekannte, lokale evangelische Akteure durch ihr widerständiges Verhalten gegenüber dem Nationalsozialismus der BK partiell einen widerständischen Zuschnitt[8]. Insgesamt sind das vier markante Faktoren – BTE, Personal, unverfälschte Bekenntnistreue und Widerstandspotential – die aus dem Kirchenkampf in die protestantische Kirchengeschichte nach 1945 hinüberreichten und zu wirkmächtigen Identitätsmarkern wurden.

Es gibt beim Erbe der BK aber auch die andere, defizitäre Seite; man wird immer auch über Erb*lasten* zu sprechen haben, die nach Kriegsende an den Protestantismus weitergereicht wurden. Zunächst ist an das disparate Erscheinungsbild der BK im Kirchenkampf zu denken. Die theologisch und kirchenpolitisch ausgetragenen innerprotestantischen Konflikte waren zum signifikanten Kennzeichen des Protestantismus in der NS-Zeit geworden. In Spitzenzeiten nahmen gut ein halbes Dutzend Institutionen für sich in Anspruch, für die evangelischen Kirchen oder zumindest die wichtigsten Teile von ihnen zu sprechen. Das betraf nicht nur, aber in besonderem Maße die BK, die sich seit 1936 in einem institutionellen Teilungsprozess befand, wodurch die kirchlichen Handlungsspielräume fraglos geschwächt wurden. Dieses diffuse Erscheinungsbild der BK wirkte als Altlast in die Nachkriegszeit hinein.

Zweitens ist an den Rückzug der BK in den apolitischen Raum zu denken. Die nicht wahrgenommene christlich-kritische Wächterfunktion für das öffentliche Leben markiert ein substantielles Versagen der BK im Ganzen. Grund dafür war der Mangel an einer Theologie, die zwischen Offenbarung und Geschichte so vermittelte, dass eine wachsame kritische Begleitung des öffentlichen politischen Raumes für die BK begründbar und realisierbar gewesen wäre[9]. Luthers sogenannte Zwei-Reiche-Lehre wurde von deutschen lutherischen Theologen häufig allzu einseitig auf ihre Trennungsimpulse zwischen dem Reich Gottes und dem Reich der Welt hin interpretiert. Die BK erhoffte von politischer Seite unangetastet zu bleiben, wenn man den Staat nur machen ließ. Aber auch Karl Barths offenbarungstheologische Akzentuierung hatte zwischen NS-Alltag und Dialektischer Theologie keinen handlungsanleitenden Bezug herstellen wollen. Insofern überließ man seitens der BK den öffentlichen Raum weitgehend der politischen Herrschaft in der Hoffnung, über die kirchlichen Belange weiterhin eigenständig verfügen zu können. Selbst die kirchenfeindliche Politik der NS-Herrschaft nach 1935 mit restriktiven Übergriffen auf Christen und Kirche hat die BK theologisch nicht mehr wachrütteln können.

8 Vgl. z. B. die entsprechenden Ergebnisse der Online-Ausstellung https://de.evangelischer-widerstand.de/#/.

9 Vgl. Christophersen, Signatur; Oelke, Gesamtschau, 22–25.

Dieses Wegsehen und Ausblenden des öffentlichen, gesellschaftlichen Raums hat insbesondere in der sogenannten Judenfrage zu einer schuldhaften Verstrickung geführt. Ganz ähnlich wie die katholische Kirche zeigte sich die BK nicht resistent gegen rassenideologische Strömungen. Rassenparadigmen, „Eugenik" und schließlich die vernichtende Verfolgung der Juden galt der BK als kein hinreichender Grund für einen beherzten kirchlichen Aufschrei. Die klare Benennung der Mitschuld an den Verbrechen, insbesondere am Völkermord an den Juden, blieb für die junge EKD ebenso wie für den Katholizismus nach dem Ende des Krieges für Jahrzehnte eine schwierige Aufgabe. Erst langsam wuchs das Bewusstsein einer zivilgesellschaftlichen Verpflichtung der Kirchen[10]. Insgesamt sind alle genannten bekenntniskirchlichen Defizite der NS-Zeit als Erblast auf den Protestantismus nach 1945 übergegangen. Der kirchliche Einsatz nach Kriegsende vollzog sich im Protestantismus in diesem Spannungsfeld von Erbgewinn und -lasten. Während man sich zunächst eher an die Vorzüge der BK erinnerte, gewannen sukzessive auch kritische Betrachtungen an Bedeutung.

2. Die Bekennende Kirche im Zeichen der Erinnerungskultur

Das Verhältnis des Protestantismus zur BK soll nachfolgend im Medium der Erinnerung bestimmt werden. Mit der *Erinnerungskultur* ist ein „formale[r] Oberbegriff" gewonnen für alle denkbaren Formen der bewussten protestantischen Erinnerung an die BK, „an deren Persönlichkeiten und Prozesse [...], seien sie kirchlicher, politischer oder kognitiver Natur".[11] Über diese Erinnerungsformen und -inhalte – primär zu dem, was sich nach 1945 als Erbgewinn herausbildete – bleibt die BK bis heute ein Identitätsmarker des Protestantismus und gewinnt eine Relevanz bis in die Gegenwart.

Die Erinnerung an die BK speist sich aus zwei Quellen: Gedächtnis und Geschichte, Erinnerung als *Gedächtnisleistung des Einzelnen* und Erinnerung an die BK als *wissenschaftlicher Prozess* der kirchlichen Historiographie – beide müssen sich nicht widersprechen. „Geschichte-als-Gedächtnis" und „Geschichte-als-Wissenschaft" sind beide außerhalb der Zeit verankert, beide wollen eine Verbindung zwischen Vergangenheit und Gegenwart herstellen[12]. Die existentiell erlebte Zeitzeugenschaft war, wie sich gleich zeigen wird, für die Entstehung einer frühen Gedächtnisleistung hinsichtlich der BK von elementarer Bedeutung. Die Kirchliche Zeitgeschichte als Erinnerungsquelle

10 Vgl. Hermle, Christen; Oelke, Schuld; zur Genese einer zivilgesellschaftlichen Verantwortung des Protestantismus vgl. Albrecht / Anselm, Verantwortung.

11 Cornelissen, Erinnerungskultur, 555; das Zitat wurde hier vom Verf. (HO) auf die BK-Erinnerung appliziert.

12 Vgl. dazu Hockerts, Zugänge, 20; Assmann, Erinnerung, 204.

stellt dagegen die höchste Organisationsform des kulturellen Gedächtnisses dar. Anders als die Zeitzeugen und Zeitzeuginnen bedienen sich die Zeithistoriker und Zeithistorikerinnen einer methodischen Erkenntnisgewinnung: ihr Handwerk machen die Quellenanalyse und Quellenkritik aus. Sie produzieren Perspektiven und setzen Horizonte, die auf der Ebene des „Erlebens" noch nicht gesehen werden konnten[13]. Gleichwohl unterliegen individuelles Gedächtnis und wissenschaftliche Historiographie gemeinsam den zeitgeschichtlichen kontextuellen Rahmenbedingungen (z. B. Raum- und Zeitplausibilitäten), wie diese für hermeneutische Prozesse insgesamt gelten. Nachfolgend sollen drei unterschiedliche Phasen der protestantischen Erinnerung an die BK voneinander abgehoben und markiert werden.

2.1 Akteurin und Objekt der Erinnerung (1945–1970)

Den kirchlichen Neuaufbau nach Kriegende bestimmten die Protagonisten der ehemaligen BK. Immer noch geschieden in die theologisch-kirchenpolitischen Lager des Kirchenkampfes zwischen den entschieden auftretenden Bruderräten und den moderater agierenden Lutheranern generierten sie als vormals Beteiligte im protestantischen Kommunikationsraum das, was man heute gewöhnlich das kommunikative Gedächtnis bezeichnet[14]. Diese zeitzeugengestützte kommunikative Gedächtnisformation bestimmte bis zum Ausgang der 1960er Jahre die evangelische Erinnerung an die BK, oft darüber hinaus an die evangelische Kirche in toto. Und mehr als das: bekenntniskirchlich erprobte Kräfte waren es auch, die autorisiert durch ihre Zeitgenossenschaft als kirchliche Historiographen der ersten Stunde die wirkmächtige Etablierung einer verschriftlichten protestantischen Erinnerungskultur zur BK schufen[15]. Damit war eine Bestandssicherung des BK-Engagements hergestellt; die Anfänge eines schriftlich fixierten kollektiven Gedächtnisses waren gegeben.

Kirchenrechtliche und kirchenpolitische Fragen standen dabei im Vordergrund und bedingten das frühe Erinnern, das von einer nachträglichen Legitimation der Bekennenden Kirche als die „wahre" Kirche geprägt war. Ein

13 Vgl. Hockerts, Zugänge, 20.

14 Zu den im weiteren Verlauf rezipierten drei grundlegenden Gedächtnisformationen (kommunikativ – kollektiv – kulturell) vgl. Assmann, Erinnerung, 204–207.

15 Bezeichnend für die BK ist, dass die Bemühungen um eine historische Sicherung des eigenen Wirkens und damit der Grundstock für eine nachhaltige Erinnerungskultur bereits durch die frühen Editionen der Bekenntnisliteratur zur NS-Zeit selbst gelegt wurde, vgl. v.a. Schmidt, Bekenntnisse; Gauger, Chronik. Zur umfangreichen Historiographie über die BK im sogenannten Kirchenkampf vgl. die Arbeiten zur Geschichte des Kirchenkampfes. Darin erschienen zwischen 1955 und 1971 mitsamt Ergänzungsreihe 30 Bände, in denen die BK in landeskirchlichen Bezügen (zwölf Bände), in überregionaler Perspektive (elf Bände) sowie im Zusammenhang mit Bekenntnissynoden (sieben Bände) untersucht wird, vgl. Oelke, Forschungsgegenstände, 80.

Mythos der Widerstandsorganisation BK begann umso kräftiger zu leuchten, als in dieser Umbruchszeit die Kirchen selbst „Akteure des Wandels“[16] wurden. Noch besaßen beide Großkirchen ein gesellschaftlich anerkanntes Deutungsmonopol und die in der BK erprobten Führungspersonen der evangelischen Kirche konnten gerade wegen ihrer im Zeichen der Resistenz erinnerten Vergangenheit als Repräsentanten einer von der Mehrheit akzeptierten christlichen Leitkultur gelten[17]. Mit den Niemöllers, Asmussens, Liljes und Dibelius' stiegen vormalige BK-Mitglieder auf die Leitungsebene des Nachkriegsprotestantismus auf und bestimmten deren Bild und Aura.

Eine selbstkritische Erinnerung fand so gut wie nicht statt, die Perspektive im Nachkriegsdeutschland war vom allgemeinen Aufbruch zu neuen, meist ökonomischen Ufern und dem Blick nach vorn gekennzeichnet. Martin Niemöller stellte eine Ausnahme dar, wenn er zurückblickend forderte, im Buß-Modus die Versäumnisse der Kirche in der NS-Zeit klar zu benennen[18]. In der Regel wurden die Erblasten der BK nicht explizit thematisiert, sondern eher lautlos kompensiert: die institutionelle und konfessionelle Zersplitterung der NS-Zeit wurde durch das Modell einer Kirche, wie diese die EKD seit 1948 bedingt darstellte, scheinbar überwunden. Im Zeichen dezidiert reklamierter und auch schon bald wahrgenommener öffentlicher Verantwortung rückte der Protestantismus von der kirchlichen Nischenexistenz der NS-Zeit schon seit der Kirchenkonferenz in Treysa im August 1945 entschieden ab.

2.2 Kollektiv erinnert – divers rezipiert (1970–1989)

Der kontextuelle Rahmen der protestantischen Erinnerungskultur zur BK änderte sich spätestens seit den 1970er Jahren. In der Bundesrepublik setzte sich inspiriert von der gesellschaftskritischen Studierendenbewegung der 1968er eine Phase der Politisierung durch, die auf eine Veränderung der institutionellen und sozialen Ordnungen abzielte. Politisch-moralische Ideale wie Gerechtigkeit, Humanität und Solidarität gewannen an Bedeutung, mit ihnen ließen sich auch protestantisch-christliche Wertvorstellungen verbinden. Im evangelischen Bereich setzte das auch konservative Gegenreaktionen frei. Das Feld des evangelischen Engagements polarisierte sich. Dass es nicht gänzlich auseinanderbrach und eine Kirchenspaltung verhindert werden konnte, lag an einer herbeigeführten Pluralisierung des Protestantismus. Eine Reaktion darauf war beispielsweise seit 1975 der „Markt der Möglichkeiten“ des Deutschen Evangelischen Kirchentags, der gewissermaßen über Nacht ins

---

16 Pollack, Säkularisierung, 265.

17 Vgl. Pollack, Protestantismus, 110.

18 Das in Stuttgart auf Wunsch der Ökumene 1945 von ehemaligen BK-Mitgliedern formulierte „Schuldbekenntnis“ sprach über das kirchliche Versagen, blieb aber dabei unspezifisch und formelhaft, die Juden wurden nicht explizit genannt, vgl. Hermle / Lepp / Oelke, Widerstand, 235.

Leben gerufen als Dialogforum und Kontaktbörse die Zentrifugalkräfte des multipler werdenden Protestantismus zumindest im Kirchentagskontext bändigte[19].

Eingebunden in diese Prozesse der Politisierung, Polarisierung und Pluralisierung veränderte sich auch die protestantische Erinnerung an die BK. Deren positiver Identifikationskern musste sich unter dem zunehmend prüfenden Blick einer kritischer auftretenden wissenschaftlichen Kirchengeschichtsschreibung behaupten. Nunmehr konnte neben der positiven Erinnerungskultur auch ein wissenschaftliches Problembewusstsein über die Defizite der BK entstehen[20].

Auch die Forschungsperspektive auf das Widerstandspotential der BK gewann im Zusammenspiel mit der allgemeingeschichtlichen Widerstandsforschung eine differenziertere und nüchternere Ausrichtung. Gleichwohl war die BK-Erinnerung inzwischen zu einem wichtigen Faktor der protestantischen Identität herangewachsen. Die in den Jahren zuvor entwickelten Lebenserinnerungen von Zeitzeugen an das kirchliche Leben der NS-Zeit, z. T. wissenschaftlich dokumentiert, verdichteten sich im evangelischen Milieu dieser Zeit auf eine das Wesentliche formelhalft zusammenfassende Inhaltsform der Erinnerung. Die aufwendig begangenen Jahrestage der BTE und die Wiederkehr der Geburts- und Todestage der BK-Mitstreiter verstärkten die Genese von identitätsbildenden Narrativen. Erinnerungen bekamen die Qualität eines sozialen Langzeitgedächtnisses. Das Erbe der BK mit seinen Protagonisten und Protagonistinnen sowie deren bekenntnisbezogenes Beharrungsvermögen gegenüber den politischen Vereinnahmungsversuchen des Nationalsozialismus rückten in das kollektive Gedächtnis des Protestantismus auf und stärkten dessen Identität.

Diese durch das kollektive Gedächtnis inspirierte protestantische Identität war indes nur bedingt belastbar. Das zeigte exemplarisch die Barmen-Rezeption. Die 50-jährige Wiederkehr der BTE 1984 bot den Kulminationspunkt der protestantischen Barmen-Erinnerung bis dahin. Dabei kam dem generationellen Aspekt eine besondere Bedeutung zu: Geht man von einer Gene-

19 Die neue Einrichtung bot vielfältigen evangelischen Initiativen mit unterschiedlichen theologischen und politischen Konzepten zur Lösung gesellschaftlicher Probleme ein Präsentationsforum. Die im Zuge der pluralistischen Ausformung des Protestantismus auseinandertreibenden Kräfte wurden im Markt der Möglichkeiten zentral zusammengehalten, gleichzeitig gewährleistete das Forum die kirchliche Kontrolle des multiplen Feldes, vgl. Oelke, Kirchengeschichte, 190 f.

20 Die Neuausrichtung auf dem wissenschaftlichen Sektor markiert besonders die Ablösung der Monographiereihe Arbeiten zur Geschichte des Kirchenkampfes durch die Publikationsreihe Arbeiten zur Kirchlichen Zeitgeschichte der 1971 in EvAKiZ umbenannten ‚Kirchenkampfkommission' (Kommission für die Geschichte des Kirchenkampfes in der nationalsozialistischen Zeit 1955–1971). Der Fokus der Forschung erweiterte sich von der legitimatorischen Aufarbeitung der BK-Geschichte zu institutionskritischen Fragestellungen bzgl. Kirche und zu den evangelischen Fakultäten in der NS-Zeit sowie dem Staat-Kirche-Verhältnis, vgl. Oelke, Forschungsgegenstände, 81–85.

rationsfolge von 20–30 Jahren aus, dann waren es Mitte der 1980er Jahre drei Generationen, die synchron zusammenlebten und durch persönlichen Austausch eine „Erfahrungs-, Erinnerungs- und Erzählgemeinschaft“ zur BK bildeten[21]. Die drei Generationen setzten das bis dahin erreichbare Maximum an erinnerungskultureller Energie zur BK frei. Die entlud sich allerdings schon lange nicht mehr homogen. Die Untersuchungen von Manuel Schilling und Thomas Martin Schneider haben gezeigt, wie vielfältig die BK inzwischen rezipiert werden konnte und wie heterogen die Erinnerung an die BK sich gestaltete[22]. Die reichte vom linken politischen Spektrum der SPD bis zu rechtspolitischen Kreisen der CDU, zudem von geistbewegten Evangelikalen („Bekenntnistage“) über theologisch Liberale, wie Trutz Rendtorff, der mit Blick auf die antiliberale Haltung Karl Barths die verspielte Anschlussfähigkeit an die Moderne durch die BTE beklagte, bis zu unierten Kreisen. Ebenso vielfältig gestaltet sich schon zu dieser Zeit das erinnerte Erbe von Barmen in der DDR[23]. Die 50-jährige Wiederkehr Barmens zeigte den hohen erinnerungskulturellen Stellenwert der BK im Protestantismus und weit darüber hinaus. Aber im Zusammenhang mit der Politisierung, Polarisierung und Pluralisierung des Protestantismus in den 1970er Jahren hatte sich das Rezeptionsfeld im Protestantismus ausdifferenziert. Das Erbe der BK wurde in den jeweiligen Lagern des Protestantismus unterschiedlich definiert und rezipiert; ein übergreifender, allseits verbindlicher Gegenwartsbezug verlor an Konturen.

2.3 Kanonisierung (1990–2005)

Das historische Großereignis der deutschen Wiedervereinigung 1989/90 markierte auch eine starke kirchengeschichtliche Zäsur. Die erinnerungskulturelle Situation wurde komplizierter allein schon durch den Umstand, dass neben der BK im Kirchenkampf nunmehr mit der Rolle der evangelischen Kirche im Sozialismus ein zweites Narrativ aus dem Themenfeld Kirche-Staat in den Fokus der Erinnerung rückte. Beide Themen markierten zusammen ein erinnerungspolitisches Spannungsfeld, das sich auf die Kirchliche Zeitgeschichtsforschung produktiv auswirkte.

Speziell an der Erinnerungskultur zu Barmen wird erkennbar, wie sich im ausklingenden 20. Jahrhundert das kollektive Gedächtnis des Protestantismus inzwischen zu einer generationsübergreifenden, langfristig konfessionell geprägten Identitätsbildung entwickelt hatte und zum Bestandteil eines deutschen *kulturellen Gedächtnisses* avanciert war. Gefördert wurde diese Entwicklung durch die seit den 1970er Jahren beherzt vorangetriebene Kirchliche

21 Assmann, Erinnerung, 205.

22 Vgl. Schilling, Wort; Ders., Verdrängung; Schneider, Barmen; und Ders., Jahre.

23 Vgl. Schneider, Barmen, 108–115.

Zeitgeschichtsforschung[24]. Zusammen mit den medial aufbereiteten Erinnerungsformen, die in Schule, Elternhaus, Kirche und anderen Bildungseinrichtungen durch Lernen angeeignet werden konnten, rückte die BK seither in das kulturelle Gedächtnis ein. Beispielsweise die Sonderbriefmarken, wie diese zu den 100-jährigen Geburtstagen von Niemöller 1992 und Gustav Heinemann 1999 oder zuvor anlässlich des 50-jährigen Jahrestags der BTE 1984 erschienen, indizieren den Transfer der BK-Protagonisten vom kollektiven kirchlichen Gedächtnis zum Bestandteil eines allgemeinen generationsübergreifenden kulturellen Gedächtnisses.

In idealtypischer Weise dokumentiert diese Entwicklung die Online-Plattform zum christlichen Widerstand, die von der Evangelischen Arbeitsgemeinschaft für Kirchliche Zeitgeschichte (EvAKiZ) unter maßgeblicher finanzieller Beteiligung der EKD produziert und 2011 freigeschaltet wurde[25]. Die Ausstellung nahm auf der Basis der seinerzeit vorliegenden Forschungsergebnisse Themen und Personen der BK auf und machte, angeleitet von einer spezifischen Themenstellung („Christlicher Widerstand"), diese über ein aktuelles Medium einer vergleichsweise großen, auch außerkirchlichen Öffentlichkeit zugänglich. Implizit wurde damit die BK als erinnerungskultureller Faktor einer internationalen Community nachdrücklich gefördert.

In dieselbe Richtung wirkte die gesamte kirchlich-zeitgeschichtliche Forschung. Sie erarbeitete unter neuen Fragestellungen Ergebnisse zu einzelnen Protagonisten der BK und zu deren Wirken. Diese verstärkte wissenschaftliche Tätigkeit führt auch zu Erweiterungen des Feldes der Themen und Personen der BK sowie zu größeren noch von öffentlicher Erregung begleiteten historiographischen Neubewertungsdiskursen. Bisher nicht hinreichend beforschte Personen des Widerstands wurden kraftvoll exponiert, bereits bekannte widerständische Akteurinnen und Akteure wurden wissenschaftlich fundiert präsentiert und andere bis dato hochgehandelte Protagonisten christlicher Resistenz konnten an wissenschaftlicher Bonität und öffentlichem Zuspruch verlieren.[26] Nach etwa fünf Jahrzehnten vollzog sich seit den 1990er

24 Vgl. z. B. Oelke, Forschungsgegenstände, 81–85.

25 Vgl. https://de.evangelischer-widerstand.de/#/.

26 Stärker in den wissenschaftlichen Fokus rückten nun u. a. Friedrich Weißler, Elisabeth Schmitz und (von evangelischer Seite) Karl Friedrich Stellbrink. Am Beispiel von Hans Meiser hat Nora Schulze eindrucksvoll aufgezeigt, wie in dieser Phase alte Denkmäler gestürzt wurden und eine neue Erinnerungskultur Einzug halten konnte. In Bayern kompensieren den Bedeutungsverlust Meisers vor allem Freiherr Wilhelm von Pechmann und Karl Steinbauer, vgl. Hermle / Lepp / Oelke, Widerstand, 246–251. Dagmar Pöpping, Denkorte, hat gezeigt, wie das auch an den Erinnerungstafeln ablesbar ist, die seit den 1980er Jahren immer häufiger an die Protagonisten und Protagonistinnen der BK öffentlich erinnern. Sie kommen nicht mehr wie vormals mit dürftigen Personalangaben aus, die sich zu einer christlich-pathetischen Erinnerungsformel verdichteten („Den Opfern der Gewaltherrschaft 1933–1945 zum Gedenken"), sondern liefern, wie etwa zur resistenten Breslauer Vikarin Katharina Staritz (ebd., 250), eine textbasierte wissenschaftliche Begründung für die kirchenhistorische Relevanz der widerständigen Chris-

Jahren so etwas wie eine Kanonisierung des Themen- und Personeninventars der Bekennenden Kirche[27].

3. Gegenwartstendenzen

Der erinnerungskulturelle Rückblick hat zu erkennen gegeben, dass die Erinnerungskultur zur BK derzeit scheinbar eine scharfe Zäsur erlebt. Bilanzierend lässt sich für die Gegenwart beobachten: Akteure und Akteurinnen sowie Themen der BK sind zumindest grundlegend erschlossen. Die Kanonisierung des Personenkreises, der zur BK gezählt wird, und der Verdienste, die sich mit diesen Personen verbinden, darf ebenfalls als fortgeschritten gelten.

Über das historische Erbe der BK herrscht historisch – wie eingangs beschrieben – weitgehend ein Konsens. Dies gilt nicht in jeder Beziehung bei der Inanspruchnahme des Erbes auf die Gegenwart, hier haben sich verschiedene Traditionen der Rezeption etabliert. Doch Erinnerung lässt sich nicht dauerhaft festschreiben. Das, was die BK für den Protestantismus bedeutet, ist einer permanenten Veränderung unterworfen. Vieles spricht dafür, anzunehmen, dass wir aktuell auf einer Schwelle zu einer neuen Stufe der Erinnerungskultur stehen.

Das eingangs erwähnte Verschwinden der Zeitzeugengeneration der NS-Zeit hat längst die Aufmerksamkeit der historischen Forschung gefunden. Die Vitalität der verbindenden Erinnerung an die Kirchengeschichte der NS-Zeit, wie sie über acht Jahrzehnte mehr oder weniger Gültigkeit hatte, wird zukünftig nicht mehr erreichbar sein. Mit den fehlenden Zeitzeugen und Zeitzeuginnen schwächt sich die über existentielle Erfahrungen vermittelte Empathie signifikant ab. Die Geschichtswissenschaften haben sich damit vertraut gemacht, im Blick auf die NS-Zeit auf den methodischen Ansatz der oral history verzichten zu müssen, vielfach liegen deshalb Zeitzeugenäußerungen in Speichermedien konserviert bereit. Die Auflösung der kommunikativen Gedächtnisformation hat unter diesen Voraussetzungen längst eingesetzt. Dadurch verliert das kulturelle Gedächtnis von innen heraus an Kraft, die Erinnerungsleistung gestaltet sich zukünftig möglicherweise rückläufig.

Mit dem Verlust dieser persönlichen existentiellen Erfahrungen geht das Potenzial verloren, das in den zurückliegenden Jahren immer wieder zu jener

---

ten, die meist in das Umfeld der BK gehörten. Das historische Erbe, um das es der Erinnerung geht, wird nunmehr wissenschaftlich abgesichert prägnant formuliert, Ebd., 246–251.

27 Vgl. zum Begriff „Kanonisierung" und dessen Applikation auf die Rezeption des christlichen Widerstands nach dem Mauerfall 1989/90 Tim Lorentzen bei Hermle / Lepp / Oelke, Widerstand, 234.

öffentlich-politischen Erregung[28] bei der Einschätzung von Personen und Themen der NS-Zeit führen konnte. Die aktuell in Provinzstädten noch vereinzelt aufflackernden lokalen erinnerungspolitischen Streitfälle mit BK-Implikationen dürften daher Auslaufmodelle einer Streitkultur darstellen, die von innen heraus kraftlos wird[29].

Andererseits kann nunmehr die wissenschaftlich organisierte Erinnerung an die NS-Zeit zukünftig jenseits jedes affektgesteuerten Moralisierens vielleicht nüchterner und sachlicher gestaltet werden. Der Historiker Reinhart Koselleck hat in diesem Zusammenhang schon vor Jahren auf eine qualitative Veränderung der Erinnerung hingewiesen: die sich auf existentielles Erleben stützende lebendige Geschichtserfahrung verändert sich zu einer empiriegestützten wissenschaftlichen Historiographie[30].

Im Zuge dieser neuen, versachlichten Wissenschaftskultur sind es möglicherweise veränderte inhaltliche Präsentationsformen, die leitend werden. Die Historikerin Dagmar Pöpping hat im Zuge ihrer erinnerungskulturellen Forschungen zu Gedenkorten des evangelischen Widerstands ermittelt, dass im Zuge eines sukzessiven Aneinanderrückens von Erinnerungskultur und historischer Forschung seit den 1990er Jahren „moralische Mahnung oder emotionale Überwältigung" nunmehr „in den Hintergrund treten" und dafür Gedenkorte eher unter lerndidaktischen Gesichtspunkten („Lernorte") präsentiert werden[31].

Freilich stellt sich die Frage, woher die Erinnerung an die BK ohne Zeitzeugen und angesichts eines verblassenden kommunikativen Gedächtnisses zukünftig ihren energetischen Antrieb erhält? Kann das Erbe aus sich selbst heraus stark genug sein, um ohne die emphatische Zeitzeugenschaft ein erinnerungskultureller Identitätsfaktor zu bleiben? Aufschlussreich könnte in diesem Zusammenhang ein Blick auf die institutionelle Kirche sein: Welche Bedeutung kommt dem Erbe der BK im Gegenwartsprotestantismus zu? Bleibt die Kirche eine bedeutende Akteurin der bekenntniskirchlichen Erinnerungskultur?

Das kirchliche Jahrbuch der EKD ist so etwas wie ein Seismograph für die erinnerungskulturelle Dynamik der EKD. Eine Durchsicht der zurückliegenden Jahrgänge 2010–18 ergibt, dass die BK in den gedruckten Analysen des Gegenwartsprotestantismus kaum noch von Bedeutung ist[32]. Offenkundig

28 Vgl. zum Terminus Assmann, Erinnerung, 200–204.

29 Besonders engagiert und kontrovers werden Straßenumbenennungen, wie im Falle Meisers, öffentlich begleitet. Die aktuellen Verfahren in Bayern reproduzieren verlaufsdynamisch und argumentativ scheinbar nur noch analoge vorausgegangene Verfahren der „ersten Stunde" (v.a. in München und Nürnberg) auf einem signifikant abgeschwächten Erregungsniveau. Die ethische Motivation zur öffentlichen Deklamation wird ohne Zeitzeugen offenkundig kraftloser.

30 Vgl. Koselleck, Nachwort, 117.

31 Vgl. Pöpping, Katalog, 252 f.

32 Nur noch zwei Beiträge befassen sich demnach explizit mit dem Themenfeld BK und ihre Geschichte: Thomas Martin Schneider liefert eine substantielle Auswertung der Veranstaltun-

fehlt es im Kirchlichen Jahrbuch an Beiträgen, die sich mit dem Erbe der BK befassen, sowohl auf die NS-Zeit bezogen, was man noch mit der zeitlichen Distanz erklären könnte, als auch im Hinblick auf aktuelle Problemstellungen in Bezug auf das Verhältnis von Staat und Kirche. Der literarische Indikator zeigt an, dass die BK erinnerungskulturell zumindest nominell in der publizistisch-kirchlichen Öffentlichkeit keine tragende Rolle mehr spielt.

Auch der kirchliche Kern des Gegenwartsprotestantismus, die EKD, scheint ermüdet von der Erinnerungskultur zur BK. Gegenüber dem vormaligen substantiell-finanziellen Engagement, wie das etwa in der Produktion der o. g. Widerstandsausstellung[33] unter starker Berücksichtigung der BK-Protagonisten noch evident war, verblasst neuerdings die Bereitschaft, die wissenschaftlich elaborierte Erinnerung an das Erbe der BK finanziell zu unterstützen. In der Finanzstrategie 2030 der EKD, die die anlässlich zurückgehender Kirchenmitgliedschaften langfristig prognostizierte Abnahme der Kirchensteuern durch vorausschauendes Sparen auffangen soll, sind es ausgerechnet mit dem Erbe der BK befasste Institutionen, die von EKD-Seite weit überdurchschnittlich bespart werden. Das betrifft in besonderem Maße die Evangelische Arbeitsgemeinschaft für Kirchliche Zeitgeschichte, eine wichtige Wissenschaftsakteurin zur BK-Erinnerungskultur, aber auch die Kirchlichen Hochschulen, in oder unmittelbar nach der NS-Zeit gegründet als bekenntniskirchlicher Hort der ideologiefreien Theologenausbildung. Die einschneidenden Sparmaßnahmen zielen demnach auf das institutionelle Erbe der BK bzw. deren wissenschaftliche Bearbeitung[34]. Die überproportional restringierten Finanzströme deuten an, dass die EKD für die wissenschaftliche Begleitung des Erbes der BK ebenso wie die Aufarbeitung der jüngsten Kirchlichen Zeitgeschichte zukünftig sich selbst nicht mehr als maßgebliche Akteurin sieht. Vielmehr gehe es fortan darum, „75 Jahre nach Kriegsende über Veränderungen in der Trägerstruktur nachzudenken“[35] und das Ganze „unabhängig von der Kirche wissenschaftlich reflektieren zu lassen“[36]. Die zeitliche Distanz zur BK reduziert offenkundig den kirchlichen Handlungsbedarf, zur Einsparung finanzieller Ressourcen wird nunmehr eine

gen und Deutungen anlässlich des 80-jährigen Jubiläums der BTE 2014, Ders., Jahre; Karl H. Schwarz, Horst Gorski und Ralf Fritsch befassen sich mit jüngeren Aufnahmen der BTE in kirchenrechtliche Verfassungstexte der Nordkirche, in Bayern und Österreich, dies., Frage.

33 Vgl. https://de.evangelischer-widerstand.de/#/.

34 Reale Veränderung bei der EvAKiZ minus 80 % [!], KiHo Wuppertal-Bethel und Neuendettelsau minus 44 %, Synodalvorlage November 2020, Begleitender Ausschuss der Finanzstrategie 2030, Finanzprojektion institutionell finanzierter Aufgaben, Lfd. Nr. 2006050101, Bezeichnung: Ev. Arbeitsgemeinschaft für Kirchliche Zeitgeschichte (EvAKiZ); und ebd., Lfd. Nr. 89 f., Arbeitsobjekt 20050503, Bezeichnung: Kirchliche Hochschule Wuppertal (-Bethel) und Augustana Hochschule Neuendettelsau, Kopie (Lehrstuhlarchiv KG II, LMU München).

35 Bezug des Zitats: EvAKiZ, Synodalvorlage November 2020 (Lehrstuhlarchiv KG II, LMU München).

36 Bezug des Zitats: Kirchliche Hochschulen Wuppertal und Neuendettelsau. Synodalvorlage November 2020, (Lehrstuhlarchiv KG II, LMU München).

Auslagerung der wissenschaftlichen Bearbeitung der BK und ihrer Wirkungsgeschichte aus dem kirchlichen Verantwortungsraum favorisiert.

Mit dem altersbedingten Verlust der Zeitzeugen verbindet sich möglicherweise ein signifikanter kirchlicher Wahrnehmungsverlust gegenüber der BK. Freilich kann man der biblischen Weisheit folgen, dass jedes Ding seine Zeit hat. Warum also einen absterbenden Ast weiter künstlich am Leben erhalten wollen? Aber Erinnerungskultur ist nur selten der Mortalität geweiht, sondern steht vielmehr unter dem Zeichen kontinuierlicher Veränderung. Erinnerungskulturell gewachsene Faktoren der protestantischen Identität wollen gelegentlich neu entdeckt werden. Die aktuelle erinnerungskulturelle Zäsur leitet nicht den Untergang des BK-Erbes ein, sondern macht durch die sich verändernden kontextuellen Bedingungen einen neuen Zugang dringlich.

Aus *wissenschaftlicher* Sicht zeichnet sich in der Kirchlichen Zeitgeschichtsforschung eine neue Wahrnehmung des BK-Erbes in Form neuer Themen ab: Die Erinnerungskultur zur BK in der zweiten Hälfte des zurückliegenden Jahrhunderts wird längst selbst zum Forschungsgegenstand. Das Zusammenspiel der politischen Ethik im Protestantismus nach 1945 mit der vorausgehenden BK-Tradition ist eine gleichermaßen spannende wie komplexe Problemstellung, die wichtige Ergebnisse zur protestantischen Gegenwartsethik bereithalten dürfte. Des Weiteren hat die kontroverse Diskussion um die Aufnahme des Barmen-Bezugs in kirchliche Rechtskorpora der jüngeren Vergangenheit einen wissenschaftlichen Klärungsbedarf aufgezeigt. Auch die Bedeutung der BK für die Genese eines protestantischen Verständnisses vom Widerstand als politische Protestform, wie sie sich zunächst in der bundesrepublikanischen Protestkultur und dann auch im Zusammenhang mit der DDR-Oppositionsbewegung herausgebildet hat, wäre weitere Untersuchungen wert.

Was in der kirchenhistorischen Wissenschaft möglich ist, sollte sich auch im Bereich der individuellen und kirchlichen Erinnerungskultur nicht als unmöglich darstellen. Sicher wäre eine Bestandsaufnahme der bis in die Gegenwart wirkenden personalen und thematischen BK-Traditionen förderlich. Die erinnerungskulturell zu protestantischen Identitätsmarkern gereiften personalen Leitbilder der BK, deren Idee eines ausbalancierten Staat-Kirche-Verhältnisses inkl. der kritischen Begleitung der politischen Öffentlichkeit durch die Kirche sind in ihrer Gegenwartsbedeutung nicht gering zu schätzen. Für die Kirche und deren protestantisches Umfeld wäre die Relevanz der BK als Lernort für die Jetztzeit neu zu entdecken. Die Erinnerung an die BK gewönne auf diese Weise auch ohne Zeitzeugen an Plausibilität und Bedeutung – sich von ihr zu verabschieden braucht man sicher nicht.

Quellen- und Literaturverzeichnis

I. Unveröffentlichte Quellen

Lehrstuhlarchiv KG II, LMU München

Synodalvorlage November 2020

Begleitender Ausschuss der Finanzstrategie 2030, Finanzprojektion institutionell finanzierter Aufgaben, Lfd. Nr. 102, Arbeitsobjekt 2006050101; Bezeichnung: Ev. Arbeitsgemeinschaft für kirchliche Zeitgeschichte, Kopie.

Begleitender Ausschuss der Finanzstrategie 2030; Synodalvorlage September 2020, Finanzprojektion institutionell finanzierter Aufgaben, Lfd. Nr. 89 f., Arbeitsobjekt 20050503; Bezeichnung: Kirchliche Hochschule Wuppertal (-Bethel) und Augustana Hochschule Neuendettelsau, Kopie.

II. Veröffentlichte Quellen und Darstellungen

Albrecht, Christian / Anselm, Reiner: Aus Verantwortung. Der Protestantismus in den Arenen des Politischen (RBRD 3). Tübingen 2019.

Assmann, Aleida: Erinnerung als Erregung. Wendepunkte der deutschen Erinnerungsgeschichte. In: Wissenschaftskolleg. Jahrbuch 1998/99. Berlin 2000, 220–220.

Brechenmacher, Thomas u. a. (Hg.): Kirchliche Zeitgeschichte. Bilanz – Fragen – Perspektiven (AKIZ B 83). Göttingen 2021.

Christophersen, Alf: Theologische Signatur. In: Hermle / Oelke, Zeitgeschichte. Bd. 2, 118–139.

Cornelissen, Christoph: Was heißt Erinnerungskultur? Begriff – Methoden – Perspektiven. In: Johanna Haberer (Hg.): Er liebte seine Kirche. Bischof Hans Meiser und die bayerische Landeskirche im Nationalsozialismus. München 1996, 548–563.

Gauger, Joseph: Chronik der Kirchenwirren, 3 Teile. Elberfeld 1934–36.

Hauschild, Wolf-Dieter: Evangelische Kirche in der Bundesrepublik Deutschland zwischen 1961 und 1979. In: Hermle / Lepp / Oelke, Umbrüche, 51–90.

Heimbucher, Martin / Weth, Rudolf (Hg.): Die Barmer Theologische Erklärung. Einführung und Dokumentation. Neukirchen-Vluyn [7]2009.

Hermle, Siegfried / Lepp, Claudia / Oelke, Harry (Hg.): Christlicher Widerstand!? Evangelische Kirche und Nationalsozialismus (CuZ 4). Leipzig 2019.

Hermle, Siegfried / Lepp, Claudia / Oelke, Harry (Hg.): Umbrüche. Der deutsche Protestantismus und die sozialen Bewegungen in den 1960er und 1970er Jahren (AKIZ B 47). Göttingen [2]2012 ([1]2007).

Hermle, Siegfried / Oelke, Harry (Hg.): Kirchliche Zeitgeschichte_evangelisch. Bd. 2: Protestantismus und Nationalsozialismus (1933–1945) (CuZ 7). Leipzig 2020.

– / –: Kirchliche Zeitgeschichte_evangelisch, Bd. 3: Protestantismus in der Nachkriegszeit (1945–1961) (CuZ 9). Leipzig 2021.

– / Pöpping, Dagmar (Hg.): Zwischen Verklärung und Verurteilung. Phasen der Rezeption des evangelischen Widerstands gegen den Nationalsozialismus nach 1945 (AKIZ B 67). Göttingen 2017.

Hockerts, Hans-Günter: Zugänge zur Zeitgeschichte. Primärerfahrung, Erinnerungskultur, Geschichtswissenschaft. In: Aus Politik und Zeitgeschichte B 28/ 2001, 15–30.

Lepp, Claudia: Protestantismus und Politik. In: Hermle / Oelke, Zeitgeschichte. Bd. 2, 33–52.

Koselleck, Reinhard, Nachwort. In: Charles Beradt: Das Dritte Reich des Traums. Frankfurt a. M. 1994, 117–132.

Oelke, Harry: Forschungsgegenstände der Kirchlichen Zeitgeschichte aus evangelischer Perspektive. In: Brechenmacher u. a., Zeitgeschichte, 77–93.

–: Gesamtschau. Protestantismus in der Nachkriegszeit. In: Hermle / Oelke, Zeitgeschichte. Bd. 3, 11–33.

–: Westdeutsche Kirchengeschichte 1945–1989. In: Katharina Kunter / Jens Holger Schjørring (Hg.): Europäisches und Globales Christentum. Herausforderungen und Transformationen im 20. Jahrhundert (AKIZ B 54). Göttingen 2011, 171–202.

–: www.evangelischer-widerstand.de. Gestalt und Genese einer virtuellen Ausstellung im Internet. In: PTh 101 (2012), 386–407.

–: Zwischen Schuld und Sühne. Evangelische Kirche und Judentum nach 1945. In: PTh 95 (2006), 2–23.

Pollack, Detlef: Der Protestantismus in Deutschland in den 1960er und 70er Jahren. Forschungspragmatische Überlegungen. In: MEAKiZ 24 (2006), 103–125.

–: Säkularisierung – ein moderner Mythos? Studien zum religiösen Wandel in Deutschland. Tübingen 2003.

Pöpping, Dagmar: Ein Katalog über Gedenkorte des evangelischen Widerstandes gegen den Nationalsozialismus. In: Hermle / Pöpping, Verklärung, 237–257.

Schilling, Manuel: 80 Jahre Barmer Theologische Erklärung. Deutungen, Veranstaltungen, Angebote. In: Kirchliches Jahrbuch für die Evangelische Kirche in Deutschland. Hg. von Friedrich Hauschildt u. a. Bd. 141 (2014). Gütersloh 2017, 161–180.

–: Das eine Wort Gottes zwischen den Zeiten. Die Wirkungsgeschichte der Barmer Theologischen Erklärung vom Kirchenkampf bis zum Fall der Mauer. Neukirchen-Vluyn 2005.

–: Verdrängung, Instrumentalisierung, Auslegung. Zur Wirkungsgeschichte der Barmer Theologischen Erklärung nach 1945 in Deutschland. In: Hermle / Pöpping, Verklärung, 303–320.

Schmidt, Kurt Dietrich: Die Bekenntnisse und grundsätzlichen Äußerungen zur Kirchenfrage, 3 Bde., (1933–1935). Göttingen 1934–1936.

Schneider, Thomas Martin: Wem gehört Barmen? Das Gründungsdokument der Bekennenden Kirche und seine Wirkungen (CuZ 1). Leipzig 2017.

Schwarz, Karl H. / Gorski, Horst / Fritsch, Ralf: Zur Frage der Aufnahme der Barmer Theologischen Erklärung in die Kirchenverfassung der Nordkirche, der Evangelisch-Lutherischen Kirche in Bayern und der evangelischen Kirchen A. und H. B. in Österreich. In: KJ 142 (2015). Gütersloh 2018, 59–94.

Troeltsch, Ernst: Die Bedeutung des Protestantismus für die Entstehung der modernen Welt. Vortrag gehalten auf der IX. Versammlung deutscher Historiker zu Stuttgart am 21. April 1906. München / Berlin 1911. In: Ders.: Schriften zur Bedeutung des Protestantismus für die Entstehung der modernen Welt (1906–1913) (Kritische Gesamtausgabe 8). Hg. von Trutz Rendtorff / Stefan Pautler. Berlin / New York 2001, 199–316.

–: Protestantisches Christentum und Kirche in der Neuzeit (1906/1909/1922) (Kritische Gesamtausgabe 7). Hg. von Volker Drehsen in Zusammenarb. mit Christian Albrecht. Berlin u. a. 2004.

III. Internetquellen

https://de.evangelischer-widerstand.de/#/ [6.1.2022]

Autorinnen und Autoren

Dr. Victoria Barnett, Former Director, Programs on Ethics, Religion and the Holocaust, U. S. Holocaust Memorial Museum, Washington.

Dr. Gisa Bauer, Professorin für Evang. Theologie und ihre Didaktik / Historische Theologie, Universität zu Köln.

Dr. Lukas Bormann, Professor für Neues Testament, Philipps-Universität Marburg.

Dr. Alf Christophersen, Professor für Systematische Theologie, Bergische Universität Wuppertal.

Malte Dücker, Wissenschaftlicher Mitarbeiter und Doktorand im Fach Kirchengeschichte, Goethe-Universität Frankfurt am Main.

Dr. Matthias Ehmann, Professor für Missionswissenschaft und Interkulturelle Theologie, Theologische Hochschule Ewersbach.

Jolanda Gräßel-Farnbauer, als Pfarrerin Mitarbeiterin am Hans-von-Soden-Institut und Doktorandin im Fach Kirchengeschichte, Philipps-Universität Marburg.

Dr. George Harinck, Professor für die Geschichte des Neu-Calvinismus, Theologische Universität Kampen | Utrecht und Vrije Universiteit Amsterdam.

Arno Helwig, Leitung Martin-Niemöller-Haus Berlin-Dahlem.

Dr. Gerard den Hertog, Professor em. für Systematische Theologie an der Theologischen Universität Apeldoorn.

Dr. habil. Michael Heymel, Pfarrer em., Limburg/Lahn.

Dr. Matthew Hockenos, Harriet Johnson Toadvine '56 Professor in Twentieth-Century History, Skidmore College.

Dr. Hannah Kreß, Wissenschaftliche Mitarbeiterin im DFG-Projekt „Bibliothek der Neologie“, Westfälische Wilhelms-Universität Münster.

Dr. Peter Morée, Ass.-Professor für Kirchengeschichte, Karlsuniversität Prag.

Dr. Harry Oelke, Professor für Kirchengeschichte, Ludwig-Maximilians-Universität München.

Dr. Stephen Plant, Dean, Runcie Fellow, & Associate College Professor, Trinity Hall, University of Cambridge.

Dr. Frédéric Rognon, Professor für Religionsphilosophie, Universität Straßburg.

Dr. Thomas Martin Schneider, apl. Professor für Kirchengeschichte, Universität Koblenz-Landau.

Dr. Wilken Veen, Pfarrer em. und ehem. Sekretär des Internationalen Koordinationsausschusses für das Darmstädter Wort, Amsterdam.

Dr. Benjamin Ziemann, Professor für neuere deutsche Geschichte, University of Sheffield.

Bibelstellenregister

Altes Testament
Jesaja
40–55 246

Jeremia
14,7 225

Neues Testament
Matthäus
6,7 407
6,33 429
7,26 389
15,21–28 251
16,13–20 376
18, 21–22 316
21,15 270
23,35 337
25,45 389
26,39–46 251
28,20 432

Lukas
16,19 248
16,19–31 248
16,23 248
19,40 270

Johannes
10,5 361
14,6 429

Apostelgeschichte
2,42–47 361
9,6 221

Römer
1,3 77
9,3 77
9–11 225

1 Korinther
10,18 77
15,10 199

2 Korinther
5 322
12,1–10 251

Galater
3 77
5,25–6,10 213

Epheser
4,11–16 432
4,15 f 432

1 Thessalonicher
4,9–10 251

2 Timotheus
2,8–14 432
2,9 432

Hebräer
12,1 220

2 Petrus
3,15–16 389

1 Johannes
4,9–14 437

Personenregister

Abileah, Joseph W. (1915–1994) 50, 228
Adenauer, Konrad (1876–1967) 41, 74, 82, 89, 170, 226, 345, 353–355
Alexy I (1877–1970) 170
Althaus, Paul (1888–1966) 217, 317, 373 f., 382 f., 425, 434
Arnim-Kröchlendorff, Detlev von (1878–1947) 430
Asmussen, Hans (1898–1968) 23 f., 161, 169, 219, 224, 237, 273, 306, 318–320, 399–419, 428–430, 438, 448

Barth, Karl (1886–1968) 15, 21, 23, 27 f., 37, 42, 56, 61, 86, 94, 121, 130, 132–134, 139, 145, 159–172, 176, 180, 182, 199, 211, 220 f., 226, 228, 237, 294, 315 f., 318 f., 321, 351, 361, 364 f., 372, 374, 380 f., 383, 385 f., 392 f., 410 f., 424 f., 428 f., 436, 438 f., 444 f., 450
Bauer, Fritz (1903–1968) 20, 50, 74, 122, 266, 287
Becker, Heinz (1914–1995) 268, 274
Bell, George K.A. (1883–1958) 163 f., 180, 357
Bethge, Eberhard (1909–2000) 159, 202 f., 254, 296
Bismarck, Otto von (1815–1898) 146, 151, 166
Bodelschwingh, Friedrich von (1877–1946) 378–381, 428
Boegner, Marc (1881–1970) 345
Böhm, Hans (1899–1966) 38
Bonhoeffer, Dietrich (1906–1945) 15, 29, 38, 42–45, 56, 121, 123, 145, 148, 159, 176, 178, 184, 202–205, 222, 238, 254, 383, 389 f., 423, 444
Breit, Thomas (1880–1966) 161, 428 f., 439
Brunner, Emil (1889–1966) 160, 170
Bultmann, Rudolf (1884–1976) 22, 84, 160, 170, 221, 253–255, 317, 319
Buskes, Jan (1899–1980) 134, 148, 150–156

Dibelius, Otto (1880–1967) 107, 176, 178, 215, 237, 266, 318, 345, 359, 404, 415, 448

Ebeling, Gerhard (1912–2001) 272
Ehrenberg, Hans (1883–1958) 34, 392
Elert, Werner (1885–1954) 217, 425

Fezer, Karl (1891–1960) 161, 381
Fosdick, Harry Emerson (1878–1969) 33
Fuchs, Emil (1874–1971) 438
Fuchs, Ernst (1903–1983) 254

Gerlach, Wolfgang (*1933) 41, 59
Gisevius, Hans (1904–1974) 151
Göring, Hermann (1893–1946) 161

Heckel, Theodor (1894–1967) 223
Hege, Albrecht (1917–2017) 170
Heinemann, Gustav (1899–1976) 43, 74, 89, 296, 349, 363, 451

Helmolt, Therese von (1902–1967) 274
Herbert, Karl (1907–1995) 90, 229, 262, 289, 296
Herman, Stewart W. (1909–2006) 166 f., 182, 218, 220, 224
Heß, Hans-Erich (1904–1982) 263 f., 268 f., 276
Hesse, Hermann Albert (1877–1957) 294, 378
Hild, Helmut (1921–1999) 22, 262, 275, 299
Hildebrandt, Franz (1909–1985) 56, 134, 148, 153, 198, 219 f., 272, 428, 434–436
Hirsch, Emanuel (1888–1972) 55, 217, 317, 374, 383
Högsbro, Halfdan (1894–1976) 331 f., 345
Hossenfelder, Joachim (1899–1976) 377 f., 381
Hromádka, Josef L. (1889–1969) 23, 91, 219, 295, 345–351, 353–365
Hunsche, Klara (1900–1979) 272

Iwand, Hans Joachim (1899–1960) 23, 228, 294, 349 f., 363, 371–375, 379–393

Jannasch, Wilhelm (1888–1966) 265, 273
Jastram, Christa (1910–2004) 272

Kapler, Hermann (1867–1941) 377
Kaufmann, Franz (1886–1944) 37
Keßel, Friedrich (1896–1975) 379
Kirschbaum, Charlotte von (1899–1975) 160, 171, 383
Kittel, Gerhard (1888–1948) 240
Kittel, Helga (*1933) 274
Koch, Erich (1896–1986) 378 f.
Koch, Karl (1876–1951) 402, 430
Kohlbrugge, Hebe (1914–2016) 122 f., 226
Kortheuer, August (1868–1963) 267
Kroon, Kleijs (1904–1983) 134, 148
Kuessner, Theodor (1896–1984) 380, 384 f.
Küppers, Erica (1891–1968) 254, 273 f.
Kuyper, Abraham (1837–1920) 128, 152

Lightfoot, Claude (1910–1991) 190
Lilje, Hanns (1899–1977) 306, 425, 448

MacDonald, James Grover (1886–1964) 33
Marahrens, August F. K. (1875–1950) 162, 378, 384
Maury, Pierre (1890–1956) 294, 345
Mayer, Milton (1908–1986) 189 f.
Meiser, Hans (1881–1956) 237, 380, 384–386, 404, 406, 416, 427–431, 439, 451, 453
Merz, Georg (1892–1959) 425
Miskotte, Kornelis Heiko (1894–1976) 148
Moffatt, James (1870–1944) 39
Müller, Fritz (1889–1942) 42
Müller, Hanfried (1925–2009) 216
Müller, Ludwig (1883–1945) 127 f., 132, 378–380, 427 f.

Niemöller, Else (1890–1961) 50, 60, 73, 122, 170, 183, 225, 240, 306, 308, 328, 356, 359, 402
Niemöller, Jochen (1922–1945) 254
Niemöller, Johann Heinrich (1859–1941) 122
Niemöller, Martin (1892–1984) 5, 11–24, 27–29, 33–46, 49–70, 73–78, 81–84, 86–97, 105–116, 119, 121–140, 145–156, 159–171, 173–176, 178–193, 197–205, 209, 211–230, 237–240, 242–256, 261–276, 281 f., 284–291, 293–299, 303, 305–316, 318, 320–323, 327–342, 345–347, 349–352, 354–365, 371 f., 374–381, 383–390, 392 f., 399–419, 423, 427–439, 444, 448, 451

Niemöller von Sell, Sibylle S. (1923–2022) 188, 242, 243
Niemöller, Wilhelm (1898–1983) 36, 40, 43, 76, 82–84, 86, 82–84, 86, 94 f., 147, 155, 222, 415

Pakozdy, Ladislaus M. (1910–1993) 345
Potter, Philip (1921–2015) 295, 345

Queckbörner, Marianne (1932–2018) 261 f., 275

Reiffen, Hannelotte (1906–1985) 272
Ringshausen, Karl (1905–1976) 263
Robertson, Edwin H. (1912–2007) 331, 345
Röhricht, Eberhard (1888–1969) 42
Ruppert, Marinus (1911–1992) 123, 148
Ruys, Bé (1917–2014) 272

Sasse, Hermann (1895–1976) 161, 425, 428 f.
Schmidt, Helmut (1918–2015) 44
Schmidt, Rainer (1922–2014) 262
Schmitz, Elisabeth (1893–1977) 37, 451
Schomer, Howard (1915–2001) 91, 345
Schweizer, Albert (1875–1965) 345
Selberts, Elisabeth (1896–1986) 265
Siegmund-Schultze, Friedrich (1885–1969) 36 f.
Spijkerboer, Arie (1928–2012), S. 215, fn 1: 1925 149, 152 f., 211
Stephan, Friedrich (1906- nicht bekannt) 269
Stoodt, Dieter (1927–2015) 262
Stroh, Otto (1894–1959) 264
Sucker, Wolfgang (1905–1968) 261, 268

Thurneysen, Eduard (1888–1974) 160, 237, 383

Visser ’t Hooft, Willem A. (1900–1985) 131, 133, 140, 160, 163, 169, 182, 184, 223–228, 230, 295, 333 f., 357
Vogelsang, Erich (1904–1944) 378

Wehrung, Georg (1880–1959) 160, 434
Weller, Maria (1893–1976) 272
Wiener, Alfred (1885–1964) 239
Wilhelmi, Hans (1899–1970) 262
Wißmann, Erwin (1885–1967) 268
Wißmann, Frohilde (1927–1977) 269
Wurm, Theophil (1868–1953) 42, 165, 167, 237, 306, 314, 318, 405, 427 f.